中古文献考论

以敦煌和宋代为重心

李伟国　著

上海古籍出版社

图书在版编目(CIP)数据

中古文献考论：以敦煌和宋代为重心 / 李伟国著
. —上海：上海古籍出版社，2022.11
ISBN 978-7-5732-0438-7

Ⅰ.①中… Ⅱ.①李… Ⅲ.①文献学—研究—中国—
中古 Ⅳ.①G256

中国版本图书馆 CIP 数据核字(2022)第 181171 号

中古文献考论
——以敦煌和宋代为重心

李伟国 著

上海古籍出版社出版发行

（上海市闵行区号景路 159 弄 1-5 号 A 座 5F　邮政编码 201101）

（1）网址：www.guji.com.cn

（2）E-mail：guji1@guji.com.cn

（3）易文网网址：www.ewen.co

浙江临安曙光印务有限公司印刷

开本 700×1000　1/16　印张 36　插页 3　字数 552,000

2022 年 11 月第 1 版　2022 年 11 月第 1 次印刷

印数：1—1,500

ISBN 978-7-5732-0438-7

K·3257　定价：168.00 元

如有质量问题,请与承印公司联系

小　引

李伟国先生大著《中古文献考论——以敦煌和宋代为重心》出版在即，8月29日一早打来电话，嘱我写几段话。对于这一托咐，当时我颇感意外。

我与伟国先生接触不算很多，但我对他在学术研究上的造诣、在学术出版界的成就、对史籍数字化的重大贡献都有所了解。对我来说，他是史籍文献研究、敦煌学研究、宋史研究的前行者，是学术型专家型的出版人，我也一直称他为"李老师"——在我心中，"老师"一词不仅是个客气的称谓而已。

伟国先生是"文革"后第一届研究生，首次听说他的大名，印象中是在1981年，当时我们78级还在读大学本科。先父邓广铭曾经应邀到上海出席程应镠先生主持的硕士学位论文答辩，回京后很称赞裴汝诚老师指导的李伟国，我们听后都感到钦佩羡慕。他硕士毕业后，即入职上海古籍出版社，从此开始了他作为出版人的职业生涯。

巧的是，今年8月29日这天，正好是北京大学"博学于文，行己有耻——邓广铭诞辰115周年学术纪念展开幕式暨邓广铭手稿资料捐赠仪式"举行的日子。最近我和学生在收集先父书信，准备编入《邓广铭全集》；同时也收拾先父遗稿，捐赠给北京大学档案馆，留作后人研究之用。翻检中看到伟国先生1980、1990年代的先后10封信札。1985年6月29日来函中，说道：

> 近日我对自己今后的道路怎么走的问题考虑很多，学习更多的知识，在宋史学术方面作出一点实绩，仍是"第一志愿"。但只要在出版社一天，就要为学术界做好事一天，也是我的信念。

在1986年末的函件中，他又说：

我社虽然步履维艰,学术著作还是要坚持出,不要给学术界泼冷水。(11月5日)

由于(台湾商务印书馆《景印文渊阁四库全书》)价格昂贵,仍有大批高校(包括所属系、所)、科研机构、出版机构、公共图书馆、博物馆等无力购置。即使是已经购藏的单位,也往往视为贵重书,轻易不能出借。为了进一步满足学术文化界的需要,我社决定从明年起重印文渊阁四库全书。(12月16日)

同年11月13日,回顾数年来的诸多事任,他说:

自问于本职工作,并无懈怠之心。

倏忽三四十年过去,如今读到这些文字,我心中不禁涌起满满的感动。这些朴素无华的文字,体现出一位学术型出版人内心的境界,也体现出上海古籍出版社始终坚守的理念。伟国先生在出版界做出的奉献、获得的荣誉我无法逐一细数,但我深知,优秀出版人对于学术发展的贡献,绝不亚于高校教师或是社科单位的研究人员;而只有热诚于学问的出版人,才能真正理解学者,才会真正不惜心血气力,支持并且导引学术的发展。

2002年,为出版《唐宋女性与社会》一书,我受北大同事委托,去上海辞书出版社送校样。当时身为该社社长的伟国先生,刚刚写就有关朱熹《名臣言行录》八百年历史公案的文章,兴奋之情溢于言表。听到他详加析论、有理有据的一席话,我不禁想到,他本身即是优秀学者,却甘于长期"为他人做嫁衣",这种精神实在值得钦佩。有他这样的学术出版家,学术方向、学术质量才能真正得到保证。

伟国先生治文献出身,学术根基深厚,著述一向内容丰赡,观察敏锐,辨析质证,新见迭出,其价值往往超越文献本身。他多年深耕于敦煌学和宋史,这部《中古文献考论》中的四个部类:"敦煌·西域""墓志·石刻""宋史·宋文""文献·整理",大体聚焦于敦煌文献和宋代资料。46篇文章,有考有论,钩沉索隐,条分缕析,考订凿实,立论缜密。

学人经常引述章学诚《文史通义·答客问(中)》的说法:"高明者多独断之学,沉潜者尚考索之功,天下之学术不能不具此二途。"田余庆先生在回顾当年《光明日报·史学》版的编辑原则时,曾经说道:

> 邓先生说,有史有论才是上乘之作,要细心对待;其次是有史无论,这种稿子有些有用,其中有些可能还有大用;再次是有论无史,其中不少是不花本钱的空洞文章,最不足取。史,是考索之功;论,是独断之学。有史有论,就是指在考索之功基础上获致创见的文章,这才是史学成就的主要方面。(田余庆《邓师周年祭》)

先父邓广铭对于学术、学人的评价绝不敷衍苟且,在他1993年写给伟国的一封信中,称赞道:

> 许多年来我读过你的许多文章,所积淀的一个总的印象是:取材全极广博,论断全甚精审,故深为钦佩。(4月22日)

距今20年前,伟国先生在谈到学术传承时回忆说:

> 研究生毕业以后,给我以最大影响的,则是北京大学的邓广铭教授,我研究宋史的文章大多得到过他的指点。从1980年到1998年,我几乎每年都要拜见他两次,聆听教诲,我没有机会做他的学生,但他是我最崇敬的老师。①

他也曾惋惜地说,"可惜我再也得不到如邓先生这样的大师的指点了"②。恳切简短的几句话,发自肺腑,读来令人热泪盈眶。

自文献出发的历史研究,不仅是伟国先生的学业、事业所在,也是他数十

---

① 谢宝耿:《钟情敦煌学和宋史:学者型的出版人——李伟国编审访谈》,见《史家是怎样炼成的:谢宝耿学者访谈录》,上海辞书出版社,2009年,第129页。
② 李伟国:《邓广铭先生与宋代文献的出版——兼记邓先生奖掖后进二三事》,载《宋代财政和文献考论》,上海古籍出版社,2007年,第288页。

年执着坚持的志业。他不仅长期致力于搜集、整理、研究敦煌文献、石刻墓志等新的历史材料,也长期致力于以各种方式将这些资料宝库公之于众,让不同领域的研究者得以从中寻求素材,从而为文史研究注入了新的活力。这些立于学术前沿的不懈努力,必将推动中国古代史研究整体性实质性的进展。

借此机会,向李伟国先生表达我和千百学人的敬意,也祝贺《中古文献考论——以敦煌和宋代为重心》一书的出版!

邓小南

2022 年 9 月 20 日

序

在中国敦煌学研究史上，上海古籍出版社的贡献应当写上浓重的一笔，而几位主其事者中间的一位核心人物，就是本书的作者李伟国先生。

敦煌文献的公布一直是敦煌学研究的强大动力。在 20 世纪 70 年代末英国国家图书馆、法国国家图书馆、北京图书馆（中国国家图书馆）公布了所藏敦煌文献主体的缩微胶卷以后，学术界最希望看到的是苏联列宁格勒所藏的敦煌文献。除了苏联学者陆续发表的材料外，只有极少数学者以"挖宝式"的方法，获得一些有价值的文书来作为自己的研究素材。让学界赞叹不已的是，从 1989 年开始，上海古籍出版社借助上海市与列宁格勒市的友好城市关系，敲开了苏联（很快成为俄罗斯）的敦煌宝库的大门。在出版社领导的总体谋划下，在李伟国先生的率领下，上海古籍出版社的工作小组，数次前往列宁格勒（后来变成圣彼得堡），经过与俄方的艰苦谈判，最终获准拍照，并按编号顺序，将全部俄藏敦煌汉文文书的图版予以刊布。其中既有俄罗斯学者研究发表的写卷，也有大量从来没有人触及过的文书；既有敦煌的写本，也有吐鲁番、和田、黑城等地出土而混入敦煌编号的文献，可以说是一个巨大的宝藏。从 1992 年到 2001 年，上海古籍出版社联合俄罗斯科学院东方学研究所圣彼得堡分所、俄罗斯科学出版社东方文学部，合编而成《俄藏敦煌文献》17 大册，影印刊布了 Ф.1—366 号和 Дx.1—19092 号的全部图版，为敦煌学，乃至吐鲁番、于阗等方面的研究，提供了大量全新的材料，极大地推动了相关学术领域的发展。

《俄藏敦煌文献》的编印，是上海古籍出版社一个更为庞大的计划的一部分，这就是李伟国先生在本书所收《〈敦煌吐鲁番文献集成〉编辑构想》中讲述的《集成》。此后，上海古籍出版社陆续刊布了与上海博物馆合编的《上海博物馆藏敦煌吐鲁番文献》2 册（1993 年），与北京大学图书馆合编的《北京大学藏敦煌文献》2 册(1995 年),与法国国家图书馆合编的《法藏敦煌西域文献》34 册(1995—2005 年),与天津艺术博物馆合编的《天津艺术博物馆藏敦煌文献》7 册(1997—1998 年),与上海图书馆合编的《上海图书馆藏敦煌吐鲁番文献》4 册(1999 年)。其中都有着李伟国先生的贡献,而收入本书的一些篇章,也是这项伟大工程的详细记录。

伟国先生治宋史出身,后来长期在上海古籍出版社工作,熟悉中国传统典籍文献,故此在接触敦煌文献后,在从事编辑出版的同时,也能够上手从事研究。这点难能可贵,收入本书的有关敦煌本《玉篇》《文选》《刘子》诸篇,就是绝好的证明。

由于具有良好的文献学功底和宋史研究的学术训练,李伟国先生在离开上海古籍出版社的敦煌文献项目之后,很快回到自己的宋史和宋代文献研究的本行,尤其关注前人较少措意的宋代石刻材料的收集和整理。从 2008 年以来,他不断推出有关宋史和宋代文献的研究成果,甚至在退休之后,仍乐此不疲,这就是收入本书中的更大篇幅的文字。听说最近他完成了三百万字的《宋文遗录》,出版有期。

我与伟国先生以敦煌结缘,对他的敦煌学事业多有知闻,对他的宋史研究也略知一二。此书付梓之际,伟国先生命我作序。以年辈论,故当推辞,但于学于谊,又不敢推诿。今勉力为之,从敦煌学学术史脉络,略述伟国先生对敦煌学之贡献,是为序。

荣新江

2022 年 9 月 30 日

于北大朗润园

目　　录

敦煌·西域

1

墓志·石刻

宋史·宋文

文献·整理

敦煌·西域

俄藏敦煌《玉篇》残卷考释

俄罗斯科学院东方学研究所圣彼得堡分所手稿部所藏 Д x1399б 卷子,是迄今已知的唯一一份敦煌《玉篇》残卷。1963 年,苏联著名敦煌学家孟列夫(即 Л.И.缅希科夫)教授等在所著《亚洲民族研究所所藏敦煌汉文写本叙录》第一辑[①]中,记录了此卷的形貌内容,孟编为 1516 号。1983 年,台北黄永武博士编印《敦煌宝藏》,以未能收录苏联藏卷为憾,但在其《欣赏编》中,亦略得苏联曾公开发表过的藏卷数种,其中就有《玉篇》残卷的影印件。此件因系辗转复印,释读较为困难。1989 年 8 月底,笔者有幸在当时的列宁格勒翻阅原卷,弄清了从影印件中无法弄清的一些情况。

由于《玉篇》在流传过程中留下了许多复杂的问题,此卷的重见天日也就有其特殊的价值。现将初步研究结果,公诸世人。

一、《玉篇》的原本、上元本
和大广益会本

南朝梁顾野王所撰《玉篇》,是中国古代继东汉许慎《说文解字》之后的又一部重要字典。《说文》以小篆为字头,据以解析造字源流并审音释义,《玉篇》则首次用楷书建字头以辨析形义。《说文》首创 540 部首,收字正文 9 393,重文 1 163。顾著《玉篇》在《说文》的基础上分 542 部首,增收汉魏齐梁出现的流行俗字,收字共达 16 917 个,反映了汉字发展的潮流。《玉篇》的音切、释文都极有价值,特别是在释文中旁征博引,不仅超迈前人,在它以后直至《康熙字

---

① 东方文学出版社,莫斯科,1963 年。东方文学出版社现为科学出版社东方文学部,亚洲民族研究所即现俄罗斯科学院东方学研究所圣彼得堡分所。

3

典》之前,也很少有能与之相比拟的。

《玉篇》原书 30 卷,各字头下释文内容十分丰富。唐代南国处士富春孙强增字减注,后世称上元本,宋代陈彭年、丘雍、吴锐等人又加校订,称为大广益会本。大广益会本收字 22 561 个。在宋朝以后的很长一个时期中,学者以为顾著原本已亡佚。

20 世纪初,黎庶昌、杨守敬在日本寺院等处发现唐写本《玉篇》残卷卷八、九、十八、十九、二十二、二十四、二十七共七卷(均有不同程度残缺),其中涉及的字头约当全书的八分之一。罗振玉等前辈学者从书法判断它出于唐人之手。由卷面上数种笔迹之间的关系及背面内容等,亦可证明这些卷子写于唐代①。以原本残卷同传世本相较,可以看到很大的不同。传世本删去了原本释文中列举的异部重文,对原本次第,也作了不小的变动。原本字头下的释文,大部分被简缩刊落。原卷释文首先是反切,以下分音义项诠释,一般有书证、例证、疏证,杂引经史传注及小学书为证,间以"野王案"发表顾氏自己的见解,还举有异部重文。传世本只保留了音切和极简单的释义。原卷一字下释文,多的达到四五百字,而传世本同条仅存十来字,其价值不可同日而语。

传世通行本,较常见的有泽宋堂仿宋刊本、清《小学汇函》本和《四部丛刊》影印建德周氏藏元刊本。三本均题《大广益会玉篇》,人们一般认为,这些都是经过唐宋人乃至元人修订的本子。但若仔细对照分辨,三种本子又可以分为两个版本系统,内容颇有出入。

---

① 有人认为,在日本发现的《玉篇》卷子,是利用佛经卷子背面抄写的,而这些佛经的抄写年代,最晚已当元大德十一年(1307),所以《玉篇》卷子的抄写应更晚。这种看法是站不住脚的。因为第一,这批卷子的《玉篇》一面所存年号题识,均当唐代,另一面所存题识,最早当宋天禧五年,孰先孰后甚明;第二,卷子的非《玉篇》一面内容庞杂,有佛经、图谱及帐目等,东一块西一块,书写不规则,空白又很多,显然是在《玉篇》卷子传到日本以后,日本僧人利用其背面书写的。那么《玉篇》卷子各卷本身是否抄于一时呢?前辈学者如杨守敬、罗振玉等人,由各卷字迹风格,推断何卷为隋末书法,何卷为初唐风格,何卷为盛唐风格。似乎这批卷子非一时所抄。这种推断方式已被用作鉴别敦煌遗书等古代抄本的一种手段。但我认为这个方法包含着很大的危险性,不尽科学,因为汉魏以后的人也可以写篆书、隶书、章草、北魏体,初唐以下的人也可以模仿虞欧等人的风格,唐代以后的人更可以写颜体、柳体,同时的读书人,可以各写各的体。单凭书法风格,尚难判别时代。从目前在日本发现的各个《玉篇》原本残卷的字体风格来看,除卷十八之后分较古朴,与他卷略异外,其余基本一致。抄写《玉篇》这样一部大书,由一人毕其役会花费很长的时间,数人分抄,字体有异,毫不奇怪。据我仔细揣摩日本东方文化学院所印《玉篇》残卷珂罗版卷子本,发现有某一卷抄至中途突然变换字体,若干行后又恢复为原字体的现象,而中间插入的字体,又显然与另一卷的字体相同。可以想见这样的情景:当时数人分卷抄写,一人中途有事外出,另一人接替前一人抄了一段,前一人回来以后,继续往下抄。所以在日本发现的《玉篇》残卷,是数人同时抄写的。

泽存堂本和《小学汇函》本实际上是同一个本子。两本书首均有清代著名学者秀水朱彝尊晚年所作序文一篇。序文说：

> 顾氏《玉篇》，本诸许氏，稍有升降损益。迨唐上元之末，处士孙强稍增多其字。既而释慧力撰《象文》，道士赵利正撰《解疑》。至宋陈彭年、吴锐、丘雍辈又重修之，于是广益者众而《玉篇》又非顾氏之旧矣。予寓居吴下，借得宋椠上元本于毛氏汲古阁。张子士俊请开雕焉。……孙氏《玉篇》，虽非顾氏之旧，然去古未远，犹愈于今之所行《大广益本玉篇》。复上元本而古之小学存焉。

很清楚，朱彝尊认为他从毛氏汲古阁借得的是宋刻唐上元孙强修订本，而不是经过宋陈彭年等再次修订的本子。朱氏的这篇序言引起了很多人的议论。《四库提要》以为，此本实即宋人重修本，"彝尊序……殆亦未见所刊而以意漫书欤"？徐时栋《烟屿楼读书志》则以为"张刻即出朱氏所授"，"何得未见"，"朱序盖高年错记"。余嘉锡不同意这种看法，他在

俄藏《玉篇》残卷

《四库提要辨证》中说，"彝尊虽老，宁至既聋且瞆乎？此盖英雄欺人，欲自表章其能存古代小学之功耳"。这桩公案，似乎定论已久，其实仍不无疑问。以朱氏这样的学者，真会欺世盗名吗？我认为，不管朱氏的结论是否正确，有一点应当是肯定的：他认为此本是上元本。可惜他没有说明理由。此本与日本发现的原本有很大出入，但究竟孙强改了多少，宋人改了多少，如何增字，如何减注，至今仍不甚清楚。何况在唐宋期间，乃至唐前，尚有不少人曾对《玉篇》作过修订。[1] 这一重大的学术问题，尚有讨论的余地，暂不深论。此本卷首，没有宋人的说明，只有顾野王的原序，序前有一段题记：

> 梁大同九年三月二十八日黄门侍郎兼太学博士顾野王撰本。唐上元元年甲戌岁四月十三日，南国处士富春孙强增字。三十卷凡五百四十二

① 《梁书》萧子显传附萧恺传："先是时太学博士顾野王奉令撰《玉篇》，太宗嫌其详略未当，以恺博学，于文字尤善，使更与学士删改。"又《崇文总目》小学类上有《篆文玉篇》20卷，唐慧力撰，据顾野王之书，哀益众说，皆标文示象。又《玉篇解疑》30卷，道士赵士贞撰，删略野王之说，以解文字。今三书均已佚。

部,旧一十五万八千六百四十一言,新五万一千一百二十九言,新旧总二十万九千七百七十言。(注四十万七千五百有三十字。)

这段题记,一般被认为是宋人的。《四库提要》认为题记是附在宋人敕牒之后的,刘叶秋、钱剑夫等也都认为这是宋人重修后作的统计。[①] 其间不无疑问。"三十卷凡若干部,新若干言旧若干言"云云,明明是紧接"孙强增字"而言的,宋王应麟《玉海》卷四十五《梁玉篇、祥符新定玉篇》条亦云

　　《隋志》……今本三十卷。梁大同九年三月二十八日黄门侍郎顾野王撰,序曰……唐上元元年甲戌四月十三日孙强增加字,旧……新……祥符三年二月乙酉,太常博士丘雍上《篇韵荃蹄》三卷。六年九月,学士陈彭年、校理吴锐、直集贤院丘雍上准诏新校定《玉篇》三十卷。(《崇文总目》曰"重修")……

王应麟的这段话很明显地分为三个层次:梁顾野王撰、唐孙强增加字、宋陈彭年等新校定。而"旧若干言新若干言"是放在"孙强增加字"下面讲的。所以可以肯定,这是孙强写的题记。

　　至于题记中的统计数字,至今也没有人能解释清楚。我认为,"旧158641言",是指孙强增字减注本中顾氏原本《玉篇》的所有字头连同释文的总字数,其中顾氏释文已经过孙氏减省,"新51129言",为新增字头及释文总字数,"209770言"为以上两项相加的字数,即孙强本的字数。这个数字与泽存堂本的字数大体相合。"注407530言"比较费解,"注"下当阙"原"字,可读作"注:原407530言",指孙强删订前顾氏原著全书的总字数。有人以为"旧158641言、新51129言"是指《玉篇》的字头数[②],这是错误的。因为当时的汉字总字数不可能达到15万、20万。

---

①　见钱剑夫《中国古代字典辞典概论》(商务印书馆,1986年)和刘叶秋《中国字典史略》(中华书局,1983年)

②　钱剑夫《中国古代字典辞典概论》解释《玉篇》卷首的那段题记说:"现行的《玉篇》正文实只22 561字,较《说文》增加13 208字。时代进化,事物日繁,字数的增加是必然的结果。但是,注文竟达四十余万字,却是无法统计而得其全的。"钱先生说的"正文",是指字头。刘叶秋《中国字典史略》也说:"今本《玉篇》……书前所列字数,说是……全书所收的字,正文实只二万二千余字。可见这不仅已非顾野王的原本,也不是孙强增字本的本来面目了。"

元刊本在上述题记前有宋大中祥符六年九月二十八日牒一篇:

> 准大中祥符六年九月二十八日敕,都大提举玉篇所状,先奉敕命指挥,差官校勘《玉篇》一部三十卷,近方了毕,遂装写净本进呈,其进呈本今欲雕印颁行,伏乞特降指挥事,并据翰林学士、右谏议大夫、知制诰兼龙图阁学士、秘书监、同修国史、集贤殿修撰陈彭年等状,昨据屯田郎中、史馆校勘吴锐,主客员外郎、直集贤院丘雍校勘《玉篇》一部三十卷,再看详别无差误,并得允当者。窃以为篇训之文,岁月滋久,虽据经而垂范,终练字之未精,肃奉诏条,俾从详阅,讹谬者悉加刊定,敷浅者仍事讨论。式就编联,颇为惬当。倘颁行于普率,庶上助于钦明。事牒奉敕宜依,牒至准敕,故牒。

又《宋会要辑稿》崇儒四之四:"(大中祥符)六年九月,翰林学士陈彭年、集贤校理吴锐、直集贤院丘雍上准诏校定《玉篇》三十卷,请雕印颁行,诏令两制官详定更改之事。至天禧四年七月刻版成,赐雍金紫。"

可见宋人对《玉篇》仅作了校勘,就如同当时校定《汉书》《三国志》一样,实未作"重修"。

不过这部元刊本,从字头字序到释文,均与泽存堂本有异同。也许此本才是真正经宋人校正的本子。

总之第一,《玉篇》今本与原本差别非常之大;第二,今本的规模格局主要是唐孙强增字头减释文的结果,宋人只是校正而已。《玉篇》的原本、上元本和宋人校正本均未全佚。

圣彼得堡藏《玉篇》残卷抄于唐末,内容与传世本出入甚大,而又为在日本发现的原本卷子所无,是《玉篇》流传过程中的又一重要环节。

二、俄藏《玉篇》残卷录文

俄藏《玉篇》残卷纸足高 16.5 厘米,长 26.5 厘米,断为两叶,其中一叶下半部分残缺。纸黄。两叶释文各 11 行,字头占两行,如以字头所占为一行,释文小字双行,则两纸相拼共 11 行。下半部残缺的一叶应拼在右边(见附图照片）。《玉篇》残卷的另一面为《论语》卷十残卷。编号 Дx1399a。

《敦煌宝藏》所提供的此卷影印件固然不清晰,原件中也有不少地方难以辨认。现勉为录文如下。

（前残）

彭

1. 漫谓无条科之貌也
   彰文章之貌也或为　　彫

2. 镂也玉瑵仍雕是
   也琢不成文也　　彨

3. 也猛毅伝彣亦雄
   壮之貌也或为髯　　弱

4. 年少也遇王子弱
   轮人为轮故兹

5. 挠也上象曲挠
   髦也栋本末弱　　或

6. 文　哉谓文章备
   也容也或为郁　　影　　英 惠 迪 吉 从 逆 凶
   　　　　　　　　　　　　　□ 影 △ 谓 若 影 之

7. 随　　形
   也　　须　　需 冥 氏 掌 得 兽 献
   　　　　　　其 皮 革 齿 须 谓 颐

8. 下 须 也 面 也 须 眉 丈 □ 是 也 东 海 鱼 须 鱼 目
   今 以 为 簪 又 者 也 大 夫 笏 以 鱼 须 文 竹 是 也

9. 象 古文　　　　顅 △美顅长大谓
   　　　　　　　　　颊须亦为髯

10. 顅 訾灵王生而有顅
    顅口上之须也　　顉 △发半白也
    　　　　　　　　　又顉貌也

11. 顩 △短须貌也
    白发须貌也　　髟 □□二音长髟
    　　　　　　　　□□也从长彡

9

（后残）

其中彭、雕、彩、弱、或、髟为据卷子内容推定应有的字头，▭表示无法确定字数的残文，▭内表示原残的字，△表示暗淡无法辨清的字，⬚内表示残而可认的字。第 6 行"影"字头下的"英"字、第 7 行"须"字头下的"需"字、第 10 行"颥"字头下的"赀"字及第 9 行"颥"字头下无法辨认的△字，第 10 行"顑"字头下无法辨认的△字，第 11 行 髟 字头下上行 ▭ ▭ 两字，原均为红色。

三、俄藏《玉篇》残卷内容考释

残卷包涵今本《玉篇》三个部首、十二个字头，现作俄藏残卷与泽存堂影宋本、四部丛刊影元刊本部首字头对照表如下：

敦煌残卷	彭雕彩弱或影须颥颥顑颢 髟		
泽存堂本	彡部六十二	须部六十一	髟部六十五
	彭雕彩弱或影	须颥颥顑颢颢	髟
元刊本	彡部六十二	须部六十一	髟部六十五
	或雕……彭……彩影弱	须颥颥颢顑	髟

残卷中的十二个字头，包涵了传世本"须"部的全部字头、"彡"部的部分字头和"髟"部的首字"髟"。残卷未分部，但在影字（传世本彡部末字）和须字（传世本须部首字）之间，颢字（当为须部末字）和髟字（传世本髟部首字）之间，留有较多空白。传世本须部为六十一，彡部为六十二，髟部为六十五，残卷彡部字在前，须部字在后，髟部字跳接须部。部内字序，泽存堂本与残卷大体相合，元刊本有变化。三本字头，大体相合。其中须部各字，残卷完整无缺，为五字，元刊本亦为五字，但无颢字而有颢字，字序亦与残卷异；泽存堂本无颢字而有颢颢二字，字序则与残卷相合。《说文解字》九上须部有𩑶字，今本释文作"短须发皃，从须否声"，既谓"从须否声"，则否楷作否，然《黄侃手批说文解字》眉批楷作䫗，谓同𩒻，又作髻。而髻又作颢，则泽存堂本之颢字应即颢字或颢字，不知为何又增一颢字；《玉篇》立部有颢字，从立须声，为"等待"之意，与须部字

多为须发意不同。元刊本须部字数虽与残卷相同,但无额或颔或颥而有颊,更属大谬。

残卷字头下释文,与传世本颇有异同,今亦先列表对照如下:

	敦 煌 残 卷	泽 存 堂 本	元 刊 本
彪	……漫谓无条科之貌也……彪文章之貌也。或为……	力旦切,鲜明也。	力旦切,鲜明也。
雕	……镂也,玉戏仍雕是也,琢不成文也。	东尧切,说文云琢文也,书曰峻宇雕墙。	东尧切,琢文,书峻宇雕墙。
须	……也。猛毅伾须,亦雄壮之貌也。或为髯。	如时切,颊须也,又兽多毛。	如时切,颊须,又兽多毛。
弱	……年少也。遇王子弱……轮人为轮,故竑……挠也,上象曲挠……鼜也,栋本末弱……	如药切,尪劣也。	如药切,尪劣也。
彧	……文哉,谓文章备也。容也。或为郁。	于云切,文章兒,诗曰黍稷或或,或或,茂盛兒。	于云切,文章貌,诗黍稷或,茂盛兒。
影	英。惠迪吉,从逆凶,惟影响,谓若影之随形也。	于景切,形影,书曰从逆凶惟影响。	于景切,形影,又影响。
须	需。冥氏掌得兽献其皮革齿须,谓颐下须也。面毛,须眉丈□是也。东海鱼须鱼目,今以为簪。又者也,大夫笏以鱼须文竹是也。𩓣,古文。	思臾切,面毛也。	思臾切,面毛也。
颥	□。美颥长大,谓颊须。亦为髯。	如廉切,颊须也。	如廉切,颊须也。
颛	赀。灵王生而有颛,颛,口上之须也。	子移切,口上须也。左氏传曰周灵王生而有颛,或作髭。	子移切,口上须,左传灵王生而有颛。或作髭。
颁	□。发半白也,又颁兒也。	方支切,须发半白,声类云颁兒。	方皮切,须发半白,声类云颁兒。
额	□。短须兒也。白发须兒也。		
(颊)		方乎、步侯二切,短须发兒,亦作额。	

	敦 煌 残 卷	泽 存 堂 本	元 刊 本
（颏）		询趋切，待也。	方干、步侯二切，短须发皃。
髟	□□二音。长髟□□也。从长彡。	比聊、所衔二切。长发髟髟也。	必凋、所衔二切。长发也。

俄藏敦煌《玉篇》残卷的释文内容，显然远较传世本丰富。

彭下释文，传世本仅"鲜明也"一义，残卷"漫谓无条科之皃也"，"漫"前当有"彭"字，《庄子·在宥》"大德不同而性命烂（即彭）漫矣"，后多释烂漫为散乱貌，与此释"无条科之皃"合。"彭，文章之皃也"前应尚有灿字，"灿彭，文章之皃也"，《广韵》《集韵》等书彭字下有其义，《楚词·橘颂》"文章烂烂兮"。"或为"下，依例应为"烂"字，彭或作烂。

雕下释文，今本引《说文》"琢文也"，残卷作"琢不成文也"，胡吉宣先生作《玉篇校释》，虽未见俄藏残卷，但他据《一切经音义》指出："引《说文》为后人依二徐本所删改，慧琳凡四引《说文》均作'琢以成文也'。"则残卷之"琢不成文也"，"不"字显系抄误，当作"以"，正可证明顾野王和慧琳所引为《说文》原文。"镂也"见《广雅·释言》。"玉珑仍雕是也"，出《礼记·明堂位》"爵用玉珑仍雕"文，今本《礼记》"雕"字假鹰雕字为之。传世本引《书》"峻宇雕墙"，残卷缺文中应有之。

彭下释文，传世本作"颊须也，又兽多毛"，残卷此文残去。"猛毅髭彭"出《西京赋》，注"髭髯作毛鬣也"，因而残卷中又引申为"亦雄壮之皃也"，此义传世本无之。"或为髯"，今本《西京赋》正如此，又见《宋本广韵》。《集韵》等书又有"罪不至髡也"，引《汉书·高帝纪》应劭注"罪不至于髡，完其彭鬓"云云，其义或在残本缺文中。

弱下释文，传世本仅"尪劣也"一义。残卷"年少也"为一义，前有残文，应有"弱冠"一辞。"遇王子弱"云云，出《左传》襄廿六年"颉遇王子，弱焉"，杜注"败也"，"败"义应在缺文中。"轮人为轮故竑"云云，出《周礼·轮人》"轮人为轮"，"故竑其幅广以为之弱"，郑注"蓄也"。"挠也"云云，出《说文》"弱，挠也，上象挠曲，彡象毛氂也"，残卷缺损数字。"栋本末弱……"，"栋"

当作"栋","栋挠"出《易·大过》,《疏》曰:"栋挠者,谓屋栋也。本之与末俱挠弱,以言衰乱之世,始终皆弱也。"又《集解》引虞翻曰:"本末弱,故挠。"残卷所用或即此句,"故挠"云云应在缺文中。弱字之"年少""败""蕳""挠"等义,传世本均未细分。

彣下释文,传世本作"文章貌",又引《诗》"黍稷彧彧"注,"彧彧,茂盛兒",残卷引《论语》"郁郁乎文哉",孔注"文章备也",又释"容也",可见于《广雅·释训》。"或为郁",为异部重文。

影下释文,残卷与传世本基本相合,惟语意较为完整,引《书》为《大禹谟》文,"禹曰惠迪吉,从逆凶,惟影响",《孔传》"吉凶之报,若影之随形"。所引《尚书》文《玉篇》传世本删"惠迪吉"三字。

须下释文,传世本仅"面毛也"一句,残卷"冥氏掌得兽献其皮革齿须,谓颐下须也",见《周礼·秋官·冥氏》"若得其兽,则献其皮革齿须备",郑司农云:"须直谓颐下须。""面毛"一义,见于传世本,"须眉丈□是也",疑当作"须眉丈夫是也",申"面毛"义。"东海鱼须鱼目,今以为簪",见于《尚书大传》。"又者也"疑当作"又音班",下"□夫笏以鱼须文竹是也",阙字当为"大",出《礼记·玉藻》,"笏大夫以鱼须文竹",陆德明《释文》须音班。此音义司马光《类篇》亦有之。王氏《经义述闻》云:"须与班声不相近,此节经文及《释文》《正义》内'须'字,皆'颁'字之误,颁与班古字通,故释文音班,故崔氏曰'用文竹及鱼班'也。隶书分字作𠆩,故颁字或作頌,形与须相似,因误为须耳。自唐石经始误颁为须,而《集韵》二十七删遂收入须字。"其论如正确,则误颁为须不自唐石经始,《玉篇》须有班音,应有更早的根据。

顂下释文,传世本作"颊须也",残卷作"美顂长大,谓颊须","亦为䨋",异部重文。

颋、頓下释文,残卷与传世本大同小异。

额字为传世本所无,泽存堂本有颒字,实即额字,释文作"短须发貌",残卷多"白发须貌"一义。泽存堂本增颋字,释云"询趋切,待也",《玉篇》立部亦有之,释作"相臾切,待也",颋实即须字,须部既已有须字,立部又有颋字,则依例须部不应再有颋字,残卷无之,为顾著原貌。元刊本无额(或颒或额)字,收颋字而释文张冠李戴,尤谬。

髟下释文,残卷与传世本大同小异。

四、残卷与《玉篇》原本今本的异同

由上文的考释,已可约略得知俄藏《玉篇》残卷内容与日本发现的原本卷子及传世本的异同之处。

相同之处:

1. 残卷中各组(在传世本中分部)字头的顺序与传世本基本相合。

2. 残卷 12 个字头下的释文,颥、顿、额、髟等与传世本相同,而语意较完畅;其余各字下的义项、例证,远较传世本为丰富,而与在日本发现的原本卷子体例相合。

3. 残卷释文中彩或为[烂]、肜或为髯、或或为郁、顅亦为髵等异部重文,虽为传世本所无,却正是顾氏原本所依例应有的。如日本发现的原本卷子卷九言部警字下"或为儆字,在人部",谊字下"今并为义字,在我部",謥字下"今亦为憁字,在心部",譞字下"与儇字同,在人部"等,亦均为传世本所删。

不仅如此,见于俄藏残卷而不见于传世本中的不少释文,还可以由《一切经音义》所引证明其本为顾氏《玉篇》所有。慧琳序《大般涅槃经音义》,云"训诂多据《玉篇》"。《音义》卷二四"顾野王曰,雕,镌刻也,《广雅》雕亦镂也,贾注《国语》镂,刻也,《说文》雕,琢以成文也",传世本雕字下无"镂也"义,残卷有之,传世本"琢以成文"作"琢文",残卷不误。《音义》卷四引《说文》"上象挠曲,弱则挠也……象毛氅细弱也",卷六四引杜注《左传》"败也"(襄廿六年《传》"颉遇王子弱焉"),胡吉宣先生《玉篇校释》证其为《玉篇》弱字下原文,俄藏残卷中正有之。《音义》卷三四及八八并引《周礼》"须,颐下须也"(秋官冥氏,"则献其皮革齿须备"郑众注),《校释》亦证其为《玉篇》原文,俄藏残卷中亦正有之。

从残卷到传世本,递遭之迹甚明。如上文所述雕下释文引《说文》原文"琢(不)[以]成文",传世本据大徐本《说文》改为"琢文",甚无理;又残卷须部为五字,有额(或颊或额)字而无颠字,传世本增颠字,亦无理,司马光《类篇》则额

（颜）、颐（颂）、颥俱收，又增一文。

孟列夫教授对于此卷是否可定为《玉篇》残卷，颇有疑虑，今据以上几点，已有充足理由。

残卷与在日本发现的《玉篇》原本卷子及传世本的不同之处是：

1. 残卷12字未明分部首，传世本分三部，顺序亦不同。不过此三部中均含有"彡"。

2.《玉篇》原本及传世本的音注均用反切，残卷却用直音，且以红字书写，以收醒目之效。如影下注"英"，须下注"需"，颥下注"赀"，髟下则注□□二音。等等。

3. 残卷对于顾氏原著的释文，亦有明显删节，特别是例证出处。如雕字下"玉珧仍雕是也"前应有"《礼记》"，"琢不成文是也"上应有"《说文》"，弱字释文"遇王子弱"上应有"《左氏传》"，影字释文"惠迪吉……"前应有"《书》曰"，等等。日本发现的原本卷子，对于例证出处，一般均不省略，如言部诟字：

> 许遘、胡遘、居侯三反。《左氏传》，"闭门而诟之"，杜预曰："诟，骂也。"《礼记》"孔子曰'妄常以儒相诟病'"，郑玄曰"诟病犹耻辱也"。野王案：《左氏传》"不忍其诟"是也。詬，《说文》亦诟字也，声类或为㖃字，在口部。

即同传世本比较，也可以看到这种情况。如雕字下传世本有"《说文》云琢文也"，影字下传世本有"《书》曰从逆凶……"，颥字下传世本有"《声类》云鬝兒"，其中的《说文》《书》《声类》等残卷中均无。

又残卷内容虽较传世本为丰富，但对于某些义项，也有删节的可能。如从《一切经音义》等书中可求得相应字头下《玉篇》的释文，某些在残卷中无法找到。

以上三点，尚不足以推翻残卷内容为《玉篇》的结论。可以这样解释：这份残卷是抄写者据《玉篇》删改的，也有可能是抄写者依据当时流行的一种《玉篇》抄本转抄的。这种情况，说明《玉篇》在社会上流传颇广，修订过《玉篇》的，宋前即不止孙强一人。为了便于抄写、使用,在抄书时代,对卷帙繁重的著作加以删节,这种例子是屡见不鲜的。

如果更确切一点,这份残卷亦可定名为《玉篇抄》残卷。

原载:《中华文史论丛》总第 52 辑,上海:

上海古籍出版社,1993 年。

原本《玉篇》的发现和
传抄的时代

1983年第2期《辞书研究》载有黄孝德同志《玉篇的成就及其版本系统》一文，对梁顾野王所撰《玉篇》一书的体例及其版本系统作了比较详细的介绍，然黄文对日本现存原本《玉篇》残卷的介绍有可商榷之处。原本《玉篇》残卷的发现对于研究《玉篇》的原貌，评价宋人修订《玉篇》的功过及研究《说文解字》等文字学著作有很重要的意义。今就原本《玉篇》残卷的发现、印行、现存几种版本的特点及其原卷的抄写年代等问题，作一简要论述。

一

原本《玉篇》残卷，为遵义黎庶昌于光绪初年出使日本时在东京发现，随同黎氏使日的版本目录学家杨守敬，初见其四卷，即核定为"顾氏原本"。当时，由于残卷早被割裂分藏于各寺院和私人手中，不易得见。日人柏木探古不仅藏有原本残卷，且录有他家藏卷之若干副本，黎庶昌相交于柏木氏，赠以金币，假而刻之，后又向日本各藏家商借原本或摹写本，在日本随得随印，并收入《古逸丛书》中。《古逸丛书》本《玉篇零卷》（下简称黎本）包括如下几卷：

1. 卷九　言部（首缺）至幸部（亦有残缺），共26部690字。光绪八年（1882）以传写本上木，中间册部至欠部一段于光绪十年（1884）据西京知恩院方丈彻定（号松翁）影写本上版，因后出，被置于卷二十二之前。

2. 卷十八之后分　放部至方部，共12部161字，用柏木探古所藏原本，以照相影印法印之。

3. 卷十九　水部（首尾俱缺），存 144 字。光绪八年以传写本刻之。

4. 卷二十二　山部至厹部，共 14 部 611 字。光绪十年据西京知恩院方丈彻定所藏原本影写本入木。

5. 卷二十七　糸部至索部，共 7 部 420 字。该卷糸部前半藏山城高山寺，后半藏石山寺。黎庶昌先得后半，光绪八年以传写本刻之；光绪十年又据印刷局所印高山寺藏本糸部前半镌续。

这样，黎刊本共有五卷 60 部 2 026 字，其字数约当《玉篇》所收字数的八分之一。

由于原本《玉篇》残卷颇有残损及讹抄之字，黎、扬所见又以传写副本为多，辗转传摹，不仅笔意全失，且舛误日增，于是在刻印时，黎、扬二人就其错、脱、衍、讹，用宋刊广益本《玉篇》及大、小徐本《说文解字》加以比勘，径为校改，其中虽不乏精到之处，然亦有出于臆改者。

黎庶昌发现原本《玉篇》零卷，引起了众多学者的关注，柏木探古即于明治十五年（即光绪八年，1882 年）冬 10 月将自己所藏之卷十八之后分先行刊行。印刷局于次年冬 11 月取高山寺所藏《玉篇》卷二十七一卷印之，得能良介为之跋。明治廿七年（1894）神宫文库又刊行所藏卷二十二山部至厹部一卷。

这一时期，从光绪八年到二十年，即明治十五年到廿七年，可作为原本《玉篇》印刷的第一阶段。

著名学者罗振玉东游日本，因见黎刊本所据不尽为原件，且曾据后出之大广益会《玉篇》、大小徐《说文》加以校改，有失原本面目，遂刻意访求原卷，欲纠其偏。1915 年秋，罗振玉因小川简斋介绍得见早稻田大学所藏卷九言部迄幸部，于 1916 年冬用珂罗版精印行世。1917 年，又于京都福井氏崇兰馆获见册至欠五部，于西京博物馆见大福光寺所藏鱼部残卷，又见山城高山寺所藏糸部之前半，近江石山寺所藏糸部后半至索部，遂借得原卷，于是年用珂罗版印行。以罗刊本之卷数与黎刊本相较，多卷二十四鱼部残卷 20 字，缺卷十八之后分放部至方部 161 字和卷十九水部 144 字。罗刊《原本玉篇残卷》二册，不但新得鱼部 20 字弥足珍贵，且因全用原本影印，从字形到内容，都较《古逸》本真切,惜未印全。这是原本《玉篇》印刷的第二个阶段。

黄孝德同志的文章说:"黎庶昌将所发现的《玉篇》零卷印成《影印旧钞卷子原本玉篇零卷》之后,罗振玉曾与后来在日本发现的《卷子本玉篇残卷》比较异同,认为较黎氏刊本更全。黎本篇幅约为原本《玉篇》的十分之一,罗氏校读本则为八分之一。"这段话颇费解,什么叫"后来在日本发现的《卷子本玉篇残卷》"?什么叫"罗氏校读本"?罗氏访求原卷,所见之卷子中有鱼部 20 字为黎氏所未见,"后来在日本发现"者,仅此而已。在黎刊本后、罗刊本前,在日本也不曾有人将现存原本《玉篇》的所有残卷结集成较黎刊本篇幅为多的书函。又黎刊本所收字数已占原本《玉篇》的八分之一,黄文谓仅十分之一,不知何据?罗刊本较黎刊本少两残卷近三百字,又不知黄文为何反谓罗氏所见为多?

原本《玉篇》残卷以卷子原装形式用珂罗版全部影印,则在昭和七年到十年(1931—1934),是由日本东方文化学院作为"东方文化丛书"第六辑陆续行世的,共包括六个卷子,即:

1. 卷第九　昭和七年用早稻田大学藏抄本景印。

2. 卷第二十七　昭和八年用山城高山寺、近江石山寺藏抄本景印。

3. 卷第二十二　昭和九年用神宫厅库藏"延喜"抄本景印。

4. 卷第八　昭和十年用东京藤田氏古梓堂藏抄本景印。

　　卷第二十四　用京都大福光寺藏抄本景印。

5. 卷第十八之后分　昭和十年用大阪藤田氏藏抄本景印。

6. 卷第十九　昭和十年用大阪藤田氏藏抄本景印。

其中卷第八心部仅六字,为黎刊、罗刊所无,而水部前又较黎刊多脱 25 字,乃藏家易手时所割裂,未得再见,为可憾耳。至此,日本现存原本《玉篇》残卷已全部印行问世。这次刊行,全部用原件以珂罗版精印,卷子形制、墨色深浅悉如原卷,可谓最善之本。这是印刷原本《玉篇》残卷的第三阶段。

原本《玉篇》的发现和印刷情况大体如上所述。其中黎刊《古逸丛书》本,事属首创,其功自不可没。但正如罗振玉所指出的,黎刊本未全用原本影印,抄写描修中不免有误。至于黎本对原抄之改补,罗氏认为"皆精确""可见当日校刊之慎密"者。但今天看来,亦不足取。事实上,黎本之改字补字,颇多错误,如讠部"谖"字,原本注"慧慧也",黎本以"慧慧"读之,以其重复而删一字,罗氏不以为错。但据胡吉宣先生考证,原本"慧"下之字原应为"了"字,引《方言》"谖,慧了也"以为证,其论甚精到。则知"慧"下之两点实不可删。即使是黎刊本改对了的,也大可不必改,因为卷子本的可贵处,正在于接近原本,一改就容易失真。又黎刊本往往据大广益会本《玉篇》和大小徐本《说文》作改补,尤为不妥,两书乃宋朝人改订,其功过正有待用原本去衡量,且所谓原本,正是相对宋人改订本而言的,今反据以改原本,不就混淆了吗?黎氏之校刊成果,如果附原本以行,作为一家之说,自无不可,今迳改原文,不作说明,如何使读者得知?今天研究原本《玉篇》残卷,在使用《古逸丛书》本的时候,当小心从事。

二

原本《玉篇》残卷发现之后,虽已刊行多次,但对于原卷之抄写时代,却至今众说纷纭。

涩江全善、森立之《经籍访古志》"《玉篇》零本(旧抄卷子本,石山寺藏)"条云:"若此本之传,则远在孙强增字已前,真为顾氏原帙也。"孙强增字在肃宗上元年间,即公元 760—761 年。

杨守敬《原本玉篇零卷后记》亦尝辨其非孙强之本:"据广益本于祥符牒后载,旧一十五万八千六百四十一言,新五万一千一百二十九言,新旧总二十万九千七百七十言,又双注云,注四十万七千五百有三十字。余以广益本合大字注文并计之,实只二十万有奇,绝无注文四十万之事。今见此本,始悟其所云注四十万者,为顾氏原本之数,故盈三十卷。旧一十五万者,孙强等删除注文增加大字并自撰注之数也;新五万有奇者,陈彭年等增加大字并自撰注文之数也。或者不察,乃以顾氏原本注文为简,孙强、陈彭年注文为繁,慎之甚矣。"

黎庶昌《书原本玉篇后》说:"日本柏木探古旧藏有古写本《玉篇》一卷,自放部至方部,相传为唐宋间物。"

柏木探古刊原本《玉篇》残卷卷十八之后分跋云:"而第十八、十九二卷所称东大寺马道本,此二卷原是同种,而此卷[按:指卷十八之后分]纸质精厚,书法奇古,毫不与他卷相类,定是隋唐间抄本。"

黄孝德同志据周祖谟先生《论篆隶万象名义》一文立说,认为"大致可断定《玉篇》第一次东渡的时间在唐宪宗元和元年(806 年)"。

从以上几种说法看,早的认为是隋唐间物,晚的认为是唐宋间物,迄无定论。

由于原本《玉篇》残卷正面尚有年代残字,纸背有的抄写了佛经,有的为神宫官员的谱图帐,亦有年代可考,从而为我们研究原本《玉篇》残卷的抄写年代提供了一些线索。

原本《玉篇》卷九残卷的背面,抄录了《金刚私记》一卷,末题云:"治安元年八月廿八日以石泉御本写之毕。"其下方间隔二寸二分又题"康平六年七月廿日于平等院奉受此经。佛子快算。"治安元年当宋天禧五年(1021),康平六年当宋嘉祐八年(1063)。伊泽兰轩《长崎纪行》:"(文化三年六月六日)余于寺町御池访线屋总四郎(姓鹪鹩名春行,号竹苞楼),主人热情相迎,相得甚欢。主人出示古物数种,内中有一古钞零本《玉篇》,边格上短下长(如延喜图书令制度),背古钞佛经,题曰:治安元年云云,康平六年云云,等语,从这年号可知《玉篇》古钞的时代。……"(转引自冈井慎吾《玉篇之研究》)同时伊泽兰轩发现此卷被挖去六十八行(即册部至欠部),纸背的佛经也同罹于难。罗振玉因小川简斋之介,得见此卷,惊其书法之劲妙,认为系初唐人手笔。

卷十八之后分卷末接轴处有识语二行,一为"马道"二字,一为"□□四年十一月十三日□□","四"字之上犹有墨痕,消磨不可读,只末画似为"云"字,按日本历代年号用云字者,仅庆云和景云,柏木探古据此以为此卷即为当时所抄。庆云四年当唐武则天长安四年(704),景云四年当唐大历五年(770),唐睿宗李旦有景云年号,但仅两年,无四年。马道其人不可考。

卷二十二纸背抄"伊势天照皇太神宫祢宜谱图帐",中有"德治二年"任命某人为祢宜云云,德治二年当元大德十一年(1307)。伊势神宫是日本最大的神宫,在三重县宇治山四市。正面所抄《玉篇》之卷首有"房"字朱印三个,卷末题云:"延喜四年正月十五日收为典药宅书。"延喜四年当唐昭宗天祐元年(904)。

卷二十七最初为近藤正斋《正斋读书考》所著录,正斋约在文政二年

(1819)去大阪赴任时经石山寺,寺僧出其藏书请近藤观之,其中有《玉篇》残卷一,背面书有《大般若经》,近藤幸得摹写珍储。《古逸丛书》本系据文化五年(1808)九月源常显向折所抄。据冈井慎吾云:《古逸丛书》本卷末直接有梵文训释数行,而实际则在纸背,而不是直接接在正文末尾,且不是如近藤正斋所说的《大般若经》。卷二十七前半为高山寺藏,后半为石山寺藏。纸背书"息灾、增益、降伏、钩召、敬受、延命"等训释,后题有"护摩科文六种"一行,并附炉样略图,科文后有"应德二丁丑"的题识,应德二年当宋元丰八年(1085)。

以上即为卷子本《玉篇》残卷第九、十八之后分、二十二和二十七四卷之正面和背面有年代可考的题识情况。

许多人认为,原本《玉篇》卷子是利用佛经卷子的背面抄写的,这种看法不对。首先,现存原本《玉篇》残卷的背面并非全为佛经。其次,卷子正面所存年号题识均当唐代,早于背面的各题识。再次,现存卷子背面文字,最早当宋天禧五年(1021),最晚则当元大德十一年(1307),不可能想象原本《玉篇》抄于14世纪以后。是先有《玉篇》卷子,后有背面的佛经、谱图帐等,而不是相反。

一般认为,卷二十二既有"延喜四年"题识,即应为当时物,冈井慎吾见卷二十二背面"伊势天照皇太神宫祢宜谱图帐"中有"德治二年"字样,认为谱图帐非延喜物。其实"谱图帐"同"延喜四年"云云不是一回事,卷子正面的"延喜四年收为典药宅书",是说《玉篇》此卷于延喜四年为典药宅所有,谱图帐则是后来抄写的。

卷子背面的治安、康平、德治等,只能证明《玉篇》卷子的抄写在此之前。最能说明《玉篇》卷子的抄写年代的,只有卷十八之后分正面卷末的"□云四年"一行题识。前已述及,日本年号使用"云"字的,只有"庆云"和"景云",当公元704年和770年。自唐贞观四年(630)日本第一次派出遣唐使始,至大历十年已派出15次(其中有两次因故未行)。这段时间日本遣唐使不断来唐朝交流学习,不仅带回了大批佛书,也带回了许多经史之书,《玉篇》当即在其时由留唐学生和僧人抄录传入日本。黄孝德同志因日本弘法大师空海所撰《篆隶万象名义》一书以顾野王《玉篇》为蓝本,而据以断定《玉篇》第一次东渡的时间在唐宪宗元和六年(806),也不恰当,此点只能证明《玉篇》第一次东渡尚在此之前。《玉篇》曾多次东渡,如于公元862年入唐的日僧宗睿亦曾带去《西川印子玉篇》一部(见木宫泰彦《日中文化交流史》,商务印书馆译本,第196页)。

从目前发现的原本《玉篇》几个残卷的字体风格来看,除卷十八之后分一卷书法古朴与他卷略有不同外,基本上是一致的,当为一时所抄。抄写《玉篇》这样一部大书,由一人毕其役的可能性很小,数人分抄,字体必定有异,这毫不奇怪(此点详见本书所收拙文《俄藏敦煌〈玉篇〉残卷考释》第4页注①)。

（与吴旭民合作撰写）

原载:《辞书研究》1984年第6期,

上海:上海辞书出版社,第129—135页。

一部有传世价值的
文字学巨著

——胡吉宣先生的《玉篇校释》

1982 年,也就是我研究生毕业后进入上海古籍出版社工作的第二年,李俊民社长转来了胡吉宣先生希望出版其《玉篇校释》等著作的一封信件,经初步研究,社领导和三编室主任派我和吴旭民同志两人去胡家看稿并了解情况。

于是我们来到淡水路 82 弄 4 号一间极为普通的民居,胡先生时年 88 岁,面容清癯,见到我们两个年轻人,竟如老友重逢,捧出 30 大册以蝇头小楷密密写成的巨著《玉篇校释》,侃侃而谈。

回社以后,我们向社室领导汇报了情况,认为胡先生的著作是值得出版的,总编辑戚铭渠同志同意了我们的意见。不久以后,我和吴旭民带着出版社的公函再次来到胡家,当我们告诉胡先生古籍出版社决定接受《玉篇校释》等著作的出版的时候,胡先生长长地吁了一口气,眼睛里发出了光彩,胡师母说:"终于天亮了!"

我们将稿件带回了社里,老编审陆枫先生得悉此事以后,认为此稿的出版应当慎重。原来《玉篇校释》的初稿在"文革"前曾经送到中华书局,有关专家认为此稿的宗旨之一为"恢复《玉篇》原貌",而由于材料的限制,这一点实际上是难以做到的,又校释内容较为繁琐,须作修订才能出版。因为此稿比较重要,作者又在上海,中华书局总局就此事向上海编辑所(即上海古籍出版社的前身)发函作了通报。不久以后,"文革"开始,中华书局为了保护作者的权益,将稿件还给了胡先生(不是退稿)。"文革"中,此稿幸免于难。

陆枫先生告诉我们,胡吉宣先生在"文革"以前曾为我社主校《经籍籑诂》(当时准备排印出版,已经试排若干页,因需大量造字而作罢),其水平明显高出同校各位一筹。我们告诉陆枫先生，"文革"后期，特别是粉碎"四人帮"以后，胡先生已对全稿作了修订，质量有了很大提高，胡吉宣先生早年的同学、著名学者顾颉刚先生看了书稿以后，写信称其为"国之瑰宝"。陆先生终于和我们达成了共识，并与我们一起去征求古文字专家戴家祥教授的意见，戴先生认为此书有传世价值，可以出版。至此，《玉篇校释》的出版问题终于尘埃落定。

胡吉宣先生生于 1895 年 4 月，浙江慈溪人，1918 年肄业于北京大学（因病辍学），后定志专攻语言文字之学。1934—1935 年曾任明诚国学夜校教师，1952—1961 年在上海图书馆任职。1934 年出版《字原》，后又出版《字监》，马衡、郭沫若、顾颉刚等曾为其书题签作序，继即专治《玉篇》，《玉篇校释》为其毕生精力的结晶。

南朝梁顾野王(519—581)《玉篇》，是我国古代继《说文解字》之后又一部重要字典，也是用楷书建字头以辨析音形义的最早一部字书。与《说文》相比较，《玉篇》收字多出 6 000 余个，主要是汉魏齐梁出现的流行俗字，反映了汉字发展的潮流。其音切、释文都极有价值，特别是在释文中旁征博引，不仅超迈前人，在它以后直至《康熙字典》之前，也很少有能与之相比拟的。《玉篇》引用的大量经史传注和小学书籍，均为萧梁时代的旧本，对于今日校辑古籍，也很有用。《玉篇》兼有字典、词典二者之长，已具备了近世字典的雏形。《玉篇》原书卷帙繁重，唐代孙强增字减注，宋代陈彭年、丘雍、吴锐等人又加重修，成为后世通行的《大广益会玉篇》，原本及孙强增字本遂渐亡佚。

《玉篇》是最早传入日本的中国字书，日本学人甚至把中日字书统称为"玉篇"，还曾编有《和玉篇》《小玉篇》等。日本早期的一些字书如《篆隶万象名义》等，内容大多承袭原本《玉篇》。20 世纪初，杨守敬等人在日本寺院、学府，发现唐写本《玉篇》残卷，这应该是由留学唐朝的日本僧人带回去的。黎庶昌、杨守敬把发现的残卷刻入《古佚丛书》，罗振玉用珂罗版印了其中的一部分。后来日本东方文化学院以卷子的形式连同背面后人写经等全部用珂罗版予以复制。

以《玉篇》原本残卷相较唐宋人修订的广益本，可以看到很大的不同。广益本删去了原本的全部异部重文，对原本次第也作了不小的变动，而原本的释文，竟大部分被删去，一条释文，就现存原卷看，多的达到四五百字，而广益本同条仅存 10 字。

历代为《说文》作注的书已难以计数，而对于《玉篇》，学人虽然亦十分重视，在胡吉宣先生之前，却没有详备的校注本出版。胡吉宣先生写出这部 400 余万字的巨著，固已为顾氏功臣，更为中国语言文字学的研究做出了可贵的贡献。

胡先生没为《玉篇校释》撰写序例，我当年在为我们出版社起草的本书《出版说明》中大略概括了三点：

第一，《玉篇》原本文字的辑集。《玉篇》全书共三十卷，在日本发现的原本为七卷（均有不同程度的残缺），其中出现的字头约当全书的 1\8。《校释》以广益本三十卷为基础，加入全部原本残卷内容，标以"原本"字样。值得特别指出的是，由于黎庶昌、杨守敬受当时条件的限制，印入《古佚丛书》的《玉篇》卷子，所据大多不是原件，而是日本各藏家辗转摹写的，不免出现诸多差讹，杨氏有鉴于此，遂对这些摹本作了不少填改，结果又破坏了原本面貌并增加了一些错误。所以《校释》所用的原本《玉篇》，是最能反映其原貌的日本东方文化学院复制本。除了使用原本残卷以外，胡先生又从中土文献慧琳《一切经音义》等及日本古文献《篆隶万象名义》《倭名类聚钞》《新撰字镜》《香药钞》《香字钞》等书中爬梳抉剔，辑出这些书所引用的大量原本《玉篇》文字，将这些片断材料一一归入原字头下的《校释》中。

第二，字头顺序的排列。由于广益本更动了原本字头排列顺序，已同原本残卷字序不尽相合，《校释》以原本卷子为依据或线索，无原本可据的，依照顾氏原旨，大体按《说文》字序排列。凡从引有《玉篇》原本文字的文献中辑得或从今存《玉篇》前后文判断原本应有的，而唐写残卷和广益本均未见的字头或重文及其释文，列于各部之末为"补逸"，而凡校释者从各种材料中求得线索，认为原本《玉篇》或应有某字头或重文，而唐写残卷和广益本均无的，列于"补逸"之后曰"拟补"。

第三，校释。凡无原本释文，只剩下广益本寥寥数字的训义的，依据唐写卷子原本《玉篇》体例，对照广益本删节情形，补其所删剩训义之所出，所补材料多由慧琳《一切经音义》求得线索，盖慧琳自谓"训义皆本《玉篇》"也。凡有唐写本或他书所引原文的，必就原本、逸文、广益本及其中所涉文献之通行本等参互校勘,指出原本或广益本的错误,时亦指出《古佚丛书》本的错误。原书于异部重文及典籍通假之字,大抵为之分别说明,《校释》广其旨意,凡声音相近、古今异文、三家三传异同等,尽可能为之疏通证明。又凡各字命名意义、形声关联、创造原始及其流变,由隶楷小篆上推籀、古、金、甲、玺、匋,以订《说文》之误。间亦引用大量经史子集传注及小学书籍,为之考证。

由此而论,此书内容丰富,体例严密,学术价值和实用价值均很高。

在此书的出版过程中,尽管对于书稿的学术价值已经没有异议,但由于全书篇幅巨大,专业性极强,投入很大而发行面较窄,社里是有过犹豫的。1985年底,新任总编钱伯城先生和社长魏同贤先生重提此事,向有关方面申请专项无息贷款出版《玉篇校释》,未见批复。1987年,经钱伯城、陈伯坚(时任新华社香港分社副社长)等先生多方联系,得到香港邵逸夫先生20余万港元的资助,此书的印制方始落实。全书将原稿稍加缩小影印,16开精装六大册,书末附上了由我和徐琴源女士共同编制的字头(包括重文)索引,以便检索。

遵照邵先生的嘱咐,在书中没有印上向邵先生表示感谢的话语。2014年,邵先生在为祖国电影电视事业做出巨大贡献,并为社会公益、慈善事业(特别是教育事业)捐资100亿港币以后,以107岁的高龄仙逝,在此致以深深的敬意。非常遗憾的是,在此书于1989年出版的时候,胡吉宣先生已在五年前仙逝,没有能够看到这部书。

原载:《慈溪史志》2016年第3期,第65—68页。
又见《古籍整理出版情况简报》总第541期
(2016年第3期),第10—14页等。

敦煌本《文选》注笺证献疑

　　1990 年,因为工作的关系,我到天津艺术博物馆阅读敦煌文献,看到一个没有正文的《文选》注写卷,很感兴趣,抽空做了一些初步的查证和研究。在同几位学界朋友商讨时获知,日本永青文库亦藏有一个类似的写卷,遂托朋友找来复印件,发现两者可以相接,兴趣更浓。1994 年选堂师曾有香港之召,嘱潜心研究。惜家妻病重,未能成行。后家妻病故,心力交瘁,又奉调承乏辞书出版社,此项研究连同其他论文草稿都被搁置了起来,而且一搁多年。最近看到四川大学罗国威先生的专著《敦煌本文选注笺证》,知道罗先生和日本前辈学者冈村繁先生分别对中国和日本所藏上述文献作了详尽的研究,十分佩服。罗先生对天津卷子的笺证查考深透,解决了大量疑难问题,比起我的初步研究来,要高明得多。但捧读之余,尚有一些疑问未能释然,今特提出,向罗先生讨教。

　　一、三页罗先生释文"太守为从事"

　　"为"前似当有"辟"字,李善注:"赵至字景真,代郡人,州辟辽东从事。"

　　二、三页罗释"此皆王隐《晋书》所云"

　　"所云"二字原无,罗注谓据意补,似不必。

　　三、三页罗释"又王不煞之"

　　"又"似当作"文",前后文有"司马文王"云云。

　　四、四页罗注引《文选集注》李善曰"州部辽东从事""至始诣辽西时"

　　"部"疑当作"辟","西"疑当作"东"。

　　五、五页罗注引《文选集注》钞曰"丑恶发露巽病之"

　　"露"下当一逗。

　　六、五页罗注引《文选集注》钞曰"吕安不为此书言太极"

"太极"似当作"太山",盖指《与嵇茂齐书》中有"蹋太山令东覆"之语也。

七、五页罗注引《文选集注》钞曰"若真为杀安遣妻别康为证"

句有疑,"安"下似可一逗。

八、五页罗注引《文选集注》李周翰曰"父欲令其官立"

"官立"似当作"宦立"。

九、六页罗释"李叟,老子"

原文"叟"下有一字如"年",罗以衍文删之,似以存疑为好。

十、六页罗释"少有高节"

"有"原钞如"否",罗改"有",疑当作"尚",形近而讹,《后汉书·梁鸿传》"家贫而尚节介"。

十一、六页罗释"遂去廊里"

"廊"字有疑,据原卷似可释作"鄊"字。

十二、八页罗释"迴飘,遇风尘侵匿也"

原卷"侵"字实作"㣟"。《文选》正文曰"或乃迴飘狂厉,白日寝光",疑卷中之"㣟"为"寝"之讹,则此句似可读作"迴飘,遇风尘。寝,匿也"。五臣注良曰"寝,隐也"。

十三、十一页罗释"'前言',谓迴飘、造沙漠等,县峯陋宇,谓至辽东有偏者戒步,骊行役之士也"

"峯",原卷误作"案","役",原卷误作"促"。"造沙漠"难解,正文有"经迴路,涉沙漠",疑"造"乃"涉"之讹。又句中之"步骊行役之士也"及下文之"言苦难不可遣也"疑乃正文"吁其悲矣!心伤悴矣!然后乃知步骤之士,不足为贵也"之注,"骊"当作"骤",其句可断作:"步骤,行役之士也。言苦难不可遣也。"五臣注良曰:"步骤谓驱驰行役之人也。"

十四、十二页罗释"如此,则可尽夺取人极食。言在朝食禄公卿,须如龙虎,今不然,象意如也"

"龙"字原无,罗据意补。其句颇有不可解处。疑"人"乃"八"之讹,"则可尽夺取八极"当句,释正文"横奋八极","食"属下读,"象意如也"待考。

十五、十二页罗释"'蹴仑'、'蹋山',俱谓在朝,言我意恶,欲除去之"

疑前文之"食禄公卿"当在此句"在朝"之下,又"恶"原作"恕",疑当作

"怒","言我意怒欲出去之"连读。

十六、十三页罗释"垂翼,谓今之辽东也"

"今"原作"令",罗改。作"令"似亦通,"垂翼,谓令之辽东也",五臣注向曰:"垂翼,谓不遂志也。"让他去辽东,所以不遂志。

十七、十五页罗释"《白驹》诗传云:'见贤者乘白驹而去。'诗人谓之江贤无借金玉之音,而遐远之心,不与嗣音"

"《白驹》诗传云"原无"传"字,罗以下文"见贤者"云云乃毛传文而加,愚以为亦可不加,"诗"下可句,谓正文"无金玉尔音,而有遐心"出于《白驹》诗。又"谓之"疑当作"为之","江贤"难解,"江"或为"思"之讹,"借"乃"惜"之讹,"而遐远之心","而"原作"与",罗改是(按:此写卷中"而"多写作"与",实为"而"的草书的变形),疑"而"下脱"是"字。如此,全句似可释作:《白驹》诗。云见贤者乘白驹而去,诗人为之思贤。无惜金玉之音,而有遐远之心,不与嗣音。

十八、十六页罗释"梁武帝萧衍从襄州领人共入齐,东昏侯宝眷遣伯之领兵拒梁武,之知将弱兵赢,遂降梁武,梁武以为江州刺史。后有失意于梁武,遂煞其家婢妾并行人,而入元魏"

"领人共入齐"疑当作"领兵攻入齐"。"遣"字原无,罗据意补,愚以为亦可不补。"将"字原似作"势"。"并行人"之"并"原作"世",疑为"卅"之讹,"行"字原似为"许"字。按。此卷直书"世"字,似不知有唐太宗讳,然在日本藏卷中,又有"民"字缺笔之例,唯不甚严格,前后数行之间,有缺笔有不缺笔。

十九、二十页罗释"绣懊惚遂反,掩煞太祖长子昂及一姓。后曹公计刘表破"

"惚"似当作"恼",下可一逗。"姓"似当作"侄",罗注引《三国志》"公与战,军败,为流矢所中,长子昂、弟子安民遇害"可证。"计"似当作"讨"。

二十、二一页罗释"《老子》:'网徧吞舟之鱼'"

"徧"似为"漏"之讹。罗谓今本《老子》无此文,引《汉书》释之,是,然据李善注,此语出于《盐铁论》。

二一、二三页罗释"自号为燕高祖,义熙五年伐得之"

"高祖"下之逗号应移"燕"字下,读作:"自号为燕,高祖义熙五年伐得之。"

二二、二三页罗释"姚长之子"

罗注谓"长"字当是"兴"字之误,因为正文"姚泓之盛"之姚泓乃姚兴之子,愚以为还有另一种可能，"长"应作"苌"，"子"应作"孙"。

二三、二五页罗释"携，携六龙也"

原作"携六龙也"，罗释以为遍检群书，无有以"六龙"释"携"者，"携"下当重"携"字，引《易·乾》"时乘六龙以御天"王弼注"处则乘潜龙，出则乘飞龙，故曰时乘六龙也"为证，认为此本以"携六龙"释"携"，当指各个部落有如携六龙，有潜有飞，各不相一也。此释稍嫌迂回，疑"携六龙也""六"乃"亦"之讹，"亦"草书与"六"相近，"龙"则"离"之误，"携亦离也"，说明"携离"中的"携"字也是"离"的意思。

二四、二五页罗释"猜，己有恶"

"猜"原作"精"，罗释据正文改，是。"恶"原作"忘"，罗释据服虔《汉书注》"猜，恶也"改。按以"猜，己有恶"释正文"猜贰"，似觉勉强，疑"己"乃"忌"之误，"忘"者，"二心"二字之连抄，"猜己有忘"者，"猜忌有二心"也。

二五、二五页罗释"蛮邸藁街"

罗注"藁街"原讹"媵卫"，今按原卷中实无"媵"字，此为电脑输入之误，书中所在多有，下文不一一指出，"藁"原似写作"臺"，而下部有误。

二六、二八页罗释"夜郎滇池"

原作"滇池夜郎"。

二七、二八页罗释"在西北恶山中"

原作"在西北凶怒中"，罗释"凶"为"山"，"怒"为"恶"，又互乙为"恶山"。疑"凶怒"者，"匈奴"也，本自通，似不必乙改。

二八、三十页罗释"孝标作《辨命论》、《广绝交论》，秣陵作书非之，言不由命，而人能行即尔。书疏伏遣非一，此最后书"

《广绝交论》原作"绝交"二字，"言不由命，而人能行即尔"，"言"字原无，"人"下原有"不"字，罗补删均有理。疑"即尔"二字当属下读，或为"既而"之误。

二九、三十页罗释"间秣陵家得秣陵非标书云：'将来视标作书，若云作神鬼有知，当读我此书于秣陵墓上'"

其间罗释有补改多处，不赘，唯以"将来"云云为秣陵非标书内容似有疑，秣陵作书时未必能预料自己将死，而有"作神鬼""秣陵墓"等语，据原文，此句似可释作："间秭陵家得秭陵非标书(原作"云"),将来视,标作书云:'若作神鬼不(或可改作"有")知,当读我书于秭陵墓上。'"

三十、三四页罗释"而今酬答,未死前立意也"

此为正文"更酬其旨"之注。"立意"原作"意立",罗以误倒而乙正。疑"立"字乃草书"旨"字之误,原句似可释作:"而今酬答未死前意旨也。"

三一、三六页罗释"固召曰"

"固"疑当作"因",《史记·屈原贾生列传》:"上因感鬼神事,而问鬼神之本。"

三二、三六页罗释"此标言尔,若如贾墨等谈实有鬼时,可知我答尔书也"

"可知我答尔书也"原作"可知也我答尔书"。全句似亦可读作:"此标言,尔若如贾墨等谈,实有鬼神可知也,我答尔书。"

三三、三六页罗释"汉东平思王枉事,不得向西京葬之,遂于东平昔每怨"

"事"疑当作"死","向"疑当作"回","遂于"云云颇难解,疑有脱讹。

三四、三七页罗释"遂有双鲤出"

"鲤"下原有"出跃"二字,罗以衍文删,似可只删"出"字。

三五、三七页罗释"标言尔,若盖山女及东平等神不诬,可看我答书"

"诬"字原作"并",罗改极是。"尔"下逗似可移"言"下,句式与前"标作书云:'若作神鬼有知,当读我书于秭陵墓上'"及"此标言,尔若如贾墨等谈,实有鬼神可知也,我答而书"相似。

三六、三九页罗释"县诣州曰牒上,解上等"

"牒"原作"牒",不误,"牒上"下逗号宜改顿号。

三七、四十页罗释"丘明季《春秋》于孔子"

"季"疑当作"学",形近而误。

三八、四三页罗释"修《易》,为《彖》、《象》、《系》序也"

罗注:"序",原作"舜",据《史记》改。疑"舜"字乃"辞"字之误,《易系辞》,孔子传之。

三九、四四页罗释"夫子卒,微妙之言遂绝,谓先生之道德风尚也终死"

"风尚"原作"尚史",待考。"终死"连前读有疑,正文五臣本"七十子卒而大义乖"之"卒"字作"终"，此本所据或亦为"终"，"死"字释"终"之义。全句似可读作："夫子卒，微妙之言遂绝，谓先生之道德尚史也。终，死。"

四十、四六页罗释"是古、言古《礼》、《乐》、《诗》、《书》是者今与罪"

"是古"下顿可改逗，"是者"下似可一逗，全句作："是古，言古《礼》、《乐》、《诗》、《书》是者，今与罪。"

四一、四九页罗释"折，挫。即伏生藏之于屋壁，渠得之者"

"折挫"原作"根柳"，疑乃"朽折"二字行书形近而误，正文有"朽折散绝"，此为括述，全句可读作："朽折，即伏生藏之于屋壁，渠得之者。"

四二、五十页罗释"相合始成一"，五一页罗释"始武帝末年"

疑"武帝"前之"始"字为"经"字之讹，可属上读作"相合始成一经"。

四三、五一页罗释"孔安国《书》千六篇，孔安国序弃五篇，今言十六，盖是以卷为篇"

"千六"疑当作"十六"，正文有"《书》十六"，此注亦有"今言十六"，罗注引《尚书纬》孔子求《书》得三千二百四十篇云云，似与此无关。"孔安国序弃五篇"，"国"字原脱，罗补是，然"安"下原有"书"字，可不删。"弃五篇"不可解，疑"弃"字乃"云廿"二字之误连，"孔安国《书序》云廿五篇"者，盖指《书序》"增多伏生二十五篇"也。

四四、五二页罗释"江充诈遣埋桐木人五于太子宫"

"于"字原作"投厅"二字，不可解，疑"投"乃"枚"之讹，"厅"字仍不可解。

四五、五二页罗释"遂将兵围以充"

"以"疑乃"江"之讹。

四六、五三页罗释"伏隐藏陈""发前伏藏秘阁之事"

此释正文"伏而未发"及"乃陈发秘藏"两句，"隐藏"释"伏"，"陈发"当连读，"事"原作"书"不误，两句当读作："伏，隐藏。陈发前伏藏秘阁之书。"

四七、五四页罗释"考校旧来学官相俦者"

"俦"疑当作"传"，正文有"以考学官所传经"。

四八、五五页罗释"心或怀妒考验也，言我旧来所得之，何处来也"

"妒"下当句，"考"下当逗，"也"下当句。"考，验也"释正文"不考情实"之"考"字。

四九、五九页罗释"及后被齐武帝征之"

"征"字原无,罗据文意补。此注后文有"得召""被召"等语,此处似以"之"下补"召"字为妥。

五十、六十页罗释"周颙昔日何由来隐,此及被召即应"

"此"字似以属上为安。

五一、六四页罗释"男女嫁娶既毕"

原作"娶男女娶妻论","论"字疑为"讫"字之讹,或可释作"男女娶嫁讫"。

五二、六四页罗释"仲长统"

罗注谓原作"中文长统","文"字衍,"仲"讹"中",今正之。按"仲"字本不误,"文"字疑为"氏"字之讹,正文"仲氏既往"可证。

五三、六五页罗释"遁东鲁人如颜阖隐者"

"人如"原作"如人",罗乙。疑此句可释作:"遁东鲁,鲁人颜阖,隐者。"

五四、六五页罗释"鲁侯执节往见之"

"侯"下原有一字,罗以为乃"往"字,当涉下文而衍,删。按其字单人旁,非"往"字,乃"使"字之残,可不删。《庄子·让王》:"鲁君闻颜阖得道之人也,使人以币先焉。……鲁君之使者至,颜阖自答之。"可证。

五五、六五—六六页罗释"又有周鲁人二。然隐南郭,南郭子綦隐机坐,出《庄子》"

"隐南郭南郭子綦隐机坐"原作"南郭子綦纯南郭坐隐机"。愚以为句中"二"或为"亦"之讹,"然"字可属上读,"纯"字为"隐"字之讹,全句似可读作:"又有周鲁人亦然。南郭子綦隐南郭,坐隐机。""周鲁人亦然"何指待考。又"机"通"几",不可作"機"。

五六、六八页罗释"衔使所乘召人者"

"衔"疑当作"御"。

五七、六八页罗释"言作鹄头之书以来,士即与之反波之书却之"

疑"士"字可属上读,以"言作鹄头之书以来士"解释上句"招士为鹤首书"。下句颇不可解。

五八、六九页罗释"意欲得作官也"

"意"字原无。

五九、七十页罗释"谓为海盐县令"

原作"谓为盐有县今",疑"有"为"官"之讹,"今"为"令"之讹,下文有"盐官近海"。

六十、七十页罗释"折,断狱"

"折"下原空一字,或可补"狱"字,正文有"每纷纭于折狱"。

此敦煌本《文选注》,作注者水准并不高,抄写者二人(卷中可见两种笔迹),书法纯熟,而文化程度很低,以致满纸错漏。但据初步判断,此注撰作较早,引证亦甚丰富,研究价值极高。欲作深入研究,先须正确录文,罗先生作了开创性的工作,我在这里不过是提出几点零星的疑问而已。我的感觉是,这项工作还只是刚刚开了一个头,原卷中尚有大量疑问没有解决。我建议在录文过程中尽量少改少补,以存其真。

2000 年

《法藏敦煌西域文献》导言

　　巴黎法国国家图书馆藏敦煌西域文献，以其丰富的藏量和内容，久为世人瞩目。1989年，继与俄罗斯科学院东方研究所圣彼得堡分所签订了合作出版该所所藏敦煌文献协议以后，上海古籍出版社又向法国国家图书馆提出全部出版法藏敦煌西域文献的构想。1991年秋，社长魏同贤先生和副社长兼副总编辑李伟国先生应邀访问法国国家图书馆，商定了出版条件。次年5月，双方签署了正式合同。1993年夏秋之交，李伟国先生和敦煌编辑室副主任府宪展先生赴巴黎展阅国家图书馆藏敦煌西域文献原件，检查法馆提供的摄影件，实施编纂。在经过了紧张而细致的准备工作以后，现在终于可以将《法藏敦煌西域文献》第一卷奉献给读者了。

　　《法藏敦煌西域文献》是一部规模宏大的集成性古文献，本文拟从藏品编号入手，勾勒其组成概况，提示其内容价值，回溯其研究历史，并简述本书的编纂方式，以为学界使用本书提供借鉴。

一、伯希和搜集品的编号和数量

　　法藏敦煌及西域文献是法国著名学者伯希和于1908年从敦煌莫高窟第17号窟(少部分从第464号和第465号窟即伯编第181号和第182号窟)直接得到的；少量新疆地区搜集品也编入了这批文献中。文献有汉、藏、梵、于阗、粟特、回鹘、西夏、希伯来等文种。由于文种众多，来源复杂，内容繁富，有些尚无鉴定结果。非汉文文书往往写在汉文文书背面，因而有些文献有好几个文种编号：有汉文、回鹘文、粟特文等。有些文种还有临时编号。现在根据手稿部东方分部提供的资料，分述各类文献的编号和数量情况如下。

1. 汉文,以"伯希和汉文"（Pelliot chinois）编号,从 2001 起始,至 6040 号止,中间有多段空号,还有少量失号。

   2001—6040　　　　　　　　　　　　　　　　　实存　2747

   应当说明,在这 2747 号卷子中,有一部分既有汉文编号,又有藏文、粟特文、梵文等编号,还有一部分在汉文编号内部被改编。"失号"往往与并合、改编等有关,不一定是真正遗失。还有以某文献编号加修复的"小片"（pièce）编号的文献。

   两项相加,伯希和汉文文献数量约在 3 700 件以上。　共计　3700

2. 藏文,由马赛尔・拉露（M. Lalou）整理,以"伯希和藏文"（Pelliot tibétain）编号。

   0001—2224　　　　　　　　　　　　　　　　　实存　2224

   未经整理的文献暂编号为 3500——4500。　　共计　3175

3. 梵文,得自敦煌的梵文文献以 Pelliot sanscrit TH 编号。

   01—13　　　　　　　　　　　　　　　　　　　　　　13

   又有得自新疆地区的梵文文献,总以 Pelliot sanscrit A.C.编号,其中有红色（N-rouges）、绿色（N verts）等编号,总计约 1 000 余件。　1000

4. 焉耆-龟兹语,以 Pelliot koutchéen 编号。

   根据性质和来源整理,总计近 1 000 件。　　　　　　　1000

5. 于阗文,被编在"伯希和汉文"中的有 71 件。被编在藏文中的有 4 件。另有以其他方式编号的若干件。　　　　　　　　　共计　75

6. 粟特文,以 Pelliot sogdien 编号。

   01—30　　　　　　　　　　　　　　　　　　　　　　30

7. 回鹘文,以"伯希和回鹘文"（Pelliot ouigour）编号。

   01—16（及 16bis）　　　　　　　　　　　　　　　　16

   Pelliot chinois 编号中的回鹘文献有 14 件。　　　　　14

   另有从 181 号窟（新编 464 号窟）发现的回鹘文文书,以 Pelliot ouigour 181 号窟编号。

   001—363　　　　　　　　　　　　　　　　　　　　363

8. 西夏文,出自伯编第 181、182 号窟。　　　　　共计　211

9. 希伯来文,一件,出自 17 号窟,为 hébreu 1412。

10. 伯希和搜集品杂件,代号 Pelliot divers。在未有考证结果之前,临时编号,归入与它们的文种及来源有关的文献之中。

11. 伯希和新疆都勒都尔·阿护尔汉文文献 Pelliot chinois Douldour-âqour。 共计　249

其他文种已入相应编号。

伯希和考察队文献总计 10 000 余件,本书收录范围就是以上全部文献。

伯希和搜集的敦煌及新疆地区文献,从件数说,非汉文超过了汉文;从篇幅说,依据国家图书馆已拍摄的缩微胶卷,非汉文亦与汉文相当,数量暂难精确统计。上文所述仅为大体情形,尤其是非汉文文献,容在本书汉文文献编纂结束,非汉文文献开始之时,另撰文详述。又在本书正文全部编纂完成之后,拟于附录中编制详尽的编号情况对照表,以清眉目,而利使用。

二、伯希和搜集品的内容质量

当年伯希和在敦煌藏经洞(17 号窟)恣意挑选这批古代文献时,曾立定了几条标准,一是要标有年代的,二是要佛教大藏经以外的,三是要非汉文的各种文字材料。由于伯希和精通汉语和数种中亚古代语言,又具有中国古籍版本知识,因此他得到的大多是藏经洞文献的菁华。

研究任何古代文献,确定其时代均是重要的前提。敦煌遗书大多没有明确纪年,但伯希和所搜集的这一部分,仅汉文中有明确纪年的即达 500 余卷,在北京、伦敦、巴黎和圣彼得堡四大藏家中比重最高。这些卷子是为全部敦煌文献确定可靠年代的标尺。

陈垣先生曾经说,"国人所贵者,汉文古写本,然汉文古写本为人所同贵"(《敦煌劫余录序》)。从传统学术角度看,于经史考证极有裨益的四部要籍宋前写本,伯希和藏品中亦甚多,王重民先生《敦煌古籍叙录》共著录敦煌经史子集四部典籍 190 种,写卷 284 卷,其中即有 216 卷为伯希和搜集品。

伯希和搜集文献保存了大量佛教佚籍和珍本,其中包括早已失传的隋唐"三阶教"经典及许多早期禅宗文献。对于道教、景教、摩尼教等资料,伯希和自然也特别加以注意。

在古代,敦煌是一个国际商业文化交往频繁的城市,现在,敦煌学又成了国际性的显学。敦煌学之所以具有广泛的国际性,除了中国传统文化的影响深远以外,敦煌文献中有大量非汉文材料是重要原因之一。伯希和藏品中的非汉文资料不仅对于探索古代新疆和中亚地区乃至印度、中东等地的历史及文化交流史有十分重要的价值,而且其语言文字本身,也是珍贵的研究材料。学者们凭借广博的知识,把这些文献与世界其他地区的文化遗存联系起来,取得丰硕的研究成果,造就了数代专家。

唐末五代,是中国书籍史上一次重大转折,也是中国贡献于世界的四大发明之一印刷术的酝酿和萌芽时期。伯希和在挑选众多写本的同时,对印本,无论是文字还是图画,也着意搜集。伯希和搜集品中的印本,已经成为研究中国书籍史、印刷史、版本学的基本材料。在书籍由写本向印本发展的同时,书籍的装式也相应开始变化,出现了旋风、经折、蝴蝶、梵夹等形式,在伯希和搜集品中,诸种装式几乎都有。

在敦煌藏经洞中,还有不少色彩生动、内容丰富的绘画或者图文并茂的文献卷子,伯希和所得亦颇多。

三、伯希和搜集品的编目、
叙录性著述和刊印

伯希和文献的编目很早就开始了,伯希和本人就曾编过部分卷子的简目,这份简目曾由罗福苌和陆翔先后译成汉文发表于 1923 年、1933 年的《国学季刊》和 1933 年、1934 年的《北平图书馆馆刊》。王重民先生于 1935 年到巴黎阅读敦煌藏卷,随后撰有《巴黎敦煌残卷叙录》,后又有《伯希和劫经录》,收入商务印书馆 1962 年版、中华书局 1983 年增订版《敦煌遗书总目索引》。从 50 年代开始,法国国家图书馆和国家科研中心(C.N.R.S)的学者谢和耐、吴其昱、左景权一起着手编写伯希和汉文文献叙录。

1970 年,《法国国家图书馆藏伯希和编号敦煌汉文写卷目录》第一卷出版,收录 2001 至 2500 号。1971 年,在戴密微教授的倡导下,国家科研中心专设一

个小组继续编目工作。1983 年《写卷目录》第三卷和第四卷出版,收 3001—4000 号。第五卷已由敦煌小组编写完成,收录 4001 以后的全部汉文编号,分为上下两册,将在 1995 年出版。第二卷尚在修订中。这是法藏汉文敦煌文献的最为详备的目录。

都勒都尔·阿护尔所出汉文写本,有日本学者池田温所编目录,收入 206 件。

藏文文献,有拉露女士(M. Lalou)编写的《法国国家图书馆藏藏文写本目录》,收 1—2216 号,分三卷,分别出版于 1939、1950 和 1961 年。日本学者西冈相秀对暂编的 951 件作过整理,判定其中《无量寿宗要经》达 657 号,4065—4156 号为陀罗尼,其余为《十万颂般若经》等。

梵文文献,来源既不一(17 号、464 号、465 号窟),编号又极复杂,日本井ノ口泰淳等学者根据法国国家图书馆拍摄的缩微胶片逐一著录,编出目录草稿。此稿直录法馆原编号和缩微胶片片号,以缩微片片数为单位,每片一条,内容包括行数、标题、原卷上法馆注记、有关出版物和备注等项目,1989 年在京都油印行世。

于阗文写本,有德莱斯顿(M. J. Dresden)的《于阗(塞语)写本草目》,主收伯希和搜集的写本,兼收他处所藏与伯希和藏品相接者。恩默里克(R. E. Emmerik)的《于阗语文献指南》,全面介绍存世能确定的于阗语文献,谈语音、文法及如何学习,后半部分分类介绍学界已定名的写本。熊本裕《于阗语文献概说》,按文献性质介绍,既收伯希和搜集品,又收斯坦因等搜集品。1987 年,张广达、荣新江参考德莱斯顿、贝利(H. W. Bailey)、恩默里克等人的著作,发表《巴黎国立图书馆所藏敦煌于阗语写卷目录初稿》一文(《敦煌吐鲁番文献研究论集》第四辑,北京大学出版社),初步整理出了一份法藏于阗语文书的中文目录。

粟特文写本,有乌茨(D. A. Utz)的《粟特佛典研究概论》,吉田丰的《粟特语文献》,择要介绍伯希和搜集品,又有吉田丰的《粟特语佛典解说》,按题介绍。

法藏敦煌文献迄今未全部刊布。

1982 年,台湾黄永武博士主编的《敦煌宝藏》收有伯希和汉文文献,系据法馆供阅读的缩微胶卷影印,这是第一次大规模的刊印。有选择的或带有综合或专题研究性质的刊本,则已有多种。如饶宗颐教授主编的《敦煌书法丛刊》,从书法角度选取有代表性的伯希和藏品158件。

今枝由郎和麦克唐纳夫人(A. MacDonald)主编的《法国国家图书馆藏文文书选辑》,分为三大册,第一、二两册为图录,所收文献解题、图版为盒装散片,影印168件藏文文献,其中除6件为与法藏文献有关的英国藏品外,均为伯希和藏品,第三册选出有关历史的7个卷子进行校录,并作了详尽的语汇索引。

哈米屯(J. Hamilton)翻译并影印出版了《回鹘文善恶王子经》(1941)之后,发表了他的国家博士论文《敦煌9—10世纪回鹘文写本》,收录写卷38件,其中25件为伯希和藏品,分两册,第一册是转写、翻译和说明,第二册是原件图版。

贝利的《于阗塞语文献》《于阗语佛教文献》,以拉丁文转写了伯希和藏汉文编号中大部分于阗语写本和少量以其他形式编号的于阗语写本,另,贝利与恩默里克分别为《伊朗金石文献合集》主编《塞语文献》,已出六辑,刊布了法藏部分于阗语文书原件。

粟特语写本,有邦旺尼斯特(E. Benveniste)的《粟特语文献》,一册于1940年在巴黎出版,收伯希和粟特语写本1—27号,做法是转写、翻译和注解,另一册同年在哥本哈根出版,包括导言和影印图版。其后,他继续刊出《太子须大拏本生》(伯希和粟特1,1946年),麦肯齐(D. N. Mackenzie)刊出《善恶因果经》(伯希和粟特4,1970年)。

从20世纪初以来,中国、法国、日本及欧美其他国家的学者,从编目、录文、综合研究、专题研究到利用某些乃至某一写本,作扎扎实实的研究,专著、论文难以计数,使法藏敦煌及西域卷子成为世界各大藏家中被研究得最多的一部分,也为《法藏敦煌西域文献》编纂创造了条件。

四、《法藏敦煌西域文献》的编纂

《法藏敦煌西域文献》与综合性研究刊布不同,主要目的是原原本本地向研究者提供准确、逼真的原卷图版及图版的说明。为了保证图版的完整，使任何内容均不遗漏；为使每一张图版均保持原貌，清晰可读；为力求准确地为每份卷子确定标题；为保持前后统一的体例；为编写数种学术性附录；等等，无一不需要付出艰辛的劳动。

编纂工作的第一步，是系统地搜集资料，了解研究情况，并且将各类最新研究成果归入事先建立的文献卡片；第二步，是直接展阅文书原件，从外在形态到内容，一一记入卡片。《法国国家图书馆藏伯希和编号敦煌汉文写卷目录》里面的每一卷都经过考定和编排，已经相当完备，使我们受益匪浅。必须特别指出，这项工作第三步与第二步密切相联，就是在卷子的定题方面，我们根据学术界的通常做法和全书体例，力求保持一致。某些内容多样的卷子的定题，尤费斟酌。前人尚阙如者，则只有尽力而为，其间亦偶有一得之功，对前人的成果稍有修正；第四步是检查摄片的质量。文献摄影是一项技术性很强的工作，法藏敦煌文献形式和内容的多样性远远超过其他各地所藏，随之而来的则是卷面浓浅不匀、朱墨杂陈等，给摄影增加了难度，而我们对摄片质量的要求，有时近乎苛刻，但国家图书馆摄影部为这次正式出版重摄了大量高品质的胶卷，并对部分内容重要、卷面不清的文献不厌其烦地作出特殊的处理，为提高本书的图片质量花费了大量心血，在这里应当致以深深的谢意。

前已述及，汉文编号卷中杂有不少其他民族文字的文献，其中有一面是汉文，一面是其他文字的；有汉文和其他文字对照的；有汉文中注以其他文字的；有先为汉文卷，后被利用其空隙写入其他文字内容的；情况十分复杂。正因为如此，不少已经编入汉文的卷子又被编入其他文种，亦有相反的情况，以及汉文以外诸文种的交叉。于是在摄影顺序上，上述情形的一部分卷子被抽出加入了其他文字卷中。遇到这种情况，在编辑汉文编号卷时，我们将这些卷子抽回；以后编辑其他文字卷，为保持完整性和便利使用，将在相关处所作出交待，必要时亦再予印入。

为了反映一部分有代表性的精彩卷子的面貌和使一些具有多种颜色的卷子更容易为学者辨识，让研究者对原卷有直觉的观感，我们在每一分卷前均安排若干彩色图片。为给读者以较集中的印象，首册的彩图安排了 60 余帧，大抵能反映伯希和搜集品的全面情况，内容包括佛教著作精品，道、景、摩尼教经典精品,传统经史子集要籍精品,社会经济文书、通俗文学卷子精品,法帖、绘画精品,有代表性的印刷品,各类古代书籍装式样品,非汉文卷精品等方面。

在汉文卷和其他文字卷的后面,将安排若干学术工具性质的附录,另册出版,纳入分卷系列。附录包括叙录、年表、分类目录、索引等。

最后,我们要对提供这些成果的研究者表示谢意,尤其要向法国国家图书馆、法国科研中心敦煌小组等单位和学者表示感谢。特别是国家图书馆前任馆长王玛诺先生、国家图书馆馆长芳若望先生、手稿部东方分部主任郭恩夫人,他们接受了这一规模宏大的计划,并使之付诸实施;还有手稿部和摄影部诸位女士、先生,我们一并致以感谢。尤为突出的是蒙曦女士,她协调了手稿部和摄影部的工作,保证了我们同国家图书馆合作的持续性。我们还要感谢给予我们的工作以直接帮助的台北学者潘重规教授,旅法学者吴其昱博士,张广达教授。

1993 年 8 月巴黎初稿
1994 年 4 月上海修订

原载:上海古籍出版社、法国国家图书馆编:
《法国国家图书馆藏敦煌西域文献》第 1 册,
上海:上海古籍出版社,1995 年,第 1—8 页。

附记:

此文原稿第一部分"伯希和搜集品的编号和数量"之第一项"汉文",较为详细地叙述了"失号"和"空号"情况,现补录于此,以供参考:

2100～4106　　　　　　　　　　　　　　　　实存　2095

其中 2541、3493、3508 三件,1931 年发现失号。3525 和 3526 是空号。3612 失号。3667 于 1928 年发现失号。3700 于 1911 年发现失号。3701 于 1947 年发现失号。3837 失号。4054 于 1911 年发现失号。以上 11 号扣除。又 4101～4106 则系从藏文编号(Pelliot Ti 6)147、534、984P、I(3)、1606、267、371 分离出来的小片。

4107～4499　空号

4500～5043　　　　　　　　　　　　　　　　　　　实存　541

其中 4691 于 1945 年发现失号。4816 失号。4973 于 1945 年发现失号。以上 3 号扣除。

5044～5521　空号

5522～5598　　　　　　　　　　　　　　　　　　　实存　71

5592 号处曾有附记，"5592 以下文书出自 181 号窟（即 464 号窟）。其中5524、5525 失号。5530 于 1947 年发现失号，5534 失号。5558 和 5567 于 1945年发现失号。以上 6 号扣除。

5599～6000　空号

6001～6040　　　　　　　　　　　　　　　　　　　实存　40

可能为从藏文卷揭下的小片。　　　　　　　　　　　以上共计 2747

应当说明，在这 2747 号卷子中，有一部分既有汉文编号，又有藏文、粟特文、梵文等编号，还有一部分在汉文编号内部被改编（如 4518、27 改编为 4514〔14〕），并合（如 3305 之并入 2974）。"失号"或与并合、改编等有关，不一定是真正遗失。

又，在 4514、4517、4518 三号中，共包括 167 件藏品，编为 71 个分编号；在4525、4690、5018、5020～5031、5546、5537bis、5561、5578、5579、5581、5582、5584、5586～5590 等编号中，另包含 300 余个残片。还有以某文献编号加"小片"（pièce）的编号约 700 个。以上通计约 1 000 余件。

两项相加，伯希和汉文文献数量约在 3 700 件以上。　　　　　　3 700

上海博物馆藏敦煌
吐鲁番文献综论

上海博物馆所藏敦煌吐鲁番遗书，其主体原为上海市文物管理委员会藏品之一部分（另一部分现藏上海图书馆），后续有所得。藏品共 80 件，绝大部分出自敦煌，而馆藏 3314 号《佛说首楞严三昧经卷下》一件明题得之吐鲁番，36643 号《请纸牒》疑亦出自吐鲁番，有此二件，不得专称为敦煌文献了。

上海市文管会藏品，从 50 年代开始，常为一些权威性的敦煌文献目录等所提及，但其间详情，迄今未全部透露，只有一部分卷子，曾在上海、香港等地展出，因而为人所知。

由上海博物馆和上海古籍出版社合编的《上海博物馆藏敦煌吐鲁番文献》，作为《敦煌吐鲁番文献集成》的一种，即将由上海古籍出版社出版，这批数量不多而精品不少、蕴含丰富的珍贵文献的第一次公开全部发表，一定会引起海内外学者的注意。今就见闻所及，略论其特点和价值如次。

一

敦煌藏经洞打开以后，首先获取洞中经卷的并非外国探险家，而是在当地任职的一些官员和学者。不过当时流出较少，未引起充分重视而已。经外人洗劫以后，当地官民家中仍有留存，游宦之士时有所得。中国文人法眼独具，最初流出的卷子中不乏精品，这些卷子通过转赠、出售，渐渐流向财力雄厚、人文荟萃的天津、上海等大城市。

前述上博 3314 号卷，系王树柟直接得自出土地。此卷重装包首题"晋人写经"，下注"颇具汉魏遗法。陶庐老人得之吐鲁番三堡中，希世之宝耶"？陶庐老人即王树枏，清河北新城人，字晋卿，以进士任甘兰知县，后任平度汪固兰道，升任新疆藩司，编有《新疆图志》，又录其金石文字为《新疆稽古录》。此件当为其任职新疆时所得。

上博 3260 号北周建德二年写《大般涅槃经卷第九》，新装包首有陈宝琛题签，小字注"敦煌莫高窟石室秘笈，宣统二年为絅斋侍读所得"。宣统二年为1910 年，絅斋为吴士鉴(1868—1934)字，钱塘(今浙江杭州)人，号公察，一号含嘉，别署式溪居士。光绪进士，官翰林院侍读、江西学政、资政院议员。精于金石、碑帖之学，亦长史学研究，与父庆坻笃志藏书，著述甚丰，名重一时。敦煌藏经洞开于 1899 年，至 1907 年，斯坦因首次染指，1908 年伯希和接踵而来，1910 年敦煌县学奉学部命搜买，絅斋得此卷即在其年，散出应更早。卷中有"絅斋长物""吴士鉴珍藏敦煌莫高窟石室北朝唐人写经卷子"两印，吴氏当时所得不止一卷，上海图书馆藏《普贤菩萨说证明经》，即有吴氏上述印章①。陈宝琛曾为宣统师傅，年辈较吴士鉴为高。

上博 2416 号《大般涅槃经卷第六》和 19714《佛说佛名经》，均有陈闿所题《敦煌石室藏经记》(两处文字略有出入)。陈闿字季侃，绍兴人，曾为护陇使者。《藏经记》概述了敦煌藏经洞发现经卷和被外国人贿赂王道士捆载而去的伤心史，又叙述他自己得到若干敦煌经卷的情况说："迨余度陇之岁，购求唐写精品已不易致，而著有年代及六朝人书则非以巨价求之巨室不可得也。""犹忆在陇时，朋辈与余竞购者，所藏多已散亡，余亦何能永保，但求爱护有人，千百年珍墨不致毁损于吾人之手。风雨如晦，鸡鸣不已。藏者宝诸。"此《记》书于"癸未春月"，即 1943 年春天，时陈氏 62 岁。其中《佛说佛名经》一件，重装包首题"庚申得于兰州"，则为 1920 年。上博 2415 号《比丘尼戒经一卷》，重装包首题"前凉二年写比丘尼戒"，小字注"石室无上上品"，下有白文"陈闿偶得"印，上博 2420 号《大般涅槃经卷第九》，重装包首题"唐硬黄蜡牋精写大般涅槃经全卷"，小字注"无上精品"，下有"门言"朱文椭圆印，应即"闿"字，亦均出陈氏旧藏。

陈闿旧藏《佛说佛名经》重装卷后又有许承尧长篇题跋一篇，谓"敦煌经卷最

① 见吴织、胡群耘《上海图书馆藏敦煌遗书目录(附传世本写经及日本古写本)》，编号 134。《敦煌研究》1986 年第 3 期。

先为英法游士捆载去。清学部乃遣人辇其写经入都，号五千卷，然佳者寥寥，又皆割裂充数。其留于武威、张掖、皋兰者不少，且皆精整。予以民国二年至皋兰，适市时遇人求售，值颇廉，因遂购访，先后得二百卷，分类整理，乃知其中不止唐人书，有元魏，有周齐隋，有五代，至赵宋太平兴国止，最古者有孙吴甘露年写。……陈君季侃至陇，后予数年，时已渐罄，求索不易矣。彼乃得元魏及唐初精书一二卷"。许字际唐，号疑庵，晚年别号苊叟，安徽歙县人。曾官西北，集藏唐人写经颇富，真书作唐人体，隶书得力于张迁碑，风格与伊秉绶相类，兼能诗。从题跋中看，许至甘肃在 1912 年，且搜访所得曾有 200 卷之多。许谓陈季侃所得仅元魏及初唐精书一二卷，上海图书馆藏《楞严经卷第六》，亦有"陈阄偶得"等印，《大方广佛华严经》《太玄真一本际经》前有陈阄题识①，则连同上博所藏，陈氏所得所见今在上海者已有多卷。许氏此记作于甲申冬，即 1944 年，时年已 71 岁，故有"予所有亦散佚""忆及去尘，如温旧梦，不觉絮絮"等语。上博藏卷中亦有许氏旧物，如 37497 唐写《妙法莲华经卷第一》，有"歙许苊父游陇所得""疑庵"朱文方印者即是。

余如 39341 号《莫高窟记残稿》，袁克文（寒云）跋谓系"森玉检得于唐人写经残纸中以相赠"者，克文（1890—1931），河南项城人，袁世凯次子，藏书画金石甚富，徐森玉名鸿宝，曾任故宫博物馆馆长，现代著名鉴藏家。3322 号唐仪凤二年张昌文写《妙法莲华经卷第五》，有"德化李氏凡将阁珍藏"朱文印，为李盛铎（木齐）旧物。

上海博物馆藏敦煌吐鲁番遗书，有题识、印鉴的还很多，即使没有题识、印鉴的，也都有一段来历。搞清遗书的来历，对于研究遗书本身，会很有帮助。

二

上博藏品数量虽不多，整体品位很高，这首先表现在有确切年代的卷子比重较大。

确定敦煌吐鲁番遗书的书写年月，给遗书以明确分期断代，是敦煌吐鲁番学中的一个基础问题。在敦煌吐鲁番出土的数万件遗书中，绝大部分未标明确纪

---

① 　同上页注①文，编号 118、032，《敦煌研究》1986 年第 2 期。

年,或因残缺而纪年残损。在这种情况下,标有年号的卷子就成了为遗书分期、鉴定的可靠标尺,因此学者十分重视有纪年的文献。20 世纪初外国探险者在敦煌恣意挑选石窟藏经洞遗书,不懂汉文的斯坦因主选完整者,而深谙汉学的伯希和则多挑研究价值高的和署有确切年代的。在法藏敦煌汉文遗书中,署有确切年代的达 500 余件,约为总数的 1/6,是敦煌文献四大藏家中比重最高的。

在上博 80 件藏品中,标有确切年代的达 19 件,占 1/4 弱,超过了法藏比重。情况见下表:

公元	朝代年号	卷　　名	备　　注
393	北凉麟嘉五年	2405 佛说维摩鞊经卷上	有写经人王相高题记
545	西魏大统十一年	3317 法华经文外义一卷	有写经人惠袭题记
551	西魏大统十七年	3318 礼无量寿佛求生彼国文	有发愿文及题记
573	北周建德二年	3260 大般涅槃经卷第九	有吐知勤明发愿文
589	隋开皇九年	44962 持世经卷第三	有皇后造经题记
623	唐武德六年	44955 救护众生恶疾经	有索行善发愿文
651	唐永徽二年	51106 大般涅槃经后分卷第卌二	有抄经人华云升题记
659	唐显庆四年	3321 妙法莲华经卷第三	有抄经人翟迁题记
666	唐乾封元年	51108 灌顶经卷第八	有抄经人许化时题记
675	唐上元二年	36642 妙法莲华经卷第三化城喻品第七	有抄经人公孙仁约等题记
676	唐上元三年	44958 妙法莲华经卷第二	有抄经人孙爽等题记
677	唐仪凤二年	3322 妙法莲华经卷第五	有抄经人张昌文题记
714	唐开元二年	3323 金刚般若波罗蜜经	有索洪范题记
721	唐开元九年	2416 大般涅槃经卷第六	有尹嘉礼受持记①

① 尹嘉礼之名敦煌文献中数见,如俄罗斯科学院东方学研究所圣彼得堡分所藏 Φ69《大般涅槃经迦叶菩萨品十二之四》(孟列夫主编《亚洲民族研究所藏敦煌文献叙录》第一卷,孟编号 647,第 250—251 页,苏联科学出版社东方文学部出版,莫斯科,1963 年),原经为隋大业间比丘慧休所造,尹题"清信弟子尹嘉礼受持""开九、开十、开十一各一遍"。上博此经或亦为隋写本,而陈闿跋此卷有云:"遒劲隽秀,已开唐楷之门。卷末有比丘道舒、清信尹嘉礼两款,并有开皇九年、十年、十一年校诵题识,至足珍贵。"开皇为隋文帝年号,在大业前,尹既曾题识于大业写卷而署"开九"云云,则非开皇可知,陈氏误矣。

公元	朝代年号	卷　名	备　注
722	唐开元十年	2416 大般涅槃经卷第六	有尹嘉礼受持记
723	唐开元十一年	2416 大般涅槃经卷第六	有尹嘉礼受持记
728	唐开元十六年	36643 请纸牒	牒内署有年月日
747	唐天宝六年	37903 大般涅般经卷第卅	有普贤等题记
882	唐中和二年	44961 佛说父母恩重经一卷	有张奉信等发愿文
920	后梁贞明六年	25644 佛说佛名经卷第六	有题记
924	后唐同光二年	41379 丛抄册	文内提及
937	后唐清泰四年	41379 丛抄册	文内提及（按：后唐清泰仅三年）
980	宋太平兴国五年	41379 丛抄册	封面署庚辰年，据推定

所涉年代从公元 393 年至 980 年，跨七个世纪。除 5 世纪外，4 及 6 至 10 世纪均有。另有 3295 号雕印观世音菩萨像，功德幡署"归义军节度使检校太傅曹元忠造"，英藏"观音立像"印本，下部有造像记十三行，末云"于时大晋开运四年(947)丁未岁七月十五日记"，经核对，两件系出同一印本，可知此件亦为开运四年所印①。又 2415《比丘尼戒经一卷》，署二年九月六日，缺年号，当可据其他情况考出确切年代。

薄小莹女士著有《敦煌遗书汉文纪年卷编年》一书②，由于上博卷子没有发表，未及收录，而 393 年、623 年等，更可补其空缺。

纪年卷中的发愿文、题记本身又是珍贵的资料。如 2405 麟嘉五年王相高题记，3317 大统十一年惠袭题记，3260 建德二年吐知勤明发愿文，3318 大统十七年抄经人发愿文及题记，均可供研究文学历史者借资。而 36642 和 44598 两件中唐官抄经末之大批有关人员署名，涉及门下省群书手公孙仁约、楷书孙爽，装潢手解集，初二三校僧玄遇、法界，详阅僧神苻、嘉尚、慧立、道成及官员

---

① 英藏印本见黄永武主编《敦煌宝藏》第 54 册插图"美 706 号"，台北新文丰出版公司 1986 年版；又见上海博物馆、香港中文大学文物馆《敦煌吐鲁番文物》，钟银兰著展品说明，香港中文大学文物馆 1987 年印制。

② 长春出版社，1990 年 3 月第一版。

李德、阎玄道等,可据以考订唐高宗时代的史实。

三

敦煌吐鲁番写卷中,绝对年代较早的佛教文献,或为历代大藏经所失载,或与传本不同,形制古朴,书法带隶意,笔力雄劲,用笔较硬,字体结构多与隋唐以后有异,为尚未充分开发的汉字演化史资料宝库,北朝早期写本,刚刚从简牍时代脱胎出来,尤可宝爱。

上博藏品,可定为隋前写本的有 12 件:

2405 北凉麟嘉五年六月九日王相高写维摩鞊经(其背面为另一佛教著作)

2415 比丘尼戒经一卷(题"二年九月六日瓜州城东建文寺比丘法渊写讫",陈阊署为"前凉二年")

3314 佛说首楞严三昧经卷下(经名据大藏经查出。得自吐鲁番,前人以为晋人写经)

3315 佛说观佛三昧海经(原题比丘僧洪所供养经,启功题"晋比丘僧洪")

3317 法华经文外义(西魏大统十一年释惠袭写)

3318 礼无量寿佛求生彼国文(题大统十七年岁次辛未五月六日抄讫)

34666 阿恕伽王经卷第十一(题清信女张荣爱所供养)

37493 十地论善慧地第九卷之十一

37494 出曜经推念品第十五

37495 大方等无想经大云卷第三

3260 大般涅槃经卷第九(题建德二年岁次癸巳正月十五日清信弟子大都督吐知勤明发愿写)

3T498 华严经卷第十一(原题"清信女任元姜为亡夫支寅苟写",收藏者题"南北朝任元姜写")

麟嘉五年王相高写《维摩鞊经》,为时代较早的三国吴支谦译本,非今日通行的后秦鸠摩罗什译本。"维摩鞊"之"鞊"今本通作"诘",查梁僧祐《出三藏记集》,有"《维摩鞊经一卷》,一本云《维摩诘名解》",为西晋太康(280—289)间所出经,又有《删维摩鞊经一卷》,"先出《维摩》烦重,(竺法)护删出逸偈也"。则西晋太康时"维摩诘"犹作"维摩鞊",或吴支谦原译即作"鞊",作"诘"为后人追改。此卷书法沉着有力,结体运笔富有隶味,为敦煌所出早期写经之精品。背面写经应稍后于麟嘉,内容为般若部早期译经之经解,字体较草率,颇类汉简。

《比丘尼戒经一卷》,仅署"二年九月六日",未书年号,题记下有发愿文一篇。陈闿所署之"前凉二年",犹在公元 4 世纪初叶,不知何据。林聪明先生《敦煌文书学》①认为写此卷之比丘法渊,应即东晋时西凉僧人法泉,有理。查《晋书》卷八七《梁武昭王李玄盛传》,东晋义熙元年(405),李暠改元建初,遣舍人黄始、梁兴,间行奉表诣建邺。后又以前表未报,复遣沙门法泉间行通表,据表中"臣去乙巳岁顺从群议,假统方城,时遣舍人黄始奉表通诚"等语,知其事在义熙二年。《北史》卷一百《序传》,亦有记载。《晋书》《北史》均为唐人所修,盖法泉原名法渊,避高祖李渊讳改也。西凉主李暠于东晋隆安四年建元号庚子,五年改元为建初,时为东晋义熙元年。卷中空年号仅署"二年",或即建初二年,是年为东晋义熙二年,玄盛既遣使通表建邺,虽自有年号,亦奉晋正朔,法渊书此卷时既可署义熙二年,亦可书建初二年,一时踌躇不决,遂成空缺。此为合理之推断。又题记有"瓜州城东建文寺",按汉武帝分酒泉置敦煌郡,前凉置沙州,西凉始立于敦煌郡,义熙元年迁都酒泉。后魏太武帝于郡置敦煌镇,明帝罢镇立瓜州。近年出土的寿昌县地镜,谓寿昌本汉龙勒地,后魏正光六年改为寿昌郡,属瓜州,《太平寰宇记》以为正光三年改。则瓜州之立,应在此之前,熙平、神龟或正光初年。此卷题记中既有"瓜州城"之名,似应不早于北魏明帝世。但此"瓜州"亦可能为沿用三代古称。再从写经内容考察,比丘尼戒自晋至姚秦有多种译本,或单行,或入律集,此本与今存各本均不同。《众经目录》卷五有《比丘尼戒经一卷》,晋竺法护译,《出三藏记集》卷三谓"竺法护出比丘尼(或作比丘尼戒)一卷,今阙"。竺法护世居敦煌,西凉之世距西晋不远,法渊抄其译本,极有可能。凡此种种,均值得研究。

北周建德二年(573)写《大般涅槃经卷第九》,为南朝宋慧严、慧观和谢灵运等依法显关于《大般泥洹经》的分品方法对其前五分品作调整和文字润色后重定的本子,一般称为《南本涅槃》。卷末附有施主大都督吐知勤明的《功德

---

① 台湾新文丰出版股份有限公司《敦煌学导论丛刊》1,1991 年 8 月第一版,第 381—382 页。

记》,文曰:"建德二年岁次癸巳正月十五日,清信弟子大都督吐知勤明发心,普
为法界众生,过去七世父母亡灵、眷属,逮及亡儿亡女并及现在妻息亲感知识,
敬造大涅槃大品并杂经等流通供养。愿弟子生生世世侦佛闻法,恒念菩提,心
心不断,又愿一切众生,同厌四流,早成正觉。"吐知勤为当时北方少数民族复
姓,知名人物极少。吐知勤明《周书》《北史》无载,"大都督"为勋官名,非实职,
但地位不低,据王仲荦先生《北周六典》卷九勋官第二十,勋官出于周齐交战之
际,本以酬战士,其后渐及朝流。大都督,八命。西魏大统中,始以大都督、帅
都督、都督领乡兵。北周初,制授柱国、大将军、开府、仪同者,并加使持节大都
督,其后都督诸州军事改为总管诸州军事,而大都督、帅都督、都督,遂成戎秩
之等。大都督、帅都督之列为戎秩,正在建德二年之际,与题记相合,值得注
意。此卷书法结体方正,书风整饰而又婉和,已开隋唐楷体规范先河。题记既
谓"敬造大涅槃大品并杂经等流通供养",吐知勤明所写经必甚多。圣彼得堡
东方学研究分所藏 Дx1604《大般涅槃经卷第三》,后有与上博藏卷完全相同的
题记①,亦为吐知勤明抄经之一种。

　　37498《华严经卷第十一》,为东晋佛驮跋陀罗译本,此译本现通行者为 60
卷,赵城金藏本分为 50 卷,内容与 60 卷本相同。此卷即为 50 卷本,品题《大
方广佛华严经兜率天宫菩萨云集偈赞佛品第廿》,赵城藏本等无"偈"字,以此
本为优。

四

　　除了纪年卷和北朝卷以外,就内容而言,上博藏品也富有研究价值,其中
有的卷子一经公世,必将备受关注。

　　敦煌吐鲁番学界一般认为,在众多的遗书中,佛教以外的四部文献(包括
变文)和官私文书最有价值。实际上,作为中国传统文化的不可分割的一部
分,佛教文献也不容忽视,特别是逸经、逸文、疑伪经等。

　　西魏大统十一年惠袭写《法华经文外义》,卷长 1 560 cm,近千行,共三万
余言,为历代大藏经所失收,亦不见于他处所藏敦煌文献。《妙法莲华经》简称

---

① 　孟列夫主编《亚洲民族研究所藏敦煌文献叙录》第二卷,孟编号 2199。

《法华经》，是印度大乘佛教的一部重要经典，我国古代僧人称之为"经中之王"，为天台宗所依据。《法华经》共有七译，最通行者为姚秦鸠摩罗什七卷本，核《文外义》所据即为此本。《文外义》用当时流行的问答体阐释《法华经》，但不拘于一问一答形式，一问之后，有答、又答、又解、又一解等，多者乃至近十种解释，综合时行的诸种说法，从不同角度加以说明。《文外义》的解说不附著于经文，而是就一些常被信徒讨论的范畴展开讨论，如"一乘义""二智""次明因缘""道根者""净土者""次明二依""干地者"等。正文末有云："前之三种，余法师所辩，最后一解，经师所存。未量是非，随情消息，便者用也。"尾题记："大统十一年岁次乙丑九月廿一日，比丘惠袭于法海寺写讫，流通末代不绝也。""流通末代"，北朝抄经题记中多见，"末代"为佛教末法期之意，或有释为"东代"或"来代"者，均误。惠袭写经，敦煌遗书中不止一见，英藏 S.2732《维摩经义记卷第四》末题："袭、华二儒共校定也。更比字一校也。大统五年四月十二日比丘惠袭写记流通。"（王重民先生《敦煌遗书总目索引》及姜亮夫先生《莫高窟年表》"袭华"误作"龙华"，"惠袭"误作"惠能"[①]。）即为其例。又北 1305（辰 32）《维摩经义记卷第三》，尾题"释琼评""大统三年正月十九日写讫"；P.3308《法华经义记第一卷》，末题"利都法师释之""比丘昙延评""大统二年岁次丙辰六月庚午朔水酉写此《法华仪记一部》"；S.2733《法华义记卷第三》，尾题有"比丘惠业评""正始五年五月十日释道周所集，在中京广德寺写讫"。以上三卷，字体均与《文外义》接近。敦煌遗书中《法华经》和《维摩诘经》的"义记"尚有多种，均为北魏、西魏时所写，盖当时解经之作有此一体，"文外义"则是区别于"义记"的又一体，"义记"逐段释经文，"文外义"则抽出一些命题加以讨论，可惜"文外义"仅此一见。法海寺为北魏、西魏时代敦煌镇寺院，P.2179《诚实论卷第八》末题："延昌三年岁次甲午六月十四日，燉煌镇经生师令孤崇哲于法海寺写此论成讫竟。"下题"校经道人"，并钤"燉煌经师"墨印。看来惠袭是西魏时敦煌地区的一名经师。

36643 开元十六年请纸牒，为唐代公文。造纸术的发明是我国古代对人类

---

① 王重民先生《敦煌遗书总目索引》，中华书局 1983 年重印本第 165 页，误读"袭华"作"龙华"、"惠袭"作"惠能"，姜亮夫先生《莫高窟年表》上海古籍出版社 1985 年版第 140 页误与王先生同，今据黄永武《敦煌宝藏》，台北新文丰出版股份有限公司 1983 年版第 22 册所载影印件读正。

文化传播的一大贡献,东汉时技术已较完善,至唐朝产量和质量均大有提高。但由于需求量大,纸在唐代仍颇受珍惜。公事用纸,必须申请。此牒所反映的,正是这种情况。全卷共分四部分,第一、二牒为健儿杜奉二月五日、三月三日状请上抄纸牒。或以为"健儿杜奉"当只作"健儿杜","奉"字连后文读,细检原牒,某年月日"健儿杜奉牒"为此牒之落款,非姓杜者"奉牒",以下又有"史李艺牒",无"奉"字,李艺牒中有某月日"得健儿杜奉状""检得录事司状"等语,则是"牒"亦可称"状",均可证"杜奉"为人名。第三部分为录事司史李艺请更给前件纸牒,第四部分为录事司连同前牒归档记录。四牒当为归档时所连,其上有主管官员批示,反映了唐时官衙请纸的过程。牒背四纸接缝处有花押,与牒中"检案"人签名同。卷中所署录事使、录事参军、史等均为都督府下属吏。牒中钤有"西州都督府之宝"朱文印。西州都督府唐时属河西道,在今吐鲁番。此种文书前此传世文献和他处敦煌文献未见及,据其内容可接于大谷5839、黄文弼《吐鲁番考古记》所刊《虞候司及法曹司请料纸牒》及大谷5840之前,当亦出自吐鲁番哈拉和卓旧城①。

24579唐人写《论语》残卷,查为《子罕篇》,犹为久佚之郑玄注本。《论语》郑玄注敦煌吐鲁番出土多种,王素先生近有《唐写本论语郑氏注及其研究》(文物出版社)一书出版,已就敦煌吐鲁番所出《论语郑玄注》写卷三十一种作综合研究,但没有包括此卷在内。此卷背面之行草书为唐人书信草稿,亦甚有味。

他如26885为唐五代时边境军人家书,39341为唐人写造石窟记残页,41379为五代丛抄册,都值得作专门研究。

当然,关于敦煌吐鲁番文献的价值,可以仁者见仁、智者见智,随着研究的深入,原本似乎不起眼的卷子,也会渐渐引起人们的注意。

<h2 style="text-align:center">五</h2>

对敦煌吐鲁番文献的书法,有多种看法。有的认为,写经多出于专业经生

---

① 内藤乾吉《西域发见唐代官文书之研究》,《西域文化研究》第三《敦煌吐鲁番社会经济资料》(下),京都,1960年;小田义久《关于大谷文书与吐鲁番文书》,《龙谷大学佛教文化研究所所报》第11号,1987年。又见荣新江《龙谷大学图书馆藏敦煌西域文献及研究状况》,《中国敦煌吐鲁番学会研究通讯》1991年第2期。

手,字体风格接近,虽亦有可观者,总体水平不高;有的认为,那些如排算子的经生书,只是熟练程度不同而已,无艺术性可言,倒是民间文书之类,稚拙率真,是可供现代书法艺术借镜的宝贵材料;有的认为,构成敦煌吐鲁番文献主体的经生体书,也应作分析,其中水平高的,代表着当时书法艺术的主流。这些意见,都有一定的道理。但笔者以为在衡量敦煌吐鲁番遗书的书法价值时,还应考虑到这样几个因素:第一、敦煌吐鲁番遗书如此众多,情况各样,书法水平高下相去甚大,不宜等量齐观,且其中有些本就出自名手,有些虽未署名(或署名残去),也可考其出自名手;第二、敦煌吐鲁番遗书中的绝大部分,是作为书籍抄录的,有一定的规范,供程度不等的读者阅读、保藏、再抄录,因而书写时比较严谨,自由发挥的余地小,其艺术美较为含蓄;第三、经生书中的佼佼者代表着时代风尚,这种风尚的形成,有一个较长的过程,其间有著名书家的创造和推动,更有广大书手的实践和积累,鉴赏者说某卷书法如虞、或褚、或欧、或颜、或柳,只是就其艺术特征而言,不能说一切风格接近五家的书法均出自五家,有的或早于五家,或与五家同时,五家书体的形成,也曾受时风的影响,也曾从书手的作品中汲取艺术营养。

上博藏卷的鉴藏者们,对于经生体书法,就有不少议论。现代著名书法家沈尹默题 69592《妙法莲华经卷第一序品第一》:"自来六朝唐代经卷书,世目之为经生体,其实不但经卷,即抄写其他典籍,悉皆如是。所见晋宋以来经史残篇,如《春秋经》、《三国志》、《世说新书》之类,虽字有工拙,而体或不殊,盖相沿习而使然也。至唐钟绍京有名一时,其经生书之尤工者。"同卷赵熙题云:"敦煌石室藏经四十年来所见皆唐时经僧书体,一律平匀,风会然也。"

上博藏传世品(后将论及)13838《佛说长阿含经卷第十八第四分世纪经郁单曰品第二》吴云题跋云:"唐世最重书律,经生书多有虞褚风格。"鲜于枢旧藏《七宝转轮王经》,被认为乃钟绍京所书,永乐中金幼孜跋,谓明成祖以为钟书超出虞褚。

前人每得一敦煌吐鲁番经卷,往往自矜为佳作,其论囿于见闻,不必全面平允。现在敦煌文献影印日多,有志者已有条件作比较全面的评述。

上博藏卷多经品鉴,从书法角度说,精品也很多:有带浓重隶意,字体遒劲朴拙的北朝早期写经,以王相高写《维摩诘经》和法渊写《比丘尼戒经》为代表;有带隶意和章草味,运笔较洒脱的北朝中期写经,以惠袭写《法华经文外义》为代表;有楷书已基本成规而略带隶意的北朝后期写经,以建德二年写《大般涅槃经》为代表;大多则为纸墨俱精的隋唐作品,唐人写《论语郑玄注》,步王羲之《乐毅论》《黄庭经》楷模,楷法精良,显庆四年霍迁造《妙法莲华经卷第三》,结体规整秀逸,具褚遂良神韵,《妙法莲华经卷第七》行笔雄健,有颜真卿风貌,《起世经》清瘦遒劲,具欧柳风格;复有数件草书作品,亦极可宝爱。不少抄手的字,既纯熟而又有骨力,可以代表自北朝至唐代各期的书法水平,如隋写《持世经卷第三》,有皇后造经题记,楷法端严朴厚,当出朝廷高手。这些精品,在全部敦煌吐鲁番文书中也是不多见的,既可反覆赏玩,又可作为范本摹习。至于出自民间粗通文墨者之手的《唐人书信》《莫高窟记》等,亦自朴拙清新。

在上博藏品中,还有一批杂厕于文献中的唐五代佛画,富有艺术价值。

据钟银兰女士评述,3299 唐人释迦牟尼像,佛身袈裟满涂朱砂,莲座花瓣用白色敷染,色调反差强烈。两旁的胁持菩萨,体姿修长娟美,衣带披帛飘举,具有丝绸薄软的质感,画面气氛典雅、线条流畅明快,著色灿烂,反映了唐代佛教绘画的高度水平。3298 唐人经相残卷,以墨线钩画轮廓,画笔简洁,随之晕染红、黄、蓝、绿各色,色彩鲜丽明快。3295 曹元忠造观音菩萨像和 3296 五代雕印观自在菩萨像,墨线流畅生动,可见我国雕版印刷初肇时期的刻印水平。他如 19714 五代后梁写《佛说佛名经》,兼有彩色绘像,陈闿跋称其"紫光莲座,绮彩缤纷,如入旃檀林中,结千佛道场"。

<h1 style="text-align:center">六</h1>

国外所藏敦煌吐鲁番文献,一般直接来自出土地,大多未重新裱装,无近现代鉴藏家题记。而上海、天津等地藏品,特别是上博藏品,有相当一部分曾经近现代鉴藏家重装,卷中迭经品题,印章累累。

上博藏品的品题者,有陈宝琛、吴士鉴、王树柟、陈闿、许承尧、李盛铎、

---

① 见上海博物馆、香港大学文物馆《敦煌吐鲁番文物》,第 81—82 页展品说明,香港中文学文物馆(1087)年印制。

朱孝臧、康有为、梁鼎芬等官员、政治家而兼精文史的人物,有罗振玉、金梁、王仁俊、冒广生、马叙伦、徐森玉等学者,有清道人、袁克文、吴湖帆、张大千、沈尹默、谢无量、谢稚柳、启功等书画名家和鉴藏家。

　　众多名人的题跋,为遗书增色。题跋有的叙述了卷子的来源,对于研究敦煌吐鲁番文献的历史很有价值,本文第一部分已举出不少例子,此不赘。有的则从不同角度指出遗书的价值。34391《莫高窟记残稿》袁克文跋有云:"自鸣沙山石室出而唐人手泽传于海内外者夥矣,从未闻有关于石室之文章,此帧不特宝其翰墨已也。"9591 泥印佛像,康有为题记云:"唐人画佛,虽盈丈之卷,未足为贵,以其传世者多也。惟印本为最佳,其刻工之精,有非后人所能,谁谓工艺进化,古不逮今耶?"又邹寿祺题云:"此亦莫高窟所出佛像,初以为北宋本,细审纸印,盖亦唐本也。据《焦氏笔乘》,唐末益州始有墨版,多术数字学小书而已,蜀毋昭裔请刻版印九经,始用木版。此似每像各有一版,当为泥版,在木版之先,法以雕范印于泥上,再以纸印之。传世有韩文铜范,即是合成泥版之先型。观潍县陈氏所藏秦瓦量文,可见汉以前已有是法。窟所出写卷多,画像亦多,而印本恰少,故此本价值尤高云。"褚德彝跋亦申此意。敦煌文献中有一小部分为印本,以其为木刻印刷初肇时之物,对于研究印刷术的发明和发展最有意义。上博 51《金刚般若波罗蜜经》秦更年跋,指出卷中"须菩提说法者无法可说是名说法"下无今通行本的"尔时慧命须菩提白佛言"至"是名众生"一段62 字,此段乃唐长庆二年僧灵幽依豪州钟离寺石刻本增入,则此卷之书写,犹在长庆以前。另有许多题跋的话题则集中在评价书法方面。69592《妙法莲华经卷第一序品第一》沈尹默题有云:"此卷字画可称精能,观其下笔及回转牵带,皆有法度。"谢无量题:"此卷书法端重,大似隋人所作,……西州古物输入极少,即敦煌经亦属罕见,况此尤称佳书耶!"而张大千不认为此卷是隋人作品:"此经端凝,初唐人书也。至开天则渐趋秀媚,晚唐五代则荒率不复成字。无量先生称为大似隋人,盖时代胎息然也。"

　　题跋者大多为近现代名人,从题跋中还可考见其行事。如前述书法家许承尧,《中国美术家词典》谓卒于 1943 年,缺生年,今上博 19714《佛说佛名经》许氏题跋,署"甲申年冬",时年七十一,甲申年为 1944 年,则当生于 1874年,且非卒于 1943 年。题跋本身不仅是历史资料,也是书法作品,特别是许承尧、清道人、张大千、沈尹默、赵熙、谢稚柳等人的长篇题跋,风格各殊,精彩纷呈。

七

由上海博物馆和上海古籍出版社合编的《上海博物馆藏敦煌吐鲁番文献》,还附收了 11 件唐宋人写经传世品,供对照研究。

34667《法华经玄赞卷第六》,为唐人草书写卷,卷后有董其昌题跋云:"简澹一洗唐朝姿媚之习,宋四大家皆出于此。余每临之,亦得一班。壬子十月晦泖湖舟中识。"壬子年当为 1612 年。董其昌喜爱收藏唐人写经,其《戏鸿堂帖》,即刻有唐写《转轮王经》数行,至于《灵飞经》,董氏极爱之,言每写《法华经》辄展阅一过。据此则董其昌此跋可信。跋后有"古希天子""寿""天福五代堂宝"等印,知此物曾入宫廷。后又有谢稚柳先生题跋:"草书写经惟北魏有之,此《法华玄赞》乃出唐人草书,经卷中绝少经见。笔势颇类怀素晚年体,尤为奇妙。"

13838 卷首西蠡题《唐写本佛告比丘郁单越经》,经查写经内容,应题《佛说长阿含经卷第十八第四分世纪经郁单曰品第二》。西蠡为清书画家费念慈(1855—1905)号。卷末又有清代著名书法家吴云(1811—1883)光绪五年长跋,清代学者程瑶田(1725—1814)嘉庆四年长跋,清代诗人、书法家王芑孙(1755—1817)嘉庆九年两跋。此卷乃著名唐代写经精品。上海图书馆藏《入楞伽经卷第一》陶濬宣题记有云:"唐人写经传世最著者曰《郁单越经》《七宝转轮王经》《灵飞经》《兜沙经》。董文敏云,《转轮经》所在,夜常放光明。四经墨迹今并存于世,敬于此坿记之①。"吴、程、王三人的长跋,均重在讨论这些著名传世写经的书写者是否钟绍京。《灵飞经》由元袁桷(清容)定为钟绍京书,《职思堂帖》刻《七宝转轮王经》,亦以为钟绍京手迹。而此卷程瑶田跋,谓"其书坚挺瘦劲,类褚河南","字体笔法气韵(与《七宝转轮王经》)一一相同,无豪发爽,则谓是经为即写《转轮王经》者一手所出,岂曰似之,实惟其有之也"。"此经不

---

① 见吴织、胡群耘《上海图书馆藏敦煌遗书目录》《附中国非敦煌所出古写经》,编号第 186。载《敦煌研究》1986 年第 3 期。

著书人,亦无年号,然仰逼《转轮》,俯侔《灵飞》,洵为唐人法书杰制。"王芑孙论以为,"今睹歙鲍氏所藏是经,硬黄本坚致,墨润入纸髓,而行笔正与《灵飞》法流相接,自是世间铭心绝品"。不管此卷是否钟绍京所书,其为唐人书法之上品,则无可疑。

陶濬宣所列之四帖,《灵飞经》墨迹本现仅存 43 行 625 字,藏翁同龢后裔(居美国)家①。《七宝转轮王经》和《兜沙经》不知在何处。《法华经玄赞》和《长阿含经郁单曰品》两件唐人写经精品将随上博敦煌吐鲁番文献公世,对于广大书法爱好者来说,无疑是一个福音。

38193《大方广佛华严经卷第十一》,原题下注千字文编号"章"及"大和宁国藏"两行,有"紫珊秘玩""徐文台竹隐盦考藏印"等印章,知为清上海人徐渭仁旧藏,徐卒于 1853 年,时敦煌藏经洞未开,此卷为传世品无疑。包首题"唐人写经长卷"。

51079《大方广佛华严经卷第卅二》,有吴湖帆题云:"唐人写经卷子自光绪间甘肃敦煌石室坍发之,后传世遂多,耳濡目染,余所见亦不止数百卷矣。此卷吾家旧藏,非敦煌发现本,其先不知所自出,书法与经文较敦煌无大出入,惟纸色则传世较古耳。"重装包首题"唐人写经宋装本",细阅原纸,先为长卷,后改为四行一折(敦煌写经亦有此例,唐人写经、五代末、宋初人折叠为经折装样式,以便诵读),后又割裂重裱为长卷,接纸与写经首纸间盖有"法隆寺一切经"墨印。

其余各卷,均有明确纪年,为宋代抄经。中 35817 和 37503《妙法莲华经》,为北宋开宝六年杜遇金银粉写经,磁青纸经折装,卷首有经变画一幅,敦煌经卷中从未见及。10697《佛说金刚香菩萨大明成就仪轨经卷上》,为北宋淳化五年官写经,亦有"法隆寺一切经"墨印,法隆寺敦煌未见,应与前 51079 为同时同寺藏经。41125《胞胎经》为北宋皇祐五年民间割资写经。42206《大般若波罗蜜多经》为北宋熙宁元年写经,清韩泰华(小亭)旧藏。34668《佛说一切如来真实摄大乘现证三昧大教王经卷第五》是北宋大观三年福建写经。35765《金刚经》则为南宋绍兴四年民间抄经。

① 见杨仁恺主编《中国美术全集》书法篆刻编三《隋唐五代书法》,《灵飞经》图版说明第 30 页,人民美术出版社 1989 年第 1 版。

从卷子形制看，唐写四卷用纸除 13838《长阿含经郁单越品》较特殊，每纸长超出敦煌唐代写经 1—2 倍外，其余与出土品大略相同，惟传世品纸质均较好，应为产地不同之缘故。宋写七件，除金银粉写经为经折装外，纸幅较敦煌经卷略长，纸质大多亦较细密，字体则宋初质朴，中期浑厚凝重，皇祐、熙宁、大观写经，当出名家之手。

传世唐代宋初写经，与敦煌吐鲁番出土经卷同代异地，故相似之处甚多，北宋中期以后写经，是唐代写经的延续，公布这些经卷，对研究出土文献很有意义。

以上所论，仅举其大端。读者必可从全书中得到更多的收获。

原载：《中华文史论丛》总第 50 辑，
上海：上海古籍出版社，1992 年，第 29—47 页。

敦煌石窟的图文解读

每年到敦煌游览、观摩、学习的人不计其数,可是至今还没有这样一套书:全面、准确地介绍敦煌石窟及其壁画和遗书等,既有学术内涵,又可轻松阅读,还可任意选择,购买其中的一种或数种,与观摩、学习紧密结合,先阅读,再观摩,或先观摩,后阅读,所得甚丰,且不易遗忘;当然,如果一时没有赴敦煌观摩学习的计划,浏览此书,也能得到丰富而准确的关于敦煌的方方面面的知识。

文物学界的实干家和实力人物刘炜女士,在国家文物局和中国文物学会的主持下,参与组织和编辑出版了多部著名的权威图书,如《中国文物精华大辞典》《中国文物定级图典》《中国艺术史大图典》等,而对于敦煌,她也情有独钟,由香港商务印书馆出版的《敦煌壁画全集》28大册的撰写、配图和编辑出版,也与她有很大的关系。我们合作多年,每次见面聊天,都能在互相补充和激荡中得到新的想法。常常有这样的情景,当我们结束谈话,形成了新的策划思路的时候,两人都会有一种心跳加快的感觉,就好像时不我待,如不上马就会被别人抢先一样,于是相约,立即分头行动。

《解读敦煌》就是这样聊出来的,而且经过了多年的琢磨。以她富有创造力的谋画布局和极强的组织能力,加上我从敦煌学本身以及出版方面的配合思考,一个大胆的设想终于慢慢浮现并渐渐清晰起来:以图文并茂的形式为广大读者全方位地阐释"敦煌",既要有学术性、权威性,还要有知识性、可读性,定名为"解读敦煌"。

幸运的是,整个策划过程始终与敦煌研究院院长樊锦诗先生紧密联系,得到她的全力支持。樊先生作为一位资深的权威学者和领导,在充当着敦煌石窟的研究者和保护神的历史角色的同时,对于有关敦煌的基础图书的编辑出版和知识普及,也不遗余力。她不仅顺理成章地担任了主编,还亲自动手贡献出了她研究多年的两项成果,成为这套丛书中的两种。

于是《解读敦煌系列》出现了颇为复杂的署名结构。主编单位为敦煌研究院,主编是樊锦诗,学术顾问为段文杰。项目策划是刘炜所在的中国文物学会专家委员会,项目顾问有罗哲文、谢辰生、彭卿云、沈竹,项目执行是刘炜,出版策划李伟国。完全反映了实际情况。

据樊锦诗先生的《主编寄语》,敦煌莫高窟迄今保存了 735 个洞窟、45 000 平方米壁画、2 000 多身彩塑。经过几代敦煌学者深入细致的调查、整理、考证、研究,使敦煌石窟壁画的尊相画、释迦牟尼故事画、经变画、佛教东传故事画、神怪画、供养人画像、图案纹样等七类专题的如天书般的内容逐渐得以揭示和解读。《解读敦煌》包括敦煌历史、敦煌石窟、彩塑、壁画、遗书等诸多方面,尤以与壁画相关的内容为多。全书的作者队伍由敦煌研究院资深专家组成,以佛教、艺术、社会三大类多专题,深入浅出地将他们数十年的研究成果贡献出来,为读者解开敦煌石窟的奥秘。整套书收录的图片 3 000 多幅,均为敦煌研究院资深摄影师吴健等所摄。

《解读敦煌》系列每一本书的文字大约在 5—10 万,以设问和答疑的方式层层深入,配以图片 100—200 幅,图文紧密结合,精心设计,全彩印制,艺术总监是田村先生。全书共 20 余册,率先出版的 8 种是:孙毅华著讲述敦煌石窟形成基本状况的《创造敦煌》;谭蝉雪著讲述敦煌壁画所反映的社会生活和民俗的《中世纪的敦煌》;彭金章著,首次详细地、图文并茂地披露了大量鲜为人知的敦煌石窟北区考古最新成果的《敦煌考古大揭秘》;樊锦诗著介绍敦煌石窟壁画中关于释迦牟尼、阿弥陀佛的故事的《从王子走向神坛》和《阿弥陀佛的中国之路》;刘玉权著《中世纪动物画》;郑汝中著《佛国的天籁之音》;王克芬著《天上人间舞翩跹》。

我从 20 世纪 80 年代末在上海古籍出版社参与和主持编纂出版藏于巴黎、圣彼得堡等处的若干种敦煌文献原始文本开始,接近敦煌学已有 20 年,早就想为敦煌知识的普及做点事了。此次策划出版《解读敦煌系列》,终于得遂所愿。

今年五六月间,我赴美国和加拿大几所高校讲学六场,除了一次是有关中国古代纸币的以外,其余均与敦煌相关。讲学之处,互动之时,均有听众提出

敦煌的出版物有哪些,特别是有没有比较通俗的著作等问题,我给听众介绍了
这套书,引起浓厚兴趣。北美的一些出版机构,还表示希望尽快看到样书,以
便考虑引进版权,翻译出版,说明海内外均有此种需求。八册图书上市仅两个
月,大部分即已售出,令人鼓舞。

敦煌遗书和宋元以来
各本《刘子》略论

——《刘子集校合编》序

一

《刘子》是南北朝时期的一部重要论著，其正文字数虽然只有二万九千余，但"泛论治国修身之要，杂以九流之说"，针对当时社会时弊，提出了治国安民的政治主张及建功立业、施展个人才能的抱负。内容涉及哲学、政治、经济、军事、文艺各个领域，较为集中地反映了南朝知识分子"采取老庄、创造新经学"的时代精神，对于研究南北朝时期的思想，有重要价值。《刘子》在后代影响深远，从南北朝至隋唐，各个朝代各个地区，均曾被广泛传抄，宋代以下，又被屡次刊刻，早在唐代，就有三种抄本流传到东瀛。在《二十二子》等结集古代子书的有影响的丛书中，《刘子》多被收入；列举《道藏》要籍，亦少不了《刘子》。在中华民族走向全面复兴的新时代，《刘子》也是可供汲取精神营养的一份重要思想遗产。

《刘子》全书一般分为十卷五十五篇，前三篇为《清神》《防欲》《去情》，末三篇为《惜时》《言苑》《九流》，其余篇目尚有《崇学》《履信》《贵农》《爱民》《知人》《遇不遇》《兵术》等。全书行文流畅，议论通达，精彩之处，令人拍案叫绝。如关于借善言以修行，议论多矣，而本书之《贵言篇》是这样写的：

> 人目短于自见，故借镜以观形；发拙于自理，必假栉以修束；心暗于自照，则假言以策行。面之所以形，明镜之力也；发之所以理，玄栉之功也；行之所以策，善言之益也。镜栉理形，其惠轻也；善言成德，其惠重也。人

皆悦镜之明己形，而不慕士之明己心；人皆欲梳之理其发，不愿善言之理
其情：是弃重德而采轻功，不亦倒乎？为衣冠者，己手不能，则知越乡借
人以制之；至于理身，而不知借善言以修其行，是处其身轻，而于冠重，不
亦谬乎？

其说理之透彻，可见一斑。

《刘子》虽非巨帙，历代留下的问题却不少。书名题署，有《刘子》《新论》
《刘子新论》《德言》等；卷帙分合，有不分卷、分上下两卷、三卷、四卷、五卷、十
卷等；更有甚者，关于作者，有贞观以后人说、刘孝标说、刘歆说、刘勰说、刘昼
说等。而《刘子》今存版本又极夥，各本文字歧异亦甚多。明清以下，校订、研
究《刘子》者代不乏人，其中孙星衍、黄丕烈、陆拙生、卢文弨等及当代学者孙楷
第、杨明照、王叔岷等学界前辈，用力尤勤。

对这部重要著作做全面的梳理，是一项意义深远的基础研究工程，也是一
项十分艰苦的工作，著名学者林其锬先生毅然承担此役，以几十年之功，著书
立说，斐然有成，其新著《刘子集校合编》，即其成果的集大成之作。

二

27 年前，我供职于上海古籍出版社，我的老师、著名经济思想史专家马伯
煌先生推荐给我一部书稿：《刘子集校》。书稿的作者是林其锬先生和陈凤金
女士伉俪。书稿以深厚的功力、严谨的学风和犀利的创见吸引了我，我有幸成
为这部书稿的第一位读者：责任编辑。

在书稿的结撰和编辑过程中，林先生伉俪和我得到了顾廷龙、李希泌、张
光年、王元化等前辈学者的指点，而在图书出版以后，时任国家古籍整理出版
规划小组组长的李一氓同志，也给予充分的肯定，《刘子集校》被列为当年重要
的古籍整理出版成果之一，作为责任编辑，我与有荣焉。

林先生是在研究南朝经济思想时，注意到《刘子》一书包含的丰富思想，而
在征引使用时，又感到此书通行各种版本仍多歧异，需要重新加以校勘，才能
见其本义，因而萌发了收集善本以校理考订的想法。在上海、北京、南京等 11

个省市 20 多个图书馆同志的热情帮助下,先后得到抄本、刻本、名家校跋及佚文拾补等参校资料 50 多种,据以辨比异同、断以己意,并附所作《刘子作者考辨》论文四万余字。其搜罗之广博,考校之详审,都已超过前人。

《刘子集校》的主要收获有以下三个方面。

一、囊括了全国现存的所有善本,包括敦煌残卷多种,宋刻一种,明刻明钞十多种。其中敦煌残卷,除王重民《敦煌古籍叙录》所载并被《敦煌遗书总目索引》所收的五种之外,集校者经过考证,发现尚有一种,即为刘幼云收藏、刘希亮影写并为傅增湘所校录的唐写卷子,据校录本加以利用。现藏上海图书馆的小字残宋刻本,卷首有孙星衍题记,卷末有黄丕烈跋文,曾被近代一些著名藏书家(如傅增湘)认为已经佚传,集校者在顾廷龙先生的关怀下,得以一字一句地同通行本作了校勘。天一阁原有蓝线阑钞本《刘子》,散出后不知下落,集校者根据傅增湘等人的记载,经过考订商讨,确认所见明龙川精舍钞本《刘子》即原天一阁藏书,并指出广东所藏留有"天一藏书"印记,被认为是影宋钞本的影钞本,系莫伯骥(号天一)藏本,经集校者辨订,确认为影钞明活字本。集校选择程遵岳校乾隆重刊《汉魏丛书》本(题《新论》)为底本。如此广泛的校勘工作,不仅解决了原著中的一些疑点,也可使读者从中看到一批珍贵版本的面貌。

二、集中了前人的主要校勘成果。明代程荣、孙矿、钟惺、何允中等许多人,为《刘子》作过校评,但其中有些人濡染了好删好改的不良学风,随意删节改易,反而增加了混乱。清代学者如叶子寅、许心扆、孙星衍、卢文弨、黄丕烈、陆拙生等人,校勘《刘子》,用功甚多。特别是黄丕烈,"不惮至再至三",留下了四种校本和十五则跋文。近人罗振玉、傅增湘,及今人孙楷第、王重民、陈乃乾、杨明照等,也都在《刘子》校勘、释注方面,做出了许多贡献。此外尚有清陈昌齐《正误》、孙诒让《札移》等。集校者对上述各人的校勘成果,均择要录入。

三、特别值得注意的,是集校者对众说纷纭的《刘子》作者问题,通过对历代著录情况和《刘子》本身内容及刘勰、刘昼生平的深入研究,以大量材料证明,《刘子》作者即《文心雕龙》作者刘勰。其说略谓,《隋书·经籍志》著录有《刘子》一书,未题作者,注"亡",《四库提要》未见及此,反据《刘子·九流》与《隋书·经籍志》子部所论相同一节,以为"使《隋志》袭用其说,不应反不录其书;使其剽袭《隋志》,则贞观以后人作矣",集校者除指出《隋志》子部杂家类"杨伟《时务论》"条下赫然有"《刘子》十卷"的记载以外,复指出敦煌残卷中有唐以前写本《刘子》,更可证明《刘子》非贞观以后人作。《旧唐书·经籍志》丙部杂家类在杨伟《时务论》《何子》等条之下,亦有"《刘子》十卷",且明确注出"刘勰撰"。《旧唐志》所据为唐开元九年修成之《群书四部录》,其例对前代注"亡"之书,如重新检获,则据实书著录并注明作者,则《隋志》注亡的《刘子》一书(《隋志》所据有梁阮孝绪《七录》等),在唐代又重现于世,且得到了明确而完整的著录。敦煌古籍有《随身宝》一种,中有"《流子》刘协注"之文,又敦煌卷子有《杂抄》一种,卷中有"九流"一条,目下注云"事在《流子》五十五章",所录正为《刘子·九流》原文,王重民先生据以断定"《流子》刘协注"必系"《刘子》刘勰著"无疑。唐释慧琳《一切经音义》亦有刘勰著《刘子》之说(共两处)。是唐代官私著录,多数以《刘子》为梁刘勰所作。由宋人转引之唐人以《刘子》为刘昼作的只有两例,一为陈振孙《直斋书录解题》所引袁孝政《刘子注序》,二为刘克庄《后村先生大全集·诗话续集》所引张鷟《朝野金载》(今所见本无此条),这两种说法的原文均已不可见。宋元人著录《刘子》,主刘勰著者仍《唐志》,有《新唐书·艺文志》《通志》等,主刘昼著者引袁序,有《玉海》等,多数则抱存疑态度,如《郡斋读书志》《直斋书录解题》,虽题刘昼撰,但又说:"其书近出,传记无称,不知何以知其名昼字孔昭也。"然而后人往往以为晁、陈二书肯定《刘子》作者为刘昼。《宋史·艺文志》作"题刘昼撰","题"字实乃存疑之意,后人亦未之察,明清许多《刘子》版本的题署,就是以此为据将《刘子》作者归为刘昼的。但亦有不同意见,如宋濂即主刘勰说,且有考辨,姚振宗亦否定刘昼说,他提出了一条重要的论据:刘昼在北齐孝昭时著书《帝道》等,史有明文,已在梁普通后四十余年之陈文帝年间,阮孝绪《七录》作于普通四年,此时刘昼年方十岁左右,已录《刘子》,故《刘子》不应为刘昼所作。近人的考辨,较有代表性的是余嘉锡和王重民,一主刘昼,一主刘勰。总之,距离《刘子》成书时间越近,对于刘勰的著作权越是信多疑少。《作者考辨》至此似已可下结论,但林、陈伉俪并不就此满足,接着又从刘勰和刘昼的生平及《刘子》的思想内容方面作了考察,进一步得出:刘勰作《刘子》是完全可能的,而刘昼则不大可能写出这样的作品。至于"刘昼翻托刘勰之名而作《刘子》"的说法,更站不住脚,因为刘勰和刘昼几乎是同时代人(卒年只差三四十年),而刘勰在当时地位不高,其著作的影响也不大,翻托刘勰是不容易办到也没有什么意义的。林文又举出《刘子》和《文心雕龙》的 20 处典型段落加以对比,结果发现两书的思想内容、材料选用和分类铸词等都十分相似。基于众多实证,集校者确信《刘子》为刘勰所作。《刘子作者考辨》一文最后对刘勰之讹作刘昼的原因和过程作了推论:颜师古《匡谬正俗》有"刘轨思《文心雕龙》"之语,比丘德圭《北山录注解随函》有云"刘思协造《灭惑论》","轨思"和"思协"均为"勰"之误,人们很可能从"刘轨思"或"刘思协"讹作"刘思",又从"刘思"讹作"刘画"(畫之俗字),最后从"刘画"复正作"刘畫"再讹作"刘晝",因为也有《后汉书·郑玄传》注引北齐刘昼《高才不遇传》时"昼"误为"画"的实例。这个推论有合理性。

三

转眼 20 多年过去了,林先生已年逾古稀,我这个当年的年轻编辑也已经年过花甲,在经历了上海古籍、上海辞书和上海人民三家出版社的编辑出版生涯以后,退出第一线,我们尊敬的马伯煌先生,以及热情肯定和支持这项工作的顾廷龙、张光年、王元化、李希泌、李一氓等先生,前些年均已仙逝,《刘子集校》的出版盛事似已时过境迁。然而令人惊异的是,林其锬先生一直没有停止过他的研究工作,他闯入了刘勰、《文心雕龙》和《刘子》的学术领域,成为"《刘子》刘勰著"论的代表人物,而且其研究愈来愈深入,取得了大量的学术新成果,其锲而不舍的治学精神,实在令人钦佩!

当年的《刘子集校》,使用了五代以前敦煌写本六种,其中两种为过录本。近年来,林先生经过不懈的努力,终于找到了敦煌原卷两种以取代过录本。

其第一件为何震彝(1880—1916,字鬯威,号穆忞)旧藏《刘子》残卷,乃敦煌遗书中之精品,存 202 行,1914 年傅增湘曾有过录,后归罗振玉收藏。罗氏在 1923 年亦作了校录,并收入于 1924 年刊印的《敦煌石室碎金》之中,由于此卷在罗振玉之后长期下落不明,所以林先生于 1988 年在上海书店出版《敦煌遗书刘子残卷集录》时,只能以罗振玉过录之《敦煌石室碎金》本和傅增湘过录本影印,以未得原本而感遗憾。1990 年 11 月,我国学者荣新江在日本访查流散的敦煌吐鲁番遗书,在日本东京国立博物馆参观时,无意中见到此卷,并在1993年著文披露,林先生方得知其下落。经过多方努力,在台湾王更生教授鼎力协助及日本友人帮助之下,终于得到影印件,收入集中。

其二为刘廷琛(字幼云,曾任京师大学堂总监督)旧藏唐卷子《刘子》残卷,云系"从何秋辇家解委员分得者"(何彦升,生于1860,卒于1910,字秋辇,曾任甘肃布政使、新疆巡抚),秘不示人,鲜为人知,所以未被《敦煌遗书总目索引》所收录。傅增湘于1939年4月,从刘廷琛之长子希亮处得见此卷之影写本,并过录。1983年,林先生伉俪在北京图书馆见到傅增湘过录在"光绪纪元夏月湖北崇文书局开雕"的《百子全书》中的《刘子》上的过录文字并两则跋语,遂将其与其他五种敦煌残卷特别是与伯三五六二卷、伯二五四六卷相重叠部分加以比勘,发现不仅起迄点全不合,而且文字相异亦多,故疑为五种之外的别本。经版本目录学家顾廷龙先生鉴定,认为此卷确与其他五种敦煌残卷不同,且是未被《敦煌遗书总目索引》收录的《刘子》残卷。但不知下落。在出版《敦煌遗书刘子残卷集录》时,也只能以傅增湘过录本影印刊出。书出后,得到荣新江先生的回应,他在1993年《书窗》第一期发表的《两种流散的敦煌刘子写本下落》文中透露:"1981年7月,北京图书馆善本组编印了《敦煌劫余录续编》,揭示出1949年以后该馆入藏的敦煌遗书1065件。其中的'新0688'号为'《刘子新论》卷中九篇',始于'下可',终于'第廿',并记其'共十四纸,二八八行'。但因其来历不明,未引起人们的注意。最近,北京图书馆尚林先生根据馆藏档案,查清这件《刘子》写本,就是刘幼云旧藏,经张子厚、黄某之手,于五十年代入藏北图。"林先生在国家图书馆馆长詹福瑞教授等的帮助下得到影印件,与傅增湘过录的刘希亮影钞本对勘,发现傅增湘过录之刘希亮影钞本,原是首尾不完之本子。今藏本实存290行(含篇题残行),起《贵农》第十一之"先王知其如此,而给民之衣食"的"衣食",傅录本则起于《爱民》第十二之篇题;今藏本讫于《因显》第二十之篇题,傅录本则讫于《荐贤》第十九"矧复抑贤乎"。两本相较,傅录本少了四十七行半:首缺三十八行,尾缺九行半。同时,经过刘希亮影写,傅增湘转录,误读误判难以避免,所以讹误也不少。于此可见原本弥足珍贵。

林先生求得的这两件敦煌遗书,实均与清末敦煌藏经洞劫余文物的东运有关。1910年1月,何彦升由直隶按察使改任甘肃布政使,具体负责藏经洞劫余文物运京事宜,何彦升虽长期在外做官,其长子何震彝却一直住在北京,何震彝的岳父,也就是何彦升的亲家李盛铎(1858—1937,曾任京师大学堂总办,著名外交家和版本目录学家、收藏家)有一个外甥叫傅宝华,当时在甘肃做官,何彦升为了让李盛铎等获得藏经洞文物,委派傅宝华担任押运藏经洞文物的"解送委员",傅押送藏经洞文物抵京以后,先到李盛铎家,李盛铎叫来他的另一位亲家刘廷琛,和女婿何震彝等人,花了三天的时间,选盗了数百个卷子,大多是佛经以外的四部文献精品(事见王冀青《国宝流散——藏经洞纪事》,甘肃教育出版社,2007年)。上述两个《刘子》写本,正与何氏父子及刘廷琛等有关,应即当年在李盛铎家中盗取瓜分者,如今复出为学术界所用,是为盛世之幸事。

在找到两件珍贵原卷之后,林先生又查得敦煌学界新发现的敦煌西域写本三种(斯六〇二九卷、斯一二〇四二卷、塔里木 M·T〇六二五卷三种,涉及《刘子·兵术第四十》《刘子·贵农第十一》《刘子·祸福第四十八》内容),这样,敦煌西域写本就增加到了九种。

版刻方面,在宋以来刻本和抄本50余种的基础之上,则觅得了极其难得的日本宝历八年刊五卷本《新雕刘子》。《刘子》卷帙分合,唐时即有多种。五卷本著录,今存文献最早可见于《日本国见在书目》。宋赵希弁《郡斋读书附志》、陈振孙《直斋书录解题》、元马端临《文献通考·经籍考》并有"《刘子》五卷"的记载。清陆心源《皕宋楼藏书志》、日本静嘉堂《秘笈志》等亦有著录,都注明"明刊本"。五卷本《刘子》全篇,大概入清之后便失传了。1985年《刘子集校》出版后,林先生遵王元化先生嘱,奉寄日本著名学者、《文心雕龙》日文本译者户田浩晓先生请教。不久,户田浩晓先生便来信说:"我手头有宝历八年(西元1758年)刊的《刘子全书》五册,在皆川淇园作的序里,断定'《刘子》刘勰作'。在日本,自古以来便力倡'刘勰作者说',可是从来没有能看到较详细的研究出现。因此,大作的正文和校记及附录《作者考辨》,对学者必有很大裨益,并使大家深信不疑。"时任中国文心雕龙学会正、副会长的张光年、王元化,和上海图书馆馆长顾廷龙,得此消息都很关注。张光年还三次写信提出要设法访求此书影印出版。顾廷龙也说要想办法访求此书。直至1993年,经过顾先生的多方努力,在日本友人的帮助之下,得到《全编新雕刘子》的复印本。后林先生又得悉:日本宝历八年刊之五卷本《刘子》并非孤本,在日本一些大学乃至我国台湾,都有藏本,并且还收入长泽规矩也编的《和刻诸子大成》中。为了进一步校勘和研究,在友人的帮助下,又从其他地方复印了部分,此次影印的是台湾藏本。宝历八年(相当于我国清乾隆二十三年)刊本的底本为日本应永(相当我国明洪武年间)写本。此本影印出版,也弥补了我国五卷本《刘子》版本之阙,这是可庆幸的。在现存诸本中,《诸子奇赏》虽出于五卷本,但与日本宝历刊五卷本《刘子》对勘,其文字有差异,如《爱民篇》,《诸子奇赏》便夺"故有若曰:'百姓足,君孰与不足? 百姓不足,君孰与足?'此之谓也"二十四字,而宝历本则不夺。林先生既然有了那么大的收获,于是在《刘子集校》和《敦煌遗书刘子残卷集录》(林其锬集录,上海书店出版社出版)的基础上,重加校理,校勘范围扩大到《刘子》袁孝政注(亦有七种版本)。

在重新进行校勘的同时,林先生又撰写了长篇学术前言,共分八个部分,对《刘子》的书名、篇数、卷帙、版本,袁孝政注,成书缘由及书的性质,作者谁属,《刘子》研究概况,《刘子》研究的现代意义,以及本书构架等,均作了较为充分的阐述,较之20多年前的《刘子集校前言》和《刘子作者考辨》,补充了许多新的材料。比如关于袁孝政,林先生认为其人究竟是不是唐朝人,从而袁注是否唐人注,是十分可疑的,他举出了这样几点例证:一、注者传记无凭,来历不明;二、一直到南宋初年,全无关于《刘子》袁注的记录;三、当袁序、袁注出现之时,即为目录学家所质疑,且谓"此书近出";四、袁注遗存异体字与隋唐《刘子》古本不成比例;五、袁注体裁与唐人注疏体裁不相同。由于《刘子》刘昼说最初就是袁孝政在其注本的序言中提出来的,所以研究袁孝政及其注释,否定其为唐人,对于否定《刘子》刘昼说是十分有力的。关于《刘子》作者谁属的问题,对于林先生来说,是一个老问题(林先生是持"《刘子》刘勰著"说的学术界代表人物),这次他将《刘子集校》出版以后发表的一些论文的观点和例证梳理得更为清楚,也补充了一些新的材料,他特别对南宋刘克庄《后村大全集·诗话续集》转引之唐张鷟《朝野佥载》中的一段话"《刘子》书,或以为刘勰所撰,乃渤海刘昼所制。昼无位,博学有才。□(林先生按:《四部丛刊》本原缺,余嘉锡《四库提要辩证》下转引作"窃")取其名,人莫知也"进行了考辨,对其是否属于唐张鹭《朝野佥载》原文提出了怀疑。此材料值得做进一步的研究,设若此语确实是唐人张鹭《朝野佥载》原有,则亦不能排除"宋人"袁孝政袭用而扩大之。

在这部皇皇巨著之末,又增加了"《敦煌西域遗书刘子残卷、宋本、宝历本异文对照表》""《刘子》作者考辨""承教录""《刘子》研究论著目录索引"等附录,其书名则为《刘子集校合编》。

<h2 style="text-align:center">四</h2>

遑论《文心雕龙》和《刘子》作者考辨、思想内容和文字风格异同等方面的研究,仅从文献学角度来看,林先生的工作也已经相当到位。比如关于《刘子》作者归属问题的历史记载,林先生就将其分为两个时期,南宋以前,实际上是没有争议的;关于袁孝政其人问题,林先生又从多个方面证其非唐人。这些理由都很充分,当然言之成理,相信将引起新一轮的讨论。

笔者在拜读林先生著作的过程中,出于职业习惯,也翻检了一些图书,现仅就见闻所及,为林先生补充一些材料,以就教于林先生和学界高明。

第一,林先生指出,书目中关于袁孝政注本的记载,始见于南宋初期。而目前可以查得的引用《刘子》袁孝政注的记录,也在南宋初期。今谨补充两条例证。范处义《诗补传》《青蝇》(幽王):"袁孝政释《刘子》曰:'魏武公信谗,诗刺之曰:"营营青蝇,止于樊。岂弟君子,无信谗言。"'今据魏自有国风,若果为魏诗,圣人删诗,雅、颂各得其所,岂容以风为雅!袁氏亦岂惑于韩齐鲁三家之说乎?"处义字子由,金华人,绍兴二十四年登张孝祥榜进士,为南宋初之人。又南宋初人吴曾《能改斋漫录》卷七《桑荫不徙》:"唐《尉迟敬德赞》曰:'敬德之来,太宗以赤心付之。桑荫不徙,而大功立。'按,《战国策》冯忌对赵王曰:'尧见舜于草茅之中,席陇亩而荫庇,桑阴移而授天下。'又《刘子》曰:'尧之知舜,不违桑阴。'袁孝政云:'尧尝举舜于服绎之阴,与舜语于桑树下,树阴不移,尧即知舜。'"

第二,袁孝政注文不避"世""治"等唐讳。《韬光第四》"物之寓世,未尝不韬形灭影",袁注:"韬,藏也。太公作书名《六韬》者,龙韬、虎韬、豹韬、麟韬、凤韬。张显曰:'人当韬韫以待价,非可自衒也。'"(伟国按:"张显"不详。《后汉书》卷八十九《张衡传》张衡《应间》"且韫椟以待价，踵颜氏以行止"注"《论语》子贡曰：'有美玉于斯，韫椟而藏诸？求善价而沽诸？'子曰：'我待价者也。'又子谓颜回曰：'用之则行，舍之则藏，唯我与尔有是夫。'"）又"衒异露才者，未有不以此伤性毁命者也"，袁注有"凡一世万物"云云；又"是故翠以羽自残"，袁注有"……多被世人取之"。其中正文及注文之"世"字，注文之"虎"字、"显"字，均为唐讳。《辨乐第七》"禹曰大夏"，袁注有"似大厦之屋，能盖覆于民也"；"汤曰大护"，袁注有"救于黎民""养育黎民"。"民"字当避唐讳。《审名第十六》"黄轩四面，非有八目"，袁注有"治国乃使诸侯至于四方"；"野丈人"，袁注云"世人从虚"；又"尧浆禹粮，谓之饮食"，袁注有"治水""世人"等语。"治""世"均为唐讳。《兵术第四十》"皇帝战于涿鹿"，袁注"神农世衰"。《观量第四十四》"韩信不营一飱"，袁注"不治生商贾……"。《随时第四十五》"代君修墨而殘"，袁注"遂放代君于人间"，宝历本眉注"人当作民"，"民间"作"人间"，显为避唐讳，或袁注所据之本已如此。唐朝避讳的方式有多种，袁孝政如为唐高宗以后之人，行文不当直接写出"世""民""治""显"等字，如系后世回改，则袁氏之注，本非经典，似亦无此必要。如袁孝政系初唐人，则敦煌西域所出之《刘子》九种似不应全部不录其注。

　　第三，《永乐大典》残本尚存《刘子》多条引文，其间亦有袁注，因《刘子》今存之版本在南宋残本之后，即为明中后期以下之本，《大典》之依据，当为明代以前本，由其引文亦可窥见其与今存之南宋本以及后来版本之关系。今略举数例如次。《清神第一》"故神静而心和，心和而形全"，"形"《大典》引作"神"，《文津阁四库全书》本亦作"神"，林校已证其非。《崇学第五》"茧之不缲，则素丝蠹于筐笼"，"丝"下《大典》引有"自"字，"情性未炼，则神明不发"，《大典》引"明"作"光"。《鄙名第十七》"亭名柏人，汉后夜遁"，袁注"速须急去"，"速"《大典》引作"事"，"后果刺客来"，"刺"《大典》引作"侠"，"遂恐其罪"，"恐"《大典》引作"恕"，后两条与《道藏》等本同；又其正文和注文中的"汉后"之"后"字，林校据刘藏唐卷子本改为"君"字，窃以为"汉后"无误，宜校不宜改。《命相第二十五》"马有骥之一毛，而不可谓之骥也"，《大典》引无"而"字，"蛇有龙之一鳞，而不可谓之龙也"，《大典》引作"龙有蛇之一鳞，而不可谓之蛇也"，与宋、覆宋等各本同。《贵言第三十一》"桓侯不采越人之说，卒成骨髓之疾"，袁注

"医者"，《大典》引作"老医"，宋本作"夫医"，《道藏》、影钞本亦作"老医"；"明日又入见桓公曰"，《大典》引作"明日又见告桓公曰"；"后日又来见桓公乃反走"，《大典》引作"后日来见桓公乃走"，与宋本等同；"公思""不思"，《大典》引作"公患""不患"，与宋本等同；"君欲治病"，《大典》引"治"作"理"；"今者吾病"，《大典》引作"今者既患"，与宋本同；"脏腑"，《大典》引作"肌血"，与宋本及《道藏》、影钞本同；"我故亦去"，"亦"《大典》引作"走"，与宋本及《道藏》、影钞本同；"桓公于是竟卒也"，"竟"《大典》引无之，与宋本同。此条注释值得研究，除了异文以外，其中"治""理"互见，与当时所见文本之形成时期有关。

第四，还有几条零星材料亦值得注意。《金史》卷八《世宗本纪》大定二十三年（南宋淳熙十年，1183），九月己巳，"译经所进所译《易》《书》《论语》《孟子》《老子》《杨子》《文中子》《刘子》及《新唐书》。上谓宰臣曰：'朕所以令译《五经》者，正欲女真人知仁义道德所在耳！'命颁行之"。说明金朝人在翻译《五经》等书的同时，也将《刘子》译成了女真文。明宋濂《文宪集》卷二七《杂著》："《刘子》五卷，五十五篇，不知何人所作。《唐志》十卷，直云梁刘勰撰。今考勰所著《文心雕龙》，文体与此正类，其可征不疑，第卷数不同为少异尔。袁孝政谓'刘昼孔昭，伤己不遇，遭天下凌迟，播迁江表，故作此书'，非也。孝政以无传记可凭，复致疑于刘歆、刘勰、刘孝标所为，黄氏遂谓孝政所托，亦非也。其书本黄老言，杂引诸家之说以足成之，绝无甚高论。末论九家之学，迹异归同，尤为鄙浅。然亦时时有可喜者，《清神章》云：'万人弯弧，以向一鹄，鹄能无中乎！万物眩曜，以惑一生，生能无伤乎！'（《亢仓子》同）三复其言，为之出涕。"又明陈元龙编类书《格致镜原》卷八九《兽类》"诸兽八"："沈括谓'蹷亦曰蛩蛩巨虚'。刘勰曰：'蛩蛩巨虚，其实一兽，因其词烦，分而为二。'袁孝政注云：'蛩蛩前足长，巨虚后足长，其兽出雁山，见人即巨虚负蛩蛩而走。'诸说不同，录以并考。"说明南宋以后，虽然出现了"刘子刘昼"说，明人仍多以刘子为刘勰。

以上这些材料所反映的问题，值得作进一步的研究。另外，对于敦煌、西域《刘子》写本九种的具体断代和文本体系问题，宋以下诸版本之源流问题，唐宋古籍对《刘子》的引用情况等，也均可继续深入研究，其间亦应可发现一些有关《刘子》作者问题和袁孝政其人的蛛丝马迹。

　　《刘子》一书，其学术体系向来被列入杂家。杂家原是战国末至汉初博采各派思想的综合学派，其特点是"兼儒墨，合名法"（《汉书·艺文志》），其战国和汉朝的代表作有《吕氏春秋》和《淮南鸿烈》，均为集体著作，唯有同为杂家的中古时期重要著作《刘子》是一部个人独力完成的著作，因而其思想脉络和文气一以贯之，其书虽然有不少观点杂取前人，但"用古说今"，亦多有发挥。正如冯友兰和张可为两位先生合撰之《原杂家》所论，杂家"是应秦汉统一局面之需要，以战国末期'道术统一'为主要的理论根据，实际企图综合各家之一派思想，在秦汉时代成为主潮"，与杂家的前辈一样，《刘子》也大体上反映了封建大一统国家建立过程中的文化融合趋势，特别是在《九流》篇中，评述了道、儒等九家之说，认为"道者玄化为本，儒者德教为宗，九流之中，二化为最"，既肯定了中国文化学术的多元（九流）结构，又强调了道、儒的主体地位，是为社会统一、治国安邦服务的。林先生的《刘子集校合编》的出版，既使学术界增添一部厚重的大著，也必将推动学术的发展和传统优秀文化成果的现代运用，为中华文明的现代重构做出贡献。

2011 年 9 月

原载：林其锬：《刘子集校合编》，上海：华东
师范大学出版社，2012 年 9 月，第 1—12 页。

一部全面深入整理
古籍的上乘之作

——评《华阳国志校补图注》

　　《华阳国志》十二卷,晋常璩撰。前四卷《巴志》《汉中志》《蜀志》为地理之部,所涉及的地域,北起今陕甘南部,南到今滇南和滇西南边境,西起今川西地区,东至长江三峡地区。后九卷(第十卷分上中下,第十二卷《序志》不在内)是对西南地区重大历史事件和人物的记载。此书被称为我国最早的方志之一,体制完备,资料丰富,考证翔实,文笔富瞻。草创始就,即倍受重视。范晔著《后汉书》,裴松之注《三国志》,郦道元注《水经》,刘昭注《后汉》,无不尽量吸收《华阳国志》的成果。可以说,《华阳国志》开我国地方志创造之局,有如《史记》之于我国史籍。

　　任乃强先生早年专攻农学,后长期从事西南地区地理历史的考察研究工作,50年代受到不公正的批判以后,以逾花甲之年,定志整理《华阳国志》这部古代西南史地的经典之作,身居斗室,矻矻不倦,数易其稿,前后历20余载,年近九十,终于撰成《华阳国志校补图注》这部极有份量的古籍整理著作。

　　《校补图注》对《华阳国志》作了全面而深入的整理,整理方式包括校勘、标点、辑补、注释、附论及绘图等方面,由于任先生谙熟西南史地,又具有深厚的旧学功底,校、补、点、注、论、图均能贯通历史文献、出土材料和实地情形,发前人所未发,获得新的成果。

　　一、校勘。《华阳国志》成书以后,经700年传抄,至宋代始得镌板,现知最早的版本是北宋元丰间吕大防成都刻本,南宋有嘉泰李𡎴邛州刻本,两本均已佚。明清两代,翻刻传抄者很多,有明嘉靖成都刘大昌刻本、蒲州张佳胤刻本、新安吴琯刻《古今逸史》本、武林何允中刻《汉魏丛书》本、天启间李一公成都刻本、影写《永乐大典》本、钱谷手抄本，清李调元《函海》本，廖寅题襟馆本等，校本则有何焯、顾广圻、顾观光等本，共计 30 余种。《校补图注》以较为通行和完善的清廖寅题襟馆本为底本，校以现存所有版本，包括被任先生本人认为反映了元丰本面貌的何焯校本。

任老自谓，此次校勘，"于处理旧刻各本异字之方法，取法《函海》"，以《函海》校勘细致，态度矜慎，凡提行、空格，诸本异文、别字、各家批注，无不忠实注出，无辄以己意窜改之迹，使阅者如兼得诸本也；"审订原著文意，勘正讹夺，则取法于顾广圻"，以顾广圻虽参验不足，而所判断，往往有异本为之证实，又只注其意而不率易原字，俾览者自能抉择，不仅法度井然，识见卓绝，工作态度亦正可师也；"博采群籍，甄别文字，则取法于顾观光"，以其征引史注类书最多也。

任校于各本与底本文字相异之处与裁定意见，均加简明校语，余如行款、抬头、空格等之不同，间亦有所说明，其各本原有小注夹存者，则嵌入新校语中或附于后。期在校语不繁而宋、明、清 30 余种刻本、校本之异同备焉。任校不尽依版本与前人校稿，每亦采用前人引据以外之书志引文（例如《寰宇记》《舆地纪胜》及其他方志之文）。亦有无所引据，但用他书文字从侧面推测，从本书上下文理与历代钞刻致误之规律推断者，惟皆不动原刻文字，别以符号区别其所当增删移改之字，并于注释内说明其增删移改之理由，留待阅者评定。

如《巴志》"园有芳蒻香茗，给客橙蒻"句，"蒻"字旧本同，《函海》等本作"葵"，顾槐三校"橙"字衍，"蒻"当作"簧"。任先生以为"簧"是草，"葵"乃常蔬，非园艺物，"蒻"盖扶留之别名，亦作荜茇，六朝时士流喜食槟榔，须拌扶留与蚌灰，故扶留迅速自日南移种于岭南滇桂和川东南之长江河谷，此文省称为"蒻"，与橙皆巴江特产以供客者。旧本不误。又巴西郡"东接巴郡，南接，西接梓潼，北接凉、西域"，诸本作"南接梓潼"，无"西接"二字，顾千里于"梓潼"下示疑，底本独有"西接"二字，于"南接"下注"有脱"。任校以为原当作"南接广汉，西接梓潼"，晋梓潼郡在广汉郡北，在巴西郡西北，广汉郡在巴郡西北，巴西郡西南，常璩文不可能作"南接梓潼"。

任先生取校范围虽甚广，但未能充分利用宋祝穆、祝洙所著《方舆胜览》，《胜览》清代以来流传较稀少，近年始有宋刻影印本出版，检其书直接引用《华阳国志》文凡52条，颇有校勘价值。如《华阳国志》卷三《蜀志》"临邛县"有"秦始皇徙上郡民实之"一句，任校"徙"字各本或作空格，或作"从"，《函海》注"刘李本作徙"，"民"字原脱，据意补，而《胜览》卷五十六"邛州"有曰："《华阳国志》：秦始皇徙上郡人以实之。"可证"徙"字原有，"民"字宋本作"人"，或为唐时避太宗讳改。任校与《胜览》所引暗合。又如《华阳国志》卷三《蜀志》"汶山郡"有"盛夏凝冻不释。故夷人冬则避寒入蜀，庸赁自食，夏则避暑反落，岁以为常，故蜀人谓之作五百石子也"。任校据《寰宇记》（未明言引《华阳国志》）改"五"为"氏"，而《胜览》卷五十五"茂州"引"落"作"茂"，"岁"作"习"，"作五"作"筰氏"。任校"五"作"氏"确切不移。又《华阳国志》卷一《巴志》"故世曰'分巴割蜀，以成犍广'也"，《胜览》卷五十四"汉州"引作"故《世本》曰"云云，任校惜未能引证。

二、辑补。《华阳国志》刻本，自宋吕大防即多残缺，宋时已有李𡏲校语增补《李势志》，又整治其汶山、越嶲二郡间一段文字。明张佳胤所得，仍是元丰残阙本，错简脱叶全行漫灭之处颇多，张氏亦曾补缀，但以私意所喜任情为之，泛溢臃肿，甚且骈枝复出，文不相应，有不当补而补者。任乃强先生对辑补工作极为重视，以为旧时尚有宋刻在世，使能博征善核，力求全貌，应尚可及。迁延至今，着手更难。虽然，今日为之，犹将胜于因陋就简，袖手不为。遂因校勘之便，力补旧阙。其辑补方法有五点：（1）估计原著缺佚篇叶，文字数量，借字数控制所补文字，不容失于太啬，亦不容失于泛滥；（2）力求常氏撰述精神，行文规律，用以审核辑得资料，慎重补缀，虽不能似，求能似之；（3）所辑资料，不仅于故籍明白标定为引《常志》之文，凡可估为其文出自常著者皆采用之，既属明白标为引《华阳国志》者，亦不尽遵原字，盖知前人著书多不言引据，旧籍引文，亦不尽遵用原文，不惟随意删节，且多有不适当之窜改与增溢处也；（4）补文皆于校记中注"补"字；（5）补文嵌入正文，旁标以记号。

任先生于辑补用功极深。如《蜀志》宋刻原阙汶山郡至越嶲郡约六叶，旧刻以"汶山郡"首段"宣帝地节元年，武都白马羌反，使者骆武平之。因"以下，误接至越嶲郡之"拜越嶲太守，迎者如云"句。旧校诸家皆无所觉，顾千里始发现"汶山郡"原刻属县皆当属于越嶲，遂于校记中录出《水经注》、《续通典》（宋白）、《寰宇记》等典籍所引属汶山、汉嘉二郡之文。任先生在顾千里的基础上，再征采各种史籍、地志、类书有关文字80余条，经反覆审核裁剪，存70余条

2300 余字补入。

任先生的这种辑补方法,同一般遵循的原则有所不同,好在校记中对增补文字的来历及辑补的理由均有说明,《前言》中对于辑补之取材原则有详细论证,补文又有统一的标记与原文区别,读者仍可清楚地看到底本和校本的原貌。后人在受惠于任先生所得成果的同时如能发现更多的古人直接引用《华阳国志》的文字,再予补苴,则幸甚。

三、标点。标点助人理解文义,功用同于简明之注释。而古文含义多端,句读难定,非经细致咀嚼,推求义旨,即易流于误解误断。《华阳国志》年代久远,所叙史事、人物、名物,或不经见于其他史籍,故标点之难,不让于诠注。如四川省图书馆所藏明刻《华阳国志》三本,有人作标点两次,而误标误点之处即甚多。《巴志》有一句,原标点作:

> 于是夷胸忍廖仲药何射虎秦精等乃作白竹弩,于高楼上射虎,中头三节。(原标廖仲药、何射虎、秦精为人名。)

任先生以为其间有甚大误解三点。(1)原标三人名误。本书《大同志》有"涪陵民药伸",则巴东固有药姓也。章怀太子注《后汉书·板楯夷传》"射杀白虎"句云"《华阳国志》曰:巴夷廖仲等射杀之也",张澍《蜀典》卷十二《药氏》云,"按《华阳国志》:巴夷药何与廖仲秦精等作白竹弩射白虎者",是皆以廖仲、药何与射虎秦精为三人也;(2)原文于秦精上特加"射虎"二字,表示廖、药皆非能射虎者;(3)白竹为竹中之尤劲者,缚之为巨弓,以机发之,则射能远及,故设于高楼上以伺虎,非谓借楼避虎而手射之,如是手弩,则达楼下已成弩末,安能没入三节乎?据此,任先生点作:

> 于是,夷胸忍廖仲、药何、射虎秦精等,乃作白竹弩于高楼上,射虎,中头三节。

四、注释。任先生作注之例凡有五端。(1)僻字晦义,成语典实及相关之人名地名,皆征引群书,诠释疏通;(2)校勘、辑补工作中,每有疑难问题,或当推翻旧说之处,须加以阐明,未便夹叙入正文,则别以注语剖析之;(3)《常志》多引据《史》《汉》《三国》及其他古籍,而《水经注》《后汉书》《晋书》等又多引用《常志》,文义歧出互异,有当校订之处,往往溢出校补范围以外,故于考订本书文义所当及者,搜订征验,斟酌厘正,其考订文字亦入注中;(4)今日研究本书必当提出的问题,如巴、蜀民族来源,大西南社会发展历史阶段划分,各少数民族分布地域与其生活特点、发展过程,关于西南古代社会的经济以及古西南地区同内地的关系、同印度的文化交流等,皆随文提出,在注释中加以讨论;(5)古地名之正确位置,物名之正确含义,如蚕丛、丹犁、夜郎、苴兰、郁鄢、沈黎、枸酱、邛竹、灵关、丹穴之类,皆博考精辨,甄采群言,理其纷歧,勒为定说。

任注内容丰富,有不少独特见解。如卷七《刘后主志》载诸葛亮上疏有曰"故五月渡泸,深入不毛",此疏即脍炙人口的《前出师表》,句中的"不毛",前人多解释为不生草木。任先生指出,疏中"不毛"指南中诸郡,取用《汉书·西南夷传》杜钦说大将军王凤语意。钦云:"即以为不毛之地,无用之民,圣王不以劳中国。宜罢郡,放弃其民,绝其王侯,勿复通。"颜注:"即犹若也。不毛,不生草木。"颜说非是。既置郡县,理人民,安得喻为不生草木之地!《左传》隐三年:"涧溪沼沚之毛,苹蘩蕴藻之菜……可荐于鬼神,可羞于王公。"此"毛"明指鱼介菱芡可食之物,非泛言一般草木。又《周礼·地官·载师》:"凡宅不毛者有里布。"郑司农云,"谓不种桑麻也",亦非其义。此"不毛"谓不生五谷及他可食之物,而民宅之,则必有桑麻,故输里布也。故言"毛"者,皆谓谷蔬果蓏,禽兽虫介,可食之物,足裨民生,济国用,供祭献贡赋之物,不得解为一般草木。《公羊传》宣十二年,郑伯肉袒以逆楚庄王曰:"君如矜此丧人,锡之不毛之地。"《史记·郑世家》作"不忍绝其社稷,锡不毛之地,使复得改事君王"。此似言:求楚王命其复为郑君,愿今后贡献于楚。"不毛之地"谓郑国不贡献于楚,在楚为不毛,非谓中原之郑地为"墝埆不生五谷"(何休《公羊注》语)之地也。又《周礼·秋官·司仪》"王燕则诸侯毛",郑玄曰"谓以须发坐",即叙齿,难通。按此章上文,"将其币亦如之",下文屡言"将币""授币""私献""赐献",则诸侯毛者,当谓诸侯各以其国之土产献以佐膳,非谓坐次。从以上两例,可知"毛"可由"物产"之义转为"贡献物产"之义。前述杜钦语,正谓南中诸郡所产无裨国用为"不毛",诸葛亮承用其语,谓南中背叛已久,贡献断绝为不毛,故深入征讨,使"不毛之地"成为"军资所出","无用之民"成为"五部营军","兵甲已足",乃可北伐也。

鉴于注语较多,任先生先将原书各卷文字划分为若干章(原书不分章节,宋刻乃有提行空格,暗别章节),每章作一按语,阐明全章旨趣,指出其要点特点及联系他章之关键。按语下则为本章注文。

五、附论。任先生的注文,对于各少数民族历史发展与地区产业发展史料之考订尤为详密,多发前人之所未发,有的一条长达数千字,则或散于各注释中,或特附专题论文。其附论有《说盐》《蚕丛考》《成都七桥考》《庄𫏋入滇考》《蜀枸酱入番禺考》及《蜀布、邛杖入大夏考》等题。《说盐》以宓、临、监等字均与盐字有关,联想甚大胆。在任先生的注和论中,有大量精密的考证,也有不少大胆的设想。这些设想,不一定能成定论,但至少可以开拓思路,供进一步研究。

六、绘图。左图右史,交互参证,为古今学人所公认之重要治学方法。凡史地诸书,能条理明晰,铺序秩然,可以反复勘合而不乱者,其撰定时大多先有图籍依据,或自绘有图,胸罗全局形势,乃有可能。可惜古籍原有图有文者,传至后世,往往文在而图佚。《华阳国志》最精彩处在地志,其必得当时完善地图相印证甚明。任先生曾参加编制《四川历史沿革图说》,熟谙大西南地区之地理形势、建置沿革与历史发展过程,又有本人实地考察的详细记录,乃依据常书地志四卷及其他各卷史文有关地理形势之处,绘为地图19幅,期使历世悬而未定之地名落实入图,无复悬空含混,惝恍迷离之处。阅者取图验志,参看注释,于晋代梁、益、宁三州地理势可以了然于胸。插入书中的地图主要有《巴志》《汉中志》《蜀志》《南中志》的形势总图及《李冰治水遗迹图》等。

《华阳国志》各版本原有若干附录,任乃强先生仍将其插附有关卷末,略作校注,此次又搜辑旧刊各本之序跋凡例,旧史中记述常氏著述卷帙、版本及评论常著之文字,各鉴赏家、校勘家在旧本上之题字与批语之未采入校注者等为附录,共25则。

任先生自撰有五六万字的《前言》一篇,冠于书首,详述常璩原著特点、历代抄刻情形,与此次整理工作过程、方法、着力之点及存留问题,研治此书者当先读此《前言》。

总之,《校补图注》于整理古籍之深入全面,鲜有其比。

此书若能再撰一原著及注、论之主题词索引附于后,使读者得以按图索骥,充分利用校注的成果,将更有功于学林。

原载:《古籍整理出版情况简报》第 260 期,1992 年
7 月 20 日《一部深入整理古籍的上乘之作——
评〈华阳国志校补图注〉》,第 36—43 页。

任乃强先生和《华阳国志校补图注》

  任乃强先生所著《华阳国志校补图注》继 1991 年获得十年古籍整理图书一等奖之后,又获得 1993 年首届国家图书奖。喜讯传来,作为这部书的责任编辑之一,在感到荣耀之余,也颇为感慨。因为任先生在看到自己的这部力作问世之后不久即已谢世,而本书的另一责任编辑郑世贤同志英年罹绝症,也已于去岁病故。在第 260 期《古籍整理出版情况简报》上,我曾以"韦谷"的笔名撰文详细评介这部学术专著,现在应该有责任再来向学界介绍一下任先生的著作、生平和本书的组稿、编辑情况了。

  我曾同任先生通过几封信,商讨一些学术和编辑体例方面的问题,也曾有计划赴成都向任先生当面讨教,但由于工作忙未能成行,因此始终没有见过任先生。1991 年,我携文赴成都参加宋代文化国际讨论会,会间得暇向川中耆宿请益,言及任先生,均甚佩服。

  我对任先生生平学术知之不多,承缪文远先生详告,谨据以简述如次。

  任先生乃强(1894—1989),字筱庄,四川省南充县人,出身于农民家庭。1915 年得张澜先生资助,考入北京农业专门学校本科,1920 年毕业返川。他性喜西南地方史地之学,1928 年即出版了第一部系统讲述四川乡土史的专著《四川史地》。他于 1929、1936、1943 年三次赴西康考察,餐风宿露,步行数千里,"周历城乡,穷其究竟。无论政治、经济、军事、宗教、民俗、山川风物,以至委巷琐屑鄙俚之事,皆记录之",先后撰成《西康俊异录》、《西康图经》《境域篇》《地文篇》《民俗篇》、《康藏史地大纲》等专著及论文多篇,凡一百余万字。

  中华人民共和国成立后,任先生以其数十年研究之成果,为和平解放西藏做出了重大贡献。1957 年以后,虽被错划为右派,受到不公平的待遇,但仍不倦地从事研究工作,并定志整理《华阳国志》这部西南史地名著。

党的十一届三中全会以后,任先生老当益壮,以过人的精力继续撰述,相继完成《羌族源流探索》《四川上古民族史》《川藏边历史资料汇编》《山海经新探》《易学源流探索》等专著,另有论文数十篇。又以当年考察心得,写成《采金刍议》,奉献给国家,受到国务院领导的重视。

任先生著作等身,共撰写专著15部,论文200余篇,约5000余万字,内容涉及历史、地理、民族、经济、文化、艺术等各方面,见解独到,成就突出。他曾于1984、1986、1988年三次获得四川哲学社科荣誉奖,受到四川省人民政府的奖励。任先生不愧为一位造诣精深的历史地理学家、民族学家。

《华阳国志校补图注》初稿完成之后,即放置于四川大学历史系资料室,任何人都可借阅,表现了任先生治学无私的宽阔胸怀。缪文远先生所著《七国考订补》,采用了任先生见解数条,刘琳先生撰写《华阳国志校注》,也曾参考过任先生的原稿。此外还有不少读过此稿的学者,都从中得到启迪。

这部稿子的组稿者是离休副编审冯菊年先生,冯先生至今还在出版社工作。1979年,冯先生参加在成都举行的全国史学规划会议,任先生亲自携稿造访,冯先生认为任著是一部有价值的稿件,同时与会的复旦大学邹逸麟教授读了一部分,也给予充分肯定。

冯先生带回原稿以后,先由郑世贤同志审读,郑君留意于历史地理之学,查证颇勤,并时时向复旦大学专家讨教。嗣后又由我负责全面加工,细读之下,深感此稿博大精深,行文雄辩流畅,读来不使人生倦,在我经手的大量稿件中,是最教人佩服的一部。这样的著作,如没有深厚的学术根底,没有长期的实地考察,没有惊人的治学毅力,没有过人的才气,是写不出来的。当然原稿中也存在着一些问题,第一是建国以来学术界颇受极左思潮影响,任先生也不能全免。如注释中于"盗贼"活动的叙述,多阐发为农民起义,有时不免牵强;第二是注释中大量有关专门问题的讨论固然有价值,但少数处亦稍嫌枝蔓,以上两点,经与任先生函商,同意略作删节;第三是任先生对《华阳国志》原文的校补,所据不尽为旧籍直接引文,而多取自稍晚于《华阳国志》之史学著作,尽管任先生说明了补入的理由,毕竟与通行的补佚方式有所不同,但因任先生极为重视此项成果,编辑中仍予保留,惟在排印时凡补文均以特别记号标明,并在我社的出版说明中对此作出交待；第四是原稿注释中引用著作甚多，而书名号有标有不标，且标法不甚统一，编辑中经查证后一一加上了统一的书名号；第五是原稿所附地图和其他图稿不符合出版要求，经转请复旦大学专家代为清绘，方得入书；第六是原稿序言篇幅较大，曾有人以为序言不宜过长，而作了大块删节，我注意到此序不仅明明白白地交待了校勘、标点、辑补、注释、附论、绘图、附录等各项工作的作法，对研读此书很有用处，而且序言本身也很有学术价值，不必作太多删节，遂大多予以恢复，但由于正文和序言不写于一时，正文又曾数易其稿，序言中所举实例时见与正文不合，凡遇此种情形，则据其撰作先后和例证内涵加以统一。

任著对《华阳国志》原文中的人名、地名、著作名、典章名物等有精详的诠释，我原拟为之编一主题词索引，以使此书不仅宜读，而且便查，可惜由于种种原因未能做到，只好留待今后弥补了。

原载：《古籍整理出版情况简报》
第 279 期，1994 年，第 5—7 页。

《俄藏黑水城文献》前言

　　作为中俄两国三方学者合作的结晶,《俄藏黑水城文献》经过多年的精心准备,现在终于呈现在全世界学人面前了。

　　克恰诺夫(Е. И. Кычанов)和史金波两位主编的长篇序言,分别阐述了黑水城文献的发现经过、学术价值和研究现状,已足以给人启迪;我的序言,拟对其中的汉文文献作些简单的介绍。

　　绵长、博大而又精深的中国古代文明,具有永久的魅力,吸引着全世界的学者。尽管中国文化遗存是如此丰富多彩,人们仍不满足,仍在不断努力寻求新的发现。因为众所周知,由于战争、灾害等原因,被自然的或者社会的强力淹没乃至毁亡的中国古代文化遗产实在太多了。在广袤的中国大地上,在久远的历史长河中,不知有多少凝聚于建筑、器物和文献中的丰富知识得而复失。所以每一宗有关中国古代文明的重大考古发现,都曾深深地震撼着学者的心灵,驱使他们找回曾经中断的文化信息,从而对中国古代文明史以及世界文明史作出新的结论。就以 20 世纪末 21 世纪初来说,重要的考古文献发现就有殷墟甲骨、敦煌吐鲁番遗书和黑水城文献三大宗,这无异于掘出了三个地下书库,反映历史的长远、地域的辽阔,均为其他同类发现所不能比拟。15 万片甲骨卜辞的发现,把中国有文字记载的信史提前到 3 000 年前的殷商时代;数万件敦煌遗书重现了从两晋到宋初传抄时代卷轴装书籍的多彩多姿的风貌,提供了大量历史、文学和艺术研究的新材料。这两大发现已经吸引了无数学人,形成了专门的学术领域。黑水城文献的发现,则展示了辽宋夏金元特别是西夏时期的文化资源,其数量之多,内容之广,质量之高,均差可同敦煌文献媲美。和敦煌文献相似,黑水城文献还具有浓郁的地方风貌、宗教色彩和多民族文字特色。决不能认为黑水城文献原属西夏王朝的一个城市所有,其价值因此而有相应的局限性。一时代各民族各王朝间的文化是交流的、相通的,黑水城文献从一个侧面反映了当时中华文化的发展水平。

在黑水城文献中,有直接从汉文移译的古代重要典籍,比如《论语》《孟子》《孝经》《孙子兵法》等(其中有些宋人注本,汉文原书已佚),有西夏王朝和文人学者纂写的法典、类书等,如《天盛律令》《圣立义海》及自编的一批佛学著作等,这些无不与汉文化有关,而黑水城文献中的汉文文献,更表明了中华传统文化的不可分割性。

据孟列夫(Л. Н. Меньшиков)1984 年出版的《黑水城文献汉文部分叙录》统计,俄藏黑水城文献中汉文文献共有 488 件,实际上这个数字还不是全部,尚有不少时代较早的零星写本残片(大部分是被用来装裱或修补"新书"的)未计入。有若干件黑水城汉文遗书被弗鲁格(К. К. Фиуг)编入了敦煌文献序列,现已收入《俄藏敦煌文献》问世。其中的一部分已经在孟列夫《叙录》中得到厘正,也有不少在出版《俄藏敦煌文献》的编辑过程中得到了澄清,比如 Ф211《大乘入藏录卷上》、Ф360 版画释迦牟尼佛说法图、Ф362A《师资相录仪》等。而Ф229V《景德传灯录卷第十一》残抄本,据北京大学荣新江研究,可与英国藏斯坦因从黑水城发现的另一个残抄本 KK. Ⅱ.0238(к)相互衔接。此次出版的文献,亦有少数是孟列夫未及描述的,如《六十四卦图》抄本即是其中颇有意思的一件。

这数百件文献中,只有《刘知远诸宫调》等少数几件曾经正式公布或整件披露,绝大多数均为首次发表,现简述其价值如次。

一、填补空白的独特文献

在黑水城汉文文献中,有直接从宋金传入西夏的基本书籍,亦有西夏刻印抄写的书籍,还有不少宋、西夏官府、军队的档案材料。黑水城汉文文献中有一批独特的文献引人注目,将为历史学和文学史填补空白。

两宋之交宋朝西北边境军事文书 30 余件,计 109 纸,涉及政和八年(1118)至建炎元年(1127)西北鄜延路、环庆路等地军事部署、人员调动、军粮供应、捕逃惩贪等方面,对于研究北宋末的将兵制、军俸、军粮制度等,有重要的价值。其中许多具体而微的记录，是史籍语焉不详或者没有涉及的。文书的背面是西夏文辞典《文海杂类》的印本，可知当年经过宋金战争以后，夏金又发生战争，这批文书为西夏所获。西夏缺少纸张，遂用以印书。此类刻本书页内文书，前人已有记载，最为出名的是宋龙舒本《王文公文集》（王安石文集的一个重要版本）的页内文牍，近年已经由上海古籍出版社以珂罗版影印问世，即《宋人佚简》。黑水城文献中的这一大宗军事文书，与《王文公文集》书内公牍，堪称双璧。

出土的社会文书虽然有零碎杂乱、不易辨识、不成系统等先天的缺陷，但它们毕竟是当时当地各种社会关系的局部的原始记录，比起历经文人整理的史书记载更加贴近社会，接近真实，因而越益受到研究者的重视。除了上述宋朝西北边境军事文书外，黑水城汉文文献中还有各色官私社会文书 60 余件，从年代上说，最早的是北宋端拱二年（989）智坚等四人往西天求取菩萨戒的誓记，最晚的是多件有北元宣光二年（1372）年款的毁房提控案牍、提调粮食公文等。属于西夏遗物的有夏桓宗天庆年间裴松寿处典麦契、夏神宗光定十三年（1223）千户刬亭申报的处决注户状。更多的则是有元时代内容纷繁的文书，如捕盗呈文及批覆，刑房令，亦集乃分省粮斛收支检单，发放粟麦、出典土地、回贷之类的契约等。尽管 14 世纪 40 年代末，战争使黑水河改道北流，黑水城未能逃脱被沙漠吞噬的结局，但从这些文书可知，在 30 多年后的北元时，黑水城地方政权依然在有效地行使着职能，老百姓仍然在这块土地上生活。黑水城最终成为一座死城，这是当地人民的一场灾难，然而高温与干燥的自然条件又使那里产生与流传的文献、器物得以幸存。

诸宫调在金代是民间文学的大宗，也是中国文学史上的重要一环。著名的《董解元西厢记》被明人胡应麟赞为"金人一代文献尽此矣"。在出现如此成熟的作品之前，必曾有过许多同类型的作品奠基。黑水城文献中的金刻本《刘知远诸宫调》证实了这一论断。这部文学作品的原件，已于 20 世纪 20 年代由苏联交还中国，现藏北京图书馆。由于它早已为人所知，现在已经成为文学史家不可忽略的论题。

金刻本《新雕文酒清话》是一部有趣的宋人笔记，书目无载，而王灼的《碧鸡漫志》曾引述其文。王灼绍兴中为幕官，所著书已引《文酒清话》，则《文酒清话》当刻于北宋时期。黑水城发现的《文酒清话》虽为残本,但王灼所引唐封舜臣索《麦秀两歧》曲事亦在其中,且较王灼引文为详。

抄本《六十四卦图》未见别本著录。作为术数类的占卜书,当然有助于了解彼时彼地特有的民俗。但是,如果从民间文学的角度去考察,也许其意义更为重要。此卷扉页录有关于五代史的民间唱词:"创业开基显朱〔梁〕,定乱平妖复李唐。石晋异图因姑嫂,刘汉逢义为蕃王,郭周社稷成柴氏……",唱至五代后周归于柴氏。正文先列"颂曰",然后为释义,其后为"赞曰",再后为"歌曰"。在各卦图的爻间,分别标志五行干支和妻财、官鬼、父母等相应关系;下注该卦出处,比如"观卦"下标明"此卦是玄宗皇帝与叶静能看月宫,虽有好事必不达"。其他还有姜太公遇文王、孟姜送寒衣、汉高祖困荥阳、张骞寻河上源、唐三藏去西国取经、武则天称帝、安史之乱等语。可以从一个侧面了解当时的民间信仰,以及和"诸宫调"的流行互为印证的笔记小说话本的题材、敦煌变文的题材,这些讲唱文学从唐代叠经五代、宋而至西夏王朝,仍是家喻户晓,久盛不衰。

二、雕板印刷的宝贵史料

与敦煌文献不同的是,黑水城文献中刻本多于抄本。这是时代进化的结果。在中国古文献传播史上,传抄时代绵延最久,敦煌文献最大量地展示了传抄时代中卷轴装形式的风貌。唐五代宋初的敦煌文献中,已有印刷品出现,而黑水城文献从时代来说,恰与敦煌文献相衔接,这一时代是刻印书籍成熟并被广泛使用的时代。

在中国版刻史上,宋元刻本最受重视,与宋先后并存的辽金刻本,自与宋本等价,而西夏刻本,世所罕见。明末以来,藏书家即视宋元本为瑰宝,藏书品位之高下,常以有无宋元本及藏有多少为判。这种现象不能简单地以好古佞古目之。因为无论是从文物还是从文献价值的角度而论,宋元刻本确实高出一筹。当今全国乃至海外,藏有中国古籍的图书馆极多,但藏有宋元本的图书馆不多,收藏有北宋刻本或者相当于北宋时期的辽、金、西夏刻本的则寥寥可数了。据孟列夫研判,在黑水城汉文遗书中,可以定为北宋刻本的即有《吕观文进庄子义》《广韵》《历书》及佛教文献共 10 余件,南宋刻本有 40 余件,金刻本有《孙真人千金方》《新雕文酒清话》《六壬课秘诀》等 8 件,西夏刻本 100 余件,元刻本 10 件,尚有五代刻本数件,其余为唐、宋、伪齐、西夏、元写本文献。

这批早期的印本图书理所当然是研究中国雕板印刷史的首选资料。刊刻体制基本上是一纸一板,木板的尺幅大多很大。在许多叙述刊刻缘起并强调施印佛经功德的发愿文、题记中,往往还能见到附录的刊本的书手和刻工的姓名。有的佛经长卷的纸张粘合处,也就是雕板板片的交界处,保留着卷轴本的最早的刻工姓氏。同样,由于西夏雕板印书贯穿于从卷轴装到方册(蝴蝶)装的全部演变过程,又结合了丰富多彩的版画创作,其体制、形式、书体等的多样性,也是非常值得注意的。

在装帧方面,有卷轴装、经折装、蝴蝶装等。其中蝴蝶装形式表现得最为充分和完全。如一般有不包背的,俗称蝴蝶装,包背的称包背蝴蝶装;又包背而穿线的,向无命名,可以名之为包背穿线装。此种形式在敦煌遗书如俄藏《社司转帖》中已开始出现,到了黑水城文献中已被较多地采用。在西夏这一图书从卷轴装向方册装、从抄写向印刷转化的特殊时期,其装帧形式表现了多样化的变异,故称黑水城文献为中国中古书籍史的宝库,绝不为过。

黑水城汉文遗书中有《广韵》残本一种,刻本,存下平声一先至四宵,九麻,十阳,上声三十小至五十琰,去声十三祭至五十八陷,共 38 页,蝴蝶装,卷心高 15.5 厘米,宽 23 厘米,中缝记刻工"李""秦""郎",只著姓。避宋讳至仁宗,而英宗父、英宗、神宗、徽宗、钦宗、高宗、孝宗之名讳皆不避。现在能见到的北宋刻本书籍大多页面较大,行字疏朗,此本刻工精整,而页面较小,行字颇密。宋仁宗时,陈彭年曾建议由朝廷印一些版面紧凑的常用书籍,以便寒士亦能购置,此本或与其事有关。试与存世之北宋、南宋及元明以后刻本相校,行款无相同者,异文颇多,而大略视现存各本为胜。著名学者周祖谟曾作《广韵校本》,详校所见各本,后又在为上海古籍出版社影印出版的《钜宋广韵》所作长篇前言中补校《钜宋广韵》,可惜未能目睹黑水城所出《广韵》,否则不知道他会如何兴奋了。《广韵》是一部在中国音韵学史上占有极高地位的重要典籍,旧时治国学,文字音韵训诂是必不可少的基础,而《广韵》又同《说文解字》一样,是必须烂熟于胸的教科书。黑水城出土北宋刻《广韵》的披露,必将引起学术界的广泛关注。

　　吕惠卿是北宋王安石变法中的重要人物。变法派在王安石本人的倡导下,曾编撰许多经注,以为变法张本。他们对于儒佛道三家的学术和义理不存门户之见,凡其可取之处,均比较公允地加以吸取。史载吕惠卿著有《庄子义》,"元丰七年,先表进《内篇》,其余盖续成之"(陈振孙《直斋书录解题》卷九),又有《孝经传》,或作《孝经义》。吕氏的解经之作,不仅在经学史上占有一席之地,也是研究北宋中期政治史,研究熙丰变法人物思想的重要资料。吕氏的《庄子义》,《四库全书》未收,今存有金刻本,而黑水城文献中又发现了更早的北宋刻本,题《吕观文进庄子义》,令文献学家深感兴奋。顺便提一句,吕氏的《孝经义》早已失传,黑水城文献中竟有其西夏文译本出世,这简直是奇迹。盖吕氏曾知延州,镇鄜延,在西北边地为官多年,其著作在西夏颇有影响,因以流传也。

三、刊本大藏经的初期典范

　　在黑水城汉文文献中,占大多数的是佛教文献,有《阿含经》《大般若波罗蜜多经》《金刚经》《妙法莲华经》《般若心经》《瑜伽师地论》《释摩诃衍论》等重要佛教经论,其中以《华严经》卷四十《入不思议解脱境界普贤行愿品》《观弥勒菩萨上生兜率天经》等印行最广。

　　刻本佛经肇始于唐五代,大规模有系统的刻印,则始于宋初的《开宝藏》。据《佛祖统纪》载,宋朝曾多次向外国和周边并峙政权赠送大藏经。太宗雍熙元年(984)赠日本国一部,端拱元年(988)赠高丽国一部,真宗天禧三年(1019)赠东女真国一部,仁宗嘉祐三年(1058)赠西夏国一部。另据《宋会要辑稿》《宋大诏令集》等记载,宋朝向西夏国回赐大藏经有六次,第一次为仁宗天圣八年(1030),最后一次为神宗熙宁五年(1072)。现特引熙宁间宋帝诏令一通,以见其详情。《宋大诏令集》卷二三五《赐西夏国主乞赎大藏经诏》:

　　　　诏夏国主:省表"乞收赎释典一大藏,并签帙、复帕、前后新旧翻译经文,惟觊宸慈,特降旨命,令有司点勘,无至脱漏卷目。所有印造装成纸墨

工直,并依例进马七十疋,聊充资费,早赐近年宣给"事具悉。……所请赎
经文,已指挥印经所,应有经本,并如法印造给赐。令保安军移牒宥州,差
人于界首交割,至可领也。所有马七十疋,更不用进来。

据李焘《续资治通鉴长编》卷二四八等,本诏令发布于熙宁六年(1073)十
二月癸巳。西夏所得之宋刻大藏经,为《开宝藏》无疑。《开宝藏》于太祖开宝
四年(971)始雕于成都,太宗太平兴国八年(983)板运开封、存印经院,曾经修
订补充,故夏国上表中特别提出要包括"前后新旧翻译经文"。

《开宝藏》早已散佚,现存世者仅有十一卷(其中四卷在日本),黑水城文献
中未发现《开宝藏》原卷,说明西夏所得,必藏于其都兴庆府。夏国求取汉文佛
藏,不仅为持修研读,也是为翻刻、翻译、流通准备底本。黑水城文献中的大量
汉文佛典,多为西夏自刻,其中大多又出于官刻。时代较早的有惠宗天赐礼盛
国庆五年(1073,当北宋熙宁六年)陆文政施印的《心经》,大安十年(1083,当北
宋元丰六年)大延寿寺刻的《华严经》等。仁宗天盛、乾祐间(当南宋孝宗时)所
刻和桓宗天庆初(当南宋光宗、宁宗之际)罗皇后为超度仁宗而施印者尤多。
这些品种丰富、刻印精审的佛经,是中国现存早期刻本藏经的遗珍,是汉文大
藏经刊刻史上的重要环节。

黑水城文献中的汉文佛教著作的来源尚不止于《开宝藏》。不少新译佛
经、密宗经典及中土佛教论著为历代大藏经所未收。唐末宋初,显教经典的汉
译已大体完成,汉传佛教的各个宗派的理论体系亦已相继确立完善,此后汉译
活动主要集中在密宗典籍方面。其底本来源,既有梵文本,也有藏文本。有关
这些经典的传播过程,包括与梵文本、藏文本的源流关系,至今没有得到比较
清晰的梳理。西夏王朝占领河西,控制回鹘、吐蕃,具备了党项、汉、回鹘、吐蕃
等多民族的译经人才与经验,在前期统治的50余年中,成功地组织了3 500余
卷汉文佛经的翻译,时称"番大藏经"。虽然这阶段的翻译底本主要出自《开宝
藏》,但系统地将大藏经从汉文译成少数民族文字,这毕竟是第一次。而且在
西夏王朝后期,随着藏传佛教的流传,翻译藏文佛经的比重逐渐增大。黑水城
文献的汉文佛典与数量庞大的西夏文佛教文献的陆续悉数刊布,必将有助于
中土、西夏、吐蕃乃至西域佛教史综合研究水平的提高,为探讨多年悬而未决

的问题提供可信的资料。至于黑水城遗书中一些罕见流传的杂藏类的"中国撰述",比如禅宗的《长芦了和尚劫外录》、净土宗的《通理大师立志铭心性海解脱三制律》《镇阳洪济禅院慈觉和尚劝化文》,还有身兼华严五祖和定慧禅师的宗密所注的《清凉心要》和《华严法界观门》等,既有宋刻本,也有西夏刻本,无论是西夏本土雕板,还是从中土传入,都可以从中窥测西夏佛教理论依持的一般倾向,因而十分引人注目。

道家经典的汇录,发端于南朝宋时,陆修静广收经戒、方药、符图等书,分为三洞结集,此乃道藏的初基。此后即与佛家经典沉浮荣辱,彼消此长。黑水城文献中有一件雕板印本《太上洞玄灵宝天尊说救苦经》,模仿《千佛名经》的形式,刻印了十大道家天尊图像。写本道教文献在敦煌遗书中并不罕见,刻本道经始于五代,全藏刊刻则在宋崇宁政和年间,称《万寿道藏》。黑水城所出的这一文献,或许就是传世的最早刻本道家经典,或与同时代刊刻的宋《政和万寿道藏》相关。另外,黑水城遗书中的金刻本《南华真经》《孙真人千金方》《六壬课秘诀》等,也为我们了解道家著作在西夏的流传,提供了一线消息。

四、超越唐宋的版画成就

西夏雕板书籍的版画,在美术史上具有特殊的意义。目前我们所能见到的具备完整意义的版画,当首推唐咸通九年(868)王玠造《金刚经》卷首画。到了五代宋初,雕板印书被广泛应用,敦煌归义军曹氏、江南吴越王钱氏的大批版画作品问世,表明早期版画创作的成熟期已经到来。而时隔不久的西夏版画,绘刻品位之高,留存数量之多,足以填补以往所有版画史图籍的空白,足以改写中国版画史的有关篇章。

西夏雕板印书事业的发展,造成了版画艺术日益成熟的物质、技术和市场基础,形成了蓬勃发展的良好契机。特别是西夏政权积极汲取中原的传统文化,推动了边远和中原地区之间广泛的文化交流。比如在黑水城文献中保存了大量中原地区刊刻的图书和版画,就是一个明证。相比之下,中原地区因为自然条件和战乱等原因,民间艺术品包括版画存世不多。在西夏时期,版画由于是一种比较新颖的艺术样式,由于发生和发展的地域条件的特殊性,由于扬弃了既有的书画和石窟壁画的传统,使之处于多重文化涵义的交汇点上,也就更加凸显了其重要的地位。

黑水城版画主要有两种形式:一是单幅的招贴年画,如《四美人图》《义勇武安王图》等;二是书籍插图,其中优秀者有《华严经》《观弥勒菩萨上生兜率天经》《法华经》《转女身经》《清凉国师答皇帝问》等佛经卷首画。

书籍版画主要有卷轴装卷首版画、经折装卷首画和方册书扉页画三种,其中以卷轴装卷首为多。由于图书从卷轴装向经折装和方册装的过渡,版画创作常常带有对卷轴传统的承袭,又需要顾及对经折和方册装式的适应性。卷轴装版画在宽度上较少受到限制,常常占据一纸(约30—45厘米)甚至更多的宽度,更加适合展示诸如说法、变相的宏伟场面;同时,由于要考虑到改成经折装后使主像避开折线,就在客观上对画面提出了匀称、均布和节奏的要求。

西夏版画在构图上是壁画、幡画的终结,又是书籍插图版画的先驱。早期版画毫无疑义地应当是手工绘画的延伸。特别是宗教版画,当然就更多地继承了其脱胎而来的那个艺术样式的许多特征。较有代表性的壁画式构图如TK8《佛说转女身经一卷》卷首画。此画全长59厘米,占三纸,分为三个部分。第一纸榜题为"教主释迦牟尼佛"和"诸大菩萨众""四部弟子众"等;第二纸以"佛在耆阇崛山说经处"为中心,榜题有"诸居士妇施佛缨珞化成宝台佛会之处""诸居士妇转女成男出家之处""从母右胁忽然化生"等;第三纸有"东南方净住世界无垢称王佛""得闻此经信解欢喜""供养父母师长处""怀子在身生得受大苦痛""女人为他所使捣药舂米若熬若磨""厌离女身供养佛菩萨处"等。二、三纸终了,左上角题"佛说转女身经变相",实际为此三纸全图之总题。

非常明显,这幅变相的满版布局、通过分割的平面来展开故事的时间过程、采用榜题来说明对应佛经的情节等,都是从壁画变相的形式转换而来的。但在改变壁画为卷首版画的时候,更多的已经不是简单的沿袭,而是逐渐地找到了版画的自身语言,表现为独立于壁画和一般绘画样式的不同。

首先,把主题的空间性的(中央对称)布局改变为时间性的(流水过程)布局。这是由壁画和版画两种不同的艺术形式所决定的。壁画展开,常常是中轴线对称形式,这是由观瞻者的视觉路线决定的:进入石窟寺庙,先看中央,后看两边;但卷首画却是从右至左展开,看画有个时间过程。所以第一眼的视觉印象就应当相当于进入佛寺一开始时所看到的主尊形象。

其次,卷首版画的展开过程同佛经"序分""正宗分""流通分"的"三部科分"的程序相一致。变相故事的发展,应当同信徒们耳熟能详的押座文、讲经文直至俗讲的进程相一致。这既是版画创作(包括变相)忠实于经典原意的表现,也是创作者对读者长期形成的审美过程、审美心理的必要关照。《转女身经变相》的三张纸幅,正好对应了佛经的"三部科分"的程式,当打开经卷的时候,整幅变相再冉展开了这部佛经的背景、情节和功德结局的程序,完全遵循了读画者的心理期待。

黑水城文献及其艺术品是在 20 世纪初中国最后一个封建王朝——清朝处于风雨飘摇的年代里流入沙皇俄国的。中国学人至今念及犹感刻骨铭心之痛。近百年来,沧海桑田,中国发生了天翻地覆的变化,世界格局也有了重大的改变。如今,当中俄双方的学者、出版家友好平等地坐在一起研讨,对全面刊布这批在圣彼得堡东方研究分所特藏部珍藏了近一个世纪的宝贵文献的意义取得共识,并为实现这一共同目标而贡献各自的智慧与力量时,双方的感慨是很多的。《俄藏黑水城文献》的出版使这批珍品虽然身留异域,但魂归中土,而且化身千百展现于世,为海内外学术界所共有,其意义的巨大是不言而喻的。

黑水城文献的影响目前暂不如敦煌文献,其研究程度也远不如敦煌文献那么深入。这是因为,敦煌文献以汉文为主,对于大多数研究者来说比较容易入手;而黑水城文献以西夏文为主,尽管经过几代学者的努力,西夏文这种本已消亡的历史文字已经被基本解读,但毕竟能熟练掌握西夏文的学者至今为止还是不多;另外,黑水城文献原件的刊布滞后于敦煌文献,也是原因之一。

《俄藏黑水城文献》拟分为"汉文部分""西夏文世俗部分""西夏文佛教部分"三大板块出版。汉文部分共分六大册,作为独立的一大部分,将在第六册中附收文献叙录、年表、分类目录和索引。为了保持黑水城文献的完整性,对于已经收入《俄藏敦煌文献》的、已经确认的少量黑水城文献也将重新编入本书。关于西夏文的世俗和宗教文献,史金波主编的前言已经作了全面介绍,同时在各部分的各卷卷首,也都将分别提要说明。

可以预期,随着此次俄藏黑水城文献的全部发表,一定会有越来越多的学者掌握西夏文,亲自从这一原始文献的宝库获取第一手资料。对黑水城文献的研究也一定会像敦煌学一样,成为汉学领域的显学之一。

1995 年 8 月 20 日于上海

原载:俄罗斯科学院东方研究所圣彼得堡分所、中国社会科学院民族研究所、上海古籍出版社编:《俄罗斯科学院东方研究所圣彼得堡分所藏黑水城文献》第 1 册,上海:上海古籍出版社,1996 年,第 1—10 页。

《敦煌吐鲁番文献
集成》编辑构想

一、缘　　起

　　20 世纪末 21 世纪初,由于一个偶然的机缘,沉霾近 900 年的敦煌藏经洞被当地道士王圆箓打开,从中发现了大量古代遗书,有佛教三藏、中国撰述、杂著、变文等,有道家、道教著作,有经史子集各部文献,有官方和民间的文书帐籍,等等。其间大多是流传至今的古代文献的早期写本,有的则过去仅见书名记载而失传已久,有的则从未见于著录。遗书所用文字,有汉文,有我国古代少数民族文字(如古藏文、古回纥文等),还有现在中国境外的古代民族文字。遗书主要是抄本,也有少量印本、拓本等,与之相适应,遗书中大多为卷轴装,也有册页、经折等。遗书抄印年代,最早为公元 4 世纪,最晚至公元 11 世纪初。

　　差不多与发现敦煌文献同时,在新疆吐鲁番等地区也发现了大量古代遗书,一般称为吐鲁番文书,其出土时间、地域与敦煌相近,文书年代和内容亦同敦煌文献相若。

　　敦煌吐鲁番文献向现代人展示了早已消逝的"传抄"时代(或曰卷轴时代)书籍的多彩多姿的风貌,具有不可估量的文化历史价值。宽广的内容涵盖面,浓重的佛教色彩,鲜明的多民族性和国际性,使这批文献具有特殊的魅力,吸引了大批的研究者和鉴赏者,现在,敦煌吐鲁番文献的研究已经成为国际汉学中的一大领域。

　　敦煌吐鲁番文献重现于世以后,大多被外国探险队运出国外,目前,全部文献分藏于数十个城市。英国伦敦、法国巴黎、中国北京和苏联圣彼得堡被公认为敦煌文献的四大藏家。中国乌鲁木齐、旅顺,日本京都,德国柏林等地,则藏有较多的吐鲁番文献。敦煌吐鲁番文献出土以后，有一部分被割裂、毁损、私匿，除原有的残卷、残片以外，造成了大量新的残卷、残片，因而原件总数难以准确计算。按目前各家收藏的件数（包括残片）统计，敦煌文献超过 5 万件，吐鲁番文献 3 万余件。

敦煌吐鲁番文献收藏的分散为全世界学者阅读研究造成了很大的困难。长期以来，中国学者除了少数几个人以外，大都无法直接利用藏于国外的敦煌吐鲁番文献。特别是圣彼得堡藏品，中国学人极少有机会接触，以至在相当长的年月中，其藏量、藏品和构成情况也不得而知，被蒙上了神秘的面纱。

敦煌吐鲁番文献的影印、整理和发表，也长期处于零星状态或附属于专题研究，大多数学者只能从别人发表的论著中见到一些原件的照片。按文献性质分类汇集影印（如"道经""文书"等），只是近年的事，而且由于不少藏家至今未公布藏品目录，这种汇集很难说是完整的。大规模独立影印出版敦煌文献，始于 80 年代台湾黄永武博士的《敦煌宝藏》，皇皇 140 巨册，已经面世，可惜其间所据，绝大部分为供人阅读的缩微胶卷的转拷件，影印效果既不尽如人意，实际上北京、巴黎、伦敦等处藏品复不完整，而圣彼得堡的藏品，尚不在其中。这些，在黄永武先生是不得已之事。从 1990 年开始，四川人民出版社正在出版英藏敦煌文献汉文部分中的佛教以外部分，印制质量不错。京都和乌鲁木齐的吐鲁番文献，亦已印出一部分。

敦煌吐鲁番文献的出版不应完全从属于论著，敦煌吐鲁番文献中汉文、非汉文，佛教、非佛教的内容均有其重要价值。为了推动敦煌吐鲁番文献的研究，让这一份祖国的珍贵文化遗产发挥更大的作用，我社经过多年的筹划联系，决定搜集、编辑、影印出版全部敦煌吐鲁番原始文献。

二、宗　　旨

本书定名为《敦煌吐鲁番文献集成》。计划收入收藏于全世界的全部敦煌吐鲁番文献，包括汉文的和非汉文的，佛教的和佛教以外的，杂厕于文献中的佛像、佛画及其他艺术品亦予收入。

本书的基本要求是：

1. 按原貌精摄精印,力求存真,使之成为敦煌吐鲁番文献的较接近原貌的复制件;

2. 大体完整,除大藏家以外,零星藏家亦多方访求,予以收入;

3. 编排合理,使用方便,在编辑工作中,尽量吸收到目前为止的研究成果,并编纂目录、索引性质的附录多种,利于查阅;

4. 宜于永久保藏,除保证内在质量外,印制、用纸、装帧均亦保证高质量。

《集成》将向学界提供一部较为完整、存真、便检和高档的敦煌吐鲁番遗书全集。

三、编　例

1. 构成

《敦煌吐鲁番文献集成》采用按藏家分别编辑,各自相对独立的方式出版,商定一家出版一家。如上海博物馆藏品中既有敦煌文献又有吐鲁番文献,即编为《集成》的《上海博物馆藏敦煌吐鲁番文献》,苏联圣彼得堡东方学研究分所的敦煌藏品编为《集成》的《苏藏敦煌文献》,其吐鲁番藏品则编为《集成》的《苏藏吐鲁番文献》,有些小藏家编不成一册的,可合并出版,这样经过若干年的努力,《集成》就真正集大成了。敦煌吐鲁番文献分散收藏于中外各地,目前不宜采用全部查清以后按文献性质分编的方法,因为"全"是相对的,只要漏了几个藏家,哪怕是收藏量较小的藏家如私家,就还不能算是全的,《集成》的分类体系也就无法封闭,而"收录完全"和"分类穷尽",均必旷日持久。

藏量较大的藏家,分为若干册出版。《集成》每一相对独立部分(如《上海博物馆藏敦煌吐鲁番文献》)的首册,均冠以《集成》总前言、本部分前言,然后为本部分总目、编例、本册目录。在正文之前,选取若干精品局部印为彩色插页,其下为黑白图版正文。从第二册起,每册前均有与本册内容有关的少量卷子的局部彩图插页。每一独立部分之末,有叙录、索引等附录。《集成》全部完成之际,将编制总叙录、总索引等。

2. 排序

《集成》各独立部分所收文献,以各收藏单位原有编号为主排序。原编号情况,各馆不尽同。如法国全部卷子虽均以 P 为标志,其间汉文和非汉文未作连续编号,汉文卷子从 2001 开始,结束于 6040 号,中间有 1000 左右为空号,2001 以下原是为藏文卷子留的号,但藏文卷子最后的编号达到了 2224,又其他非汉文,亦各独立成系列,个别如梵文,内部又大体按内容性质各自成封闭系列,凡此种种,只能照旧,少数太不成熟而又未为研究者所熟知的,如梵文卷编号,亦可同馆方商量,略作更动;又如苏联,二战前有编号,但只编了 300 余件,战后以 Dx(即"敦煌"二字的俄译缩写)续编,今亦以此为序。国内诸多博物馆,多将敦煌吐鲁番文献置于书画类中,未作集中单独编号,现拟仍按原入藏号由小到大排列(如上海博物馆 80 来件藏品,最小为 2405,最大为 71558),为清眉目,另冠以从 1 开始的连续新号,新旧号并存,便于查检使用。各藏家中,均有一号包括数件或一卷子正背面有不同内容而在一号内又分为 1、2、…或正背的,亦一任其旧。

有些学者认为,《集成》每一藏家藏品的编排,当以按文献性质分类编辑为佳。但这样做目前有相当大的困难,特别是一些大藏家如苏联,虽已编至18517 号,尚有若干件未编入,而已经编号的卷子,由于不同程度的残损,辨识研究的工作量也还非常大,又如法国国家图书馆,所藏汉文卷子,经过大半个世纪的努力,大多已有了标目,另藏有数量与汉文卷子相当的非汉文卷子,其辨识、分类工作绝非一时可以完成。出版的目的是为了供研究,学人长期看不到卷子真面,也就无从开展广泛深入的研究,辨识定题本身就是一种研究,现今之所以有大批珍贵的卷子得以基本弄清,正是无数学者长期研究的结果。出版离不开研究,而又可以促进研究,只有不失时机地早日出版才能使更多的学者加入敦煌吐鲁番文献研究的行列,将研究引向深入,并使研究成果早日为社会造福。如要等到辨识清楚、分类穷尽以后再行出版,将会造成一二代敦煌学者失去一睹全部文献内容的遗憾。再说原编号如法国的伯希和系列(P)、英国的斯坦因系列(S)、苏联的弗鲁格系列(Φ)等,长期以来,已成为通用的编号系统,重新编号将会产生麻烦,给研究者造成困难。

大体按原序编排的方式,比较容易入手,但毕竟也为研究同类卷子带来某些不便,《集成》每个独立部分之末将新编叙录、分类目录、索引、年表等若干种工具性附录,以为查检研究之助,说见下。

3. 定名

《集成》所收全部文献,原或有题,或无题,或原无题而后人曾定题,《集成》
参酌到目前为止的研究成果,一律为之定名。定名的基本原则是:

原卷首题、末题皆存的酌采其一;原卷仅存首题或仅存尾题者照录;原卷
首尾无题,卷中有章、节、品等题者,据传世文献查出书名;若全卷仅为一书之
某一章、节、品等者,录书名及章、节、品等名,卷中有两个以上章、节、品等名
者,再查出卷数,录书名及卷数;名残或失名者,据现存文献查考,有相应现存
文献者,据以出题,无相应现存文献,或一时难以判定者,据内容拟名(包括范
围较大的模糊名称如"佛经""文书"等);官私文书依内容据敦煌学界通行做法
拟名。一件写卷中含多项内容者,依次分别定题。

4. 图版

《集成》所收全部敦煌吐鲁番卷子,均系专为编纂本书而直接据原件拍摄
电子分色上版的。《集成》采用 8 开本,图版大部分作上下两栏排列,部分纸
大、字密、墨淡等卷子,酌情放大。

《集成》不利用现有的任何敦煌吐鲁番文献影印件,不用反复拷制的缩微
胶卷,大量重要遗书不作拼缩,目的在于为研究者提供最为逼真的影印本,使
原件中的正文、点勘、改窜、添加乃至卷面的污损、纸质等一一呈现出来,为全
部敦煌吐鲁番文献提供一份最存真的复制件,使如此大规模、高投资的工程充
分发挥其多方面的、长时期的效益。

在敦煌吐鲁番遗书的研究中,常常发生因所据为抄件或不精善的影印件
而导致的差误,浪费学者许多精力。有两位健在的前辈学者曾为此发生论争,
一位近年颇负声望的敦煌变文研究者,撰文或不据原卷,以意校之,竟常与原
卷暗合,令人佩服,但如据原卷立论,其中许多论证文字就成了"多余的话"。
所以逼真的影印,对于研究工作的影响,不容轻视。

文献原卷在保存和使用中,必然会受到损坏,个别甚至会遗失,在我们赴
各收藏单位阅卷中已经发现不少这样的情形,这次影印,可化一身为千百身,
将来原件或会再有损失,而《集成》印出以后,至《集成》印制前为止的原卷面
目,将被固定下来,不再受损。

敦煌遗书中有用纸特大、纸大字密、朱墨杂陈、钤以朱墨印章、彩绘佛像等

情,一般的黑白照片难以存真,则另摄彩色反转片,作为插页置于各分册之首,其内容在黑白正文图版中仍保留。

拍摄时按版面需要分割,每相接两拍之间有一行重叠,防止漏拍漏印,并给读者以考核方便。

5. 图版说明文字

每一黑白和彩色图版均加说明文字。

黑白图版的说明文字包括:藏馆简称、编号、卷名、该卷正文黑白图版总数和序号。例如:

苏　230　一切经音义卷第二(19-1)

苏 Dx　13　660V 诗经魏风葛屦第九(2-2)

上博 01(2405)佛说维摩诘经卷上(27-3)

上博 20(8918.4)金光明最胜王经卷第一(3-1)

其中卷名后括号内的前一数字为该卷黑白图版总数,后一数字为本图版序数,V 代表背面,"上博"后 01,20 为新编号,括号内为原入藏号,原入藏号后的数字表示该卷为全卷若干部分中的第几部分。卷子原包首如书写有卷名、序号等,亦予摄入,置于该卷之首,不标序号,而在卷名后括注"包首"二字。后人题跋图版在卷名后用小字标注"题跋"二字。每一件文献首页黑白图版下端标注原卷长、卷高和卷心高。图版下端每 10 行标注一次原卷行数,如原卷中有超过一印刷面版心宽度的空白,空白部分不全摄入,以间隔符号注明空距。

彩色图版说明文字中不标注该卷图版总数和序数,而标注图版所摄部分在原卷中的部位如卷首、局部、卷尾等。

6. 附录

《集成》的每一独立部分,在全部图版之后,均编有下列诸种附录:

(1) 叙录。按全书编排顺序对所收文献的外在形态和内容作简要说明,包括编号、卷名、著译者、文种、装式、残况、卷长、卷高、纸数、纸长、卷心高、天地高、每纸行数、每行字数、纸色、纸质、墨色、字体、栏框、卷背、题记、题款、批校、印章、序跋藏印、首末行、断代等,如系见于《大正藏》的佛教著作,注出《大正藏》相应卷册页,如系见于《道藏》的道经,注出明正统《道藏》位置,四部书如见于《四库全书》,注出文渊阁《四库全书》位置,其余酌情注出相应传世文献,必要时据已有的或此次编纂过程中新取得的研究成果略述内容价值;

（2）年表。摘出所收文献中有确切年代的原题款题识,按公元纪年排列;

（3）分类目录。将所收全部文献按目前通行的方法即佛、道、世俗的顺序分类编排;

（4）索引。摘出正文、彩图、叙录、年表、分类目录中的卷名、著译者名、抄经人名、藏经寺名等,按四角号码顺序排列,每条索引下注其在本书各部分中的位置(页数)。

根据收藏情况和文献性质,《集成》各独立部分的附录可有增减,如在法藏敦煌吐鲁番文献的附录中,拟增加有关的论著目录一项。

非汉文文献数量较多并与汉文文献分别编号的藏家,如法国国家图书馆、旅顺博物馆等,非汉文文献亦可自成体系,另编附录。

四、实施要点(略)

1990 年

附记:

《敦煌吐鲁番文献集成编辑构想》是笔者受上海古籍出版社社长魏同贤先生和总编辑钱伯城先生之托于 1990 年撰写的,后来此丛书的编辑实践大体遵循此件操作。

其中《编例》章之《构成》节提出:"《敦煌吐鲁番文献集成》采用按藏家分别编辑,各自相对独立的方式出版,商定一家出版一家。"《排序》节提出:"《集成》各独立部分所收文献,以各收藏单位原有编号为主排序。……有些学者认为,《集成》每一藏家藏品的编排,当以按文献性质分类编辑为佳。但这样做目前有相当大的困难,特别是一些大藏家如苏联,虽已编至 18517 号,尚有若干件未编入,而已经编号的卷子,由于不同程度的残损,辨识研究的工作量也还非常大……出版的目的是为了供研究,学人长期看不到卷子真面,也就无从开展广泛深入地研究,辨识定题本身就是一种研究,现今之所以有大批珍贵的卷子得以基本弄清,正是无数学者长期研究的结果。出版离不开研究,而又可以促进研究,只有不失时机地早日出版才能使更多的学者加入敦煌吐鲁番文献研究的行列,将研究引向深入,并使研究成果早日为社会造福。如要等到辨识清楚、分类穷尽以后再行出版,将会造成一二代学者失去一睹全部文献内容的遗憾。"

此方案曾在国内外学术界引起相当大的反响,许多学者认为,得到大规模出版敦煌吐鲁番文献的机会至为不易,出版方式不能太简单,至少应予以分类并录文。1990年9月,我带领上海古籍出版社工作小组到苏联列宁格勒拍摄编辑敦煌文献,苏联方面的学者提出了基本设想:所藏遗书全部予以分类,原件附于苏方学者的研究成果之后一点一点披露出版。我当时几乎被震晕了,因为这种看似有一定合理性的出版方式实际上是完全不可行的,试想当时苏联学者的研究成果加上相关原始文献,只够出版寥寥数册,而且从分类角度说,已有研究成果所能附上的文献也不相联属,在几年中也许能出版数册,以后就无法进行下去了。9月25日晚我几乎一夜未眠,反复思考对策,26日凌晨,我拟出了九条谈判提纲:

一、听孟、丘介绍准备情况和编辑设想;

二、肯定苏联学者的水平和劳绩;

三、《列藏敦煌文献》(按:这是当时的初步定名)作为一整套书应有一以贯之的体例。如能作一次新的分类,当然是好的。在短时间内是否能做到?"一段一段吃"的办法有不妥之处;

四、将形成四种三重编号,在敦煌研究界造成混乱,使用不方便。英法等国编目多年,始终没有确立新号,学者使用其卷子,仍用S、P等;

五、出版要求和体现研究成果、国际惯例应结合。拍摄一批就能出版一批,不能拍了以后再重新编辑,这样会遥遥无期。成果主要应体现在对卷子的辨认(本书正文即可体现)、完善的目录、分类目、索引(以上诸项在本书附录中体现)、专著中;

六、尽快将整理成果体现进目录索引中,与正文同时出版;英法的做

法(可借鉴);

七、我们的设想:Φ1—307 或 325 或 340,Дх 1—1800 乃至更多。1. 与国际上的作法一致;2. 不封闭,尚未开箱整理的卷子(或从背面、夹层、题记中新发现的内容)仍可继续编入,不必插入前文;3. 易于入手,拍摄、出版相一致;4. 编目、整理成果体现在目录、索引中;

八、如苏方坚持,只能拍起来再说;

九、了解整个数量、排架情况,及奥登堡旅行记、照片、线描。艾尔米塔什(冬宫博物馆)拍插页。

9 月 26 日上午我们继续与孟列夫教授和丘古耶夫斯基教授商谈,他们终于同意了我们的意见,我的笔记本是这样记录的:

1990 年 9 月 26 日上午,在东方学研究分所专门为我们准备的工作室内同孟列夫、丘古两位教授商讨《列藏敦煌文献》编辑体例和拍摄顺序。

我们的意见是:⋯⋯

孟、丘的意见是:在两本叙录重新分类的基础上,将其他卷子插入。这种想法也有道理,但存在几个大问题:第一,已入录的仅 300 号,未入录的至 12000 号止,已大体可以插入,12001—18517 只编了一个号,18517—尚未检视,这样将形成两个重复的体系,即 1—12000 号是一个体系,12001 号以后又是一个独立的体系,与例不顺;第二,叙录的分类本身尚存在若干问题,3000 号以下卷子的插入更非易事,极而言之,只要有一卷摆不妥当,书就出不下去,只要有一项分类有歧见,书也出不下去,勉强凑合,会招致非议;第三,英法等国,到目前为止,仍只用 S、P 的编号,编目不立新号,列藏文献原有 Φ、Дх 编号,后又有孟编号,这次再重新分类插入,必然又形成新号,将在学术界引起混乱。

我们反复陈述了我们的观点,强调编目成果可以单独出版,孟、丘同意了我们的意见。

这件事值得庆贺,这个观点可以写一篇文章。

在 30 多年以后的今天,我深深怀念已故的孟列夫和丘古耶夫斯基教授,我要大声地说:你们是伟大的学者,全世界的敦煌学人谢谢你们!

后来我与荣新江先生有一段学术对话,见于 2002 年出版的《敦煌话语》,为了充分说明问题,不妨节引如下:

李伟国:敦煌遗书发现已经 100 年了,由于历史的原因,这一大宗原始资料被分散收藏于全国全世界不下 100 多个地方,给研究工作带来了困难。这就需要解决三个问题,一是为分藏于各家的全部文献编一份总目,二是以影印的形式原汁原味地提供文献出版物,三是对文献加以归类和整理,让更多的人能阅读和研究这一份人类文明的巨大遗产。

荣新江:敦煌资料的大量公布,使得一些个案研究得以深入,所以近年来对敦煌文献的分类研究,如书仪、变文、佛经目录、社邑文书、星图日历、俗语词、归义军文书等方面的工作,确实比前人更为完善。但我们没有像王重民先生那样的大家,我们对整个敦煌古籍还没有清楚的把握,也没有能够把世界各地的敦煌目录统编为一个分类目录,我们也没有像日本人那样编出一套《讲座敦煌》。

李伟国先生,你曾在敦煌遗书的出版方面做了许多工作,你能否谈谈敦煌遗书出版的现状以及其间的切身感受?

李伟国:可以。敦煌遗书的出版也可以说是敦煌遗书的发布,发布的形式有多种,而其中按原样影印和录文整理是最基本的两种形式。我先说按原样影印的问题。此法的不足之处是专业以外的普通读者仍然难以使用,因而面比较窄,但对于专家来说,这样做原汁原味,最利于研究,因而颇受好评。不过原汁原味也只是相对而言的,所谓按原样影印,也不会一点也没有误差,更不是不需要做编辑工作。比如说要认定一份文书的起讫,给它一个标题(敦煌文献有不少是没有标题的,甚至是残缺不全的),就是一项非常复杂的工作,又比如说拍摄手段和拍摄技术的先进与否,也会直接影响质量,影响读者使用。影印出版一次敦煌文献很不容易,而且投资巨大,各个环节都应当按最理想的方式去做,尽量不要给研究者留下遗憾。

《英藏敦煌文献(佛经以外部分)》以后,最值得一提的就是上海古籍出版社自上世纪 90 年代初以来对俄罗斯藏品、法国藏品等的大规模、成系统的影印出版了。当年主事的魏同贤、钱伯城先生,都很有学者风度和眼光,虽然他们并不研究敦煌,即使由他们主编出版了那么多的有关敦煌的书,他们个人的研究仍不涉猎敦煌,但他们却有走出国门,找回"敦煌"的决心和魄力。记得有一次在列宁格勒,听到当时在那里留学的张惠明博士深深感慨地说:"环顾中国出版界,有哪个出版社的编辑为了出版敦煌文献,忙碌于列宁格勒、巴黎的藏书楼里,漫步在法兰西、俄罗斯的街头河边?你们出版社的领导派你们出来从事这一伟大的工程,是极有眼光的。"

荣新江:敦煌遗书、敦煌艺术品原来都是中国的,现在散藏世界各地,要让它们魂归故土,也就是由我们中国人编辑拍摄,影印出版,光说联系谈判就不是一件简单的事。

李伟国:的确如此,有时这项工作的艰辛和苦涩真不堪回首。……

荣新江:你说的这些事情,即使在敦煌学界也是鲜为人知的。我和你一样怀念远去的朋友。敦煌文献的影印出版,也有复杂的体例问题,学术界一般以为,出版时至少应该分一下类,以便于查检和研究,而你们出版的《俄藏敦煌文献》等都没有分类,这是什么原因呢?

李伟国:你说得很对,影印出版敦煌文献,虽说是原式原样,原汁原味,在编辑中也含有学术问题,比如出题、定题、拟题等就很不简单。你说出版时至少应该分类,这也是我最初的想法,问题在于要做到这一点非常困难。就以俄藏敦煌文献来说吧,前已述及,其编号已达 20000,绝大多数是残片,这批遗书,长期以来鲜为人知,只有弗鲁格、孟列夫和丘古也夫斯基等俄罗斯学者和郑振铎等少数其他国家的学者在进行整理或曾寓目,经过他们的努力,比较完整的和稍大的卷子大部分已经被考释清楚,而为数众多的残片则只有很小的一部分已被识别和连缀,在这种情况下如果要分类编排,势必无法穷尽,有大量未知的卷子要被置于后半部分,打入"另册",这样不伦不类的编法是不可取的。也许有人要问,既然如此,为什么不先考释清楚再来出版呢?"唉,"我要对他说,"这也许就不是我等这辈子所能完成的事业了"。而且,敦煌学界不是也等着这批新材料的发布吗? 如果等全部识别清楚了再来出版,到底是会促进还是延缓敦煌学的发展呢? 藏于深阁,毕竟只有少数人利用,由少数人去为了出版而"彻底"鉴别这批遗书,短时间内难以完成,而且还只是少数人在利用。只有尽快用一种比较简捷的方式加以公布,才能让整个学术界来利用这批材料,也才有可能取得更大更多的研究成果。从个人的学术"私心"来说,我也不希望我的工作进程太快,慢一点,我可以第一个看到大量别人没有看到过的卷子,写更多的论文。

荣新江:这样看来,你的做法是对的。我们已经看到,凡是你经手出版的包括俄藏在内的几家敦煌文献,全部是按照馆藏原始编号排序的,这样做一定很顺利吧?

李伟国:你大概不会想到,在开始编《俄藏敦煌文献》的时候,也有过曲折和误会。1989 年,我们和俄方在上海和当时的列宁格勒进行了两次详细的会谈,双方达成了合作出版《俄藏敦煌文献》的协议,我们也以为已经把我们的操作办法解释清楚了。1990 年,我作为代表团团长率府宪展、朱天锡等同事赴俄罗斯实施编辑拍摄。我们是从北京出发坐火车去的,几乎与我们同时,时任上海市出版局副局长的赵斌先生也随一个官方代表团访问俄罗斯。赵先生对出版俄罗斯藏敦煌文献极为支持,在他们的行程中,特意加上了列宁格勒东方学研究分所。但在他们的访问中却得到了一条非常不利于我们的消息,研究所的所长说在他们的学者还没有研究清楚俄藏写卷并写出论著之前,不会让我们拍摄文献原卷。消息传到上海,古籍出版社的领导几乎厥倒,计算时间,我们应该已经到达列宁格勒,于是魏同贤先生给我们写了一封信,意思是编辑拍摄虽然不能进行,"你们也不要提前回来,可以利用这次机会多看点资料,多考察一些地方"。可是限于当时十分糟糕的通信条件,收到这封信的时候,我们已经快要准备回国了,这是后话。且说我们经过整整一个星期的旅行,终于来到了列宁格勒,当我们兴致勃勃地走进研究所的时候,却被告知只允许阅读敦煌卷子,不能拍摄,理由是他们还没有做好学术准备,协议中的书将来还是可以出版的,但必须分类分册出版,每一册的前面是俄罗斯学者的论著,后面是相关的若干个原卷。

荣新江:(笑)他们想得比我还周到,如果纯粹从学术研究的角度来说,也无可非议。

李伟国:对。不过那时我可一点也笑不出来。我非常惊愕,我们好不容易达成协议,做了大量准备工作,万里迢迢来到列宁格勒,居然不能开展工作,这不是白来了吗? 不是白白花费了社里大笔钱了吗? 再说花一点钱以后还能补得回来,如果真要按照俄罗斯学者的办法作为专著一本一本地出版,试想要出到什么时候呢? 这就完全是另外一个概念了。回到住地,我无法入睡,苦苦地想着对策。

荣新江:这种情形确实急人。如果真要按照他们的方案做,不仅你们着急,我们也要着急了,出一本专著公布一批材料,专著只能在研究成果的基础上写,而每一个学者都有自己的学术范围,即使是博大精深的大学者,也不可能样样都精通,而敦煌文献是一个知识的海洋,用庄子的话来说,"吾生也有涯,而知也无涯,以有涯随无涯,殆已"! 那你怎么办呢? 后来想出了什么对策呢?

李伟国:我当时想,我一定要说服两位俄罗斯教授采纳我们的方案。那天晚上,我想了这样几条理由:第一,按照目前的整理程度,要分类出版是不可能的;第二,你们要写专著,作专题研究,都没有问题,可以继续进行,成果我们愿意帮助出版;第三,你们二位是国际敦煌学界的著名学者,现在又是《俄藏敦煌文献》的主编,《俄藏敦煌文献》的编辑出版将是你们对敦煌学术的重大贡献,全世界的学者都会感谢你们。

荣新江:你的这几条理由很真诚,很有说服力。

李伟国:第二天,我们到东方学研究分所继续与俄方商谈,我详细地陈述了我的理由,俄罗斯学者终于被我们说服了,他们答应再由他们去说服所长先生。结果所长也被说服了,我们终于可以按照当年奥登堡、弗鲁克以及孟列夫等编的号数,一件一件地往下阅读、编辑、拍摄,一卷一卷地往下出版了。

荣新江:为敦煌学界提供了大量新材料的《俄藏敦煌文献》真是来之不易。

李伟国：是的。本来被认为不可能做到的事被我们做到了。2001年5月底饶宗颐先生在上海，刘旦宅先生宴请，我叨陪末坐，席间谈起此事，饶先生说："你们出版俄藏敦煌文献，中间还有这样的故事，真是闻所未闻。如果要分类出版，那恐怕几十年也做不完了。"

新江，说到这里，我想起一件事，在刚开始筹划出版俄罗斯等地收藏的敦煌文献的时候，还有过一种意见，这就是，除了影印件以外，还应加以录文。

荣新江：是的，那时是有人提出过这个意见，现在看来，这也是不可能的。

还有一件事情要在这里提一下，这项伟大的出版工程，得到了中国学界师友的全力支持，见识极高的前辈学人胡道静先生，得知我们即将前往列宁格勒拍摄编辑敦煌文献，给我写了一封信：

伟国吾兄：

　获悉旌驾啣命即将远征列城，整理赍归苏藏敦煌秘籍复印件，诚不世之大业，文化之盛举。昔年向觉明、王有三前辈伦敦、巴黎功业，学界永怀；遗此缺口，兄今奋然圆之，万里囊笔，壮志堪嘉。谨表贺忱，祝愿凡百顺遂，并为中苏文化友谊增缔良缘。

　敬礼

弟　胡道静启
一九九〇年五月二十日

胡先生的鼓励和嘱托给了我们很大的鼓舞，这封珍贵的信件我一直珍藏着。

2002年元月补记

墓志・石刻

王羲之妻郗璿墓识真伪考

2016年7月，上海图书馆受赠入藏王羲之之妻郗璿"墓识"（"识"，通"志"）拓本。

自从绍兴会稽金石博物馆张笑荣先生公布其所藏"书圣"王羲之妻郗璿"墓识"原石以来，一时在学术界、书法界及书法和历史爱好者中引发热议，对于其真实性，在目前可见的文章中，持肯定和否定两种不同的态度。

张笑荣先生说：多数专家认定墓志"毋庸置疑"，墓志内容几乎不可能由后人或者现代人去"想象杜撰"，书法水平非同凡响，在器物和污垢之间，并没有发现任何"现代黏结物"的痕迹。[①]

浙江中医学院林乾良先生亦完全肯定墓识的真实性，认为墓识解决了王羲之生年的历史疑点及儿子的字中没有"伯"的疑问。[②]

临沂师范学院教授王汝涛先生则认为，"从两晋墓志文的结构来看，《郗氏墓识》既不合乎各类传世墓志的规格，其独成一格之处又不大合理。全篇没有墓主的名字，除了全篇都是人名以外，没有一字涉及墓主生平。结合碑文的多

---

① 张笑荣先生于2006年公布这一发现，见诸报端，2008年撰写《郗璿墓志考辨》，发表于《绍兴文博》总第7期，2012年又撰写《收藏郗璿墓志》，发表于《档案与建设》2012年9月期上。《收藏郗璿墓志》云：对于此碑的真伪，多数专家认定墓志"毋庸置疑"，他们理由主要有以下4条：首先，从碑铭全文构想来看，难以造假。墓志内容几乎不可能由后人或者现代人去"想象杜撰"。一位专家说，除非有人串通了历史学家、碑帖权威和书法泰斗一起来制造这起"阴谋"。如果真是如此，则造假的成本太高，且只造一块，意义不大。其次，早夭的"长子"常人不知。目前所见的各类史书都记载王羲之夫妇生育的子女是七子一女，而墓志上却刻的是八子一女，造假者不大可能去多造一个正好符合王羲之之子嗣情况的"长子"。第三，书法水平非同凡响。众所周知，晋碑出土极少，从20世纪60年代开始，长江以南地区经考古发掘出土的晋碑（墓志）约20块，仅《谢鲲墓志》书法上乘，并与《郗璿墓志》的风格接近，因此估计为同一时代。第四，污垢清理，顺乎自然。专家在清理碑面的污垢后，在器物和污垢之间，并没有发现任何"现代黏结物"的痕迹。污垢较硬，且均匀一致，应是自然天成。用水一抹，垢的吸水性比器物要好，立显深浅，也方便了清理工作。
② 林乾良：《王羲之妻郗氏墓识简介》，《书法赏评》2015年第1期。

处记事疏失论之,不像东晋时人写的,赝作的可能性很大"。①

首都师范大学王福权先生认为墓识有"不应缺墓主父郗鉴"等十疑,他推断此墓识不是东晋人所刻,在隋朝立标志的可能性很大。②

另据王福权文注2,王玉池先生在《王羲之之妻郗璿墓碑疑为伪作》一文中着重论述了郗璿年龄与《世说新语》等书不合这一观点。

鉴于"墓识"涉及我国古代独一无二的"书圣"王羲之,且郗璿本人也是一位杰出的女书法家,故其价值与一般墓碣不可同日而语。窃以为张笑荣先生所述考古文物专家的观点尚可另行申论,王汝涛先生的文章中有不少真知灼见,但其基本观点则不敢苟同,王福权先生的推断或可备一说。今拟从历史文献角度对《郗璿墓识》的形态特征、内容可信度和文字使用等方面详加考辨,并回应质疑,以就正于学界高明。

---

① 王汝涛:《郗氏墓识考辨》,《临沂师范学院学报》第 29 卷第 1 期,2007 年 2 月。
② 王福权:《"郗璿墓识"疑为隋朝所刻》,《书法赏评》2011 年第 1 期。文章"结语"说:这些原因总结起来可以发现这个纂文者似乎无意于此,连日期和人名都写错了,错误实在是够低级,但是若是为了造假也不至于犯那么多低级错误。因为有的书写的时候已经注意到了,如果很重视识文内容也就不会犯同样的错误。因此笔者推断此墓识不是东晋人所刻,在隋朝立标志的可能性很大,所有的疑问和证据都指向了隋朝。那么笔者认为此墓识是在《金庭王氏族谱》中记载的智永的徒弟沙门尚杲在刻"王羲之墓识"的时候一并所刻,如果不出所料,以后还将会有此类"王羲之墓识"出土。

《郗璿墓识》拓本释文：

晋前右将军会稽内史王府君夫人高平金乡都乡□

平里郗氏之墓识

前右将军会稽内史琅耶临沂都乡南仁里讳羲之【字】

逸少年五十六

长子

次子玄之字仲思妻□阳范氏父讳汪字玄平吏部【尚】书

次子凝之字叔平妻陈国谢氏父讳奕字无奕使【持节】

安西将军豫州刺史

次子涣之字季文妻颍川陈氏父讳逵字林道使【持节】

卫将军淮南内史

次子肃之字幼恭妻陈国殷氏父讳浩字渊源使【持节】

中军将军扬州刺史

次子徽之字子献妻汝南梅氏父讳籍字项羽荥阳【太】守

次子操之字子重妻济阳江氏父讳霖（作者按：此字形似霖，实非霖，下文有考）字思玄右【将军】

会稽内史

次子献之字子敬

女适南阳刘畅字序元抚军大将军掾父遐字子□□

将军会稽内史

夫人外氏沛国武氏

夫人长姐丧乱相失

妹适济阴卞轸字道重封建兴公

弟愔字方回临海太守南昌公

妹适济阳蔡奚字子叔太宰司马

弟昙字重熙散骑常侍北中郎军司

升平二年戊午岁四月甲寅朔七日庚申薨以其年□

月廿八日庚戌葬会稽山阴南乡离上里离东山□

一、由《郗璿墓识》的形态
特征论述其真实性

以王汝涛先生为代表的对《郗璿墓识》持否定或怀疑态度的学者,首先认为此墓识的形态不合当时的墓志铭的规制。这是一个基本问题,如果这方墓石不可能是东晋时物,那么其内容如何也就免谈了。但依笔者之见,情况并不如此。

第一,王先生认为如《郗璿墓识》这样横宽大于高低的碑是前此无例的。[①]

确实,据笔者所见,原石宽度大于高度,但与《郗璿墓识》时代相近的墓碑实物和拓本,如西晋《石尠墓志》[②]、王先生提到的东晋《王兴之及妻宋和之墓志》[③]、东晋《王建之墓志》[④]、王先生提到的南朝宋《明昙憘墓志》[⑤]等,均是横宽大于高低的。王先生的这一论断难以成立。

第二,王汝涛先生认为,"这件石刻称作墓识,传世石刻中为仅见。因此,从刻石名称看,《郗璿墓识》与同一时代墓中刻石并不同步,是真是赝,令人不无怀疑"。

据查考,前人认为"墓识"是墓志铭的一种例。清徐乾学《读礼通考》卷九十九专设"墓识"一条,引明王引著《墓铭举例》:

> 墓识
>
> 《墓铭举例》:宋陈瓘《尚书曾公墓识》,叙所历官而不书行治,无他辞,唯结以"某官陈某叙次"一语,题书"墓识",又一例也。[⑥]

则是宋朝人犹存"墓识"一体,止叙墓主历官。又朱熹《跋杨遵道遗文》曰:

---

① 王先生说:碑原大为 66.5(宽度)×55(高度)×8.5(厚度)厘米,是碑的高度略大于宽度,乃一长方形碑,略似画家所作的横幅。笔者就寄赠的下半截拓片覆制件依行数及每行字数量了一下,知其横宽实大于高低。似这种形制的碑,在《汉魏六朝墓志汇编》中没有一例。
② 见赵万里《汉魏南北朝墓志集释》(科学出版社,1956 年)等书。
③ 见《文物》1965 年第 6 期《南京人台山东晋王兴之夫妇墓发掘报告》等。
④ 见《文物》2000 年第 7 期《南京象山 8 号、9 号、10 号墓发掘简报》等。
⑤ 见《考古》1976 年第 1 期《南京太平门外刘宋明昙憘墓》等。
⑥ 清徐乾学:《读礼通考》卷九十九,台湾商务印书馆《景印文渊阁四库全书》,第 114 册,第 372 页。

先君子尝识杨公遵道之墓,记其论说梗概,皆极精诣。且言其平生为文数百篇,存者什一二耳。熹每伏读家集至此,未尝不掩卷太息,恨其遗文之散逸,而其幸存者亦不得而见之也。近乃得此编于将乐邓绚,而绚得之公孙璿者,急披疾读,惊喜幸甚。然其文不过五六篇,而墓识所书论庄周语不复见,则视作识时所失亡又已多矣。①

"识"字与"志"字通,然"墓识"二字连用,则应为朱熹之父的原文,亦显为承前人而用之。宋以后,"墓识"之例还有人使用。清毕沅《山左金石志》卷二十三:

盖荣妻许氏墓碑,天历元年九月立,并额,俱正书,碑高五尺,广二尺,在济宁州晋阳山西北道旁。右碑未见拓本,据朱朗斋所录载之,额题大元二字,横列径五寸,中刻墓识四行,字径五寸,右边书人衔名一行,左边立石衔名及年月二行。②

清赵怀玉《亦有生斋集》卷十九有《赵孺人屈氏墓识铭》一篇,则至清朝犹有写墓志铭题用"墓识"者。③

今日所可见之与《郗璿墓识》同时代的墓碑实物,如上举东晋咸康七年《王兴之及妻宋和之墓志》,原碑实无标题,开首在说明了墓主名讳、历官、卒年、葬年等后云,"故刻石为识,臧之于墓",正是"墓识"的意思。④ 东晋咸安二年《王建之墓志》,原无题,碑首在交代墓主情况后,亦云"故刻石为识"。⑤ 与《郗璿墓识》开首的"晋前右将军会稽内史王府君夫人高平金乡都乡□平里郗氏之墓识"是相似的。王汝涛先生认为"故刻石为识"之类的句子与"自称墓识"还是有不同,然仅据此一点就能断言《郗璿墓识》是假的吗?何况上文已经引用前人以"墓识"为墓志铭的一种,且宋元清历代均仍有使用实例,已足以说明问

---

① 宋朱熹:《跋杨遵道遗文》,《晦庵先生朱文公文集》卷八十二。
② 清毕沅:《山左金石志》卷二十三,清嘉庆刻本。
③ 清赵怀玉:《亦有生斋集》文卷十九墓志铭塔铭,清道光元年刻本。
④ 陈爽:《出土墓志所见中古谱牒研究》,学林出版社,2015年,第281页图照。
⑤ 同上书,第285页图照。

题了。

第三,王汝涛先生认为"此碑的内容很独特,除了前面介绍墓主二行及后面介绍墓主逝世时间及墓葬地点二行外,其余18行全是介绍与墓主人有关人物的,有点不伦不类"。

王先生"不伦不类"的断语,似失之轻率。宋马光祖《(景定)建康志》:

> 宋宗悫母郑夫人墓,在秣陵。
>
> 考证:皇祐中金陵发一墓,有石志,乃宋宗悫母夫人墓,有志无铭,不著书撰人名氏,其后云:"谨牒子孙男女名位、婚嫁如左。"盖一时之制也。①

据其描述,刘宋宗悫母夫人墓石志,正与《郗璿墓识》相似,宋朝人以为此乃"一时之制"。《郗璿墓识》的整篇行文格式,除了首尾以外,介绍了墓主的丈夫、八个儿子、一个女儿、外祖父(母亲)姓氏、一位姐姐、两位妹妹和两位弟弟的名字和婚配情况等。符合其时之制。

除了上引传世文献以外,众多的出土资料更可证明这是符合当时的风尚的。

陈爽先生新著《出土墓志所见中古谱牒研究》,将此类墓志或墓志的一部分归入谱牒一类,他认为大量两晋南北朝墓志的出土表明在墓主事迹之外单独叙述墓主家族谱系的书写方式,已经不是一二个例,而是一种十分常见的墓志体例。在他所归纳的此类墓志的样式中,有一种即为"几乎通篇墓志记录家族谱系,……主要集中在东晋时期"。②

陈先生还认为,东晋墓葬大多十分简陋,墓志内容也十分简略,这与当时碑禁较严,且侨寄江南的中州士族时刻心存收复中原、回归故土的企盼,权把建康当作假葬之地有关。从东晋出土墓志的墓主身份来看,绝大部分为南来之北方流寓贵族,他们使用粗简的"假葬"墓志,为日后"归葬祖茔"以做标示的

---

① 宋马光祖:《(景定)建康志》卷之四十三,清嘉庆六年金陵孙忠愍祠刻本。
② 陈爽:《出土墓志所见中古谱牒研究》,第60—61页。

心理甚为明显,因而摈弃了铭颂等华丽的文体,保留了古朴简约的谱牒。①

这也可以解释为何如王羲之这样的高级士人、高级文人,在世时其妻去世,只撰造了这样一块谱录式的写实的墓识的原因。

陈书《古谱辑存》(史料篇)第二章"出土墓志所见中古谱牒辑存"第二节"东晋谱牒"更具体地描述说:

> 东晋墓志一(笔者按:"一"字疑衍)的特点是尽管墓志形制不一,文字数量不一,家族谱系都占有很大的比重。许多墓葬属"假葬"或"粗葬",墓志无铭序和辞铭,几乎通篇都是谱系的记述。南渡高门被迫摈弃了铭颂等华丽的文体,却保留了古朴简约的谱牒,如《温峤墓志》、《温式之墓志》,虽只有短短百字,却通篇都是谱系的记载;《谢琰墓志》虽属砖质,却用了长达500多字叙述谱系。②

陈爽此节共辑录了七方墓志,现谨录数方,以作对照。

《温峤墓志》:
祖济南太守恭,字仲让。夫人太原
郭氏。
父河东太守襜,字少卿。夫人颍川
陈氏,夫人清河崔氏。
使持节、侍中、大将军、始安忠武公
并州太原祁县都乡仁义里温峤,
字泰真年卅二。夫人高平李氏。夫人琅耶王氏。夫人庐江何氏,息放之,字宏祖。息式之,字穆祖。息女胆。息女光。③

《王兴之及其妻宋和之墓志》:

---

① 陈爽:《出土墓志所见中古谱牒研究》,第96页。
② 同上书,第278—279页。
③ 同上书,第279—280页。

君讳兴之,字稚陋,琅耶临

沂都乡南仁里,征西大将

军、行参军、赣令。春秋卅一。

咸康六年十月十八日卒,

以七年七月廿六日葬于

丹杨建康之白石,于先考

散骑常侍、尚书左仆射、特

进、卫将军、都亭肃侯墓之

左。故刻石为识,臧之于墓。

长子闽之,女字稚容。

次子嗣之,出养第二伯。

次子咸之。

次子预之。

（以上正面《王兴之墓志》）

命妇西河界休都乡吉迁

里宋氏,名和之,字泰嬴。春

秋卅五,永和四年十月三

日卒,以其月廿二日合葬

于君柩之右。

（空一行）

父哲,字世儁,使持节、散骑

常侍、都督泰梁二州诸军

事,冠军将军、凉州刺史、野

王公。

弟延之,字兴祖,袭封野王

公。①

（以上碑阴《宋和之墓志》）

---

①　陈爽:《出土墓志所见中古谱牒研究》,第 280—282 页。

王汝涛先生说如《郗璿墓识》这样的内容格式，只有在当时的碑阴中可以看到，而上引王兴之夫妇碑，碑阳和碑阴的格式均如此。金石研究界朋友提供的新出土西晋太康年间墓志，也具谱牒特色。

《温式之》墓志也是如此，文长不录。①

这些墓志，行款大体相同，叙述次序也大体相同，足以说明《郗璿墓识》不但不是"不伦不类"，而且是符合当时规范的。当然，同样是东晋的墓志，依其时期、地域乃至墓主家族的不同，同类的墓碑，内容形制也总会有一些差异，但不能因为某些差异的存在就予以全盘否定。

《郗璿墓识》作为谱牒式墓识是成立的。至于是否尚有另一方叙其生平之墓志铭存在，就有待将来考古新发现了。

二、由《郗璿墓识》的内容论述其可信度和资料的珍贵性

《郗璿墓识》全文仅 485 字，而内涵非常丰富。王汝涛等先生认为其间有诸多疑点甚至错误之处，今谨分几个问题予以考辨。

1. 右将军和右军将军问题

王汝涛先生说："《墓识》的第一行与第二行，对王羲之均称之为右将军，比《晋书·王羲之传》记他为右军将军高了一个官品，有人据此《墓识》考证应是《晋书》所记错误。又据《晋书》，江彪为会稽内史，右军将军，《墓识》也写作右将军。谁对谁错呢？笔者以为《墓识》上的两个右将军都错了。"

关于这个问题，吴大新先生有一篇专论《"王右军"考论——王羲之是"右将军"还是"右军将军"》，从右军将军、右将军究竟是怎么一个官职，右将军与右军将军有什么不同，王羲之究竟是"右将军"还是"右军将军"，右将军、右军将军的混乱是如何造成的，王羲之是怎样成为右将军的，右将军会稽内史是否仍然掌兵等六个方面，通过分析唐修《晋书》以前各类文献对王羲之官职的记载，结合东晋的品秩，纵观王羲之一生仕历，认为王羲之所任是"右将军"而不

---

① 陈爽：《出土墓志所见中古谱牒研究》，第 282—284 页。

是"右军将军",右将军、会稽内史也不同于一般的郡守。①

吴先生罗列了唐以前十来种有关记录,②然后总结说:

> 总的看,唐以前作"右将军"的为多,唐以后,《晋书》正史一出,"舆论一律",多作"右军将军"了。十分不解的是,《晋书》的"总编"是房玄龄,但据唐卢元卿《法书录》,在鉴定"逸少书一卷四帖"时仍作"晋右将军会稽内史",而跋尾题署的名单中就有房玄龄!唐以后作"右将军"的尽管是少数,可注意的是宋朝桑世昌《兰亭考》详列兰亭会四十二人名单时,首者俨然为"右将军会稽内史王羲之"。

从现有文献来看,断王羲之为"右将军"似较正确。六朝人记载王羲之官位的《王氏谱》《献之别传》《采古今能书人名》及《文字志》中,只有《文字志》作"右军将军"。《文字志》讲的是书法,并非专门的人物传记,而且误将右军父王旷之"旷"写为"矿",似不够严谨。《王氏谱》是专门的人物志,故可信度较大。

笔者还可以举出一些足以说明问题的记录:

宋陈思《书苑菁华》卷四:"晋右将军、会稽内史、赠金紫光禄大夫、琅琊王羲之字逸少书一卷四帖。贞观十四年三月二十三日臣蔡挍装,特进尚书右仆射上柱国申国公臣士廉,特进郑国公臣徵。"③这是唐魏徵等在王羲之书

---

① 吴大新:《"王右军"考论——王羲之是"右将军"还是"右军将军"》,《绍兴文理学院学报》2006 年 6 月,第 26 卷第 3 期。

② 见同上文,这些记录有——南朝宋羊欣《采古来能书人名》:"王羲之,晋右将军、会稽内史。"南朝梁或梁代以前所出《献之别传》:"(献之)祖父旷,淮南太守。父王羲之,右将军。"(见《世说新语·德行》"王之敬病笃"条刘孝标注引)南朝梁或梁代以前所出《王氏谱》:"凝之,字叔平,右将军羲之第二子也。""肃之,字幼恭,右将军羲之第四子。"(见《世说新语·言语》"谢太傅寒雪日内集"条、《排调》篇"符郎初过江"条刘孝标注引)唐怀仁《集王书圣教序》:"弘福寺沙门怀仁集晋右将军王羲之书。"《陈书·始兴王伯茂传》:天嘉二年(561),"征北军人于丹徒盗发晋郗昙墓,大获晋右将军王羲之及诸名贤遗迹。"唐何延之《兰亭记》:"《兰亭》者,晋右将军、会稽内史琅琊王羲之字逸少所书之诗序也。"唐武平一《徐氏法书记》:"……今古独立者,见乎晋会稽内史右将军琅琊王羲之。"唐张彦远《法书要录》辑右军杂帖之《与郗家论婚书》(王羲之为小儿子献之提亲):"右将军会稽内史王羲之敢致书司空高平郗公足下……"传王右军自作《记白云先生书诀》亦云:"维永和九年三月六日右将军王羲之记。"按:是王羲之自称"右将军"。南朝宋王愔《文字志》:"王羲之,字逸少……累迁右军将军、会稽内史。"(见《世说新语·言语》"谢太傅言王右军"条刘孝标注引)唐张怀瓘《书断》:"王羲之,字逸少……累迁右军将军、会稽内史。"唐《晋书·王羲之传》:"……乃以为右军将军、会稽内史。"

③ 宋陈思:《书苑菁华》卷四,宋刻本。

帖上的题名。宋米芾《宝晋英光集》卷七《跋王右军帖》："右晋金紫光禄大夫、右将军、会稽内史王羲之字逸少王略帖八十一字。"①米芾的跋应该是有所本的。

清倪涛《六艺之一录》卷一百二十四："唐刻虞世南孔子庙堂碑。庙堂碑为虞永兴得意之书，贞观四年，碑成，进墨本，赐以王逸少所佩右将军会稽内史黄银印。"②清王杰《秘殿珠林续编》卷六："宋拓王羲之道德经一册。（本幅）宋拓本二十一对幅，每幅纵七寸，横三寸八分，楷书《道德经》上篇，经文不录，首标'晋右军王羲之书八分'，书上双龙圆印，下'宣和'连印，末有'右将军会稽内史印'。"③

以上这些材料中，特别值得注意的是王羲之的自称、自署、其印章中的文字及王羲之所佩黄银印上的文字，这些文字都无一例外地写作"右将军"。只要这些材料不是伪造的，那么王羲之曾任右将军就是事实。

吴先生还从王羲之一生的仕历结合晋代的官品制度作了详细考证：

　　纵观王羲之一生，先后曾任十职，（迁）宁远将军、江州刺史，已为四品，（拜）护军将军为三品，（迁）右将军仍为三品，（出）右将军、会稽内史仍为三品。问题的焦点在于，王羲之若为右军将军，则与前官、死后赠官难相衔接。第一，王羲之从三品的护军将军出任三品的右将军会稽内史，只不过从京官外放为地方官，完全正常。而如果是"右军将军会稽内史"就降为四品了，这种安排不大可能。第二，《晋书》本传称，王羲之"年五十九卒，赠金紫光禄大夫"，金紫即金章紫绶。《晋书·职官志》云："光禄大夫加金章紫绶者，品秩第二。"一般而言，魏晋优礼大臣，死时赠官只"晋"一级。因此，二品的赠官只能给三品的右将军，不能给四品的右军将军。第三，两晋门阀，子承父位。王羲之长子玄之早卒，次子王凝之沾了父亲的光，他的最后官职是"左将军、会稽内史"（见《晋书列传第五十》）。左将军

①　宋米芾：《宝晋英光集》卷七，台湾商务印书馆《景印文渊阁四库全书》第1116册，第134—135页。
②　清倪涛：《六艺之一录》卷一百二十四，台湾商务印书馆《景印文渊阁四库全书》第832册，第521页。
③　清王杰：《秘殿珠林续编》卷六，乾清宫藏清内府钞本。

与右将军是同一系列、同一品位的。这样,王羲之"右将军"与王凝之"左将军"也合上了。

现在我们再来读王羲之自己写的《临河序》:"……右将军司马太原孙承公等二十六人,赋诗如左。……"孙承公即孙统,时官"右将军司马",而这个"右将军",就是王羲之本人! 王羲之应为右将军。

吴先生行文至此有些激动,他显然认为,问题已经解决了。

但"右军将军"的发生也很早,除了历史文献以外,出土文献亦已见,晋义熙三年(407)《谢求墓志》(球妻)"祖羲之,右军将军、会稽内史",[1]此事距羲之去世仅40多年,为何会如此,尚可深入探讨。

王汝涛先生认为作"右将军"错了的几个理由,第一是"考《晋书》虽晚出,《王羲之传》是唐太宗亲自为之写《传赞》的,当不误"。此点难以成立。为什么唐太宗写了《传赞》就不会错了呢? 第二是"《世说新语》成书于刘宋时,书中却屡称王羲之为王右军"。"右军"不等于"右军将军",也难以成立。第三,"《言语》篇刘注引《文字志》亦言任右军将军"。前文已作分析,文献中称王羲之为"右军将军"者确实有,但有可能是错的。第四,"至于称之为右将军,始见之于刘注所引的《王氏谱》,此谱成书晚于《世说》本书。似乎将右将军与右军将军合二为一,在齐梁之间"。也不是理由。

所以,《郗璿墓识》将王羲之的官职写作右将军,并没有错,反过来随着《墓识》真实性进一步得到验证,将成为王羲之所任乃"右将军"而非"右军将军"的有力证据。

2. "都乡"问题

《郗璿墓识》在首四行介绍郗氏和王羲之的籍贯时,都有"都乡"一词。"都乡"何解?

清顾炎武《日知录》"都乡":

> 《集古录》宋宗悫母夫人墓志:涅阳县都乡安众里人。又云窆于秣陵县都乡石泉里。都乡之制,前史不载。按都乡盖即今之坊厢也,汉济阴太

守孟郁尧庙碑：成阳仲氏，属都乡高相里。①

"都乡"，出土墓志所见多有，顾氏谓"即今之坊厢"，是否正确，有疑。
西南大学博士黄敏综合各家说法云：

> 要说同名异地，最多者莫过于"都乡"。从众多材料知基本上每个县
> 都有一个都乡，且是县治所在，这种同名异地是行政政策实施过程中强加
> 于地理名称的体现。出土文献中都乡的记录是最多的，尤其是三国吴简
> 和墓志，三国吴简主要是长沙国的情况，墓志涉及的都乡遍及各个朝代、
> 郡县，传世文献都乡记载并不多。

> 都乡所指历来说法不一。《日知录·都乡》说："都乡之制，前史不载。
> 按，都乡盖即今之坊厢也。"杨晨认为"都乡言乡，当是附城近地。"《汉书新
> 证》说："西汉初中期，各县最重都乡、都亭制度，都乡为各乡之首，都亭为
> 各亭之首。"裘锡圭先生认为"古代称县治所在之乡为都乡"，侯旭东认为
> "按一般惯例，城镇所在的乡称为'都乡'"，高诗敏认为都乡所指不确，时
> 代不同都乡域不同。②

窃以为裘先生的说法是比较准确的，都乡是县治所在之乡。

3. 王羲之"年五十六"问题

正如本文在第一部分详细分析的，按照东晋时流行的谱牒式墓志的做法，
墓主如为男性，则可在标题下先列其夫人，同样，如墓主为女性，当然应该先列
出其丈夫，故《郗璿墓识》在标题下即先列出尚在世的王羲之："前右将军、会稽
内史，琅耶临沂都乡南仁里，讳羲之，字逸少，年五十六。"

王汝涛先生一方面说"年五十六"这句话是多余的，另一方面又说："细思
之，是王羲之升平二年年 56 岁，极容易考证出来，而郗璿及其七子一女（献之
除外），当时的年龄却不容易考证。本来完全可以不写这四个字，或者作者有
意识地证明王羲之生于公元 303 年而特意写上的吧？"

---

① 清顾炎武：《日知录》卷二十二，清乾隆刻本。
② 黄敏：《汉魏六朝石刻乡里词语的整理与研究》，西南大学博士学位论文。

按照王先生的意思,此点造假并不难。

笔者以为多余不多余,这是就墓碑的行文规制而言的,本文第一部分已详作探讨,既然《郗璿墓识》是符合当时规制的,各碑在撰刻时有一些不同的处理方式,也不足为奇。此点不再讨论。

但升平二年五十六岁,明白地揭示了王羲之生于晋太安二年(303),这是很重要的,因为关于王羲之的生卒年,在学术界存在多种观点,至今未作定论。

权威的大型综合性辞典《辞海》"王羲之"条,括注其生卒年为:公元 321—379 年,一作公元 303—361 年,又作公元 307—365 年。[1] 显然以 321—379 为主。在不同版本的语文教材中也说法不一。[2] 关于王羲之生卒年的说法还不止这三种,孙鸣晨女史撰文归纳为五种,另外两种是公元 303—379、公元 306—364,这五种说法都有学者和一定立论支持。[3]

据孙女史文,公元 321—379 年说出自清代著名学者钱大昕,余嘉锡先生已考证其不足据。《十七帖》中王羲之说(周抚)"年政七十",自己"年垂耳顺"。若依 321 年说,羲之 59 岁时已是公元 379 年,此时周抚已死 14 年了,何来"年政七十"之说? 又《世说新语·容止第十四》:"王右军见杜弘治,叹曰:'面如凝脂,眼如点漆,此神仙中人。'"罗时叙先生撰文考证,杜弘治死于公元 321 年,若此年王羲之刚生,何得见之而叹?[4]

公元 306 年和公元 307 年生两说,不仅证据单薄,而且也经不起推敲。[5]

王羲之生于公元 303 年,《郗璿墓识》的出世,已可为关于王羲之生年的争议画上句号。

4. 王羲之七子还是八子的问题

《郗璿墓识》在列出丈夫王羲之以后,理所应当列其子女。根据王羲之自叙及史料记载,王羲之有七子一女,[6]但《墓识》多了一个"长子",于是王汝涛先

---

① 辞海编辑委员会:《辞海》(1999 年版),彩图缩印本(音序),上海辞书出版社,2001 年,第 2181 页。
② 齐军:《一个人,两生死——语文教材中王羲之的生卒年月"辩"》,《语文建设》2008 年 7、8 月号。
③ 孙鸣晨:《王羲之生卒年略考》,《辽宁师专学报(社会科学版)》2013 年第 2 期。
④ 罗时叙:《王羲之生卒年及任江州刺史年代考证》,《九江师专学报(哲学社会科学版)》2003 年第 1 期。
⑤ 参孙鸣晨:《王羲之生卒年略考》。
⑥ 参王汝涛:《郗氏墓识考辨》,《临沂师范学院学报》第 29 卷第 1 期,2007 年 2 月。

生说:"论起资料的可信程度来,王羲之书信乃是第一手材料,《十七帖》与《晋书》本传都说王羲之有七子,足以证明《墓识》上在王玄之之前增加了一个长子为不可信。"

但《郗璿墓识》如系造假,为什么要造一个没有史料记载的"长子"出来,授人以柄呢？且《墓识》"长子"下没有写上名字及其他情况,显为很小就夭折的一个儿子,王羲之后来育成七子一女,不再提已夭折的儿子,是很正常的。

林乾良先生《王羲之妻郗氏墓识简介》:

> 论到子女,文中第五行仅"长子"两字,连名也未取。近代以前,新生儿的死亡率很高。难产出来的死婴以外又有脐带风(破伤风,俗称"七日风")等。估计这个"长子"虽尚未赐名,但既生下来了,也不能不算,故保留了"伯"的地位。之前知道的王羲之长子玄之,字仲思;二子凝之,字叔平。向来学者对此感到不解,因为他违背了中国人兄弟排行所规定的伯、仲、叔、季的原则。今从《郗氏墓识》,则以上两个疑点即可迎刃而解了。①

王羲之夭折的长子如字"伯某",次子仲思,三子叔平,四子季文,伯仲叔季已经用完,于是五子字幼恭,很巧妙地用了个与"季"含意相同的"幼"字,但接下去六子、七子、八子出世,只能另起序列,分别字子猷、子重、子敬了。王羲之与郗氏生了八个儿子,取名字也煞费苦心了。

王福权先生另有一解:

> 在现今的很多王氏族谱中,都有王玄之字伯远的记载,刘茂辰先生也认为王玄之就是伯远。至于是否可信还有待于进一步的考证。但是按照伯仲叔季(幼)子的顺序排列的话,如果王玄之是长子伯远,那么这个墓志的记载还是有误的。由于一般认为王凝之字叔平是可以定论的,那么夭折的很可能是王羲之的第二个儿子而不是长子。按照伯仲叔季子的排行"七儿一女说"并不可靠。(按此处所指是学说,并非是否定王羲之书信的

---

① 林乾良:《王羲之妻郗氏墓识简介》,《书法赏评》2015 年第 1 期。

内容)笔者认为是立场不同所造成的,王羲之所说的"吾有七儿一女"这个"有"当理解为存在,也就是在世的才能算"有"。如果是他的二儿子很小就夭折,他给人说自己子女的婚姻状况时自然不会算上这个早死的儿子。而我们在考证的时候和王羲之当时说话的立场是不一样的,我们不管他是否在世,强调的是客观存在。

可备一说。

不过数十年后,王羲之的这位长子也就被人遗忘了。《世说新语·品藻》:

> 桓玄为太傅,大会,朝臣毕集。坐裁竟,问王桢之曰:"我何如卿第七叔?"【注:《王氏谱》曰:桢之字公幹,琅邪人,徽之子,历侍中、大司马长史。弟七叔,献之也。】于时宾客为之咽气。王徐徐答曰:"亡叔是一时之标,公是千载之英。"一坐欢然。①

称王献之为第七叔,则是由玄之而下排序的。

《郗璿墓识》中的"长子"二字,为王羲之研究增添了重要材料。

5. 王羲之诸子的名字及婚配问题

除了长子以外,王羲之的其余七子在《郗璿墓识》中均有名字,其中除献之外,又均有婚配情况。上文已述及,七子的名字,符合古代取名的规则,据王汝涛先生梳理,凝之、肃之、徽之、操之、献之的名字及玄之之名,可见于《晋书》和《世说新语》,涣之之名,见于《二嫂》帖等。关于涣之,笔者还可以举出一条出土资料作补证,《谢球墓志》:"球妻琅琊王德光,祖羲之,右军将军、会稽内史,父涣之,海盐令。"②

玄之字仲思,涣之字季文,并不见于传世史籍。

刘茂辰先生《王羲之的妻子儿孙考索》据《王氏宗谱》谓玄之字伯远,配庐江何氏,无子,以凝之长子蕴为嗣,且进一步推论羲之书帖中多次提到的"远"

---

① 余嘉锡:《世说新语笺疏》卷中之下,中华书局,2007年,第646页。
② 陈爽:《出土墓志所见中古谱牒研究》第二章,第289页。

这个人就是玄之，王珣《伯远帖》中的伯远也是玄之。① 似难以令人信服。王福权先生说："有学者认为王玄之字伯远，因而认为伯远就是王玄之。笔者曾经想过这个观点，如果延续下去推理，历史记载王玄之早卒，他曾经参加过 353 年的兰亭雅集，之后再无记载，即使王玄之在王羲之时（361 年去世）去世，那么王珣写此帖时才 12 岁，这么小应该是写不出来那样的笔力的。所以，'伯远'不可能是王玄之。"②刘茂辰先生又引《宗谱》谓涣之字淳之，③与取名字的规则不符，亦恐难取信。

《墓识》所列王羲之八子中，除长子和幼子献之外，其余六子的婚配、亲家情况均有记录，其中除凝之外，其余五子之婚配史无明文，为独有资料，这些资料，在现存传世和出土文献中亦大多可以得到印证。容逐一审视。

《郗璿墓识》："次子玄之，字仲思，妻□阳范氏，父讳汪，字玄平，吏部尚书。"

范汪《晋书》有传："范汪，字玄平，雍州刺史晷之孙也。父稚，蚤卒。汪少孤贫，六岁过江，依外家新野庾氏。荆州刺史王澄见而奇之曰：'兴范族者，必是子也。'"后所记历官中无吏部尚书，桓温北伐后赋闲，卒年六十五。④又《晋书·良吏传》，"范晷，字彦长，南阳顺阳人"，⑤而《世说新语·排调》刘注引《范汪别传》曰："汪字玄平，颍阳人。左将军略之孙，少有不常之志，通敏多识，博涉经籍，致誉于时。历吏部尚书、徐兖二州刺史。"⑥这里写到了"吏部尚书"。关于"颍阳"，清吴士鉴《晋书斠注》"荀顗字景倩，颍川人"注："《文选·为萧扬州荐士表》注引臧荣绪《晋书》作颍阳人。案：《地理志》颍川郡有颍阴，无颍阳，阳字为阴之讹。本传失载县名。"⑦《世说新语》另一处引《王氏谱》曰："王坦之娶顺阳郡范汪女，名盖，即宁妹也，生忱。"⑧范汪之郡望应依《晋书》及《王氏谱》作顺阳，惜《郗璿墓识》"顺"字无法辨认。《世说新

①　刘茂辰：《王羲之的妻子儿孙考索》，《临沂师专学报》1994 年第 1 期。
②　王福权：《伯远帖释文新论》，《青少年书法》2011 年第 14 期。
③　刘茂辰：《王羲之的妻子儿孙考索》。
④　唐房玄龄：《晋书》卷七十五《范汪传》，中华书局，1975 年，第 1982 页。
⑤　唐房玄龄：《晋书》卷九十《良吏传》，第 2336 页。
⑥　余嘉锡：《世说新语笺疏》卷下之下，第 946 页。
⑦　清吴士鉴：《晋书斠注》卷三十九，民国嘉业堂刻本。
⑧　余嘉锡：《世说新语笺疏》卷中之上，第 405 页。

语》"左将军略之孙","略"当依《晋书》作"晷",盖形近而误。范汪著有《棋品》。① 又有《范汪集》十卷。②

《郗璿墓识》:"次子凝之,字叔平,妻陈国谢氏,父讳弈,字无弈,使持节、安西将军、豫州刺史。"

此事传世文献多有记载,出土文献亦可证,《谢琰墓志》:长姑讳韫,字令姜,适琅邪王凝之,江州刺史。③

王汝涛先生说,"这一年谢弈已经死去,当于其官职前加一'故'字"。按谢弈固然卒于升平二年,《晋书》帝纪:"(升平二年)秋八月,安西将军谢奕卒。"④但郗璿卒在四月,其时谢弈尚存,怎么能加"故"字?

《郗璿墓识》:"次子涣之,字季文,妻颍川陈氏,父讳逵,字林道,使持节、卫将军、淮南内史。"

《世说新语·品藻》注引《陈逵别传》曰:"逵字林道,颍川许昌人,祖淮,太尉,父畛,光禄大夫。逵少有干,以清敏立名,袭封广陵公,黄门郎、西中郎将,领梁、淮南二郡太守。"⑤郡望、名字同,历官不同,王汝涛先生以《墓识》误,未作论证。又王先生说"淮南内史"之"内"字系"刺"字之误,不知有何依据,"内史"自是一种官名,且"淮南内史"《晋书》中亦多有,为何一定要作"刺史"?

《郗璿墓识》:"次子肃之,字幼恭,妻陈国殷氏,父讳浩字渊源,使持节、中军将军、扬州刺史。"

王汝涛认为:官职中使持节应作假节。《晋书》本传有"于是以浩为中军将军、假节、都督扬豫徐兖青五州军事",⑥未载"使持节",待考。

王汝涛和王福权两位先生都认为升平二年,殷浩已革职为民而死,官职上应依第一、三行王羲之例,加个"前"字或"故"字。这最多只能说明《郗璿墓识》体例尚不够严密。

---

① 余嘉锡:《世说新语笺疏》卷中之上,第381页。
② 清丁辰:《补晋书艺文志》卷四,清光绪刻常熟丁氏丛书本。下云:谨按见《七录》,《隋志》一卷,《两唐志》八卷,本书有传。
③ 陈爽:《出土墓志所见中古谱牒研究》第二章,第292页图,第293页文。
④ 唐房玄龄:《晋书》卷八《帝纪》,第203页。
⑤ 余嘉锡:《世说新语笺疏》卷中之下,第630页。
⑥ 唐房玄龄:《晋书》卷七十七《殷浩传》,第2045页。

《郗璿墓识》:"次子徽之,字子猷,妻汝南梅氏,父讳籍,字项羽,荧阳太守。"

王汝涛先生说,"徽之岳父梅籍无考,然汝南郡的大族确有梅氏"。

今按《世说新语·方正》"梅颐尝有惠于陶公"条注引《晋诸公赞》:"颐字公真,汝南西平人。"① 又为一证。"荧阳"似当作"荥阳",然王汝涛先生认为"荥"写作"荧"是当时的习惯。

《郗璿墓识》:"次子操之,字子重,妻济阳江氏,父讳彪(按:原碑无三撇,考见下文第三部分),字思玄,右□□、会稽内史。"

《世说新语·方正》:

> 江仆射年少,王丞相呼与共棋,王手尝不如两道许,而欲敌道戏,试以观之,江不即下。王曰:"君何以不行?"江曰:"恐不得尔?"【注:徐广《晋纪》曰:"江彪字思玄,陈留人,博学知名,兼善弈,为中兴之冠。累迁尚书左仆射、护军将军。"】旁有客曰:"此年少戏乃不恶。"王徐举首曰:"此年少非唯围棋见胜。"【注:范汪《棋品》曰:"彪与王恬等棋第一品,道第五品。"】②

《世说新语》以其郡望为陈留,《墓识》则作济阳。王汝涛先生说,"《晋书》写江彪为陈留圉人,《墓识》写作济阳人,有见识,因为晋代的陈留国只有济阳,而无圉县了"。按西晋惠帝以前,陈留、济阳不分治,其后晋惠帝分陈留郡东部一部分为济阳国,东晋改国为郡。故两者并不矛盾。其官职无考。有《护军将军江彪集》五卷录一卷。③

但王先生说,羲之诸子联姻之家,可考者原只二人(凝之、献之),《墓识》增至六人,所增者是否可信,是应考者。上引刘茂辰先生文据《王氏宗谱》和《金庭王氏族谱》指出玄之配庐江何氏,操之娶的贺氏,是司空贺循的孙女。与《郗璿墓识》不同。

---

① 余嘉锡:《世说新语笺疏》卷下之下,第378页。
② 余嘉锡:《世说新语笺疏》卷下之下,第381页。
③ 清丁辰:《补晋书艺文志》卷四,清光绪刻常熟丁氏丛书本。下云:谨按见《七录》,"彪"《隋志》误"彬"。本书有传。

6. 王羲之女儿问题

《郗璿墓识》在其八个儿子之后,列出了女儿的情况:女适南阳刘畅,字序元,抚军大将军掾,父遐,字子□,□将军、会稽内史。

此与《世说新语·品藻》注所记相合:

> 桓玄问刘太常曰:"我何如谢太傅?"【注:《刘瑾集叙》曰:瑾字仲璋,南阳人,祖遐,父畅,畅娶王羲之女,生瑾。瑾有才力,历尚书太常卿。】刘答曰:"公高,太傅深。"又曰:"何如贤舅子敬?"答曰:"楂梨橘柚,各有其美。"【注:《庄子》曰:"楂梨橘柚,其味相反,皆可于口也。"】①

王福权先生说,《墓识》及儿子亲家,均用"讳"字,而此处没有,是极低级脱文现象。笔者以为,《墓识》体例不严,容或有之,谓为"极低级",过矣。

王汝涛先生说:"关于王羲之的女儿的资料,自来考证之人不多。清代鲁一同取得一些成果。他在《王右军年谱》中引《世说》刘孝标注桓玄与刘瑾的对话:刘瑾,字仲璋,南阳人,祖遐、父畅。畅娶王羲之女,生瑾。至于羲之的女儿叫什么名字,鲁亦未考证出来。"有关王羲之女儿婆家的线索,虽然并不难寻,但在《墓识》中表出了刘遐、刘畅的籍贯、字和官职,是他处未见的,增添了珍贵的资料。

王先生考证羲之女名孟姜,"因而思索,鲁一同……不知羲之的女儿字孟姜,情有可原,但《郗氏墓识》的撰文者,定然熟悉王羲之全家的事,竟然不能如七子一样写出孟姜的名字来,这又不能不令人怀疑《墓识》并非东晋时人秉笔的"。

王先生的怀疑似乎没有充足的理由,《郗璿墓识》凡女性均未表出名字,包括羲之之女,羲之各子之妻,郗氏之姐妹。

7. 郗氏外氏问题

《郗璿墓识》在郗氏儿女之后,列出了她娘家的情况,先介绍其外祖(实际上是母亲)的姓氏:夫人外氏沛国武氏。

王汝涛先生说,"夫人外氏沛国武氏"这八个字更是多余的了。郗氏墓志,

---

① 余嘉锡:《世说新语笺疏》卷中之下,第646页。

详记郗氏娘家人已经没有什么必要了,何必连郗璿外祖父家人都记上? 如果论起重要性来,倒是应该记上其父郗鉴。倘若说是时郗鉴已死,那么谢奕、殷浩都是已死之人,为何又都写入墓志了呢?

王先生又说:这一部分只有八个字,一个有关系的人名都没有写出来,而且根据墓志体例,没有必要写墓主外氏的。又只写郗璿的外氏姓武,无法考实。

王福权先生发出了同样的责难:识文所记"外氏"并非"外室",指郗璿的母氏。古人记载先辈无非是为了显名望,那么为何记载其母亲"沛国武氏",却不记载鼎鼎大名的其父郗鉴呢? 关于郗璿的弟弟妹妹等记载颇为详尽,但是为什么连小辈都记载了却不记载长辈呢? 与礼不合,与理不合。

这些责难也没有充分的理由。盖因两位王先生有认为此墓识不合他们心中的规制的先入之见,遂有"多余"之论。

夫人姓郗,其父当然也姓郗,而且郗鉴是当时的名人,因而没有予以介绍。在其下列出姐弟妹之前,先介绍母亲的姓氏,也未尝不可。"无法考实",不等于是错的。由此得知郗鉴的夫人姓武,也是有用的资料。

8. 郗氏姐妹弟问题

《墓识》在"外氏沛国武氏"下,列出了郗夫人的长姊、妹、弟愔、妹和弟昙五位平辈的情况。

"夫人长姊,丧乱相失。"据《晋书·郗鉴传》:郗鉴,"少孤贫,博览经籍,躬耕陇亩,吟咏不倦。以儒雅著名,不应州命"。当两晋之交,"京师不守,寇难锋起,鉴遂陷于陈午贼中"。"午以鉴有名于世,将逼为主,鉴逃而获免。午寻溃散,鉴得归乡里。于时所在饥荒,州中之士素有感其恩义者,相与资赡。鉴复分所得,以恤宗族及乡曲孤老,赖而全济者甚多,……遂共推鉴为主,举千余家俱避难于鲁之峄山。"[1]又《太平御览》引《晋中兴书》:郗鉴"家本书生,后因丧乱,解巾从戎"。[2] 郗璿长姊之失踪,应即在西晋之末。

王先生说:"其长姊名下,只有'□□相关'四字,含义无法理解,使人加重

---

① 唐房玄龄:《晋书》卷六十七《郗鉴传》,第 1796 页。
② 宋王钦若:《太平御览》卷二百七引《晋中兴书》,台湾商务印书馆《景印文渊阁四库全书》第 895 册,第 76 页。

对《墓识》的怀疑。"这可能是因为王先生所得《墓识》拓本模糊难辨，无法识别"丧乱"二字的缘故，不能苛求王先生。

《墓识》："妹适济阴卞轸，字道重，封建兴公。"王汝涛先生指出"轸"当作"眕"，《晋书》有传。是。

卞眕之父卞壶，被誉为"兖州八伯"之一，盖拟古之八隽也。[1] 卞眕父子兄弟同死于苏峻之难。[2]

卞壶曾被封为建兴县公之事，《晋书》卷六《帝纪第六》亦有记载：

> （太宁二年七月）丁酉，帝还宫，大赦，惟敦党不原。于是分遣诸将，追其党与，悉平之。封司徒王导为始兴郡公，邑三千户，赐绢九千匹，丹杨尹温峤建宁县公，尚书卞壶建兴县公，中书监庾亮永昌县公，北中郎将刘遐泉陵县公，奋武将军苏峻邵陵县公，邑各千八百户，绢各五千四百匹。[3]

据史载综合分析，卞壶生于公元 281 年，卒于公元 328 年，即咸和三年，时王羲之 26 岁，郗璿小羲之数岁，郗璿妹又稍小，卞眕乃卞壶长子，从年龄上看，是相合的。

卞壶籍贯济阴，卞眕建兴公，当为袭父之封。《郗璿墓识》所列与史合。惟眕兄弟四人之名均为目旁，《墓识》作车旁，音同而已，误矣。

《郗璿墓识》："弟愔字方回，临海太守，南昌公。"

郗愔亦为当时名人，南昌公为袭爵，临海太守为其最后任职。《晋书》本

---

[1] 唐房玄龄：《晋书》卷四十九《羊曼传》："羊曼字祖延，太傅祜兄孙也。父暨，阳平太守。曼少知名，本州礼命太傅，辟皆不就。避难渡江，元帝以为镇东参军，转丞相主，委以机密。历黄门侍郎、尚书吏部郎、晋陵太守，以公事免。曼任达颓纵，好饮酒，温峤、庾亮、阮放、桓彝同志友善，并为中兴名士。时州里称陈留阮放为宏伯，高平郗鉴为方伯，泰山胡毋辅之为达伯，济阴卞壶为裁伯，陈留蔡谟为朗伯，阮孚为诞伯，高平刘绥为委伯，而曼为䫉伯，凡八人，号兖州八伯，盖拟古之八隽也。"第1382 页。

[2] 唐房玄龄：《晋书》卷七十《卞壶传》："卞壶字望之，济阴冤句人也。祖统，琅邪内史，父粹，以清辩鉴察称。兄弟六人并登宰府，世称'卞氏六龙，玄仁无双'。玄仁，粹字也。……壶迁吏部尚书。王含之难，加中军将军，含灭，以功封建兴公。……峻进攻青溪，壶与诸军距击不能禁，贼放火烧宫寺，六军败绩。壶时发背疮犹未合，力疾而战，率厉散众及左右吏数百人攻贼，麾下苦战，遂死之。时年四十八。二子眕、盱，见父没，相随赴贼，同时见害。……于是改赠壶侍中、骠骑将军、开府仪同三司，谥曰忠贞，祠以太牢；赠世子眕散骑侍郎；眕弟盱奉车都尉。眕母裴氏抚二子尸哭曰：'父为忠臣，汝为孝子，夫何恨乎？'征士翟汤闻之叹曰：'父死于君，子死于父，忠孝之道，萃于一门。'……壶第三子瞻，位至广州刺史，瞻弟眈，尚书郎。"第1866 页。

[3] 唐房玄龄：《晋书》卷六《帝纪》，第 162 页。

传:"愔字方回,少不交竞。弱冠除散骑侍郎,不拜。性至孝,居父母忧,殆将灭性。服阕,袭爵南昌公,征拜中书侍郎。骠骑何充辅政,征北将军褚裒镇京口,皆以愔为长史。再迁黄门侍郎。时吴郡守阙,欲以愔为太守,愔自以资望少,不宜超莅大郡,朝议嘉之。转为临海太守。会弟昙卒,益无处世意,在郡优游,颇称简默,与姊夫王羲之、高士许询并有迈世之风,俱栖心绝谷,修黄老之术。"①南昌公原为其父郗鉴之封爵,《晋书》帝纪:"(咸康五年八月)辛酉太尉南昌公郗鉴薨。"②

是《墓识》所列之职、爵均与史相合。

《郗璿墓识》:"妹适济阳蔡奚,字子叔,太宰司马。"

王汝涛先生说:"次妹适(《墓识》错成"识"字)济阳蔡奚,字子狩。《世说新语·雅量》刘注《中兴书》有蔡系,字子叔。《晋书·蔡谟传》于其名亦作蔡系。想是《墓识》有误。"他指出"蔡奚"当作"蔡系",是,与上文"卞眕"作"卞轸"一样,《墓识》用了一个同音字。但王先生将"子叔"之"叔"字释作"狩",错了。

关于蔡氏的郡望,曲阜师范大学硕士赵培海有专门研究,他认为蔡氏著名的郡望一是陈留,二是济阳,这两个郡望是前后相继的,先有陈留郡望而后有济阳郡望,甚至可以说陈留郡望最后被济阳郡望所取代。西晋惠帝以前,陈留、济阳不分治,此时的蔡氏一般称为陈留蔡氏。晋惠帝分陈留郡东部一部分为济阳国,东晋改国为郡,此后蔡氏中的一部分又习惯上称为济阳蔡氏。随着济阳蔡氏声望日隆甚至超过陈留蔡氏,济阳郡望存在于门第之风渐盛的六朝时代,"当世氏族每以郡望别高下,故土虽失,常欲存旧名以资辨识,故虽远侨他地,犹称故郡"。蔡姓之人即使在南渡江南之后,虽已经远离故土,依然把名声日隆的济阳作为其郡望而引以为豪。

赵培海又说:

> 我们可以把蔡谟至南朝蔡氏世系的传承联系起来,即:蔡谟—蔡系—蔡琳—蔡廓。值得注意的是:在蔡廓这里,蔡氏郡望第一次出现了变化,由"陈留"到"济阳"。在此之前,《晋书》卷七十七《蔡谟传》载蔡谟被

---

① 唐房玄龄:《晋书》卷六十七《郗愔传》,第 1801—1802 页。
② 唐房玄龄:《晋书》卷七《帝纪》,第 182 页。

赐与济阳男爵,蔡谟成为名副其实的济阳蔡氏的开山始祖,这是陈留蔡氏转化为济阳蔡氏的一个契机。此后,在南朝的蔡氏家族成员开始冠以"济阳"之名。①

这段论述有一个小小的矛盾,一方面说,"在蔡廓这里,蔡氏郡望第一次出现了变化,由'陈留'到'济阳'";一方面又说,"蔡谟被赐与济阳男爵,蔡谟成为名副其实的济阳蔡氏的开山始祖,这是陈留蔡氏转化为济阳蔡氏的一个契机。此后,在南朝的蔡氏家族成员开始冠以'济阳'之名",从《郗璿墓识》所记来看,蔡系的郡望已经被记为济阳,蔡廓是蔡系的孙子,恐怕还是应该说从蔡谟以后蔡氏的郡望由陈留转化为济阳。

清吴士鉴《晋书斠注·蔡谟传》:

> 蔡谟,字道明,陈留考城人也。【注:《世说·方正篇》注引《蔡司徒别传》作济阳考城人。案济阳郡为济阴之误,详《地理志》注。惟《地理志》陈留郡亦无考城县,盖溯其旧望耳。】⋯⋯转掌吏部,以平苏峻勋赐爵济阳男⋯⋯长子邵,永嘉太守;少子系,有才学文义。【注:《世说·雅量篇》注:《中兴书》曰蔡系字子叔,司徒谟第二子,有文理。《隋志》梁有《抚军长史蔡系集》,二卷,亡。《唐志》仍著录。《南史·蔡廓传》:祖系,抚军长史。】②

吴氏注谓济阳郡为济阴之误,颇有疑问。史载蔡系为抚军长史,《墓识》作太宰司马,应该也是郗璿逝世时的官职。

蔡系为当时著名正人。③

宋王应麟《玉海》谓皇侃疏《论语》列有蔡谟、蔡奚等人之名,此蔡奚如即蔡

---

① 赵培海:《汉晋南朝济阳蔡氏家族研究》,曲阜师范大学硕士学位论文。

② 清吴士鉴:《晋书斠注》卷七十七《蔡谟传》,民国嘉业堂刻本。

③ 余嘉锡:《世说新语笺疏》卷中之上:"支道林还东,(《高逸沙门传》曰:遁为哀帝所迎,游京邑久,心在故山,乃拂衣王都,还就岩穴。)时贤并送于征虏亭,(《丹阳记》曰:太安中征虏将军谢安立此亭,因以为名。)蔡子叔前至,坐近林公,(《中兴书》曰:蔡系字子叔,济阳人,司徒谟第二子,有文理,仕至抚军长史。)谢万石后来,坐小远。蔡暂起,谢移就其处,蔡还,见谢在焉,因合褥举谢掷地,自复坐,谢冠帻倾脱,乃徐起振衣就席,神意甚平,不觉瞋沮。坐定,谓蔡曰:'卿奇人,殆坏我面。'蔡答曰:'我本不为卿面作计。'其后二人俱不介意。"第439页。

系,则与《郗璿墓识》所记同,当考。①

　　《郗璿墓识》:"弟昙,字重熙,散骑常侍,北中郎军司。"

　　《晋书·郗鉴传》附《郗昙传》:

> 　　昙字重熙,少赐爵东安县开国伯。司徒王导辟秘书郎,朝论以昙名臣之子,每逼以宪制。年三十始拜通直散骑侍郎,迁中书侍郎。简文帝为抚军,引为司马。寻除尚书吏部郎,拜御史中丞。时北中郎荀羡有疾,朝廷以昙为羡军司,加散骑常侍。顷之,羡征还,仍除北中郎将,都督徐兖青幽扬州之晋陵诸军事,领徐兖二州刺史,假节镇下邳。后与贼帅傅末波等战失利,降号建威将军,寻卒,年四十二。追赠北中郎,谥曰简,子恢嗣。②

　　王福权先生认为,记载郗昙时"北中郎将"缺少"将"字,是极低级脱文现象,王汝涛先生也认为少了"将"字。但上引传中"时北中郎荀羡有疾,朝廷以昙为羡军司,加散骑常侍",荀羡为北中郎,郗昙为其军司,即北中郎军司,这一点没有错,问题是其后郗昙又被除北中郎将,两项任命的时间如何。《晋书》帝纪:"(升平二年八月)壬申,以散骑常侍郗昙为北中郎将、持节、都督徐兖青冀幽五州诸军事、徐兖二州刺史,镇下邳。"③《郗璿墓识》记郗璿卒于升平二年四月,郗昙至八月方为北中郎将,《墓识》怎么可能记录尚未发生的事情? 关于此点,王汝涛先生说:"(《墓识》)大部分入志人的官职都扣准了升平二年这个年代,如书郗昙为北中郎将军司是对的,因为下一年他就实任北中郎将了。"不过他用了"扣准"这样的字眼,似乎在暗示造假者的细密之处。

　　王先生又说:郗鉴是否生四女,其长女嫁与何人,三、四两女是否即嫁与卞眕、蔡系,无其他佐证。

---

① 宋王应麟:《玉海》卷四十一艺文:"《唐志》:《皇侃疏》十卷,【注:邢昺以为援引不经,词意浅陋。】《褚仲都讲疏》十卷,《贾公彦疏》十卷。《中兴书目》:梁国子助教皇侃以《何晏集解》去取为疏十卷,又列晋卫瓘、缪播、栾肇、郭象、蔡谟、袁宏、江厚、蔡奚、李充。"台湾商务印书馆《景印文渊阁四库全书》第944册,第141页。
② 唐房玄龄:《晋书》卷六十七《郗鉴传》附《郗昙传》,第1805页。
③ 唐房玄龄:《晋书》卷七《帝纪》,第203页。

9. 郗氏年寿问题

《郗璿墓识》末两行明确记载郗氏薨于升平二年四月。

对于《墓识》的干支纪年月日方式和准确性,王福权先生提出了质疑:

按照"郗璿墓识"的原意,笔者给郗璿的埋葬时间进行了补全,按照其相近的时间,应该是在郗璿死后第四十九天所埋葬。东晋戊午年丁巳月庚申日(5月30日,四月初七)薨,戊午年己未月庚戌日(7月19日,五月廿七)葬。五月廿八日的天干地支是辛亥,五月二十七日才是庚戌。也就是说墓识上的日期和天干地支相矛盾。历史上很少有记载了详细日期还要重复加上天干地支的,如同时的《王兴之墓志》"咸康六年十月十八日卒。以七年七月廿六日葬于丹杨建康之白石"。一般是不说日的时候才用日期的天干地支。如《张镇碑志》"太宁三年太岁在乙酉,侯年八十,薨"。而且四十九天这么长的时间却有这么多的别字和脱文,根据王兴之家族墓志的风格,东晋家族墓志应该是有专人管理撰文、书写和刊石的。那么历史上所传的"王太保家法"难道就是这样刻墓识的么?

《郗璿墓识》最后两行中所记录的郗璿薨日为"升平二年,戊午岁,四月甲寅朔,七日庚申",日期干支等均没有错,葬日的月份漫漶难辨,但可推算而得,查此年五月为甲申朔,六月为癸丑朔,六月二十八日为庚戌日,则郗璿的葬日为其年六月二十八日。不知道王福权先生说"应该是在郗璿死后第四十九天所埋葬"有什么依据?至于干支与数字并用纪年月日,也是古代常用的方法,如东晋《王建之墓志》,拓本中所见开首即为:"(前缺一行)年,四月癸亥朔,廿六日戊子合葬。"又刘宋《谢琰墓志》拓本中亦有:"永初二年,太岁辛酉,夏五月戊申朔,廿七日甲戌。"①王福权先生由此而引申出的责难是没有道理的。

但这一点还不是主要的。

王汝涛先生说:"欲验证此碑为真为赝,关键的问题,是古代文献有没有王羲之夫人活了多少岁的记载,倘若有,记载是否可靠。"

王先生又说:有两种南朝著作记载着郗璿活了90岁,其卒年为公元399

---

① 陈爽:《出土墓志所见中古谱牒研究》第二章,第285页图、第292页右上图。

年。其根据是《世说新语·贤媛》中的一段话：

> 王尚书惠尝看王右军夫人，【注：《宋书》曰：惠字令明，琅邪人，历吏部尚书，赠太常卿。】问："眼耳未觉恶不？"【注：《妇人集》载《谢表》曰："妾年九十，孤骸独存，愿蒙哀矜，赐其鞠养。"】答曰："发白齿落，属乎形骸。至于眼耳，关于神明，那可便与人隔？"①

王先生说：这段记载是可信的，因为《世说新语》既记王惠去看郗璿，惠晋末宋初始为官，那时间总该是东晋末年了，郗谈及发白齿落，当然时已年老。又刘孝标注引《妇人集》载有郗璿给皇帝的《谢表》，自称年已九十，又称孤骸独存。据余嘉锡先生考证，应是指儿子王凝之死后，再没有儿子供养自己，得到朝廷的鞠养，故表示感谢。王凝之公元 399 年 5 月被孙恩所害，郗璿应是死于公元 399 年或其后。

王先生又由此引申说：《郗氏墓志》来历未明，内容又多有与史书不合处，特别表出郗璿死于升平二年，只是孤证。反观《世说新语》所记，三部书文互证：《世说》记其活到东晋晚年，《妇人集》记其年届九十，《谢表》记其孤骸独存，官家养育。当时二书一文，各自独立，作者不可能互相串通。而刘孝标注世说，引书谨严有据，一向受学者交口称道。向皇帝上谢表这种内容，无人敢于伪造的，故《郗璿墓志》不可信的成分居多，郗璿活至九十说，还无法推倒。

王汝涛先生还在其文之结语中说，无法否定郗璿活到 90 岁的记载，是《郗璿墓识》最关键性的错误。

确实，这是判断《郗璿墓识》真伪绕不开的核心问题。

关于郗璿年届九十说，根据就是《世说新语》中的一段话。余嘉锡先生《世说新语笺疏》此处有两条注释，一条是关于王惠的："程炎震云：'王惠，劭之孙，导之曾孙，右军孙行也。'"说明王惠为何要去看望右军夫人。另一条是关于右军夫人的："嘉锡按：《真诰·阐幽微篇》注云：'逸少升平五年辛酉岁亡，年五十九。'夫人若与右军年相上下，则其九十岁当在太元十七年前后。然王凝之至隆安三年五月始为孙恩所害，夫人上此表时，若凝之犹在，则不应云孤骸独

---

① 余嘉锡：《世说新语笺疏》卷下之上，第 823 页。

存。夫人为郗愔之姊,愔以太元九年卒,年七十二。夫人较愔仅大二三岁,则其九十岁时,正当隆安三四年间,其诸子死亡殆尽,朝廷悯凝之没于王事,故赐其母以鞠养也。"按照余先生的两种推算,太元十七年为公元 393 年,隆安三四年则为公元 400—401 年。但余先生未详考王惠其人。

这段记载的主角是"王尚书惠",为了弄清这个关键问题,必须查考《宋书·王惠传》:

> 王惠字令明,琅邪临沂人。太保弘从祖弟也。祖劭,车骑将军,父默,左光禄大夫。
>
> 惠幼而夷简,为叔父司徒谧所知,恬静不交游,未尝有杂事。陈郡谢瞻才辩有风气,尝与兄弟群从造惠,谈论锋起,文史间发,惠时相酬应,言清理远,瞻等惭而退。高祖闻其名,以问其从兄诞,诞曰:"惠后来秀令,鄙宗之美也。"即以为行太尉参军事、府主簿、从事中郎。世子建府,以为征虏长史,仍转中军长史。时会稽内史刘怀敬之郡,送者倾京师,惠亦造别,还过从弟球,球问:"向何所见?"惠曰:"惟觉即时逢人耳。"常临曲水,风雨暴至,座者皆驰散,惠徐起,姿制不异常日。世子为荆州,惠长史如故,领南郡太守,不拜。
>
> 宋国初建,当置郎中令,高祖难其人,谓傅亮曰:"今用郎中令,不可令减袁曜卿也。"既而曰:"吾得其人矣。"乃以惠居之。迁世子詹事,转尚书、吴兴太守。
>
> 少帝即位,以蔡廓为吏部尚书,不肯拜,乃以惠代焉。惠被召即拜。未尝接客,人有与书求官者,得辄聚置阁上,及去职,印封如初。时谈者以廓之不拜,惠之即拜,虽事异而意同也。兄鉴,颇好聚敛,广营田业,惠意甚不同,谓鉴曰:"何用田为?"鉴怒曰:"无田何由得食?"惠又曰:"亦复何用食为?"其标寄如此。元嘉三年卒,时年四十二,追赠太常,无子。①

按此传,王惠当东晋末年,受到后来的刘宋高祖刘裕的赏识,任行太尉参军事府主簿、从事中郎。世子建府,以为征虏长史,仍转中军长史。至刘宋初

---

① 梁沈约:《宋书》卷五十八列传第十八《王惠传》,中华书局,1974 年,第 1589 页。

建之时,为郎中令,迁世子詹事,转尚书、吴兴太守,少帝即位,以蔡廓为吏部尚书,不肯拜,以惠代焉。则王惠为尚书在刘宋代晋以后,少帝即位之前,即武帝永初年间(420—422),当然,这是王惠任尚书最早的时间,此后也可称王惠为尚书,而时间更晚。王惠卒于元嘉三年,时年四十二,则其生卒年为公元385—426年。

那么郗璿生于何年呢?史无明文,可由其结婚时间等来推算。关于郗鉴为女择婿的时间,考证者甚多,王汝涛先生的另一篇文章论述颇为精要,王先生根据《晋书·王羲之传》记此事:"时太尉郗鉴使门生求女婿于(王)导,导令就东厢遍观子弟。门生归,谓鉴曰:'王氏诸少并佳,然闻信至,咸自矜持,惟一人在东床坦腹食,独若不闻。'鉴曰:'正此佳婿邪!'访之,乃羲之也,遂以女妻之。"以及北宋初之《太平御览》所引《世说新语》文(其文较现存之诸宋刻本为优),推定上引《晋书·王羲之传》文之"时",应为太宁元年或二年间(323—324),时王羲之二十一或二十二岁。①

有趣的是,刘茂辰先生经过仔细排比考索,得出了与王汝涛先生相同的结论,而且时间范围限定得更小:时间和事件的仔细排列,显示出只有323年11月至324年6月一段,约八个月的时间,《晋书》没有大的事故记载,可以设想,郗鉴此时地位提高了,时局暂时稳定了,因而向王家求婚。具体说,324上半年羲之与郗璿结婚,时羲之二十一周岁。②

根据王、刘二先生的考证,王羲之与郗璿结婚的时间在公元323—324年,其时如郗璿16岁,则约生于公元308—309年(其弟郗愔生于公元313年,与此亦大体相合),至王惠看望王右军夫人的"宋国初"(420—422)已过去一百十几年矣,则"王尚书惠"所看望的"王右军夫人"如果是郗夫人,就不应该只有上述《世说新语》记载中的九十岁,而是一百十岁以上了,两者并不相合。

再者,上文已推定王惠卒于元嘉三年,时年四十二岁,其生卒年为公元385—426年,而按照上述余嘉锡先生考证的王尚书看望右军夫人的时间,太元十七年王惠年仅九岁,隆安三四年王惠也只有十六七岁,怎么可能以尚书身份去看望那位王右军夫人呢?

---

① 王汝涛:《王羲之亲属有关问题的考证》,《临沂师范学院学报》第25卷第5期。
② 刘茂辰:《王羲之的妻子儿孙考索》,《临沂师专学报》1994年第1期。

《世说新语》记录的刘宋初王尚书惠所看望的"右军夫人"不是郗氏,这一点已经可以肯定。与此相关的还有两个问题,一是郗氏究竟死于何时?二是王羲之是否有其他夫人?

其实,郗夫人的卒年在王羲之本人的书帖中也并非无线索可寻。

以"十七日先书"帖的"十七"二字命名,包含有二十八帖的《十七帖》是传世王羲之草书的代表作。据宋黄伯思云:自昔相传,《十七帖》乃逸少与蜀太守者,未必尽然,然其中间蜀事为多,是亦应皆与周益州书也。[①] 周益州即周抚,生年不详,较王羲之年长十岁,卒于公元 365 年(前述王羲之卒于公元 361 年)。据研究,王羲之给周抚的尺牍,主要写于其晚年称病弃官之后,约永和十一年(355)至升平五年(361)。[②]

清代著名学者、书法家、书学理论家包世臣著有《十七帖疏证》[③],认为其中有十九帖是写给周抚的,并对这十九帖作了疏证、归并和系年,对我们今天了解王羲之致周益州书的丰富内涵有很大帮助。

包氏以为:

> 《十七帖》中的"十七日先书""计与足下别""诸从并数有问""去夏得足下旆屦胡桃药二种""知有汉时讲堂"五帖应为一书,"先谢远惠,次杂问蜀事,末附致朱书。系由护军出守会稽后作"。
>
> "得足下旆屦胡桃药二种""吾服食久""天鼠膏"三帖为一书。
>
> "虞安吉者"帖云"远及",当与抚也;"来禽"至"大惠也",前列果名,乃索其子,定是一帖。前人有谓此帖为与桓宣武者,宣武以永和三年灭蜀,右军以十一年去官,帖云"今在田里",是去官后语,宣武未再至蜀,何能与宣武邪?
>
> "旦夕都邑动静清和"一帖,为升平一年书。

请注意,包氏至此系年已至升平一年,以下为"省别"帖:

---

① 明张溥:《汉魏六朝一百三家集》卷五十八晋王羲之集,台湾商务印书馆《景印文渊阁四库全书》第 1413 册,第 611 页。
② 吴永斌:《王羲之尺牍研究》,华中师范大学硕士学位论文,2008 年。
③ 清包世臣:《艺舟双楫》卷六论书二,清道光安吴四种本。

省别具足下小大问为慰，多分张念。足下悬情武昌，诸子亦多远宦，足下兼怀并数问不？老妇顷疾笃救命，恒忧虑。余粗平安。知足下情至。

包氏考此帖云："陶侃士行，以咸和四年平苏峻后，由江陵移镇巴陵，五年斩郭默，加督江州，复移镇武昌，九年辞镇归国，登舟而卒。属吏画其像于武昌西门，故称之。士行十七子，九子旧史有名，抚妹为士行子妇。老妇，右军称妻也。"

帖中的"老妇"为羲之对夫人的称呼，羲之谓"疾笃救命，恒忧虑"，说明郗氏病重，似已难救。包氏将此帖置于升平一年之后，此帖以下，尚有"足下今年政七十耶"和"吾有七儿一女"两帖，包氏均定为升平五年。包氏的考证和系年是可信的，他将王羲之说"老妇顷疾笃救命，恒忧虑"的那一帖系于升平一年之后，升平五年之前，已足与《郗璿墓识》所记郗氏卒于升平二年（358）互证，如说那次郗氏病重不治，也是没有错的。王羲之一生书写了大量书信，可惜大多没有留下来，但一鳞半爪，亦大体可以弄清问题了。

郗氏卒于升平中，此点出土文物、传世文献已可互证。王惠生于公元385年，即东晋太元十年，与郗氏并无交集。但目前也没有证据否定《世说新语》所记"王尚书惠看王右军夫人"一事，则只能作另一种解释，即其时有王羲之的另一位夫人在世，年已九十，这位夫人应生于公元330年左右，小于王羲之30岁。有两条材料可为此提供线索。

一为《世说新语·贤媛》在上述"王尚书惠看王右军夫人"之前相隔数条有一段记事说：

王右军郗夫人谓二弟司空、中郎曰：【注：司空，愔，已见。郗昙别传曰："昙字重熙，鉴少子，性韵方质，和正沈简，累迁丹阳尹，北中郎将，徐兖二州刺史。"】"王家见二谢倾筐倒，【注：二谢，安、万。】见汝辈来平平尔。汝可无烦复往。"①

这段记事很明确，是郗璿对两个弟弟说的话。《世说新语》中相隔不远的记事，

①　余嘉锡：《世说新语笺疏》卷下之上，第819页。

一曰"王右军郗夫人",当然是郗璿,一曰"王右军夫人",则应该理解为另一人。

又,被包世臣定为《十七帖》中致周抚的最后一帖云:

> 吾有七儿一女,皆同生,婚娶以毕,惟一小者尚未婚耳。过此一婚,便得至彼。今内外孙有十六人,足慰目前。足下情至委曲。故具示。

有人就"七儿一女皆同生"推论,说羲之没有纳妾,这表明夫妇情爱的专一,在纳妾成风的东晋时代,颇为罕见。① 但我不这样理解。按照包世臣的考证,这封信是在王羲之近 60 岁时写的,其时除了他最小的儿子王献之以外,婚娶已毕。请注意"皆同生"这三个字,同生就是一母所生,这时候郗氏已经去世,在王羲之的交游圈中,对于王羲之有没有纳妾或续弦,应该是清楚的,如果王羲之只有一位已经去世的郗夫人,他就没有必要说他的七子一女"皆同生"了,因为这是毫无疑义的,所以他强调自己的孩子乃一母所生,一方面是在怀念郗氏,另一方面也说明他在这时候还有另外的夫人,即上述《世说新语》中记载的那位 90 岁仍在世的"王右军夫人"。

王羲之是否有另一位夫人,仅凭上述两条材料尚不能作定论。

但可以肯定的是,王尚书惠所看望的肯定不是郗夫人,凭借《世说新语》王惠看望 90 岁的右军夫人的记事,是不能否定《郗璿墓识》所记录的郗璿卒于升平二年的。

这个最大的疑问解决了。

三、由《郗璿墓识》的文字使用论述其可信性

王汝涛等先生认为《郗璿墓识》中存在许多错字:

> 志文中缺文及错字太多。14 行 5 字下缺"子"字。18 行 4 字下缺"字"字。22 行即使补上所缺的二字也令人读不懂。26 行北中郎下缺

---

① 刘茂辰:《王羲之的妻子儿孙考索》,《临沂师专学报》1994 年第 1 期。

"将"字。10行淮南刺史的"剌"字,15行的"霖"字,25行的"识"字,都是错字。此《墓识》是真是赝,笔者未见墓葬发掘报告前,难下断语,但是却在想,郗璿如果真死于升平二年,她的家属能允许这样一个错误迭出的《墓识》置于她的枢前吗?

《郗璿墓识》内容书写所使用的,是一种处于楷化过程中的隶书,其中有不少是当时习用的书体或俗体,体现了难以完全复制的时代特色。而王汝涛先生所说的"错字缺字"问题,仅有"轸""系"二字,其中凡与内容相关的,上文多已作出考辨。

现按其碑文顺序对碑中的习用书体和俗体略作分析。

1. 第三行　琅耶

王汝涛先生在他的文章的开头说:"原来我国现存的汉字碑文以及出土的墓志铭等,都有其标志时代特点的地方,多取那个时代的同类墓志比较,大多可以辨别是真是赝。本文在王羲之郡望方面写作琅琊,启人疑惑。因为两晋时代,官方文书中多写作琅邪,没有写作琅玡或琅琊的,而在今存东晋墓志中,又均写作琅耶(参见赵超《汉魏南北朝墓志铭汇编》中的《石尠墓志》《王兴之墓志》等)。"后来他看清了碑文,于是在文章的小结中说:"晋碑上二个字的特定写法:邪作耶、荣作荥,殷深源作殷渊源,都写对了。"王先生长期在临沂工作,这一点是很有见识的。按:《玉篇》卷四耳部,耶,俗邪字。《集韵》邪或作耶。又《玉篇》邑部邪,琅邪郡。胡吉宣先生认为邪字变从耳者,六朝别字也。[1]《郗璿墓识》之"琅耶",可作此碑确为六朝物之一证。

2. 第六行　思

---

[1]　胡吉宣:《玉篇校释》卷四,上海古籍出版社,1989年,第1册,第919页。

下半部心字保留了小篆的写法。

3. 第八行　叔

由小篆隶化的一种通行体。《说文》或体作𣂏，《玉篇》俗作𣂏，正与此同。胡吉宣先生谓俗作𣂏者，《切韵》同，汉碑多如此。①

4. 第九、十三行　刺

俗体。秦汉篆文朿旁或写作夹形，夹即为其隶变。《三体石经》刺之古文作𣏂，为俗书刾字所从出。②

5. 第十行　涣

《说文》从屮，㑛省声，隶定作㑛，又作㺜。

6. 第十二行　幼

上下结构，古体。《字汇补》𢆶与幼同，《皇甫君碑》"𢆶挺雕龙之采"。③

7. 第十二行　殷

未脱篆隶味的俗体，《魏王绍墓志》已如此。

8. 第十二行　渊

---

①　胡吉宣：《玉篇校释》卷六，上海古籍出版社，1989年，第2册，第1360页。
②　同上书，第4册，第3264页。
③　汉语大词典编纂处整理：《康熙字典》幺部，汉语大词典出版社，2002年，第284页。

唐避讳作深，当时自然应写作渊。王汝涛先生也认为此字写对了。

9. 第十四行　籍

俗体竹字头常写作草字头。

10. 第十六行　操

俗枭、参不分，参又作枭，《隶辨》：《汉书·西域传》下有台剡，实当作剥。王观国《学林》卷十："草书法，枭字与参字同形，故晋人书操字皆作捒。今法帖碑本中王操之书皆作捒之。"

11. 第十六行　彪

字形如霖，实为彪字无三撇，虎头写如雨头，《隶辨》彪，《孔耽神祠碑图》"千载之洪彪"作彪。剥俗作剥，处俗作处，虎头之彪，稍变即似雨头。彪小篆为虎字头下彬字，《广雅》三及《类篇》无三撇之彪为彪字省文。按：在目前看到的关于《郗璿墓识》的文章中，均释读此字为霖。[1] 王汝涛和王福权两位先生都说这是一个错字。实际上这个字不但没有错，而且反过来可以作为《郗璿墓识》的真实性的证明，因为彪字写成近似霖的字形，在当时是自然的事，在后代就难以想象了。如果此碑是伪造的，为何要将见之于现存文献的"彪"字写成"霖"字呢？不但将虎头写如雨头（实际上不是雨），还减去了三撇，水平实在太高了。正如张笑荣先生转述文博专家所论："墓志内容几乎不可能由后人或者现代人去'想象杜撰'。一位专家说，除非有人串通了历史学家、碑帖权威和书法泰斗一起来制造这起'阴谋'。如果真是如此，则造假的成本太高，且只造一

---

① 如林乾良：《王羲之妻郗氏墓识简介》，《书法赏评》2015 年第 1 期；王汝涛：《郗氏墓识考辨》，《临沂师范学院学报》第 29 卷第 1 期；王福权：《"郗璿墓识"疑为隋朝所刻》，《书法赏评》2011 年第 1 期。

块,意义不大。"这里还要加上一个精通古文字源流的文字学家。关于《墓识》内容已如拙文所论述,其文字又何尝不是如此!

12. 第十九行 序

尚未脱离小篆字形。

13. 第十九行 叚

叚字有多种俗写,此碑字形左下部多一点,不多见,可以丰富俗字字库。

14. 第二十二行 姉

姊妹之字写作姉,小篆右旁作,故隶定和楷定均可作姉。汉碑已见,今日本汉字犹用之。

15. 第二十二行 丧

上部与今字相同,下部为亡字。古俗体多如此。

16. 第二十二行 乱

此字隶变以后,字形有多种,《魏尔朱绍墓志》已见,敦煌文献中见。王汝涛等未释出此字及上下两字,谓其长姊名下,只有"□□相关"四字,含义无法理解,使人加重对《墓识》的怀疑。如果"丧乱相失"四字得到正确释读,王先生是否就减少了对《墓识》的怀疑了呢?

17. 第二十二行　失

《隶辨》卷五《郑固碑》已如此。

18. 第二十三行　轸

王观国《字林》卷十,俗彡作爪。

19. 第二十三行　兴

由隶书而来的一种俗书,敦煌文献中多有。

20. 第二十五行　适

俗书啇、商常常不分。

21. 第二十五行　叔

叔字之隶变,前已见一形,此又为一形,《隶辨》卷五屋韵举出多种,手写形态更多。张涌泉《敦煌俗字研究》第 52 页(上海教育出版社,2015 年),叔字篆文作杊又作杊,隶变作杊,又作杊,王汝涛等先生误释为"狩",自然会影响文意的释读。

22. 第二十七行　升

为增点俗字。《刊谬补缺切韵》等书均有。

23. 第二十七行　寅

《龙龛手镜》等书均有载,而无"穴"下一横,此碑穴下有一横,丰富了此字之俗体字形。

24. 第二十七行　朔

左旁字形,《干禄字书》《慧琳音义》均有载。

25. 第二十八行　离

左旁"禹"字,《颜氏家训》《龙龛手镜》《正名要录》诸书均载,且汉碑已然。

王汝涛先生所说的"缺字",其实一个也没有缺,而两位先生所指出的《墓识》错字,一部分是因为拓本模糊,看不清楚,一部分是因为释读有误,《墓识》本身也并没有错。只有卞畛作卞轸、蔡系作蔡奚,是同音误字,但从文字角度来说,这种错误是很可爱的,或许是误记,或者是当时本就不太严格,就如同"荥阳"写作"荧阳"一样。

故从《郗璿墓识》的字体使用分析,大量的俗体字进一步说明了此碑确系东晋时代之物,特别是"琅耶"之"耶"字,"江彪"之"🀄"字,"字子叔"之"🀄"字等,现代人几乎是不可能如此书写的,反过来也有力地证明了此碑的真实性。

由以上考辨可以得出结论:《郗璿墓识》从其外在形态和行文体例来说,是符合当时的惯例的,是一种谱牒式的墓志;从其内容来说,大多可与传世文献相印证,或从传世文献中找到线索,也有传世文献无载的不少材料,在其真实性得到证实的条件下,如王羲之的生年、郗璿的卒年、王羲之曾有一个夭折的长子、王羲之几个儿子的婚配情况等,都将成为研究王羲之的十分珍贵的新材料。到目前为止所能见及的对此碑的真实性的质疑,基本上得到了合理的解释,特别是《世说新语》所载王尚书惠在刘宋初看望 90 岁的"王右军夫人"与此碑所载郗氏卒于东晋升平二年这一矛盾,以及将江彪写如"江霖"等所谓"低级错误",都已通过详细考证得到解决。

正如张笑荣先生所说,《郗璿墓志》的发现,将以最具有说服力的实物佐证,为人们解开重重历史迷雾,从而推动有关王羲之生平事迹、中国书法艺术的源头及其流变、晋代的婚姻、殡葬风俗制度等的学术研究。

原载:《东方早报·艺术评论》,
2016 年 11 月 9 日第 1、4、5、6、7、8、9 版。

洛阳新出李若拙墓志读后

李若拙墓志铭，是我开始搜集研究宋代墓志以后在洛阳首见的新出土墓志。此志含有一些很重要的历史资料，现将初步查证的成果奉献出来，希望为学术界朋友提供有用的研究线索。

一

撰人题"门生朝请大夫、守给事中、集贤院学士、判审刑院事、柱国、赐紫金鱼袋□□□"。

姓名原石残，其姓可辨出为"子"旁，据文中有"咸平初，天下诸侯十二荐士，圣上谅暗不言，诏公同知贡举，一依唐室故事，放榜后序门生，谢衣钵，醵宴题名，绰有元和会昌之风焉"，"嗣子等以远日有期，惠书求志。仅器业浅陋，辱公殊常之遇。泽宫选士，擢冠四科。先飞鹦谷之春，获继雁行之美。践扬台省，从容馆殿。切怀报德，遽恨颓山。虽乏好词，难于牢让"云云，其中"仅"字偏小，显为撰文者自称，则其人应为孙仅（969—1017）。《宋史·孙仅传》：

> 仅字邻几。少勤学，与何俱有名于时。咸平元年，进士甲科，兄弟连冠贡籍，时人荣之。解褐舒州团练推官，会诏举贤良方正之士，赵安仁以仅名闻。策入第四等，擢光禄寺丞、直集贤院，俄知浚仪县。景德初，拜太子中允、开封府推官，赐绯。北边请盟，遣使交聘，仅首为国母生辰使。改本府判官，迁右正言、知制诰，赐金紫，同知审官院。是冬，永兴孙全照求代，真宗思择循良任之，御书边肃泊仅二名示宰相。或言仅尝倅京府，谙

民政,乃命知永兴军府。仅纯厚长者,为政颇宽,尝诏戒焉。大中祥符元年,加比部员外郎。代还,知审刑院。顷之,拜右谏议大夫、集贤院学士、权知开封府。改左谏议大夫,出知河中府。归朝,复领审刑院。久次,进给事中。天禧元年正月卒,年四十九。录其子大理评事和为卫尉寺丞。仅性端悫,中立无竞,笃于儒学,士大夫推其履尚,有集五十卷。仅弟侑亦登进士第,至殿中丞。①

"咸平元年,进士甲科",与李若拙墓志描述的咸平初李若拙同知贡举及撰者自署为志主"门生",是相合的;其大中祥符元年以后的历官"知审刑院""拜集贤院学士""进给事中"与李若拙墓志铭题下所署"守给事中、集贤院学士、判审刑院事"基本相合,唯本传中的"右谏议大夫""左谏议大夫"与李若拙墓志中的"朝请大夫"不相合,或为记载时段不一,史载之李若拙官阶不全。据墓志铭文判断,此文应撰于大中祥符后期,天禧元年之前。

李若拙卒于咸平四年,而葬于天禧元年,墓志中有"岁在丁巳,嗣子绎以襄事,拜章乞假,奔走上都,扶护先君泊三母及弟妹灵柩,卜孟夏月二十有二日,归祔永兴军万年县洪固乡大赵村祖茔"云云,可证。然孙仅卒于天禧元年正月,是未见其葬也。志中有关志主葬日的记录,应为志主家属所补。

传谓孙仅有集五十卷,《直斋书录解题》有:

> 《甘棠集》一卷,知制诰上蔡孙仅邻几撰。咸平元年进士第一人,后其兄何一榜。尝从何通判陕府,以所赋诗集而序之,首篇曰"甘棠思循吏",故以名集。仅兄弟皆不寿,故不大显。②

说明至南宋后期孙仅已仅有诗集传世。而《全宋文》收得其文两篇,一为《读杜工部诗集序》,辑自《杜诗详注》,一为《大宋永兴军新修玄圣文宣王庙大门记（大中祥符二年六月）》,题下署名为:"朝奉郎、尚书比部员外郎、知制诰、知军府兼管内劝农使、上轻车都尉、赐紫金鱼袋孙仅撰。"为其知永兴军府时之官

---

① 元脱脱等:《宋史》卷三〇六《孙仅传》,中华书局,1977年,第10100—10101页。
② 宋陈振孙:《直斋书录解题》卷二〇,上海古籍出版社,1987年,第589页。

衔,较李若拙墓志中所署为低,其文辑自《金石萃编》卷一二七。① 今李若拙墓志铭之发现,可补其缺。

书者署"门人成州军事推官、将仕郎、试秘书省校书郎袁烨书并篆盖"。袁烨无考,其字有九成宫之风,为当时之善书者。

二

李若拙《宋史》有传,②墓志铭记其生平数大事,均与《宋史》相合而较准确翔实。

关于李若拙的父亲,志中云:"皇考讳□□□□【光赞,贝、冀】等州观察判官,赠左谏议大夫。"据《宋会要辑稿》兵七之四(第七册第六八七一页),③《宋史》卷二七〇、三〇七,李光赞,京兆万年(今陕西西安)人,与李若拙墓志所云"久为两京人"相合,官贝、冀观察判官,尝居符彦卿幕下。周世宗显德间,以国子博士与赵砺等编集《律令新格》,勒成部帙。宋开宝二年为太常博士。由李若拙墓志又知其赠官为"左谏议大夫"。

关于李若拙举进士时的典贡举者等,《宋史》云"俄又举进士,王祐典贡举,擢上第,授密州防御推官。登贤良方正直言极谏科,太祖嘉其敏赡,改著作佐郎"。墓志铭则作:"年二十二,举进士,故兵部侍郎赠太师王公祐乾德中典诰掖垣,兼掌贡籍,词宗公望,卿大夫无出其右。四年春,中第者六,公居其四,失巍峨者,抑少年也。王公独以雄文博学许之曰:'垂名不后于我矣。'寻授密州防御推官。年二十七,应贤良方正能言极谏科,太祖皇帝临轩亲试,条对圣目,及申而奏成。太祖执卷曰:'儒者有如是之才者,三千字写亦难了,况文理乎!'迁著作佐郎。"

《宋史》"王祐",墓志铭作"王祐",按王祐其人,宋代传世文献多作王祐,朱熹《五朝名臣言行录》南宋刻本作"王祐",此墓志为北宋早期碑刻,亦确凿无疑地刻作"王祐"。王祐字叔子,晋羊祜亦字叔子。作王祐显然是对的。墓志记

---

① 四川大学古籍研究所编,曾枣庄、刘琳主编:《全宋文》卷二六九,上海辞书出版社、安徽教育出版社,2002 年,第 13 册,第 306—307 页。

② 元脱脱等:《宋史》卷三〇七,中华书局,1977 年,第 10133—10134 页。

③ 清徐松辑:《宋会要辑稿》,中华书局,1958 年。

录了李若拙中进士的年份和年龄,由此可以推知其生卒年为五代后晋开运二年至宋真宗咸平四年,即公元 945—1001 年。《宋史》"贤良方正直言极谏科",墓志铭作"贤良方正能直言极谏科",据《宋史》卷一五六《选举二》全称当作"贤良方正能直言极谏科"。

墓志云:

> 太宗即位,改赞善大夫,知乾州。公受命次,怛然感至,乃拜章云:"官虽君恩,字乃父讳,乞守前秩。"朝旨不允。

关于李若拙因父名光赞,希望不要改官赞善大夫,历代史料多作为古代官员避讳之典型事例①。

墓志记载了李若拙的一次蒙冤涉案:

> 未期岁,坐与诈称走马使臣李飞雄顷刻相见,不能辨伪,偶与其父若愚连名,太宗赫斯,事将不测。有司执议,本非党系,由是削去官籍。非公洁身有素,祖祢积庆,几难免矣。朝廷悯陷深辜,不经岁,特授卫尉寺丞,自春及秋,牵复旧□□【秩,?】知陇州。

史籍载于太平兴国三年七月壬辰:"先是,李飞雄败,逮捕李氏亲党。右赞善大夫李若拙,与飞雄父若愚以同宗款暱,又连名,上疑其昆弟,及鞫之,乃故与若愚通家,非其亲,且不知谋,得免于戮,丁酉,削籍流沙门岛。若拙,万年人也。"②可以互证。

《宋史》"知泰州",墓志作"知秦州",后曰"重边任也",《宋史》疑误。

淳化、至道间,李若拙的为官生涯曾又一次受挫。《宋太宗实录》:

> (至道二年正月丁巳)吕端等奏曰:"近廉得荆湖转运使何士宗为政苛

---

① 清黄本骥撰,刘范弟点校:《避讳录》卷五家讳"李若拙父名光赞,辞太子赞善",岳麓书社,2009 年 7 月,第 1 版,第 357 页。

② 宋李焘撰,上海师范大学古籍整理研究所、华东师范大学古籍整理研究所点校:《续资治通鉴长编》卷十九太宗太平兴国三年七月壬辰,中华书局,2004 年 9 月,第 2 版,第 432 页。

细,河东转运使王嗣宗莅事粗率,江南转运使李若拙奉公弛慢。"上曰:"悉罢之,更授以他任。"即以若拙知泾州,嗣宗知耀州,士宗知华州①。

何为"奉公弛慢"?事情发生在淳化末:

> (淳化五年三月二十一日)河北转运使李若拙先差邢州散参军廉成式往通利军勘公事,近七十日,尚未了当。文【成】式原是犯事人,若拙不合抽差。乞令逐路转运司今后更不得差散参军、文学、长史、司马、别驾,并配衙前人等勘鞫公事②。

李若拙墓志未载此事,盖为死者讳也。

三

志中所载李若拙两次出使交阯,是宋初重要的外交活动,较《宋史》等相关史料为详。《宋史》本传记述其第一次出使:

> 雍熙三年,假秘书监使交州。先是,黎桓制度逾僭。若拙既入境,即遣左右戒以臣礼,繇是桓听命,拜诏尽恭。燕飨日,以奇货异物列于前,若拙一不留眄。取先陷蛮使邓君辩以归,礼币外,不受其私觌。使还,上谓其不辱命。迁起居舍人,充盐铁判官③。

《宋史·李觉传》:

> 雍熙三年,与右补阙李若拙同使交州,黎桓谓曰:"此土山川之险,中朝人乍历之,岂不倦乎?"觉曰:"国家提封万里,列郡四百,地有平易,亦有

---

① 宋钱若水修,范学辉校注:《宋太宗皇帝实录校注》卷第七六,中华书局,2012 年 11 月,第 1 版,第 645—646 页。
② 《宋会辑稿》刑法三之五二(第七册第六六〇三页)叶做乞禁转运司差散参军等勘鞫公事奏。
③ 元脱脱等:《宋史》卷三〇七《李若拙传》,第 10133—10134 页。

险固,此一方何足云哉!"桓默然色沮。使还久之,迁国子博士①。

《长编》同时记述李若拙、李觉事迹:

> 雍熙三年十一月……庚申,以黎桓为静海节度使,命左补阙李若拙、国子博士李觉赍诏往使。桓制度逾僭,若拙既入境,即遣左右戒以臣礼,桓拜诏尽恭。燕飨日,以奇货异物列于前,若拙一不留盼,又却其私觌,惟取陷蛮使臣邓君辨以归。桓又谓觉等曰:"此地山川悠远,中朝人乍历之,不亦劳乎!"觉对曰:"国家提封万里,列郡四百,地有平易,亦有险固,此一方何足云也。"桓默然色沮。觉使交州,实录在十二月辛巳,今并书之②。

越南方面的记载则是:

> 李若拙,雍熙二年,黎桓贡。太宗授桓节钺。若拙以主客郎中直昭文馆,与礼记博士李觉,充官告使③。

李若拙墓志对其第一次出使交阯(日南)的记录更为详细:

> 太平兴国纪号之后,六合为家,厥民富庶,先帝念吴越、荆楚、巴蜀、并汾之地新奉职贡,梯航实劳,朝至夕到,填委京邸,乃置水陆发运司,专决留滞,事权禄位、吏局白直亚三部一等,与计相抗行文牒,命公贰职,待器能也。日南国自征讨不取之后,屯戍贪泉,积岁未解,雍熙中,黎桓服我德,惧我威,请罪纳款,乞授真爵。太宗仁抚远俗,遂以分阃可之,诏公借秘书监持节往焉。车服仪注,悉从官给,遵路日具行人之式。搢绅咏《皇华》诗饯于都门之南,荣观者如堵焉。爰止海滨,黎桓备兰舟桂楫,迎出天

---

① 元脱脱等:《宋史》卷四三一《李觉传》,第12821页。
② 宋李焘撰,上海师范大学古籍整理研究所、华东师范大学古籍整理研究所点校:《续资治通鉴长编》卷二七太宗雍熙三年,第624页。
③ [越]黎崱著,武尚清点校:《安南志略》卷第三前朝奉使晋使,中华书局,2000年6月,第1版,第81页。

池,接于境上,冠盖色目,尚存窃号,寮属称呼,仍多僭拟。公遣左右通好,责以臣礼,明谕受恩之则,俾改从事之官。黎桓听服,靡不禀正。公然后揽辔徐行,始相见焉。翌日,黎桓具军容拚舞拜命,士民欢呼曰:"复见汉之衣冠矣!"馆谷浃旬,燕会朝夕,屡以大贝明珠,间列樽俎,公略不流视,主师官联,愈增恭畏。因取先陷蛮蜒使臣邓君辩以归,交贽礼币,照行方物,非书送者让去,由是橐中装绝于他使。周岁复命,对歇日,面奏异域风俗,黎桓喜受正朔、两使之恩,太宗曰:"使于四方,不辱君命,卿得之矣。"所获例物,连书上进,系榷法者入公帑,余皆回赐。迁起居舍人,三司盐铁判官。

《宋史》本传记述其第二次出使:

至道二年,黎桓复侵南鄙,又诏若拙充使,至,则桓复禀命。使还,真宗嗣位,召见慰问,进秩金部郎中。

《文献通考》记载稍详:

至道元年……既而遣李若拙赍诏并美玉带往赐。既至,桓出郊迎,然辞气尚悖慢,谓若拙曰:"向者劫如洪镇乃外境蛮贼也,皇帝知此非交州兵否?若使交州果叛命,当首攻番禺,次击闽、越,岂止如洪镇而已!"若拙从容以语折之,桓顿首谢①。

越南史书记述较详:

(至道二年)七月,(大)〔太〕宗复遣李若拙,赍诏书玉带赐桓。初,建中至交州,桓礼甚薄,因附表起居,且言:劫如洪,乃外境海(赋)〔贼〕尔,即执蛮人不晓华言者二十七人,送转运使。及桓表至,故遣若拙往使。始至,桓出郊迎,词气颇慢,谓若拙曰:"昔劫如洪,乃外境〔蛮贼也〕!尔皇帝

---

① 元马端临撰,上海师范大学古籍研究所、华东师范大学古籍研究所点校:《文献通考》卷三三〇,四裔考七·交趾,中华书局,2011年9月,第1版,第9095页。

知否？傥交趾（长）〔果〕叛，则（人）〔当〕先〔攻〕广（叛）〔州〕，次及闽中诸郡，岂止如洪镇而已！"若拙从容答曰："主上闻如洪被寇，未能辨其虚实；以足下拔身牙校，授之节钺，礼合尽忠，岂有他志？！洎执送海贼，其事甚明。然大臣同议，以为朝廷比建节〔帅〕，以宁海表。今既海贼之乱，乃交州力不能独制，宜发精兵数万，会州军同击海贼，俾绝后患。帝虑交州不测朝旨，或致惊骇，不若专委。是故不复会兵！"桓愕然曰："海贼犯边，守臣之罪也。圣人宽大，恩过父母，未即诛责。自今愿秉公朝化，肃宁瘴海。"因北望稽首称贺①。

墓志是这样记述的：

交州自公奉使后，朝廷累颁恩信，行人或非其人，黎桓多聚巨蟒侮之。至道中，来扰海隅，国家谓公前使得宜，亟召赴阙，借礼部侍郎持节再往。黎桓郊迎曰："万里小国，叠降玉趾，潇湘之会，何以加也！"公申明命存大体，俾箕踞慢态变为肃容。南鄙顿安，【"时"，疑当作"恃"】时公之力。未出番禺，太宗晚驾，转金部郎中，入觐日，今上面慰出疆之劳，仍赐座，对数刻，召试三题，迁兵部郎中，充史馆修撰。越旬，与刑部郎中王禹偁并命知制诰。

几处之记载，可以互补。其中之"迁兵部郎中，充史馆修撰。越旬，与刑部郎中王禹偁并命知制诰"，《长编》置于至道三年十二月：

疏奏，即召禹偁还朝，既用其策，以夏、绥、银、宥、静五州赐赵保吉。翌日，命禹偁守本官，复知制诰，与兵部郎中、史馆修撰李若拙并命。禹偁，前以学士出，在至道元年五月②。

又《麟台故事》：

---

① ［越］黎崱著·武尚清点校：《安南志略》卷一一黎氏世家，第286页。
② 宋李焘撰，上海师范大学古籍整理研究所、华东师范大学古籍整理研究所点校：《续资治通鉴长编》卷四二太宗至道三年，第901页。

祖宗朝,馆职多以试除,亦有自荐而试者。至道三年,金部郎中直昭文馆李若拙上书自陈,乃命学士院试制诰三道,因以为兵部郎中史馆修撰。时若拙既已为馆职矣,又自陈丐迁,盖与张去华乞与词臣较其文艺之优劣而得知制诰者同类,此可谓误恩,非可以为永训也①。

四

特别值得注意的是,墓志铭中有一段关于杨继业的记载:

王师取代北州县,将足兵食,诏公同河东漕运,飞刍挽粟,智计如神。随大军入云中,登城望而叹曰:"古郡也。既得之,患失之,守之者将何人乎?"乘传赴阙奏便宜事,太宗益加赏叹。飞狐北副将杨继业不还,公惜其勇而有谋,为众不救,虑史氏失其功实,乃撰《杨继业传》传于世。

其中杨继业的官职"飞狐北副将"不见于《宋史·杨业传》等②,李若拙曾撰《杨继业传》,亦不见于其他史料。

按"飞狐"为要隘名,也是一个行政区划地名,《宋会要辑稿》方域七:

雍熙三年三月十九日,王师北伐田重进之兵围飞狐,伪武定军马步军都指挥使、郢州防御使吕行德、副都指挥使张总从马军都指挥使刘知进等举城降,诏升其县为飞狐军。

是飞狐原为县,升为军。飞狐隋时即置县③。辽统和二十三年《王悦墓志》载其"入为严胜龙卫兵马都部置(署)……出为飞狐招安副使"④。《辽史》卷四八《百

---

① 宋程俱撰,张富祥校证:《麟台故事校证》卷三选任,中华书局,2000年12月,第1版,第106页。
② 元脱脱等:《宋史》卷二七二,第9303—9306页。
③ 宋欧阳修、宋祁撰:《新唐书》卷三九《地理三》"隋雁门郡之灵丘、上谷郡之飞狐县地",北京:中华书局,1975年,第1007页。
④ 林鹄撰:《辽史百官志考订》卷四六志第十六百官志二北面军官,中华书局,2015年1月,第1版,第117页。

官志四·南面边防官》有易州飞狐招安使司及西南面招安使司(第 828 页),二者实系一司,亦即西南面安抚使司。按卷八六《耶律合住传》云:"(保宁中)以宋师屡梗南边,拜涿州刺史,西南兵马都监、招安、巡检等使。"(第 1321 页)知此司原治涿州,其后尝移飞狐。《耿延毅墓志》载:"统和十五年,国家方问罪赵宋氏,乃改授西南面招安使,旧以飞狐为理所,其副居灵丘。"按《辽史》卷一四《圣宗纪五》统和二十三年二月丁丑,"改易州飞狐招安使为安抚使"(第 161 页)。知统和间又移易州。疑因飞狐、易州先后为其治所,故又称易州飞狐招安(安抚)使①。

李裕民先生曾面教:"飞狐北副将不能连读为一个官名。"但根据上述资料似仍不能否定"飞狐北副将"为一个官名。

《续资治通鉴长编》太宗太平兴国四年八月甲寅纪事考异引用《国史·杨业传》:

> 初,刘继业为继元捍太原城,甚骁勇。及继元降,继业犹据城苦战。上素知其勇,欲生致之,令中使谕继元俾招继业。继元遣所亲信往,继业乃北面再拜,大恸,释甲来见。上喜,慰抚之甚厚,复姓杨氏,止名业,寻授左领军卫大将军。丁巳,以业为郑州防御使。(据《国史·杨业传》,乃云孤垒甚危,业劝其主出降以保生聚。继元既降,上遣中使召业,得之,喜甚,以为领军大将军。师还,乃除郑州防御使。制辞云:"百战尽力,一心无渝,疾风靡摇,迅雷罔变。知金汤之不保,虑玉石以俱焚,定策乞降,委质请命,忠于所事,善自为谋。"与《九国志》大不同。按《五代史》垂涕劝继元出降者,但马峰一人耳,非杨业也。若业劝降,则当与继元俱出见,何用别遣中使召乎! 然当时制辞,不应便失事实,又疑制辞意有所在,故特云尔。今但从《九国志》,更须考之。)②

其考异中所引《国史·杨业传》数语,《宋史》大体相同,而无制词云云,说明《宋史》此传所据为宋《国史》。又各种史料《宋史》多作杨业,《长编》亦多作杨业,

---

① 见林鹄撰:《辽史百官志考订》卷四六志第十六百官志二北面军官,第 134 页。
② 《续资治通鉴长编》卷二〇太宗太平兴国四年八月甲寅,第 459—460 页。

仅卷一五七包拯上言一处作杨继业，《辽史》则多作杨继业。

杨芷华《杨家将的历史真实》认为：

> 北宋名将杨业、杨延昭、杨文广祖孙三代被称为"杨家将"，首见于宋末遗民徐大焯的《烬余录》。但杨家将的英雄事迹，早在杨文广还活着的时候，已遍传天下，有口皆碑。宋仁宗皇祐三年（1051年）欧阳修给杨业的侄孙杨琪写的墓志铭中，有一段极其重要的叙述：
>
> "君之伯祖继业，太宗时为云州观察使，与契丹战没，赠太师、中书令。继业有子延昭，真宗时为莫州防御使。父子皆为名将，其智勇号称无敌。至今天下文士，至于里儿野竖，皆能道之。"
>
> 这是目前所能见到的关于杨家将历史事迹的最早文字记录。……
>
> 从欧阳修写的杨琪墓志铭算起，杨家将故事流传至今已有九百廿余年的历史。①

事实上，关于杨继业、杨家将的事迹，在欧阳修和欧阳修之前，早已被记载且常常被提及，如欧阳修还有一篇《书遹甲立成旁通历后》云：

> 此本得于杨畋。畋，继业之后也。继业善用兵，以见昔时名将皆精于所学，非止一夫之勇也。此本尤为简要，世罕传也。熙宁元年九月六日，东斋闲览，见余三十年前自书小字，为之惘然。其后则僧惠勤为余书耳。②

包拯《天章阁对策（庆历八年六月至皇祐元年三月间作）》：

> 况今三路素为控扼之所：中则梁门、遂城，南入镇定；西则雁门、句注，南入并代；东则松亭、石关，南入沧州。然松亭以南数百里，水泽艰险，自北界而出者，则塘水足以限其来路；惟雁门、句注背长城而南，则地里稍广，汉与胡人古今所共出入之路也。自失山后五镇，此路尤为要害。先朝

---

① 杨芷华：《杨家将的历史真实》，《山西大学学报（哲学社会科学版）》1978年第2期。
② 宋欧阳修：《欧阳文忠公集》卷七三。

以骁将杨业守代州,创筑城垒,于今赖之。①

又包拯《论边将奏一(为监察御史时作)》:

> 臣近者累曾上言,以河北沿边将帅未甚得人,特乞精选,其代州尤不可轻授。缘代州与云、应等州相去至近,路又坦平,古今最是难控扼之所。太宗朝以骁将杨业守之,业殁,继以给事中张齐贤守之,其慎重用人如此。②

而更早的寇准《论澶渊事宜奏(景德元年闰九月)》,多处提到杨延昭。③ 至于新见之李若拙墓志铭,更是今日所能见到的最早的关于杨继业的记载。

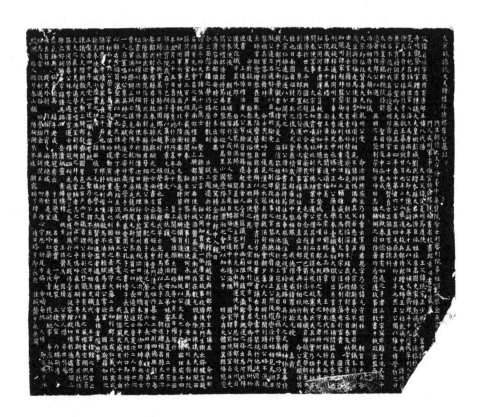

---

① 宋包拯:《包拯集》卷一。
② 同上卷九。
③ 宋赵如愚:《国朝诸臣奏议》卷一三〇。

附李若拙墓志录文：

大宋故谏议大夫赠礼部侍郎李公墓铭并序

门生朝请大夫、守给事中、集贤院学士、判审刑院事、柱国、赐紫金鱼袋□□□。

门人成州军事推官、将仕郎、试秘书省校书郎袁烨书并篆盖。

公讳若拙，字藏用，有唐郇王祎八代孙。大王父讳定，夏州观察使。王父讳玧，宗正少卿。皇考讳□□□□【光赞，贝、冀】等州观察判官，赠左谏议大夫。皇妣彭城刘氏，赠本县太君。洪源巨派，姓族居高。国史家牒，勋德尤盛。子孙振振，奕□□【奕冠】冕。或主祀在镐，或因官入洛，久为唐两京人也。

公即大谏长嗣也，年十五，以父任补太庙斋郎，年十九，应拔萃判入高□【科】，除大名府户曹掾。时烈考在魏王幕府就甘旨也。年二十二，举进士，故兵部侍郎赠太师王公祐乾德中典诰披垣，兼掌贡籍，词宗公望，卿大夫无出其右。四年春，中第者六，公居其四，失巍峨者，抑少年也。然王公独以雄文博学许之曰：“垂名不后于我矣。”寻授密州防御推官。年二十七，应贤良方正能直言极谏科，太祖皇帝临轩亲试，条对圣目，日及申而奏成。太祖执卷曰：“儒者有如是之才者，三千字写亦难了，况文理乎！”迁著作佐郎。公以遇英明之主，登制策科，方伸壮志，偶辅弼之司，除著作局，靡遵故事，因致书干执政，出监商州坑冶务。相府失人，颇动物议。

太宗即位，改赞善大夫，知乾州。公受命次，怛然感至，乃拜章云：“官虽君恩，字乃父讳，乞守前秩。”朝旨不允。未期岁，坐与诈称走马使臣李飞雄顷刻相见，不能辨伪，偶与其父若愚连名，太宗赫斯，事将不测。有司执议，本非党系，由是削去官籍。非公洁身有素，祖祢积庆，几难免矣。朝廷悯陷深辜，不经岁，特授卫尉寺丞，自春及秋，牵复旧□□【秩，?】知陇州。课最，超拜监察御史、通判秦州，重边任也。三辅雄盛，左冯尤剧，太师宋公偓节制于藩，老于富贵，国家□□【恤?】刑政，旋移通判同州。下车未季，御史中丞滕中正知公廉直，举奉台职，屡劾大狱，皆出片言。横迁右补阙，监在京香药□【贸】易院，岁课五十万缗。卫王、广平王出阁，进颂称美，太宗召对，赐五品服章。

王师取代北州县，将足兵食，诏公同河东漕运，飞刍挽粟，智计如神。随大军入云中，登城望而叹曰：“古郡也。既得之，患失之，守之者将何人乎？”乘传赴阙,奏便宜事,太宗益加赏叹。飞狐北副将杨继业不还,公惜其勇而有谋,为众不救,虑史氏失其功实,乃撰《杨继业传》传于世。

太平兴国纪号之后,六合为家,厥民富庶,先帝念吴越、荆楚、巴蜀、并汾之地新奉职贡,梯航实劳,朝至夕到,填委京邸,乃置水陆发运司,专决留滞,事权禄位、吏局白直亚三部一等,与计相抗行文牒,命公贰职,待器能也。日南国自征讨不取之后,屯戍贪泉,积岁未解,雍熙中,黎桓服我德,惧我威,请罪纳款,乞授真爵。太宗仁抚远俗,遂以分阃可之,诏公借秘书监持节往焉。车服仪注,悉从官给,遵路日具行人之式。搢绅咏《皇华》诗饯于都门之南,荣观者如堵焉。爰止海滨,黎桓备兰舟桂楫,迎出天池,接于境上,冠盖色目,尚存窃号,寮属称呼,仍多僭拟。公遣左右通好,责以臣礼,明谕受恩之则,俾改从事之官。黎桓听服,靡不禀正。公然后揽辔徐行,始相见焉。翌日,黎桓具军容抃舞拜命,士民欢呼曰:"复见汉之衣冠矣!"馆谷浃旬,燕会朝夕,屡以大贝明珠,间列樽俎,公略不流视,主师官联,愈增恭畏。因取先陷蛮蜒使臣邓君辩以归,交赍礼币,照行方物,非书送者让去,由是橐中装绝于他使。周岁复命,对歇日,面奏异域风俗,黎桓喜受正朔、两使之恩,太宗曰:"使于四方,不辱君命,卿得之矣。"所获例物,连书上进,系榷法者入公帑,余皆回赐。迁起居舍人,三司盐铁判官。

幽蓟阻兵,镇定瀛鄚重馈运之务,出为河北转运使,改职方员外郎,面赐金紫。秩满归阙,直昭文馆,迁主客郎中,充江南转运使。南郊覃恩,加骑都尉。交州自公奉使后,朝廷累颁恩信,行人或非其人,黎桓多聚巨蟒侮之。至道中,来扰海隅,国家谓公前使得宜,亟召赴阙,借礼部侍郎持节再往。黎桓郊迎曰:"万里小国,叠降玉趾,潇湘之会,何以加也!"公申明命存大体,俾箕踞慢态变为肃容。南鄙顿安,【"时",疑当作"恃"】时公之力。未出番禺,太宗晚驾,转金部郎中,入觐日,今上面慰出疆之劳,仍赐座,对数刻,召试三题,迁兵部郎中,充史馆修撰。越旬,与刑部郎中王禹偁并命知制诰。

咸平初,天下诸侯十二荐士,圣上谅暗不言,诏公同知贡举,一依唐室故事,放榜后序门生,谢衣钵,醼宴题名,绰有元和会昌之风焉。南郊礼毕,加上骑都尉。公再使莺城,染郁蒸之气,渐成疾疹,数乞假告,除右谏议大夫,封陇西县开国男,食邑三百户。经半载,病稍间,奉诏出河朔,密计边事,引进使何承矩副焉。复命，差知昇州，未发轫，改知贝州军州事。甘陵在魏北，水陆冲要，甲兵屯聚，是时单于飞骑，频有侵轶，朝廷以公文武之才，故赖兹任。咸平四年五月二十五日，旧疾膏肓，终于治所，享年五十八。皇上闻之，嗟悼颇久，赠给加等。七月五日，权殡于东京西郊法宝院。岁在丁巳，嗣子绎以襄事，拜章乞假，奔走上都，扶护先君洎三母及弟妹灵柩，卜孟夏月二十有二日，归祔永兴军万年县洪固乡大赵村祖茔，礼也。

首娶郑氏，早亡，先封马鬤，以长子立朝，追赠福昌县太君。次娶郑氏，封会稽县君。皆故奉先县令郑嗣光之女，尚书左丞韬光之侄也。胄贵门清，二姓所慕。女工母则，四德无亏。次娶汾阳郭氏，次娶范阳符氏，并封本县县君。簪组余庆，公侯令孙，宜配君子，享汤沐之荣焉。

有男六人：长曰绎，举进士第，守秘书丞，知耀州；次曰缅，随侍南使，卒于湘潭；次曰镇，大理评事，监阆州商税；次曰绶，次曰總，未冠而卒；次曰绰，京兆府士曹参军。俱以修词立诚，必谋克荷，陈力就列，常惧辱先。龙驹凤毛，斯不忝矣。有女四人：长适前进士唐实，次二人早亡，次一人在室。

呜呼！公禀英粹之气，赋奇俊之姿。卯岁力学，手不释卷。爱周公、孔子之书，嗜子长、孟坚之史。凡经于口，即暗于心，虽古号经笥汉圣，无以加也。天性纯孝，丁考妣忧，殆至毁灭。未壮室三取文章之科。我朝儒风大盛，已六十年。由宰相而下，比公策名，莫有及者。爰佐初筵，动有婉画。典山泽之利，固出纳之郗鄃。通守大藩二，出知列郡三，或仁义化民，或强明畏吏，考绩皆最，真良二千石也。佐邦计，绾利权，叹厚敛为不法，用轻赋为至公。常欲富国振斯箱如坻之咏焉。奉使南域，小陆贾之功；演诰西掖，下元稹之誉。主文柄，贤者进，滥者退；居谏司，直者喜，佞者惧。历事三圣，垂四十年。凡受一官，述一职，未尝有缺。三圣乃眷，不谓不至。越知命之年，始直史职，代王言。捐馆之日，官止谏议大夫，阶朝散大夫，勋上骑都尉，爵开国男，邑三百户而已。议者谓公符彩沉整，俨若有大臣之风；襟量宏显，慨然负丈夫之气。才美超迈，声望喧沸，宜副将相之拜，为当轴者忌之，而止于此乎？

呜呼哀哉！嗣子等以远日有期，惠书求志，仅器业浅陋，辱公殊常之遇。泽宫选士，擢冠四科。先飞鹨谷之春，获继雁行之美。践扬台省，从容馆殿。切怀报德，遽恨颓山。虽乏好词，难于牢让。谨为铭曰：

　　岳渎炳灵,景纬腾精。挺生王佐,郁为国桢。公实人杰,弈世扬声。紫气钟异,仙李流英。髫年老成,弱冠秀出。才周变通,名兼望实。一命起家,三捷入室。乃睠斯厚,惟良有秩。践更外计,均输所资。两使绝域,专对是宜。既吟红药,爰伏青规。获麟纪事,华衮无私。壮志凌云,徽猷迈俗。妙誉铿金,英词润玉。仰荷推心,常思效足。方协帝畴,奄终天禄。命不臧兮泣琼瑰,哲人逝兮泰山颓。隙驹谢兮不返,朝露睎兮增哀。远日臻兮即长夜,佳城郁兮永无开。

墓碑的故事和铭文中的历史

——富弼传记文四种渊源异同论

宋代地位较高的人物,在其死后,盖棺论定的传记文本的撰写就立即开始启动。一般的顺序是:行状——墓志铭——神道碑,三者大多是家族行为,也会有官方介入,然后是朝廷"实录"中的人物小传——"国史"中的本传,最后是由下一个朝代来编定的正史——《宋史》中的本传。从当时来说,传记文本的撰述关乎一生评价,有时会与当朝的政治取向发生矛盾,有一定的政治风险;对于后世来说,由名人撰写的一般人物的行状、墓志铭,亦可随同名人文集传至后世;而无论由何人撰写的名人墓志铭,撰写人亦可传之久远;至于由名人撰写的名人墓志铭,更可流芳百世。这是时人所共知的。

历经仁宗、英宗、神宗三朝的北宋名臣富弼于宋神宗元丰六年六月以八十高龄去世,为其盖棺论定的传记类文章,依例先有行状,凭行状可以到朝廷申请美谥,在下葬时则有墓志铭,亦称"埋铭",埋入墓中,葬后三年(哲宗元祐二年),经帝后恩准,又立了神道碑,三文均有传世文本,今又在洛阳出土了其墓志铭等文物,千年而下,富氏家族的一批原始碑文重现于世。

原始碑文与传世文本,同中有异,原始碑文显然优于传世文本;行状、墓志铭和神道碑,内容虽大同小异,但由于撰写人和撰写时间的不同,其行文立意和叙事详略颇有不同,至于《实录》和《国史》中的本传,今已不可得见,元人编纂的《宋史》的本传,既利用了宋《国史》本传,也加入了编者的取舍。研究其撰写缘起和文本本身并加以对比,可以窥见宋代人物传记文本的源流一斑,并加深对当时的士风和政治风向的认识。

一、情均父兄,恩重山丘——范纯仁
撰写富弼行状时的心境

　　在富弼去世后一个月内,即由范纯仁撰写了洋洋九千余言的长文《富公行状》。范氏所依据的,显然是富弼家族提供的素材,文章从头衔、家世写起,叙事完全按时间顺序,是当时规范的写法。行状最后说:"某谨具公之家世、历官、行事,次为行状,将以求立言者,铭于墓,纪于碑,及请谥于考功而书于《国史》,谨状。元丰六年七月,具位范某状。"①这篇长文成为其后韩维撰《富弼墓志》,苏轼撰《富郑公神道碑》,以及后来的官方《国史》及取材于《国史》的《宋史·富弼传》的蓝本。

　　范纯仁(1027—1101),苏州吴县(今江苏苏州)人,字尧夫。范仲淹次子。皇祐进士。神宗时迁同知谏院,反对王安石变法,语多激切,出知河中府,徙成都路转运使,以新法不便,戒州县未得遽行。范氏父子与富弼、司马光曾同朝为官。富弼去世时,范纯仁被贬任直集贤院、权管勾西京留守司御史台,正在富弼晚年居住的洛阳,遂应富弼长子绍庭之请而撰造《行状》。

　　神宗熙宁二年的时候,作为元老重臣的富弼屡请不出,范纯仁曾对此很有看法,上奏章予以分析和批评。第一道奏章说,"弼登用以来,屡以旧疾谒告。入则随众循旧,不欲有为;退则谢客杜门,罕通人事。虽陛下丁宁宣召,而弼终未乐就职。窃以中书政事,日有万机,朝夕之间,赞襄是赖。在陛下万乘之尊,尚以宗庙社稷之重,惟日孜孜,旰昃不暇。而弼乃以养痾自便,处之晏然,臣逸君劳,于义安忍"。接下来驳斥了一种以为责任在皇帝和朝廷的说法:"或以谓陛下待弼恩礼虽厚,而诚有所未至,用弼虽重,而任有所未专,使弼不尽其才,所以郁郁失职,而迤逦求去也。以臣思之,窃谓不然。且弼起自布衣,仁宗擢为宰相,先皇帝暨陛下倚为宿德元老,四方士民,望弼为贤臣硕辅,在弼报称之义,自应如何? 况陛下惧灾求治之时,而弼位居冢席,君臣之际,不宜形迹,当

---

①　四川大学古籍研究所编,曾枣庄、刘琳主编:《全宋文》卷一五五六范纯仁一二《故开府仪同三司守司徒检校太师武宁军节度徐州管内观察处置等使徐州大都督府长史致仕上柱国韩国公食邑一万二千七百户食实封四千九百户富公行状》,上海辞书出版社、安徽教育出版社,2006年,第71册,第311页。

自任以天下之重,尽陈其所欲为,必曰方今何事可忧,何人可任,何利可兴,何弊可革,何者为先务,何者宜缓行,然后审陛下用舍之意,而弼之去就自明。何必偓勉媕阿,自为卷缩,是非不欲明辨,进退不敢显言,第且移疾于家,使人主厌于容养,然后翻然决去,方为善谋者哉!"那么富弼究竟为何坚辞不出呢?范纯仁的揣测是:"臣虑弼必惑道家全神养气之言,徇曲士忘名忌满之节,不以天下之重易其爱身,不以万务之急妨其养性,恤己则深于恤物,忧疾则过于忧邦,但能早退自全,即为明哲之术。殊非圣人朝闻夕死之意,而弼以为得,此又弼之过计也。"在范纯仁看来,这样想这样做的后果是严重的:"且《诗》曰'虽无老成人,尚有典刑',则是朝之老成,过于典刑之重也。《易》曰'王臣蹇蹇,匪躬之故',则是人臣之分,不以一身为恤也。今弼若迤逦遂去,则致陛下有不用老成之迹,弼亦有不能竭节匪躬之名。不用老成,则于圣德有亏;不能匪躬,则于臣节无取。则弼之处身致主,两皆失宜,而望仪刑四方,表率百辟,难矣!"怎么解决这个问题呢?"臣又自念,弼与先臣素有契义,在臣当有忠告之言,而以待罪谏垣,不敢私通书谒。伏望圣慈,将臣此奏宣示弼,如臣妄诋大臣,则乞重行贬责,如以臣言为是,则弼宜恐惧修省,不可更如前日,倚疾自便,速当靖恭厥位,同寅戮力,竭致主安民之虑,讲兴治补弊之术,延访多士,采择群才,上以副陛下倚毗,下以副士民属望,使虞舜之赓歌,不独见美于前世。微臣不胜大愿。"①这份奏章虽然言辞有点尖锐,很显然是一种激将法,其目的还是希望能有如富弼这样的老成之人出来主政,纠正新法之偏。

接着范纯仁又上了第二道奏章,既批评富弼"移疾居家,坚不就职",更抨击王安石欲行五霸富国强兵之术,以希速效,"又复任用小人,专兴财利",指出:"方见陛下进用富弼、王安石,臣与士大夫私相庆抃,以为儒者得用,必赞陛下行尧舜三代之政,以修己安人为务,敦举直错枉之风,先道德而后事为,先教化而后法度,变俗易于偃草,施仁速于置邮,是将拱手垂衣而天下晏然矣。今则富弼移疾居家,坚不就职。安石乃以五霸富国强兵之术启迪上心,去其旧闻,以希速效,甚异孔子不言军旅,孟轲耻道威文之意也。又复任用小人,专兴财利,将使上玷圣德,侵刻生民。臣虽屡有奏陈,不蒙听纳。而执政之意,持之益坚。故臣太息失望,不能自已。观其为事仓卒,知人不明,必恐别生事端,上

---

① 《全宋文》卷一五四八范纯仁四《论富弼入相久谢病不出》,第71册,第173页。

负陛下注倚。此臣深忧过计,爱君行已,区区莫夺之志也。"为此范纯仁欲以去职相抗:"今执政之臣既谓臣言无状,而臣亦患执政不能致君,若使尚处谏垣,议论无由协济,岂惟职事废阙,实亦不可同寅。伏望陛下察臣狂愚,早行责降,庶尽犬马之力,别图报效,则臣虽死之日,犹生之年。"①

虽然范纯仁不满于富弼在熙宁间的坚辞不出,但他还是十分敬重富弼的。在写行状之前或同时,他还写下了《富相公挽词五首》和《祭韩国富公文》。挽辞有云"二纪经纶业,三朝翊戴勋。忘身裨庶政,忧国见遗文。东合散群彦,北邙归大坟。邦人仰旒旐,洒泪向寒云","北走单车驯貘貐,东徂万室活饥羸。谋深先帝承祧日,功在仁皇与子时。英气不随钟漏尽,高名长与日星垂。登龙孤客怀知遇,恸哭秋原欲诉谁"。② 祭文在简述了富弼在仁宗和英宗朝的事迹以后说:"今上御极,首膺注意。以疾避权,还政居第。上寿而终,五福惟备。国丧元老,时颓泰山。天子震悼,士民悲酸。呜呼哀哉! 先君文正,识公于微。矧伊不肖,复辱公知。狂率抵罪,屡贻嗟咨。轸其颠危,忧见色词。既获安全,终莫瑕疵。情均父兄,恩重山丘。公今殁矣,谁复顾周。既百身之莫赎,谅毕世而难酬。"③

二、强项对强项——宋神宗点 名韩维撰写富弼墓志铭

随着富弼丧事有条不紊地进行,比行状更为重要的墓志铭的撰写提上了议事日程,撰写人的选择成了朝廷内外关注的焦点,还居然受到了皇帝的干预。

关于这件事,宋徐度《却扫编》有详细记载:

> 富韩公之薨也,讣闻,神宗对辅臣甚悼惜之,且曰:"富某平生强项,今死矣。志其墓者,亦必一强项之人也。卿等试揣之。"已而自曰:"方今强

---

① 《全宋文》卷一五四八范纯仁四《论新法乞责降第二状》,第 71 册,第 176 页。
② 北京大学古文献研究所编:《全宋诗》卷六二五范纯仁五《富相公挽词五首》,北京大学出版社,1995年,第 11 册,第 7457 页。
③ 《全宋文》卷一五六〇范纯仁一六《祭韩国富公文》,第 72 册,第 14 页。

项者，莫如韩维，必维为之矣。"时持国方知汝州，而其弟玉汝丞相以同知枢密院预奏事，具闻此语，汗流浃背。于是急遣介走报持国于汝州，曰："虽其家以是相嘱，慎勿许之。不然，且获罪。"先是，书未到，富氏果以墓志事嘱，持国既诺之矣，乃复书曰："吾平生受富公厚恩，常恨未有以报。今其家见托，义无以辞，且业已许之，不可食言。虽因此获罪，所甘心也。"卒为之。初，持国年几四十，犹未出仕，会富公镇并门，以帅幕辟之，遂起，其相知如此①。

徐度应天府谷熟（今河南商丘东南）人，字敦立。钦宗朝宰相徐处仁幼子。南渡后寓居吴兴。绍兴八年（1138）除校书郎，迁都官员外郎，官至吏部侍郎。另著有《国纪》。南宋著名史学家李焘曾有奏状说："见编修四朝正史，合要名臣墓志、行状、奏议、著述等文字照使。今询问得吏部侍郎徐度有自著《国纪》一百余卷，其子行简见在湖州寄居，乞下所属给札抄录赴院，以备参照。"②徐度宰相之子，曾任校书郎，自著《国纪》，其记载应有所本。

神宗说"富某平生强项"，又说"方今强项者莫如韩维"，项就是头颈，强项的本义是不屈服，不听话，好争执。神宗为何说"富某平生强项"呢？其间当有多重含义。第一是指富弼硬朗的行事作风，即使在晚年致仕居洛的时候，也还是这样③；第二是指其在与契丹的外交活动中所表现出来的不屈和力争；第三是指神宗初即位邀其出而坚决不出；第四是指富弼坚决反对神宗和王安石的新法。

可见神宗所说的"强项"，既带有褒扬、欣赏的意味，也带有讥刺、贬斥乃至愤恨的意味。"这么一个强项的人现在死了，要找一位同样强项的人来撰写墓志铭"，难道不带有一丝尖酸、刻薄、看你们怎么写的味道吗？

---

① 朱易安等主编：《全宋笔记》第三编十宋徐度《却扫编》（朱凯、姜汉椿整理）卷上，大象出版社，2008年，第131页。赵振华、史家珍两位先生的文章《宋代洛阳富弼家族墓志研究》首先揭示了这条重要材料，见洛阳市第二文物工作队编《富弼家族墓地》，中州古籍出版社，2009年，第115页。
② 清徐松辑：《宋会要辑稿》崇儒四之三〇，中华书局，1987年，第3册，第2245页。
③ 《萍洲可谈》记载了一个有趣的故事：富郑公致政归西都，尝着布直裰跨驴出郊，逢水南巡检，盖中官也，威仪呵引甚盛。前卒呵"骑者下"，公举鞭促驴，卒声愈厉，又唱言："不肯下驴，则请官位。"公举鞭称名曰："弼。"卒不晓所谓，白其将曰："前有一人，骑驴冲节，请官位不得，口称弼。"将方悟曰："乃相公也！"下马执锐，伏谒道左，其侯赞曰："水南巡检唱喏！"公举鞭去。见朱易安等主编《全宋笔记》第二编六宋朱彧《萍洲可谈》（李伟国整理）卷三，大象出版社，2008年，第166页。

　　韩维与富弼相比,实在算不得什么强项之人。韩维(1017—1098),北宋开封雍丘(今河南杞县)人,字持国。韩亿子,韩绛弟。以荫入官。赵顼(即后来的神宗)封淮阳郡王、颍王时,他皆为记室参军,与论天下事。神宗即位,历知汝州、权开封府等。熙宁七年(1074),召为翰林学士承旨,力言青苗等新法之弊。以兄绛入相,出知河阳,坐议免役钱不合,落职。起知许州。神宗死,请"赋役非人力所堪者去之","法禁非人情所便者蠲之"①,参与详定役法更革。然以为王安石《三经新义》当与先儒之说并行。元祐元年(1086),拜门下侍郎,旋为忌者所谗,分司南京。久之,以太子少傅致仕。绍圣二年(1095),坐元祐党,安置均州。

　　神宗对韩维十分熟悉,因为韩维曾经是神宗藩邸旧臣。有意思的是,在神宗做太子期间,担任记室参军的韩维,经常称道王安石的学问和为人,每次为神宗讲解古代经典,得到神宗赞赏的时候,又总是说这是从王安石那里学来的,使得神宗对王安石有了深刻的印象。治平四年正月,神宗继位,两个月之后,即招王安石赴京任职,王安石称病不至,神宗有些着急,几天之后,又起用王安石知江宁府(今天的南京及其周边地区),因为当时王安石就在江宁府丁忧、养病,这回王安石接受了。但韩维觉得这样做不够妥当,向神宗建言,既然想用王安石,就应该以诚心直接招致。同年九月,任命王安石为翰林学士,调回开封。熙宁元年四月,王安石第一次得到与神宗面对面长谈的机会,接下来就奏进了著名的《本朝百年无事札子》,全面阐述对宋朝立国百年以来所存在的问题的批评性意见。神宗收到这份札子以后,一遍又一遍地阅读,十分欣赏。此后,神宗又多次找王安石深谈。熙宁二年二月,神宗提拔王安石为参知政事,次年拜相,正式拉开了变法的大幕。但后来韩维成了变法的反对者。

　　神宗说韩维是强项之人,第一是因为韩维的性格也比较倔强,第二就是因为他反对变法。其中更重要的是第二点。作为藩邸旧臣,神宗起先是很厚待韩维的,但至神宗后期,对韩维的评价就不同了:"维不知事君之义,朋俗罔上,老不革心,非所谓'纯明直谅'。姑以藩邸旧恩,使守便郡,又非可仗以布政宣化。今辞命乖戾,不中本情,传播四方,甚害好恶。可复送中书省

① 《全宋文》卷二〇二八鲜于绰《韩维行状》,第93册,第207页。

改词行下。"①请注意,这段评价发生在元丰五年,而富弼死于元丰六年,也许神宗对于韩维的"不知事君之义,朋俗罔上,老不革心",还余怒未消呢。

一个主持变法的皇帝,在一位反对变法的大臣死了以后,指定一位同样反对变法的大臣来写墓志铭,此事真是绝妙。如果放在别的朝代,这样的事也许会引发许多人的人头落地,而在宋代则否。

富弼和韩维两人,一为先朝旧臣,后来查明,嘉祐末还有辅立英宗之功(有英宗才有神宗),一为东宫师傅,神宗与他们没有什么刻骨仇恨,只是政见不同而已,但神宗扔下这么一句半真半假的话,实有威胁的意味,等于说"看你们怎么写"! 在这种情况下,写墓志铭如果直书其事、直抒胸臆,是有极大的风险的。韩维的弟弟韩缜劝哥哥不要接受这个差事,原因也正在于此,因为韩缜当时在朝廷供职,对于神宗皇帝说这番话的背景、语气、神态乃至于意图应该是很清楚的。

韩缜(1019—1097),字玉汝。庆历进士。历任两浙、淮南、河北、陕西、河东转运使。后知秦州,颇暴酷,秦人称"宁逢乳虎,莫逢玉汝"②。以铁裹杖棰杀部属,坐落职,分司南京。哲宗立,拜尚书右仆射兼中书侍郎。元祐元年,被劾"才鄙望轻",割地遗契丹,罢相。

在韩氏兄弟中,他是才望最差的一位,而且韩维的品质要比韩缜高尚得多。《却扫篇》所说的"玉汝丞相",是指他后来"拜尚书右仆射兼中书侍郎",当时则为同知枢密院事,"预奏事,具闻此语,汗流浃背",如果是别人,听到皇帝这样说话也不会汗流浃背,因为韩维与他有手足之情,他觉得此事有危险,所以会汗流浃背。退朝之后,"急遣介走报持国于汝州",说即使富家以是相嘱,也千万不要答应,不然,且获罪。但在这封信还没有到的时候,富氏就已以墓志事相嘱,韩维也已经应诺,于是被神宗称为强项之人的韩维回信给弟弟韩缜说:"吾平生受富公厚恩,常恨未有以报。今其家见托,义无以辞,且业已许之,不可食言。虽因此获罪,所甘心也。"所谓"受富公厚恩",是指"持国年几四十,犹未出仕,会富公镇并门,以帅幕辟之,遂起"。此点正可说明韩维与其弟弟不同,确实是一个肝胆相照之人。

① 宋李焘:《续资治通鉴长编》卷三二九神宗元丰五年八月丁巳曾巩草《韩维再任颍昌制》复送中书省改词行下御批,中华书局,2004 年,第 13 册,第 7919 页。
② 元脱脱等:《宋史》卷三一五《韩缜传》,中华书局,1977 年,第 29 册,第 10310 页。

三、临文之际，自有分寸——韩维
撰富弼墓志"今上"期内容析

韩维尽管强项，尽管有情有义，在领受撰写富弼墓志铭的任务以后，仍然面临着表述的难度问题。在一般人看来，或者在韩维的弟弟韩缜看来，这件棘手差事，上策是以不接为好，实在推不掉，则一定要在行文措辞方面仔细斟酌，各方面都过得去。而韩维没有采取回避的态度。其实富弼墓志铭的大部分内容所叙为仁宗朝之事，是不必有所顾忌的，唯"今上（即神宗）"部分及总体评价须要仔细斟酌。我们现在来看看，韩维在富弼墓志铭中，关于神宗时期的几件大事是怎么写的：

> 今上践祚，移镇武宁军，进封郑国公。屡乞罢将相任，上以公累朝辅佐，年耆德盛，尤虚心待之，以尚书左仆射、观文殿大学士、集禧观使召公，公以足疾未任拜，固辞，诏以新官复判河阳。熙宁元年正月，徙判汝州，且俾入觐。以公足疾许肩舆至崇政殿门，令男绍隆扶掖以进，且命不拜。又以门距殿远，更御内东门便殿见之。赐坐从容，日昃始退。仍赐其子绯衣银鱼。盖近世宠遇大臣，未有恩礼如此之厚也。上欲复以集禧观使留之，公恳辞，之镇。明年正月，再召赴阙。上之将召之【出土本作公，下同】，先遣中使谕之【旨，出土本优】曰："卿今兹毋得重辞，当力疾入辅，为宗社计。"二月，遂除司空，兼侍郎【中，出土本是】、昭文馆大学士，赐甲第一区，皆不受。复拜左仆射、门下侍郎、同平章事，未陛见。
>
> 会有以"灾【异】皆常数，不【系】人事得失"言于上前者，公上章曰："《春秋》书灾【异】，所以警悟人君，使恐惧修省。《洪范》庶征，亦以五事而致，未闻归之天数也。陛下万一过听，寅畏消复之意有时而怠，则亏损圣德，无甚于此。"是时，群臣请上尊号及听乐，上以久旱不许，而群臣尤固请听乐。公又言："故事，有灾变皆彻乐。恐陛下以同天节契丹使与群臣当上寿，故未断其来请。臣以为陛下始亲庶政，四海属耳目，尤宜日新盛业【德】，以示四邻【夷狄，本当如此】。愿并上寿罢之，益见陛下严恭天戒之美。"从之，即日而雨。公又言："陛下答谢天戒不为不至，

上天报应不为不速。愿陛下不以今日得雨为喜,更以累年灾变为惧,远离奸幸【佞】,亲近忠良,恭畏上天,则太平可致。"上亲书答诏曰:"义忠言亲,理正文直。苟非意在爱君,志存王室,何以臻此!敢不置之枕席,铭之肺腑,终老是戒。更愿公自兹输诚翊辅【不替今日之志】,则天灾不难弭,太平可立俟也。"

公又陈:"君子小人情伪【系】王道之消长,天下之安危,望陛下深加辨察。所喜者不可遽用,所怒者不可遽【弃】。用舍小失,则招致祸败不细矣。"

八月,以疾辞位,拜武宁军节度使、同中书门下平章事,判河南府。复用公请,改判亳州。四年,提举河南【无河南二字】常平仓赵济言公于【格】青苗法不行,除左仆射,判汝州。再上章愿归洛养疾,许之。其年冬,请老,拜司空,复武宁节,兼同中书门下平章事,进封韩国公致仕。元丰三年,官制改,授开府仪同三司。又以王同老言嘉祐中其父尝与启建储事,上嘉公初不自言,特拜司徒,仍以其子绍京为阁门祗候。

公为人端厚沈【沉】正,临事而慎。其处己谋国必熟复周虑,度不万全不发。接士大夫,尽诚以有礼,虽布衣必与之亢。不妄笑语以下宾客为声名。嘉善嫉邪,出于天性。居闲,犹询问当世人物,以知其贤不肖,尤慎许与,未尝轻以加人。出入尊宠垂四十年,而服用素约,无声色之玩。虽高年,未尝一日废书不观,以至释氏、老庄方外之说,莫不究极精致。有文集八十卷,藏于家。公尝语人曰:"吾才学非能过人,但有不欺耳。"盖公之所以自养者如此,故其行己也,外如其中,其事君也,终如其初,久而益见信于天下,虽穷阎远国,莫不知公之姓与官号。北虏使每至,必候公出处,问其安否。公虽退居,明诏之所咨访,密章之所启告,盖不乏矣。至其将没,犹以遗稿一通付其子上之,然其详莫得而知也。推公之意,苟可以益君上、厚民人者,盖忘其身之老且死而言之也。呜呼,可谓忠已①!

此以全宋文文本录之(分段及标点稍有改动),而校以出土墓志铭文本,可见出土文本较传世文本为好。

---

① 《全宋文》卷一〇七〇韩维一五《富文忠公墓志铭》,第49册,第235—237页。

其中第一段话叙述神宗即位以后，待富弼之厚，数次邀其出山而屡遭婉拒，实际上反映了富弼强项的一个方面，另一方面也反映了神宗没有亏待富弼，没有什么问题。

第二段记述富弼三次进言，所谓"会有'以灾异皆常数、不系人事得失'言于上前者"，显然指王安石关于"三不足"的言论。

熙宁三年（1070）春，汴京盛传，说王安石曾在宋神宗面前将自己的主张概括为三句话：天变不足畏；祖宗不足法；人言不足恤。

翰林学士院这时正要对谋求"馆职"的李清臣等人进行考试，翰林学士司马光就把这三句话写进了考题中，要求应试者予以驳斥：

> 今之论者或曰："天地与人，了不相关，薄食、震摇，皆有常数，不足畏忌。祖宗之法，未必尽善，可革则革，不足循守。庸人之情，喜因循而惮改为，可与乐成，难与虑始。纷纭之议，不足听采。"

> 意者古今异宜，《诗》、《书》陈迹不可尽信耶？将圣人之言深微高远，非常人所能知，先儒之解或未得其旨耶？愿闻所以辨之①。

司马光的做法真是够绝的，将政敌的观点作为考题，让考生去批判。但是，当司马光把这道考题送请宋神宗审阅时，神宗却叫人用纸把它贴盖起来，并批令"别出策目，试清臣等"②。说明宋神宗已经听说了这件事，对于司马光借出考题的机会攻击王安石，有点反感。

第二天，王安石去见宋神宗，神宗问他说："闻有'三不足'之说否？"王安石回答说："不闻。"神宗说："陈荐言，外人云：'今朝廷以为天变不足畏，人言不足恤，祖宗之法不足守。'昨学士院进试馆职策，专指此三事，此是何理？朝廷亦何尝有此？已令别作策问矣。"王安石听了神宗的话以后想了一想，首先说："陛下躬亲庶政，无流连之乐、荒亡之行，每事唯恐伤民，此即是畏天变。陛下询纳人言，无大小唯言之行，岂是不恤人言？"这些话好像是顺着神宗的意思

---

① 《全宋文》卷一二二〇司马光四九《学士院试李清臣等策问一首》，第 56 册，第 173 页。

② 同上解题："熙宁三年三月二十八日，王介甫言于上，以为天命不足畏，祖宗不足法，流俗不足恤，故因策目以此三事质于所试者，范景仁复至，曰：'流俗不足恤一事，我已为策目矣。'遂刊之。明日禁中以纸帖其上：'别出策目，试清臣等'。"

说的,但他接下来话锋一转,又说:"然人言固有不足恤者。苟当于义理,则人言何足恤? 故《传》称'礼义不愆,何恤于人言!'郑庄公以'人之多言,亦足畏矣',故小不忍致大乱,乃诗人所刺;则以人言为不足恤,未过也。至于祖宗之法不足守,则固当如此。且仁宗在位四十年,凡数次修敕;若法一定,子孙当世世守之,则祖宗何故屡自改变?"①

看来,在此以前,王安石并没有在宋神宗面前正式提过"三不足"的观点,但他事实上就是这样想的。对于"天变不足畏"一语,因为太过敏感(古人对于天变一直是很敬畏的),王安石没有直截了当地作出肯定或否定的回答。但对于"祖宗不足法"和"人言不足恤",王安石是完全给予肯定的。只是因为宋神宗在对话之初,就先已气愤地说出了"朝廷亦何尝有此"的话,王安石只好把语气放委婉一些,不作正面答复罢了。《富弼墓志铭》"会有以'灾异皆常数,不系人事得失'言于上前者"的记述,正说明在神宗初王安石即有此言论。"三不足"实际上是王安石变法的思想基础。但王安石对于"天变不足畏"的公开宣扬,还是有所顾忌的,神宗也没有完全认同这一点,所以在墓志铭中,韩维对此详作记述,也不会引起神宗的反感。何况墓志在此处记述了富弼的三段言论,虽然"远离奸佞,亲近忠良,恭畏上天,则太平可致"之类的话实在是有所指的,而最后巧妙地归结到神宗"义忠言亲,理正文直,苟非意在爱君,志存王室,何以臻此? 敢不置之枕席,铭诸肺腑,终老是戒? 更愿公不替今日之志,则天灾不难弭,太平可立俟也"的诏语,也就是神宗本人也不仅认可了,还有相当高的评价,当然也没有什么问题。

第三段谈君子小人的问题,劝说神宗"所喜者不可遽用,所怒者不可遽弃。用舍小失则招致祸败不细矣",熙丰变法发展到元丰末年,变法的主要执行人之一吕惠卿等之被指为小人,已是人人皆知的事实,神宗想必也不会为此而不快。

第四段提到了富弼"格青苗法不行"的事实,涉及了富弼反对变法的具体举措,比较敏感,但这是借"提举常平仓赵济言"而带出来的,且一带而过,未加细述,所以也不至于引发什么问题。

由以上分析可知,韩维撰写墓志铭,对于富弼在神宗朝的几个基本事实,

① 清黄以周等辑补:《续资治通鉴长编拾补》卷七神宗熙宁三年三月己未,上海古籍出版社,1986 年,第 112 页。

并未加以回避,这说明了那时该讲的话还是可以直讲,政治空气还算宽松,韩维虽然强项,且冒着神宗瞪大眼睛注视,自己可能得罪的风险毅然承担了这件棘手的差事,但他也不是不懂得保护自己,临文之际,自有分寸。

墓志铭的这些内容,其依据主要是范纯仁所撰写的行状,而稍略于行状(见本文末之附表),唯关于富弼抵制青苗法一节,为行状所无,说明韩维尽管顶着极大的压力,仍然不愿意遗漏重要的事迹。

四、假以发表议论——苏轼撰富弼
神道碑神宗期内容与墓志铭之异同

富弼葬后三年,哲宗已继位,尚幼,高太后执政。高太后(1032—1093)是宋代的一位杰出女性,亳州蒙城(今属安徽)人,真宗时名将高琼之曾孙女,英宗皇后。仁宗庆历七年归英宗于濮邸。八年生神宗。神宗即位,尊为皇太后。哲宗立,尊为太皇太后,权同听政,以恢复祖宗法度为先务,起用司马光、吕公著等,斥逐变法派,凡熙宁、元丰所建新法,次第划革略尽,史称元祐更化。临政凡九年,卒谥宣仁圣烈。哲宗元祐二年二月辛卯,"诏赐富弼神道碑,以'显忠尚德'为额,仍命翰林学士苏轼撰文,从其子绍庭请也"①,额由御篆②。苏轼《富郑公神道碑》叙其事则云:"绍庭请于朝曰:'先臣墓碑未立,愿有以宠绥之。'上为亲篆其首,曰'显忠尚德之碑',且命臣轼撰次其事。"③因为苏轼的父亲苏洵与富弼曾有过小小的过节,"欧阳文忠公初荐苏明允,便欲朝廷不次用之。时富公、韩公当国,虽韩公亦以为当然,独富公持之不可,曰:'姑少待之。'故止得试衔初等官。明允不甚满意,再除,方得编修《因革礼》。前辈慎重名器如此。元祐间,富绍庭欲从子瞻求为富公神道碑,久之不敢发,其后不得已而言,一请而诺,人亦以此多子瞻也"④。

苏轼所撰富弼神道碑文中关于有于上前言"灾皆天数,非人事得失所致者"一

---

① 宋李焘:《续资治通鉴长编》卷三九五哲宗元祐二年二月辛卯,第16册,第9629页。
② 同上卷四一一哲宗元祐三年五月丁巳,第17册,第10000页。
③ 《全宋文》卷一九九四苏轼一四六《富郑公神道碑》,第92册,第37—38页。
④ 朱易安等主编:《全宋笔记》第二编十宋叶梦得《石林燕语》(徐时仪整理)卷五,大象出版社,2008,第69页。

段,与墓志铭相较,不仅较为详细,言辞亦甚激烈,已少所顾忌:

> 有于上前言"灾皆天数,非人事得失所致"者。公闻之,叹曰:"人君所畏惟天,若不畏天,何事不可为者。去乱亡无几矣。此必瘅臣欲进邪说,故先导上以无所畏,使辅拂谏诤之臣,无所复施其力,此治乱之机也。吾不可以不速救。"即上书数千言,杂引《春秋》《洪范》及古今传记,人情物理,以明其决不然者。

而向皇帝进言"愿二十年口不言兵""因以九事为戒",为行状、墓志铭所无;

> 公既上疏谢,复申戒不已,愿陛下待臣不以同异为喜怒,不以喜怒为用舍。公始见上,上问边事。公曰:"陛下即位之始,当布德行惠,愿二十年口不言兵。"因以九事为戒。

关于青苗法的言行,墓志铭仅一笔带过,神道碑加重了分量,阐述了富弼不行青苗法的理由:

> 时方行青苗息钱法。公以谓此法行则财聚于上,人散于下,且富民不愿请,愿请者皆贫民,后不可复得,故持之不行。而提举常平仓赵济劾公以大臣格新法,法行当自贵近者始,若置而不问,无以令天下。乃除左仆射,判汝州。公言:"新法臣所不晓,不可以复治郡,愿归洛养疾。"许之。

关于预立英宗之功,神道碑的记载也比较详细:

> 元丰三年,官制行,改授开府仪同三司。是岁,故参知政事王尧臣之子同老上言,至和三年仁宗弗豫,其父尧臣尝与文彦博、刘沆及公同决大策,乞立储嗣,仁宗许之,会翊日有瘳,故缓其事,人无复知者。以其父尧臣所撰诏草上之。上以问彦博,彦博言与同老合。上嘉公等勋绩如此,而终不自言,

下诏以公为司徒,且以其子绍京为阁门祗候。六年闰六月丙申,薨于洛阳私第之正寝,享年八十。手封遗表,使其子上之,世莫知其所言者①。

很明显,神宗去世,新法大部分被废,时代变了,苏轼可以放开说话了。

几年后,苏轼为了拒绝皇帝令他为赵瞻撰写神道碑而上奏:

元祐六年七月日,翰林学士承旨、左朝奉郎、知制诰、兼侍读苏轼状奏:准敕差撰故中散大夫同知枢密院赵瞻神道碑并书者。右臣平生不为人撰行状、埋铭、墓碑,士大夫所共知。近日撰《司马光行状》,盖为光曾为亡母程氏撰埋铭。又为范镇撰墓志,盖为镇与先臣洵平生交契至深,不可不撰。及奉诏撰司马光、富弼等墓碑,不敢固辞,然终非本意。况臣老病废学,文辞鄙陋,不称人子所以欲显扬其亲之意。伏望圣慈别择能者,特许辞免。谨录奏闻,伏候敕旨②。

苏轼说得很清楚,他"平生不为人撰行状、埋铭、墓碑,士大夫所共知",但有几个特例:为司马光写行状,是对司马光曾为苏轼的母亲撰写墓志铭的回报;为范镇撰写墓志铭,是因为范镇与苏轼的父亲"交契至深";至于撰写司马光、富弼等人的墓碑,实在是因为有皇帝的命令,"不敢固辞,然终非本意"。苏轼还说自己"文辞鄙陋",这就不太实事求是了,如果东坡先生都"文辞鄙陋",不敢动笔,还有谁敢写呢?

然而至南宋时,朱熹编纂《三朝名臣言行录》,富弼的那一部分主要使用苏轼撰写的神道碑,他在与学生的谈话中还认为苏轼承撰富弼神道碑其实另有考虑:

"坡公作温公神道碑,叙事甚略,然其平生大致,不逾于是矣。这见得眼目高处。"道夫曰:"某作富公碑甚详。"曰:"温公是他已为行状,若富公,则异于是矣。"又曰:"富公在朝,不甚喜坡公。其子弟求此文,恐未必得,而坡公锐然许之。自今观之,盖坡公欲得此为一题目,以发明己意耳。其首论富公使虏事,

---

① 《全宋文》卷一九九四苏轼一四六《富郑公神道碑》,第92册,第35—37页。
② 同上书卷一八七八苏轼三〇《辞免撰赵瞻神道碑状》,第87册,第70页。

岂苟然哉!"道夫曰:"向见文字中有云,富公在青州活饥民,自以为胜作中书令二十四考,而使虏之功,盖不道也。坡公之文,非公意矣。"曰:"须要知富公不喜,而坡公乐道而铺张之意如何。"曰:"意者,富公嫌夫中国衰弱而夷狄盛强,其为此举,实为下策。而坡公则欲救当时之弊,故首以为言也。"先生良久乃曰:"富公之策,自知其下。但当时无人承当,故不得已而为之尔,非其志也。使其道得行,如所谓选择监司等事,一一举行,则内治既强,夷狄自服,有不待于此矣。今乃增币通和,非正甚矣。坡公因绍圣元丰间用得兵来狼狈,故假此说以发明其议论尔。"①

朱熹的意思,苏轼写富弼神道碑,没有按照常规从其家世、出身讲起,而是很突兀地"首论富公使虏事",是"因绍圣、元丰间用得兵来狼狈(伟国按:"绍圣、元丰间"的提法是有问题的,绍圣在元丰之后,且苏轼撰写富弼神道碑时在元祐年间,尚无绍圣,疑"绍圣"当作"熙宁"),故假此说以发明其议论尔"。从实际情况来看,对熙丰变法的否定,也是苏轼撰此文的一个目的。苏轼作司马光行状,详述司马光反对王安石、吕惠卿的言行,言辞更为激烈②。

五、发自官方的声音——《宋史·富弼传》与行状、墓志铭、神道碑之异同

宋《国史·富弼传》的原貌,今已不可得见,学界一般认为,元人所编《宋史》所据即为宋《国史》。最后简单分析一下《宋史·富弼传》神宗朝部分叙事与行状、墓志铭和神道碑的异同。

关于神宗即位之初召见富弼,两人谈了些什么,行状、墓志铭和神道碑均语焉不详,《宋史》则有所记载:

---

① 宋黎靖德编,王星贤点校:《朱子语类》卷一三〇《本朝四·自熙宁至靖康用人》,中华书局,1986,第8册,第3114—3115页。这一点,也是赵振华、史家珍的文章首先揭示的。见两位先生的文章《宋代洛阳富弼家族墓志研究》,载洛阳市第二文物工作队编《富弼家族墓地》,中州古籍出版社,2009,第116页。两位先生的文章引用的是四库本,其中的"虏"字被误改为"金"字,实际上应该是契丹。
② 《全宋文》卷一九九二苏轼一四四《司马温公行状》,第91册,第414页。

熙宁元年,徙判汝州。诏入觐,许肩舆至殿门。神宗御内东门小殿,令其子掖以进,且命毋拜,坐语从容,访以治道。弼知帝果于有为,对曰:"人主好恶,不可令人窥测;可测,则奸人得以傅会。当如天之监人,善恶皆所自取,然后诛赏随之,则功罪无不得其实矣。"又问边事,对曰:"陛下临御未久,当布德行惠,愿二十年口不言兵。"帝默然。至日昃乃退。

其中富弼的话,应该来自宫廷记录。

关于有为帝言"灾皆天数,非人事得失所致"者一段,《宋史》基本采用苏轼撰神道碑中之语。

关于富弼与王安石的关系以及青苗法等事,《宋史》的叙述更为直接而详细:

王安石用事,雅不与弼合。弼度不能争,多称疾求退,章数十上。神宗将许之,问曰:"卿即去,谁可代卿者?"弼荐文彦博,神宗默然,良久曰:"王安石何如?"弼亦默然。拜武宁节度使、同中书门下平章事、判河南,改亳州。青苗法出,弼以谓如是则财聚于上,人散于下,持不行。提举官赵济劾弼格诏旨,侍御史邓绾又乞付有司鞫治,乃以仆射判汝州。安石曰:"弼虽责,犹不失富贵。昔鲧以方命殛,共工以象恭流,弼兼此二罪,止夺使相,何由沮奸?"帝不答。弼言:"新法,臣所不晓,不可以治郡。愿归洛养疾。"许之。遂请老,加拜司空,进封韩国公致仕。弼虽家居,朝廷有大利害,知无不言。郭逵讨安南,乞诏逵择利进退,以全王师;契丹争河东地界,言其不可许;星文有变,乞开广言路;又请速改新法,以解倒县之急。帝虽不尽用,而眷礼不衰,尝因安石有所建明,却之曰:"富弼手疏称'老臣无所告诉,但仰屋窃叹'者,即当至矣。"其敬之如此。

最有意思的是关于富弼的"遗奏"。行状谓"临终犹以遗稿一封,付其子上之",没有说明是什么内容;墓志铭谓"至其将没,犹以遗稿一通付其子上之,然其详莫得而知也。推公之意,苟可以益君上、厚民人者,盖忘其身之老且死而

言之也。呜呼,可谓忠已",内容仍然不得而知;神道碑同墓志铭;而《宋史》则有了详细内容:

> 手封遗奏,使其子绍庭上之。其大略云:陛下即位之初,邪臣纳说图任之际,听受失宜,上误聪明,浸成祸患。今上自辅臣,下及多士,畏祸图利,习成敝风,忠词谠论,无复上达。臣老病将死,尚何顾求?特以不忍上负圣明,辄倾肝胆,冀哀怜愚忠,曲垂采纳。去年永乐之役,兵民死亡者数十万。今久戍未解,百姓困穷,岂讳过耻败不思救祸之时乎? 天地至仁,宁与羌夷校曲直胜负? 愿归其侵地,休兵息民,使关、陕之间,稍遂生理。兼陕西再团保甲,又葺教场,州县奉行,势侔星火,人情惶骇,难以复用,不若寝罢以绥怀之。臣之所陈,急于济事。若夫要道,则在圣人所存,与所用之人君子、小人之辨耳。陛下审观天下之势,岂以为无足虑邪?
>
> 帝览奏震悼,辍朝三日,内出祭文致奠,赠太尉,谥曰文忠①。

很显然,富弼的"遗奏"就在朝廷藏着,范纯仁、韩维即使知晓,激烈的言论也是不宜写的,至于苏轼应该可以写了,也没有写,或许是没法去查阅。元祐史臣修《国史》时,基本材料虽然还是范、韩、苏的文章,但遇到隐笔、曲笔和缺载之处,就有了政治和材料优势,得以补充史实,直书其事了。

当然,《宋史》与宋《国史》应该也是有不同的,朱熹《三朝名臣言行录》引邵伯温《闻见录》云:"《国史》著富公以不预策立英宗,与魏公绝,至此祭不通,非也。"②《宋史》无此等语。

总之,由富弼的行状、墓志铭、神道碑和《宋史》本传四种重要的传记文本的撰造缘起、撰造人和内容异同的分析可知,同一个历史人物的事迹和评价,在不同的历史时期,会出现不同的表述,而在北宋,即使是政见歧异最甚的熙宁、元丰、元祐时期,士大夫仍然可以比较自由地表达自己的思想和主张,唯行

---

① 元脱脱等:《宋史》卷三一三《富弼传》,第 29 册,第 10255—10257 页。
② 朱杰人等主编:《朱熹全书》,上海古籍出版社、安徽教育出版社,2000 年,第 12 册,《八朝名臣言行录》(李伟国校点)《三朝名臣言行录》第二之一,第 400 页。

文方式和放开程度有所不同而已。

附一：

富弼四种传记文本神宗朝部分内容对比

行　状	墓志铭	神道碑	宋史传
今上即位，……熙宁元年正月，移判汝州，且俾入觐，诏曰："渴见仪容，愿闻风论。"以公足疾，肩舆至崇政殿门，令男绍庭【墓志铭作绍隆是】入殿扶持，仍不拜。又以门距殿上远，上特为之御内东门小殿以见之。……上欲召公为相，先遣中使谕旨曰："卿今兹无得更辞，当力疾入辅，为宗社计。"……	今上践祚，移镇武宁军，进封郑国公。屡乞罢将相任，上以公累朝辅佐，年耆德盛，尤虚心待之，以尚书左仆射、观文殿大学士、集禧观使召公，公以足疾未任拜，固辞，诏以新官复判河阳。熙宁元年正月，徙判汝州，且俾入觐。以公足疾，许肩舆至崇政殿门，令男绍隆扶掖以进，且命不拜。又以门距殿远，更御内东门便殿见之。赐坐从容，日昃始退。仍赐其子绯衣银鱼。盖近世宠遇大臣，未有恩礼如此之厚也。上欲复以集禧观使留之，公恳辞，之镇。明年正月，再召赴阙。**上之将召之【出土本作公，下同】，先遣中使谕之【旨，出土本优】曰："卿今兹毋得重辞，当力疾入辅，为宗社计。"二月，遂除司空，兼侍郎【中，出土本是】、昭文馆大**学士，赐甲第一区，皆不受。复拜左仆射、门下侍郎、同中书门下平章事，未陛见。	神宗即位，改镇武宁军，进封郑国公。公又乞罢使相，乃以为尚书左仆射、观文殿大学士、集禧观使，召赴阙。公以足疾，固辞，复判河阳。熙宁元年，移汝州，且诏入觐。以公足疾，许肩舆至殿门，上特为御内东门小殿见之。令男绍隆入扶，且命无拜，坐语从容，至日昃，赐绍隆五品服。再对，上欲留公为集禧观使，力辞赴郡。明年二月，除司空兼侍中昭文馆大学士，赐甲第一区，皆辞不受。复拜左仆射、门下侍郎、同中书门下平章事。公既至，未见。	熙宁元年，徙判汝州。诏入觐，许肩舆至殿门。神宗御内东门小殿，令其子掖以进，且命毋拜，坐语，从容【逗应移此】访以治道。**弼知帝果于有为，对曰："人主好恶，不可令人窥测；可测，则奸人得以傅会。当如天之监人，善恶皆所自取，然后诛赏随之，则功罪无不得其实矣。"又问边事，对曰："陛下临御未久，当布德行惠，愿二十年口不言兵。"帝默然。**至日昃乃退。欲以集禧观使留之，力辞赴郡。明年二月，召拜司空兼侍中，赐甲第，悉辞之，以左仆射、门下侍郎同平章事。

行　状	墓志铭	神道碑	宋史传
闻有人于上前言"灾皆是时数，不由人事"者，公遂上章曰："《春秋》书灾，所以警悟人君，使恐惧修省，董仲舒所谓'天人相与之际'，甚可畏也。又孟子对梁惠王：'有饿莩而不知发，人死则曰"非我也，岁也"。王无罪岁，斯天下之民至焉。'是皆不闻以灾凶归之于时数也。在人之一身，则曰'作善降之百祥，作不善降之百殃'；在一家，则曰'积善之家，必有余庆；积不善之家，必有余殃'。一身一家，至小也；余庆、余殃，尚因人之善恶而致；宁有国家天下之灾祥，而反归之于天数，而无事而致，亦未闻推之于天也。陛下万一或时而信，则救灾恤患、答谢天谴之意有时而息，亏损陛下之德，不为生灵之福，无甚于此。"【此段较详细】是时群臣上尊号及听乐，上以久旱，皆不受。而群臣犹坚听乐之请，公上言："故事有灾变皆撤乐，恐陛下以同天节契丹使者与群臣皆当上寿，故未止其奏。臣以为陛下圣政惟新，四海属目，	会有以"灾【异】皆常数，不【系】人事得失"言于上前者，公上章曰："《春秋》书灾【异】，所以警悟人君，使恐惧修省。《洪范》庶征，亦以五事而致，未闻归之天数也。陛下万一过听，寅畏消复之意有时而息，则亏损圣德，无甚于此。"是时，群臣请上尊号及听乐，上以久旱不许，而群臣尤固请听乐。公又言："故事，有灾变皆彻乐。恐陛下以同天节契丹使与群臣当上寿，故未断其来请。臣以为陛下始亲庶政，四海属耳目，尤宜日新盛业【德】，以示四邻【夷狄，本当如此】。愿并上寿罢之，益见陛下严恭天戒之美。"从之，即日而雨。公又言："陛下答谢天戒不为不至，上天报应不为不速。愿陛下不以今日得雨为喜，更以累年灾变为惧，远离奸幸【佞】，亲近忠良，恭畏上天，则太平可致。"上亲书答诏曰："义忠言亲，理正文直。苟非意在爱君，志存王室，何以臻此！敢不置之枕席，铭之肺腑，终老是戒。更愿公自兹输	有于上前言"灾皆天数，非人事得失所致"者。公闻之，叹曰："人君所畏惟天，若不畏天，何事不可为者。去乱亡无几矣。此必瘠臣欲进邪说，故先导上以无所畏，使辅拂谏诤之臣，无所复施其力，此治乱之机也。吾不可以不速救。"【增此】即上书数千言，杂引《春秋》《洪范》及古今传记，人情物理，以明其决不然者。臣请上尊号及作乐，上以久旱不许。臣固请作乐，公又言："故事，有灾变皆彻乐，恐上以同天节虏使当上寿，故未断其请，臣以为此盛德事，正当以示夷狄，乞并罢上寿。"从之。即日而雨。公又上疏，愿益畏天戒，远奸佞，近忠良。上亲书答诏曰："义忠言亲，理正文直。苟非意在爱君，志存王室，何以臻此。敢不置之枕席，铭诸肺腑，终老是戒。更愿公不替今日之志，则天灾不难弭，太平可立俟也。"	时有为帝言灾异皆天数，非关人事得失所致者。弼闻而叹曰："人君所畏惟天，若不畏天，何事不可为者！此必奸人欲进邪说，以摇上心，使辅拂谏争之臣，无所施其力。是治乱之机，不可以不速救。"【用神道碑】即上书数千言，力论之。又言："君子小人之进退，系王道之消长，愿深加辨察，勿以异同为喜怒、喜怒为用舍。陛下好使人伺察外事，故奸险得志。又多出亲批，若事事皆中，亦非为君之道；脱十中七八，积日累月，所失亦多。今中外之务渐有更张，大抵小人惟喜生事，愿深烛其然，无使有悔。"是时久旱，群臣请上尊号及用乐，帝不许，而以同天节契丹使当上寿，故未断其请。弼言此盛德事，正当以此示之，乞并罢上寿。帝从之，即日雨。弼又上疏，愿益畏天戒，远奸佞，近忠良。帝手诏褒答之。

行　状	墓志铭	神道碑	宋史传
正宜彰盛德以示夷狄，愿并上寿罢之，益足见陛下严恭寅畏之美也。"上从之。即日而雨，公复上章曰："陛下答谢天谴，不为不至；上天报应陛下，不为不速。矧令戎使目睹中国事，更愿陛下未以今日雨泽为喜，当以累年灾变为惧，远斥瘝佞，亲近忠良，恭畏上天，即太平可至。"上即亲书答诏："义忠言亲，理正文直，苟非意在爱君，志存王室，何以臻此？敢不置之枕席，铭诸肺腑，终老是戒！更愿公不替今日之志，则天灾不难弭，太平可立俟也。"	诚翊辅【不替今日之志】，则天灾不难弭，太平可立俟也。"		
公又上章，力陈"君子小人之情伪，系王道之消长，天下之安危。望陛下深思，辨察用舍，小失则招致祸乱，为国大患"。 ……四年，拜左仆射、判汝州，再上章以不谙近制，诏许归洛养疾。其年冬，乞还政事，拜司空，复武宁节钺，封韩国公致仕。元丰三年改官制，授开府仪同三司。【此处无"格青苗法不行"的记述】又以王文安公之	公又陈："君子小人情伪【系】王道之消长，天下之安危，望陛下深加辨察。所喜者不可遽用，所怒者不可遽【弃】。用舍小失，则招致祸败不细矣。" 八月，以疾辞位，拜武宁军节度使、同中书门下平章事，判河南府。复用公请，改判亳州。四年，提举河南【无河南二字】常平仓赵济言公于【格】青苗法不行，除左仆射，判汝州。再上章愿归	公既上疏谢，复申戒不已，愿陛下待臣不以同异为喜怒，不以喜怒为用舍。公始见上，上问边事。公曰："陛下即位之始，当布德行惠，愿二十年口不言兵。"因以九事为戒。八月，以疾辞位，拜武宁军节度使、同中书门下平章事，判河南。复以公请，改亳州。 时方行青苗息钱法。公以谓此法行则财聚于上，人散于下，且富民不愿请，愿请者皆贫民，	王安石用事，雅不与弼合。弼度不能争，多称疾求退，章数十上。神宗将许之，问曰："卿即去，谁可代卿者？"弼荐文彦博，神宗默然，良久曰："王安石何如？"弼亦默然。拜武宁节度使、同中书门下平章事、判河南，改亳州。青苗法出，弼以谓如是则财聚于上，人散于下，持不行。提举官赵济劾弼格诏旨，侍御

187

行 状	墓 志 铭	神 道 碑	宋 史 传
子同老陈嘉祐尝启建储旧章，上以诸公未尝自言，深嗟之，特拜司徒，仍以子绍京为阁门祗候。	洛养疾，许之。其年冬，请老，拜司空，复武宁节，兼同中书门下平章事，进封韩国公致仕。元丰三年，官制改，授开府仪同三司。又以王同老言嘉祐中其父尝与启建储事，上嘉公初不自言，特拜司徒，仍以其子绍京为阁门祗候。	后不可复得，故持之不行。而提举常平仓赵济劾公以大臣格新法，法行当自贵近者始，若置而不问，无以令天下。乃除左仆射，判汝州。公言："新法臣所不晓，不可以复治郡，愿归洛养疾。"许之。 寻请老，拜司空，复武宁节度及平章事，进封韩国公，致仕。公虽居家，而朝廷有大利害，知无不言。交趾叛，诏郭逵等讨之。公言："海峤险远，不可以责其必进，愿诏逵等择利进退，以全王师。"契丹来争河东地界，上手诏问公。公言："熙河诸郡，皆不足守，而河东地界，决不可许。" 元丰三年，官制行，改授开府仪同三司。是岁，故参知政事王尧臣之子同老上言，至和三年仁宗弗豫，其父尧臣尝与文彦博、刘沆及公同决大策，乞立储嗣，仁宗许之，会翊日有瘳，故缓其事，人无复知者。以其父尧臣所撰诏草上之。上以问彦博，彦博言与同老合。上嘉公等勋绩如此，而终不自言，下诏以公为司徒，且以其子绍京为阁门祗候。【较详】	史邓绾又乞付有司鞠治，乃以仆射判汝州。安石曰："弼虽责，犹不失富贵。昔鲧以方命殛，共工以象恭流，弼兼此二罪，止夺使相，何由沮奸？"帝不答。弼言："新法，臣所不晓，不可以治郡。愿归洛养疾。"许之。遂请老，加拜司空，进封韩国公致仕。弼虽家居，朝廷有大利害，知无不言。郭逵讨安南，乞诏逵择利进退，以全王师；契丹争河东地界，言其不可许；星文有变，乞开广言路；又请速改新法，以解倒县之急。帝虽不尽用，而眷礼不衰，尝因安石有所建明，却之曰："富弼手疏称'老臣无所告诉，但仰屋窃叹'者，即当至矣。"其敬之如此。 元丰三年，王尧臣之子同老上言："故父参知政事时，当仁宗服药，尝与弼及文彦博议立储嗣，会翊日有瘳，其事遂寝。"帝以问彦博，对与同老合，帝始知至和时事。嘉弼不自言，以为司徒。【此据神道碑】

行　状	墓志铭	神道碑	宋史传
六年闰六月二十二日，薨于正寝，享年八十。上闻讣震悼，为辍视朝，内赐祭文，遣入内供奉官勾当御药院梁从政致祭，赐赗慰恤其家甚厚。士大夫识与不识，皆垂泣相吊。 　　公自还政，未尝一日忘爱君忧国之心，朝廷有大事，或降诏访问，必竭诚尽忠，纤悉以陈，略无顾忌。安南用师，公复力言："大兵远行，供饷皆出民力，虑将帅漕郡县之官，务逃己责，不恤百姓。愿深加存抚，以安国本。"晚年复上书，力裨时政。**临终犹以遗稿一封，付其子上之。** 　　……接士以至诚，虽微官布衣，皆与之抗礼，笑语从容，送之及门。人有所长，不啻在己，委曲采问，觊尽其能。与人语，词气极温；及其临大节，正色慷慨，莫之能屈。……四夷蛮貊，尽服其名，北虏使至，多问公所在及安否，如爱父兄。至公为宰相，王德用为枢密使，谓馆伴者曰："南朝用二公，何得人之盛耶！" 　　**退居西都十余年，**	公为人端厚**沈【沉】正，临事而慎。其处己谋国必熟复周虑，度不万全不发。接士大夫，尽诚以礼，虽布衣必与之亢。不妄笑语以下宾客为声名。【？】**嘉善嫉邪，出于天性。居闲，犹询问当世人物，以知其贤不肖，尤慎许与，未尝轻以加人。出入尊宠垂四十年，而服用素约，无声色之玩。虽高年，未尝一日废书不观，以至释氏、老庄方外之说，莫不究极精致。有文集八十卷，藏于家。公尝语人曰："吾才学非能过人，但有不欺耳。"盖公之所以自养者如此，故其行己也，外如其中，其事君也，终如其初，久而益见信于天下，虽穷阎远国，莫不知公之姓与官号。北虏使每至，必候公出处，问其安否。公虽退居，明诏之所咨访，密章之所启告，盖不乏矣。**至其将没，犹以遗稿一通付其子上之，然其详莫得而知也。推公之意，苟可以益君上、厚民人者，盖忘其身之老且死而言之也。呜呼，可谓忠已！【此以《全宋文》文本**	六年闰六月丙申，薨于洛阳私第之正寝，享年八十。**手封遗表，使其子上之，世莫知其所言者。**上闻讣，震悼，为辍视朝，内出祭文，遣使致奠所，以赗恤其家者甚厚。赠太尉，谥曰文忠。	六年八月，薨，年八十。**手封遗奏，使其子绍庭上之。其大略云：** 　　陛下即位之初，邪臣纳说图任之际，听受失宜，上误聪明，浸成祸患。今上自辅臣，下及多士，畏祸图利，习成敝风，忠词谠论，无复上达。臣老病将死，尚何顾求？特以不忍上负圣明，辄倾肝胆，冀哀怜愚忠，曲垂采纳。 　　去年永乐之役，兵民死亡者数十万。今久戍未解，百姓困穷，岂讳过耻败不思救祸之时乎？天地至仁，宁与羌夷校曲直胜负？愿归其侵地，休兵息民，使关、陕之间，稍遂生理。兼陕西再团保甲，又葺教场，州县奉行，势侔星火，人情惶骇，难以复用，不若寝罢以绥怀之。臣之所陈，急于济事。若夫要道，则在圣人所存，与所用之人君子、小人之辨耳。陛下审观天下之势，岂以为无足虑邪！ 　　帝览奏震悼，辍朝三日，内出祭文

续表

行　状	墓 志 铭	神 道 碑	宋 史 传
深居罕出。尝之老子祠,乘小轿,过天津桥,市人喜公之出,随而观之;至徽安门,市为之空,其得民心也如此。文潞公尹河南,择乡里年德诸公为耆英之会,公为之冠。公平生达性命之理,临终安坐,奄然而逝。……	**录之(分段及标点稍有改动),而校以出土墓志铭文本,可见出土文本较传世文本为好】**		致奠,赠太尉,谥曰文忠。 　弼性至孝,恭俭好修,与人言必尽敬,虽微官及布衣谒见,皆与之亢礼,气色穆然,不见喜愠。其好善嫉恶,出于天资。常言:"君子与小人并处,其势必不胜。君子不胜,则奉身而退,乐道无闷。小人不胜,则交结构扇,千岐万辙,必胜而后已。迨其得志,遂肆毒于善良,求天下不乱,不可得也。"其终身皆出于此云。元祐初,配享神宗庙庭。哲宗篆其碑首曰"显忠尚德",命学士苏轼撰文刻之。

附二:

　　吕中《类编皇朝宋大事记讲义》卷十四《富弼遗表》:"元丰六年闰六月,富弼薨。《遗表》言:'选辅弼议论之臣,贪宠患失、柔从顺媚之徒,岂可立而使之!'又言:'天下之大,非智力可周,诚意可通也,若夫要道则在陛下圣心之所存,与所用君子小人之不同耳。"《遗表》见《历代名臣奏议》卷三八。

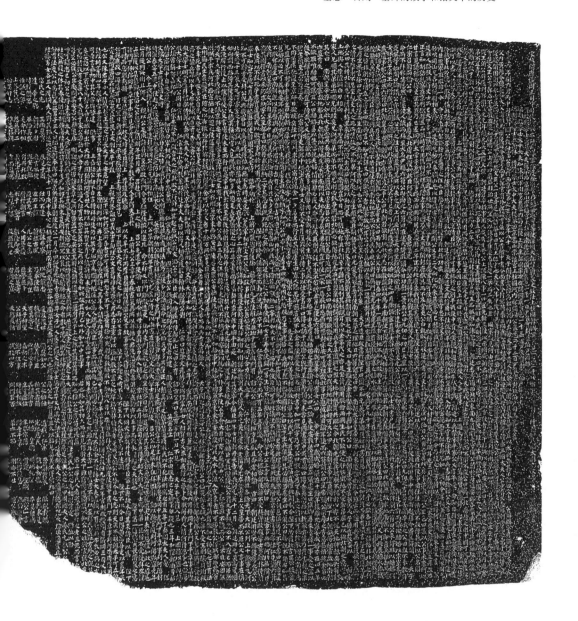

原载：朱渊清、汪涛主编：《文本·图像·历史》，

上海：华东师范大学出版社，2015 年，第 45—66 页。

《宋故冯翊郡太君张氏墓志铭》考

一、缘　起

2008 年 5 月 28 日,在苏州木渎"苏州市范仲淹研究会第三届学术研讨会暨范仲淹诞辰 1 020 年纪念活动"期间,获读范氏后裔范章先生《范仲淹夫人张氏墓志考》①,与会学者甚为关注,然对这一近年发现的墓志铭,亦颇以为疑。特别是范仲淹专家方健先生,初查之下,提出了多处有待解决的疑问。比如第一,范仲淹的夫人,史书有李氏、聂氏、曹氏的记载,没有张氏的记载,学界一般认为范纯粹为曹氏所出,今新发现的墓志表明范纯粹生母为张氏,其可靠性如何? 第二,墓志铭第一段说此志为李清臣应陕西漕运副使"井君季能"之请而撰,而如"井季能"这样一位具有较高级别的大官,亦史无明文;第三,墓志铭中所涉及的范纯粹、井季能、李清臣、彭汝砺、韩宗道等人的官衔,是否准确;第四,墓志铭记载张氏的父亲是张亢,但与范仲淹同时的名臣张亢虽有四个女儿,却没有一个有嫁给范仲淹的可能;第五,按墓志铭所述,张氏进入范家的年龄很小,究竟为何种身份? 等等。承方先生指点,我回上海以后查阅资料,略有所得,方先生所提各问题,大多可以得到解答,今谨写出,以就正于方家。

二、墓志铭概述

这方墓志题为《宋故冯翊郡太君张氏墓志铭》。关于出土过程,千唐志斋博物馆馆长赵根喜先生在《新中国出土墓志(河南叁　千唐志斋壹)》的《前言》中

---

① 范章:《范仲淹夫人张氏墓志考》,"苏州市范仲淹研究会第三届学术研讨会暨范仲淹诞辰 1 020 年纪念活动"会议论文,尚未发表。

说："2002 年 3 月 3 日，笔者在许营一农民家中见一宋志，因征集时唐以后墓志基本不收，未予注意，不经意间读到'文正公'、'宝文公'字样，始知为范仲淹妻冯翊郡太君张氏墓志铭。该志形体阔大，九十二公分见方，叙事甚详。撰文为资政殿学士李清臣，书者为中大夫充宝文阁待制、开封府兼畿内劝农使韩宗道，篆盖为尚书吏部侍郎彭汝砺。经询问得知，墓志出土地点在范仲淹墓园东侧三里处，因地面塌陷得见，遂追寻墓志盖下落，不几日亦得之。可惜因厚重搬运不易，已被一分为二。张氏何以葬在范园之外，不得而知。张氏墓志载其为钱塘人，归文正公凡二十年。范仲淹卒时，其子纯粹（即宝文公）仅七岁，而后却能'克承厥美，昌大于后，与其伯仲同时立于朝，由夫人教谕有法'。张氏墓志记范仲淹父子行迹甚详，对研究范氏家族及其生前身后人事迁变意义重大。……洛阳所出北宋墓志皆硕大厚重，制作精细。万安山出土宋志不多，范仲淹妻张氏墓志并苏氏家族墓志堪为宋志典范。"①

此墓志铭拓片现已由文物出版社收入《新中国出土墓志（河南叁　千唐志斋壹）》一书中出版，前此并经过标点，载于《全唐文补遗——千唐志斋新藏特辑》。复旦大学教授陈尚君先生认为："《特辑》承《全唐文补遗》的一贯体例，因收入千唐志斋近年所得全部墓志而稍作变通，将唐以前和宋以后墓志六十多方，作为附录收入，是妥当的处置。这些墓志中，确有一些很重要的文献。李清臣撰范仲淹妻张氏墓志，涉及范氏家室生平关系至大，就不必我再费辞言了。"②北京大学图书馆近年购入了一批墓志拓片，其中就包括这方墓志，馆方发布消息说："此次新收墓志均系近十年出土的新志，出自唐东都洛阳邙山古墓葬区者尤多，墓主多为官宦士人及亲属，不乏如丞相、大臣级别的重要官员，有些资料相当重要，如李清臣撰《范仲淹妻张氏墓志》涉及范氏家室生平，提供了范氏研究的重要信息，非常珍贵。"③

三、墓志铭原文

现据《新中国出土墓志（河南叁　千唐志斋壹）》移录《宋故冯翊郡太君张

---

① 中国文物研究所、千唐志斋博物馆编：《新中国出土墓志（河南叁　千唐志斋壹）》，文物出版社，2008 年 1 月。
② 陈尚君：《唐代石刻文献的重要收获——评〈全唐文补遗·千唐志斋新藏专辑〉》，《碑林辑刊》12 辑，陕西人民美术出版社，2006 年 12 月。
③ 北京大学图书馆馆长办公室编：《北京大学图书馆通讯》总第 58 期，2008 年 4 月 11 日。

氏墓志铭》全文如下（空行空格均据原样）：

宋故冯翊郡太君张氏墓志铭

资政殿学士、通议大夫、充真定府路安抚使、兼马步军都总管、兼知成德军府事及管内劝农使、上柱国、平原郡开国公、食邑二千八百户、食实封捌百户李清臣撰。

中大夫、充宝文阁待制、权知开封府兼畿内劝农使、上柱国、赐紫金鱼袋韩宗道书。

左朝散郎、试尚书吏部侍郎、上轻车都尉、赐紫金鱼袋彭汝砺篆盖。

宝文阁待制、鄜延路经略安抚使范公，守边岁余，方饬治文武，欲以清定外寇，而　母夫人终于守治之寝。乃奉枢还河南，卜葬万安山尹樊村先文正公茔域之次。陕西转运副使井君季能，录其谱系事实以来曰：

夫人，宝文待制公所生母；而宝文公，　文正公之幼子也。　文正公盖以忠义事　仁宗皇帝，其名传四夷，书《国史》。而宝文公克承厥美，昌大于后，与其　伯仲同时立于　朝，由　夫人教谕有法。仆幸与宝文公数联职相好也，敢为请铭。清臣诺之曰：“是皆应志铭法。”　夫人张氏，生钱塘。曾祖讳几，祖讳望之，考讳亢。　夫人髫鬌，相者言当显父母，乃相谓：以嫁庸儿，终湛里巷，尔岂若从贤者处乎？遂以归　文正公。而　嫡夫人蚤世，　夫人用　文正公指意，佽助家事，敬老字孤，隆姻穆族，凡二十年。温庄靖共，动必于礼。　文正公出入省府，长民赋政，提兵临边，参中书政事，已而报罢。其间升黜进退去就盖有义，　夫人能识其所以然者。　文正公家无余赀，喜施予。内恤疏属，外胹士大夫。家人常饘脱粟，　夫人悦乐推顺之。至于衾具褚衣，或奉以为助。宝文公生七岁，　文正公寝疾，属　夫人曰：“是儿亦当大成，吾不及见之矣！逮其长也，使知吾所守所为者。”及居　文正公丧，虽困窭，未尝有不足之叹。宝文公初就学，　夫人告之以　文正公之遗意。既束发，又告之以　文正公所以治身治家之法。及其立　朝，又告之以　文正公所以事　君者。谆复不已，柔爱在心，严厉在色，族人师仰之。熙宁中，宝文公为中书检正官，以正论忤柄臣，且以罪去，惧伤　夫人，意徐入开白。　夫人曰："吾从尔　先君，固屡逐，直道不可诎也，绌去庸何伤？子怀禄诌事人，非父母之耻耶？"宝文公为陕西转运副使，议者欲再兴师。公上书极论非计，人为公惧。　夫人慰勉之曰："不辱　先君，尔大节也，或失禄养，吾能安之。"奏上，　神宗皇帝谓辅臣曰："范纯粹论事，遂有父风，其言可听也。"卒罢大举。未几，召以为尚书右司员外郎。及　神宗晏驾，入临还家，　夫人执手恸哭曰："汝疏远小臣，先帝所识拔，中间妄意言大事，在它人则贬，在汝则听。此宜如何报？吾所以恸也！"嗟惋不食，是日感风痹之疾。宝文公帅环庆，　夫人曰："曩从尔　先君开府于此，汝今嗣之，荣孰比！然　先君有德在人，慎毋失父老之望。"后五年，宝文公以户部侍郎召还须　朝。　夫人疾有加。会延安阙帅，　朝廷重其选，以命宝文公，公以侍亲不可以远行，辞之至五六。　二圣遣使谕曰："延安重寄，军事方起，从夫人辍爱子以往，可乎？"　夫人谓宝文公曰："　君命不可终拒，吾虽羸老，当力疾以行也。"　诏赐茶药数十百斤，听择名医二人以偕。慰宠恩数，未尝有也。延亦　文正公之旧治。既至岁余，病益剧，乃以元祐七年壬申九月二十七日丁末，弃孝养，享年七十有一。　夫人慈懿肃雍，出于天性。自宝文公显贵，　夫人多以俸赐分宗属，力行　文正公之意。平居服浣衣，谦坐终日，诵佛书，食不营甘脆，室不陈绘绣。闻宝文公延接知名士，则喜曰："尔得所亲矣！"初，　文正公赐三品服，无金鱼，以金涂银鱼佩之，　夫人宝藏，以示宝文公曰："前人清德如此，可尚也！"韩康公留守北都，以幕府辟召，　夫人曰："韩公何如人也？士大夫公议之所与乎？"宝文公曰："旧德名臣也。"　夫人曰："如是可从矣。"及韩康公薨，方卧疾，挥涕曰："始终知尔者，韩康公也，其可忘乎！"熙宁十年，宝文公升　朝，恩封乐寿县太君。宝文公初帅环庆，愿以一官易命服，　二圣语执政曰："范纯粹之母，　朝廷自当与，何待其请。"遣使赐之。　夫人之亡，　诏赠冯翊郡太君，皆异数也。　夫人唯一子。孙男三人：正夫，陈州录事参军；正图，太庙斋郎；正谟，尚幼。孙女六人：长适知陈州录事参军、监开封府陈留县仓高公尹；次适右承奉郎张戬；次适知陇州吴山县事、监蔡州税高公应。余在室。葬以明年正月七日乙酉。铭曰：

195

於惟夫人，　温嫕在躬。　　见闻习熟，　文正之风。　　以饬厥嗣，
以仪厥宗。以庆于初，　以荣于终。　　命服是加，　汤沐是封。　夫人有
德，　是以有子。　庀司干方，　内外任使。　文武能之，　无择彼此。
夫人寿考，　享是孝敬。　异窀联域，从于　　文正。

王诚刻。①

篆盖的文字为"宋故冯翊郡太君张氏墓志铭"。关于此铭的说明文字为：

元祐八年(1093)正月七日。

盝顶盖。志、盖均长九二、宽九二厘米。盖文四行，满行三字。篆书。
四刹为四神及云卷纹。志文四十行，满行四三字。正书。盖右边残缺。

二〇〇二年二月伊川县彭婆乡范仲淹墓墓园东侧出土。同年三月三
日伊川县彭婆乡许营村征集。现藏千唐志斋博物馆。

①　中国文物研究所、千唐志斋博物馆编：《新中国出土墓志(河南叁　千唐志斋壹)》。

四、关于范纯粹和其母的相关史事

《墓志铭》中的"宝文阁待制、鄜延路经略安抚使范公",即范纯粹。范纯粹(1046—1117),宋苏州吴县人,字德孺,仲淹第四子。神宗熙宁中,以荫入仕,迁至赞善大夫、检正中书刑房,出知滕县,迁提举成都诸路茶场。元丰中,为陕西转运判官。宋师五路伐西夏,无功而返,神宗谋欲再举,纯粹上奏称公私困乏,不可兴师,为神宗所采纳。知庆州,时与西夏议划疆界,奏请弃所取西夏地,边境方得安宁。哲宗元祐中,除宝文阁待制。哲宗亲政,以弃地事降直龙图阁,又以"元祐党人"夺职知均州。后以徽猷阁待制致仕卒。

《墓志铭》有曰:"韩康公留守北都,以幕府辟召,夫人曰:'韩公何如人也?士大夫公议之所与乎?'宝文公曰:'旧德名臣也。'夫人曰:'如是可从矣。'及韩康公薨,方卧疾,挥涕曰:'始终知尔者,韩康公也,其可忘乎!'熙宁十年,宝文公升朝。"

据《宋史·韩绛传》:"熙宁三年,参知政事。……明年,以观文殿学士徙许州,进大学士,徙大名府。七年,复代王安石相。……哲宗立,更镇江军节度使、开府仪同三司,封康国公,为北京留守。……元祐二年,请老,以司空、检校太尉致仕。明年,卒,年七十七。"[①]是韩绛两次守北京,元祐年间那一次,范纯粹一直在环庆路经略安抚使任上,入幕府应在熙宁四年至七年韩绛守大名府时。也就是说,在范纯粹担任中书检正官之前,曾入韩绛大名府幕。这一点,尚未见其他史料记载。

哲宗元祐末,"户部侍郎、宝文阁待制范纯粹知延安府"。[②] 据《宋史·地理志》:"延安府,中都督府,延安郡,彰武军节度。本延州,元祐四年升为府。旧置鄜延路经略安抚使。统延州、鄜州、丹州、坊州、保安军四州一军,其后增置绥德军,又置银州,凡五州二军,银州寻废。"[③]故又与"鄜延路经略安抚使"相合。

---

① 元脱脱等:《宋史》卷三一五《韩绛传》。
② 宋李焘:《续资治通鉴长编》卷四五九哲宗元祐六年六月丙申。又宋刘攽《彭城集》卷二二有《知庆州范纯粹可宝文阁待制再任制》。
③ 元脱脱等:《宋史》卷八七《地理志三·陕西》。

哲宗元祐中,在延安前线与西夏的对峙和拉锯战中颇有经验和建树的名将赵卨去世,朝廷议论继任人选,韩忠彦、王岩叟、吕大防等大臣都认为范纯粹合适,王岩叟说"纯粹壮年有风力,似其父。又尝在延安,委任极得人也",这项建议得到了太皇太后的认同。但范纯粹以母亲老病上章辞免,相关臣僚聚集都堂,"纯粹至,范既以亲老而疾,人子之心安委以去,辞帅甚哀"。朝廷曾欲换人,苦于没有合适的人选。于是从同僚到宰相一直到垂帘听政的太皇太后,反复劝慰,软硬兼施,甚至有提出"严与一指挥"或"范若免,须与宫观"者。王岩叟说:"塞上数十万生灵,性命系一主帅。恻隐此一人,不若恻隐及数十万人也。"刘挚《日记》记录了他自己的意见:"急难之时,则可以一切断之。今幸平居无事,亦可以少伸臣子之情。范母七十,风病八年,卧于床,止有一子,从来饮食起居,赖以为命。今使之离去,似非人情。"《墓志铭》中说范纯粹的母亲张氏"感风痹之疾"是在"神宗宴驾"之后。以元祐六年上推八年,恰为元丰之末。

宰相吕大防出了个主意,他对太皇太后说:"臣昔为陕西经略判官,而先臣病于家。蒙先帝遣中使按问。今乞遣人问劳范母以遣其子之意,边事了,即召归矣。"帝中可之。太皇太后遣人谕范母,"至其家,果病不虚","然纯粹卒不免延安之行"。《墓志铭》所记述之"后五年,宝文公以户部侍郎召还朝。夫人疾有加。会延安阙帅,朝廷重其选,以命宝文公,公以侍亲不可以远行,辞之至五六。二圣遣使谕曰:'延安重寄,军事方起,从夫人辍爱子以往,可乎?'夫人谓宝文公曰:'君命不可终拒,吾虽羸老,当力疾以行也。'诏赐茶药数十百斤,听择名医二人以偕。慰宠恩数,未尝有也"。与史籍所载可以互相参证。①

----

① 宋李焘《续资治通鉴长编》卷四五九:(哲宗元祐六年六月)丙申,户部侍郎、宝文阁待制范纯粹知延安府。先是,枢密院闻赵卨死,韩忠彦与王岩叟议所以代卨者,惟纯粹可。及都堂聚议,吕大防亦以为莫如纯粹。忠彦曰:"向以纯粹轻,尝议韩缜。"大防曰:"老矣,亦难往。"刘挚曰:"前执政中宜有人。"众不应。苏辙曰:"旧闻曾欲用苏尧夫。"大防曰:"尝有言者,遂已。"苏颂、傅尧俞无所可否。岩叟谓无以易纯粹。于是进呈纯粹除目。岩叟曰:"纯粹壮年有风力,似其父。又尝在延安,委任极得人也。"挚及忠彦曰:"纯粹方自边上来,必以母老辞。"岩叟曰:"国事为重。"太皇太后以岩叟言为然。而纯粹果上章辞免。太皇太后曰:"来恰一两月。"大防曰:"在纯粹不得不辞免。且依前降指挥。"他日,枢密院又言差纯粹极当,乞以恩意慰遣。太皇太后曰:"三省适欲遣中使。"岩叟曰:"甚善。"都堂又召纯粹面谕,纯粹犹不肯受命。三省、枢密院言:"朝廷恩意如此,若固辞免,朝廷何以使人?"欲展五日朝辞,如不行,则须与行遣。纯粹乞八月初赴任,从之。大防又谓同列:"延安虽去,终恐心不安。万一厥母道病卒,不如易之。"岩叟曰:"谁可?"曰:"渭帅可乎?"岩叟曰:"渭方有警,却谁可?"大防无以对。岩叟又与忠彦论不可易之理,谓同列:"塞上数十万生灵,性命系一主帅。恻隐此一人,不若恻隐及数十万人也。"(此用王岩叟《系年录》修入,刘挚《日记》载此事尤详,今附注此。六月七日除目,以范纯粹知延安。吾尝白众:"纯粹母老,方自外来,恐难便(转下页)

第二年，"（哲宗元祐七年冬十月乙丑）陕西转运使李南公为直龙图阁知延安府，范纯粹遭其母丧故也"。① 据《墓志铭》，"（范纯粹）既至岁余，（范母张氏）病益剧，乃以元祐七年壬申九月二十七日丁未弃孝养，享年七十有一"。范母于9月去世，朝廷于10月遣李南公接替范纯粹，此次动作够快的。

但再过两年，哲宗亲政以后，范纯粹又被派往延安前线，"（绍圣元年）八月二日，丁忧人前左朝请郎、宝文阁待制范纯粹降一官，为直龙图阁、知延安府。以御史郭知章论其在元祐间尝献议弃安疆、葭芦、吴堡、米脂等寨故也"。② 又："绍圣元年八月十四日，诏：范纯粹已差知延安府，不得辄有辞免。候大祥毕，更不候禫除，速赴本任。"③这时候范纯粹还在丁忧期间。

除了《墓志铭》以外，以上有关记载，均未说明范纯粹生母之姓氏。但经反复查检，获得了一条前人未曾注意的记载，《续资治通鉴长编》哲宗元祐元年九月癸未："权发遣庆州范纯粹乞回纳一官换冠帔授所生母乐寿县太君张氏。诏

（接上页）遣。"微仲、彦霖皆谓："边事熟，无若此人者。"及进呈，又以其亲老而病，彦霖曰："国事重，私计轻。"众和曰："然。"遂可。十二日，范刑侍以纯粹事来。十七日，集都堂，纯粹至，范既以亲老而疾，人子之心安委以去，辞帅甚哀。昨日上前，吾亦略为言其故，而吕相决欲其去。吕相非有他意，特以右府主之固，右府亦特以王彦霖确不肯移。然大抵皆以纯粹习边事详且久耳，此固国事也，不当以私义免。然吾尝白二三公，以谓："急难之时，则可以一切断之。今幸平居无事，亦可以少伸臣子之情。范母七十，风病八年，卧于床，止有一子，从来饮食起居，赖以为命。今使之离去，似非人情。"吕相曰："适以鄜延要地，有边机之事未了，故须其人。"吾："所谓边事，是地界也。地界之办，于本路者已了当。自来只有熙河地界，未必在延安适议。近已有指挥，令夏人遣使自诣熙河说话，则延安无所事矣。"又曰："陕西门户在延安，不独熙兰地界也。"吾曰："使纯粹死，则延安遂不差人乎？"韩师朴亦曰："诚是，诚是。使其丁忧，则又如何？"吕相曰："事至如此，则须别论之。"吾于上前虽开陈其端，而不欲极力论之。盖吾所主者，纯粹之私计；彼所主者，为王事择人。上之听有难易也。吕相因请："臣昔为陕西经略判官，而先臣病于家。蒙先帝遣中使按问。今乞遣人问劳范母以遣其子之意，边事了，即召归矣。"帝中可之。今日，范至都堂，具道昨日宣谕之说。吕相语之曰："便归矣，莫且勉为朝廷行。"范恳甚切至。既去，吕相曰："莫须别商量。"师朴欲以韩玉汝，苏子由欲以范尧夫，吕相欲以苗授，又欲以刘舜卿。吾以班簿示吕相曰："请于学士、待制或前执政内选人。"皆不可。吾："从官内外如林，岂无一人可帅者乎？蒋之奇、钱勰皆在陕西久，可择一人。"吕相曰："皆难保。"彦霖曰："纯粹遣不行，则他人若再辞，岂当强之？"师朴："不若且令纯粹去，严与一指挥。"吕相曰："范若免，须与宫观。"顾师朴曰："请谕如此，来日且再遣之，更看上面如何？"议事之难，大约如此。十八日，延和谕曰："昨日遣人谕范母，至其家，果病不虚。"三二公执前议，仍云若坚辞，须当行遣，与一闲慢差遣。吾曰："彼以亲疾而辞，亦须甘心。"遂不允其乞，仍限五日朝辞。过都省，微仲留门下。范纯粹来，云见吕相，已有回意，将诣右府。按：挚所称右府，指韩忠彦及王岩叟在枢密也。忠彦同知，岩叟签书。然纯粹卒不免延安之行。）

① 同上书卷四七八。

② 清徐松辑：《宋会要辑稿》职官六七之九。又杨仲良《续通鉴长编纪事本末》卷一〇一："绍圣元年（甲戌，一〇九四）八月辛未，诏丁忧人左朝请郎、宝文阁待制范纯粹降一官，为直龙图阁、知延安府。以御史郭知章论其在元祐间尝献议弃安疆、葭芦、吴堡、米脂等寨，故有是命。"

③ 清徐松辑：《宋会要辑稿》职官七七之七。

特赐,不为例。"①范纯粹所生母为张氏,史有明文矣。

《墓志铭》载:"熙宁十年,宝文公升朝,恩封乐寿县太君。宝文公初帅环庆,愿以一官易命服,二圣语执政曰:'范纯粹之母,朝廷自当与,何待其请。'遣使赐之,夫人之亡,诏赠冯翊郡太君,皆异数也。"其事相同而更详。

可见墓志铭所述范纯粹和范母张氏在元祐六年至七年的事迹,与史料所载并无不合之处。

五、关于"井君季能"

《墓志铭》一开始就说,"宝文阁待制、鄜延路经略安抚使范公,守边岁余,方饬治文武,欲以清定外寇,而母夫人终于守治之寝。乃奉枢还河南,卜葬万安山尹樊村先文正公茔域之次。陕西转运副使井君季能,录其谱系事实以来曰:夫人,宝文待制公所生母;而宝文公,文正公之幼子也。文正公盖以忠义事仁宗皇帝,其名传四夷,书《国史》。而宝文公克承厥美,昌大于后,与其伯仲同时立于朝,由夫人教谕有法。仆幸与宝文公数联职相好也,敢为请铭。"这里有一位与范纯粹"数联职相好"的"陕西转运副使井君季能"出现,而且"录其谱系事实"以告李清臣,说明井姓的陕西转运副使与范纯粹是亲密同事,而且范纯粹将母亲的有关情况告诉井,让他记下来交给李清臣。李清臣在墓志铭中称其为"井君季能",则季能一定是井君的字。那么这位井季能到底是谁呢?

据《续资治通鉴长编》记载:"(哲宗元祐三年三月)朝请郎、河东路转运副使井采亮知滑州。亮采前自京东路转运判官徙河东,及是,京东民饥,无以赈给,故黜之。(亮采为京东运判,在元丰八年四月;徙河东,在元祐二年九月。此据刘攽《制集》增入。攽制并责张琦,而《实录》无之,今附此。攽制云:'河东运副井亮采可知滑州,朝奉大夫张琦可知唐州。外计之任,表率一道,邦用莫重于金谷,民务莫先于调度,智弗及之,旷职甚矣。尔等前假使传,往莅东土,不知轻重之要,曾无聚敛之术,以致民饥而无以赒赈,粮绝而劳于转发。责其无状,宜有惩罚,黜守一邦,是为宽典。'张琦元祐元年七月自河北提刑改京东运判,未见迁徙,今乃以

---

① 宋李焘:《续资治通鉴长编》卷三八八哲宗元祐元年九月癸未。

朝奉大夫同亮采责知州,而《实录》亦不书,附见当考。)"①

又:哲宗元祐六年正月戊寅:"左朝请大夫、梓州路转运副使井亮采为度支员外郎。"②

又:哲宗元祐七年六月戊寅:"度支员外郎井亮采权发遣陕西路转运副使。"③哲宗元祐八年正月庚寅:"侍御史杨畏言:'昨西贼寇环州,本州、路奏报灭裂,朝旨令井亮采体量,已与本路所奏不同,终不如专使之为愈。乞特差官体量,仍面戒所遣使,稍涉隐庇,重行降黜。'诏令井亮采详所奏体量,仍具无漏落及未尽事理以闻。(《新》无井亮采何官,七年六月二十六日,亮采除陕西漕副。)"④

范纯粹元丰中为陕西转运判官,进而为转运副使,哲宗立,为京东转运使,元祐六年以宝文阁待制知延安府。差不多同一时间,井亮采先后任京东路转运判官、河东路转运副使、陕西路转运副使。特别是当井亮采被任命为陕西路转运副使时,范纯粹在知延安府任上,正是同事。

但井亮采死得很早:哲宗元符二年冬十月,"吕希纯、井亮采已身亡"。⑤

看来,这位井亮采字季能,即墓志铭中的井君,大体是可以肯定的了。史料中没有说井亮采的字是什么,墓志铭提供了这一信息。《书·舜典》:"舜曰:'咨,四岳!有能奋庸熙帝之载,使宅百揆亮采,惠畴?'""亮采"和"能"从古人的名和字的角度来说,也是可以对应的。

六、关于李清臣、韩宗道、彭汝砺等

墓志铭的撰写人李清臣、书写人韩宗道和篆盖者彭汝砺,都是北宋名人,今仅考其相关时代与范纯粹有关的事迹。

李清臣(1032—1102),字邦直,安阳人。七岁知读书,日数千言,暂经目辄诵,稍能戏为文章。皇祐五年(1053)进士。欧阳修壮其文,以比于苏轼。曾作《韩琦行状》,神宗读之,认为有良史之才,召为两朝国史编修官,撰河渠、律历、

---

① 宋李焘:《续资治通鉴长编》卷四〇九。
② 同上书卷四五四。
③ 同上书卷四七四。
④ 同上书卷四八〇。
⑤ 同上书卷五一七。

选举诸志，文直事详，人以为不减史汉。元丰六年，拜尚书右丞。哲宗即位，转左丞。时熙丰法度一切废除，固争之，贬为资政殿学士，知河阳，徙河南永兴。徽宗即位，为门下侍郎、仆射，为曾布所诬陷，出知大名府，不久去世。其文简重宏放，自成一家。①

《续资治通鉴长编》哲宗元祐六年闰八月壬申："资政殿学士知永兴军李清臣知成德军。"②《净德集》中有《资政殿学士通议大夫知成德军李清臣可户部尚书制》。③

《墓志铭》中李清臣的职衔是"资政殿学士、通议大夫、充真定府路安抚使、兼马步军都总管、兼知成德军府事及管内劝农使、上柱国、平原郡开国公、食邑二千八百户、食实封八百户"，与史载相合。

韩宗道，字持正，开封雍丘（今杞县）人。韩亿孙，韩综子。嘉祐四年（1059）进士。元祐三年（1088）擢权户部侍郎，以宝文阁待制权知开封府。绍圣初，除宝文阁直学士、知成都府，后徙青州、瀛州、杭州。④《墓志铭》中所署的职衔是"中奉大夫、充宝文阁待制、权知开封府兼畿内劝农使、上柱国、赐紫金鱼袋"，也与史载相合。

彭汝砺（1041—1095），饶州鄱阳人，字器资。英宗治平二年（1065）进士第一。历任幕职官。所著《诗义》为王安石见重，补国子直讲。元祐二年（1087），入为起居舍人。擢集贤殿修撰，入权兵、刑二部侍郎，迁吏部侍郎。哲宗亲政，权吏部尚书。⑤《墓志铭》中所署的职衔是"左朝散郎，试尚书吏部侍郎、上轻车都尉、赐紫金鱼袋"，亦与史载相合。

七、关于"应志铭法"

墓志铭第一段，说到井季能拿了范纯粹母亲张氏的谱系材料去请求李清

---

① 元脱脱等：《宋史》卷三二八《李清臣传》。
② 宋李焘：《续资治通鉴长编》卷四六五。又同书卷四八三，(哲宗元祐八年夏四月甲子)"资政殿学士通议大夫知永兴军李清臣为吏部尚书。六年闰八月八日永兴召为吏书，既而寝之。十六改知真定。今复自永兴召为吏书，五月三日又改真定。《政目》无此。永兴军恐当作成德军"。
③ 宋吕陶：《净德集》卷八。
④ 据元脱脱等《宋史》卷三一五、宋李焘《续资治通鉴长编》卷四四九、四七五等。
⑤ 元脱脱等：《宋史》卷三四六《彭汝砺传》等。

臣写墓志铭,李清臣说:"是皆应志铭法。"(《全唐文补遗——千唐志斋新藏特辑》标点为:"是。"皆应志铭法。)

考韩愈《河南少尹李公墓志铭》:"元和七年二月一日,河南少尹李公卒,年五十八。敛之三月某甲子,葬河南伊阙鸣皋山下。前事之月,其子道敏哭再拜,授使者公行状,以币走京师,乞铭于博士韩愈曰:'少尹将以某月日葬,宜有铭。其不肖嗣道敏杖而执事,不敢违次不得跪以请。'愈曰:'公行应铭法,子又礼葬,敢不诺而铭诸?'"①"公行应铭法"的含义应该是"死者的一生事迹符合写墓志铭的规矩",在交待写墓志铭的缘起时使用这样一个提法,自韩愈始。

在李清臣撰写的其他墓志铭中也有类似的用法:"然将葬,吴氏孤又谓李清臣曰:'自先公总史事,君尝为属。子其铭。'清臣再拜跪曰:'公德义劳烈,实应铭法。'"②

其后用例甚多。

如陆游《知兴化军赵公墓志铭》:"庆元二年八月辛亥,朝请郎、新知兴化军事赵公以疾卒于第。越十月庚午葬于会稽五云乡汤家畈之原。明年九月乙卯,诸孤……泣且言曰:'先君之葬,将请铭于执事。以大事之日迫,方伏苦块间,不能自通。今幸逾年未即死,敢以承事郎、签书平江军节度判官厅公事莫君子纯之状来告,惟公幸许之,某等即死无憾。'予以老疾辞,请益牢。维公文学治行,皆应铭法。"③

又如林景熙撰《宋朝请大夫太常寺簿知台州周公墓志铭》:"故台守常簿周公既葬之三年夏,其孤益昌以公行状来泣请铭。余谓:'公行应铭法,宜求当代鸿笔,仆非其人,敢辞。'益昌固请。"④

黄宗羲《铭法例》:"祭统铭之义,称美而不称恶,此孝子孝孙之心也。故昌黎云'应铭法'。若不应铭法,则不铭之矣。以此寓褒贬于其间。"⑤

这一提法的使用,在韩愈以后,宋代首先是李清臣,陆游等人都已经是南宋作家。

---

① 《东雅堂昌黎集注》卷二五。
② 宋杜大珪编:《名臣碑传琬琰之集中》卷二七李清臣撰《吴正宪公充墓志铭》。
③ 宋陆游:《渭南文集》卷三四。
④ 宋林景熙:《霁山文集》卷五。
⑤ 清黄宗羲:《金石要例》。

八、关于范纯粹母亲之父张亢

墓志铭说:"夫人张氏,生钱塘。曾祖讳儿,祖讳望之,考讳亢。"很容易使人想到张氏之父为与范仲淹同时的北宋名臣张亢。

张亢字公寿,临濮(今山东鄄城)人。举进士,累迁知郡州。元昊攻宋,数论边将士卒之设置失当、损兵折将之原因、陕西民调发之困苦等。修建宁砦,西夏屡出兵相争,以虎翼军击败西夏,筑清塞等五堡。迁泾原路经略安抚招讨使知渭州,徙瀛州。加领眉州防御使。夏竦为枢密使,夺防御使,降知磁州。官至徐州总管,卒。① 在宋代史料和笔记小说中有大量关于张亢事迹的记载,此不赘。

韩琦撰《故客省使眉州防御使赠遂州观察使张公墓志铭(并序)》:"故赠遂州观察使张公亢之将葬也,诸孤具公之官次与平生之施为泣来告曰:'公曩帅西边,我先子实备将佐,其忘身扞寇,勤苦百为,固不待疏列,而公知之详矣。昔种侯世衡事范文正公,宣力环延,及其亡也,文正亲为文以志其墓,盖悉其故吏之劳,书之所以为劝也。我先子之事其著如此,公忍遗而不书哉?'予哀其诚而义不可以辞,故为之叙曰:公字公寿,其先濮州临濮人。曾祖裕恬,晦不仕,祖居实,鄂州嘉鱼令,父余庆,太子右赞善大夫、赠吏部尚书。逮嘉鱼葬于宋,故今为宋人。……嘉祐六年六月二十九日以疾卒,时年六十三。……女四人:长适殿中丞赵约之;次适著作佐郎高士纶;次适太原府阳曲县主簿荣咨道;次在室。"②

也就是说,张亢共有四个女儿,在张亢生前,前面三个均已嫁人,而且夫婿有名有姓,最小的女儿还在闺中待字。张亢去世的嘉祐六年,距范仲淹去世已经有十年了。如此看来,张亢的女儿要嫁给范仲淹是不可能的。这是方健先生提出的疑问中最难解决的一点。

我认为,答案只能是:此张亢非彼张亢。北宋名臣张亢为临濮人,在今山东鄄城;而张氏之父祖曾祖均为钱塘人,即今杭州人。北宋名臣张亢之父、祖、曾祖名讳"裕恬""居实""余庆",与张氏之祖、曾祖之名讳"望之""儿",亦全不合。北宋名臣张亢甚为显赫,不需要靠女儿求贵;而《墓志铭》中有"夫人鬐鬐,相者言当

---

① 元脱脱等:《宋史》卷三二四本传等。
② 宋韩琦:《安阳集》卷四七。

显父母"云云,说明张氏之家为一普通人家,且《墓志铭》又说:"乃相谓:'以嫁庸儿,终湛里巷,尔岂若从贤者处乎?'遂以归文正公。而嫡夫人蚤世,夫人用文正公指意,饮助家事,敬老字孤,隆姻穆族,凡二十年。"说明张氏到范仲淹家里时,开始不是明媒正娶的夫人,在嫡夫人去世以后,她才开始操持家务。

九、关于张氏之在范家"二十年"

墓志铭谓张氏在范家"用文正公指意,饮助家事,敬老字孤,隆姻穆族,凡二十年"。范章先生文章的推测和描述是基本合理的:

这里的"凡二十年"之说,当指文正公生前的二十年。因为包括文正公逝世后的时间,那就不是二十年了。仅从皇祐四年(1052年)文正公逝世到元祐七年(1092年)张夫人病逝,即已有四十年时间。因此说是文正公生前的二十年,而且早在李夫人病逝前四年即明道二年(1033年)已入范门,因为李夫人只比文正公早逝十六年。再从张夫人的生年来推算,她病逝于"元祐七年(1092年)九月二十七日",享年七十有一。以元祐七年(1092年)向前推七十一年,即宋真宗天禧五年(1021年)。再从天禧五年(1021年)到明道二年(1033年),她才十三岁,不可能结婚。但文中却说:"文正公出入省府,长民赋政,提兵临边,参中书政事,已而报罢,其间升黜进退去就盖有义,夫人能识其所以然者。文正公家无余赀,喜施予。内恤疏属,外赒士大夫。家人常饫脱粟,夫人悦乐推顺之。至于奁具褚衣,或奉以为助。"又说:"夫人曰:'吾从尔先君,固屡逐,直道不可诎也。绌去庸何伤,子怀禄谄事人,非父母之耻耶?'"第一段文中所说的出入省府等数语,说明自文正公景祐元年(1034年)遭贬以后以至于逝世的经历事故,张夫人都跟随着起伏风尘,且能识其所以然而悦乐推顺之。第二段文中所说"吾从尔先君,固屡逐",屡逐就不是只逐一次。进一步说明了范文正公的"景祐三贬"她都与文正公同舟共济。这样即如从景祐元年算起,至文正公逝世也有十九年时间,看来文中所说跟随文正公"凡二十年"是名副其实。这"凡二十年"之初,夫人年龄确实太小,这是怎么回事? ……古人称出嫁某人为适某人。这里只称归,不称适。说明了虽归属文正公,但没有结婚。遂已服待文正公了。文中说:宝文公帅环庆,夫人曰"曩从尔先君开府于此,汝今嗣之"数语,说明文正公于庆历元年(1041 年)在环庆路挂帅平叛其间,夫人是跟着服侍文公的。那么什么时候结了婚?庆州有传说:"文正公在庆州(今时甘肃庆阳),继娶夫人张氏。"看来像是于庆历年间在庆州成了婚礼。以庆历元年算,这时张夫人已二十岁,至庆历六年在邓州生纯粹时已二十五岁,也符合情理。

十、关于范仲淹"新妇曹氏"

范仲淹嫡夫人为李氏,此点没有疑问。范仲淹又有一位继夫人张氏,也已得到证实。但在《宋会要辑稿》中有两条大同小异的材料,说范仲淹有一位"新妇""曹氏":

> (元丰五年)"四月七日,上批范仲淹新妇文安郡夫人曹氏,昨以太皇太后遗恩进封,增给俸钱等。有司自陈,以为误支。可依旧支破"。①

> "上批范仲淹新妇文安郡夫人曹氏,昨以太皇太后遗恩进封,增给俸钱等。有司自陈,以为误支,可依旧支破,仍免追理。"②

众多宋史学者据此推理,曹氏即范纯粹所生母。③ 但对两条材料的含义,

① 清徐松辑:《宋会要辑稿》仪制一〇之二七。
② 同上书职官五七之四四。
③ 范章先生的文章说:1986 年 10 月上海人民出版社出版程应镠著《范仲淹新传·范仲淹事迹著作编年简录》载:"庆历六年,五十八岁。李夫人景祐三年死,继娶曹氏,此年生纯粹。"这是笔者第一次见到的继室之说,不知所出。不过,程老是宋史专家,可能有出处我不知道。但程老也没有明说纯粹是曹氏所生。只是从语气来看,似有曹氏所生之意。1991 年中州古籍出版社出版李涵、刘经华著《范仲淹传·范仲淹生平大事年表》载:"1046 年(庆历六年),五十八岁,在邓州。李夫人死,继娶曹氏,此年生纯粹。"2000 年 7 月,西安图书出版社出版董平著《伟大的教育家范仲淹·范文正公行状编年纪》载:"庆历六年(1046),五十八岁,秋七月四子纯粹生,母曹氏。"肯定了纯粹为曹氏所生。2001 年 12 月南京大学出版社出版方健著《范仲淹评传·范仲淹年谱简编》载:"58 岁,庆历六年,七月,四子纯粹(1046—1117)生。乃继室曹氏夫人所生。"2002 年 1 月,甘肃人民出版社出版刘文戈先生所著《范仲淹知庆洲》一书中的纯粹传,开头一段即说:"范纯粹,字德儒,他是范仲淹的继室曹氏于宋仁宗庆历六年,也就是在范仲淹 58 岁知邓州时所生。"也肯定了纯粹为曹氏所生。

尚未见有人予以诠释，比如“新妇”是什么意思，这位“曹氏”的出身如何，为什么在范仲淹去世三十年以后得以进封和增俸，“太皇太后”又是哪一位，等等。

按“太皇太后”即宋仁宗曹皇后，英宗入为嗣子，后赞策居多。嘉祐八年(1063)英宗即位，尊为皇太后。英宗病，请权同处分军国事。次年，英宗疾愈，即降手书还政。治平四年(1067)神宗即位，尊为太皇太后。元丰二年薨。谥慈圣光宪。神宗办完了隆重的丧仪以后，开始了大规模的推恩。

得到推恩的，主要是曹皇后的弟弟曹佾及其家族，惠及曹后的从兄弟及其家族。① 前引《宋会要辑稿》中的“范仲淹”之“新妇”“曹氏”，应即为曹佾的侄女、从姊妹、从兄弟妇和侄孙女中的一员。

范仲淹(989—1052)生于宋太宗端拱二年，其主要活动年代则在仁宗朝，可以说与曹后、曹佾为同时代人，但比曹后(1016—1079)年长27岁，比曹佾(1018—1089)年长29岁，如果是曹后的从姊妹嫁给了范仲淹，在一般情况下，她应该较范仲淹小25到30岁，则范仲淹早已有夫人李氏，皇后之从姊妹嫁人做小，实属无稽；若是李氏死后续娶，亦应成为当时的一件大事，不会没有记载。且从推恩的顺序来看，似并未推及曹后的从姊妹，只有“兄弟行”，“从姊妹”是曹佾的侄女的从姊妹。若说是曹皇后的侄女、侄孙女辈中人嫁给了范仲

① 宋李焘《续资治通鉴长编》卷三〇三，神宗元丰三年春三月己丑，景灵宫使、昭德节度使、兼侍中曹佾为护国节度使，守司徒、兼中书令，出入如二府仪，公使半给见钱，后无得为例，又给宣借兵五十人。又以慈圣光献皇后侄左藏库使、康州刺史、带御器械诵为东上閤门使，六宅副使谕为供备库使，西上閤门使评为四方馆使、庆州刺史，左藏库使、昌州刺史诔为皇城使、荣州团练使，西京左藏副使读为文思副使、兼閤门通事舍人，西京左藏库副使、兼合门通事舍人诱为东上合门副使；侄孙西头供奉官、閤门看班祗候□为东头供奉官、閤门祗候，试大理评事时等七人各迁两官，白衣矚等七人并为右班殿直；侄曾孙白衣温等五人并为三班奉职；从弟皇城使偃为西上閤门使、雄州刺史；从侄成州团练使、驸马都尉诗等三十二人各迁两官，候服阕除防御使，白衣谋等五人并为三班奉职；从侄孙左藏库副使明等三十六人各迁一官，白衣习等四十五人并为三班借职；侄女四人各迁一等；又封弟妇赠昭庆军节度使亿妻申国夫人徐氏为楚国夫人；侄女七人、从姊妹六人、从兄弟妇八人，并为郡君，已为县主者改郡主，增料钱二十千；侄孙女十五人并为郡君，已为郡君者迁一等，未有冠帔者与冠帔，为尼者赐法名、紫衣师号。又曰：上以慈圣光献故，大推恩于曹氏。于后为兄弟行者进三官，子行进两官，孙行者进一官，凡被赏者百余人，且欲以佾为正中书令。吕公著言：“正中书令，自宋兴以来未尝除人，况不带节度使，即宰相也，非所以宠外戚。”上曰：“此诚阔典，第不如是，不足以称厚恩尔。”公著固争，乃以节度使兼中书令。他日，佾又奏：“臣乡除兼侍中，三子皆以臣故进官。今除兼中书令，亦乞用前比进三子官。”公著言：“佾除兼侍中，曹氏子孙皆不迁，故特以佾故进其三子。今佾三子已用泛恩进两官矣，岂可以复加?”上曰：“理固如此，第以元舅之请，不可违尔。”上又曰：“褒宠外戚，诚非国家美事。顾以慈圣光献有功于宗社，宜优恤其家尔。”公著因言：“自古亡国乱家，不过亲小人、任宦官、通女谒、宠外戚等数事而已。”上深以为然。时王中正、宋用臣等任事，故公著假此以讽上。既退，薛向叹曰：“公乃敢言如此事，使向汗流浃背。”

淹,从年辈上来说,更几乎是不可能的,不待此辈长成,范仲淹早已去世,未长成而入范家为童养媳,也是不可能的事情。

所以这两条材料颇有疑问。

同一件事情,《长编》亦有记载:(神宗元丰五年夏四月)戊午,上批:"仲潦新妇文安郡夫人曹氏,昨以太皇太后遗恩,进封、增给俸钱等,有司自陈以为误支。可依旧支破,仍免追理。"①与《宋会要辑稿》不同的是,"范仲淹"作"仲潦"。"淹"和"潦"形近易讹,究竟以孰为是?

查《长编》中此类记载不少,如(哲宗元符二年三月)"己酉,青州观察使仲览卒,赠开府仪同三司,追封沂国公,谥良信"。② 观察使为武官阶,无职掌,低于节度使,高于防御使。一位青州观察使,死后经有如此荣宠,他究竟是什么身份? 查《宋史·宗室世系表》有"沂国公谥良信仲览"③。可知仲览非姓仲名览,乃赵仲览也。宗室中人为观察使者甚多④,宋代史料中同类记载亦甚多,均不著姓。

疑《长编》卷三二五之"仲潦",亦为一赵氏宗室人名。查《宋史·宗室世系表》太宗长子汉王元佐房,有"沂国公谥敏某仲淹",或即此人⑤。则此"仲淹"乃赵仲淹。《长编》"淹"讹"潦",《会要》则误加"范"字,所谓"范仲淹新妇曹氏",实为天大之误解矣。

材料中的"新妇",前辈学者和同仁多解释为"新夫人""非第一位夫人",因为只有这样解释才能说曹氏是范仲淹的继室。但事实上"新妇"一词并没有这样的含义。新妇为新娶之妇,后即指妻子。亦有弟妻、儿媳等义,尊者称卑者之妻、卑者对尊者称己妻,及已婚妇女对公婆、丈夫及夫家长辈、平辈亲属谦卑的自称等亦常用。如《旧唐书》卷一〇五《韦坚传》:"肃宗时为皇太子,恐惧上表,称与新妇离绝七载。"《旧唐书》卷一〇七《李琰传》:"琰顿首谢曰:'臣之罪合死矣,请一言以就鼎镬。然臣与新妇,情义绝者,二年于兹。"

宋代史籍中涉及宗室成员和"新妇"的用例很多。

① 宋李焘:《续资治通鉴长编》卷二三五。
② 同上书卷五〇七。
③ 元脱脱:《宋史》卷二三〇《宗室世系表》十六。
④ 如宋洪迈《夷坚志》乙集卷一六《赵令族》:"令族既免,续又有宗室五观察来居之,不半年死。"
⑤ 元脱脱:《宋史》卷二二四《宗室世系表》十。

（政和七年三月）"二十七日诏：故濮王孙仲的，年高官卑，未尝干托求进。家贫累重，聚族百余人，并无依赖，殊可矜悯。其见居宅屋等，可特拨赐本位子孙，永充已业。其妻滕氏，恩例请给并依中缬新妇例倍给，仍封康国夫人。"①荣国公谥孝节赵仲的、荣国公谥敏僖赵仲缬，均为宗室中人②。

"九月十六日，故太师惠王宗楚新妇濮国夫人尹氏言，乞与男仲璩转官，女族姬二人各封宗姬。从之。以尹氏故夫宗楚曾任嗣濮王，特从其请。"③

（嘉祐二年）"十二月十一日，大宗正司言，故从善新妇张氏奏，蒙宣以故仲郓男士朋充继嗣，乞依例赐士朋依本宫行从名连令宁称呼。从之。"④在以上两条材料中，其时赵宗楚、赵从善均已死，所以在名衔前加"故"字，如依此例，"范仲淹"的名衔之前也要加"故"字了，且在此"新妇"仍是妻子之意，非"新娶之妇"也。

（熙宁二年十月）"十七日，贵州防御使宗悫降左武卫将军莱州防御使。坐于亲弟新妇处借钱物不还，又行殴打，法止赎铜，案奏，特有是命。"⑤

（熙宁三年正月十七日）"祖宗袒免亲新妇日给食并夫亡无子孙食禄者料钱衣赐依旧，余请给物皆罢。祖宗袒免及非袒免男、女、新妇诸请给物，系降敕已前合支者，依旧列。"⑥

（高宗建炎四年六月）"九日诏：昨在京师，南班宗室留下新妇见随大宗正司人数，有子孙见食禄人外，余缌麻亲新妇，每月特支料钱八贯，春冬衣罗大绫各二疋，小绫各四疋，绢各六疋，冬加绵八十两；袒免亲新妇，每月料钱五贯，春冬衣大罗大绫各一疋，小绫各二疋，绢各三疋，冬加绵四十两。并许随司批勘。仍令大宗正司具的实合该请给南班宗室妇数目各人服属，申尚书省，其逐人旧请并罢，止依今来则例支破。从大宗正司之请也。"⑦

（乾道三年）"闰七月十九日诏：安恭皇后弟夏执中特与转宜州观察使，新妇宜人谌氏与加封令人，门客邓伯济特与补将仕郎。"⑧此为外戚之例。

---

① 清徐松辑：《宋会要辑稿》帝系五之二六—二七。
② 见元脱脱《宋史》卷二三二《宗室世系表》十八、卷二二五《宗室世系表》十一。
③ 清徐松辑：《宋会要辑稿》帝系五之二六—二七。
④ 清徐松辑：《宋会要辑稿》帝系四之一一。
⑤ 清徐松辑：《宋会要辑稿》帝系四之一九。
⑥ 同上。
⑦ 清徐松辑：《宋会要辑稿》帝系五之三三。
⑧ 清徐松辑：《宋会要辑稿》后妃二之一四。

"天禧元年三月，太极观奉册礼毕，百官诣崇德殿称贺。时安王新妇卒，疑作乐有妨。礼仪院上言：大礼庆成，百僚公会。安王新妇，族居卑幼，服止功缌。王侯绝期，周之文典，经有厌降之礼。况元天大圣后，位号至崇，仪范弥重，群臣称贺，非以宴私，在于举乐，别无妨碍。从之。"①

"乙酉，封恩平郡王新妇靳氏为齐安郡夫人。"②

宗室外戚成员之夫人称"新妇"，几乎可以说是一种常例。下面一个著名的故事更能说明问题。

> 岐王颢之夫人，冯侍中拯之曾孙也，失爱于王，屏居后阁者数年。是春，岐王宫遗火，寻扑灭，夫人闻有火，遣二婢往视之。王见之，诘其所以来。二婢曰："夫人令视大王耳。"王乳母素憎夫人，与二嬖人共谮之曰："火殆夫人所为也。"王怒，命内知客鞫其事，二婢不胜考掠，自诬云："夫人使之纵火。"王杖二婢，且泣诉于太后曰："新妇所为如是，臣不可与同处。"太后怒，谓上必斩之，上素知其不睦，必为左右所陷，徐对曰："彼公卿家子，岂可遽尔！俟按验得实，然后议之。"乃召二婢，命中使与侍讲郑穆同鞫于皇城司，数日狱具，无实。又命翊善冯浩录问。上乃以具狱白太后，因召夫人入禁中。夫人大惧，欲自杀。上遣中使慰谕曰："汝无罪，勿恐。"且命径诣太皇太后宫，太皇太后慰存之。太后与上继至，诘以火事，夫人泣拜谢罪，乃曰："纵火则无之，然妾小家女福薄，诚不足以当岐王伉俪，幸赦其死，其削发出外为尼。"太后曰："闻诅詈岐王，有诸？"对曰："妾乘忿或有之。"上乃罪乳母及二嬖人，命中使送夫人于瑶华宫，不披戴，旧俸月钱五十缗，更增倍之，厚加资给，曰："俟王意解，当复迎之。"（此据《记闻》，附于月末。）③

新妇即夫人甚明。盖从赵宋皇室来说，宗室子弟娶妻，都是新妇，所以在涉及宗室成员之妻子的时候，在正式公文中也都称为"新妇"了。

---

① 清徐松辑：《宋会要辑稿》礼三五之八。
② 宋李心传：《建炎以来系年要录》卷一五五绍兴十六年七月乙酉。
③ 宋李焘：《续资治通鉴长编》卷二九七元丰二年三月。

当然，在某些场合，"新妇"也指儿媳妇。

（绍兴）"十五年。先是，诏赐秦桧第一区。六月己酉成，上幸其第，桧妻王氏封两国夫人，新妇曹氏封郡夫人。"①《会要》记其事稍详："（绍兴十五年）六月三日，幸太师秦桧新第。桧降制加恩妻封两国夫人，新妇封郡夫人，孙女封令人，孙并除直秘阁赐紫章服干办使臣。推恩有差。"②《宋史》更简单："十五年，熺除翰林学士兼侍读。四月，赐桧甲第，命教坊乐导之入，赐缗钱金绵有差。六月，帝幸桧第，桧妻、妇、子、孙皆加恩。"③这里的"妻妇子孙"很明显是指秦桧的妻子、儿媳妇、孙女和孙。

至于方健先生等以为范纯粹所生母为曹氏，仅为依年代推测所得，前文已考证，范纯粹所生母为张氏，史有明文。

范仲淹没有曹氏夫人，可以作结论了。

总之，墓志铭所述没有与史料矛盾的地方，相应的叙述，内容多一致而文字稍有异，墓志铭中的鲜活叙述，具有很高的史料价值。

2008 年

原载：《第二届中国范仲淹国际

学术论坛论文集》，第 120—132 页。

附录一

祭范待制慈母文

太夫人躬治其家，既不坠文正公之法度，而生子复能自奋发，入为天子从官，出总边吏，号贤帅，人皆曰："太夫人之教也。"夫人治家既率循其先世，教子又贵，为时名臣，近代以门户为事者之至愿。而况锦衣华发，享其荣禄数十年，至亲屈天子之使褒恤于家，则虽亡有不亡者。其为太夫人之子待制所知，未得上堂再拜为寿，而遽闻讣音于千里之外，是宜有以相待制公之哀。则酒醴骰薪

① 宋徐自明：《宋宰辅编年录》卷一六。

② 清徐松辑：《宋会要辑稿》礼五二之一六。

③ 元脱脱：《宋史》卷四七三。

之奠,垂涕洟而送之者,岂无从出哉!伏惟尚飨。

《西台集》卷一七。又见《永乐大典》卷一四〇五三。①

伟国按:范待制即范纯粹也,曾为徽猷阁待制、宝文阁待制,其母即张氏。

附录二

宋故承议郎知楚州张公硕人范氏墓志铭

文正范公有子三人,重望在岩廊,威声在疆场,大夫学士因得以窥文正公之锋颖,棣棣然如文正公之生不没也。或以实德经济,或以雅量表仪,或以鸿才光辉。公有季女,或瞻于兄弟间,岂不是似也哉?其年十有六,既孤之五年也,嫁康节张公之季子讳琬,元祐间以承议郎知楚州。捐馆时家故贫,夫人晚乃有田几百顷。夫人幼女嫁宋景文诸孙瀬年者,同邑居,未尝私以一钱,非俭也,而卒莫能骗其所以富之术。每遇事,仓卒酬酢,闲暇有余地。不其才似耶?夫人三子:威、戬、成,先后卒于官,夫人临丧,岂不及礼,而哭之不过乎情。晚内在寝哭宋氏女,亦知制,他事尚何能摧之者?威卒,江外归帆,一日风浪不没者寸尺。夫人中自若,慰其众人曰:"吾父吾舅阴德在人,可恃无恐。"不其量似耶?张氏内外百口,畏夫人,殆不敢平视。戬之妻乃夫人之弟、龙图公之女也,夫人不须臾假以色。前是教其亡长女嫁韩忠宪诸孙琏者,必极其内外家法,而夫人终始自律其身,平居不堕掃如斋,德亦似哉!文正公于姑苏建范氏义庄,闻天下,夫人抱病久,苦辛呻吟,中思为张成义庄,终不辱其先正也,夫人则曰是楚州之志云。其在嘉祐间,康节公参知政事,夫人锡命服,后以夫恩封寿光县君,继以兄丞相恩特封和义郡君,晚以例易硕人。病不起于政和八年七月壬寅,年七十有七,服齐衰三年。威之子祺与诸弟颖、稑、稑、兼、秺,卜明年二月甲申祔楚州之墓,求铭于嵩山晁说之,固辞之不能。铭曰:

昔者范、张鸡黍之期者,不遭时之君子,言行之私也。今之范、张盟以忠义,申之婚姻,既缵既继者,遭时之君子,风化之宜也。为女为妇,生而荣死而安,后人之诵者,余化之施也。

---

① 《全宋文》卷二四〇七毕仲游一九《祭范待制慈母文》,上海辞书出版社、安徽教育出版社,2006 年 8 月,第 111 册,第 196 页。

晁说之《嵩山文集》卷一九。①

伟国按：范仲淹嫡夫人为李氏，此点没有疑问。李氏为李昌言女、李昌龄侄女，昌龄太宗时参知政事。方健《范仲淹评传》据范仲淹尺牍两通，推定曾有一位聂氏夫人，详情难考。范仲淹又有一位继夫人张氏，现亦已得到证实。范仲淹庆历二年生一幼女，时李氏已没，或为聂氏所出。

富弼《范文正公仲淹墓志铭》在说到"娶李氏"以后，又说范仲淹有四子三女，"一男纯粹、一女二孙并幼"，时范纯粹七岁，幼女十一岁，而李氏逝世已十六年，没有交代这一男一女之所出。幼女范氏（1042—1118），政和八年卒，年七十七，嫁给张升之子张琬。

值得注意的是，晁说之为范仲淹幼女所撰写的墓志铭谓"范公有子三人"，忽略了张氏所生之范纯粹。
又李之仪《范忠宣公行状下》：

> 方文正即世，遗二稚子，一男一女，甫七八岁。公教养至于成人。男为名臣，官至龙图阁直学士。女嫁令族，封和义郡君。又公伯姊嫠居，公为给事中，请以所得恩典改授冠帔。帘下谕政府曰："范氏，文正公女，宜特赐，何必改也！"公草谢表，曲尽感遇之意，后亦以公恩封高平郡太君。②

范仲淹的女婿有贾、周、张，查《全宋文》"范氏"可得，如楼钥《周伯济墓志铭》《周伯范墓志铭》。

张氏被范仲淹神道碑和墓志铭隐去，实在是当时礼教观念所致，聂氏与张氏，特别是张氏，与范仲淹的结合，在当时的士大夫阶层看来，是不值得一提的。

附录三

赵宗旦妻贾氏墓铭

夫人，皇侄密州观察宗旦之夫人，其姑曰延安郡太君。初，上在储宫，章圣

---

① 《全宋文》卷二八一九晁说之二二《宋故承议郎知楚州张公硕人范氏墓志铭》，第130册，第324页。
② 同上书卷二四二八李之仪二〇《范忠宣公行状》下，第112册，第248页。

皇帝择宗子之谨良者,无如观察。于是命观察从上就学资善堂,凡与上起居饮食,靡有所间。久之,章献皇太后召延安郡太君谓曰:"宗旦且有立矣,宜得名门之配。"于是出访衣冠旧族,闻夫人淑茂有女德,太后召至禁中,问其家世。其大父昭州团练使贾宗者,元从先帝邸中,雅有勋劳。太后喜甚,赐以御所之衣。其嫁,天圣十年正月十一日也,寻封河内郡君夫人。柔明德量,抚内外姻族,恩意灿然。治家尤有法。喜读书,通《论语》《孝经》大义。夫人初为太后所知,观察又尝辅今上有旧恩,然而终不自言,兹亦内助之贤者已。呜呼!赋命弗融,以庆历八年正月十二日,终于睦亲之第,享年三十五。上闻,为辍视朝一日,礼赗加厚,特赠永嘉郡夫人,非常比也。又诏中使领丧事,寓殡于奉先佛寺。父德滋,左班殿直,以疾休于家,故弗之显。生七男:仲玘,右监门卫大将军;仲寅,赠右屯卫大将军;仲淹,右千牛卫将军;仲浃、仲遹,并太子右监门率府率;余蚤亡。三女:适左班殿直曹希文者,封仁和县君。余蚤亡。孙男三人:士伉、士归,并太子右内率府副率,一未赐名。孙女六人,在室。嘉祐五年十月乙酉,葬于河南永安县之原。铭曰:

　　孰闻夫人,曰言曰容。献后母临,入见禁中。访其氏族,旧邸之功。以归戚藩,岂不谓贤?维子维孙,诜诜于前。其葬嘉阡,其后以延。《华阳集》卷五三。①

　　伟国按:文中赵宗旦的第三个儿子仲淹即赵仲淹,在《宋会要辑稿》中被写成了"范仲淹"。

附录四
李丛昕先生来函摘录

尊敬的李伟国先生:

　　您好!

　　上次宋史年会(上海),仅从参会论文目录中得见先生有关范仲淹研究的大作,既无缘拜会,且无缘拜读,深以为憾。不意这次相会于昆明,又得拜读先生考辨范妻张氏之力作,真乃大喜过望。然先生提前离会,使我未能面聆教益,又平添怅然若失之憾。所好者,云大提供了与会人员联系方式,我也就只

---

① 《全宋文》卷一一五八王珪三九《赵宗旦妻贾氏墓志铭》,第53册,第258页。

好不揣冒昧,借此作为请教和交流的管道了。

先生之《〈宋故冯翊郡太君张氏墓志铭〉考》,以详实而又无可辩驳的史料论证了这方新出墓志的真实性,可破千古之疑,……为研究范仲淹身世及其家族增添了一份毋庸置疑的史料。……

在下不揣固陋,还想对先生此文提出几点补充看法。姑妄言之,仅供参考:

一是先生关于"两个张亢"的见解,确为不刊之论。先生主要是从其不同的籍贯、先世来论证有两个互不相干的张亢。固然论证有力,确凿无疑。而我以为,还可将范妻张氏与临濮张亢从年龄上再加以比较,从中更可进一步得出"此亢非彼亢"的结论。据《安阳集》:临濮张亢卒于嘉祐六年(1061),享年六十三,逆推其生年当为西元999(真宗咸平二年);亢有九子,除一人早夭,至亢卒时皆已入仕;四女,至亢卒时其三适人,惟一幼女在室。而据范妻张氏墓志:此张氏卒于元祐七年(1092),享年七十有一。逆推其生年,当为西元1022(真宗乾兴元年。(顺便说一下,范章先生定为1021年,是按今之实足年龄计算法,有小误)。两相比较可知:一、临濮张亢仅比范妻张氏大23岁;二、在范妻张氏出生时,24岁(虚岁)的张亢已生有九男三女。要说范妻张氏即为此张亢之幼女,显然不合情理。三、此张亢卒时,范妻张氏已40岁(虚岁),要说此时尚为张亢唯一待字闺中之幼女,亦显然不合情理。由此归谬法,也只能得出"此亢非彼亢"的结论。

二是关于张氏夫人之葬地。这方墓志的出土地点,据先生转引河南千唐志斋博物馆馆长赵根喜先生介绍:"在范仲淹墓园东侧三里处,因地面塌陷得见……张氏何以葬在范园之外,不得而知。"据我实地踏看并对照图籍所知,河南伊川万安山前之范氏墓园,分为前后两域。前域葬范仲淹、范母谢氏、长子纯佑等;后域葬纯仁、纯礼、纯粹等。对于张氏何以葬在范园之外这一问题,窃以为先生似可再作进一步考证。我的粗浅看法是:首先可以肯定,此墓志出土处即为张氏夫人原葬地,并未经过迁葬或者扰动。墓志铭文之最后两句:"异窆联域,从于文正"可证。那么,张氏为什么没有与范仲淹"同域同窆"而实行"异窆联域"的葬法呢?这可能与张氏在范家的地位名份以及当时的丧葬规制有关,也可能与当时墓园中的实际安葬情况有关。张氏归文正"凡二十年",

以文正去世之皇祐四年（1052）上推 20 年，当为西元 1032 年，张氏年方 10 岁左右。其时仲淹元配李氏夫人尚在。张氏初入范家，就其名份而言，显然只能是侍婢之类。后来张氏封县太君、郡太君，无他，皆因"母以子贵"而得。及至张氏安葬之日，能不能劈开范仲淹与李夫人（说不定还有其他夫人）之墓实行同穴合葬，不仅要有礼法规制上的考虑，即使实际操作起来，恐亦多有不便。在这种情况下，实行"异窆联域"，倒是较好的选择。在下作如此推想，未知先生以为然否？

三是关于"曹氏"问题。自程应镠先生《范仲淹新传》提出范仲淹继室夫人"曹氏说"之后，似已为学界广泛认可。而我则始终认为，此乃系以讹传讹之子虚乌有。此事应从其史源上根究。程先生"曹氏说"的依据，正是《宋会要辑稿》中的那两条大同小异的史料：（元丰五年）"四月七日，上批范仲淹新妇文安郡夫人曹氏，昨以太皇太后遗恩进封，增给俸钱等。有司自陈，以为误支，可依旧支破。"此处所记为"元丰五年（1082）四月七日"之事，而此时距范仲淹去世（1052）已 30 年，何来"范仲淹新妇"？若说系追记范仲淹当年之事，当年又何来"太皇太后遗恩进封"？所以说，此处所记之事，显然与范仲淹风马牛不相及。至于"太皇太后遗恩进封"一语，倒会使人联想到崩于元丰二年冬的宋仁宗之曹皇后，有可能遗命对当时的什么人有所进封。而这时的遗命恩泽，不论沾恩者是什么人，有一个极大的可能则是，被《宋会要》纂修者张冠李戴，错记到范仲淹名下；当然也有可能因原书残缺漫漶难于辨认，而为清代之徐松在辑录时所误录。于是以讹传讹，终成市虎。总而言之，我认为《宋会要辑稿》的这两条史料，无论从时间上还是从事件上来看，均与范仲淹无涉，不足为据。而【程】先生却对《宋会要辑稿》这两条史料的真实性未加怀疑，以至于认为范仲淹似乎确曾还有一位曹夫人，从而作出两种可能性推测：一种是所谓曹夫人就是张氏，一种是在李氏与张氏之间还有一曹夫人。这样一来，如何看待这位曹氏夫人，自然就成为摆在先生面前"惟一暂时无法解决的问题"。我既然怀疑"两条史料"的可靠性，否定曹氏夫人的存在，当然也就不再存在那个"无法解决的问题"。我这样做固然有些孟浪，但同时觉得先生之论是不是有些过于谨慎。

以上看法是否有当，尚望得到先生指教。

另据先生会上介绍,《宋会要辑稿》的光碟版即将出版。不知何时可以发行? 哪里可以购得? 定价多少? 我很想购买一套,望先生拨冗告知为盼。

安徽蚌埠 李丛昕

2008.8.12

伟国按:昆明宋史年会以后,收到安徽蚌埠市人大常委会李丛昕老先生来函,就拙文所论数点提出看法,颇有参考价值。

没有内容的"墓志铭"

近年在洛阳连续出土了杨畏及其先后两位夫人的墓志铭,赵振华先生曾以《北宋杨畏妻王氏墓志与王彦英相国新罗》为题对其中杨畏的第二位夫人的墓志铭进行了研究,重点探讨了其先世及其家在洛阳的一处园林,也结合史书叙述了杨畏的事迹①。本文将从另一角度综合探讨这三方墓志铭的特异之处及其背景。

北宋中后期人杨畏,先是紧跟王安石,以为其学得圣人之意。王死后,又称颂其政敌司马光之德,及光死,又加以贬低。晚年又攀附蔡京。为人反复,被称为"杨三变"。

南宋理宗时人高斯得《九月二十三日进故事》:

> 绍圣三年,直宝文阁待制、知成德军杨畏知河中府,右正言孙谔言:"畏在元丰之间,其为御史,其论议趋向皆与朝廷合。及元祐之末,大防、辙用事,则尽变其趣而从之。绍圣之初,陛下躬亲总揽,则又变其趣而偷合苟容,交关执政,倾乱朝政,至今天下之人谓之三变。"诏杨畏落宝文阁待制,依旧河中府。中书舍人盛陶言"未敢行词",诏移之虢州。原注:出《第七朝长编》。

> 臣闻舜之戒其臣以难任人为急,难之一辞,乃圣人屏恶之深意,不可不精思而熟玩也。盖恺壬之人易近难远,圣人非特去之,而兢兢业业,戒谨恐惧,惟虑其人之复来以倾乱吾国,苟畏难之心顷刻不存,则彼必缘间伺隙,不旋踵而至矣,讵可忽哉!熙、丰、祐、圣之间,小人反覆莫如杨畏,利在王安石则附安石,利在吕大防、苏辙则附大防、苏辙,利在章惇、安焘、

---

① 赵振华:《北宋杨畏妻王氏墓志与王彦英相国新罗》,《东北史地》2006 年第 5 期。

李清臣则附惇、安焘、清臣，天下之人谓之三变。国家之逆运乱源滥觞于符、绍，滔天于崇、观、政、宣，畏实为之，若此倾覆之徒其可近乎？[①]

高氏所引故事注出"《第七朝长编》"，应即指李焘《长编》之哲宗部分[②]，当时或有此称。案今自元祐八年七月至绍圣四年三月《长编》原本并阙，此当为《长编》佚文。

其人品格如此，盖棺论定，其墓碑会由谁来写，又能写点什么？固然，墓志铭一类文字的局限性就是只说好话，将其家世及仕历表述一番，本来也是可以的。但杨畏在留下一份像样的墓志铭这样一件宋人认为十分重要的事情上不仅祸及自身，还贻害了两位夫人。

按这三方墓志铭的时间顺序，最早的是杨畏前妻的墓志铭：

河南杨□□□□□□□县君王氏，考朝议大夫讳尚恭，妣福昌县君□□□□□□□□嫁二十三年而卒，十一年而葬。曰鼎，莱□□□□□西京左藏库，未赴卒，是为子；曰朝奉郎、陇州通判□□□□□□，未嫁者二，是为女；曰仲急，才五岁，是为孙。其□□□□□□□元祐三年五月二十六日，其葬绍圣丁丑八月甲□□□□□□门之原，其祔长寿太夫人也。朝议公于畏□□□□□为从兄，恩义笃相与，长寿太夫人视君特钟爱，□□□□太夫人者矜慎不少怠。其性孝□顺谨，□□守法，□□□□□□始归杨家时，吾家窭而畏不问恤私室有无，□□□□□□凡俸入门，请必以听大夫人命，君始终敬□务□□□□□□尝以不足告。平居俭薄，一丝不妄费，至临义无□□□□□者。当先大夫既丧二十年，诸孤未完

[①] 宋高斯得《耻堂存稿》卷二，又见《历代名臣奏议》卷一八五。

[②] 杨仲良据李焘《续资治通鉴长编》编成的《通鉴长编纪事本末》卷一〇一："右正言孙谔言：'杨畏在元丰之间为御史，其议论趋向皆与朝廷合。及元祐之末。大防、辙等用事，则尽变其趋向而从之。绍圣之初，陛下躬亲总揽，则又欲变其趋向，偷合苟容，交斗执政，倾乱朝廷，至今天下之人谓之三变。圣意含忍，久稽典刑，今畏罢帅真定府，仍以宝文阁待制知河中，非所以慰公议也。伏望陛下揭其奸险，特行显黜。'诏杨畏落宝文阁待制，依旧知河中府。其后以中书舍人盛陶言'未敢命词'，行下移知虔州。"又清徐松辑《宋会要辑稿》职官六七有同样的材料："三年正月二十一日，杨畏落宝文阁待制，依旧知河中府。中书舍人盛陶缴还词头，遂移知虔州。以右正言孙谔言：'畏在元丰间为御史，其论议皆与朝廷合。及元祐末，吕大防、苏辙等用事，则尽变而从之。绍圣之初，陛下亲政独断，则又偷合诡随，缔交执政，倾乱朝廷，天下之人谓之三变。今畏罢帅真定，仍以宝文阁待制知河中府，非所慰公议。'故有是命。"

葬,君始嫁□□□□□白日:"竭此以办无所爱。"卒用以济亲戚,或莫知
□□□□□言。元祐初　上即位,畏时出使夔州路,遣子□□□□得
一命恩,而子鼎、侄泰皆未官,君私以告曰:"泰虽侄□□□吾重念太夫人
爱之,请以授泰。"畏曰:"然。"于是君径出见太夫人,徐以白,欣然听焉。
呜呼!君行有状如此,则妇人之贤否后世考焉可鉴以为何如。于其葬也,
吾心悲而为之铭,铭曰:

　　阴和坤顺天所宜,敬戒无违君是师。

　　君信体是无一疵,矧于见义胜已私。

　　呜呼死矣知者思,我不取诬刊此辞。

王诚王震刊

此墓志铭文字虽已局部毁损,但整碑是完整的,其安葬地应为洛阳龙门之原。奇怪的是,碑中一无标题,二无撰写人官衔姓氏,三无书写人官衔姓氏,这在宋代官宦命妇的墓志铭中是绝无仅有的。王氏卒于元祐三年五月二十六日,葬于绍圣四年八月。相隔时间甚长。文中有"朝议公于畏□□□□□为从兄""吾家婆而畏不问恤私室有无""畏时出使夔州路""畏曰然"等句,"畏"字以第一人称出现;文末又曰:"于其葬也,吾心悲而为之铭"。显然可证,这篇墓志铭是杨畏本人撰写的。杨畏写这篇墓志铭的时候,已经被人看作"杨三变",《宋史》:"于是目为'杨三变',谓其进于元丰,显于元祐,迁于绍圣也。"①也就是说,在杨畏生前,妻子去世,也没有能请到名公巨卿为之写墓志铭。在杨畏称颂妻子的高尚品格的墓志铭的背后,透出了无人愿意为之撰写志文的悲凉。

其次,杨畏的墓志铭(实际上只是墓碑)更为奇特,居然只有一个标题和日期:

> 宋故宝文阁待制赠太中大夫杨畏子安之墓。政和甲午三月戊辰朔廿八日癸卯葬。

从严格意义上来说,这不是一个墓志铭,但也与墓志盖有别。墓志盖一般是一个比正文更简明的标题,而且大多为篆书,所以又名篆盖,如石从简墓志铭之篆盖为"宋故国子博士石府君墓志铭"②,潘珏之母李氏墓铭的篆盖为"大宋故长寿县太君李氏墓铭"③。按照当时的通行做法,有一定地位的官员去世,死者的子女一定要郑重其事地请一位著名人物写一篇行状,再请一位著名人物写一篇墓志铭,还要请一位名人书写上石。杨畏卒于政和二年,《宋史》:"政和二年,洛人诣阙请封禅嵩山,畏上疏累千余言,极其谀佞。方治行,得疾卒,年六十九。"④墓碑中的政和甲午为政和四年,也就是说,杨畏是在去世两年后安葬的。杨畏这样一个被世人鄙夷的人物,他的后人居然请不到人为他撰写

---

① 元脱脱等:《宋史》卷三五五《杨畏传》。
② 洛阳出土,笔者藏有拓片。
③ 同上。
④ 元脱脱等:《宋史》卷三五五《杨畏传》。

行状和墓志铭。宋代有拒绝撰写墓志铭的事例,《宋史》薛颜传:"卒于家。尝属杜衍为墓志,衍却之。仁宗闻其事,他日谓衍曰:'薛颜有丑行,卿不欲志其墓,诚清识。'"①

再来看杨畏的第二位妻子的墓志铭,墓志于 2005 年 5 月出土于洛阳市南龙门张沟村(杨畏和其第一位夫人的墓志铭也应出于此地)。青石质,方形,边长 73 厘米,楷书 38 行,满行 39 字。盖篆书:"宋故硕人王氏墓志铭",现藏洛阳大学:

①　元脱脱等:《宋史》卷二九九《杨畏传》。

宋故硕人王氏墓志铭并序

兄中奉大夫、直龙图阁、提举西京崇福宫、文安县开国男、食邑三百户、赐紫金鱼袋纯撰并书。

徽猷阁直学士、通奉大夫致仕、清河郡开国侯、食邑一千二百户张果篆盖。

故朝散大夫、充宝文阁待制致仕，赠太中大夫杨公讳畏之硕人曰王氏，其先光州固始人。高祖避五季之乱，乘桴游海南，新罗国王一见奇之，命以相国。曾祖讳仁侃，继执国柄，后赠光禄卿。祖讳彬，生有英气，年十八，闻艺祖定天下，慨然白其王曰："中国有真人出，请归。"王伟其言，即贡于朝。登进士甲科，仕至太常少卿，历三路转运使，赠金紫光禄大夫，为时名卿。父讳宗望，故任中散大夫，充集贤殿修撰，历工部侍郎，赠开府仪同三司；践扬中外六十年，以君子长者称。自金紫葬汝州梁县，遂为汝人。

硕人生禀异质，天资淑慎。平居不妄言笑，事父母以孝闻。丧母荣国夫人钱氏，开府以其孝谨，为遴选其配久之。至元丰末，杨公初自御史出提点夔州路刑狱。开府时领转运使，以杨公风度凝远，问学高妙，甚器之。逮元祐间，杨公再擢为御史。以太夫人年高，有再醮意。闻硕人有贤行，来求之，曰："是必能事吾母而母吾子也。"及归，姑果称其孝，而子爱其慈。逮其姑弃养，执丧尽礼。

杨公自昔立朝，志在裕陵。会元祐更法，公为御史，明目张胆，推明国是，多所排击，时论称之。绍圣间，谋北帅，自吏部侍郎以宝文阁待制守常山。其后进退逡巡，请宫祠居洛，垂二十年，处之裕如，而硕人亦未尝以出处为欣□。

……政和癸巳，朝廷亟召，方将大用，而遽以疾不幸矣。士论惜之。

硕人于侍郎公之出处向背，皆能析其是非。侍郎公先硕人捐馆一纪越，自称未亡人，则屏斥铅华，栖心向道。衣淡素，从尼禅师智光游，请法名曰净觉，求所以达大道之理，卒有得焉。

硕人治家，整肃有法，凡侍郎公之遗范，一无所违，内外亲族，咸所矜式。至于岁时荐享，展省松揪，必备陈事生之礼，始终如一。……

初封永宁县君，会新制改封硕人。子男二，鼎，莱州防御推官、监西京左藏库,先硕人卒。临,承奉郎、监西京商税务。女三,长适朝奉郎、陇州通判王希声。次适通直郎、知唐州比阳县张伯淳。次许嫁而卒。孙男三,仲忽,从政郎、新差监相州酒税。仲堰,未仕。仲弓,登仕郎。孙女一,曾孙女一。

以宣和六年十月二十九日奉硕人丧合祔于侍郎公之墓,即河南县龙门之原祖茔也。余蚤从侍郎公游,视硕人则女弟也。其孤甥临,状其行来请铭,哀伤而为之铭曰:

倚嗟夫人,淑慎提身;来嫔杨宗,法度是循。承姑以孝,鞠子以仁;亲睦内外,厥爱咸均。雍容肃括,御家有伦;所遇丕泰,了无戚欣。嗟乎!其逝奚遽,其归则真;龙门之原,伊水之滨。窀穸是祔,逍遥迹陈,施及孙子,有来诜诜。

袁异刊。

(文长未全录)

杨畏的第二位夫人去世的时候,杨畏本人早已不在了,人们对其本人及其家族的鄙薄之情应已渐渐淡漠。但杨氏后人仍然没有请到名公巨卿来执笔撰写其墓志铭,而只能由他的兄长王纯自己操刀。

据赵振华先生考证,王纯神宗熙宁八年五月为左班殿直,曾任书表司、殿中丞、知雍丘县事,徽宗重和元年八月,为"朝散郎、新知兖州"。徽宗崇尚老氏之学,学校考试,王纯乞于《御注道德经》注中出论题。推定其为左班殿直时 20 岁,其于 49 年后 69 岁时,即于宣和六年为 66 岁的王硕人撰志,与墓志"余蚤从侍郎公游,视硕人则女弟也"相合,其时为提举西京崇福宫,以闲职养老[1]。

又《全宋文》王纯小传:"王纯,熙宁中为殿中丞、知雍丘县事。八年,随沈括使辽,与议定边界事。见《续资治通鉴长编》卷二六五。又据《栾城集》卷二七载,王纯尝通判岷州;《宋史》卷一五七、隆庆《赵州志》卷六载,王纯于徽宗时以直龙图阁知赵、兖州。是否为同一人,俟考。"[2]

以上两处所叙述的王纯应该是一个人,但当时确实有两个王纯。杨畏曾撰写《宋故承议郎王君墓志铭》:

---

[1] 赵振华:《北宋杨畏妻王氏墓志与王彦英相国新罗》,《东北史地》2006 年第 5 期。
[2] 四川大学古籍研究所,曾枣庄、刘琳主编:《全宋文》卷一八二八,上海辞书出版社、安徽教育出版社,2006 年。

　　君王氏讳纯，字粹翁，上世果州人。曾祖明藻，赠卫尉少卿。祖汲，太子中舍，赠工部尚书。考尚恭，朝议大夫致仕，赠通议大夫。粹翁少以进士荐不中第，用通议公荫补太庙斋郎，任西京福昌、洛阳、河清三县簿，移许州临颍令，知河阳录事参军、西京伊阳、开封阳武二县，复监西京长泉镇，累官承议郎，阶武骑尉，服六品，年六十五以卒。通议公以耆惠见重荐绅，教子至严。粹翁知敬其训以自勉，性孝爱，亡隐情。通议公弃养，诸女贫无依者，粹翁汲汲赒养，哀怜见辞色。及莅官遇□，辄嫉奋不顾，毅然有爱民意。从父屯田公尚弼有高趣，在龙门尝买唐远祖龟松斋，卜筑以居，比殁，其家以售人。粹翁念不可弃，复捐金五十万买治之，亦将逍遥丘壑焉。疾革且死，亲戚故旧聚哭之恸，咸曰：善人哉！王氏尤可哀也哉！取刘氏，封仁和县君。二女。长适乡贡进士张扩。次适三班奉职张揔，蚤世。有男曰篋，今十岁。粹翁之卒，在建中靖国元年正月己卯，其葬在三月壬申，其地在洛阳北邙上店之原，祔通议公之墓也。将葬，其家使来请铭，畏惟粹翁女弟，昔尝以配不肖，不幸亡矣。今畏文哭粹翁之死于其请也，悲焉，其忍不铭。铭曰：原肌肌兮水泱泱。生有尽兮葬有乡。维心靡它罔弗臧。亘万千世无毁伤[①]。

文中说："畏惟粹翁女弟，昔尝以配不肖，不幸亡矣。"原来这位王纯也是杨畏的妻兄，其履历则为：任西京福昌、洛阳、河清三县簿，移许州临颍令，知河阳录事参军、西京伊阳、开封阳武二县，复监西京长泉镇，累官承议郎，阶武骑尉，服六品，年六十五以卒。……粹翁之卒，在建中靖国元年正月己卯。可知这位王纯官不过六品，且已于建中靖国元年去世，与宣和六年撰写其女弟墓志铭的正四品中奉大夫显然不是一个人。

　　杨畏的两位妻子均为王氏，两位妻兄均名王纯，正是高度巧合。

　　王氏是怎么嫁给杨畏的？墓志云："至元丰末，杨公初自御史出提点夔州路刑狱。开府时领转运使，以杨公风度凝远，问学高妙，甚器之。"原来杨畏遭外放提点夔州路刑狱时，王宗望领转运使，颇获好感。逮元祐间，杨再擢为御

---

① 见洛阳市第二文物工作队、乔栋、李献奇、史家珍编：《洛阳新获墓志续编》，科学出版社，2008 年，第 291、538—539 页。

史,以母亲年高,有再醮意。闻王宗望之女有贤行,遂求为妻。

王纯在其女弟的墓志铭中叙述了杨畏的一些事迹,谓其"风度凝远,问学高妙","自昔立朝,志在裕陵。会元祐更法,公为御史,明目张胆,推明国是,多所排击,时论称之","政和癸巳,朝廷亟召,方将大用,而遽以疾不幸矣。士论惜之"。曲为之辨,多为谀辞。倒是用另一种方式弥补了杨畏墓志的空白。

应当指出的是,这三篇墓志铭均没有传世文本,有赖出土文物重见天日,且可补入《全宋文》。

在一次国际学术会议上,复旦大学王水照教授与我讨论王安石没有墓志铭传世的问题。确实,作为北宋的一位重要人物,不仅在传世文献中没有见到墓志铭,李焘《续资治通鉴长编》、朱熹《三朝名臣言行录》等引用了大量人物墓志铭的史籍,也没有引用王安石的墓志铭。我相信埋在南京钟山的王安石墓即使被考古挖掘,也不会有内容丰富的墓志铭,而只是如同杨畏墓碑那样的一个标题,当然这不是因为王的品格不好,而是政治纷争、气候多变的原因罢。

原载:王水照、朱刚主编:《新宋学》第 4 辑,2015 年,

上海:上海人民出版社,第 332—337 页。

绍兴出土宋代墓志初探

久闻绍兴张笑荣先生的"会稽金石博物馆"藏有历代墓志铭数百方,其中有宋代墓志 160 余方。我原与张先生素昧平生,经朋友介绍,于 2015 年 5 月的一天冒昧造访,张先生热情接待,得纵览所藏墓志及拓本,大饱眼福。

从 1999 年开始,张先生就有整理出版所藏宋代墓志的计划,金生余池等毅然受命担当整理重任,查阅大量资料和工具书,边干边学,为之录文,并对碑文中的诸多人名、地名、职官名等进行了详细的注释。

承蒙张先生不弃,命我对金生所做的工作进行覆核,在覆核过程中既改正了一些难免的疏失,也获得了不少知识。

我近年勉力从事于宋代墓志铭的搜集整理工作,新获各地墓志拓本已超过 800 种,此次所见绍兴宋代墓志,初读之下,觉其价值甚高,给我留下了深刻印象,试简述如次。

一

从绍兴墓志中,可以看到宋代南方墓志由北宋以洛阳地区为代表的具有墓志盖石、墓志正文石,墓志正文石中有标题、撰人、书人、篆盖人、墓志文、刻工等这样较为完整的基本体制而渐渐发展到省盖有额,额多在上部,亦有置于中部者,撰人渐由亲属担任,成为圹志。其变化之痕迹颇有可寻。

北宋洛阳出土的墓志铭,墓石大多为方形,盖石与志文石大小相同,这是当时的标准样式。绍兴墓志中有一块高宗绍兴时的《宋故右中奉大夫秘阁修撰宋公墓志铭》,墓石为长方形,也有盖,碑文石两面刻字,与以洛阳为代表的样式已经有所变化。

绍兴宋墓志中的《宋故宜山令马府君墓志》，标题下署"王著篆盖"，《宋故硕人朱氏墓志》，文末署"厉文翁篆盖"，《宋故许公圹记》，末署"郑大中篆盖"，实际上这三方墓志的篆文标题"宋故宜山令马府君墓志"十字、"宋故硕人朱氏墓志"八字、"宋故许公圹记"六字，均在碑额上，"盖"已有名无实。而《宋故居士丁公墓志铭》碑额之"宋丁公墓志铭"六字篆文，《宋故王君墓志铭》碑额之篆文，在署名中则径作"书篆"或"篆并书"，不作"篆盖"，书写人已经意识到他所篆之标题不在墓志盖上，因为墓志盖已被省去。

洛阳北宋墓志，大多由死者家属请名人撰文、书写和篆盖，撰、书、篆盖人名衔署于标题之下，如我藏有一方北宋名人刘几墓志铭（元祐三年安葬）拓本，首题"通议大夫致仕、上柱国、彭城郡开国公、食邑二千六百户、食实封肆佰户刘公墓志铭并序"，其下署"龙图阁直学士、中散大夫、知邓州军州事、兼管内劝农使、充京西南路安抚使、上柱国、赐紫金鱼袋陈安石撰"、"正议大夫、充天章阁待制致仕、上柱国、赐紫金鱼袋楚建中书"、"太师、平章军国重事、潞国公文彦博篆盖"，由当时这样三位德高望重的名人为之撰、书、篆盖，是死者家族的哀荣。而圹志的撰写人，一般不在标题下署名，如《故秉义郎知镇韩公圹记》，墓主韩沂死后，其子镗等请娘舅家人士赵汝邈撰写记文，圹记的最后说，镗等"方将乞铭于当世作者，故迫于窆窆之期未暇，且嘱汝邈记之。汝邈于公有契分，义不容辞，于是撮其大略而纳诸圹云"。大多数圹志则是由墓主的儿子写的，如《邢世亨圹记》云："溉（墓主之子）痛念先君艰难半世，见于立身处家者如此，谓宜必享寿考，溉之不天，致兹大故，兹窆窆有期，忍死以毕大事，未暇求当世知名之士以纪平生之行实，敬书其略以纳诸圹。孤子溉泣血谨记。"盖南宋墓志的内容形成和制作，已经没有北宋全盛时期那样从容了。

北宋洛阳地区的墓志铭，绝大多数称为"墓志铭"，绍兴所出以南宋为多的墓志铭，则有"墓志铭"（如《宋故武功大夫高州刺史冯公墓志铭》）、"墓铭"（如《宋故领卫佑神赵君墓铭》）、"墓记"（如《宋故武节大夫钤辖林公墓记》）、"圹志"（如《有宋季公圹志》）、"圹记"（如《宋故路帅唐公圹记》）、"圹铭"（如《有宋典祠黄君圹铭》）等多种名称。

二

墓志铭作为一种古代重要文献，本身即具有特殊的价值。我始终认为，那些名人的墓志，内容丰富的墓志，能直接解决一些历史疑难问题的墓志，固然具有较高的价值，而更多的普通墓志，在史料的库藏中，也一定会有其不可替代的功用。这批绍兴墓志即富含珍贵史料。

宋代是科举制最为发达的时代，而在取士方式、考试种类等方面，尚有研究的余地，绍兴墓志中有不少相关材料，如《宋故诸葛府君墓志铭》有曰："方三舍兴于天下，公首命子格、孙伯龙游焉，且曰：'天子以八行八刑责成士类，岂专以课诵文辞而已哉！'后果皆以行艺充贡选。《曾勋圹志》："庆元丙辰举进士，试礼部，名在第六，实为词赋□□，是岁天子不亲策进士，即以礼部奏名胪传于廷□进士及第。"《曾勋妻薛梦观圹志》则云："于庆元丙辰以诗赋魁南省进士。"

许多圹志详细记录了墓主的一生历官及其迁转方式，对于研究复杂的宋朝官制，很有参考价值。如《宋故朝请大夫知江阴军吏部考功郎中苏公窆铭》："公讳十能字千之……年二十四，乾道四年，以词赋取广东漕司解首，五年三月赐第，授迪功郎，池州司户参军。丁父忧，淳熙元年八月服阕，差充江南东路转运司寄纳仓。至八年七月，关升从政郎。九年六月，差充徽州州学教授。十四年五月，遇高宗皇帝庆寿，进第二赋，后省考校第一，特旨转文林郎。十六年五月，庆典恩例循儒林郎。当年，该遇光宗皇帝登极覃恩，循承直郎。在任举员及格，改奉议郎。绍熙元年正月，差知广德军建平县。至四年二月，磨勘转承议郎。五年八月，该遇今上皇帝登极覃恩，转朝奉郎，差充提领建康府户部赡军酒库所主管文字。庆元三年三月，磨勘转朝散郎，十一月差充江南东路转运司主管文字。四年七月，以前任提领所课利溢额，酬赏转朝请郎。在任日，执政、侍从、江东路诸监司荐公者凡十八人。嘉泰元年正月，特旨令大臣举人材，参知政事、枢密使何公澹露章荐公词藻赡蔚，议论不诡，御笔与六院差遣。当年四月，磨勘转朝奉大夫。二年二月，差监行在都进奏院。三年二月，除国子监簿。四年正月，除国子博士。八月，特旨改太常博士。开禧元年三月，除太常丞，四月，磨勘转朝散大夫，八月除吏部考功郎官。二年八月，差主管建宁府武夷山冲佑观。三年十月，差知江阴军。嘉定二年四月，磨勘转朝请大夫。三年四月罢任，五月还山阴寓舍，得疾，至二十八日疾革，起衣沐浴，趺坐卒于正寝，享年六十六岁。"

在绍兴墓志中，有 20 多方与赵氏宗室人士有关，如《宋故武略大夫赵公墓志》《赵不默妻任氏墓志》，墓主为赵不默与其妻，《宋史》卷二三〇《宗室世系一六》有赵不默，其父、祖、曾祖名与此墓志所记合，惟其官作"赠武略郎"，与此墓志之"赠武略大夫"略有异，则《宋史》之"赵不默"当作"赵不默"无疑，当依此碑校改。又其一子《宋史》作"善钦"，此两方墓志均作"善铁"，亦当以此墓志为是。《宋故知军朝请赵公圹记》，墓主赵彦真，"曾祖讳叔澹，赠武康军节度使，洋川郡公"，《宋史》卷二三七《宗室世系二十三》"洋川"作"洋郡"，卷末有校记云："按本书卷八九《地理志》，洋川是洋州的郡号；《宋会要》帝系三之二六有赠洋川郡公令群，疑此应作'洋川郡公'。"当年写这一条校记的先生是很有见地的，现在有这方墓志作为证据，可以改字出校了。

贺孝敏王荟府中管家袁思忠的墓志铭，十分奇特。墓志云："宋太师贺孝敏王，皇族之贤有德而名高一代者也。门下以主管名官者曰袁思忠，实总督内外庶务，自王典大宗十有余年，一以恭勤廉直，忠懿厚重为王之倚。"以下详细叙述了这位袁管家的事迹。

《陆升之墓志铭》，颇多残损，中有"……骋之际，可谓盛矣，宜乎一奋而出，超取显美，以自致于朝廷。……奈何车坚马良，驾于中道，奇祸一跌，非可预防。……以使事领海舶，属秦丞相桧薨，有新贵人乃摘衅其党，诬告人之……特以其间罗织之狱所及，前执政子某人者，实预闻其戏……既数千里而后得至其处，实海康郡，荒远瘴疠，殆非人境"云云，墓主曾为秦桧下属，墓志为之鸣冤，涉及南宋初之党争。

《史岩之圹志》，碑甚高，文字达一千数百，人物重要，材料极为丰富。

三

在文学艺术方面，这批绍兴宋代墓志也有较高的价值。

《宋故承议郎朱君墓志铭》，墓主是为官清廉而又能干的朱矩，撰文者为

"朝散大夫、充集贤殿修撰、提举杭州洞霄宫、骑都尉、赐紫金鱼袋上官均",其人字彦衡,邵武军邵武(今福建邵武)人,熙宁三年进士及第,徽宗时拜中书舍人,迁给事中。崇宁初,与元祐党籍,夺职奉祠。政和中,复集贤殿修撰。五年,复龙图阁待制。据墓志中所署官衔及志文内容,此墓志应作于政和时。所著有《曲礼讲义》二卷、《文集》五十卷、《奏议》十卷。《宋史》卷三五五有传。此墓志铭《全宋文》未收。书写者为"朝奉大夫、知汉阳军、管句学事兼管内劝农事、飞骑尉、借紫金鱼袋游酢",字定夫,建州建阳(今福建建阳)人。师二程,登元丰五年进士第。徽宗朝历知汉阳军及和、舒、濠三州。宣和五年卒,年七十一,谥文肃。墓志中所署官衔与其经历亦合。酢以文行知名,学者称"廌山先生",亦称"广平先生"。所著有《易说》《诗二南义》《中庸义》《论语孟子杂解》及《游廌山集》等。《宋史》卷四二八有传。在此我们可欣赏其俊逸之书风。

《宋故居士丁公墓志铭》,为周执羔所书,其人字表卿,信州弋阳(今江西弋阳)人。宣和六年举进士第二,绍兴五年,通判湖州,累迁右司员外郎,擢权礼部侍郎,充贺金生辰使。使还,兼权吏部侍郎。因劾秦桧以科第私其子,罢去。起知眉州,徙阆州,又改夔州,兼夔路安抚使。乾道初,守婺州。次年四月,复为礼部侍郎。寻拜本部尚书。执羔有雅度,立朝无朋比。治郡廉恕,有循吏风。手不释卷,尤通于《易》。撰有《历议》《历书》《五星测验》各一卷。乾道六年卒,年七十七。见《宋史》卷三八八本传。可见他乃北宋末南宋初人,其书法风格近瘦金书,可见宋徽宗书法流风所被。

《宋故宜山令马府君墓志》,徐林撰并书,徐林善为文,其书法亦甚工。《宋故领卫佑神赵君墓铭》,标题下署"陶梦桂书并篆盖",陶梦桂书法甚佳。《胡太初圹志》,末署"陈绮填讳",全篇书法亦佳。《史岩之圹记》戴埴所书,《有宋太师全公墓志》,为江万里所书,书者都是著名人物。《宋故右中奉大夫秘阁修撰宋公墓志铭》,为"右朝奉大夫、直秘阁、权知太平州军州事、主管学事兼管内劝农营田事、借紫金鱼袋韩膺胄书并题盖",韩膺胄是韩琦的后人,其题盖和碑文纯用隶书写成,令人佩服。

《宋故国学进士钱君墓志铭》撰书者诸葛兴,有不少著作。还有陈晞、李端民等人物,都是文人学者,绍兴墓志提供了他们的佚文。

墓志俗字,向来为治字学者所重视,宋代墓志中的俗字,承魏晋南北朝隋唐之后又有变化,特别是民间圹志。如《太宗昭德军故李府君墓志铭并序》就包含了许多宋初民间习用的文字。

以上仅略举数例,相信绍兴宋代墓志的出版可以给历史和文学艺术的爱好者带来一份全新的珍贵材料。

2015 年 6 月

附记:

张笑荣先生所藏绍兴出土宋代墓志,后由绍兴市档案局(馆)和会稽金石博物馆合编,于 2018 年 10 月由西泠印社出版社出版。在录文标点方面,慈溪博物馆馆长厉祖浩先生贡献最大,保证了此书的质量。我的这篇文章被作为序言之一载入。

论宋代石刻墓志文献之搜集、整理、聚集及其意义

新的历史材料的出现，一定会推动学术的新发展。19世纪末20世纪初敦煌文献和甲骨文的发现，开创了两个重要的研究领域，就是最好的例证。

在有关两宋的历史、文学、哲学、经济等研究领域（可以广义地称之为宋学），在晚近的百年中，也有三次重要的文献资料的发现和聚集。

20世纪30年代，北平图书馆在陈垣先生的主持下影印出版了总字数上千万的《宋会要稿》①，这部含有大量独占性资料、涵盖两宋大部分时期的大书，很快与《宋史》《续资治通鉴长编》一起成为史学界公认的"宋代三大书"，大大推动了宋学研究的发展。

20世纪末21世纪初，在曾枣庄先生和刘琳先生的主持下，四川大学古籍整理研究所组织全国的学术力量，花费了十多年的时间完成了《全宋文》的搜集和整理，并最终由上海辞书出版社和安徽教育出版社整套推出②，包含整个宋朝320年间9 179位作者的172 456篇文章，编为8 345卷，总字数达到1.1亿。在《全宋文》的编纂过程中除了搜访存世宋人文集以外，还曾普查了浩如烟海的经、史、子各类古籍和金石、方志、谱录等资料，获取了一批前此不易见到的集外佚文。与《宋会要辑稿》为一部前此未见的新书（当然其中包含的史料则不必全为他书没有的新材料）不同，《全宋文》60％以上来自作家的别集和总集，其余部分也大多辑自已有的文献，只有少量文章是前所未见的。但通过挖掘和聚集，使资料的使用效率得到极大的提升，特别是对于除了宋代文学以

---

① 1936年北平图书馆影印，名《宋会要稿》，线装200册，1957年中华书局拼接缩小影印，名《宋会要辑稿》，精装8册。

② 四川大学古籍研究所编，曾枣庄、刘琳主编：《全宋文》，上海辞书出版社、安徽教育出版社，2006年。在这之前曾由巴蜀书社印出50册。

外的其他研究领域,无异于增加了一座触手可及的资料宝库。

目前正在进行的宋代石刻墓志类文献的搜辑、整理、聚集和发布,又将形成一个丰厚的资料宝库。就墓志文献的来源而言,一部分来自别集、碑传和方志等传世图书资料,另一部分则来自出土志碑。出土部分有的已见之于各类金石图书和学术期刊,大量的则仍以刻石和拓本形态分藏于博物馆、图书馆和私人收藏者、研究者和爱好者处,尚有未知的可能出土者。即使是已刊布者,由于资料分散,对于研究者来说,仍不便使用,甚至无从得知,至于深藏不露、尚未刊布者,当然是新材料。这一宗以石质材料为主要载体的文献资源,就其丰厚程度和重要性来说,或差可与《宋会要辑稿》和《全宋文》比肩。

现就宋石刻墓志类文献的种类和时间上下限、搜集和整理、聚集体例、研究价值诸方面,予以论述,以就教于海内外学术贤达。

一、宋墓志类文献的种类和时间上下限

(一) 宋墓志类文献的种类

胡寅《右朝奉大夫集英殿修撰翁公神道碑》有云:"夫作史者未尝不先询求于当传之家,次及于见闻,故其家之所载宜尤悉,以俟太史氏采择。而孝子慈孙思显扬祖考者,必为之行录,以请幽藏之文。犹以为未也,复大书深刻于外,曰表,曰碣,曰神道碑,而门人学者往往为之歌诗赞咏,以翼而张之,庶乎其先德之流光而不泯,斯亦仁之至义之尽矣。"①其中涉及"幽藏之文"即墓志铭和墓表、墓碣、神道碑四种墓志文献。而石刻墓志文献的种类尚不止此四种。以下简述之。

墓志类文献中数量最大的是"幽藏之文",即人物去世以后置入墓中的刻于碑石上的墓志铭和墓志盖上的题文,也有极少量的人物身前预撰的墓志铭。

人物去世安葬以后若干年有时会于墓前再立神道碑,这是一种规格较高的礼遇,宋朝规定死者生前官衔必须三品以上方可立。

大多由志主子嗣撰写的置于墓中的圹志,可视为一种比较简易的墓志铭。

人物去世安葬以后立于墓前的墓表文、墓碣文。

---

① 《全宋文》卷四一九一,第 190 册。

佛道人物去世以后所立的塔铭、行业记、仙游碑等。

象征墓地地契的买地券,带有道教信仰色彩,也都记有死者的籍贯、身份、生卒年、安葬地等,有时兼有圹志的功用。

镇墓文也是具有鲜明道教文化特征的随葬文字材料。

另外还有墓记、墓碣记等各种不同的名目。

宋元之际,一些成功人士,竞相撰刻"先世碑""先茔记"等,以表彰父祖事迹。

在宋代,人物去世以后有了墓志铭(埋铭),还可以有神道碑、墓表、墓碣。胡寅《太孺人李氏墓志铭》在铭文后补记云:"明年,齐又以书来曰:'埋铭为悠久计,然百世后不幸出乎人间,曷若以昭乎今之人? 更愿碑碣立之墓前,可乎?'予惟齐欲显扬其亲,虽杜元凯岘首汉渊之谋,何以尚兹? 乃不易初文,书以畀之,庶懿劭之不渝也。"①则在葬后第二年又以原志刻于碑碣立之墓前。

在许多文人的文集中,时可见到一些干志书(求人撰写墓志的书信)和墓志跋文(一般题于墓志拓本上),与相应墓志有直接关系。

(二) 宋石刻墓志类文献的时间上下限

为了研究的便利,宋朝墓志类文献的时间涵盖整个宋朝而可略作上溯和适当下移。

如一位墓志撰写者由五代入宋,而一般被认为是宋代人物,则其所撰写之墓志全部收入,其中或有若干篇乃撰写于宋前。若志主生存的年代为五代十国,而其下葬时间已入宋,则亦予以收入。

辽、西夏长期与北宋并存,金灭北宋,与南宋并存,蒙古曾与金、南宋并存,这些政权所管辖的区域所出墓志类文献,其记事往往与宋交叉互见,同一事两朝所记角度有异,于宋学研究之功用自不待言,其中金灭北宋以后所产生的金代墓志,多述及志主在宋时之谱系及事迹,实亦含有大量宋代史料。西夏墓志,时用宋年号。故辽、西夏、金人物墓志,悉数予以收入。

对于宋末元初的人物墓志,笔者原来的想法是,由宋入元的人物若在宋时已获功名或入仕,或旧时被认为宋人者,则其所撰写之墓志全部收入;志主宋

---

① 《全宋文》卷四一九二,第 190 册。

时已成年,卒于元者亦予收入。在搜集整理过程中逐渐获得了新的认识。在元朝墓志类文献的撰写者中,有一部分著名文人,本亦可属宋,如刘辰翁、舒岳祥、牟巘、何梦桂、黄仲元、胡次焱、金履祥等①,前人均将其归入宋朝作家,其文自亦可属宋;诸多入元以后所产生的墓志,其墓主实为宋人或为在宋时已有功名或已入仕之人士;有数量相当多的墓志,墓主为元人,撰者亦为元人,而所述先世则为宋人;墓主、撰者均为元人,墓主之先世与宋无涉,而所述人物事迹则多以宋为敌,实际上是另外一种宋代史料。据笔者阅读印象,在可归属于元朝的墓志类文献中,有不少不经见的珍贵宋代史料。总之,在南宋亡后之数十年中,其原属南宋统治地区所出墓志类文献,大多无法回避前宋遗事,其中或直接记述宋代人物、制度、史事,或追述志主或志主父祖之事迹,可径视为宋史料,即使是元中后期之数十年,也常常无法避开前宋遗事。而反过来,从辽、西夏、金、元代研究的角度看,大量宋人墓志类文献之记事亦可直接或间接视作这些朝代的珍贵史料。关于此点,笔者拟作专文详论之。

故笔者正在陆续编纂中的"宋墓志类文献"亦可称为"宋辽西夏金元墓志类文献"。

二、宋代墓志类文献的搜集与整理

(一) 搜集

宋墓志类文献按其来源可以分为传世和出土两个方面。所谓"传世",是指见于宋人文集、总集、史书、笔记、宋朝以下各种方志等文献的墓志,"出土"则是指据出土墓志记录或今有旧时拓本留存或新出土的墓志。宋墓志类文献的搜集工作即循此两方向进行。

"传世"和"出土"也不是可以截然分开的,载之于传世文献的墓志,也有出土的,由于传世文献编定刊刻时的改动以及其后相承传刻中的差异,两者各具价值,故凡有此种情形,应概予两收。据笔者初步考察,传世文献中的墓志大部分未见出土,而出土墓志又大部分不见于传世文献,此现象值得另作研究。

---

① 《四库全书总目》卷一六五《别集十八》均为宋人别集,其中收有刘辰翁《须溪集》、舒岳祥《阆风集》、牟巘《牟氏陵阳集》、何梦桂《潜斋文集》、黄仲元《四如集》、胡次焱《梅岩文集》、金履祥《仁山集》等。

（二）断句标点

宋墓志类文献的断句标点是一项艰苦的工作。

对于传世墓志，凡已有标点者，在前人整理的基础上，重加审核，见有少数录文和标点的疏失之处，或有更妥帖的标点方式的，则试加改进。以笔者阅读、审核、标点上千万字以后的体会，墓志类文献在典章制度、人物关系、顺畅与否等方面容易发生疏误。今略举数例。

涉及典章制度者：

苏舜卿《处士崔君墓志》"中令暨文正公、丞相向公忠愍、寇雷州，雅与友善，偕试于庭中"，"寇雷州"显指寇准，"忠愍"为其谥号，"丞相向公"应指向敏中，谥号文简。故试断作"中令暨文正公、丞相向公、忠愍寇雷州，雅与友善，偕试于庭中"。

舒亶《宋故上护军致政罗公墓志铭》文末有"公享年七十有三，官自著作佐郎换宣德郎，七任为朝散大夫，勋至上护军、服五品中散。公两娶：前吴，赠慈溪县太君；后周，赠金华县太君。公即金华出也"。"服五品中散"有疑，朝散大夫为五品下，"服五品"属高遇。前文文云"父允明，赠中散大夫"，盖"中散"者，志主罗适之父也，当属下读。"中散公两娶：前吴，赠慈溪县太君；后周，赠金华县太君。公即金华出也"。"中散公"为父亲，"公即金华出也"之"公"为儿子，即志主。

朱光裔《韩宗厚墓志铭》有"祖讳亿皇，任太子少傅致仕，赠太师、开府仪同三司，冀国公，谥忠宪。考讳纬皇，任尚书比部郎中、知解州，赠右光禄大夫"，"皇"字均应属下读，"皇任"一般指在皇朝即本朝任官。

王庭珪《故县尉刘公墓志铭》有"士大夫识之者皆知其有学问，独恨其平生以赀盖其才，故不能显大。丞相朱公以军兴制置江南，君因补右迪功郎，有荐其才，用权新淦县尉"，"大"字宜属下，王庭珪《故王氏墓志铭》有"绍兴元年，大丞相朱公安抚江南日"等语①，"大丞相"之称史书多见，此应指朱胜非。

徐唐《徐构墓志》，有"秩满，授临安府城北右厢瓜戍，甫及，偶感微恙"等语，"瓜戍"非官称，当属下读，今改作"秩满，授临安府城北右厢。瓜戍甫及，偶感微恙"，"戍"疑当作"代"，指离任。

---

① 《全宋文》卷三四一四，第158册。

王义山《稼村自墓志铭》，有"主管尚书刑工部架阁文字权主管官，告院除国子正"，"官告院"当连读。

涉及人物关系者：

章惇《宋宗室赠定武军节度观察留后博陵郡公仲伋夫人故彭城县君刘氏墓志铭》有"夫人生十有四年，而归于沂州三十有八，而以未亡人自居，又一年而卒，一命彭城县君"断句有疑，三十有八者非"沂州"，乃夫人。今改为"夫人生十有四年而归于沂州，三十有八而以未亡人自居，又一年而卒，一命彭城县君"。

陆佃《黄君墓志铭》有"曾王父某。王父某。父某，娶王氏，生四子：理中早卒，特、持、时尽遣为学"之文，按此志志主名黄颐，如其父"娶王氏，生四子"，则四子中应有其名，今无之，可知"娶王氏，生四子"者实叙黄颐本人，"父某"下应句号。"时"下一逗更胜。宋代墓志此例多有，先叙志主生平，再追叙其前人，再叙其妻子孙等。

朱熹《陈师德墓志铭》有"娶同郡林氏，朝请郎一鸣之女，年二十有五，以淳熙甲午七月己亥卒。于其疾之革也，公夫人往视之"云云，细读墓志文，知墓主少年有志于学，而竟不得寿，卒时无子嗣，"夫人哭之哀，以其伯兄之子福孙后之"，则知年二十五而卒者非夫人，乃墓主本人也，据此改作"娶同郡林氏，朝请郎一鸣之女。年二十有五，以淳熙甲午七月己亥卒。于其疾之革也，公夫人往视之"云。

沈焕《竺硕夫墓志铭有序》："硕夫讳顾。其曾祖讳膺，其祖讳允之。其父讳璪，娶陈氏，再娶舒氏。大年、大本、大辨、大声、大用，五男子也。"按"娶陈氏，再娶舒氏"者乃志主本人，非其父也，句逗之间，文意大变，今改作："硕夫讳顾。其曾祖讳膺，其祖讳允之，其父讳璪。娶陈氏，再娶舒氏。大年、大本、大辨、大声、大用，五男子也。"

吴泳《黄虎墓志铭》有"祖登，仕皇考也，鲁氏，皇妣也"，"登仕"即登仕郎，不可断开，前有"宪，朱氏，曾大父、母也。瑀，赠忠训郎，吴，赠孺人，大父、母也"，其例同，当改作"祖，登仕，皇考也，鲁氏，皇妣也"。盖其父名祖也，其祖父（即"大父"）名瑀。

涉及行文顺畅与否者：

杨杰《故通直郎签书商州军事判官厅公事谢君墓志铭》"尊君年虽高,而康强过人,君家贫族,众当勉力从仕,以承亲意,安可衣食于亲以就养乎",细玩其文意,"家贫族众"当连读。

韦骧《吴平甫墓志铭》有"凶问至,乡之贤士大夫皆歔欷叹息,曰:'平甫之所享止如是,其命矣。'夫平甫其字也,讳天秩,世为杭人","夫"字当属上读,作"其命矣夫",且"平甫其字也"拟另起一段。

范祖禹《安康郡太夫人胡氏墓志铭》有"在邓得风痹疾,大长公主遽入面,请遣其子景升省疾,诏乘驿以往","面"字当属下读,今改作"在邓得风痹疾,大长公主遽入,面请遣其子景升省疾,诏乘驿以往","面请"二字亦可属上读。

郑侠《谢夫人墓表》有"使我宗族内外,终无间此妇也。何夺之遽乎","终无间"当属上读。

晁说之《宋故朝请大夫管句舒州灵仙观骑都尉段公墓志铭》有一段叙事:"犍为有沐川蛮酋,欲以译官失职为乱,远近恐甚,公曰:'何害匹马走溪洞。'喻之曰:'译官一日信有罪矣,其如朝廷百年恩德何!'蛮酋相率感恸而去。"其中"何害匹马走溪洞"难解,"公曰"实仅"何害"二字,"匹马走溪洞"当属下读,试改为:"犍为有沐川蛮酋,欲以译官失职为乱,远近恐甚,公曰:'何害!'匹马走溪洞喻之曰:'译官一日信有罪矣,其如朝廷百年恩德何!'蛮酋相率感恸而去。"

汪藻《徽猷阁待制致仕赠少师谥僖简庄公墓志铭》有"王文公居金陵,四方英隽阗门,公一与之交,而非其人未尝往,繇是名声日闻","而非其人"指志主不认同王安石,属上较妥,改作"王文公居金陵,四方英隽阗门,公一与之交而非其人,未尝往,繇是名声日闻"。

汪藻《左朝请大夫主管台州崇道观庄君墓志铭》有"王室方艰,日夜望天下兵至,今此军甫授甲,已无顾忌如此,尚敢望其冒万死为朝廷用乎?不痛惩艾诛,其人将悉效尤而起,祸有不胜言者,公等忍坐视其乱耶"等语,"惩艾"为一词,"诛其人"应紧接。

曾丰《罗舜卿墓志铭》有"母难速,父沉绵下(阙)至五六岁,然后解寇警。后旁午不容卒业,辟地,颇以书自随,有隙无忘温故"等语,细玩其意,似谓其父用了五六年始得举,后因战乱没有参加考试求得功名,应改作"母难速,父沉绵下(阙)至五六岁,然后解。寇警后,旁午不容卒业,辟地,颇以书自随,有隙无忘温故"。

刘全《大宋故赵浚明墓志铭》有"吾家数百指日,仰给于此","日"字当属下读,今改作"吾家数百指,日仰给于此"。

(三)校记

凡原文有疑者,略作考证并出校。如:

黄庭坚《朝奉郎通判汾州刘君墓志铭》有"以元祐八年七月丙辰卒"等语,干支有误,出校记:元祐,当作"元丰",元丰八年七月丙辰为二十四日,元祐八年七月无丙辰,又下文云元祐二年葬,亦可证。

陆佃《寿安县君王氏墓志铭》,前贤有校记谓志中"嘉祐四年某月某甲子,夫人卒,年五十三。明年某月某甲子,葬扬州之天长县博陵乡皇姑之兆",则此志作于嘉祐年间,而其时撰者仅十八九岁,有疑,或当作"元祐"。今略作考证:或疑嘉祐四年陆佃方十八岁,其明年十九,似未必能作此墓志。然文中谓"女六人,一嫁苏州节度推官毗陵张海",沈辽有《宋太子中舍张传师墓志铭》,张传师名张海,志云"皇考尚书公自浦城徙居吴,今为吴人",仁宗时曾"授宁海军观察推官",卒于熙宁十年,志又云"会定武帅孙次公卒,君其婿也。次公家扬,其子少,不能归,乃以次公治命请于上,乞君官扬州以经纪其后,遂除扬州税",则其岳父孙次公与此志开首所述之"江淮荆湖两浙制置发运使、少府监、广陵孙君"应为一人,即孙长卿,据《续资治通鉴长编》卷一八八,孙长卿嘉祐三年为"淮南、江、浙、荆湖制置发运使",与此处所记相合。则志中纪年无误,撰志或在其后若干年。

叶之表《宋方府君并夫人墓志铭》,有"崇宁九年四月初一日乙酉合葬于县之金川乡定香湖之原"云云,干支有误,今略考:崇宁无九年,四月初一日乙酉,当为崇宁元年。

廖刚《崔左藏墓志铭》,出校记指出其卒日、葬日之矛盾:"按:文中云墓主'崇宁五年,寝疾,卒,享年六十有九',又云'以二年癸未十一月二十日丙申,葬于江陵县之后山,长安祔焉',崇宁二年为癸未年,其年十一月二十日为丙申日,然其葬日反在卒年之前,其中必有一误。"

霍知白《宋故迪功郎平阳府汾西主簿李公墓志铭》,前贤仅录出铭文,今据原出处补出序文并定墓主及时间,并出校记略作考证:此志之铭见于光绪《唐山县志》(光绪七年刻本)卷末,其前有云:《仕绩志》内《李章传》即节录序文,兹不复记。其序即从卷十《仕绩志》录出。同书卷二有:"宋主簿李章墓。在县东南三里,有墓志,进士霍知白撰。按光绪六年冬,从城东南关帝庙西厢房破壁下将主簿墓志寻出,移至学署,正书,字体整饬,但年久字迹有漫处,细看颇似王弼书丹,撰文名字已没。"又此志未明书时间,文中有"宣和二年,调平阳汾西县主簿,革去前弊,复业者甚多。太守知章廉能,特差权岳阳事……卒于官庭,哭者无数,如丧慈母"等语,今暂据以系于宣和三年。

汪藻《宋故宗正少卿董公墓志铭》,颇有疑,今在校记中略作考证:按此文所叙墓主卒于绍兴十二年壬戌五月,汪藻卒于绍兴二十四年,则此文之作在绍兴十二年至二十四年之间。此正秦桧专权、气焰煊赫之时(桧以绍兴八年拜相,二十五年卒,独相十八年),而文中乃云"绍兴中秦相国专政,凡有诤谔不党附者,皆诬以非法"。若此文为汪藻所作,似不敢如此指斥秦桧。文中有"予且哀君之命止于此而不得尽其用,以厚其泽于吾门也,为之铭曰"云云,则此文作者应为董姓。且其文辞亦多鄙俗,不类汪藻之文。此文仅见于地方志,当是董氏后人伪撰,而为方志所采。

吕祖谦《薛常州墓志铭》,于"十二月壬申"下加一条校记,辨志主卒年:"按乾道七年十二月无壬申。文中叙事有'始,公以乾道七年十二月至淮西,反命以明年之夏'等语,后又有'以乾道七年九月戊申卒于家',显有误。据陈傅良撰薛季宣行状,薛季宣卒于乾道九年,疑'以乾道七年九月戊申卒于家'当作'以乾道九年七月戊申卒于家',十二月壬申则亦为乾道九年。"

楼钥《戴伯度墓志铭》,于纪年有考证:"文中有'才历金华簿,待次铁冶,而一疾已矣,实嘉泰元年二月甲午也。君之子燧以行状踵门泣且拜曰……将以十二日丁酉襄事'云云,按嘉泰元年二月甲午为十三日,故后文之十二日丁酉有误,疑当作十二月丁酉。"

叶梦鼎《张正谏墓志铭》,有"卜嘉熙庚子十月吉,窆公于后岭之原,暨今咸淳戊己间,再饰封茔"等语,前贤校记谓"咸淳无戊己年,此当有误",按"戊己间"指咸淳四年戊辰、五年己巳之间,无误,今删除此条校记。

以上均为传世墓志文献之例。出土墓志首先要过准确录文这一关,难度更高。

如成都文物考古研究所编著、文物出版社出版的《成都出土历代墓铭券文图录综释》，河南省文物局编著、科学出版社出版的《安阳韩琦家族墓地》，原书所收墓志出于审慎的考虑暂未加标点，此次整理，仔细核对拓本图照，勉力施以标点。

又如郭茂育、刘继保编著，中州古籍出版社出版的《宋代墓志辑释》，录文标点颇下功夫，然此事实属不易，其间仍多有可商之处，好在其书原墓志拓本图版甚为清晰，可据以推敲录文、标点。如《大宋故推诚奏议同德翊戴功臣永兴军节度管内观察处置使特遣检校太尉同中书门下平章事上柱国朴阳县开国公食邑三千七百户食实封一千二百户赠侍中吴公墓志铭并序（吴廷祚）开宝五年二月二十三日（九七二）》①（按：原书未标出志主吴廷祚之名）：

> 秩满三事，方焕于登庸，任重十连，俄□于命师，乃授公持节秦州，请军□□州刺史、□武军节度，秦、成、阶等州观察处置押藩□使，逾年，授京兆尹，充永兴军节度、管内观察处置等使，将□□□斯为盛故阶，自银青至特进官，自右仆射至太尉，爵自开国男至开国公，功臣自四字至八字，食邑自三百户至三千七百户，实封自二百户至一千二百户。

文中首句为骈文，标点不甚分明。而"将□□□斯为盛"以下依次叙其阶、官、爵、功臣、食邑，原标点似未梳理清楚。今试作改进，点作：

> 秩满三事，方焕于登庸；任重十连，俄□于命师。乃授公持节秦州，请军□□州刺史、□武军节度，秦、成、阶等州观察处置押藩□使。逾年，授京兆尹，充永兴军节度、管内观察处置等使，将□□□斯为盛。故阶自银青至特进，官自右仆射至太尉，爵自开国男至开国公，功臣自四字至八字，食邑自三百户至三千七百户，实封自二百户至一千二百户。

又：

---

① 见郭茂育、刘继宝编著：《宋代墓志辑释》，中州古籍出版社，2016年，第32—33页。

前后司留务者,三知军府者,四除昏□之患,再治堤防,修职贡之□,两睹郊祀,尝出镇于天水也,会獯戎效,逆为边鄙之爱。

文中三司留务、四知军府两事及以下之骈句未标清,"戒"字"爱"字录文有误,当作"戒""忧","逆"字似可属上。今点作:

前后司留务者三,知军府者四。除昏□之患,再治堤防;修职贡之□,两睹郊祀。尝出镇于天水也,会獯戎效逆,为边鄙之忧。

又:

接一介之士,必修其礼,容对万乘之君,不慑于词气。行为枝叶,耿八凯于高阳;言有枢机,□尔寄于曲□。复偶圣世,方隆永图,惜哉! 纯臣患□眉寿,尺有所短。太史氏之前,闻天不憖遗,鲁哀公之深旨祸福,□状群舆悲之。

文中"容"字"闻"字似应属上,"纯臣"似应属上,"祸福"似应属下,有三个骈句,似未标清,今试改作:

接一介之士,必修其礼容;对万乘之君,不慑于词气。行为枝叶,耿八凯于高阳;言有枢机,□尔寄于曲□。复偶圣世,方隆永图,惜哉纯臣,患□眉寿。尺有所短,太史氏之前闻;天不憖遗,鲁哀公之深旨。祸福□状,群舆悲之。

又:

泊退居下,俚受公之招;分言适上,都遇公之捐馆。

这也是一个骈句,似可点作:

洎退居下邳，受公之招分；言适上都，遇公之捐馆。

至于只见拓本者，如友人提供的绍兴出土宋人墓志、笔者搜求所得之洛阳等地出土墓志、江西抚州出土的圹志墓券等，则根据拓本加以录文，并施以标点。由于墓志的写刻，时用行草乃至篆隶书，民间性较强的墓志，又多用俗字，加以年代久远，碑刻漫漶，此项工作尤为繁难。今不一一举例。

三、宋墓志类文献的聚集体例

为了便于研究使用，如此众多的墓志类文献聚集在一起，必须遵循一定的体例。

（一）标题

绝大多数出土墓志都有标题，主要包含时代、墓主身份、墓志文类别（墓志铭、神道碑、墓表等）以及是否有序等，标题下面则是撰写人、书写人、篆盖人的身份等。传世文献中的墓志，墓主身份的表述大多被简化，撰写人、书写人、篆盖人及其身份则大多被删去。此次整理聚集，原标题一律予以保留，不作简化，有额题无文前题者，用额题，没有标题的，依例拟制（主要依据墓志文的第一句话），同时有墓志盖的，其内容在校记中注出，买地券一般拟作《某某某买地券》。

（二）墓主的标注

除了部分传世墓志已由后人标出墓主姓名以外，多数传世墓志和全部出土墓志从标题到正文一般不会有完整的墓主姓名出现，而这对于习惯于用人物姓名作为主题词查检的资料库使用者来说，会造成很大的资讯缺失，为了弥补此缺失，在整理中，尽可能提取或确定志主姓名，加括弧置于墓志标题之下，即使在标题中已有墓主之姓出现，仍标姓名全称，以利于查检。如志主为女性，依其在查检中的重要程度，依次标出其本人、其丈夫、其父亲、其儿子的姓名并标示其关系。如志主为僧人，标出其法号和俗家姓氏。凡墓主经考证得出者，出校予以说明。如：

陈襄《秦国太夫人窦氏墓志铭》，墓主身份无明文，而其文首有"秦国太夫

人窦氏,太师、中书令、楚国公讳某之夫人,今丞相、集贤殿大学士讳某之母
也",文中又述志主"顾丞相而忧曰""陈氏之后,惟此孤尔",据此定志主为陈升
之母。

黄庭坚《朝请大夫知吉州姚公墓志铭》,未明书志主姓名,嘉靖《江西通志》
卷二五元丰间知吉州有姚原道,或即其人,据以标注。

李昭玘《宋故益州路诸州军水陆计度转运使直史馆护军赐紫金鱼袋赠尚
书工部侍郎李公神道碑》,未明书志主姓名,时间更难定。文中有"公娶扶风马
氏,宜家,有令德,先公四年卒。男四人:长曰群,终国子博士;次曰安,郊社斋
郎,早亡",而其子李众墓志有"考定,以儒学起家,真宗朝屡上所为文章,眷奖
甚渥,将使数路,以风绩闻,终尚书工部郎中、直史馆,赠金紫光禄大夫。妣永
嘉郡太夫人马氏,所生仁寿县太君吕氏"云云,则志主为李定无疑。又前引本
志"曰犹,右朝奉郎、知成州;曰众,终右承议郎",又后文有"朝奉君状公行事,
求文于某。晚进竦闻绪余,敢不从命",可知撰写此神道碑时李众已卒,求文者
为李犹,据李众墓志,卒于元祐五年,据李犹墓志,卒于元祐八年,则此神道碑
撰于元祐六年到八年,今暂系于元祐七年。

白时中《管元善墓铭》,系从方志辑出之墓志片断,墓主及时间均不明。
《景定建康志》卷四三:"资政管元善墓在句容县下蜀镇柔信乡之原,白时中撰
志铭。"《宋史》管师仁本传:"管师仁字元善,处州龙泉人……召为吏部尚书,俄
同知枢密院。才两月,病。拜资政殿学士、佑神观使,卒,年六十五。赠正奉大
夫。"资政即资政殿学士,两者相合。据以定此志墓主为管师仁。又据《宋史》
卷二一二《宰辅表三》,大观三年六月甲戌,管师仁自同知枢密院事以资政殿学
士依前中大夫领佑神观使,寻卒。今暂以志主卒年之后一年系之。

林光朝《正字子方子窆铭》,略考志主及其时间:"据其文首'子方子次云葬
之西郭大平之原'及志主自言'焘今也不然。一等人物,可以同出于舞雩之下,
则焘也唯恐后,焘今也不然'等语,定此志志主为方焘。此志时间难定。明陈
道《(弘治)八闽通志》卷七十一(明弘治刻本):'方焘,字次云,元案之孙……官
至秘书省正字。'据《南宋馆阁录续录》卷八,方焘为秘书省正字在绍兴三十二
年十月至隆兴元年六月,后补外。又明何乔远《(崇祯)闽书》卷之五十一(明崇
祯刻本)长乐县:'方焘、陈昭度……右淳熙中任。'此志作者林光朝卒于淳熙四

年,今暂据以系于淳熙三年。"

真德秀《宋故蕲州使君正节李侯墓表》,全文未出现志主之名,据《宋史》卷四〇《宁宗本纪四》:"(嘉定十四年)三月丙戌朔,鄂州副都统扈再兴引兵攻唐州。丁亥,金人破黄州,淮西提刑、知州事何大节弃城遁死。庚寅,长星见。李全自楚州引兵援淮西。癸巳,扈再兴引所部趋蕲州。甲午,太白昼见。乙未,诏京湖制置司趣援蕲、黄。己亥,金人陷蕲州,知州事李诚之及其家人、官属皆死之。"知志主为李诚之。又同上书"(嘉定)十五年春正月庚戌朔,御大庆殿,受恭膺天命之宝。癸丑,立李诚之庙于蕲州。甲寅,褒赠蕲州死事官吏,录其子孙有差。丁巳,诏抚谕山东河北军民、将帅、官吏。己未,以受宝大赦,文武官各进秩一级,大犒诸军。"今据以系于嘉定十五年。

翁合《蔡模墓志》,系从《经义考》辑出之墓志片段,今详考墓主生卒年及墓志时间:"此志时间难定。《事文类聚翰墨大全戊集》卷五熊庆胄《蔡觉轩哀辞》:'西山之阳有名儒,曰觉轩先生,姓蔡氏,西山隐君子之子也。西山是为庆元之党人,紫阳朱子题其墓,尊之曰先生。乃今有孙,是似其祖,人复以先生尊之。先生行甚高,度甚夷,所学盖自孔氏,将进而未止,隤然处顺,渊乎似道,是可谓能世其家矣。人士敬之,府公聘之,诸公贵人又荐之。乃自山中特起为命士,将典教于州郡,以觉后学。先生辞焉,有避莫得,使者书币在门,先生惊焉。已而得微疾,钩深探微,涵茹古今,穷昼夜益不懈,心怦怦以悸。越数日,竟正襟危坐而逝。呜呼!若先生者,可谓顺理安常者矣,顺受其正者矣。山中之君子野人,皆惊呼失声甚哀。'觉轩为蔡模之号,据此知其在奉诏添差本府教授之后不久即去世,今暂系于其卒年之后一年。又方大琮《铁庵集》卷三七《跋朱文公二帖》云:'余久闻觉轩蔡君名,至建安屡遣币迎之,不果来。今夏有行役过其庐,花木泉石,幽闲淡静,俯仰久之,叹曰:为文公先生学,笃信力行,三世不坠者,独此一家耳。既又得敬观先生所与二帖,可以想见一时师友亲爱之厚。觉轩岐嶷夙成,有受道之质也,今年过五十,气貌温雅,尽屏万事,沉酣师书。隐几面壁,而怡然自得,意有出于世味之外,是真有进于所谓觉者,可敬也。淳祐初元至日,莆田方某敬书。'可知蔡模淳祐元年年过五十,卒年应为五十五岁左右。"

(三) 分段

整理宋代墓志文本的另一项重要工作为根据墓志文的特点和不同撰写者

的撰写方式及起承转合的语境,全部予以分段,以清眉目,便于阅读研究。特别是墓志中的长篇巨制,近万字的长文,若不加分段,颇难寻绎。尽管墓志文的写作,大体有一个顺序,如总论、缘起、先世、少年、功名、入仕、主要事迹、去世、妻子儿孙、品格、著述、安葬、铭文等,然而数量巨大的墓志文写法多样,文风多变,分段时亦不得不有所变通。

(四) 标注时间

如此漫长的历史时期、广阔的地域、众多的作者所产生的墓志类文献,必须有一个统一的排序的方式。如按撰写者生卒年排序,一位作者的志文归于一处,是一种方法,但由于诸多产量较大的撰者所撰志文本身就会绵延很长的时间,而许多撰者很难确定生卒年,又有诸多志文难以确定撰者,故此种排序方式并不优越。此次聚集,采用的是按志文产生(撰写、修改、定稿、书写、上石、入墓)年代排序的方式。排序的最小单位是日,无日者置于一月的靠后,无月者置于一年的靠后,无年者大致推算纪年。

时间的采录有以下几种情况。

第一,少量墓志类文章所署写作时间或在文中交待的受命(或应邀)写作的时间。

第二,如无写作时间,则标注下葬时间,大多数墓志会叙述预定的下葬时间,这个时间是一篇墓志成为"埋铭"的时刻,也是志主被盖棺论定的时刻。据笔者初步考察,写作与下葬的时间会相距若干天、一月、数月乃至一二年,甚至有墓志铭入墓时,撰写者已经去世的情况[1],但一般相差不会太远,如叶适撰《姚君俞墓志铭》,文中曰:"卒之六十二日,庆元二年十月辛酉,葬于西山。"文末署:庆元二年九月。辛酉为十六日,由此可以推知志主卒于八月十五日,志文撰于九月,预定下葬时间为十月十六日。

第三,如志文中缺失写作和下葬时间(传世的墓志铭文本如所据为撰者稿本,往往不填写具体的年月日),而有志主的死亡时间,则暂以其当年或第二年标示之,凡曰预定某月某日安葬者标当年,曰预定某年某月某日者标第二年,

---

[1]　如笔者收得的《大宋故谏议大夫赠礼部侍郎李公墓铭并序(李若拙)》,考定作者为孙仅,卒于天禧元年正月,而志主葬日为天禧元年四月。又楼钥《宝谟阁待制献简孙公神道碑》,志主卒于嘉定五年,文中有"六年十一月乙酉,葬公于万安县龙泉乡绵津之原"等语,楼钥卒于嘉定六年四月己丑,"六年十一月乙酉"应为预定之葬期。

盖因大多数死者会在当年或第二年下葬,死者也有在死后多年才下葬的,在墓志中一般会有说明。

第四,如墓志中以上三种时间叙述均无,则根据志文中出现的时间线索、作者历官时间、志主子孙历官时间等各种线索,加以考证,给出时间。在实在没有较为确切资讯的情况下,亦可以撰文者原文集中上一篇或下一篇墓志的时间等暂标之。

第五,凡通过考证得出的或以相邻近的时间暂作标注的,均以校记简要说明。今略举数例。

据志文中出现的时间线索系年:

文同《试秘书省校书郎赵君墓志铭》,志文云"卜以某年某月某日,载其柩归衢州,葬于某县某乡某里某原",未明言时间,志主卒于治平二年五月十三日,志文中复有"今皇帝改元之二年春"之语,则撰文时神宗尚未继位,今暂据以系于治平三年。

秦观《虞氏夫人墓志铭》,未明书时间,文中有"夫人姓虞氏,讳丽华……年十九归同郡陆氏,为承议郎、知高邮县事伲之夫人。逾八年而卒,卒后十年,葬于山阴县野人原其舅朝议公所生母袁夫人之兆,实熙宁三年五月某日也。元丰六年,天子有事于南郊,夫人以承议君升朝恩,封仙源县君云"等语,又有"仙源之殁几三十年,而君寻绎悼念,眷眷不忘如初,非风义之厚,出于天性,何以至此耶"云云,据此推算,暂系于元祐五年。

孙觌《长芦长老一公塔铭》,未明书时间,文中有"未几,赜公没去,礼灵岩通照愿公。得度,受具足戒,是岁大观元年也",又有"示微疾,索笔书四句偈,默坐而寂,实绍兴某年三月四日也。寿七十五,僧腊五十二。八日塔成,去寺若干步",今据其僧腊推算系于绍兴二十八年。

胡寅《儒林郎胡君墓志铭》,时间不明,观其文中叙事,有"靖康末""乙卯岁大旱"(绍兴五年)、"后调湖北转运司属官""他日沿檄过家,已而叹曰:仕则死于官。亟归司。无疾而卒,享年若干,官止儒林郎,实绍兴某年某月某日也。明年三月庚申,祔葬于长沙县大贤乡母塘山母茔之侧",查绍兴五年以后之三月庚申,至绍兴十一年始有,与志主事迹大致亦相合,今暂据以系之。

楼钥《永宁郡夫人孙氏墓志铭》,文中有"夫人以微恙卒于郡中头陀寺之寓舍，淳熙二年九月五日也"等语，又有"夫人始葬于石埭之黄龙山，少卿尝位于朝，方以才奋而遽下世，东其子也，痛其父赍志而殁，日者又盛言黄龙山之不利，绍兴三年启夫人之穴，谋改卜焉。平江时方将漕西蜀，既归，遂以五年九月望相与迁葬于九华山下"云云，少卿为夫人少子，"绍兴三年启夫人之穴"显有误，疑当作绍熙三年，择期改葬之年应为绍熙五年。下文又有"庆元改元，自吴门贻书，以夫人之铭相属"之语，今据以系年。

叶适《忠翊郎武学博士蔡君墓志铭》，志主之父《忠翊郎致仕蔡君墓志铭（蔡待时）》（同为叶适所撰）有"君年六十四，以淳熙十六年九月二十一日卒。十二月十一日，葬驯雉乡奥山，与弟待用爱友，遗命同穴异圹云"等语，又有"始，镐为君求余志其墓，余许之，未及而镐卒。余念镐父子并死，大则为国失士也，小则其乡无任也，岂独一家之祸哉！既铭博士，又以铭君"云云，则铭博士应在铭其父之前，今据以系于淳熙十六年。

魏了翁《果州流溪县令通直郎致仕宋君墓志铭》，文中有"嘉定十二年五月庚申，君之二子少章、秉国以治命葬君于彭山县鼎鼻乡安东里考君之墓侧，哀粹行实，将求铭于予。会少章即世，厥十年，秉国造庭待问，道荆州，以书抵靖曰"等语，又有"二子：长即少章，次秉国，举绍定三年进士，授迪功郎"云云，按魏了翁在靖之时间为绍定中，而其叙事之时间最后为绍定三年，今暂据以系年。

孙德之《石夫人墓铭》，详细推算时间并考证志主之丈夫、父亲："文中叙志主之丈夫'嘉定乙卯八月十八日，盥栉易衣，悠然而逝，年五十有一'，按嘉定无乙卯，当为己卯，即十二年，又叙志主'年八十有六，以某年月日卒。男五人，某、某、某。女三人，某、某、某其婿也。以明年五月某日，奉葬祔于府君之兆'，志主出嫁时年二十四，应与其丈夫年龄相仿，大致推算，志主之葬应在宝祐三年。又此志作者孙德之所撰之《钱府君墓铭》有云'曩不揆，尝铭石氏隧上之石，甫五年而铭君'，《钱府君墓铭》之时间为景定元年，前推五年，亦为宝祐三年。今据以系年。"

方岳《乡贡进士汪公夫人李氏墓志铭》，略考其时间："文中云'某儿时见里长老，数一时之勤于学者，必曰汪清英'，其时汪清英已卒，复云'后二十有二年，某婿于公，夫人季氏出其平生所为文数十百首'，又云'公讳某，清英其字。

夫人后四十一年,当淳祐某年月日殁。二子某,一女归于予。以其年某月日葬环村之原',则可据以大致推算,方岳七岁左右时,汪清英卒,二十八九岁时娶汪女为妻,汪清英卒后四十一年夫人卒,方岳生于庆元五年(1199),夫人约卒于淳祐七年。"

舒岳祥《故孺人王氏墓志铭》,未明书时间。志主卒于至元甲申七月二十七日,即至元二十一年,文中又有"前之葬也,予已濡泪为志藏于家祠。己丑兵火失之,今续为之志",己丑为至元二十六年,其前文又云"始,予欲与孺人合葬于此,会丁酉夏六月,穴之左右遭融风煽焰,燎为焦土",丁酉为大德元年,而撰者舒岳祥卒于大德二年,今暂系于大德元年。

郑良嗣《求何秘监作墓志铭书》,结合墓志考证时间等:"此文时间难定。考郑良嗣之父郑刚中于绍兴二十六年,而此文有'葬之日,权臣之凶焰未息,不肖孤仅能叙次年月,以纳诸圹'。既乃负罪栗栗,周游四方,觊得伸于知己,以为不朽之托,而岁复岁,邈焉无从。怀此至情,废寝忘食,常恐溘先朝露,则终抱不孝已矣'等语,则撰此文时距其父葬年已颇久,又有'我先君子守蜀之状,阁下既知之矣。当先君子出蜀时,阁下手送行之序,率俊造数千百人,追饯于舟次……后三十二年,阁下衮衮登进,而某亦自外入,备数尚书郎'等语,郑刚中出蜀应在绍兴十六年,后三十二年,已在淳熙四年或五年,文末又云'某于是勇于自决,谨缮录《家传》八卷,乡风拜手,以浼于执事者',是此文又在其后。今暂据以系于淳熙十一年。"

据志主子孙任官时间系年:

王珪《国子博士致仕赠太师中书令兼尚书令追封成国公程公神道碑铭》,时间难定,其文开首有"国子博士致仕程公之既葬也,其子宣徽南院使、安武军节度使、检校太傅、判延州戡,使人以告予曰"之语,中又有"惟公之仲子,天禧中礼部第进士,为天下第一,遂登甲科。历台谏,为侍从之臣,其典重藩尤有声。其为参知政事,乃赠公太子少师。为枢密副使,又赠太子太师。为宣徽南院使,又赠太师、中书令。为安武军节度使,又赠兼尚书令,遂有封成国"云云,则王珪撰此铭时程戡为安武军节度使、判延州,据《宋史》程戡本传,嘉祐中"拜宣徽南院使、鄜延路经略安抚使、判延州","英宗即位,以安武军节度使再任",据此系于嘉祐八年。

王安石《比部员外郎陈君墓志铭》,时间难定,其文开首有"陈晋公有子五人,其一人今宰相是也",指陈执中,而陈执中为宰相至庆历八年,文中又有'其后二十五年,某得主簿于淮南,而兄事之,仍世有好,义不可以辞无铭也'云云,主簿指陈执古之子陈世昌,而王安石在淮南为庆历中,今暂据以系于庆历六年。

又王安石《仙源县太君夏侯氏墓碣(谢绛妻)》,时间难定,文中之康定二年为谢绛安葬之年,时王安石仅二十一岁,尚无功名,一般不会受邀为人撰写墓志铭一类的文字,且此文为墓碣,乃安葬以后置于墓道者。文中称志主之子谢景初为"太常博士、通判汾州军州事",据范纯仁《朝散大夫谢公墓志铭》,谢景初"中进士甲科,迁大理评事、知越州余姚县,九迁至司封郎中,历通判秀州、汾州、唐州、海州、湖北转运判官、成都府路提点刑狱",谢景初生于天禧四年,康定二年仅二十岁,而其通判汾州已在九迁至司封郎中以后。又《山右石刻丛编》卷一三《汾州摩崖碑》有谢景初《汾州别立大宋磨崖碑文记》,题"朝奉郎、尚书屯田员外郎、通判汾州军州兼管内劝农事、轻车都尉、赐绯鱼袋谢景初撰",末署嘉祐五年,则可知谢景初嘉祐五年前后在通判汾州任上,今暂将此文系于嘉祐五年。

黄庭坚《吏部侍郎魏公神道碑代李尚书作》,时间难定,文中有"其后若干年,公子纶以材擢守吉州,思似其先人,请作歌诗,刻于墓隧"云云,据嘉靖《江西通志》卷二五,魏伦元丰间知吉州军州事,今暂据以系于元丰四年。

陈师道《光禄曾公神道碑》,时间不明,文中有"庆历七年,公年六十九,道病,卒于南京。皇祐元年,葬龙池乡青风里源头",又有"公子舍人谓其门人陈师道曰:公之葬,既以铭载于墓中,今幸蒙恩追荣三品,复立碑于墓道,以显扬其劳烈,明示来今,是以命汝为之铭"云云,按皇祐元年陈师道尚未出生,文中叙述志主子辈云"公子晔,不仕;巩,中书舍人;牟,安仁令;宰,湘潭簿;布,龙图阁直学士;肇,吏部郎中",查曾布为龙图阁直学士在元丰三年至七年,今暂以元丰五年系之。

叶梦得《特赠右武大夫光州防御使累赠太师魏国公杨公墓碑》考证:"此志时间难定。文中有'建炎元年冬十二月,金人大军乘水渡河西,骑数万趋永兴,永兴无避。或劝公去,公曰:"我结发从戎,蒙国厚恩,行年六十有七,惟有死耳,他非所知。"明年正月十日,公血战而死',则志主杨宗闵卒于建炎二年,又有'公既殁若干年,少傅公以某年某月某日葬公于某郡县某乡某山之原','少傅公'指杨宗闵之孙杨存中,据《宋史》卷三十《高宗纪七》、卷三十一《高宗纪八》,杨存中于绍兴十七年进少傅,绍兴二十八年加少师,则此志当撰于此十一年间,文中又有'曾孙男三人:傀登绍兴十五年进士第,任左奉议郎、知大宗正丞',据《建炎以来系年要录》卷一五九、一六三,杨傀以左奉议郎知大宗正丞在绍兴十九年,二十二年直秘阁,今暂系于绍兴二十一年。"

王庭珪《故桂岭刘府君墓志铭》,时间难定,志主卒于建炎三年,其子刘德骥登建炎二年进士第,文中云"德骥朝奉郎、通判钦州罢,始扶君之枢归庐陵,将以某年某月某日葬于某所之原。未几德骥亦卒,以治命属其子某,使来请铭",刘德骥通判钦州罢之时间亦难定,据《(道光)广东通志》卷二一○,英德有绍兴丙子(二十六年)林上飞等题名,中有"江西刘德骥",则此志应撰于其年之后,今暂系于绍兴二十七年。

陆游《傅正议墓志铭》,时间难定。文中有"娶林氏,正议大夫豫之女,封宜人,今累封太淑人。六子:溁,奉议郎,知漳州漳浦县。汶,朝散郎,江南西路提举常平茶盐公事。淇,朝散大夫、直龙图阁,两浙西路提点刑狱公事",知志主之子傅淇时为朝散大夫、直龙图阁,又《(弘治)兴化府志》卷五三:"昔人建陂塘以蓄水,穿沟渠以行水,又恐其泛滥也,乃为之陡门、涵、泄焉……孝义里大小陡门三:陈霸陡门一,自宋建双门,每门阔一丈五寸,额设闸夫八名,溉田六十七顷。宋淳熙元年,知军潘畤重造。岁久渐圮,绍熙元年,知军赵彦砺建于旧基之北,直龙图阁傅淇为记。"今暂据以系于绍熙元年。

据传世史传系年:

盛陶《晁端彦墓志》,系从《续资治通鉴长编》中辑出之片段,时间极难定。《续资治通鉴长编》卷四四二哲宗元祐五年五月壬申引盛陶作端彦墓志云云。晁端彦生于景祐二年,卒年不详,《续资治通鉴长编》记其事至元祐八年,《曲洧旧闻》记:绍圣初,子厚作相,美叔见其设施,大与在金山时所言背违,因力谏之。子厚怒,黜为陕守,美叔谓所亲曰:"三同今百不同矣。"则晁端彦绍圣初尚在世,而盛陶卒于元符二年,今暂系此志于绍圣四年。

张舜民《太尉张公守约墓铭》,显为原志之一个片段,时间难定,《续资治通鉴长编》卷四五五哲宗元祐六年二月癸巳：龙神卫四厢都指挥使、昌州刺史张守约卒。今暂据以系于元祐七年。又据《续资治通鉴长编》补充两条引《张守约墓志》的材料。

王珉《左朝奉郎游觉民墓志铭》，系墓志片段，时间难定，今略作考证：据清蒋继洙《（同治）广信府志》卷九之五上〔清同治十二年（1873）刻本〕："上饶游觉民，字必先，宣和间领乡荐。大观初，朝廷设立孝友睦姻任恤中和八行大科，搜罗遗逸，诏诸路监司守臣各举二人，觉民应选赴廷试，上舍释褐登第状元贾安宅榜，由将仕郎新淦县主簿历官朝奉郎通判，以父母俱不逮养宦情云薄乞致仕，卒年八十八。"文中宣和间领乡荐疑有误。如志主大观登第时年已四十以上，往后推四十余年，则其卒年应在绍兴二十年以后，今暂系于绍兴二十年，与此文作者绍兴十九年为吉州守亦合。

吴泳《潘知县墓志铭》，文中有"后入蜀主利州路帐司文字……时敌兵大散袭皂郊，直犯天水。庸将王大才战衄愧死，制府以刘昌祖代领其众……昌祖弃西和，保七方关……先君曰均王事也，躬自攀缘栈道，抚辑义旅，进至杀金平，溃散复集……先君未尝自以为功语人也。既通籍，知隆兴府新建县，未赴，里中以旱告，邑令谂先君忠信诚悫，共请祷斋者弥月，因得疾以殁"云云，据《宋史》卷四〇《宁宗本纪四》，王大才之死、刘昌祖弃西和在嘉定十一年，则志主之卒应在其后不久，文首又有"永嘉潘叔牙葬其亲之二十有二年，追述前懿，哀综遗事，乞铭于潼川吴某"等语，今据以大致推算系年。

原注时间有误，重作考证系年：

黄庭坚《太子中允致仕陈君墓志铭》，有"宴居十年乃终，盖嘉祐十年五月壬戌"云云，纪年及干支有疑，嘉祐止八年，"十"字当误。嘉祐四年、七年、八年五月均有壬戌，疑当作七年，形似而误。下文又有"府君捐馆舍二十九年，乐夫人既祥，乃克葬于光州固始县淮安管鸿鹄之原，二夫人祔焉"等语，据以系于元祐六年。

黄庭坚《王力道墓志铭》有"熙宁癸酉，邂逅夜语于西平客舍"等语，干支有疑，熙宁无癸酉年，疑当作癸丑，为六年。此志时间难定，其下文有"又二年""如是三年，终以酒死"等语，据以推算其卒年约为元丰元年，今暂系于志主卒年之后一年。

孙觌《宋故府君陈公景东墓表》，时间看似明而不明，略作考证：据文中所叙，志主卒于绍兴三十年七月乙巳，又云"骥等以其年十月癸酉奉治命，葬于县之象贤乡深叶村朝奉公之次。于是，徐夫人明年八月四日亦遇疾不起，年七十七。以十月丁酉举其丧以祔"，似可定为绍兴三十一年，然其年十月无丁酉，文末又云"今景东冢上之木拱矣，贤士大夫称思如新，而墓碑至今无辞以刻"，如仅过一年，不应墓木已拱，今按乾道元年十月有丁酉，据以系年。

吕午《吕德章墓志铭百七公》，题下原标注"嘉定十五年十月"，然其文首有"公讳蒂，字德章，姓吕氏，以嘉定十五年春正月丁丑终于家。明年季夏，其子应辰、蔚录公平生行事、寿、卒葬月日年为书，以抵其宗人某曰"等语，文中又有"应辰等将以十月丁酉归窆于板桥之原，从治命也"等语，则其安葬时间应为嘉定十六年，查十月丁酉为二十八日，可据以系年。

卫淇《卫君夫人瞿氏墓志》，题下原注"淳祐中"，文中有"嘉熙三年二月二十日以疾卒于正寝……诸孤以四年正月癸酉祔于邑之开元乡北坰之原先君之兆"，文首又有"吾母复弃人间世，霤不撤縗者五年于兹矣"云云，可据以系于淳祐五年。

为墓志类文献确定或大体给出时间，是一项艰苦繁琐的工作，目前有一部分只是暂定，其中必有许多不确乃至错误之处，有待陆续明确和改进。

（五）对出土墓志有关信息的交代

凡原碑出土地、收藏处所、形态、有无志盖、志盖文字等情况，凡有资料可稽者，均在校记中加以说明。盖此类信息极有助于研究也。

（六）墓志文作者的标注

墓志文的作者，揭示于文末，圹志撰写者，原志如无署名，即暂标志主之长子，佚名者径标"佚名"，并各拟有小传。凡前人已有之人物传记或简介，大多稍作删改补充，予以利用，凡前人所无者，据史传撰写，暂无其他资料者，即据其所撰墓志略作叙述，佚名者亦据其所撰墓志略述之。小传体例不甚严格，凡史传少有记载的人物，尽力勾稽，点滴记载，亦予写入。盖宋墓志类文献中众多的志主、墓志撰写者乃至尚未引起重视的书写者、篆盖者等，总计万余人，将成为重要的宋人传记资料库，其作者小传尤可独立存在也。这项工作有时亦甚不易，如：

刘安世《陈商洛轸墓铭》，作者有疑，今考证此志作者乃刘挚之子。文中有"秘书公(按指陈希古)历官州郡，往来东平，乐其土风，自浮阳徙家，遂老焉。隐居栖迟，长吏希见。质行孝谨，诸儒皆服。以女归我皇祖，实生先公，积封燕国太夫人。先公早孤，鞠于外祖父，诸舅内兄弟，幼学相好，恩敬甚笃"云云，《宋史・刘挚传》："十岁而孤，鞠于外氏，就学东平，因家焉。"刘挚之父刘居正于宝元元年刘挚九岁时以秘书丞治道州江华县，并携妻子、妻弟同往官所。宝元二年，刘挚十岁，父居正鞠狱衡州，挚母先亡，挚等在江华由舅父陈孝若照料。未几，父居正亦病殁于衡。诸孤为伯父携至东平，为外祖父陈希古留养于东平家中。东平，当时属郓州，地在今山东省泰安市东平县。文中又有"以先公执政"语，刘挚曾执政，刘安世及其父刘航均未尝为执政。

(七) 图版

墓志类文献的载体主要为石板(亦有少量为砖或金银)，其文字为凿刻而成，无论是前人(如旧金石图书)、今人还是笔者本人的录文，均难免会有一些失误，且实物所带有的信息，要多于文本，故此类资料应图文并重。研究者都有这样的体验：如遇石刻录文文本有疑，即极欲查得原图或拓本图予以对照，即使录文无误，也是查对后才敢下笔。按照笔者的想法，宋墓志类文献如能随文加入原石、拓本图照，甚至出土现场照片，则最完美，退而求其次，则应尽量加入拓本照片。

(八) 工具性附录

为了便于研究者检寻利用，还应编纂必要的目录索引。

首先是多要素详目。以一篇墓志类文献为单位，以表格的方式录出标题(原题、详题、传世本简题、拟题、篆盖、篆额、额题等)、文本责任人(撰写人、书写人、篆盖人、立石人、刻石人等)、行款、书体、时间(志主卒时、撰文时间、下葬时间、迁葬时间等)、地点(安葬地、迁葬地、出土地等)、考古信息、收藏信息、研究信息等。这样的详目将成为独立的重要著作。

第二是撰者目录。文献正文以时间为序，如欲查找某位作者的全部作品，则甚繁难，故须编纂以作者生卒年为序的墓志文目录，在每位作者下列出其全部墓志作品。

第三是各种索引，如撰者人名索引、志主人名索引、书写(包括篆盖)人人名索引、下葬地索引等。

四、宋墓志类文献之研究价值

　　相比于前朝后代,宋代的墓志铭类文献并不匮乏,甚至可以说十分丰富,但由于宋代传世文本资料特别丰厚,相关学者过去对此类出土文献不甚渴求。近年以来,随着学术研究的深入开展,学界除了图书资料以外,也希望取得更多的石刻墓志类资料,而且已经有不少学者利用这类资料解决了重大的历史疑难问题。如香港著名学者何冠环教授,利用多通宋人墓志铭研究宋代武将,颇有创获,台湾刘静贞教授等近年组织"读碑会",利用史语所所藏宋人墓志铭撰写了数十篇论文,笔者利用新发现的范仲淹夫人张氏墓志,撰写长文,详作考证,证实了范仲淹有一位张氏夫人,其小儿子范纯粹即为张氏所生;利用新出土的富弼墓志,与其传世文本及行状、神道碑、宋《国史》传(《宋史》传)作对比研究,弄清了诸多历史事实;利用购藏的李若拙墓志拓本,撰文考证并提示了一条重要的有关杨家将的史料;利用杨畋两位夫人的墓志铭和杨畋墓志铭的考证,指出这三方墓碑一为杨畋自撰、一为杨畋之妻兄撰,一则只有一个标题和时间,说明以杨畋之为人,无朋友为之撰铭,发前人之所未发,获得了不少重要学术成果。

　　宋代墓志类文献是中国古代文献和艺术资料的重要组成部分,相对于传世文献资料,可以填补空白,或具有重要的比照意义。与纯文本资料相比,石刻墓志所能提供的历史资讯是立体的、多方面的:

　　第一,墓志铭实物中的文本,绝大多数具有原始性,石刻完成以后,可能得以随其他载体流传,也可能从此成为孤本,乃至长期掩埋地下,不见天日,因此其内容常常不见于传世文本,因而具有特殊的价值;

　　第二,墓志铭类原始文本相对于同一传世文本来说,具有无可争议的准确性,委托撰文者和撰文者本人深知文稿一旦刻石,不管是树于地面(如墓表、神道碑),还是埋入地下(墓志铭也称埋铭),都将不可修改①,而且这个过程是在

---

① 对于委托撰文者和撰文者本人而言,此点是不言而喻的,但也有一些例外,在树碑埋铭之时,墓主家属或会由于撰文完成以后尚未安葬之前发生了新情况而要求对碑文作出补改,墓葬如有迁移,则必会在原碑上补刻一些文字。

众目睽睽之下进行的,撰写时自然特别谨慎,而根据刻石文字流传的文本,随着时间的流逝,几经翻刻、改动,难免发生差错;

第三,石刻文本的行款(标题、撰文书写刻石者署名、提行、空格等)都是经过精心安排的,具有同类书面文献所没有的研究价值;

第四,石刻文本的书法,常常出于名家之手,具有较高的水准,具有艺术价值,仅以笔者所购藏的墓志拓本来说,如冯拯墓志铭,书写者刘太初,为北宋前期著名书家,宋真宗《中岳醮告文》即由其奉敕书并篆额①,如富弼墓志的书写者孙永,苏颂称其:"学问之余,游思书画,特妙行草,喜晋、唐诸贤帖,临习逼真。当时士大夫得其尺牍,藏弄以为珍玩。碑志不得公笔,子孙以为不足。"②从至今所见数百年间的数千件墓志文献拓本中,可以梳理出一份书法样本,为此时期书法史的研究提供了丰富的材料;

第五,墓志碑石上刻于文字周围或上方的图画纹饰等资料,也具有研究价值。

当然,墓志铭类文献总是为志主说好话,包含着大量套话,在纷繁的纪事中,也会发生差错,这是其本身的局限性,在研究时也需要予以注意。

前已述及,已见之于作家别集的传世墓志文本,后世又有出土的,两种文本,常有差异,对于研究者来说,是不可多得的珍贵材料。如欧阳修为其岳父薛奎之兄所撰墓表,出土文本与传世文本有 11 处不同:

龙武将军薛君墓表【出土本作"薛君墓表"】

薛姓居河东者,自唐以来族最盛。宋兴百年,而薛姓五显。资政殿学士、尚书户部侍郎、赠兵部尚书简肃公,当天圣中参辅大政,以亮直刚毅为时名臣。公绛州正平人也。有子直孺,早卒,无后,以其弟之子仲孺为后。然其兄弟五人及其诸子,皆用公荫禄仕,以忠厚孝谨多材能为绛大族。

君讳某,字某,【出土本作"君讳睦,字睦之"】,简肃公之兄也。少有高节,仕而不得志,退老于家,以德行文学为乡善人。君少好学,工为文辞。

---

① 见清王昶:《金石萃编》卷一三○,清嘉庆十年刻,同治钱宝传等补修本。
② 宋苏颂撰,王同策等点校:《苏魏公文集》卷五三《资政殿学士通议大夫孙公神道碑铭》,中华书局,1988 年,第 805 页。

应有司格,既而曰:"是岂足学也哉?"【"工为文辞"以下出土本作"再举进士,尝为州第一。已而叹曰:'进士以文辞应有司格,是岂足学也哉?'"】乃弃而不为。其后简肃公贵显,以恩例补君右班殿直。君笃爱其弟,不得已,为强起就职。居顷之,卒弃去,遂不复仕。

君居乡里【出土本无"居乡里"三字】,孝悌于其家,忠信于其朋友,礼让于其长老。乡里之人始而爱,久而化,既殁而犹思焉。君以天圣二年十一月某日【此句出土本作"天圣二年十二月甲子"】,以疾卒于家,享年六十有九,以某年某月某日【出土本作"以其月二十七日"】,葬于正平县清原乡之周村原。

曾祖景,赠太保。祖温瑜,赠太傅。父光化,赠太师。母曰郑国夫人费氏。子男二人:长曰长孺,今为尚书虞部员外郎、知绛州军州事;次曰良孺,殿中丞【出土本作"太子中舍"】。女三人【出土本作"女五人"】。君以子恩,累赠右龙武军将军;夫人郑氏【出土本作"夫人陈氏"】,正平县太君。

君卒之若干年【出土本作"君卒之三十一年"】,其子始以尚书郎来守是州。予,薛氏婿也,且嘉君之隐德以终而有后,乃为表于其墓,既又作诗以遗之。曰:

伊绛之人,其出如云。往于周原,从我邦君。周原有墓,郁郁其松。绛无居人,惟邦君是从。来以春秋,执事必躬。邦君在绛,礼我耆艾。惟父之执,其恭敢怠?邦君有政,惠我后生。从民上冢,间里之荣。嗟我绛人,孝慈友悌。为善有后,惟邦君是视。①【出土本此下尚有"至和元年十月十五日,翰林学士、尚书吏部郎中、知制诰、充史馆修撰、刊修唐书欧阳修撰"】

略析其差异发生之原因,有以下几种:一为石本不可少,而入文集时则可省,如志主之名字及文末之时间和署衔;二为撰文时尚未定,刻石时则须有,如文中所叙志主之卒日与葬日;三为撰文后、安葬前情况有变化,如薛良孺所任

———————

① 见宋欧阳修《欧阳文忠公集》卷二四《龙武将军薛君墓表》,《四部丛刊初编》本,上海书店出版社,1989年,第397—399页。

官;四为入文集时有所改动,如关于志主举进士的数句;五为文集刻本有误,如陈氏刻作"郑氏"。

这个例证具有典型性。出现这些差异的缘由并不简单,不能说石本一定优于传世本,但如无石本,则有多项重要信息将难以得知,这一点是肯定的。

再举一个例子。元赵孟頫一生撰写了大量墓志类文章,收入自编之《松雪斋诗文集》,未刊即逝,其次子赵雍托乡人沈璜补充校正,辑成《松雪斋文集》十卷、外集一卷,后至元五年(1339)刊行。后翻刻传钞不断,卷数多寡不一。清康熙五十二年(1713),曹培廉校订元刻本,并衷得碑板石刻文字和他处所见轶文及家藏墨迹等原集未载者,增为续集一卷,与原集一并付梓,名《赵文敏公松雪斋全集》。两个版本所收之碑志多有差异。如《大元敕赐故荣禄大夫中书平章政事守司徒集贤院使领太史院事赠推忠佐理翊亮功臣太师开府仪同三司上柱国追封赵国公谥文定全公神道碑铭(阿鲁浑萨理)》"父讳乞台萨理,早受浮屠法于智全末利可吾坡地沙,圆通辩悟,当时咸推让之"下,后刻本多"故其师又名之曰万全,事世祖皇帝,历大同路僧众都提领、释教都总统,同知总制院事、统制院使,积阶资德大夫,号正宗弘教大师"数句①。又如《故昭文馆大学士荣禄大夫平章军国事行御史中丞领侍仪司事赠纯诚佐理功臣太傅开府仪同三司上柱国追封鲁国公谥文贞康里公碑》"夫人寇氏、王氏,皆鲁国夫人。寇氏前卒,生子回,今为淮西廉访使;王氏,生子巙,今为集贤待制"中"王氏,生子巙,今为集贤待制"后刻本作"王氏,御史中丞蓟国文正公寿之女,生子巙,今为集贤待制,女立童,适御史中丞相朵儿赤之子不花"②,叙事有所补充。可以肯定,后刻诸本所补文字必有所本,即神道碑拓本,赵孟頫自编文集所收应为稿本,而上石时墓主家族有所改补。因神道碑本未入墓,故易于搜访补充。

一通墓志类文本,不管是在何种情形下出土的,研究者和收藏者一般都会依其墓主、撰写人、书写人、篆盖人及其他有关要素去判定价值"高下"。由实物而言,其文物价值(有时也体现为价格)确实高下相去极远。但从文献角度来说,那些高坟巨冢中的大碑和民间草率的小墓志,每一方都是珍贵的,都是

---

① 见《松雪斋文集》卷七及李修生主编:《全元文》卷五九七《赵孟頫七》,凤凰出版社,1998 年,第235 页。
② 见《松雪斋文集》卷七及李修生主编:《全元文》卷五九七《赵孟頫七》,第235页。

不可再生的研究资源,各有其长久的、不会穷尽的研究价值。

据笔者初步估计,目前所知宋辽西夏金元墓志类文献传世品大约为 6 500 余种,出土墓志约为 6 000 种,出土墓志的数量还在不断增加。可以预计,在不久的将来,出土墓志的品种数量将会超过传世墓志。两者聚集起来,将是一宗很可观的文献集合体。

在零星分散的情况下,即使是一通被认为价值比较高的墓志,在有人据以撰写一篇至数篇论文以后,就渐渐被束之高阁了。但众多的、囊括一代数百年的墓志文献集合体就完全不同了,由于材料新鲜,含量丰富,整理精当,编排有序,面世以后,会渐渐成为一座名副其实的资料宝库,各个领域的研究者都可以不断从中找到有用的素材,从而有力地推动学术的发展。

原载:龚延明主编:《宋学集刊》,
中华书局,2020 年 12 月,第 373—395 页。

宋史·宋文

宋代官员群体代谢的
逆向制度补充

——论"落致仕"的建制
意义和正负功能

　　任何一个国家机构的官员群体，都有代谢机制。宋代官员群体的代谢有多种成熟的制度，如科举、铨选、任命、考课、升迁、贬谪、致仕等，依照进入、上升和下降、退出（除名、致仕、死亡等）的方向新陈代谢，致仕（退休）是退出现职官场的常规制度，而落致仕是与常规的代谢逆向的一种制度补充。

　　宋代官员致仕的年龄上限一般为 70 岁，武臣可适当延长①，但在执行中可以灵活掌握。许多人不到法定年龄就致仕了，当然要提出身体不好、自请就闲之类的理由。也有到了致仕年龄不被批准致仕的，可以说是延期退休。在有特殊需要的时候，即使已经致仕，还可以复出授予原职或新职，则称之为落致仕。如果说致仕相当于现代的退休的话，那么落致仕就是恢复在职状态，而不是有些人所理解的"退休返聘"②。致仕是古代社会的通代性制度，落致仕则是中古特别是宋代特有的制度，宋前及元明仅偶有其例。在现代社会中，延迟退休者有之，退休返聘者有之，唯已经退休再行复职者甚为罕见。

---

① 元脱脱等《宋史》卷一七〇《职官十》"致仕"："咸平五年，诏文武官年七十以上求退者，许致仕……景德元年三月，诏三班使臣七十以上视听未衰者与厘务，其老昧不任及年七十五以上者，借职授支郡上佐，奉职、殿直授节镇上佐，不愿者听归乡里。"又："（元祐）六年，监察御史徐君平言：'文臣致仕以年七十为断，而使臣年七十犹与近地监当，至八十乃致仕，愿许其致仕之年如文臣法，而给其奉。'从之。"中华书局 1977 年版，第 4088、4094 页。又苏颂《太子右清道率府率致仕张忠可落致仕依前官制》："敕具官某：七十致仕，大夫之礼也，岂谓夫武力之士哉！尔以才勇闻，所至可纪，引年当去。大臣为言，都城方籍方缮完，禄秩固宜于优假。特还储率之秩，俾干留司之烦。往服殊恩，尚勤乃力。可。"四川大学古籍研究所，曾枣庄、刘琳主编：《全宋文》卷一三一六，上海辞书出版社、安徽教育出版社，2006 年，第 60 册，第 350 页。
② 马雪：《北宋老人为官》，《文史杂志》2013 年第 5 期。

关于宋代官员致仕的问题,《宋史·职官志》有专门论述,学界的研究也已经较为充分,而关于落致仕问题,《宋史·职官志》仅在"致仕"后面对"再仕"略有涉及。前人的研究,多在讲述致仕制度的时候予以提及,未及展开,有专论致仕的学位论文对致仕后的再仕作了一些梳理和描述①。因此有必要专门进行研究。本文从其起始、含义、立制、功能等方面予以论述。

一、落致仕制度的起源及其语义

致仕官员不是以在职的身份复出,却是以一个休闲者的身份为国效力,这种现象,现在有个时髦的名词,叫作"发挥余热",倒是古已有之。

唐朝凌烟阁 24 名开国功臣,就有三个在致仕后复出效劳的。

李靖在贞观八年(634)64 岁时升授从二品的尚书右仆射,还不到七十致仕的年龄,因足疾"恳求乞骸骨",当时主动请求致仕的官员太少了,唐太宗喜悦之余,便派遣中书侍郎岑文中去宣谕嘉奖:"自古富贵而知止者盖少,虽疾顿愈,犹力于进。公今引大体,朕深嘉之。欲成公美,为一代法,不可不听。"还授给他一个正二品的文官散阶"检校特进"。退休不久,"吐谷浑寇边",李靖以致仕官身份,出而为帅,还因功"进开府仪同三司"②,那是从一品的文官散阶,说明他还是退休官吏的身份,不是落致仕。

尉迟恭致仕时授了个开府仪同三司的文官散阶。太宗征高丽,"令以本官行太常卿,为左一马军总管,从破高丽于驻跸山。军还,依旧致仕"③。还有一个刘弘基,致仕后"授辅国大将军,朝朔望,禄赐同于职事"。唐朝武官散阶中辅国大将军是第二级,正二品,而且俸禄不减,待遇相当优厚。他在征辽东时被召,任为前军大总管,屡建战功,"太宗屡加劳勉"④,致仕时既然已很优遇,便没有再晋升散阶品第了。

这三人致仕后都重披战袍,随从出征,无非是在战事方殷时借重宿将的才略与威望。但那时还没有"落致仕"之名目。

---

① 2013 年辽宁大学张吉寅硕士学位论文《北宋致仕制度研究》第四章有一部分讲述致仕官再仕问题。
② 宋欧阳修、宋祁:《新唐书》卷九三《李靖传》,中华书局,1975 年,第 3814—3815 页。
③ 《新唐书》卷八九《尉迟恭传》,第 3754—3755 页。
④ 后晋刘昫等:《旧唐书》卷五八《刘弘基传》,中华书局,1975 年,第 7 册,第 2311 页。

　　宋代的职官构成很复杂，其名目有官、职、差遣等，因而一位有一定资历的官员，其全部头衔称呼起来会很繁复，而成为致仕官以后，则其头衔中除了致仕时的阶官以外，还要加上"致仕"两个字。比如新出土的北宋名人刘几墓志铭（元祐三年安葬）的首题中反映的刘几去世时的官衔为：通议大夫致仕、上柱国、彭城郡开国公、食邑二千六百户、食实封肆佰户；墓志书写人楚建中的官衔为：正议大夫、充天章阁待制致仕、上柱国、赐紫金鱼袋。这是两位致仕官。撰写人陈安石的官衔为：龙图阁直学士、中散大夫、知邓州军州事、兼管内劝农使、充京西南路安抚使、上柱国、赐紫金鱼袋。这是一位在职官员。篆盖人文彦博的署衔则为：太师、平章军国重事、潞国公。这是落致仕以后的官衔（关于文彦博的落致仕，后文将作重点分析）①。

　　致仕历代均有，本义为还其官爵于君。至宋代，文武官许带阶官致仕，此所带阶官称致仕官。如上述刘几的通议大夫、楚建中的正议大夫即是。《宋史·职官志》："自今一品致仕官曾带平章事者，每遇朝会，宜缀中书门下班。"②《朝野类要》："古之大夫七十而致仕之例也。古则皆还其官爵于君；今则不然，故谓之守本官致仕，惟不任职也。"③也就是说，赵升认为，古代官员致仕，皆还其官爵于君，宋代之致仕则不然，致仕后只是不再任实职，其官阶仍然保持着，没有还给皇帝。其实这项制度唐代就已有，上述李靖等即是。宋初还将名义上为东宫师傅的三太三少专除致仕宰执官，《宋宰辅编年录》："（乾德二年正月戊子）宰相范质、王溥、魏仁浦并罢政事。（以下引《官制旧典》）质自司徒兼侍中除太子太傅……东宫师傅以下官属，旧制不常设，乃以三太三少师傅除前宰执为致仕官，若太子太师、太傅、太保以待宰相。"范质等三人罢政事之制词有"俾令就第，用解持衡"之语，应是罢官并致仕。④

　　致仕官一旦有需要复出恢复在职状态，则应该将职衔中的"致仕"两字去掉，或者说取下来，这就是落致仕。此处"落"字的用法，如同"落职"之"落"。落职就是解除职务，落致仕就是解除致仕、取消致仕。对官员在职状态的否定是致仕，其否定之否定则是落致仕。所以落致仕是宋代官僚群体代谢中的一

---

①　张应桥：《北宋刘几墓志考释》，《四川文物》2011 年第 3 期。
②　《宋史》卷一七〇《职官十》"致仕"，第 4088 页。
③　宋赵升：《朝野类要》卷五《引年致仕》，中华书局，2007 年，第 101 页。
④　宋徐自明：《宋宰辅编年录》卷一，中华书局，1986 年，第 9—10 页。

种逆向制度补充。

落有除去的意思。南朝宋谢灵运《昙隆法师诔》："慨然有摈落荣华，兼济物我之志。"①唐昭宗《覆试进士敕》："所试诗赋，不副题目，兼句稍次，且令落下。"②特指免去职务等，且看宋代史料中"落"字在对于官职时的用例：

免除某个官衔。李玮娶了兖国公主，积官濮州团练使。因为"朴陋"，与公主不协，婆媳关系也不好，最后只能离异，于是李玮自安州观察使降建州，"落驸马都尉"，知卫州③。既然已经与公主离异，驸马都尉的官衔当然要被拿下了。

"（宣和五年二月）辛亥蔡攸领枢密院事。自上清宝箓宫使兼神霄玉清万寿宫使兼侍读、河东河北宣抚使、落直保和殿、依前少师、安远军节度使除。九月，落节钺、前官少师领枢密院事。"④其中的"落直保和殿""落节钺"即是。

免除某个官阶。"谭稹落太尉罢宣抚使贬顺昌军节度副使。"⑤谭稹是徽宗时的一个宦官，其阶官"太尉"被"落"，职官"宣抚使"则被"罢"。

去掉官衔中的某个字。"绍兴二十有七年五月丙寅，敷文阁直学士、左承议郎、四川安抚制置使兼知成都府萧振特转左朝奉大夫，落直字。上以振治蜀有声，执政请进一职、迁四官。"⑥由敷文阁直学士升任敷文阁学士，由从三品至正三品，这是进一职，由左承议郎特转左朝奉大夫，是迁四官。落直字，实际上是升官，就如同今天的副局长拿掉一个副字，就成了局长。这种用法已经与"落致仕"的用法接近了。

落字的用法如此，落致仕三字有时亦可分开使用，宋张守有《乞落丁骘致仕札子》一文⑦。

---

① 明张溥编：《汉魏六朝百三家集》卷六五《宋谢灵运集·昙隆法师诔》，《影印文渊阁四库全书》第 1414 册，台北商务印书馆，1986 年，第 82 页。
② 五代黄滔：《黄御史集》卷八附录《唐昭宗实录》，《影印文渊阁四库全书》第 1084 册，第 184 页。
③ 《宋史》卷四六四《外戚中·李玮传》，第 13566 页。
④ 《宋宰辅编年录》卷一二，第 799 页。
⑤ 宋徐梦莘：《三朝北盟会编》卷一九，上海古籍出版社，1987 年，上册，第 136 页。
⑥ 宋李心传：《建炎以来系年要录》（以下简称《要录》）卷一七七绍兴二十七年五月丙寅，《影印文渊阁四库全书》第 327 册，第 489 页。
⑦ 宋张守：《乞落丁骘致仕札子》，《全宋文》卷三七八八，第 173 册，第 354 页。

二、落致仕之首例及实施办法

宋代的落致仕是先有实例，然后才形成一些相关规定。目前所能见到的宋代最早的关于"落致仕"的记载是太祖开宝二年（969）。殿前指挥使都虞候石汉卿"方有宠"，其父龙捷军使石万德"授显秩"以右千牛卫将军致仕。据《宋史》，右千牛卫将军为环卫官，空官无实，与太中大夫等同为从四品①，石万德致仕时的待遇已经够优厚了。过了几个月，石汉卿在一次战役中中流矢溺死，获赠袁州防御使。而汉卿父万德"落致仕为伴食都指挥使，领端州刺史。汉卿性桀黠，善中人主意，多言外事，恃恩横恣，中外无敢言者，闻其死，无不称快。其后上亦尽知汉卿诸不法事，复令万德致仕"②。

太祖为了褒奖石汉卿的战功，让他已经以优厚待遇致仕的父亲复出为官，而且官名叫作"伴食都指挥使"，前后均无此例，从字面看，是专门陪吃陪喝的。不久以后因为太祖了解了石汉卿的种种不法之事，又让其父致仕了。看来这首例"落致仕"有些草率。当时只是以落致仕作为一种褒奖的手段。

一直到北宋中期，才有有关如何执行致仕官再仕即"落致仕"的大体表述。神宗熙宁三年（1070）十二月，编修中书条例所拟定了实施办法，并得到皇帝批准："人臣非有罪恶致仕而去，人君视遇之如在位之时，礼也。近世致仕者并与转官，盖以士多昧利而少知退之人，欲加优恩，以示劝奖，推行已久，且合依例施行……致仕及三年以上，元非因过犯，年未及七十，不曾经叙封及陈乞亲戚恩泽，却愿仕官，并许进状叙述，并有人荐举者，各依元资序授官。其才行为众所知，朝廷特任使，不拘此法。"③这项办法主要包含致仕官再仕的条件和授官两方面。再仕的条件有致仕三年以上、不因有过犯致仕、年龄不到七十、致仕后未得到其他优恩、本人愿意再仕、有人推荐等，授官则为原来的资序，也就是说不能以致仕时所转的官为依据。这是常规，重在礼遇。元符元年（1098）五月，哲宗与曾布论事讨论到吕惠卿的弟弟的"落致仕"时，哲宗强调："致仕者，

---

① 参见《宋史》卷一六六《职官六》、卷一六八《职官八》。

② 宋李焘：《续资治通鉴长编》（以下简称《长编》）卷一〇"太祖开宝二年正月戊戌、戊子"，中华书局，2004年，第215、222页。

③ 《长编》卷二一八"神宗熙宁三年十二月辛巳"，第5309—5311页。《宋史》卷一七〇《职官志》同。

须有人举荐,乃得再仕。"而曾布说:"不然。如吕升卿、谅卿,只是尚书省用堂札召。"①那么致仕官再仕还有直接被征召的。

对于落致仕之微言大义,邹浩起草的《李潜等并落致仕制》一段话是较好的诠释:

> 以尔身为礼义,行贯幽明,归卧乡间,世所推尚,精神思虑,虽老不衰,近臣以闻,适协朕意。《传》不云乎:"可以处而处,可以仕而仕,孔子也。"尔既师之以治己有日矣,勉承朕命,以畅远猷。(内张根云:"以尔孝能尊祖,心不近名,谢事而归,年甫及壮,身潜道显,誉问甚休,在列以闻,适协朕意。")②

这段话的中心意思是说,在"精神思虑,虽老不衰"的情形下,"可以处而处,可以仕而仕",是符合儒家经典的。

这些关于落致仕的基本条件,既是对之前运用实例的梳理和总结,也是以后应该遵循的实施办法。比如:

孙维邺"初从曹利用讨陈进有功,及利用长枢密,欲擢用维邺,维邺恶其权盛,数以疾辞,遂除左龙武将军致仕。利用贬,乃落致仕",其致仕是因为厌恶曹利用的权势,在曹被贬官后落致仕担任重要军职,有所建树③。

仁宗初,"左屯卫大将军致仕李福落致仕归班。福先为永兴军部署,坐不察朱能反,特令致仕,以屡更赦宥,故起之"④。李福的致仕是因为犯有过错,在"屡更赦宥"之后,其过错已经被赦免,故可落致仕官复原职。

以上是实施办法出台之前的例子。

哲宗时,"通直郎姚勔落致仕,为宗正寺丞。勔山阴人,尝为龙游县令。母老思归,请侍养,居二年,遂致仕,于是复起"⑤。姚勔是先回乡侍养母亲,两年后致仕,然后落致仕复起。

---

① 《长编》卷四九八"哲宗元符元年五月甲子",第11852—11853页。
② 宋邹浩:《李潜等并落致仕制》,《全宋文》卷二八二六,第131册,第68页。
③ 《长编》卷一二〇"仁宗景祐四年八月庚辰",第2836页。
④ 《长编》卷一〇二"仁宗天圣二年二月辛酉",第2350页。
⑤ 《长编》卷四〇三"哲宗元祐二年七月丁巳",第9804页。

南宋初,高宗"观黄庭坚集,见称道其甥徐俯师川者。闻其人在靖康中立节可嘉,今致仕已久,想不复存。可赠左谏议大夫。或尚在,即以此官召之。其后乃知师川避地广中,即落致仕,以右奉直大夫试左谏议大夫赴行在所","不旋踵遂登政府"①。可惜后来徐俯骄傲自满,无甚建明而去官。

绍兴初,綦崇礼等举荐贺允中再仕,谓贺"儒学决科,曾历学官、礼寺、馆职、郎曹。自靖康元年,因疾病致仕,今已痊安。其人年齿方强,学问不废。练习世故,议论可取。臣等保举堪令再仕"②。是贺氏年齿方强,且有人保举,符合落致仕的条件。但还有一种说法是贺允中乃因国难当头,装病致仕:

> 贺子忱允中,靖康中为郎。或有荐其持节河北者,子忱微闻之,忽就省户作中风状,颠仆于地,呼之不醒。同舍郎急命舁之以归,即牒开封府乞致仕,得敕买舟南下,初无所苦也。李邈彦思以武官为枢密都承旨,朝论亦将有所委任,亦效子忱之举。时聂山尹都,以谓此风不可长,翌日启上,以谓邈诈疾退避,后来何以使人?诏邈降两官,除河北提点刑狱,兼摄真定府。日下出门,竟死于难。子忱绍兴初以李泰发荐落致仕,又三十年为参知政事。晚节末路,持禄固位而已③。

李邈效贺之举,没能逃脱,竟死于难。贺允中落致仕以后,官至参知政事,在高宗末年又一次致仕,故至孝宗隆兴初,"诏资政殿大学士贺公落致仕,提举万寿观,兼侍读。上亲御翰墨,累数十语,其略曰:'朕嗣服以来,思得黄发老成,询咨政要。其为朕幡然而起,勿以耄疾为辞。'公捧诏泣而言曰:'陛下龙飞,臣以得谢在田里,无繇一望清光。今恩意若此,年将八十,其敢矫情饰词,尚以虚文末礼为解?'因不复具免,束担就道,第辞所授职,愿一见而归。"这第二次落致仕荣宠非凡,孝宗怕他推辞,"亲御翰墨",贺允中不敢推辞,但因年事已高,希望见一下皇帝就回去。但孝宗"即日拜(贺允中)知枢密院事,兼参知政事"。贺允中誉望益高,以为即将拜相,仅过了数月,在会庆节佛寺开启活动中,下拜

---

① 宋王明清:《挥麈后录》卷八《高宗擢用徐师川》,中华书局,1961年,第185—186页。
② 宋綦崇礼:《举贺允中落致仕奏状》,《全宋文》卷三六五二,第167册,第375页。
③ 《挥麈后录》卷三《贺子忱李邈诈疾退避》,第118页。

时摔了一跤,"乃复以资政殿大学士致仕,还台州"①。这是第三次致仕了。

贺允中三次致仕,两次落致仕,故事颇为曲折,大体符合神宗时制订的实施办法。不过他落致仕以后被人认为仅"晚节末路,持禄固位而已",没有突出的贡献。

也许落致仕的首创者和制度制订者没有想到,在两宋三百年中,这项制度的运用会起各种不同的作用,常常与初衷相违。而"其才行为众所知,朝廷特任使,不拘此法"的用例,使落致仕具有了真正的意义。

三、落致仕制度的正面功能: 文彦博模式,朝廷用人之急需

落致仕的正面功能主要是满足朝廷用人之急需,让落致仕复出的官员在关键时期起关键作用,并常常与政治变革相关。

先看一个具有戏剧性的武将复出事例。北宋名将王德用(980—1058)于仁宗皇祐三年(1051)"上疏乞骸骨,以太子太师致仕,大朝会缀中书门下班",当时他 72 岁。次年,"乾元节上寿,预班廷中",这是高官致仕后的常规礼遇,但前来祝贺的契丹使者重新见到这位敌军元戎有些吃惊,对翻译说:"黑王相公复起耶?""黑王相公"是当时民间给王德用的外号。仁宗知道了这件事,"起(王德用)为河阳三城节度使、同中书门下平章事、判郑州",既然契丹人忌惮他,就索性让他复出。至和元年(1054),"遂以为枢密使"。"明年,富弼相。契丹使耶律防至,德用与防射玉津园。防曰:'天子以公典枢密,而用富公为相,将相皆得人矣。'"②王德用既已在皇祐三年致仕,则其复出就是"落致仕",而起因居然是契丹使者的误解,不过在宋辽对峙的形势下,宋朝廷确实需要这样的人才。

最典型的例子是文彦博的落致仕。北宋朝宰相最高寿者当推文彦博(1006—1097),享年 92 岁。他是四朝(宋仁宗、英宗、神宗、哲宗)重臣,任将相

---

① 宋韩元吉:《资政殿大学士左通议大夫致仕贺公墓志铭》,《全宋文》卷四八〇二,第 216 册,第 275 页。又见徐自明:《宋宰辅编年录》卷一七,第 1172 页。

② 《宋史》卷二七八《王德用传》,第 9466—9469 页。

五十年,名闻四夷。在一场场政治风波中,他在晚年经历了致仕、落致仕而又致仕的过程。神宗元丰六年(1083)十一月他78岁的时候第一次致仕:

> 甲寅,河东节度使、守太尉、开府仪同三司、判河南府、潞国公文彦博为河东永兴节度使、守太师、开府仪同三司致仕。于是彦博乞免守太师及两镇节度,上批:"许罢兼永兴军,止以河东旧镇、守太师致仕,仍贴麻行下。"①

文彦博获准退休,准备在洛阳安度晚年。不料至哲宗即位之初(元祐元年,1086),当政的司马光看重"宿德元老"文彦博的才能与威望,极力推荐。就这样,已过80岁高龄的文彦博"落致仕",被授予"平章军国重事"一职②,再担大任。其制词对文彦博的评价和期许极高:

> 文彦博淳大而清明,方严而信厚。出则秉乎旄钺,入则总我钧衡。文武兼备其才,夷险能致其力。毕公之弼四世,三纪于兹;傅说之总百官,万邦其乂。爵隆无富溢之累,名遂有身退之荣。神明相其寿康,人心想其风采。是用还之论道,倚以经邦。以帝者之师臣,谋议庙堂之上;以天下之大老,制驭夷狄之情。庶几有为,底于极治,陪敦多井,申衍真封。③

熙丰之后,元祐更化,需要富有行政经验、镇得住的人物,其时韩琦、富弼等均致仕、已故,文彦博硕果仅存,"召彦博置之百僚之首,以镇四海"(司马光语)④,被起用是必然的。复出以后,他思维敏捷、处理政务井井有条,时人评价"其综理庶务,虽精练少年有不如;其贯穿古今,虽专门名家有不逮"⑤。

至元祐五年(1090),他又一次致仕,这一次是苏辙起草的制词,仍是颂扬,有"士民视其去就,夷狄震其威名。时更四朝,躬蹈一节。……出入五年,终始

---

① 《长编》卷三四一"神宗元丰六年十一月甲寅",第8197页。
② 元马端临《文献通考》卷四八《职官考二》:"(元丰)六年,彦博守太师致仕……元祐元年文彦博落致仕、太师、平章军国重事。"中华书局,2011年,第3册,第1381页。
③ 宋邓润甫:《除文彦博平章军国重事制》《全宋文》卷一五七八,第72册,第278页。
④ 《长编》卷三六八"元祐元年闰二月庚寅",第8854页。
⑤ 《宋史》卷三一三《文彦博传》,第10263页。

全德。进而论道,日闻典训之言;倚以折冲,卒靖边防之警"①云云。

绍圣四年(1097),文彦博去世的那一年,其原致仕官被降级,这一次制词中文彦博被描绘成了奸臣,以责备为主了:

> (文彦博)色厉而荏,行伪而坚。备公师于三朝,更将相者四纪。曾靡云报,尚何所仇。敢乘间以抵巇,遂行险以侥幸。顷遭家之不造,谓贵老之可询。起于闾里退居之中,付以军国平章之重。忘我大德,肆其忿心。初迷国以怀谖,终朋奸而善背。以理财裕民之政,为暴刻箕敛之科;以经武斥地之勋,为寇攘草窃之计。于父子之间而不忌,在君臣之分而敢仇。……有臣若此,于义可乎?②

其实文彦博还是原来的文彦博,朝廷政治风云变幻,评价遂有天壤之别。

与文彦博同时落致仕复出的还有著名词臣、曾与修《新唐书》的范镇等。

在熙宁、元丰、元祐、元符那一段历史时期,落致仕用得有点滥,成了政治斗争的工具。请看《续资治通鉴长编》中的几个实例:

> 乐京熙宁中知长葛县,称助役之法不可久行,被差官冲替(免职)。至元祐元年五月,乐京落致仕。③
>
> 元祐二年二月辛卯,诏朝散大夫段缝落致仕。缝在熙宁中知兴国军,尝论免役不便。④
>
> (元符元年九月庚戌)供备库副使王械知宁化军。械元丰中从高遵裕至灵州勾当公事。遵裕贬,械亦降官致仕。后遵裕赠官,械落致仕,得供备库副使。而上谕曾布,令与一郡,遂除之。⑤

落致仕成了受到不公正待遇以后的一种补偿,冲淡了本来应有的意义。

---

① 宋苏辙:《除文彦博太师河东节度使致仕制》,《全宋文》卷二〇四六,第 94 册,第 144 页。
② 宋哲宗:《文彦博降太子少保致仕制》,《全宋文》卷三二五〇,第 151 册,第 97 页。
③ 《长编》卷二二八"神宗熙宁四年十一月",第 5559 页。
④ 《长编》卷二八八"神宗元丰元年二月",第 7045 页。
⑤ 《长编》卷五〇二"哲宗元符元年九月",第 11952 页。

于是苏轼提出文彦博之例不可常用：

（元祐元年七月）癸未，正议大夫、天章阁待制致仕楚建中落致仕为户部侍郎。中书舍人苏轼缴还词头，奏曰："臣窃惟七十致政，古今通义，非独人臣有始终进退之分，亦在朝廷为礼义廉耻之风。若起之于既谢之年，待之以不次之任，则必国家有非常之政，而其人有绝俗之资，才望既隆，中外自服。近者起文彦博，天下属目，四夷革心。岂有凡材之流，亦尘盛德之举？如建中辈，决非其人。窃料除目一传，必致群言交上，幸其未布，可以追回，所有前件告词，臣未敢撰。"已而右正言朱光庭亦论建中常才衰耗，将奚所用。诏建中除命勿行。①

致仕官的复起也不都是一帆风顺，不但要受到台谏官员的瞩目，有时在程序上就过不了关。元祐元年楚建中本可落致仕，苏轼认为楚不能与文彦博比，结果取消了这项"除命"。所以上文说到在元祐三年刘几的墓志铭中，楚建中是致仕官。楚建中（1010—1090）曾为天章阁待制、陕西都转运使，元丰八年以正议大夫致仕，为人强干。他仅比文彦博小四岁，在当时也已经是一位元老级的人物，按理说文氏复出，其他元老同时复出，也属正常，但正如苏轼所言，若起之于既谢之年，待之以不次之任，即须国家有非常之政，而其人有绝俗之资，才望既隆，中外自服。楚氏还不够格。

在不同的历史时期，特别是危机时用旧臣仍不失为一法。南宋初名臣张焘（1091—1165），绍兴九年出知成都府，颇有政绩，后闲居十三年，秦桧死，知建康府，绍兴三十年致仕，第二年金人欲渡江，建康府危急，张焘复出：

三十一年八月，（张焘）落致仕，复知建康府。时金人窥江，建业民惊徙过半，闻焘至，人情稍安。寻诏沿江帅臣条上恢复事宜，焘首陈十事，大率欲预备不虞，持重养威，观衅而动，期于必胜。孝宗受禅，除同知枢密院，遣子埏入辞。诏肩舆至官，给扶上殿，首问为治之要，言内治乃可外

---

① 《长编》卷三八三"哲宗元祐元年七月"，第 9338 页。

攘。又乞命百执条弊事,诏从之,令侍从、台谏集都堂给札以闻。①

张焘落致仕复出知建康府,不仅"人情稍安",而且提出"预备不虞,持重养威,观衅而动,期于必胜"的建议,使南宋朝廷得到了一段时间的和平环境。

王德用、文彦博、范镇、张焘这些人物的落致仕复出,在关键时期为朝廷做出了重要贡献,体现了落致仕的正面功能。

四、落致仕的负面功能: 蔡京模式,权臣擅权

在北宋末南宋初,落致仕被奸相权臣用来延续掌权时间,其结果是败政亡国。典型的例子是蔡京。

蔡京(1047—1126),熙宁进士。后知开封府,元祐中司马光复差役法,限期五天,他独如期完成。绍圣初,权户部尚书,助章惇重行新法,又成了新党。徽宗即位,罢官,乃勾结童贯,以谋起用。崇宁元年,为右仆射,旋拜太师。以复新法为名,尽贬元祐诸臣,称为"奸党",立党人碑;又籍元符间上书涉及新政者为邪等,共 309 人,皆禁锢其子孙。从徽宗大观三年(1109)开始,他受到激烈攻击,被迫致仕,但又利用落致仕两次复出,继续毒害天下。且看其致仕、落致仕而又致仕的一份时间表:

大观三年,63 岁,"台谏交论其恶,遂致仕"。四年五月,贬太子少保,出居杭州②。其致仕制词揭露了他的罪行,描绘了权奸的丑恶形象:

> 制曰:具官蔡京顷以时才,久膺柄任,两冠台衡之峻,三登公衮之崇,庶图尔庸,以弼予治。而总秉机务,出入八年,事废紊于将来,谋悉违于初议。擅作威福,妄兴事功,轻爵禄以示私恩,滥锡予以蠹邦用。借助姻娅,密布要途,聚引凶邪,合成死党。以至假利民而决兴化之水,托祝圣而饰临平之山。岂曰怀忠,殆将徼福!屡有告陈之迹,每连狂悖之嫌。虽仅上

---

① 《宋史》卷三八二《张焘传》,第 11755、11762 页。
② 《宋史》卷四七二《蔡京传》,第 13725 页。

于印章,犹久留于里第。偃蹇弗避,傲睨罔悛。虽帝意之未孚,昭星文而申谴。言章继上,公议靡容,固欲用恩,难以屈法。宜褫师臣之秩,俾参宫保之官,聊慰群情,尚为宽典。①

政和二年(1112),66 岁,落致仕②,召还京师,复辅政,三日一至都堂治事③。此次执政延续了 8 年之久。

宣和二年(1120),74 岁,"令致仕"④。这是第二次致仕。奇怪的是其制词居然多所称誉,有"道大而用果,器博而才周。学探圣王之渊源,智该事物之变化。善断大事,被遇三朝"云云⑤。

宣和六年(1124),78 岁,第二次落致仕,第四次入相。"先是,上欲再起京,诏置讲议司,命京兼领,至是遂落致仕,领三省,五日一赴都堂治事。"⑥

宣和七年(1125),79 岁,第三次致仕。"京至是(上年第二次落致仕)四当国,目昏眊不能事,事悉决于季子絛。凡京所判,皆絛为之,且代京入奏。每造朝,侍从以下皆迎揖,呫嗫耳语,堂吏数十人,抱案后从,由是恣为奸利,窃弄威柄,骤引其妇兄韩梠为户部侍郎,媒蘖密谋,斥逐朝士,创宣和库式贡司,四方之金帛与府藏之所储,尽拘括以实之,为天子之私财。宰臣白时中、李邦彦惟奉行文书而已,既不能堪。兄攸亦发其事,上怒,欲窜之,京力丐免,特勒停侍养,而安置韩梠黄州。未几,褫絛侍读,毁赐出身敕,而京亦致仕。方时中等白罢絛以撼京,京殊无去意。帝呼童贯使诣京,令上章谢事,贯至,京泣曰:'上何不容京数年,当有相谗谮者。'贯曰:'不知也。'京不得已,以章授贯,帝命词臣代为作三表请去,乃降制从之。"⑦蔡京父子败政一至于此,犹恋恋不舍权位。

如此看来,蔡京曾有三次致仕,两次落致仕,其间创"丰亨豫大"之说,挥霍国帑,大兴土木,劳民伤财,毒被全国,为"六贼"之首。权臣弄权,至于极矣。

① 宋宇文粹中:《蔡京降授太子少保致仕制》,《全宋文》卷三一二九,第 145 册,第 242 页。
② 清徐乾学:《资治通鉴后编》卷九八,《影印文渊阁四库全书》第 343 册,第 792 页。
③ 《宋史》卷四七二《蔡京传》,第 13725 页。
④ 《宋史》卷四七二《蔡京传》,第 13727 页。
⑤ 宋徽宗:《蔡京致仕制》,《全宋文》卷三六〇七,第 166 册,第 12 页。
⑥ 《宋宰辅编年录》卷一二,第 807 页。
⑦ 《宋史》卷四七二《蔡京传》,第 13727 页。

靖康时,举家南逃,后徙儋州(今属海南)安置,道死潭州(治今湖南长沙)。

与蔡京同时之同党人物,亦有落致仕复出任要职者:"宣和六年八月乙卯,童贯落致仕,领枢密院事。"①

南宋高宗时,权臣秦桧、宦官张去为、医官王继先"凭恩恃宠,靡所忌惮。而中外之士莫敢议者三十年"②,其中王继先最特别,据王曾瑜先生研究,此人因为治疗高宗受惊吓后的阳痿症有功而得宠③。史载其人奸黠善佞,建炎初以医得幸,其后浸贵宠,世号"王医师"④。建炎三年闰八月,以和安大夫、开州团练使致仕,时年仅三十余⑤。此事似乎不合常理,王继先其时年纪尚轻,未说有什么病,而且在继续担当御医,为什么要致仕呢?

前述神宗熙宁三年编修中书条例所说:"人臣非有罪恶致仕而去,人君视遇之如在位之时,礼也。近世致仕者并与转官,盖以士多昧利而少知退之人,欲加优恩,以示劝奖,推行已久,且合依例施行。"则王继先之致仕,是为了转官,和安大夫为医官之最高级别。但过了一年,又"以覃恩,特换授武功大夫,落致仕"⑥,由医官超升为武官,前无此例,朝臣不能沉默了:

给事中富直柔奏:"继先以杂流易前班,则自此转行无碍,深恐将帅解体。"帝曰:"朕顷冒海气,继先诊视有奇效。可特书读。"直柔再驳,命乃寝。既而特授荣州防御使⑦。

高宗不顾朝臣的反对,换了一个官衔,还是让王继先落致仕。其后"继先用事,中外切齿,乃阳乞致仕,以避人言",而高宗不仅没有让其致仕,反而不断升官,且:

> 继先有宠,秦桧使其夫人王氏与之叙拜为兄弟,往来甚密。(赵甡之《遗史》云:继先遭遇在绍兴中冠绝人臣,诸路大帅承顺下风,莫敢少忤,其权势之盛与秦桧埒,张去为以下犹不足道。)⑧

---

① 《宋宰辅编年录》卷一二,第 801 页。
② 《三朝北盟会编》卷二三〇引《遗史》,下册,第 1659 页。
③ 王曾瑜:《城狐社鼠——宋高宗时的宦官与医官王继先》,《四川大学学报》1995 年第 2 期。
④ 《宋史》卷四七〇《王继先传》,第 13686—13688 页。
⑤ 《要录》卷二七"建炎三年闰八月壬辰",《影印文渊阁四库全书》第 325 册,第 423 页。
⑥ 《要录》卷三四"建炎四年六月甲午",《影印文渊阁四库全书》第 325 册,第 514 页。
⑦ 《要录》卷三五"建炎四年七月癸卯",《影印文渊阁四库全书》第 325 册,第 516 页。
⑧ 《要录》卷一五七"绍兴十八年三月甲申",《影印文渊阁四库全书》第 327 册,第 201 页。

至绍兴末：

> 金兵将至，刘锜请为战备，继先乃言："新进主兵官，好作弗靖，若斩一二人，和好复固。"帝不怿曰："是欲我斩刘锜乎？"①

此时有人站出来论列王继先了：

> 侍御史杜莘老劾其十罪，大略谓："继先广造第宅，占民居数百家，都人谓之'快乐仙宫'；夺良家妇女为侍妾，镇江有娼妙于歌舞，矫御前索之；渊圣成丧，举家燕饮，令妓女舞而不歌，谓之'哑乐'；自金使来，日辇重宝之吴兴，为避走计；阴养恶少，私置兵甲；受富民金，荐为阁职；州县大狱，以赂解免；诬姊奸淫，加之黥隶；又于诸处佛寺建立生祠，凡名山大刹所有，大半入其家。此特举其大者，其余擢发未足数也。"奏入，诏继先福州居住。其子安道，武泰军承宣使；守道，朝议大夫、直徽猷阁；悦道，朝奉郎、直秘阁；孙锜，承议郎、直秘阁，并勒停。放还良家子为奴婢者凡百余人。籍其赀以千万计，鬻其田园及金银，并隶御前激赏库。其海舟付李宝，天下称快。方继先之怙宠奸法，帝亦知之，故晚年以公议废之，遂不复起。孝宗即位，诏任便居住，毋至行在②。

王继先的致仕和落致仕影响实在太坏了。不过其时的秦、张、王擅权，毕竟未如北宋末以蔡京为首的六贼，没有酿成败政亡国的恶果，但宦官和医官王继先的为非作歹，乃是宋高宗朝专制腐败政治的一个侧面和一大特色。顺便提一下，也是在这段时期，宦官居然也可以落致仕③，反映了腐败政治的一个侧面。

---

① 《要录》卷一九二"绍兴三十一年八月丁未"，《影印文渊阁四库全书》第327册，第735页。
② 《宋史》卷四七〇《王继先传》，第13688页。
③ 容机，事见《要录》卷一一"建炎元年十二月丙子"，《影印文渊阁四库全书》第325册，第201页。郑谌，事见《宋史》卷三七六《吕本中传》，第11636页。李琮，事见《要录》卷一〇八"绍兴七年正月戊寅"，《影印文渊阁四库全书》第325册，第201页。张去为，事见《宋史》卷四六九《张去为传》，第13671页。

五、落致仕的延伸功能：蔡伯俙等
模式，对旧臣、经史文学
人物、宗戚等之优遇

在宋代，落致仕的不少事例虽然仍与优遇官员有关，但其运用之特别常常出人意料。

八十家贫落致仕

蔡伯俙，福建人，真宗大中祥符八年（1015），他才三岁，以"试诵真宗皇帝御制歌诗，即日蒙恩，释褐授守秘书省正字"，五六岁与晏殊一起作为神童侍仁宗于东宫，晏殊"自初梗介，蔡最柔媚，每太子过门阃高者，蔡伏地令太子履其背而登"。仁宗即位以后，晏殊"被知遇，至宰相，蔡竟不大用，以旧恩常领郡，颇不循法令，或被劾取旨，上识其姓名，必曰'藩邸旧臣，且令转官'。凡更四朝，元符初致仕，已八十岁矣。监司荐之，乞落致仕，与宫祠，其辞略云：'蔡伯俙年八十岁，食禄七十五年。'"蔡伯俙一生碌碌无为，致仕时已经80岁了，还要求落致仕，理由是"臣生事萧条，累族重大，又无得力儿男可以供侍，一日舍禄，无以为生"①，叫人哭笑不得。

还有一位郑望之，彭城人，建炎初，李纲以其"张皇敌势，沮损国威，以致祸败，责海州团练副使，连州居住。纲罢，诏望之为户部侍郎，寻转吏部侍郎"。几经起伏，绍兴二年（1132）致仕。但至绍兴七年，又与落致仕，召赴行在。望之以衰老辞，高宗谓大臣曰："望之，朕故人也。"于是升徽猷阁直学士，复致仕。②

致仕和落致仕，成了皇帝优遇旧人的便利工具。

经史文学可用落致仕

经学文史人物，有某种机缘，也可获得落致仕的恩典。

胡安国长期担任学事官，宣和元年（1119）挂冠致仕。末年，侍臣合荐"经学可用"，旨落致仕，除尚书员外郎③。

---

① 《挥麈后录》卷五《蔡伯俙以神童授官食禄七十五年》，第146—147页。
② 《宋史》卷三七三《郑望之传》，第11554—11555页。
③ 宋李幼武：《宋名臣言行录》外集卷一〇《胡安国》，《影印文渊阁四库全书》第449册，第745页。

　　南宋著名词人朱敦儒，洛阳人，因与主战派李光交往，被劾罢官，绍兴十九年，年近七十，上疏请归，致仕寓居嘉禾（今浙江嘉兴）。秦桧当国时笼络文人，以文饰太平，欲令其教儿子秦熺作诗，遂让其落致仕，安排了一个鸿胪寺少卿的虚职。他曾作《鹧鸪天》词，下阕云："诗万首，酒千觞，几曾着眼看侯王。玉楼金阙慵归去，且插梅花住洛阳。"但"诗万首，酒千觞，几曾着眼看侯王"的人最后却依附了秦桧。有人作诗讥之云："少室山人久挂冠，不知何事到长安。如今纵插梅花醉，未必王侯着眼看。"不过宋高宗还算"开明"，找理由为其开脱："此人朕用橐荐以隐逸命官，置在馆阁，岂有始恬退而晚奔竞邪？"①

　　陆游也有过"落致仕"修国史的经历：

　　　　时当修《高宗正史》、孝宗、光宗实录，朝论觉无专官，始外召傅景仁、陆务观为在京官观，免奉朝请，令修史。于是务观还政久矣，乃落致仕，以为同修国史，兼实录院同修撰焉。务观，山阴人，时年七十有八。②

陆游的学生苏泂还写《送陆放翁赴落致仕修史之命》诗以颂其事："先生天下名，有耳谁不知……昨闻挂衣冠，固共识者疑。岂期平生学，终郁不得施。先生健而武，神志元未衰。……果然一札下，未觉十年迟。堂堂孝庙史，当代谁宜为。二十八年间，凡事公见之。英灵果在天，笔削讵敢私。"③

　　另一种说法则是陆游依附韩侂胄，这就有损于陆游的名声了：

　　　　公早求退，往来若耶、云门，留宾款洽，以觞咏自娱。官已阶中大夫，遂致其仕，誓不复出。韩侂胄固欲其出，落致仕，除次对，公勉为之出。韩喜陆附己，至出所爱四夫人擘阮琴起舞，索公为词，有"飞上锦栖红绉"之语。又命公勺青衣泉，旁有唐开成道士题名。韩求陆记，记极精古，且以坐客皆不能尽一瓢，惟游尽勺，且谓挂冠复出，不惟有愧于斯泉，且有愧于开成道士云。④

---

① 吴文治主编：《宋诗话全编》"周必大诗话"，江苏古籍出版社，1998年，第5907页。
② 《建炎以来朝野杂记》甲集卷一〇《官制一》，《影印文渊阁四库全书》第608册，第315页。
③ 宋苏泂：《冷然斋诗集》卷一，《影印文渊阁四库全书》第1179册，第75页。
④ 宋叶绍翁：《四朝闻见录》乙集《陆放翁》，《影印文渊阁四库全书》第1039册，第683页。

为便管束落致仕

高宗绍兴十一年宋金达成和议以后,金朝方面同意放还宋高宗赵构的生母显仁太后韦氏。韦渊是显仁太后的季弟,也就是高宗的舅舅,高宗看在母亲的面子上对韦渊百般优待。但韦渊"性暴横,不循法度",所以在迎回母亲以后,高宗就让韦渊致仕。随后又"诏奉朝请,迁少师",这是第一次落致仕。而韦渊因为在宫中"不得逞",再次要求致仕,高宗同意了。过了不久,高宗还是"恐其肆横于外,复诏落致仕,还居赐第"①,这是第二次落致仕。这次落致仕的官样文章(制词)反文正写,明明是为了管束一位横行不法的舅舅而落致仕让其进京做官,却说成是让一位道德高尚之人"起奉朝请,申慰予怀"。②

落致仕在宋代逐渐成为一种常用的制度,而且深入人心③,是与其时较为宽松的政治环境和优待士人的国策相适应的,对于人尽其才,稳定政权有一定的助益,而且关键时刻关键人物的落致仕复出,发挥了正面功能,起到了化解危机的作用。但在施行中,亦产生了种种弊端,特别是被权臣利用,成为延长其执政时间的工具,起到了始料未及的反面作用。

与南宋同时和宋朝以后,金元明偶有其例④,可以说是宋代落致仕制度的余绪了。

原载:《北京大学学报(哲学社会科学版)》,

第 52 卷第 4 期,2015 年 7 月,第 123—133 页。

---

① 《宋史》卷四六五《外戚下·韦渊传》,第 13587—13588 页。
② 宋张扩:《韦渊落致仕与在京宫观制》,《全宋文》卷三一八九,第 148 册,第 78 页。
③ 宋林希逸《宋龙图阁学士赠银青光禄大夫侍读尚书后村刘公状》:"山相经营复出,事有萌芽,公直前奏曰:'陛下曩语群臣,以为某人决不复用。今都人竞传曰落致仕矣,建督府矣,又曰某人尝以御笔示人矣,又曰陛下戒其勿修怨矣。臣知陛下万无此事,设或有之,此误不小。'"《全宋文》卷七七三九,第 336 册,第 32 页。
④ 如元好问《遗山集》卷二〇《资善大夫武卫军节度使瓜尔佳公神道碑铭》:"寻上章请老,御史张特立、乐夔上书言:'陈州防御使士剌刚直廉介,有古良吏之风,今虽年及,其黾勉王事,强仕之人有不能及者,比闻以例告老,而有司亦以例许之,贪贤之道,诚有所未尽。特望重加拔擢,以观自竭之效。'书奏,落致仕,超授同知开封府事。"(《影印文渊阁四库全书》第 1191 册,第 237 页)又同书卷二一《平叔墓铭》亦有其例(《影印文渊阁四库全书》第 1191 册,第 242 页),黄溍《文献集》卷七附录《大元故翰林侍讲学士中奉大夫知制诰同修国史同知经筵事赠中奉大夫江西等处行中书省参知政事护军封江夏郡公谥文献黄公神道碑》(《影印文渊阁四库全书》第 1209 册,第 468 页)、王祎《王忠文集》卷一六《黄文献公祠堂碑铭并序》(《影印文渊阁四库全书》第 1226 册,第 327 页)均有其例。

崔与之辞官论

一、宋代的"辞官文化"

崔与之今存之文集《崔清献公全录》共十卷,其中卷一至三是李肖龙所辑"言行录"等,卷四至七是奏札,卷八遗文遗诗,卷九宸翰、赠挽,卷十赠挽。可见其中属于崔与之本人的著作,除了一卷遗文遗诗以外,就是四卷奏札了。张纹华女士认为这反映了崔与之一生勤于做事,疏于笔耕①。我觉得不能这么说。崔与之留下的著作不多,主要原因还是"历史的强制散轶"(与自然淘汰相对而言)。据张其凡教授等论述,崔与之门人李昴英在《崔清献公行状》中说:"(崔与之)家藏御札七通,有文集十卷,其文明白谨严,家大酉书其端曰:'东海北海天下老,亦有盍归西伯时。白麻不能起南海,千载一人非公谁?'"这说明,在宋时就已有十卷本崔与之文集(名《菊坡文集》)行世,还有家大酉在文集首页题的诗。李昴英见过此文集,在崔与之家中即有此书。此外有"御札七通",并未收入十卷本文集之中②。现在我们能看到的崔与之文集,是后人重编的,其中崔与之本人的作品已经少了很多。而其四卷奏札,主要是嘉定十二年(1219)至端平三年(1236)的辞免状。也就是说,从他 62 岁以后,一直到 80 岁,20 年中上送了大量的辞官奏札,仅留存于文集中的就有 33 道(没有收进文集的肯定还有不少)。于是在有关崔与之的研究论文中,关于其辞官问题的讨论成了一个重要方面。十多年前张其凡教授等的文章,2006 年张纹华女士的

---

① 张纹华认为,崔与之为官之余,偶有笔耕,《崔清献公集》(中华书局 1985 年版)、《宋丞相崔清献公全录》十卷(《四库全书》)是研究崔与之的重要文献资料,两书都辑录了崔与之四卷呈辞奏札。一直以来,崔与之高度重视"立德""立功","立言"却不力,归隐后尤甚,仅此四卷呈辞奏札传世。见《南宋名臣崔与之辞官缘由新探》,《韶关学院学报·社会科学》第 27 卷第 10 期,2006 年 10 月。

② 张其凡、孙志章:《崔与之著述版本源流及其价值》,《安徽师范大学学报(人文社会科学版)》,2007 年 5 月。

文章,以及此次读到的游彪教授的文章,都有精辟的论述。

实际上,辞官在宋代是惯例,几乎每一位官员,在获得一项重要任命的时候,总要先请求辞免,否则会被目为"躁进"而遭致非议。可以说宋代存在着半推半就的"辞官文化"。王安石在宋神宗熙宁二年二月被任命为参知政事,上了一道《辞免参知政事表》,中有云:"伏奉制命,特授臣右谏议大夫参知政事余如故者。才薄望轻,恩隆责重。敢缘聪听,冒进忧辞。窃以建用宗工,与图大政,以人贤否,为世盛衰。矧休运之有开,须伟材而为辅。岂容虚受,以误明扬。如臣者承学未优,知方尤晚。先朝备位,每怀窃食之惭;故里服丧,重困采薪之疾。皇帝陛下绍膺皇统,俯记孤忠,付之方面之权,还之禁林之地,固已人言之可畏,岂云国论之敢知。忽被宠灵,滋怀愧恐。伏望皇帝陛下,考慎所与,烛知不能,许还谬恩,以允公议。庶少安于鄙分。无甚累于圣时。"除了回顾其经历,并指出人言可畏以外,不免套用程序。但同月就有《除参知政事谢表》:"承弼之任,贤智所难。顾惟缺然,何以堪此。仰膺成命,弗获固辞。窃以古先哲王,考慎厥辅,皆有一德,用成众功。伏惟皇帝陛下,含独见之明,践久安之运,甫终谅暗,将大施为,宜得伟人,与图庶政。如臣者徒以承学,粗知义方,本无它长,可备官使。退安私室,自绝荣涂。既负采薪之忧,因逃窃位之责。大明继烛,正路宏开,付以蕃宣,还之侍从。清闲之宴或赐,开延浅陋所闻。每蒙知奖,以为奉令承教,庶几无尤。至于当轴处中,良非所称。宠光曲被,震愧交怀。此盖伏遇皇帝陛下,德懋旁求,志存远举。隆宽尽下,故忠良有以输心;公听并观,故谗慝不能肆志。矧睿谋之天纵,方圣治之日跻。思称所蒙,敢忘自竭。远猷经国,虽或愧于前修;直道事君,期不隳于素守。"①虽仍有自谦之辞,而所谓"隆宽尽下,故忠良有以输心;公听并观,故谗慝不能肆志",显然是对皇帝的要求,"远猷经国,虽或愧于前修;直道事君,期不隳于素守",则其远图之志已露其端。这样的事例举不胜举。至于何种官员需要上书辞免,这是一种制度抑或潜规则,尚可专门研究。

在宋人文集中,辞官奏札之类的文章随处可见。

今谨从《全宋文》中随机抽取两例。刘挚,北宋东光(今属河北)人,字莘老。嘉祐进士。熙宁中迁监察御史里行,屡上疏反对新法,称其"烦扰""聚

---

① 宋王安石:《临川文集》卷五七。

敛",使"天下无一物得安其所",责监衡州盐仓。元丰中,历右司郎中、知滑州。哲宗立,召为吏部郎中,擢侍御史,劾新党蔡确、章惇等,请罢常平、免役法。元祐元年(1086)拜尚书右丞,连进左丞、中书、门下侍郎,六年拜右仆射。言官劾其援引私党等,罢知郓州。哲宗亲政,累贬新州安置。在其著作《忠肃集》中,"辞免"性质的文书就有20道,所辞官有监察御史、御史中丞、侍读、尚书右丞、中书侍郎、门下侍郎等,如果再加上乞外任、乞致仕之类的文字,有近30篇。又如司马光,辞官文字有近50篇,所辞官有修注、知制诰、龙图阁直学士、翰林学士等,这些都是他后来做过的官。先辞后谢,大多如此。另外还有许多要求外放、要求责降等文章,与辞官奏札是同类文字。①

二、王安石、崔与之辞官异同论

何忠礼兄认为:"考察有宋一代历史,易退难进的大臣,恐怕只有两人:一为北宋名相王安石,另一个就是南宋的崔与之。大凡求禄不易,得官颇晚者,若依苏轼所见,这类人的名利心必然更重,但与之则不然。他自宁宗嘉定十七年(1224)起,即以道不合而告退,后虽屡召而不起。其中,拜参知政事,八辞不受。逾年,拜右丞相,兼枢密使,三奉诏书,四承御礼,中使促行,命广帅以礼劝勉,派门人李昂英专往谕志,与之逊辞几十三疏,终不为动。故家大酉以为:'东海、北海天下老,亦有益归西伯时;白麻不能起南海,千载一人非公谁?'正可谓至言。"②此论尚有可申述之处。

被韩琦认为行政才能平平的王安石,高中进士以后,从扬州幕府,到明州鄞县(今宁波属区)知县,再到舒州(今属安徽)通判、常州(今属江苏)知州,一直到提点江南东路刑狱,地方官的生涯,延续了十几年,职位越来越高。其中通判是州府长官知州的第一副手,提点江南东路刑狱,相当于现在省一级的政法事务长官。他一步一个脚印,不仅政绩斐然,而且学问见长,撰写了几部论著和大量诗文,在士大夫中间名望越来越大。

---

① 《全宋文》卷一六六五——六八三刘挚、卷一一七二——一二三〇司马光,上海辞书出版社,2006年。
② 何忠礼:《南宋名臣崔与之述论》,《广东社会科学》1994年第6期。

当朝的达官贵人，纷纷推荐王安石通过考试到朝廷去担任馆职。馆职就是在史馆、秘阁、集贤院等编撰、文秘机构担任修撰、校理、校勘等职务，看似清闲，却是引人瞩目的清流之选，一经此职，便仕途通畅，提拔迅速，可望担任两制（知制诰、翰林学士），为皇帝和朝廷起草文件，提提意见，进而被授以执政之柄，这是每一个士大夫所梦寐以求的既清高又重要的职务。但王安石居然屡次推辞。

仁宗皇祐年间，宰相文彦博上奏章推荐王安石说，王安石以进士第四人及第，按照老规矩，只要做一任地方官，就可以呈上他的绩效情况和所写文章，要求通过考试得到馆职，文馆之职，是读书人都追求的，但王安石已经担任数任地方官，却一直没有提出这样的要求，甚至朝廷点名召试，他也以"家贫亲老"的理由加以拒绝。这种恬然自守的节操，实在是不可多得。对这样的人，朝廷应该破格提拔，以发扬好的风气，遏制为求快速提拔而请托跑官的不良风气。①

假如王安石是一个识时务的"明白人"，这个时候即使不趁机鼓吹一下自己的恬淡谦虚，也应该对文彦博的知遇之恩表示一下感谢，与这位大权在握的重臣拉拉关系。

可是王安石偏偏不知趣，非但不上书谢恩，还在《乞免就试状》中说："我的祖父母已经年老，父亲死后尚未安葬，妹妹要出嫁，家贫口众，难以在京师居住。上次曾经上报过这些情况，希望不要参加考试，免得考完以后，不能上任，被人认为是拒不执行朝廷的命令，反而获罪。不料有些大臣说我这是谦虚低调，恬然自守。假如我没有为父亲安葬、帮妹妹出嫁和赡养长辈等种种困难，而反复退避谦让，不敢担当清要的官职，可以说是恬退。现在我只是为了安排家庭私事和急事，根据家庭的利害关系作出选择，有人把这种情况说成是'恬退'，实在不是我的本意。如果现在让我到京城去，就会打乱我原来对家庭事务的安排。希望皇上体察我的本意仅仅是安排家庭事务，收回让我赴京参加

① 宋程俱撰《麟台故事》卷三："景祐三年四月宰臣文彦博言：直史馆张瑰，十余年不磨勘，朝廷奖其退静，尝特迁两官。今自两浙转运使代还，差知颍州，亦未尝以资序自言。殿中丞王安石，进士第四人及第。旧制，一任还，进所业求试官职。安石凡数任，并无所陈。朝廷特令召试，而亦辞以家贫亲老。且文馆之职，士人所欲，而安石恬然自守，未易多得。大理评事韩维，尝预南省高荐，自后五六岁，不出仕宦，好古嗜学，安于退静。并乞特赐甄擢。诏赐张瑰三品服，召王安石赴阙，俟试毕别取。韩维下学士院与试。然二人者卒不就试，至和二年，始以维为史馆检讨，嘉祐元年瑰同修起居注，四年安石直集贤院。"

考试的命令,让我仍然去做地方官。"①

在王安石留下的文字中,辞官文字超过50篇,其辞高官,特别是虚职,尚可理解,难以理解的倒是屡次辞免清要之官,特别是乞免就试。所以时人及后人均有认为王安石的做法颇有矫情自高之嫌者。但我认为,王安石非要说出实话,指出自己"本意止是营私",而不领执政大臣的情,这也是需要勇气的。由此可知,王安石之辞清要,与崔与之之辞京官,其人生之阶段、仕宦之历程、辞官之目的均有所不同。

三、文彦博、崔与之异同论

皇帝希望崔与之向文彦博看齐,不要反复辞免。《端明殿学士太中大夫广东经略安抚使崔与之再辞免除参知政事趣令就道恩命不允不得再有陈请诏》:"朕慨念为君之难,仪图耆寿俊乂共政,用康保民,以长我王国,诏书屡下,申之亲札,致敬有礼,视安车蒲轮为加厚。卿抱道俟时,可幡然起东海之滨矣。巽章至再,陈义何切!范镇年未及谢事而休致,在元祐固不以为矫,独不思文彦博起于既老之余,力扶丕乂,岂徒为保身之哲耶?夫麒麟凤凰之出,百鸷率服,以其德非以其力也。卿旅力虽愆,精神逾劲,坐而谋国,必能折奸弭慝,翼朕攸济。维日望之,强饭就道,毋惮于行。所辞宜不允,不得再有陈请。"②

北宋朝宰相最高寿者当推文彦博(1006—1097),享年91岁。他是四朝(宋仁宗、英宗、神宗、哲宗)重臣,任将相50年,名闻四夷。神宗末年(1083)文彦博已经获准退休,在洛阳准备安度晚年。哲宗即位初(1086),当政的司马光看重"宿德元老"文彦博的才能与威望,极力推荐。就这样,已过80岁高龄的文彦博"落致仕",被授予"平章军国重事"一职,再担大任。他思维敏捷、处理政务井井有条,苏轼评价他"其综理庶务,虽精练少年有不如;其贯穿古今,虽

① 宋王安石《临川文集》卷四〇:"准中书札子,奉圣依前降指挥发来赴阙就试者。伏念臣祖母年老,先臣未葬,二妹当嫁,家贫口众,难住京师。比尝以此自陈,乞不就试,慢废朝命,尚宜有罪。幸蒙宽赦,即赐听许。不图逊避之臣,更以臣为恬退。今臣无葬嫁奉养之急,而逡巡辞避,不敢当清要之选,虽曰恬退可也。今特以营私家之急,择利害而行,谓之恬退,非臣本意。兼臣罢县守阙,及今二年有余,老幼未尝宁宇,方欲就任,即今赴阙,实于私计有妨。伏望圣慈,察臣本意止是营私,特寝召试指挥,且令终满外任,一面发赴本任去讫。"
② 《全宋文》卷六九八五洪咨夔二。

专门名家有不逮"①。

但文彦博并非不要求辞免。《全宋文》中有文彦博《乞罢重任札子》23 道，自熙宁初至熙宁末，不断要求免职，这当然与反对王安石变法有关，理由则是老病。又有《乞致仕札子》10 道，《乞致仕随表札子》21 道，这是哲宗朝的事了②。比如《乞致仕随表札子》：

> 臣元丰中，犬马之年七十八，先帝悯其疲老，许以退休。伏自皇帝陛下、太皇太后陛下临政，起臣于林下，追赴阙庭，仍俾平章重事。昏耄非才，固辞不获。今已三年有余，力所不支，深惭尸素，频年请退，意未许从。臣今年事，比元丰中又益老耄，加之多病，伏望圣慈，意许从恳迫之诚，遂其退归之志。

又元祐四年十二月十八日札子：

> 臣载沥愚诚，上干宸听。伏念臣自熙宁、元丰间累乞休致，前后凡八九年，蒙先帝哀怜，许以谢事，退居林下。曾未三岁，伏遇皇帝陛下、太皇太后临御之始，起自田里，已逾八十，累蒙召旨甚严，敦迫上道，俾之平章重事。弗获固辞，迄今四年，尸素已甚。奚自被命而来，继乞退归，前后章数十上，未蒙矜允。而臣年益笃老，智力皆殚，念终无补报万一。加之连年多病，昏耄弗支，近者两上封章，七具札子，再乞致仕，天听未回，仍不许收接文字。区区愚衷，无以自达，黾勉逾月，复遇兴龙诞节，幸遂称觞，常谐得谢之期，恳迫之情，输竭以尽。臣今更不敢别具表章上渎，而况陛下眷留老臣，前后恩礼已极，亦不敢更烦诏谕。伏望圣慈哀悯，亟降俞音，许遂退休。激切之甚，旦夕俟命。③

文彦博一旦同意出山，以老病之身，不堪重负，要求解职，竟也十分困难。

---

① 元脱脱等：《宋史》卷三一三《文彦博传》。
② 《全宋文》卷六四一—六五九文彦博。
③ 两文均见《全宋文》卷六五三文彦博一三。

崔与之开始被朝廷召进担任要职时，年龄还不算大，后来就与文彦博差不多了，他大概是汲取了文彦博的教训，坚决不出来。

崔与之与文彦博的经历和地位也不同。文彦博长期在京官任上，致仕尔后落致仕，就所处理的事务而言，他是驾轻就熟的。崔与之则不同，他没有真正做过京官，所辞之官职从礼部、吏部尚书到参知政事，对他来说，都是全新的挑战。文彦博受命辞而后出，为惯例，出而后辞，既为身体原因，更为审时度势。作为保守派的一员，在宣仁后反对王安石变法，尽改儿子神宗之政的情况下出山，自然有可为，然而随着哲宗亲政的临近，政治倾向又将为之一改，文彦博立即要求再次致仕，是十分明智的。崔与之则全不可为，他长期在地方做官，原拟在蜀中养老，不愿为京官。有一个"两枝梁"的故事说：

> 理宗时，丞相崔与之归蜀，建第甚丽。里有豪商李姓者，亦从而效之，即用崔府匠人规制。落成，崔往观之，归召匠问曰："汝与某建宅固，但少两枝梁耳。"匠曰："此一依相府规模者。"崔曰："一枝是没思量，一枝是没酌量。"当时以资谈笑。①

这个故事传闻，未必可靠，因为第一崔与之没有真正到京城去就丞相之任，也无从谈到相府，第二他不是蜀人，为何要"归蜀"？不过将这种传闻放在崔与之的身上，也能说明一些问题。崔与之说的"少两枝梁"，寓有深意，表现了他的政治智慧，此点且不论，而他希望在地方养老，则是确实的。

崔与之不断地辞官。每辞一次，声望高一次，朝廷和国人的期望值就更高一些，在这种情况下，崔与之更是不敢出山了。

除了文彦博以外，前引《端明殿学士太中大夫广东经略安抚使崔与之再辞免除参知政事趣令就道恩命不允不得再有陈请诏》中还提到了范镇，"范镇年未及谢事而休致，在元祐固不以为矫"，在另外一道制书中，又提到了这一历史事例：

《吏部尚书崔与之除端明殿学士提举西京崇福宫制》：……具官某纯

---

① 明陈耀文：《天中记》卷一四引《夷坚续志》。

明而积学，静定而善谋。东抚淮壖，制胜纷挐之表；西驰蜀道，计安震扰之余。乃宁考简知之深，予冲人注想之切。迟十年之圭觐，游一旦之旌招。戈戈之贲丘园，仪图共政；嚣嚣之乐畎亩，恳请辞行。屹砥柱于患失之波，肖灵光于戒得之境。勉从雅志，丕振高风。维元祐诸贤之方来，独范镇屡召而不至。进承明之秘殿，领崇福之殊庭。兹复见于耆英，宜一循于优礼。凤翙翙而亦集爰止，朕虽阻于仪刑；驹皎皎而毋有退心，尔尚殚于训告。①

范镇（1008—1089），北宋成都华阳（今四川成都）人，字景仁。神宗即位，复为翰林学士兼侍读、知通进银台司，极力反对王安石变法，斥青苗法为"残民之术"，遂以本官致仕。哲宗即位，拜端明殿学士，起提举中太一宫兼侍读，恳辞不就，改提举崇福宫。按宋哲宗1085年即位，时年尚幼，祖母太皇太后高氏垂帘听政，改次年为元祐元年（1086），陆续起用旧党司马光、吕公著、文彦博为相，新党俱被贬逐，王安石新法全被罢除，史称元祐更化。元祐元年时，范镇已年近八十，作为一名旧党人物，在司马光、文彦博等出山以后，他坚辞不出，显然不是政见的问题，而是年龄和健康问题。朝廷预料崔与之有可能以范镇说事，索性先提出来，并希望他学习文彦博。

朝廷不仅要他学习文彦博，甚至将他比拟为声望更高的北宋名臣范仲淹和韩琦，《端明殿学士崔与之辞免除广东经略安抚使兼知广州恩命不允诏》云：

> 朕惟先朝以韩琦守相，范仲淹守苏，德选也。然拥旄里第于安平无事之时，孰与即家宅牧而分忧寄！卿风节在朝廷，威名在夷狄，朕之韩、范也。顷辞聘召，佚老海滨，悍卒啸凶薄番禺，幅巾登陴，赤心谕晓，众狙屏气宵遁，贤者有益于人国如此。就镇乡枌，全护海峤，家国一体，孰如卿宜！矧弭盗于淮，寇于蜀，沉深有远略，为我强起可也。士君子行乎蛮貊易，行乎州里难，愈近而愈不可欺。卿忠信笃敬积乎于州里，推之可以孚蛮貊，鸱音之革奚难哉？即日建牙，四履欢舞。朕方嘉卿勇义而识变，巽

---

① 《全宋文》卷六九八八洪咨夔五。

椟非所乐闻也。所辞宜不允。①

显然这是为了能顺利地请崔与之出山而对崔与之的过誉之辞。

四、崔与之坚辞不就之理由及
其真实想法

如崔与之这样无论朝廷和皇帝怎么说,怎么劝,怎么逼,就是不愿意出来做京官,而且不辞辛劳,一道又一道地撰写和上送辞免状,最后也真的没有就任,在宋代确实是绝无仅有。

辞官到了这个地步,当然不是以退为进,也不是矫情和自高,这一点已经在前文有所阐明,且与王安石作了比较。那么崔与之这么做的理由到底是什么,其内心的真实想法如何,时人又是怎么看的呢?

自己才干不逮,这是每一个辞官的人都会或真或假说到的,可以不论。崔与之反复辞官的理由,主要是身体欠佳,有病在身。我们来摘录几道辞免状中的话语。

《辞免除焕章阁待制知成都府本路安抚使奏状》(嘉定十三年):

> 伏念臣碌碌州县庸才尔,奔走四方,未尝择地,以勤掩拙,实倍其劳。致蒲柳之易凋,桑榆之浸晚。加以多病,日就衰残,丐闲便私,欲全晚节。

《四川制置乞祠奏状》(嘉定十六年):

> 缘臣蒲柳之姿,一生劳苦,老而易衰,福过灾生,百病交作。近来头风发动,甚于常时,呻吟叫号,痛刺如破。加以心忡健忘,肌肉尽销,残息如丝,旦暮人耳。臣非不知委身报国,臣子职分,而边阃重寄,安危所关。万里奔驰,一生劳勚,绵力穷而不可强,幸事多而不可常。况抱病已深,恐误

---

① 《全宋文》卷六九八四洪咨夔一。

国事。伏望圣慈怜其久戍，察其危衷，亟选长材，来为臣代，赋臣祠廪，俾待终于衡茅，实出天地始终生全之赐。

《辞免召赴行在奏状》（嘉定十六年）：

> 百恙相陵，一衰不贷。头欲破而掣痛不已，心如啄而健忘尤深。气体支离，精神昏瞆。年事既去，世念已灰。①

奏状中对自己病状的描绘，颇为严重。然而按照魏了翁的说法，照例在皇帝有召时，不得以身体欠佳为由辞。

《奏乞趣诏崔与之参预政机》：

> 乃者陛下特颁御笔，远自广南召崔与之参预政机。除书一颁，中外胥庆。而与之方以年迈疾侵，固请谢事。夫当仕有官职，而以其官召之，则不得以疾为解。陛下所以诏谕之者，非不切至，而与之重于一出，特为晚节计耳。与之初辞宗伯，再辞天官，今又力辞政府。古所谓大臣者，与之庶几有焉。今若赖其沈静廉退之节，表正群工，亦足以革竞镇浮，廉顽立懦。臣愚欲望陛下亲御宸翰，以趣其行，勉以君臣之大义，谕以家国之深忧，庶其幡然而来，协助亲政。则陛下意乡所形，必有闻风兴起者矣。臣无任区区。〔贴黄〕臣妄揣圣意，必谓臣言为然。辄拟撰趣诏数语，以备亲洒，伏乞睿照。②

而且朝廷对此亦有自己的判断：

> 《崔与之辞免礼部尚书不允诏》（嘉定十七年五月）敕与之：……卿五年作牧，一节不渝。平居则清介以自将，遇事则劳险而弗避。比盼锡觐之命，随长秩宗之司。日俟告猷，乃仍抗牍。夫四路兵民之计，何止渴闻；一

---

① 以上均见《全宋文》卷六六七八崔与之一。
② 《全宋文》卷七〇五九魏了翁七。

身疾疢之微,喜已良愈。晋登礼乐之任,非有筋力之忧。老成之来,虚伫以待。所辞宜不允,仍疾速前来供职。①

那么崔与之之反复辞官、坚辞不出,应该有其更深一层的原因。他此时内心的真实思想,则见之于他给亲朋师友的其他文字中:

《与弟书》:

须是闭门守常,不得干预外事。昨来面对,拳拳爱君忧国之诚,只得直言时事,庙堂大不乐。后来又因两淮分置制帅,复入文字力争,以为非便,相忤益深。大抵官职易得,名节难全,及兹末路,政要结果分明。有如翱翔蓬莱道山之上,平生梦寐所不到,尚复何求。若得脱去,徜徉归隐,以终天年,此莫大之幸。屡次丐祠,尚未得请,纵有谴责,不遑恤也。真老近来习字何如?且要养他气质,使一言一动不得轻妄,仍不得以姑息待之。

《易氏族谱序》:

予以老疾乞休,谢绝世故,惟对菊怡情,调药养真而已。

《题菊坡》:

韩魏公云:"保初节易,保晚节难。"余嘉定辛巳建制阃于益昌,爱公"寒花""晚节"之句,筑菊坡以自适。今告老归乡,复以名其居。②

很清楚,崔与之深知"官职易得,名节难全","保初节易,保晚节难",他的最大愿望就是:"谢绝世故,惟对菊怡情,调药养真而已。"

崔与之退养以后的身体状况和精神状态究竟如何,他的学生应该最为清楚。

---

① 《全宋文》卷六九一〇宋宁宗二二。
② 以上均见《全宋文》卷六六八一崔与之四。

《通崔菊坡书》：

> 搢绅间谓凡任制阃，莫有终誉，独吾菊坡不待蹑足之疑，便引掉头之兴，绰然余裕，久而愈安。"公孙硕肤，德音不瑕"，"考盘在涧，硕人之宽"，《诗》取硕大为言，盖其胸中浩乎而渊，盎乎而春，贫贱富贵不能移吾之所乐，惟先生以之。迩来头风不作，酒时进而饭日加，天所以寿吾道之脉也。①

"酒进""饭加"，崔与之的身体已经没有什么问题。朝廷对于崔与之欲全名节这一点，早已清楚，前引魏了翁《奏乞趣诏崔与之参预政机》中即有云："陛下所以诏谕之者，非不切至，而与之重于一出，特为晚节计耳。"朝廷后来也是能够理解的：

《端明殿学士太中大夫崔与之再辞免观文殿大学士提举临安府洞霄宫恩命不允诏》：

> 亮采惠畴，正有赖老成之重；辞荣避宠，乃欲全名节之高。虽屡趣于锋车，竟莫回于雅志。涣汗其号，晋升书殿之班；惟适所安，俾处祠庭之侪。胡为谦逊，犹复控陈。兹特彝章，未足示尊贤之礼；其只成命，尚无忘告后之猷。②

在不能出山的情况下，其友朋和学生劝他不要保持沉默，"所当言者为言"，而且以司马光和韩琦为榜样：

《与崔菊坡书》：

> 尚书志正而气一，养熟而道凝。惟其视宇宙之大，无一物足以动其心，所以安分义之闲，虽万钟不能夺其志。嗣君访落，图任旧臣，累诏趣征，亢章不出，难进易退之风高。但温公既归洛，朝廷每有大事，知无不

---

① 《全宋文》卷七〇〇〇洪咨夔一七。
② 《全宋文》卷六九一七许应龙二。

言,虽诏书中有不便于言事者,亦请改易。魏公去国之后,或劝其勿复以时事为言,公慨然以君臣之谊责之。乃知国家之命脉,关言路之通塞,系善类之消长。尚书身虽在外,讵可嬰然林水之间,不以温公、魏公之所当言者为言哉? 况尚书负海内之望,多士之所模楷,苟惟不言,言则必用。况在蜀中,凡所荐进之士,有登于朝者,有籍记于中书者,有留于连帅之幕府者,川泳云飞,次第拔擢。如某者谬庸亡奇,亦以尚书旧辟庞抚机之例,置之机幄。前修所谓"一经品题,便作佳士",真不虚言也。①

而且朝廷最后也谅解了他。

《崔清献公行状》:上知公志不可回,诏即家条上时政。公手疏数万言,上皆欣纳。②

不管怎么说,崔与之的辞京官、辞高官,是一种高尚的节操,是一种明智的选择。若说当时事情或尚有可为,崔与之出山能够有所作为,从而延缓南宋的灭亡,那是过高估计了崔与之一人的作用了。

原载:朱泽君主编:《崔与之与岭南
文化研究》,北京:人民出版社,
2010 年 7 月,第 429—441 页。

---

① 《全宋文》卷七二四八吴泳二九。
② 《全宋文》卷七九四四李昴英七。

赵彦若非宋宗室人士考

钱大昕《十驾斋养新录》卷七《宗室入翰苑》条：

> 王伯厚云："宗室入翰苑三人，彦中、汝谈、汝腾。"按彦中在孝宗朝，汝谈、汝腾在理宗朝，皆南渡以后事。予又考元祐六年二月，左朝请大夫、龙图阁待制、权礼部尚书赵彦若为翰林学士，七月改宝文阁学士，提举万寿观，见《长编》。是宗室入翰苑不止三人也。①

王伯厚即王应麟。钱氏认为王应麟所述宋宗室入翰苑者有遗漏，赵彦若亦为宗室，曾为翰林学士。

按赵彦若为赵师民之子。若赵彦若为宗室，赵师民自然也是宗室。《全宋文》卷三五八收赵彦若之父赵师民文五篇，②2007年四川大学博士骆晓倩的学位论文《两宋宗室文学研究》第三章第二节"两宋宗室文人著作考"列入了这位赵师民，备注"世系见《宋史》卷222表第十三"。是以《全宋文》收有文章的赵彦若之父赵师民为宗室。

予于此说颇有疑，谨略考如次。

一

钱氏以赵彦若为宗室，或与其父赵师民仁宗时曾知宗正寺、判宗正寺，赵彦若神宗元丰二年（1079）亦曾知宗正丞有关。宗正寺为掌管皇室亲族属籍的

---

① 钱大昕：《十驾斋养新录》卷七，上海书店出版社，2011年，第143页。
② 《全宋文》第17册，上海辞书出版社、安徽教育出版社，2006年，第274—284页。

事务机关。北宋前期掌奉宗庙、诸陵荐享之事及皇族属籍谱系。元丰改制后，因别有大宗正司管理皇族，本寺仅掌修纂谱系属籍，职权较轻。

《宋史·职官志四》：

> 宗正寺。卿、少卿、丞、主簿各一人。卿掌叙宗派属籍，以别昭穆，而定其亲疏。少卿为之贰。丞参领之……宋初，旧置判寺事二人，以宗姓两制以上充，阙则以宗姓朝官以上知丞事……旧自丞簿以上，皆宗姓为之，通署寺事。初置卿、少，率命常参官判寺事。大中祥符八年，以兵部侍郎赵安易兼卿，判寺赵世长改为知寺事……元丰官制行，诏宗正长贰不专用国姓，盖自有大宗正司以统皇族也。

> 大宗正司。景祐三年始制司，以皇兄宁江军节度使濮王知大宗正事，皇侄彰化军节度观察留后守节同知大宗正事。元丰正名，仍置知及同知官各一人，选宗室团练、观察使以上有德望者充。①

又《石林燕语》卷六："唐宗正卿，皆以皇族为之。本朝踵唐故事，而止命同姓。"②《翰苑新书》前集卷二二："宗正丞。本朝元丰五年正名，初除赵君锡，明年以杨畏为宗正丞，诏宗正寺除长贰外，自今后更不专差国姓。"又同卷"宗正卿"条："《真宗实录》：赵安仁谥文定，兼宗正卿。以安仁旧德大僚，特令知寺。"③可知宗正寺长贰旧以宗姓充，元丰官制行，不专用国姓。

上述资料中所述赵安易为赵普之弟，《宋史》卷二五六有传，记其为宗正少卿在太平兴国九年（984），与《职官志》有异。④赵世长，《宋史》卷一八《哲宗纪一》、卷二一五《宗室世系表一》、卷二四四《宗室传一》均提及，⑤然为神宗时人，与《职官志》所记时代不合，疑非一人。

赵安仁与赵君锡为祖孙，据《宋史》卷二八七本传，安仁字乐道，河南洛阳人，其父赵孚，周显德初举进士，宋初曾任宗正丞。安仁早以文艺称，雍熙二年

---

① 《宋史》卷一六四，中华书局，1977年，第3887—3888页。
② 宋叶梦得：《石林燕语》，中华书局，1984年，第92页。
③ 《翰苑新书》，《影印文渊阁四库全书》第949册，第176上、175页下。
④ 《宋史》卷二五六，第8941页。
⑤ 《宋史》卷一八，第340页；卷二一五，第5754页；卷二四四，第8679页。

(985)登进士第,景德三年(1006):

> 以右谏议大夫参知政事……(大中祥符)八年,知贡举。三典春闱,择士平允,是故独无讥诮,上再赐诗嘉之。寻知兼宗正卿。旧制,官闱令,凡有议奏与寺连署。上以安仁旧德,俾知寺,以次列状取裁。寺掌玉牒属籍,梁周翰始创其制而未备,安仁重加详定,又为《仙源积庆图》,皆统例精简。奏置修玉牒官,事具《职官志》。①

其子良规字元甫,良规子君锡字无愧,传云:"良规没,调知武强县。从韩琦大名幕府。彦博及吴充在枢管,更荐之,为检详吏房文字,徙知大宗正丞,加秘阁校理,改宗正丞。"则赵安仁之父赵孚与宋太祖赵匡胤为同时代人,并非宗室,赵安仁曾兼宗正卿,颇多建树。

大宗正司与宗正寺不同,其长贰须由宗室人士充。宋朱彧《萍洲可谈》卷一云:

> 本朝置大宗正寺治宗室。濮邸最亲,嗣王最贵,于属籍最尊,世世知大宗正事。自宗晟迄宗汉,皆安懿王子,兄弟相继,宗字行尽死,诸孙仲字行复嗣爵判宗正寺,人人谨厚练敏,宗子率从其教诲。崇宁初,分置敦宗院于三京,以居疏冗,选宗子之贤者莅治。院中或有尊行,治之者颇以为难。令郊初除南京敦宗院,入对,上问所以治宗子之略,对曰:"长于臣者以国法治之,幼于臣者以家法治之。"上称善,进职而遣之。令郊既至,宗子率教,未尝扰人,京邑甚有赖焉。②

但赵君锡曾知大宗正丞,似为特例,旋又改宗正丞,也许是因为发现了这一错误而纠正。可见,国姓(宗姓、同姓)是指赵姓,和宗室是不同的。赵安易、赵世长、赵安仁祖孙、赵师民父子之任职宗正寺,均仅与其姓赵有关。

---

① 《宋史》卷二八七,第 9655 页。
② 宋朱彧:《萍州可谈》卷一,中华书局,2007 年,第 112 页。

二

在宋宗室人物中，确实有赵师民和赵彦若，这应该是钱、骆二氏的直接依据。

赵彦若之父赵师民《宋史》本传云：

> 字周翰，青州临淄人。九岁能属文，举进士第，孙奭辟兖州说书，领诸城主簿……年五十，来京师……改著作佐郎、宗正寺主簿，加崇文院检讨、崇政殿说书，迁宗正丞。会赵元昊反，罢进讲。师民上书陈十五事……三迁刑部郎中，复领宗正，卒。师民淳静刚敏，举止凝重，幼丧父，哀感，不畜婢妾，年四十四始婚……①

据陈均《九朝编年备要》卷一二，师民上书陈十五事在仁宗宝元二年（1039），②其时赵师民已经50多岁，则师民应生于太宗时。

赵彦若，《宋史》无专传，仅于《赵师民传》末云"子彦若，试中书舍人"。《东都事略》卷六〇："赵师民……子彦若……稍迁知宗正丞……哲宗即位，为龙图阁待制知亳州，移陈州。召还，提举万寿观兼侍读，迁兵部侍郎兼实录院修撰，擢礼部尚书，拜翰林学士。以子累罢为宝文阁学士，提举万寿观。"③清陆心源《元祐党人传》卷二《赵彦若传》：

> 赵彦若字元考，青州人，父师民，《宋史》有传……元丰二年，为祠部员外郎、秘阁校理兼修《百官公卿表》，改集贤校理兼知宗正丞……元祐元年，擢兵部侍郎。……五年，改礼部侍郎。寻权刑部尚书兼侍读，改礼部尚书。六年，改朝请大夫、翰林学士、知制诰。子仁恕为阳翟令，酷虐贪赃，为提刑钟浚所发。……绍圣元年，以修《神宗实录》美意良法辄敢隐

① 《宋史》卷二九四，第9823页。
② 宋陈均：《九朝编年备要》，《影印文渊阁四库全书》第328册，第314页上。
③ 宋王称：《东都事略》卷六〇，齐鲁书社，2000年，第491—492页。

没,得之传闻,微言讥刺者数十事,责授安远军节度副使,澧州安置。寻卒。①

上引《宋史》本传谓师民年四十四始婚,则子彦若应生于仁宗时。彦若子仁恕,哲宗元祐六年以赃获罪,累及彦若。

查《宋史·宗室世系表二十四》有"赵彦若",为太祖弟魏王廷美七世孙,其父名公鉴,②《宗室世系表八》有"赵师民",为太祖八世孙,无子。③ 是《宋史》宗室世系表中的赵彦若比赵师民高一辈,其父为赵公鉴,非赵师民,且应为北宋末南宋初之人,与字周翰之赵师民及其子彦若无涉。赵仁恕之名则不见于《宋史·宗室世系表》。赵师民、彦若、仁恕祖孙三代人名与宋宗室世系表排辈不合。则钱氏所举元祐六年翰林学士赵彦若非《宋史》表中之赵彦若甚明,骆晓倩女史所论《全宋文》收入文章之赵师民亦非《宋史》表中之赵师民甚明。

在《宋史》中,除宗室世系表以外,卷二四四至二四七为宗室人物类传,其小序认为,"宋承唐制,宗王禭褓即裂土而爵之。然名存实亡,无补于事",且国祚既长,世代浸远,尽管还能列名玉牒,享受一些特殊待遇,但与普通士庶之家已经没有什么大的区别。"虽然,东都之仁宗,南渡之高、宁,元良虚位,立继小宗,大策一定,卒无动摇,磐石之固,亦可知矣。"特别是宋朝皇帝与宗室之间,稍有过差,君臣均不吝于改,尤不惮于言。"涪陵、武功,真宗即位,寻议追复改葬,封其子孙。濮邸尊称,言者惟务格非,不少避忌。宋末济邸,国事将亡,谏疏不息,必褒恤而后止。是盖历代之所难得者欤! 表而出之,作《宗室传》。"④部分宗室人物又另有传,如卷四一三有《赵汝谈传》,⑤因此卷入传者均为宗室人士,故其卷末有"论曰:宋之公族,往往亦由科第显用,各能以术业自见"云云,而宗室世系表竟无赵汝谈之名。卷四二四有《赵汝腾

---

① 清陆心源:《元祐党人传》,《续修四库全书》第 517 册,上海古籍出版社,2002 年,第 393 页上、下,395 页下,396 页上。
② 《宋史》卷二三八,第 8302 页。
③ 《宋史》卷二二二,第 6446 页。
④ 《宋史》卷二四四,第 8665—8770 页。
⑤ 《宋史》,第 12393 页。

传》,起首云:"赵汝腾,字茂实,宗室子也。居福州。"①赵汝腾之名又见于《宗室世系表十八》。② 其体例虽不甚谨严,然与赵师民传起首之"字周翰,青州临淄人"显有不同。

以赵彦若为宗室,不始于钱大昕。《明一统志》卷六二:"赵彦若,宋宗室,为翰林学士。"③清黄宗羲《宋元学案》卷九六《学士赵先生彦若》:"赵彦若,宗室子,官翰林学士。绍圣初章惇当国,恶元祐党人,以先生预修《神宗实录》,谪澄州。参。"④光绪《湖南通志》卷二一〇人物志所载略同,注见《明统志》。⑤ 从现在可以查得的资料来看,李贤《明一统志》为此说之始作俑者。

附启:文章撰写中曾与程羽黑先生多次商讨,获益甚多,谨此致谢。

原载:《中华文史论丛》2016年第1期,第225—231页。

---

① 《宋史》,第12653页。
② 《宋史》卷二三二,第7525页。
③ 明李贤:《明一统志》卷六二,《影印文渊阁四库全书》第473册,第317页上。
④ 清黄宗羲:《宋元学案》,中华书局,1989年,第3172页。
⑤ 光绪《湖南通志》,《续修四库全书》第666册,第604页下。

忠臣有不和之节

　　景祐三年(1036)，范仲淹在"权知开封府"任上，将京官晋升情况绘制成一幅《百官图》，上送仁宗，指斥吕夷简专权，用人唯私。不久，又进《帝王好尚论》《选贤任能论》《近名论》《推诿臣下论》四论，讥诋时政。五月，吕夷简指控范仲淹"越职言事，荐引朋党，离间君臣"，仲淹不屈，上章辨诉，言词激烈，而吕夷简按上的"朋党"罪名终于打动了宋仁宗，范仲淹被落职知饶州，余靖、尹洙上言直范仲淹，欧阳修写信谴责右司谏高若讷不为范仲淹主持正义，三人均受牵连被贬，在西京洛阳的蔡襄作《四贤一不肖诗》，"四贤"誉范仲淹、余靖、尹洙、欧阳修，"一不肖"刺高若讷，流传极广，有人上书请朝廷追究，韩琦弹劾上书者混淆视听。这场政争，被称为"范吕党争"。大治朋党，由此发端。

　　庆历三年(1043)，范仲淹由西北前线进京参政，时杜衍任枢密使，富弼为副使，曾经与范仲淹并肩作战的韩琦代范仲淹宣抚陕西，欧阳修、王素、余靖、蔡襄等人为谏官，范仲淹首倡并推行新政，朝廷气象一新。但轰轰烈烈的庆历新政，只推行了一年多，就中途夭折了，其原因甚为复杂，前贤之论备矣，而新政人物纷纷被贬出京，其重要理由仍然是"朋党"。

　　"朋党"，是一层人、一群人，以某种共同背景、共同利益或共同目的结成的集团，一般被看作是常常不顾国家的整体利益和人民大众的利益的小集团，掌控资源、朋比为奸、互相援引、党同伐异。自古如此，今犹难免。

　　作为最高统治者的皇帝，对于朝廷中的小集团，当然是难以容忍的。庆历中，"吕夷简罢相，夏竦授枢密使，复夺之，代以杜衍。同时进用富弼、韩琦、范仲淹在二府，欧阳修等为谏官。石介作《庆历圣德诗》，言进贤退奸之不易，奸盖斥夏竦也。竦衔之。而仲淹等皆修素所厚善，修言事一意径行，略不以形迹嫌疑顾避。竦因与其党造为党论，目衍、仲淹及修为党人"，同年(四年)四月戊戌,仁宗谓辅臣曰:"自昔小人多为朋党,亦有君子之党乎?"范仲淹对曰:"臣在边时,见好战者自为党,而怯战者亦自为党。其在朝廷,邪正之党亦然,唯圣心所察尔。苟朋而为善,于国家何害也!"①范仲淹承认有君子之党,仁宗对此回答显然不能满意。

欧阳修又进一步加以阐发,专门写了《朋党论》,直截了当地说:

> 臣闻朋党之说,自古有之,惟幸人君辨其君子小人而已。大凡君子与君子以同道为朋,小人与小人以同利为朋,此自然之理也。然臣谓小人无朋,惟君子则有之。其故何哉? 小人所好者禄利也,所贪者财货也,当其同利之时,暂相党引,以为朋者伪也;及其见利而争先,或利尽而交疏,则反相贼害,虽其兄弟亲戚不能相保。故臣谓小人无朋,其暂为朋者伪也。君子则不然,所守者道义,所行者忠信,所惜者名节,以之修身则同道而相益,以之事国则同心而共济,终始如一,此君子之朋也。故为人君者,但当退小人之伪朋,用君子之真朋,则天下治矣。

其论与范仲淹如出一辙,而更为详尽,以下举出许多历史上的例子来说明其观点,结论是:

> 夫前世之主,能使人人异心不为朋,莫如纣;能禁绝善人为朋,莫如汉桓、灵;能诛戮清流之朋,莫如唐昭宗之世。然皆乱亡其国。更相称美推让而不自疑,莫如舜之二十二臣,舜亦不疑而皆用之,然而后世不诮舜为二十二人朋党所欺,而称舜为聪明之圣者,以辨君子与小人也。周武之世,举其国之臣三千人共为一朋,自古为朋之多,且大莫如周,然周用此以兴者,善人虽多而不厌也。夫兴亡治乱之迹,为人君者可以鉴矣。②

确实,以范仲淹为核心的这批庆历新政骨干分子,在政治上有一个大体相同的理念和目标,形成了"朋党",尽管受到政敌的猛烈攻击,他们自己并没有

---

① 宋李焘:《续资治通鉴长编》卷一四八宗庆历四年夏四月。
② 宋欧阳修:《文忠集》卷一七《居士集》十七论六首。

否认。只不过他们认为"君子则不然,所守者道义,所行者忠信,所惜者名节,以之修身则同道而相益,以之事国则同心而共济,终始如一,此君子之朋也"。

"同心共济,终始如一",从大的方面来说固然如此,但是由于出身背景、学养重心以及禀性修养各异,范仲淹的"朋党"之间,在共事中屡屡出现分歧、纷争,有时甚至很激烈。

应该说在庆历党人中范仲淹与韩琦是相知极深的,在他们之间,发生过这样一件事:

> 仁宗时,西戎方炽,韩魏公琦为经略招讨副使,欲五路进兵,以袭平夏。时范文正公仲淹守庆州,坚持不可。是时尹洙为秦州通判兼经略判官,一日,将魏公命至庆州,约范公以进兵。范公曰:"我师新败,士卒气沮,当自谨守,以观其变。岂可轻兵深入耶!以今观之,但见败形,未见胜势也。"洙叹曰:"公于此乃不及韩公也。韩公尝云:'大凡用兵,当先置胜败于度外。'今公乃区区过慎,此所以不及韩公也。"范公曰:"大军一动,万命所悬,而乃置于度外,仲淹未见其可。"洙议不合,遽还。魏公遂举兵入界,既而师次好水川,元昊设覆,全师陷没,大将任福死之。魏公遽还至半涂,而亡卒父兄妻子号于马首者几千人,皆持故衣纸钱招魂而哭曰:"汝昔从招讨出征,今招讨归而汝死矣。汝之魂识,亦能从招讨以归乎?"既而哀恸声震天地,魏公不胜悲愤掩泣,驻马不能前者数刻。范公闻而叹曰:"当是时,难置胜败于度外也。"[①]

中间还夹了一位尹洙,也是著名的庆历党人。尹洙受韩琦之命,约范仲淹进兵,范仲淹不同意,尹洙一点也不客气,直说范仲淹在这方面不如韩琦,韩琦说"大凡用兵,当先置胜败于度外",而范仲淹则认为"大军一动,万命所悬",不可将胜负之度外。后来韩琦兵败,"不胜悲愤掩泣,驻马不能前者数刻",范仲淹叹息说"当是时,难置胜败于度外也",这话讲得够厉害的。但这并不影响他们两人之间的关系,他们在西北战场上是生死与共的战友,直到后来,范仲淹对于两人不能一展所长遗憾不已:

---

① 宋魏泰:《东轩笔录》卷七。

公与范公在兵间最久,两公名重一时,人心归之,乐为之用,朝廷倚以
为重,故天下称为"韩范"。仁宗知公久劳于外,遣使密谕旨曰:"卿孤立无
人援荐,独朕知之,行召卿矣。"明年春,与范公同召拜枢密副使,公自请捍
边,至五表,不听。既至,与范公伸前议,同决策上前,期以兵覆元昊。会
夏国送款,公谋不果用,范公每恨龃龉功不就,故作《阅古堂诗》叙其事,传
于世。①

阅古堂为韩琦所筑,范仲淹的《阅古堂诗》云:

中山天下重,韩公兹镇临。堂上缋昔贤,阅古以儆今。……前人何赫
赫,后人岂惛惛。所以作此堂,公意同坚金。仆思宝元初,叛羌弄千镡,王
师生太平,苦战诚未禁。赤子喂犬狼,塞翁泪涔涔。中原固为辱,天子动
宸襟。乃命公与仆,联使御外侵。历历革前弊,拳拳扫妖祲。二十四万
兵,抚之若青衿。惟以人占天,不问昴与参。相彼形胜地。指掌而蹄涔,
复我横山疆,限尔长河浔。此得喉可扼,彼宜肉就椹。上前同定策,奸谋
俄献琛。枭巢不忍覆,异日生凶禽。仆已白发翁,量力欲投簪。公方青春
期,抱道当作霖。四夷气须夺,百代病可针。河湟议始行,汉唐功必寻。
复令千载下,景仰如高岑。因赋阅古篇,为公廊庙箴。②

当时的争议和韩琦所受的挫折,已经被抛在一边,有的只是生死战友之情和壮
志未酬的遗憾。

范仲淹与富弼的关系也非同一般,庆历新政的时候,韩琦在前线,在朝廷
全力辅佐范仲淹的主要人物,就是富弼。而他们两人也不是一团和气的:

公(指范仲淹)为参政,与韩、富二枢并命,锐意天下之事。患诸路监
司不才,更用杜杞、张昷之辈。公取班簿,视不才监司,每见一人姓名,一
笔勾之,以次更易。富公素以文事公,谓公曰:"六丈则是一笔,焉知一家

---

① 宋杜大珪编:《名臣碑传琬琰之集》中卷四八《韩忠献公琦行状》(李清臣)。
② 宋范仲淹:《范文正集》卷二。

哭矣!"公曰:"一家哭何如一路哭耶!"遂悉罢之。①

在这个故事中,范仲淹相当强硬,下面一个故事似乎有点不同:

> 庆历中,劫盗张海横行数路,将过高邮,知军姚仲约度不能御,谕军中富民出金帛市牛酒,使人迎劳,且厚遗之。海悦,径去不为暴。事闻,朝廷大怒。时范文正在政府,富郑公在枢府。郑公议欲诛仲约以正法,范公欲宥之,争于上前。富公曰:"盗贼公行,守臣不能战,不能守,而使民酿钱遗之,法所当诛也,不诛,郡县无复肯守者矣。闻高邮之民疾之欲食其肉,不可释也。"范公曰:"郡县兵械足以战守,遇贼不御而又赂之,此法所当诛也。今高邮无兵与械,虽仲约之义当勉力战守,然事有可恕,戮之恐非法意也。小民之情,得酿出财物而免于杀掠,理必喜之,而云欲食其肉,传者过也。"仁宗释然从之,仲约由此免死。既而富公愠曰:"方今患法不举,而多方沮之,何以整众?"范公密告之曰:"祖宗以来,未尝轻杀臣下,此盛德事,奈何欲轻坏之?且吾与公在此,同僚之间同心者有几?虽上意亦未知所定也,而轻导人主以诛戮臣下,它日手滑,虽吾辈亦未敢自保也。"富公终不以为然。及二公迹不自安,范公出按陕西,富公出按河北,范公因自乞守边。富公自河北还,及国门,不许入,未测朝廷意,比夜彷徨不能寐,绕床叹曰:"范六丈,圣人也!"②

高邮知军姚仲约赂盗求全,富弼主张诛仲约以正法,范仲淹欲宥之,争于仁宗之前,仁宗从范仲淹,富弼怒曰"方今患法不举,而多方沮之,何以整众",话说得够重的。范仲淹跟他讲掏心的话,已经说到了"且吾与公在此,同僚之间同心者有几"的分上,真有点像"朋党"了,富弼仍然不以为然。一直到发现皇上

---

① 宋朱熹:《五朝名臣言行录》卷第七之二引《遗事》。
② 宋朱熹《五朝名臣言行录》卷第七之二引宋苏辙《龙川别志》卷下。朱熹考辨云:又《遗事》亦载此事,但云淮南盗王伦,与此不同。又载公与富公争于上前之语曰:"寇至无备,若守臣死之,则民尽涂炭。今吏虽不死节,而民之完者数万家,诚国家实事,所存不细,乃与有备而纵贼者例行诛罚,恐非陛下宁失不经之意。"退至政事堂,昌言曰:"朝廷异时以四方无事,不肯为郡县设备,吏敢以治城隍、阅兵卒为请者,以狂妄坐之,一旦事生不虞,吾辈不自引咎,专以死责外臣,诚有愧于青史也。"

对他不是绝对信任的时候,才佩服范仲淹的虑事深远。

作《庆历圣德诗》的石介,也被人视为范党的一员,但范仲淹对他的行事方式并不认同:

> 石守道作《庆历圣德诗》,忠邪太明白,公(指韩琦)与范公适自陕西来朝,道中得之,范公拊股谓公曰:"为此怪鬼辈坏了。"公曰:"天下事不可如此,如此必坏。"①

韩范称石介为怪鬼,尖刻得可以了。

这样的事例很多,君子之党,宜其如此。因为他们的一切行为和主张,都不是首先为一己考虑的,也不是为小圈子考虑的。他们之间的关系,正是一种正常的同僚之间的关系,遇到重大事件的时候,既不会事先对好口径,在皇帝面前"保持一致",也不会故意表现出异同,以博得信任,完全是基于国家利益的真率表露。对此,欧阳修在另一篇文章中已有阐述:

> 臣闻士不忘身不为忠,言不逆耳不为谏,故臣不避群邪切齿之祸,敢干一人难犯之颜,惟赖圣明,幸加省察。臣伏见杜衍、韩琦、范仲淹、富弼等,皆是陛下素所委任之臣,一旦相继罢黜,天下之士皆素知其可用之贤,而不闻其可罢之罪。臣虽供职在外,事不尽知,然臣窃见自古小人谗害忠贤,其说不远。欲广陷良善,则不过指为朋党;欲动摇大臣,则必须诬以专权。其故何也?夫去一善人而众善人尚在,则未为小人之利,欲尽去之,则善人少过,难为一二求瑕。惟有指以为朋,则可一时尽逐。至如大臣已被知遇而蒙信任,则难以他事动摇,惟有专权是上之所恶,故须此说方可倾之。臣料衍等四人各无大过,而一时尽逐,弼与仲淹委任尤深,而忽遭离间,必有以朋党专权之说上惑圣聪。臣请试辨之。
>
> 昔年仲淹初以忠言谠论闻于中外,天下贤士,争相称慕。当时奸臣诬作朋党,犹难辨明。自近日陛下擢此数人,并在两府,察其临事,可以辨而明也。盖衍为人清慎而谨守规矩,仲淹则恢廓自信而不疑,琦则纯正而质

---

① 宋朱熹:《三朝名臣言行录》卷第一之一引《别录》。

直,弼则明敏而果锐。四人为性既各不同,虽皆归于尽忠,而其所见各异,故于议事多不相从。至如杜衍欲深罪滕宗谅,仲淹则力争而宽之;仲淹谓契丹必攻河东,请急修边备,富弼料以九事,力言契丹必不来;至如尹洙,亦号仲淹之党,及争水洛城事,韩琦则是尹洙而非刘沪,仲淹则是刘沪而非尹洙。此数事尤彰著,陛下素已知者。此四人者,可谓天下至公之贤也。平日闲居,则相称美之不暇;为国议事,则公言廷诤而不私。以此而言,臣见衍等真得《汉史》所谓"忠臣有不和之节",而小人谗为朋党,可谓诬矣。①

欧阳修的议论非常精彩,他分析了杜衍、范仲淹、韩琦和富弼四位新政主将的不同性格,谓其遇事"所见各异,故于议事多不相从",然后举了三个实例加以说明,归结到"忠臣有不和之节",说服力很强。

作为当事人的韩琦,对此也有准确而形象的概括:

> 公言:庆历中与希文、彦国同在西府,上前争事,议论各别,下殿不失和气,如未尝争也。当时相善三人,正如推车子,盖其心主于车,可行而已,不为己也。 别录【王岩叟《魏公别录》】②

在具体事务方面庆历党人常常为了国家的利益各抒己见,彼此相争,但在总体方面,他们都很清楚,范仲淹是他们的核心和领袖。苏舜钦《上范公参政书》虽然是指责范仲淹上台以后有负众望的,但他的话能够代表当时正人的心愿:

> 某伏观自唐至于本朝,贤者在下位,天下想望倾属,期至公相,声名烜赫,未有如阁下者。自阁下作谏官,天下之人引领数日,望阁下入两府,使天下被其赐。及阁下受谴,天下之人识与不识,皆叹息怒骂,以谓宰相蔽君怙权,不容贤者在朝,将日衰弊,无复太平之期。当是时,无此言者,众

---

① 宋欧阳修:《文忠集》卷一○七奏议十一《论杜衍范仲淹等罢政事状》(一作《上皇帝辨杜韩范富书》),庆历五年。
② 宋朱熹:《三朝名臣言行录》卷第一之一。

指以为愚,惟是险奸凶奸之人,嫉阁下声名出人,甚于仇寇。然驱于群议,喑呜相次,伏毒不敢开口,但日日窥伺阁下之失,将以快意。羌贼不庭,西方用武,策画颠倒,兵帅败没,众谓非阁下之才不能了此事。天子采天下之议,用阁下于延州,果能使士卒奋厉,逆寇闻之,不敢窥境,有求和之请。时堂上有沮陷者,议者欲食其肉。某尝静思,阁下功业未及天下,而天下之人爱而美之,非人之尽受惠也,由阁下蕴至诚以康济斯民为己任,故诚之感人,如四时之气,鼓动万物,远近无不被也。去年天子又采天下之议,召阁下入政府,天下之人踊跃咏歌,若己得之,皆曰朝廷用人如此,万事何足虑。日倾耳拭目,望阁下之所为。①

韩琦借与尹洙做对比,对自己的同僚范仲淹作出了更为准确的评论:

> 【韩魏】公谓:"挺然忠义,奋不顾身,师鲁之所存也。身安国,家可保,明消息盈虚之理,希文之所存也。"敢问二公,曰:"立一节则师鲁可也,考其终身,不免终亦无所济;若成就大事,以济天下,则希文可也。"②

"明消息盈虚之理",这绝不是常人所能做得到的,"若成就大事,以济天下,则希文可也"正是韩琦对范仲淹领袖气质的认可。

原载:《第三届中国范仲淹学术论坛文集》,
2009 年,第 183—187 页。

---

① 宋苏舜钦:《苏学士集》卷一〇。
② 宋朱熹:《三朝名臣言行录》卷第一之一。

两宋印钞铜版文字考

——以"千斯仓钞版"为中心

      宋代曾经发行大量纸币。但奇怪的是,迄今为止在考古发掘和传世文物中均未发现纸币实物。自 20 世纪 30 年代以来,学术界陆续发现三块(组)宋代印钞铜版:一块被称为"北宋小钞版(又名千斯仓钞版)",一块是南宋"行在

会子库"钞版[①],还有一组是南宋"关子"钞版[②]。这三种钞版是探讨宋代纸币形制、发行管理制度、纸币法律、印刷工艺等方面问题的最佳实物材料,具有重要的研究价值。围绕三块(组)钞版的真伪及其性质问题,学者之间仍然存在着不少争议。[③]

      本文的研究对象,集中在那块"北宋小钞版"(见左图[④])。1938 年,日本著名钱币学家奥平昌洪出版钱币学名著《东亚钱志》,书中刊载一块铜质纸币印版拓片,注明云:"右会子铜版,竖五寸三分,幅三寸。文为'除四川外许于诸路州县公私从便主管并同见钱七百七十陌流转行使'。版做反文传形,以印成正文会

宋代印钞铜版

---

① 张䌹伯:《行在会子考》,《泉币》1941 年第 9 期。该版长 17.4 厘米,宽 11.8 厘米,图文分为三个部分,中为"行在会子库"五个大字,其上为文,下为图。为免其流失海外,中国钱币学者陈仁涛以重金购得该版,现藏中国国家博物馆。

② 相关研究参见安徽省钱币协会主编:《东至关子钞版暨两宋纸币》,黄山书社,2005 年。

③ 宋代经济史研究的学者发表有相关论说:刘森:《宋金纸币史》,中国金融出版社,1993 年;盛观熙:《两宋钞版辨析》,《中国钱币》1994 年第 4 期;谢世平,《"宋纸币版拓"之我见》,车迎新主编:《宋代货币研究》,中国金融出版社,1995 年,第 64 页;叶世昌:《〈宋史〉交子起源析误——兼论"千斯仓钞版"的产生时间》,《中国钱币》2002 年第 1 期;姚思陟、高聪明:《宋代货币与货币流通研究》,河北大学出版社,2000 年;汪圣铎:《两宋货币史》,社会科学文献出版社,2003 年;戴志强:《戴志强钱币学文集》,中华书局,2005 年;施继龙、李修松:《东至关子钞版研究》,安徽大学出版社,2009 年。

④ 原拓片为反图,为了便于观察,按照出版物常见发表方式翻为正图。

子,背夷漫。"①拓片下引用《宋史·食货志》"宝祐四年,台臣奏……"等语。该钞版甫一发现即被日本人购去(田中清岳堂珍藏),曾经在中国钱币界引起一场不小的轰动。不过,该钞版流出中国以前也曾经过一些中国钱币收藏家之手,留下极少量拓本。目前国内仅有泉界已故资深藏家吴筹中先生收藏的一张拓本。②

关于这块钞版的性质,日本学者奥平昌洪称为南宋"会子",中国著名钱币收藏家王荫嘉称为"交子版"。③货币史学者彭信威先生《中国货币史》图版五十八说明称:"这是钞版的拓本。上面既无年份,也没有名称,金额也是临时填写的。看上面文字,可能是崇观年间四川以外各路所行的钱引。这钞版不但在世界货币史上有极高的价值,就是在印刷史和板画史上也是很重要的。"④姚朔民先生进一步推断是"崇宁钱引"。⑤吴筹中先生《中国纸币研究》认为,此物乃北宋崇宁、大观年的"小钞"。⑥

"会子说""交子说",是从纸币角度笼统言之,尚未深入研究而做出的初步判断;"北宋钱引说",虽然支持者较多,亦觉证据不足;至于"崇宁小钞说",目前学术界难以全然采信。研究钱币、钞版问题,收藏、鉴赏是一种角度,重点在分析文物本身的价值;经济史阐述是一种角度,重点在探讨货币制度的发展脉络。该钞版票面文字为:"除四川外许于诸路州县公私从便主管并同见钱七百七十陌流转行使。"文字上部画有十枚钱形,文字下部是一幅图画,右上角书写"千斯仓"三字。对于版中的文字内容,各家解读之法有异。叶世昌等先生将

---

① 奥平昌洪:《东亚钱志》,北京大学出版社,1988年。
② 吴筹中:《中国货币文化宝库中的两颗明珠——两宋钞版新探与文字辨析》,中国钱币学会编:《中国钱币论文集》,中国金融出版社,1985年,第251页。该文推断,"拙藏的北宋钞版拓本,是世界上最古老纸币的真迹,是印制'小钞'铜版的拓本"。
③ 王荫嘉:《补录春间蒋君来函并跋》,《泉币》1941年第9期。
④ 彭信威:《中国货币史》,上海人民出版社,2007年。该书先后有上海群联出版社1954年10月版,上海人民出版社1958年11月第1版,1965年11月第2版(增订版),2007年12月第3版。
⑤ 姚朔民:《"宋纸币版"的再检讨》,《文物》2000年第4期。该文所据主要材料为:"(崇宁)四年六月二十三日,权货务买钞所言,奉旨交子并依旧法路分,兼诸路通行,其在京及京畿行用等旨挥更不施行。钱引依此印造,诸路用钱引,四川依旧施行,其已行交子渐次以钱引兑换。官吏等并归买钞所共为一局,合用权货务买钞所朱记,所有旧交子务铜朱记一面,乞下少府监毁弃,所有在京提举交子官印铸印一十面,今合改作提举钱引之印六字为文,在京交子务交子记八字铜朱记一十面,今改作权货务买钞所钱引记九字为文,乞下本监铸降下。从之。"姚先生认为,此段文字中"钱引依此印造"前应补"施行"二字,并读作"(施行)钱引。依此,印造诸路用钱引。"详文可参见徐松辑:《宋会要辑稿》职官二七之一八,中华书局,1957年,第2945页。
⑥ 吴筹中:《中国纸币研究》,上海古籍出版社,1998年,第1—4页。

其读作:"除四川外,许于诸路州县公私从便主管,并同见钱七百七十陌流转行使。"①可以说,如何解读这段文字是弄清钞版性质的关键。本文拟从文献考证的角度,搜寻宋史相关资料进行解读,以便对该钞版的时代和性质作进一步的研究和判断。

一、关于"四川"和"除四川外,许于诸路州县"

北宋初年,将五代时后蜀故地(相当于今四川大渡河以东、以北和陕西汉中一带区域)分设西川、峡二路。咸平四年(1001)分为益州(后改成都府)、梓州(后改潼川府)、利州、夔州四路,合称"川峡四路",后又简称"四川路",并设四川制置使。

北宋时,"四川"一名尚是一个集成性的地区地理概念,而不是严格的行政区划概念。李焘撰北宋编年史《续资治通鉴长编》中提到"四川"仅有十几处,均为此意。② "四川"作为一个比较固定的行政地域名称,始见于宋徽宗时期。崇宁二年二月庚午,左仆射蔡京奏:"今来所铸铜钱,除陕西、四川、河东系铁钱地分更不得行使外,诸路并令折十行用其钱。"③而在李心传撰南宋初编年史《建炎以来系年要录》中提到"四川"则有 553 处,且谓"以四川名使"始于南宋初。④ 另对《宋史》全文检索显示,直至南宋才有"四川"这样一个行政地区概念,并设置具体的职官。⑤

南宋时,四川在各方面均有一定的独立性。由于距离朝廷偏远,又为与金兵对峙之前线地带,故地位较为特殊,拥有诸如官员任免、士子考试类省试、税收以及印行交子、关子等地方权力。宋代史籍中关于"除四川外"的用例,几乎

① 叶世昌:《钱引乎? 小钞乎?》,《中国经济问题》1983 年第 4 期;施继龙、李修松:《关子钞版、千斯仓版和行在会子库版的比较研究》,《东至关子钞版研究》,安徽大学出版社,2009 年,第 94 页。
② 现存李焘撰《续资治通鉴长编》(中华书局,1986 年)阙略北宋后期部分,所缺徽宗时期提及"四川"处应较多。
③ 清黄以周等辑,顾吉辰点校:《续资治通鉴长编拾补》卷二一,中华书局,2004 年,第 734 页。
④ 宋李心传撰:《建炎以来系年要录》卷二一,上海古籍出版社,1992 年,第 1 册,第 337 页。据"建炎三年三月"载:"初命尚书右司员外郎黄概为直龙图阁、四川水陆制置发运使,专一总辖上供钱物,置遂宁府。以四川名使始此,至是概发行在。"
⑤ 元脱脱等撰:《宋史》,中华书局,1985 年。卷二四"高宗纪一"建炎元年六月,"丁卯,以祠部员外郎喻汝砺为四川抚谕,督漕计羡缗及常平钱物"(第 446 页)。卷二七"高宗纪四"建炎二年九月甲申,"总领四川财赋赵开初变四川盐法,尽榷之"(第 501 页)。

都出现在南宋时期。路、州（府、军、监）、县的设置，是宋代独有的三级行政区划。唐代及宋初，相当于"路"的行政区划是"道"，元代开始有"省"的概念，"诸路州县"提法多见宋代史籍。因此，"除四川外，许于诸路州县"的表述方式，只能是宋朝的，而且以南宋的可能性为大。

二、关于"公私从便"

钱币流通中出现"公私从便"的概念，宋代之前即已有之。唐建中六年二月制："公私交易，十贯钱已上，即须兼用匹段。……茶商等公私便换见钱，并须禁断。"①关于钱币的使用，存在官方下拨、官方与民间商人交易、民间商人之间交易、百姓与官方发生上缴支付等多种关系。概括而言，即公与公、公与私、私与私等多种情况。铸币如此，纸币亦然，这便是"公私从便"的涵义。

纸币上注明"公私从便"这句话，是因为某些支付场合可能发生拒收、拒兑等情况。同类话语，宋代史料中出现多次："契勘便钱之法，自祖宗以来行于诸路，公私为便"；②"印造交子，分给诸路，令公私并同见缗行使"；③"公私便利，无越于此"；④宋高宗时，殿中侍御史张绚言，"贴纳关子钱者，当时户部之意，止谓搬运见钱脚重，民间欲有愿来临安府就请者，乃以关子为公私两便之用"。⑤此外，"公私"亦可作"官私"。宋光宗时，国子监博士彭龟年云："近日会子流通胜于见钱，官私便之，似觉无敝……此无他，官司许作见钱入纳，井市兑便者稍众也。"⑥

三、关于"主管"

钞版中所写"主管"二字，是解读全段文字的难点，学者之间存在争议与不解之处多缘于此。一般而言，"主管"是一个动词。但涉及主管某项具体事务

①　后晋刘昫等撰：《旧唐书·食货上》卷四八，志第二八，中华书局，2000 年，第 1416—1417 页。
②　宋李心传撰：《建炎以来系年要录》卷四八，绍兴元年冬十月，第 1 册，第 661 页。
③　宋李心传撰：《建炎以来系年要录》卷九八，绍兴六年二月，第 2 册，第 363 页。
④　宋李焘撰：《续资治通鉴长编》卷二四八，熙宁六年十一月，中华书局，1986 年，第 6039 页。
⑤　宋李心传撰：《建炎以来系年要录》卷八五，绍兴五年二月，第 2 册，第 183 页。
⑥　《论雷雪之异为阴盛侵阳之证疏》，宋彭龟年撰：《止堂集》卷一，中华书局，1985 年，第 10—11 页。

的人员时,亦可简称"主管",又转化成了一个名词。根据上文所举事例,论及此钞版的学者多将版中"主管"视为动词,并将"公私从便"与"主管"连读,似乎形成一种印象——各种公、私机构都可以根据各自情况去管理这种纸币。问题在于,一旦包括"公私"中的"私"方(不仅有民间商业机构,更多的是持币的个人),他们如何去"主管"这种纸币?所以我不同意上述解读。

宋代许多职官名称中带有"主管"的字样,尤其是地方官。南宋初,即有"主管财用"之官:绍兴六年二月,"甲辰,置行在交子务。先是,都督行府主管财用张澄请依四川法造交子,与见缗并行,仍造三十万用于江淮矣"。在都督行府中设有"主管财用"之官,在其他各级政府机构中一定也会有同类性质的职官。如"会户部侍郎张澄又荐之,除浙西路常平主管官,改知广德军"。① 这说明,在提举常平官之下设有"主管官"。

"主管"作为一种社会角色,可以是涉及官方钱物的库、务及其他经营机构的负责人员,也可以是民间商业经营单位的负责人员(相当于现代的经理和财务主管),还可以是大户人家的管家。如下所引事例,多从明清小说中摘取一些例子,因其叙事背景为宋朝,可从侧面说明一些问题。

> "武松包了妇人那颗头,一直奔西门庆生药铺前来。看着主管,唱个喏:"大官人宅上么?"主管道:"却才出去。"武松道:"借一步,闲说一句话。"那主管也有些认得武松,不敢不出来。②
>
> "说话南宋光宗朝绍熙元年,临安府在城清河坊南首升阳库前,有个张员外,家中巨富,门首开个川广生药铺。……铺中有个主管,姓任,名珪,年二十五岁。"③

上述两个事例,说明"主管"可以是药铺的主管。

> 宋太师贺孝敏王,皇族之贤而有德而名高一代者也。门下以主管名

---

① 《中奉大夫直敷文阁黄公墓志铭》,韩元吉撰:《南涧甲乙稿》卷二〇,中华书局,1985 年,第 392 页。
② 《郓哥大闹授官厅　武松斗杀西门庆》,施耐庵、罗贯中:《水浒传》第三十六回,上海古籍出版社,1988 年,第 383 页。
③ 《任孝子烈性为神》,冯梦龙:《喻世明言》第三十八卷,辽宁古籍出版社,1995 年,第 358 页。

官者,曰袁思忠,实总督内外庶务。①

　　"三人坐下,当时饮酒。杜兴便道:'小弟自从离了蓟州,多得恩人的
　　恩惠,来到这里。感承此间一个大官人见爱,收录小弟在家中做个主管。
　　每日拨万论千,尽托付杜兴身上,以此不想回乡去。'"②

事例中提及宋宗室家中有"主管"官,"总督内外庶务",又有"每日拨万论千,尽
托付杜兴身上"云云,说明杜兴是大户人家中管钱的主管。

　　"当日是日中前后,员外自入去里面,白汤泡冷饭吃点心。两个主管
　　在门前数见钱。"③

文中两个"主管",负责的是"在门前数见钱"。

　　"捉笊篱的说道:'小的去解库中当钱,正遇那主管,将白玉带卖与北边
　　一个客人,索价一千五百两。有人说是大王府里来的,故此小的出首。'"④

这里的"主管",系指"解库主管"。

　　综上所述,钞版所写"主管"的涵义,不应作为一个动词,应是一个名词,借
以指代那些经手钱货交易的人员;也不应将"公私从便"与"主管"连读,应作
"主管并同见钱……"大意谓,"接受此钱钞为支付手段者,一律将其视作见
钱"。前引"分给诸路,令公私并同见缗行使"之语,亦可为参证。

四、关于"见钱"和"并同见钱"

　　见钱(即现钱)与实物金银、绢帛等原是一种对应关系,后逐渐与纸币形成

---

①　《袁思忠墓志》,《宋代墓志》,西泠印社出版社,2018 年,第 120—121 页。
②　《扑天雕双修生死书　宋公明一打祝家庄》,施耐庵、罗贯中:《水浒传》第四十七回,上海古籍出版
　　社,1988 年,第 695 页。
③　《宋四公大闹禁魂张》,冯梦龙编刊,陈曦钟校注:《喻世明言》第三十六卷,北京十月文艺出版社,
　　1994 年,第 601 页。
④　《宋四公大闹禁魂张》,冯梦龙编刊,陈曦钟校注:《喻世明言》第三十六卷,第 620 页。

对应关系。唐代已有"见钱"之说，与实物对应。在流通中，见钱倍受欢迎："（元和）六年二月制：公私交易，十贯钱已上，即须兼用匹段。委度支盐铁使及京兆尹，即具作分数条疏闻奏。茶商等公私便换见钱并须禁断。……七年五月，户部王绍、度支卢坦、盐铁王播等奏：伏以京都时用多重见钱，官中支计，近日殊少。盖缘比来不许商人便换，因兹家有滞藏，所以物价转高，钱多不出。臣等今商量，伏请许令商人于三司任便换见钱，一切依旧禁约。"①北宋中期，仍与实物对应："元丰二年七月二十七日，诏：岐王颢、嘉王頵并岁赐见钱八千贯更不以一半折绢。"②直至南宋，见钱多与"会子"等纸币对应："（乾道）七年正月二十日，诏：自今后诸路州军起发上供诸色寘名铜钱，并要起七分见钱，三分会子，并人户典卖田宅等交易用钱会子使听从民便。"③

纸币"并同见钱"，主要是朝廷制定的规定。如前引"印造交子，分给诸路，令公私并同见缗行使"，又如"（二月）丙辰置行在会子务……诸路凡上供军需并同见钱"。④ 南宋时期，杨万里的一篇奏议更能直接说明问题：

"臣伏睹朝廷近降指挥，措置行使铁钱会子，令淮上屯戍官兵月给食钱，除旧用行在会子者，并听依旧，量度每岁支屯戍诸军铁钱，以为榷货务入纳分数。臣照得屯戍官兵每旬支遣已有立定钱银会子分数，难以更改。所有淮上戍守官兵支遣钱会，从已降指挥，并听仍旧。其合支见钱，一岁止用一十二万余贯。淮西州军，递年朝廷科降应副马司支遣钱三十七万余贯，系铁钱并行在铜钱会子，中半起发。内铁钱一十三万余贯，就拨支使，已是足用。若将新降铁钱会子于榷货务算请，委实别无项目可以支遣。臣窃详朝廷支降新印交子，止为两淮铁钱艰于行用。今来一例令江南八州军袞同流转，非唯先有折阅之患，设或通用不行，其间屯驻大军、四处军民之情便见扰扰，比之两淮，事体尤重。伏自此令一下，军民已皆惶惑。

盖见钱之与会子，古者母子相权之遗意也。今之钱币，其母有二：江

---

① 李希泌主编：《唐大诏令集补编》卷二八，上海古籍出版社，2003 年，第 1339 页。
② 清徐松辑：《宋会要辑稿》"帝系二之一二"，中华书局，1957 年，第 50 页。
③ 清徐松辑：《宋会要辑稿》"食货三五之四二"，第 5429 页。
④ 宋李心传撰：《建炎以来系年要录》卷一八八，绍兴三十一年，上海古籍出版社，1992 年，第 3 册，第 688 页。

南之铜钱,淮上之铁钱,母也。其子有二:行在会子,铜钱之子也;今之新会子,铁钱之子也。母子不相离,然后钱会相为用。会子之法曰:'会子并同见钱行使。'今新会子之法曰:'每贯并准铁钱七百七十足行使。'又曰:'其新交子止许两淮及沿江八郡界内公私流转行使。'且会子所以流通者,与钱相为兑换也。今新会子每贯准铁钱七百七十足,则明然为铁钱之会子,而非铜钱之会子矣。淮上用铁钱,用新会子,则有会子斯有见钱可兑矣,是母子不相离也。江南禁铁钱而行新会子,不知军民持此会子而兑于市,欲兑铜钱乎,则非行在之会子,人必不与也;欲兑铁钱乎,则无一钱之可兑也。有会子而无钱可兑,是无母之子也。是交子独行,而无见钱以并行也。一钱两钱之物,十钱五钱之器,交易何自而行,商旅何自而通乎?又两淮免起发会子三年,而江南无免发之命。江南官司以新会子发纳左帑、内帑,左帑、内帑肯受乎?左帑、内帑万一不受,则百姓之输官物,州县亦不受矣。州县不受,则是新会子公私无用,上下不受,而使镇江、建康两税入纳百万,而行使不通,不知将何用也。若止欲用之于军人之支遣,百姓之交易,其肯受乎?万一有受有不受之间,此喧争之所从起,而纷纭之所从生也。

臣非不知时暂兼摄总司之职,奉承朝廷之命,可以免目前方命之罪,然万一镂板揭榜,及交收新会子,他日正官到任,将新会子与军人支遣,民旅交易之际,傥有如前所谓喧争纷纭之说,则朝廷推其所从,皆臣阿谀顺旨交收会子之罪,虽斩臣以塞责,于国何益哉!淮民两年已被拣择铁钱之扰,怨咨之言有不可闻。今幸少宽拣钱之禁以安淮民,若江南八州复欲力行铁钱会子,是江南之民又将不胜其扰也。欲乞圣慈洞察经久之利害,先事而改,患犹可销,事至而收,则无及矣。缘有此利害,不敢镂板晓谕,若将来降到会子,亦不敢交收。此事必出圣断,力赐寝罢江南八州行使铁钱会子指挥,庶几沿江军民得以安靖。须至奏闻者。"[1]

《名公书判清明集》收录胡颖所拟《典买田业合照当来交易或见钱或钱会

① 《乞罢江南州军铁会子奏议》,杨万里撰,辛更儒笺校:《杨万里集笺校》卷七〇,中华书局,2007 年,第 2971—2973 页。

中半收赎判》亦云：

> "称提楮币，朝廷之法，固曰断断乎其不可违。州县之赋租，商贾之贸易，已既并同见钱流转行使，独有民户典买田宅，解库收执物色，所在官司则与之参酌人情，使其初交易元是见钱者，以见钱赎，元是官会者，以官会赎，元是钱、会中半者，以中半赎。自畿甸以至于远方，莫不守之，以为成说。如近日提举司所判颜时昇赎李昇田之类是也。今李边乃欲以见钱五十贯、官会六十五贯，而赎唐仲照见钱一百二十贯典到之业，何不近人情之甚邪！"①

五、关于"七百七十陌"

宋初承袭五代之习行用省陌制，规定以七十七钱为一"陌"。"陌"的原始意义为"百"，七十七钱为一百，七百七十钱为一千，也就是一贯或一缗。这项货币制度贯穿两宋始终，七十七成了一种折算率，以七十七钱为一百，称为"省"；反之，十足的钱数称为"足"。这项制度行用既久，市井之中渐渐以"钱陌"二字连用，甚至"陌"也成为"钱"的代名词。如"都市钱陌，官用七十七，街市通用七十五，鱼肉菜七十二陌，……行市各有短长使用"②；又如"元都市钱陌用七十七陌，近来民间减作五十陌，行市通使。官司又印造会子，自十五界至十八界行使。至咸淳年，贾秋壑为相日，变法增造金银关子，以十八界三贯准一贯关子，天下通行。自因颁行之后，诸行百市，物货涌贵，钱陌消折矣"。③

宋代纸币都标明面值（比如一贯），同时还要说明省陌率。其说明方式，一般是"七百七十文足"或"七百七十足"。该钞版上所写的"七百七十陌"，比较少见。按照"陌"即"百"的说法，"七百七十陌"将成为"一百贯"。但这里所写的"陌"应是"钱陌""足陌"的意思，也就是七百七十个十足的钱。但这种形态

---

① 张四维辑，中国社会科学院历史研究所宋辽金元史研究室校：《名公书判清明集》卷九，中华书局，1987年，第312页。
② 宋孟元老撰，邓之诚注：《东京梦华录注》卷三"都市钱陌"，中华书局，1982年，第115页。
③ 宋吴自牧撰，傅林详注：《梦粱录》卷一三"都市钱会"，三秦出版社，2004年，第190页。

出现时间比较晚,南宋理宗时,袁甫《论会子札子》从十个方面详细论述朝廷拟议发行十八界新会以救十六、十七界会子之弊。其第九点云:

> 白札子云:"诸郡应干税赋一半见钱,并许折纳纯会。如用十六、十七界旧会,则照各处民价。如用十八界新会,则照官价。"盖新会之价既定,钱即会也,会即钱也,所以斩然罢一半见钱,而纯用会,臣窃惑焉。且新会作七百七十陌行使,姑以意逆之耳,非已有此实事也。万一黄榜颁行之后,新会果为旧会牵倒,不作七百七十陌行使,朝廷业已弃见钱而重新会,军民却恐轻新会而愿见钱,纲解既无见钱,不知从何趣辨?①

《宋史》亦云:"宝祐四年,台臣奏,川引银会之弊,皆因自印自用,有出无收。今当拘其印造之权,归之朝廷。仿十八界会之造四川会子,视淳祐之令,作七百七十陌,于四川州县公私行使。"②"七百七十陌"之用法见其时甚明矣。

六、关于"流转行使"

钞版文中最后四字为"流转行使",此用例见之于宋代文献者甚多。如上文引及杨万里所云:"会子之法曰:'会子并同见钱行使。'今新会子之法曰:'每贯并准铁钱七百七十足行使';又曰:'其新交子止许两淮及沿江八郡界内公私流转行使。'"又如《名公书判清明集》收录胡颖所拟《典买田业合照当来交易或见钱或钱会中半收赎判》所云:"称提楮币,朝廷之法,固曰断断乎其不可违。州县之赋租,商贾之贸易,已既并同见钱流转行使……"

综合上述分析,该钞版文字的读法应该是:"除四川外,许于诸路州县、公私从便、主管并同见钱七百七十陌,流转行使。"大意谓:"除了四川地区以外,允许在诸路州县,官方和民间的交易均可,经手钱钞者将其视同现钱七百七十

---

① 宋袁甫撰:《蒙斋集》卷七,中华书局,1985 年,第 96—99 页。其文较长,但与本论题密切相关。
② 元脱脱等撰:《宋史》卷一八一"食货下三",中华书局,1985 年,第 4410—4411 页。

陌,流通使用。"还可进一步将其分解释读:除了四川地区以外,允许在诸路州县流通使用;在官方和民间的交易中,均可流通使用;经手钱钞者,将其视同现钱七百七十陌流通使用。

如此释读,一是规定流通使用的地区,二是规定流通使用的场合,三是规定流通使用中与钱币的关系及其币值。整句话精炼、严密,而又一气呵成。若照叶世昌先生的读法,"除四川外,许于诸路州县公私从便主管,并同见钱七百七十陌流转行使",三层意思的层次感显然被割断——"许于诸路州县"是相对于"四川外"而言,现在又与"公私从便主管"搅在一起。但"公私从便",其实也是包含四川在内;"主管"二字与"公私从便"连读,表达的是公私可以去主管的意思。这就会产生一些新的疑问:主管什么呢?主管会子的行用吗?会子的行用基本是由朝廷直接管理,并不需要诸路州县的公私机构去主管。

此外,宋代文献中没有发现将"公私从便"与"主管"连接使用的例子。南宋"关子版"亦有一段与此相似的文字:"应诸路州县,公私从便,主管每贯并同见钱七百七十文足,永远流转行使。"因南宋"关子版"系用铅制成,学者颇有置疑者。姚朔民先生认为,这是宋朝人造的假。[1] 但是,版上之文字应该是可信的。"关子版"内有"景定五年"的年号,应为南宋末年之物。据此推断,上述表达方式确实属于南宋后期的习惯。

余　　论

该钞版自上至下分为三个部分:中部为本文分析的文字内容;文字上部画有十枚铜钱;文字下部附有一幅图画,呈现的是一个粮食仓库和三个搬运工正在搬运成包的粮食的情景。图画右上角写着三个字的名称"千斯仓"。"千斯仓"典故出自《诗·小雅·甫田》,所谓"乃求千斯仓,乃求万斯箱"。[2] 宋代史料中并未查到关于"千斯仓"的实际名称,文学作品中多可见及。例如"懿识本

---

[1]　姚朔民《东至关子钞版考察记》认为,"东至钞版"乃是当时(指宋朝时)不法之徒印造伪钞所用之物。该文载安徽省钱币学会主编:《东至关子钞版暨两宋纸币——两宋纸币专题学术研讨会论文集》,黄山书社,2004 年,第 187—206 页。

[2]　陈戍国撰:《诗经校注》,岳麓书社,2004 年,第 280 页。

天资,长才继者谁? 漕舟逾万计,实廪近千斯";①又如"田翁一笑粲,何日千斯仓";②再如"千斯仓,常饱十方众,缘实非细,福亦无边"。③ "千斯仓"指代实际仓名,仅为元朝所见——"千斯仓,中统二年置"。④ 从钞版文字的内容看,此物不可能是元朝的。所以,图画中"千斯仓"应是一个虚拟的名称。

围绕南宋各种纸币的讨论,必然涉及钱引、交子、关子(见钱关子),以及会子、会子之法、淳祐新法等诸多问题。依据钞版内容,四川钱引自然应可排除;绍兴元年的"见钱关子"多行用于婺州,又与该钞版行用于"除四川外诸路州县"者不同;⑤绍兴四年、五年的籴本"见钱关子",与该钞版比较接近。资料一显示:"丙申,……提辖榷货务都茶场郭川等请令临安府本务将每日入纳钱三分之一桩还见钱关子,仍俟客人身到乃给而许合之时,朝廷降见钱关子为籴本,而川等言未有关防,故有是请焉";⑥资料二显示:"丁巳,……诏榷货务,每日入纳钱,以其半支给见钱关子。用权户部尚书章谊请也。时州县以关子抑配民间,充籴本,榷货务又止以日纳钱三分之一偿之,阻滞者多,人皆嗟怨,故谊以为请。"⑦钞版所绘之"千斯仓"景象,不知是否与"籴本"有关。

南宋初有关"交子"的记载,"除四川外""主管""公私并同见缗"诸要素均已出现:

"甲辰,置行在交子务。先是都督行府主管财用张澄请依四川法造交子,与见缗并行,仍造三十万用于江淮矣。至是中书言交子、钱引并沿边籴买文钞,皆系祖宗旧法,便于民间行使。自军兴以来,未尝检举。今商贾虽通,少有回贷,已仿旧法,先桩一色见缗印造交子,分给诸路,令公私并同见缗行使,期于必信,决无更改。诏诸路漕司榜谕。遂造百五十万缗

① 宋赵抃:《清献集》卷二《送李运使学士赴阙十咏》,杨讷、李晓明编:《文渊阁四库全书补遗·集部·宋元卷》第3册,北京图书馆出版社,2006年,第108页。
② 宋郑刚中撰:《北山集》卷八《古诗》八,上海古籍出版社,1987年。
③ 宋杜春生编:《越中金石记》,绍兴十三年《永福院长生毂记》。
④ 明宋濂等撰:《元史》卷八五"志三十五·百官一",中华书局,1976年,第2131页。
⑤ 宋李心传撰:《建炎以来系年要录》卷四八绍兴元年冬十月,上海古籍出版社,1992年,第1册,661页。
⑥ 宋李心传撰:《建炎以来系年要录》卷八三绍兴四年十二月,第1册,163页。
⑦ 宋李心传撰:《建炎以来系年要录》卷八四绍兴五年春正月,第2册,172页。

充籴本,将悉行东南焉。(五月乙酉改为关子)。"①

南宋纸币的印造、流通自有一定法度,其中就有"会子之法""新会子之法"和"淳祐之令"。前引杨万里奏议内称:"会子之法曰:'会子并同见钱行使。'今新会子之法曰:'每贯并准铁钱七百七十足行使。'又曰:'其新交子止许两淮及沿江八郡界内公私流转行使。'且会子所以流通者,与钱相为兑换也。今新会子每贯准铁钱七百七十足,则明然为铁钱之会子,而非铜钱之会子矣。"②前引《宋史》又云:"宝祐四年,台臣奏:'川引、银会之弊,皆因自印自用,有出无收。今当拘其印造之权,归之朝廷。仿十八界会子造四川会子,视淳祐之令,作七百七十陌,于四川州县公私行使。两料川引并毁,见在银会姑存。旧引既清,新会有限,则楮价不损,物价自平,公私俱便矣。'有旨从之。"③据此推测,"作七百七十陌"应是"淳祐之令"的规定。既然该钞版文字内容、语言表达与"淳祐之令"完全吻合,应均可见于"淳祐之令"之中。可惜的是,该令全文现今尚未查悉,无法借以佐证。

综合前论各节,初步推断该钞版应为宋代之物,且为南宋之物。至于是否为南宋后期之物,仍须进一步深入研究。近年来,一些钱币收藏界的先生认为该钞版可能是伪造的。④ 但是,钞版文字内容既与历史记载几乎一一相合,伪造难以断言,仿造或有可能。即使该钞版是按原物仿造而成,在未见原物的情况下,其独特的文献价值也是不可否定的。

原载:《河南大学学报(社会科学版)》第 51 卷第 2 期,2011 年
3 月,第 74—80 页。此次增加了一条关于"主管"的材料。

---

① 宋李心传撰:《建炎以来系年要录》卷九八,绍兴六年二月,第 2 册,363 页。
② 《乞罢江南州军铁会子奏议》,杨万里撰,辛更儒笺校:《杨万里集笺校》卷七〇,第 2972 页。
③ 元脱脱等撰:《宋史》卷一八一"食货下三",第 4410—4411 页。
④ 如谢世平先生"宋纸币版拓"之我见(车迎新主编:《宋代货币研究》,中国金融出版社,1995 年,第 64 页)通过对宋代纸币版拓的钱形图案、文字内容、画面风格、技法的分析考证,并与有关同时期的文献资料、出土文物相印证,认为很可能是后人(或许是钱币商)仿宋代纸币版。

由北宋河东、河北、陕西之"军路"论到史籍"军路"名称的标点问题

　　我承担修订的《宋史》卷二八九《高继勋传》"并代州钤辖","并"一标,"代州"一标,将"并"和"代"理解为两个州,然王珪《华阳集》卷四九《高继勋神道碑》叙同事作"并代路钤辖"。可知此处之"并代州""并代路"实均指"并代州路",是一个路级的军事行政区域,亦可简称"并代"。对于这些专名,《宋史》标校原处理办法是,遇"并代州","并""代"分标,遇"并代路""并代州路""并代"则连标。窃以为在宋代史料中,"并代州路"随行文之便可以简称"并代州""并代路""并代",如是,则均应连标,"并"和"代"之间尤其不能加顿号,以提示读者此处之"并代州"不是指"并州"和"代州",而是指"并代州路"。这个问题在《宋史》中带有普遍性,因为"并代州路""并代州""并代路""并代"多次出现于本纪、志、表和列传中,而与此同类型的"麟府路""真定府定州路"等出现的次数也很多,又,除了《宋史》以外,《长编》《会要》等宋代基本史籍中同样的表述也很多。宋代基本史籍,大多有官修史书的来源,其对于"并代""麟府"等军路的表述,常常表现出多样性,即同样一个概念,可以有不同的表达方式,明明是指路一级的军事行政单位,有时却不加"路"字,这只是史源根据的不同,并没有正误之分,而且在当时人也不会引起误解。但这种情况给后人的理解带来了困惑。为了给《宋史》(实际上也可以用于《长编》等史籍)的这类行文施以较为准确妥善的标点,我将有关"并代"的情况作了初步清理,谨分述如下。

　　一、"并代"为一路之证。宋初在"并代"等处屯禁军并因捍边之军事需要设"路"。《长编》卷六五景德四年夏四月丁丑"武胜节度使、驸马都尉吴元扆自陈愿出领征镇,上曰:'元扆继守藩郡,御众抚俗,颇著声绩,今已分并、代禁军

屯泽、潞,可因以任之。'乃诏元展知潞州。初,并、代、泽、潞分辖禁军,后并于太原。上以地广兵众,苟失机会,或致生事,又简士阅马,禀命尤远。故析泽、潞、晋、绛、慈、隰、威胜七州军戎籍,不复隶并、代,委元展专总焉"。太宗平刘继元,改太原府为并州,后又恢复为太原府,但"并代州路"极少称为"太原府并州路",文中的"后并于太原"应即指"太原府并州路",下面的"不复隶并、代"指的是不复隶"并代州路",分标可商。张方平《乐全集》卷二一《论高继宣知并州并代路经略安抚等使事奏》有"右伏以并代一路,控制西北两边"云云,足可证"并代"为一路。

二、"并代州路"全称之例。《宋史》卷四六四《外戚传·李昭亮传》"并代州路副都总管"。欧阳修《欧阳文忠公集》卷八三有《抚问麟府路臣寮及并代州路臣寮口宣》。"并代州路"全称全标,没有疑问。

三、"并代路"之例。《宋史》卷一八六《食货八》"并代路亦请置场和市",卷二九〇《夏守恩传》"并代路马步军都总管",卷三二三《阎守恭传》"以德州刺史为永兴军兵马钤辖徙并代路",《孟元传》"并代路副都总管",《赵振传》"并代路兵马钤辖就迁副总管",卷三二四《赵滋传》"权并代路钤辖",《郭遵传》"乾兴中改左班殿直、并代路巡检",卷三四九《贾逵传》"徙并代路专主管麟府军马",卷四六七《韩守英传》"历定州、镇定、高阳关、并代路兵马钤辖……出为鄜延路都钤辖,徙并代路"。"并代路"全标,也没有疑问。

四、"并代"之例。《宋史》卷二八九《高琼传》"并代都部署",《长编》卷三四淳化四年九月乙巳有"时泰宁节度使张永德为并代都部署",卷三七至道元年正月戊申等处同,卷四六真宗咸平三年正月"甲申并代钤辖李允正"。诸书遇作为地名的"并代"一般连标无疑,但也会有不指"并代路"的例外,需要加以注意。

五、"并代州"之例。《宋史》卷六《真宗本纪》"康保裔为并、代州都部署"【顿开】,卷二五〇《石元孙传》"再迁西上阁门使、并代州兵马钤辖"【分标】,卷二五二《郭承祐传》"并代州副都总管"【分标】,卷二五五《王凯传》"后为并、代州钤辖管勾麟府军马事"【并代顿开,麟府分标】,卷二七八《王德用传》"又为并、代州马步军副都总管"【顿开】,卷二九〇《张耆传》"并代州钤辖"【分标】,卷三二六《郭恩传》"为秦陇路兵马钤辖,徙并、代州钤辖,管勾麟府军马事"【顿开】,卷三四九《卢政传》"泾原、定州、并代州、定四路副都总管"。《长编》卷四八真宗咸平四年三月"甲申,并代州都部署、步军都指挥使、彭信节度使高琼来朝"【分标】,卷五七景德元年闰九月"并、代州副部署雷有终"【顿开】。遇"并代州"该如何标点,从上述《宋史》和《长编》的实例来看,处理方式有好几种,大多将其看作"并州"和"代州"两个州级行政单位,但这样的处理方式是有问题的,理由见下文。

六、"并代州"与"并代州路"("并代路")互用之例。前述《宋史》卷二八九《高继勋传》"并代州钤辖",王珪《华阳集》卷四九《高继勋神道碑》叙同事作"并代路钤辖";《宋会要辑稿》职官六四之四三"(庆历四年正月九日)引进使、果州团练使、并代州马步军副总管张亢降四方馆使、本路兵马钤辖","本路"即指上文之"并代州",张亢由"并代州马步军副总管"降为并代州(本路)"兵马钤辖";本文第五点所举《宋史》卷三二六《郭恩传》"为秦陇路兵马钤辖,徙并、代州钤辖,管勾麟府军马事",郭恩先为"秦陇路兵马钤辖",继而"徙并、代州钤辖",还兼"管勾麟府军马事",从职务来说是平调,从秦陇路调到并代州路,还兼管麟府路,三处都是路一级的建制;第五点所举另一例,《宋史》卷三四九《卢政传》"泾原、定州、并代州、定四路副都总管",更明确四者都是路。凡史料中叙述同一件事"并代州"与"并代路"互用的,"并代州"亦应连标。

七、军路之军职。由上述各种实例可见,军事行政区域"并代州路""并代路""并代""并代州"之军职有经略安抚使、都部署(副)、都总管(副)、兵马钤辖(都)、巡检等。《宋史》卷一六七《职官七》经略安抚司"帅臣任河东、陕西、岭南路,职在绥御戎夷,则为经略安抚使兼都总管以统制军旅。凡帅府皆带马步军都总管"。以下又有总管钤辖司、路分都监。《宋史》卷一六六《职官六》"临安府　旧为杭州,领浙西兵马钤辖,建炎三年,诏改为临安府,其守臣令带浙西同安抚使"。卷一六七《职官七》府州军监"若河南、应天、大名府则兼留守司公事。太原府、延安府、庆州、渭州、熙州、秦州则兼经略安抚使、马步军都总管。定州、真定府、瀛州、大名府、京兆府则兼安抚使、马步军都总管。泸州、潭州、广州、桂州、雄州则兼安抚使、兵马钤辖。颍昌府、青州、郓州、许州、邓州则兼安抚使、兵马巡检。其余大藩府或沿边州郡,或当一道冲要者,并兼兵马钤辖、巡检。……要郡文臣一员带本路兵马钤辖,武臣一员充副钤辖;次要郡文臣一员带本路兵马都监，武臣一员充副都监。绍兴三年，诏守臣带路分钤辖、都监去处并罢"。卷一八七《兵一》禁兵"又益遣禁军驻泊，长吏兼本路兵马钤辖，选武臣为都监"。《宋会要辑稿》职官四八之一〇七："都钤辖、钤辖。朝官及诸司使以上充，或一州，或一路、两路、三路，亦有无都字者。《两朝国史志》有都钤辖，以朝官及诸司使以上充，有一州，有一路或两路者，官高资深充都钤，官卑资浅称钤辖。旧州钤辖除本州知州已带本路帅臣并本路兵职高及管内安抚使者，依旧称钤辖，余知州见带本州兵马钤辖，其州钤辖依新制改称兵马副钤辖。"同上："庆历二年四月，诏诸路转运使副为按察之官，其路分兵马钤辖并位其下。提点刑狱朝臣许压州钤辖，而与路分钤辖以官叙之。"同上："（熙宁）六年十二月三日诏：六宅副使邢佐臣充太原府路钤辖，兼给路分钤辖添支。自今诸司副使充正路分钤辖准此。"《宋史》卷一六八《职官八》真宗"又作《文》《武》七条……《武条》赐牧伯洎诸司使而下任部署、钤辖、知州军县、都监、监押、驻泊巡检者"。可见宋初军路之主要军事长官为都部署，后避英宗讳改为都总管，其下则有副职以及兵马钤辖等，唯兵马钤辖之职名非军路所专有，情况比较复杂。

八、宋朝的行政区域"路"，除转运使路外，经略安抚使路之管辖范围和分合已有不同，而为捍边之军事需要而设置的"都部署""都总管"路，与漕、帅之路又有不同，张家驹、李昌宪、戴扬本等先生的研究已及此，尚有进一步深入研究之必要。但关系到《宋史》标点问题，已可有比较明晰的处理方式，凡有对应文献或上下文，职官亦显为路分所特有者，"并代州"之例，即使无"路"字亦应连标。以本文第五点所举之例分析：《宋史》卷六《真宗本纪》"康保裔为并、代州都部署"【原顿开】，"都部署"为军路长官名，"并代州"当连标；卷二五二《郭承祐传》"并代州副都总管"【原分标】，同上应连标；卷二七八《王德用传》"又为并、代州马步军副都总管"【原顿开】，同上应连标；卷三四九《卢政传》"泾原、定州、并代州、定四路副都总管"，同上应连标。《长编》卷四八真宗咸平四年三月"甲申，并代州都部署、步军都指挥使、彭信节度使高琼来朝"【原分标】，卷五七景德元年闰九月"并、代州副部署雷有终"【原顿开】，均同上应连标。《宋史》卷二五五《王凯传》"后为并、代州钤辖管勾麟府军马事"【原并代顿开，麟府分标】；卷三二六《郭恩传》"为秦陇路兵马钤辖，徙并、代州钤辖，管勾麟府军马事"【原顿开】，"麟府""秦陇"均为军路，则"并代州"亦为军路，以连标为宜；余下的两个例子，《宋史》卷二五〇《石元孙传》"再迁西上阁门使、并代州兵马钤辖"【原分标】，卷二九〇《张耆传》"并代州钤辖"【原分标】，当再考，但其间亦未明言为州一级的兵马钤辖，我倾向于连标。

九、"并代等路"之例。韩琦《安阳集》卷二六《辞免武康军节度使表》"伏蒙圣慈授臣武康军节度使、知并州、河东路经略安抚使兼并代等路兵马都总管者"，胡宿《文恭集》卷三六《郑戬墓志铭》标题中有"判并州河东路经略安抚使兼并代泽潞麟府岚石兵马都部署"。"并代等路"似亦应连标，应是并代路的军事长官兼管到其他一些州府，也可以理解为主并代的基础上扩大了的一个军路。

十、同类路分名之例：《长编》卷五二真宗咸平五年秋七月甲申"石隰路部署"【连标】，八月甲子"石隰州副都部署耿斌"【分标】。显然，此处之"石隰路"和"石隰州"是一回事。《宋史》卷二八九《高继勋传》"麟、府州【各标】钤辖"。王珪《华阳集》卷四九《高继勋神道碑铭》作"为麟府路钤辖"。《宋史》卷八六《地理二》"府州……旧置麟府路军马司，以太原府代州路钤辖领之"【"太原府代州路"即"并代路"也】；卷二五〇《石保兴传》"为永兴军钤辖，改夏绥麟府州钤辖"。《宋史》《长编》中叙及"麟府路"和"麟府路钤辖"之例甚多，此不赘。此处之"麟府州"指"麟府州路"或"麟府路"，应与"并代州钤辖"作同样方式处理，"麟府州"三字连标。《宋史》卷二八九"真定府定州路"，《宋史》中亦作真定府路、定州路、定州真定府路。同卷"并代、环庆两路副部署"，说明并代、环庆为两路。同卷"环庆灵都部署"，《太平治迹统类》卷二至道二年"四月甲戌，以侍卫马军都指挥使李继隆为环庆灵等州都总管、殿前都虞侯，范庭召副之"，《宋史》卷五叙同事作"环庆等州"，则《宋史》此处之"环庆灵"即"环庆灵等州"，又《宋史》卷二七九《张凝传》"代潘璘为邠宁环庆灵州路副部署"，卷二八〇《田绍斌传》"调环庆、灵州、清远军部署"，知"环庆灵"亦即"环庆灵等州路"也。同卷"并代两路都部署"，疑即前所述"并代、环庆两路"，范庭召先为"副部署"，升为"都部署"。同卷又有"贝、冀、高阳关"，《宋史》卷六《真宗纪一》咸平二年十一月"戊申，以魏咸信为贝冀行营都部署"，咸平三年正月"癸未，以葛霸为贝冀、高阳关前军行营都部署……高阳关、贝冀路都部署范廷召"，"贝冀"连标。"贝冀路"在《宋史》中多处出现。《长编》卷四六真宗咸平三年正月癸未记同事亦连标。《宋会要辑稿》兵七之一一一(真宗咸平)"三年正月十二日,高阳关贝冀州路都总管范廷召"。贝冀、高阳关均为路名,当连标。同卷"邠宁、泾原、环庆",《宋史》同上"邠宁环庆"连标。《长编》卷四七真宗咸平三年四月丁巳亦连标。《宋史》分标是,与前参证。

以上例证和分析还是很粗浅的,甚至是有错误的,对于宋代军路的设置、分合,军事长官的职名、品阶、许可权,及其实际运作的情况等,有待详细梳理研究。

范仲淹《岳阳楼记》事考

北宋名臣范仲淹（989—1052）的名作《岳阳楼记》，以其立意高迈、抒情真切、写景雄奇而传诵千古，"先天下之忧而忧，后天下之乐而乐"的名句，几乎每个有文化的中国人都能背诵，而且激励着一代又一代的志士仁人，成为他们取之不竭的精神力量之源。

但围绕着这篇仅有360字的散文，千年以来，聚讼纷纭，知道的人就不是很多了。有关《岳阳楼记》的最大的悬案，首先是范仲淹究竟是否到过岳阳楼，此点至今争论不休；第二是古代撰写"记"一类的文字是否一定要亲历其地，此点至今鲜有论及；第三是当时同辈文人为何以为《岳阳楼记》是"传奇"之作或不以为然，此点亦鲜有论及；第四是明代文人为何以为《岳阳楼记》是模仿之作，此点前此尚无人论及。等等。

本文拟就前述诸问题一一剖析，以厘清事实，帮助读者更深刻、更全面地理解《岳阳楼记》，并就正于学界同仁。

一

自庆历六年《岳阳楼记》问世，从北宋到南宋，200多年间，尚未发现宋朝的学者文人议及范仲淹写作《岳阳楼记》时有没有到过岳阳楼这一问题的，如南宋朱熹《江陵府曲江楼记》：

> 予于此楼，既未得往寓目焉，无以写其山川风景、朝暮四时之变，如范公之书岳阳也。独次第敬夫本语，而附以予之所感者如此。后有君子，得以览观焉。①

---

① 宋朱熹：《朱文公文集》卷七八。

是认为范仲淹应该到过岳阳楼。

提出此点疑问,不知起于何时何人。

现代古典文学学者和宋史学者,多认为范仲淹写作《岳阳楼记》时并没有到过岳阳楼。他们的理由主要是,范仲淹自署《岳阳楼记》作于宋仁宗庆历六年(1046),而其时作者遭贬知邓州(治所在今河南省邓县),从邓州到岳州有近千里路程,其间隔着汉水、长江等大河,那时又没有飞机和火车,要让年已 58 岁的范仲淹远道赶去,显然是不可能的。所以惟一合理的说法,是范仲淹在邓州写好了《岳阳楼记》,再派驿使专程送去。①

这种说法有一定的合理性,但不是无可辩驳的,甚至可以说依据是不足的。写作《岳阳楼记》时范仲淹确实在邓州,但在邓州任上就不能走动了吗?还有,谁规定到了 58 岁,没有飞机、火车,就不能赶一千里路了? 当时官员的主要交通工具是马和马车,范仲淹虽然是文官,但也是苦出身,还曾上西北战场打过仗,没有那么娇贵。所以光是这些理由还不能服人。

他们还说,范仲淹一生并没有到过洞庭湖,为什么能把八百里洞庭湖描绘得有声有色,如此逼真? 道理很简单,他虽未到过洞庭湖,却到过太湖、鄱阳湖。他曾出知苏州,并因官职调遣多次往来于苏杭间,有机会游览太湖。他又曾被贬知饶州,流连于鄱阳湖。他正是综合概括了太湖等江南湖泊的特色,以此联想洞庭湖的自然景色的变化,并看了滕宗谅寄来的《洞庭秋晚图》,参以唐贤今人的诗赋,才逼真地描绘了洞庭湖的自然景观,达到使人恍如亲临其境的效果。②

这种说法也有一定的合理性,但其前提是"范仲淹一生并没有到过洞庭湖",恰恰是这一点,也还有探究的余地。

二

为了解决问题,我们必须先了解《岳阳楼记》的来历。

---

① 金文明:《石破天惊逗秋雨——余秋雨散文文史差错百例考辨》人物史事考辨《〈岳阳楼记〉传千古,写者不在岳阳楼》,书海出版社,2003 年。
② 李涵、刘经华:《范仲淹传》第四章,中州古籍出版社,1991 年。

　　《岳阳楼记》是范仲淹应滕宗谅之请而写的。滕宗谅(991—1047)，字子京，是范仲淹的同年同僚好友。范仲淹曾经称赞他"道味清可挹，文思高若翔"。① 范仲淹在西北经略边防事务，宗谅以天章阁待制知泾州，与范仲淹密切合作，抗御西夏。范仲淹调京参政，推荐宗谅知庆州。滕宗谅是一位有抱负、很能干的人，他在办理公务时，常常为达目的(当然是对国家有利的)，不注意方法甚至不顾及规矩。在与西夏发生战事的西北前线，他为了搞好与地方酋豪的关系，减弱西夏政权和军队在民众中的基础，花去了大量的钱财，大大越出了预算，被检举擅自动用公使钱。监察御史梁坚上奏章弹劾，揪住不放，梁坚死后，朝廷派燕度到西北边境勘鞫此事，扩大事态，牵连甚广，一直闹到皇帝那里，范仲淹、欧阳修等人大力营救，对方韧劲十足，事情久拖不决，滕宗谅最后终于得罪，被贬到了岳州。到了岳州以后，滕宗谅勤于公务，仅一年多时间便政通人和，百废俱兴。他看到岳阳楼破败不堪，颇为感慨，决心加以修缮。他知道重修岳阳楼一定所费不赀，也许是吸取了在西北战场的教训，于是用了一种非常奇特的办法来解决经费问题：

　　　　滕宗谅知岳州，修岳阳楼，不用省库钱，不敛于民，但榜民间有宿债不肯偿者，献以助官，官为督之。民负债者争献之，所得近万缗，置库于厅侧自掌之，不设主典案籍。楼成，极雄丽，所费甚广，自入者亦不鲜焉。州人不以为非，皆称其能。②

"不用省库钱，不敛于民"，就是既没有动用政府的公款，也没有直接从老百姓那里搜括。那么钱从哪里来呢？他发了一个告示，要求民间凡有别人欠了多年而又不愿意偿还的债务，献出来帮助政府，由政府代为催讨，于是债主先行告发，欠债者争相献出，竟然得到了近一万缗的钱，这是一笔相当大的数字。那个时候没有银行，滕宗谅在自己的办公室旁边设置了一个钱库，将这笔巨款放在里面，也不设专门的主管官吏和账目，由自己亲自掌管。岳阳楼盖得"极雄丽"，"所费甚广"，而那些钱并没有花完，他占为己有的也不少。好个滕宗

① 宋范仲淹：《范文正公集》卷一《书海陵滕从事文会堂》。
② 宋司马光：《涑水记闻》卷一〇，中华书局，1989年，第196页。

谅,在修建岳阳楼的过程中又发生了"经济问题",非法集资,私设小金库,还有贪污的嫌疑,但老百姓不以为非,反而称其能干。这次没有人去告他,也就安然无事了。

看来,滕宗谅真是一个很有魄力的人。但他的心胸并不开阔,总觉得自己在西北的那些事情是冤枉的,钻在里面跳不出来:

> 放臣逐客,一旦弃置远外,其忧悲憔悴之叹,发于诗什,特为酸楚,极有不能自遣者。滕子京守巴陵,修岳阳楼,或赞其落成,答以"落甚成,只待凭栏大恸数场"。闵己伤志,固君子所不免,亦岂至是哉!①

你看,朋友们去祝贺岳阳楼落成,滕宗谅竟说"落什么成,我只想依着栏杆大哭数场",实在是有点过分了。

这些事,想必作为同年好友的范仲淹也是知道的。庆历六年岳阳楼落成以后,滕宗谅希望有一篇"记"以张大其事,他想起了自己的同年好友范仲淹这支大手笔,而范仲淹也正要借机规劝滕宗谅,于是就催生了这篇名作。范公偁《过庭录》:

> 滕子京负大才,为众忌嫉。自庆帅谪巴陵,愤郁颇见辞色。文正与之同年友善,爱其才,恐后贻祸;然滕豪迈自负,罕受人言,正患无隙以规之。子京忽以书抵文正,求《岳阳楼记》,故记中云:"不以物喜,不以己悲。先天下之忧而忧,后天下之乐而乐。"其意盖有在矣。戊辰十月,因观《岳阳楼记》,遂言及此耳。②

公偁乃范仲淹后人,戊辰,绍兴十八年也。

三

　　滕宗谅没有文集传下来,他为求《岳阳楼记》而写给范仲淹的信保存在方

---

① 宋周辉撰,刘永翔校注:《清波杂志校注》卷四,中华书局,1994 年,第 138 页。
② 宋范公偁:《过庭录》,中华书局,2002 年,第 324 页。

志里面，信的名称叫《求记书》，其文篇幅几乎是后来求到的《岳阳楼记》的两倍，内容很值得玩味，谨全录如下：

六月十五日，尚书祠部员外郎、天章阁待制、知岳州军州事滕宗谅，谨驰介致书，恭投于邻府四路经略安抚、资政、谏议节下。

切以为天下郡国，非有山水瑰异者不为胜，山水非有楼观登览者不为显，楼观非有文字称记者不为久，文字非出于雄才钜卿者不成著。今古东南郡邑，当山水间者比比是焉，因山水作楼观者处处有焉，莫不兴于仁智之心，废于愚俗之手，其不可废而名与天壤齐固者，则有豫章之滕阁，九江之庾楼，吴兴之消暑，宣城之叠嶂，此外无过二三所而已。虽寝历于岁月，挠剥于风雨，潜消于兵火，圮毁于艰屯，必须崇复而不使骤斩者，盖由韩吏部、白宫傅以下，当时名贤辈各有纪述，而取重于千古者也。

巴陵西，跨城闉，揭飞观，署之曰"岳阳楼"，不知做落于何代何人。自有唐以来，文士编集中无不载其声诗赋咏，与洞庭君山率相表里。宗谅初诵其言而疑且未信，谓作者夸说过矣。

去秋以罪得兹郡，入境而疑与信俱释。及登楼，而恨向之作者所得仅毫末尔，惟其吕衡州诗云，"襟带三千里，尽在岳阳楼"，此粗标其大致。自是日思以宏大隆显之，亦欲使久而不可废，则莫如文字，乃分命僚属，于韩、柳、刘、白、二张、二杜，逮诸大人集中，摘出登临寄咏，或古或律，歌咏并赋七十八首，暨本朝大笔如太师吕公、侍郎丁公、尚书夏公之众作，榜于梁栋间。又明年春，鸠材僝工，稍增其旧制。

古今诸公于篇咏外，率无文字称纪所谓岳阳楼者，徒见夫屹然而踞，岈然而负，轩然而竦，伛然而顾，曾不若人具肢体而精神未见也，宁堪久焉？

恭惟执事，文章器业，凛凛然为天下之特望，又雅意在山水之好，每观送行还远之什，未尝不以神游物外而心与景接。矧兹君山洞庭，杰杰为天下之特胜，切度风旨，岂不撼退想于素尚，寄大名于清赏者哉！伏冀戎务鲜退，经略暇日，少吐金石之论，发挥此景之美，庶溇芳润于异时，知我朝高位辅臣，有能淡味而远，托思于湖山数千里外，不其胜与。

　　谨以《洞庭秋晚图》一本，随书赘献，涉毫之际，或有所助。干冒清严，伏惟惶灼。①

　　滕宗谅认为，"楼观非有文字称记者不为久，文字非出于雄才钜卿者不成著"，滕王阁等著名楼观之所以名闻遐迩，历久不衰，就是因为有著名的记。

　　岳阳楼虽然历史悠久，但经过精心收集相关文字，才发现前人留下的，只有篇咏，②"率无文字称纪所谓岳阳楼者"，而一座著名的楼观如果没有一篇好的记，"曾不若人具肢体而精神未见也"，这问题可是相当严重的。

　　怎么办呢？

　　滕宗谅称颂范仲淹"文章器业，凛凛然为天下之特望，又雅意在山水之好，每观送行还远之什，未尝不神游物外，而心与景接"，希望范仲淹"戎务鲜退，经略暇日，少吐金石之论，发挥此景之美"，以能传之久远，使后人知道我宋朝有人。写信的目的直截了当地表达出来了，那就是请范仲淹来写一篇记。

　　最后一段话很关键："谨以《洞庭秋晚图》一本随书赘献，涉毫之际，或有所

---

① 《(嘉靖)湖广图经志书》卷七。又见雍正《湖广通志》卷九六，《影印文渊阁四库全书》本，又见《岳阳纪胜汇编》卷四，隆庆《岳州府志》卷六，《楚纪》卷五二，嘉庆《湖南通志》卷一八〇，道光《洞庭湖志》卷一〇，光绪《湖南通志》卷三四，光绪《巴陵县志》卷七八。《全宋文》卷三九六据雍正以下方志收入，不甚完整。

② 《求记书》云：及登楼，而恨向之作者所得仅毫末尔，惟其吕衡州诗云，"襟带三千里，尽在岳阳楼"，此粗标其大致。自是日思以宏大隆显之，亦欲使久而不可废，则莫如文字，乃分命僚属，于韩、柳、刘、白、二张、二杜，逮诸大人集中，摘出登临寄咏，或古或律，歌咏并赋七十八首，暨本朝大笔如太师吕公、侍郎丁公、尚书夏公之作，榜于梁栋间。又其《岳阳楼诗集序》云："东南之国富山水，惟洞庭于江湖名最大，环占五湖，均视八百里。据湖面势，惟巴陵最胜，濒岸风物，日有万态。虽渔樵云鸟，栖隐出没，同一光影，中惟岳阳楼最绝。古今才人钜公，登临寄傲，流叹声藻，散在编简。或传诵于人口者，才不过一二。惟唐相张燕公文字最著，询之耆旧，则曰：楼得名，始命于公矣。即指导往迹，参传其说，皆略而不书。顷罹三国，兹实战冲，镇守者间有贤杰，非尚智力，则任权术，处清境殆距炉炭，岂暇优游坐啸，据发清蕴也哉！六朝通三百三十七年，惟颜延年、阴子铿见于章句，余皆寂寥无闻。李唐恢宇，享祚甚宏远，岳去长安尤僻，在当时，名贤辈出，能至此者，率自迁谪而来，故所属篇，类多《离骚》叹惋之意，然于徘徊幽觉，未尝出盈厌之语。殊俗移人，果如是乎？天宝中，苏源明刺东明，因石潴仿佛遐致，号小洞庭，芳晨良夜以为留客宴喜之地。每冠盖盛集，酒行思绎，苏必雅吟自放，四顾赓唱，雕词丽句，传诵不泯。粤自元和五年，令狐楚节制汶上，相去方八十载，咨考故处，已茫然无得矣。既叹而愤，乃引金石，以永好事之意。切寻古人之旷怀高韵，缅慕天末，写千里于一局之水，使彼时风月，独异于他郡，所乐也犹如此。后贤惜其遗音逸事，孜孜重显之，盖于赏情爱景之心无少负也。况仆忝宰于今，旦暮为湖山主事，弗虑乎一旦久作与桡栋同沦委，则后之议我者以为何如？亦将恐风月雠人不浅矣。遂用崇新基址，遍索墙堵，间及本朝诸公歌诗古赋，纪以时代，次以岁月，不以官爵贵贱为升降，俾镵石置于南北二壁中，庶几他日有闻韶忘味君子知仆之志也。然历世寖远，必多遗难备，直以所存者笔之。如其删繁撷英，请俟来者焉。"（《(嘉靖)湖广图经志书》卷七、《岳阳楼纪胜汇编》卷四，明钞本）

助。"这就奇怪了,滕宗谅不但在信中详细介绍了岳阳楼的历史和现状,还附送一幅图供范仲淹参考,这不明摆着不劳您大驾光临了吗?

由此看来,滕宗谅请范仲淹写《岳阳楼记》,本来就没有要求范仲淹亲自去岳州跑一趟,那么范仲淹没有去岳州而在邓州写下了《岳阳楼记》,是极有可能的了。

四

滕宗谅的这种做法,在宋代并非绝无仅有,甚至可能是常见之事。

滕宗谅是一位有为之士,他在岳州短短两三年间,既称"百废俱兴",一定为百姓办了不少好事,比如兴学校、修水利等。据初步查证,滕宗谅当时写了好几封求记信,请他的好友、文章高手为他的事业树碑立传。除了请范仲淹写《岳阳楼记》以外,一封给尹洙求《岳州学记》,一封给欧阳修求《偃虹堤记》,时间都在庆历六年。范仲淹、尹洙、欧阳修三人的文章都求到了,而滕宗谅写给尹洙、欧阳修的信则已佚失。

先看尹洙的《岳州学记》。

> 三代何从而治哉?其教人一于学而已。自汉而下,风化日陵,政之宽暴,民之劳逸,皆系于吏治。吏之治,大抵尚威罚,严期会,欲人奔走其命令,其驱之若是之亟也,又安暇先之以教育,渐之以德义者乎?故号称循良而能以学校教人者,十不一二,去圣益远。至有持律令,主簿领,思虑不出几案,以谓为治之具尽在于是,顾崇儒术、本王化者为阔疏不切于世。噫!其甚哉!

> 滕公凡为,必兴学见诸生以为政先。庆历四年守巴陵,以郡学俯于通道,地迫制卑,讲肄无所容,乃度牙城之东,得形胜以迁焉。会京师倡学,诏诸郡置学官、广生员,公承诏忻曰:"天子有意三代之治,守臣上德,广风教,宜无大于此,庸敢不虔?"于是大其制度以营之,庙像既成,乃建阁以聚书,辟堂以授经,两序列斋,而休诸生。掌事司仪,差以等制,膳爨浣冰,悉严其所,小学宾次,皆列于外。大总作室之数,为楹八十有九。祭器什

具,稽于礼,资于用,罔有不备。巴陵之服儒者,毕登于学,公延见,必礼奖其勤,以励其游惰,尚其能以勉其未至,虽新进不率者,皆革顽为恭,磨钝为良,出入闾里,务自修饬。郡人由是知孝悌礼义,皆本于学也。公之树教及人,岂不切于近、通于久乎?

　　先是,公领邠宁环庆兵,扞敌为帅臣。来巴陵乃下迁。凡由大而适小,必易其治,或阴愤阳恬,事弛官废,下不胜弊者有之,或慎微虑危,循旧保常,无所设施者有之。若夫用舍一致,其上下所树立,不以险夷自疑于时,如公心之所存,非爱君之深,通道之笃,乌及是哉!今年录其事来告,且曰:"予常守玉山、吴兴、安定,皆立学,其作记必时闻人。子其次之。"某始愧不称,然安定之文,伯氏实承公命,小子奚敢以辞!庆历六年八月日记。①

　　文章的第一部分,是有关办学的历史回顾和思考,可能出自尹洙本人的胸臆,也不排除在滕宗谅的信中有此内容。第二部分记述滕宗谅在岳州的作为,其内容应该出自滕宗谅写给尹洙的信。第三部分记述了滕宗谅的遭际,称颂滕宗谅在由大适小的情况下,仍能有所作为的精神。整篇文章表明,文章的作者也没有去过岳州,没有实地考察岳州州学。文章写于庆历六年八月,而由文中的"今年录其事来告"之语可知滕宗谅的求记信写于同年。

　　再看欧阳修的散文名篇《偃虹堤记》,其撰文之缘起与《岳阳楼记》全然相同;所写也是岳阳之事;也是接到了滕宗谅的信以后写的;滕宗谅在送信的同时,也送了一幅洞庭之图;文章写作的日期也是宋仁宗庆历六年。文章开头即交代说:

　　　　有自岳阳至者,以滕侯之书,洞庭之图来告,曰愿有所记。

接着说:

　　　　予发书按图,自岳阳门西距金鸡之右,其外隐然隆高以长者,曰偃虹

----

① 宋尹洙:《河南集》卷四。

堤。问其作而名者，曰吾滕侯之所为也。问其所以作之利害，曰洞庭，天下之至险，而岳阳，荆、潭、黔、蜀四会之冲也。昔舟之往来湖中者，至无所寓，则皆泊南津。其有事于州者，远且劳，而又常有风波之恐，覆溺之虞。今舟之至者，皆泊堤下，有事于州者，近而且无患。问其大小之制，用人之力，曰长一千尺，高三十尺，厚加二尺而杀其上，得厚三分之二。用民力万有五千五百工，而不逾时以成。问其始作之谋，曰州以事上转运使，转运使择其吏之能者行视可否，凡三反复而又上于朝廷，决之三司，然后曰可，而皆不能易吾侯之议也。曰此君子之作也，可以书矣。盖虑于民也深，则谋其始也精。故能用力少而为功多。

夫以百步之堤，御天下至险不测之虞，惠其民而及于荆、潭、黔、蜀，凡往来湖中，无远迩之人，皆蒙其利焉。且岳阳四会之冲，舟之来而止者，日凡有几，使堤土石幸久不朽，则滕侯之惠利于人物可以数计哉！夫事不患于不成，而患于易坏。盖作者未始不欲其久存，而继者常至于殆废。自古贤智之士，为其民捍患兴利，其遗迹往往而在。使其继者皆如始作之心，则民到于今受其赐，天下岂有遗利乎！此滕侯之所以虑，而欲有纪于后也。

滕侯志大材高，名闻当世。方朝廷用兵急人之时，常显用之，而功未及就，退守一州，无所用心，略施其余以利及物。夫虑熟谋审，力不劳而功倍，作事可以为后法，一宜书；不苟一时之誉，思为利于无穷，而告来者不以废，二宜书；岳之民人与湖中之往来者，皆欲为滕侯纪，三宜书。以三宜书不可以不书，乃为之书。庆历六年月日记。①

"发书按图"，就是拿出信，打开图。可以想见，欧公的这篇文章，其所记录的情况，均来自滕宗谅的信中，其对滕宗谅的评价和所发的议论，也没有脱离滕宗谅所提供的材料。由文章本身看来，欧公写这篇记的时候也没有到实地去考察过，是可以肯定的了。欧阳修和尹洙的文章写法套路比较接近，只是欧阳修没有回顾历史而已。

但欧阳修如果在接到滕宗谅的《求记书》以后，真的要到岳州去实地考察

---

① 宋欧阳修：《欧阳文忠公文集》卷六三。

一番的话，他也就不会写这篇文章了。

宋范致明《岳阳风土记》："孟浩然《洞庭诗》有'波撼岳阳城'，盖城据湖东北，湖面百里，常多西南风，夏秋水涨，涛声喧如万鼓，昼夜不息，漱啮城岸，岁常倾颓。滕子京待制欲为偃虹隄以捍之，计成而滕移郡，后遂不果。"范致明（？—1119），宋哲宗元符三年进士，宋徽宗崇宁三年以宣德郎谪监岳州酒税，其书所记应是实地调查的结果。

又宋祝穆编、祝洙补订《方舆胜览》卷二九湖北路岳州"堰虹堤"条："城濠东北，湖面百里，每西南风，涛声万鼓，昼夜不息，漱啮城下。滕子京欲为偃虹隄以捍之，预求记于欧阳公，未几滕去，遂不果筑。建安胡明仲诗云：'有时风浪战城西，何翅渔阳万鼓鼙。狎水蚩蚩忘垫溺，谁人能续偃虹堤？'盖伤之也。"其所据或即为《岳阳风土记》，而叙述更为明确。胡寅（1098—1156），字明仲，北南宋之际建宁崇安人，绍兴中为中书舍人，官至吏部侍郎兼直学士院。《方舆胜览》所引之诗为其《岳阳楼杂咏十二绝》之九，全诗颇有意味，恰与岳阳楼相关，谨录如下：

> 沅澧溱湘此并行，涨流洄薄又东倾。 西南或与天为际，禹贡如何不记名。
> 朱楼深稳可凭栏，万顷波光一目间。 不见惊鸿偏凤髻，空余天鉴写云鬟。
> 黄帝钧天曲未终，至今烟浪舞鱼龙。 临风更欲吹长笛，摇荡波心碧玉峰。
> 祖龙游豫亦荒哉，风折云驮促驾回。 一怒赭山何所损，依然苍翠似蓬莱。
> 代马超江又饮湖，湖中今有卧龙无。 青蛇袖手将何用，漫说飞仙胆气粗。
> 汨潭桂酒奠三闾，尚想夷犹泛五潴。 进退存亡皆有义，怀沙处死是何如。
> 玄德骁雄世所知，蛟龙宁肯在污池。 馆于贰室谋何陋，借与全荆意自奇。
> 风烈言言滕子京，岂于荒怪未全明。 尼姑狡狯遥相幻，雷电那知有姓名！
> 有时风浪战城西，何曾渔阳万鼓鼙。 狎水蚩蚩忘垫溺，谁人能续偃虹堤？
> 大手文章浪得名，佐王功业亦何成。 独余不证元忠事，努力还因宋广平。
> 李杜词源广更深，数篇春涨渺云岑。 争如一首修楼记，妙写仁人出处心。
> 范公才具济川舟，翰墨居然第一流。 每向遗文窥远意，愿言忧乐继前修。
>
> （《斐然集》卷四宋胡寅撰）

由此看来，堰虹堤根本就没有修成，也就是说，世界上并没有堰虹堤这一事物,只有《堰虹堤记》这篇文章,那就更足以证明,宋人撰写"记述"一类的文字,常常是不必亲历其地的。

与此同时,欧阳修还写了一首诗,题目是《得滕岳阳书,大夸湖山之美,郡署怀物甚野,其意有恋著之趣。作诗一百四十言为寄,且警激之》,其诗曰:

> 峭嶷孤城倚,平湖远浪来,万寻迷岛屿,百仞起楼台。太守凭轩处,群宾奉筕陪,清霜荐丹橘,积雨过黄梅;逸思歌湘曲,遒文继楚材,鱼贪河岫乐,云忘帝乡回。遥信双鸿下,新缄尺素裁,因闻夸野景,自笑拥边埃。龙漠方多孽,旄头久示灾,旌旗时映日,鼙鼓或惊雷。有志皆尝胆,何人可凿坏,儒生半投笔,牧竖亦输财。沮泽辞犹慢,蒲萄馆未开,支离莫攘臂,天子正求才。①

这首诗也作于庆历六年,滕岳阳即滕宗谅,他写信给欧阳修,"大夸湖山之美,郡署怀物甚野,其意有恋著之趣",寄意山水,有鄙弃戎马生涯之意,欧阳修遂写这首长诗寄去,以为激励。滕宗谅的满腹牢骚,看来是人尽皆知了。

以上两例均与滕宗谅有关,再举两个与他无关的例子。

欧阳修的名文《李秀才东园记》,②首句叙作此文之由说:"修友李公佐,有亭在其所居之东园,今年春,以书抵洛,命修志之。"又是以一封书信请人作记。当时欧公在洛阳,而李秀才的东园在随县。欧阳修的文章先写随的历史,再写李家的情况以及他自己少时与李氏诸儿为玩伴的乐事,最后发感慨说:"噫!予方仕宦奔走,不知再至城南登此亭,复几闰? 幸而再至,则东园之物又几变也!……随虽陋,非予乡;然予之长也,岂能忘情于随哉!"整篇文章都可以说明,欧阳修并没有为了写这篇文章而再一次去过李氏东园,但他巧妙地避开了具体的写景,而以历史资料和回忆代之,文章仍然写得很动人。

欧阳修的《真州东园记》,③是一篇与《醉翁亭记》齐名的好文章。文章第一段写真州之形胜及东园之来历。第二段首句说,"岁秋八月,子春以其职事走

---

①　宋欧阳修:《欧阳文忠公文集》卷五六。
②　宋欧阳修:《欧阳文忠公文集》卷六三。
③　宋欧阳修:《欧阳文忠公文集》卷四〇。

京师,图其所谓东园者来以示予曰",以下全借子春的话写东园之美景,段末云,"凡工之所不能画者,吾亦不能言也。其为我书其大概焉"。第三段还是借子春之语而叙。最后一段说,"是皆可嘉也,乃为之书",这里的"书"是记录的意思。整篇文章都是记述子春的口头描述,当然没有去实地考察过。

以上三例是与范仲淹同时代的情况。再举一个南宋的例子。前述朱熹《江陵府曲江楼记》:

> 广汉张侯敬夫守荆州之明年,岁丰人和,幕府无事。顾常病其学门之外,即阻高堭,无以宣畅郁湮,导迎清旷,乃直其南,凿门通道以临白河,而取旁近废门旧额以榜之,且为楼观以表其上。敬夫一日与客往而登焉,则大江重湖,蒙纤渺弥,一目千里,而西陵诸山,空蒙晻霭,又皆隐见出没于云空烟水之外。敬夫于是顾而叹曰:此非曲江公所谓江陵郡城南楼者邪?昔公去相而守于此,其平居暇日,登临赋咏,盖皆脩然有出尘之想,至其伤时感事,痛叹隐忧,则其心未尝一日不在于朝廷,而汲汲然惟恐其道之终不行也。於戏悲夫!乃书其扁曰曲江之楼。而以书来,属予记之。
>
> 时予方守南康,疾病侵陵,求去不获。读敬夫之书,而知兹楼之胜,思得一与敬夫相从游于其上,瞻眺江山,览观形制,按楚汉以来成败兴亡之效,而考其所以然者。然后举酒相属,以咏张公之诗,而想见其人于千载之上,庶有以慰凤心者。顾乃千里相望,邈不可得,则又未尝不矫首西悲,而喟然发叹也。抑尝思之,张公远矣,其一时之事,虽唐之治乱所以分者,顾亦何预于后之人,而读其书者,未尝不为之掩卷太息也。是则是非邪正之实,乃天理之固然,而人心之不可已者。是以虽旷百世而相感,使人忧悲愉怏,勃然于胸中,怳若亲见其人,而真闻其语者。是岂有古今彼此之间,而亦孰使之然哉!诗曰:天生烝民,有物有则;民之秉彝,好是懿德。登此楼者,于此亦可以反诸身而自得之矣。予于此楼,既未得往寓目焉,无以写其山川风景、朝暮四时之变,如范公之书岳阳也。独次第敬夫本语,而附以予之所感者如此。后有君子,得以览观焉。淳熙己亥十有一月己巳日南至。①

---

① 宋朱熹:《朱文公文集》卷七八。

朱熹写这篇《曲江楼记》，只是将张栻给他说的一些话编次成文而已，他说张栻写了一封信来，请他作一篇记。其事与范仲淹和滕宗谅的十分相似。其所发感慨和所表达的思想亦很相似："昔公去相而守于此，其平居暇日，登临赋咏，盖皆翛然有出尘之想，至其伤时感事，寤叹隐忧，则其心未尝一日不在于朝廷，而汲汲然惟恐其道之终不行也。於戏悲夫！"唯朱熹又明确说，由于生病和路途遥远，他虽然很想去看看，而无法前往。他还说自己没法如范仲淹那样去岳阳楼一次。说明在当时，范仲淹的《岳阳楼记》就已经有巨大的影响。

求记者本无奢求，写记者凭借其写文章的技巧，或避实就虚，或移花接木，或从本已烂熟于胸的历史资料和往事回忆中选择材料，或纯粹将对方提供的书面材料加以剪裁，或索性要求对方详细口述，再形之于笔墨。

这样的做法，至少在宋代应该是惯例。这也是为什么宋人对于范仲淹不能亲临岳阳却写出了《岳阳楼记》没有提出异议的原因。正常的事情，当然不提。

五

以上考察了尹洙的《岳州学记》、欧阳修的《偃虹堤记》、《李秀才东园记》以及朱熹的《江陵府曲江楼记》等文的本事和内容，现在回过头来用同样的视角考察一下《岳阳楼记》文本本身：

庆历四年春，滕子京谪守巴陵郡。越明年，政通人和，百废具兴。乃重修岳阳楼，增其旧制，刻唐贤今人诗赋于其上，属余作文以记之。

余观夫巴陵胜状，在洞庭一湖。衔远山，吞长江，浩浩汤汤，横无际涯，朝晖夕阴，气象万千。此则岳阳楼之大观也，前人之述备矣。

然则北通巫峡，南极潇湘，迁客骚人，多会于此，览物之情，得无异乎？

若夫霪雨霏霏，连日不开，阴风怒号，浊浪排空，日星隐曜，山岳潜形，商旅不行，樯倾楫摧，薄暮冥冥，虎啸猿啼。登斯楼也，则有去国怀乡，忧谗畏讥，满目萧然，感极而悲者矣。

至若春和景明，波澜不惊，上下天光，一碧万顷，沙鸥翔集，锦鳞游泳，岸芷汀兰，郁郁青青。而或长烟一空，皓月千里，浮光耀金，静影沉璧，渔歌互答,此乐何极！登斯楼也,则有心旷神怡,宠辱皆忘,把酒临风,其喜洋洋者矣。

嗟夫！予尝求古仁人之心,或异二者之为。何哉？不以物喜,不以己悲。居庙堂之上,则忧其民；处江湖之远,则忧其君。是进亦忧,退亦忧。然则何时而乐耶？其必曰,先天下之忧而忧,后天下之乐而乐与！噫！微斯人,吾谁与归？时六年九月十五日。①

第一段叙作记的原因,是交待性质的文字,"乃重修岳阳楼,增其旧制,刻唐贤今人诗赋于其上,属余作文以记之"云云,显然出自滕宗谅的《求记书》。同样的话又见之于范仲淹《祭同年滕待制文》："投杼之际,迁于巴陵。巴陵政修,百废具兴。虽小必治,非贤孰能？"②

第二段并没有描写重修后的岳阳楼如何壮丽,而是总写巴陵洞庭胜状,应出自前人之记述以及过去之印象。以下笔锋一转："然则北通巫峡,南极潇湘,迁客骚人,多会于此,览物之情,得无异乎？"表明要描绘不同的情景感受了。

第三段和第四段,是最有名的写景、抒情的文字,文字极其优美,但都是假设。一个人如果去了实地,写实景,就不可能有如此雄奇的想象之景。但这些想象也是有依据的。如关于洞庭波浪："气蒸云泽梦,波撼岳阳城。"(孟浩然《望洞庭湖赠张丞相》)关于天和水："洞庭漫汗,粘天无壁。"(韩愈《祭河南张员外文》)与一碧万顷相关的："层波万顷如熔金。"(刘禹锡《洞庭秋月行》)与皓月千里相关的："洞庭明月一千里。"(李贺《帝子歌》)此类例子不胜枚举。范仲淹在写《岳阳楼记》的时候,一定查阅了大量前人歌咏岳阳楼和洞庭湖的诗赋,溶进了自己的文章之中。

最后一段是思想的升华,全文的重点,即古人所谓"结穴"。"不以物喜,不以己悲","居庙堂之上,则忧其民；处江湖之远,则忧其君","先天下之忧而忧,后天下之乐而乐",在后世都是引用率极高的名句。

经过以上考察,已经可以看得很清楚了,这整篇文章除了第一段以外,没有真正的实写,一段总写和两段分写都是假设中的情景,至于最后的议论,更

---

① 宋范仲淹:《范文正公集》卷七。
② 宋范仲淹:《范文正公集》卷一〇。

是出自肺腑。当然，假设中的情景，也绝非凭空撰造，是有平时的生活积累的。

　　为滕宗谅的作为撰造文字以传之后世，在范仲淹等人是极其情愿的，其文其情，均发自内心。滕宗谅拿到了这些朋友的文章，一定十分欣慰，可惜他不久以后被调往苏州，庆历七年二月即英年早逝。范仲淹在为他写的墓志铭中说："君政尚宽易，孜孜风化。在玉山、雪上、回中、岳阳四郡，并建学校。紫微王舍人琪、翰林张谏议方平、太常尹博士源、弟起居舍人洙，次为之记。重修岳阳楼，刻唐贤今人歌诗于其上，予又为之记。君乐于善，士大夫亦乐于善，而愿书之也，可不谓之君子乎！铭曰：嗟嗟子京，天植其才，精爽高出，诚意一开。抗职谏曹，辩论弗摧，主略边方，智谋横来。嗟嗟子京，为臣不易，名以召毁，才以速累。江海不还，鬼神何意，君昔有言，爱彼九华。书契以降，干戈弗加，树之松楸，蔽干云霞。君今已矣，复藏于此，魂其依欤，神其乐只。寿夭穷通，一归乎至理。"①文中所说的王琪、尹源为滕宗谅写的学记均已佚，张方平的《湖州新建州学记》首曰："宝元二年，上命尚书祠部员外郎滕君守吴兴郡。"末曰："以是而观，滕志其已远哉。"署"时康定元年六月日记"。

　　而其文其事，很快就成为美谈："庆历中，滕子京谪守巴陵，治最为天下第一，政成，增修岳阳楼，属范文正公为记，词极清丽，苏子美书石，邵铼篆额，亦皆一时精笔，世谓之'四绝'云。"②苏子美即著名文学家苏舜卿，擅书法。滕修楼，范作记，苏书石，邵篆额，四绝也。

六

　　滕宗谅致范仲淹的《求记书》中有"去秋以罪得兹郡"之语，滕宗谅于庆历四年谪知岳州，由此推论，《求记书》应写于庆历五年六月十五日，范仲淹的《岳阳楼记》则肯定写于庆历六年九月十五日，其间相差一年零三个月。③难道范仲淹写《岳阳楼记》用了那么长的时间吗？抑或范仲淹在收到《求记书》以后陷入了长时间的思考未能动笔？并非如此。我们来看一张时间表：

---

① 宋范仲淹：《范文正公集》卷一三《天章阁待制滕君墓志铭》。
② 宋王辟之：《渑水燕谈录》卷六，中华书局，1981 年，第 72 页。
③ 陈湘源：《岳阳楼记写于岳阳》，《岳阳职业技术学院学报》2004 年第 4 期。

时间	《求记书》	《岳阳楼记》	《祭同年滕待制文》	《岳州学记》	《偃虹堤记》
庆历四年	去秋【《岳阳楼记》谓庆历四年春，去秋可以说是前年之秋吗】以罪得兹郡	庆历四年春【《求记书》谓去秋，是实际到任的时间吗】，滕子京谪守巴陵郡		滕公凡为，必兴学见诸生以为政先。庆历四年守巴陵	
庆历五年	及登楼，而恨向之作者所得仅毫末尔，惟有吕衡州诗云，"襟带三千里，尽在岳阳楼"，此粗标其大致。自是日思以宏大隆显之，亦欲使久而不可废，则莫如文字，乃分命僚属，于韩、柳、刘、白、二张、二杜，逮诸大人集中，摘出登临寄咏，或古或律，歌咏并赋七十八首，暨本朝大笔如太师吕公、侍郎丁公、尚书夏公之作，榜于梁栋间。《岳阳楼诗集序》（《岳阳楼纪胜汇编》）	越明年【一般理解为第二年】，政通人和，百废具兴			
庆历六年	又明年春【为何不写今年，是否可以理解为上述诸事完成于庆历五年，又明年则为庆历六年】，鸠材僝工，稍增其旧制六月十五日	乃重修岳阳楼【亦可理解为庆历六年】，增其旧制，刻唐贤今人诗赋于其上，属余作文以记之时六年九月十五日		庆历六年八月日记	庆历六年月日记
庆历七年			维庆历七年三月日具位某谨致祭于故天章待制滕侯同年子京之灵		

我认为"又明年"的"又"字说明是又一个明年。《岳阳楼记》《岳州学记》《堰虹堤记》是同一年写成的,从季节和月份来说,《岳州学记》8 月,《岳阳楼记》9 月,《堰虹堤记》待考,几乎是同时的。而且岳阳楼之重修,实完成于庆历六年。又,见于《(嘉靖)湖广图经志书》的滕宗谅《岳阳楼诗集序》,有"遂用崇新基址,编索墙堵,间及本朝诸公歌诗古赋,纪以时代,次以岁月"云云,与《求记书》及《岳阳楼记》所述同,序末署"时庆历六年七月十五日"。故滕宗谅给范仲淹写《求记书》的时间,应该是庆历六年六月十五日,三个月以后,范仲淹写成了《岳阳楼记》。

七

范仲淹写《岳阳楼记》时未专程去过岳阳楼,内证、外证都已具备,无可怀疑了。但范仲淹是否如一些学者所说从来没有到过岳阳楼、岳州甚至洞庭湖呢?[①] 此点颇值得怀疑。

滕宗谅《求记书》云:"恭惟执事,文章器业,凛凛然为天下之特望,又雅意在山水之好,每观送行还远之什,未尝不神游物外,而心与景接。矧兹君山洞庭,杰杰为天下之最胜,切度风旨,岂不摅遐想于素尚,寄大名于清赏者哉!"说明滕宗谅读过范仲淹许多相关诗文,深知范仲淹"雅意在山水之好",又能"神游物外,而心与景接",写出好诗文,对于君山洞庭,也一定能"摅遐想于素尚,寄大名于清赏"的,"素尚"二字,是否可以理解为"以往的观感"? 如是,则滕宗谅应该知道范仲淹曾有过游洞庭湖的经历。

李耕拓先生题为《范仲淹两到岳阳楼》的文章,认为范仲淹至少两次到过洞庭湖和岳阳楼。

一次是明道二年(1033),他受命出京安抚江淮,顺便考察湖南船运,从湖北黄冈经武汉沿长江而上,又经岳阳入洞庭到长沙,在岳阳作了短暂的停留。同年十二月十五日,他在《送韩渎殿院出守岳阳》一诗中,逼真地写到了洞庭涛、古楼月:

仕宦自飘然,君恩岂欲偏? 才归剑门道,忽上洞庭船。坠絮伤春目,

---

① 李涵、刘经华:《范仲淹传》第四章,中州古籍出版社,1991 年。

春涛废夜眠。岳阳楼上月，清赏浩无边。①

最后两句"岳阳楼上月，清赏浩无边"，正是《岳阳楼记》中所描述的"皓月千里"。由此如断定范仲淹正在前不久登过岳阳楼，也不为无据。

次年正月，即景祐元年(1034)元月，他被贬知睦州(今浙江建德)，途经淮北时又写下了《新定感兴五首》《赴桐庐郡淮上遇风三首》等诗，对洞庭湖及属于这一水系、因屈原投水而著名的汨罗江有所回忆。前者之四云："去国三千里，风波岂不赊。回思洞庭险，无限胜长沙。江上多嘉客，清歌进白醪。灵均良可笑，终日著《离骚》。"②后者之一云："圣宋非强楚，清淮异汨罗。平生仗忠信，尽室任风波。舟楫颠危甚，蛟鼋出没多。斜阳幸无事，沽酒听渔歌。"③既是"回思洞庭险"，必然经历了洞庭险；既然将"清淮"与"汨罗"相比较，必定涉足了汨罗江。

在滕宗谅被贬到岳州不久，范仲淹有《和延安庞龙图寄岳阳滕同年》云：

> 优游滕太守，郡枕洞庭边。几处云藏寺，千家月在船。疏鸿秋浦外，长笛晚楼前。旋拨醅头酒，新煮缩项鳊。宦情须淡薄，诗意定连绵。迥是偷安地，仍当饱事年。只应天下乐，无出日高眠。岂信忧边处，干戈隔一川。时宣抚岢岚军。④

这是一首写给滕宗谅的诗，"几处云藏寺，千家月在船。疏鸿秋浦外，长笛晚楼前"，惟妙惟肖地写出了岳阳楼的位置和景物宽阔之状。"宦情须淡薄，诗意定连绵。迥是偷安地，仍当饱事年。只应天下乐，无出日高眠"云云，语含规劝之意，又与"先天下之忧而忧，后天下之乐而乐"的思想吻合。

李耕拓先生认为，范仲淹第二次到洞庭湖和岳阳楼，正是在庆历六年(1046)重修岳阳楼之后，受托撰写《岳阳楼记》之时。其理由是，《岳阳楼记》中"予观夫"三字，是作者交代所写洞庭之景是他的耳闻目睹。文中共有30多句描述了洞庭湖禾口岳阳楼一带的20多种地理风物特征，种种属实，句句皆真。

---

① 宋范仲淹：《范文正公集》卷三。
② 宋范仲淹：《范文正公集》卷三。
③ 宋范仲淹：《范文正公集》卷三。
④ 宋范仲淹：《范文正公集》卷四。

特别是"吞长江"一句,更写出了洞庭湖不同于太湖、鄱阳湖的特点,是无法从它们那里借鉴而来的,因为两湖均高于长江,无吞吐长江的现象。就是洞庭湖,其"吞长江"的现象,也是在此前50多年才开始的。

此外,李先生指出,范仲淹在《依韵酬光化李简夫屯田》一诗中,①透露了购田隐退之意。而在湖南省岳阳市的岳阳县、临湘市民间多次重修的《毛氏族谱》中,明确记载了范仲淹在岳州府临湘楚里中(在今岳阳市云溪区云溪乡、岳阳楼区梅溪乡境内)购有田产。范仲淹写此诗、购田产均在他的邓州任上,而滕子京在岳州的任上。后来,范仲淹的孙女即范纯仁的女儿同苏州太守、岳州人毛斌公的儿子祥公结婚,范仲淹就将这份田产作了陪嫁物。② 这些也可以作为参考。

八

《岳阳楼记》问世以后,很快就获得了美誉。但其朋友圈中的第一时间的评论则不是如此。

第一个对《岳阳楼记》作出评论的是尹洙。据陈师道《后山诗话》:"范文正公为《岳阳楼记》,用对语说时景,世以为奇。尹师鲁读之曰:传奇体尔。传奇,唐裴铏所著小说也。"③我们来分析一下这段话。第一是"世以为奇",所奇者乃"用对语说时景"。但在散文中使用一些骈语,是常用的写作手法,何奇之有?此吾所不解也。第二是"传奇体尔",这是尹师鲁的读后感。第三是陈师道对尹师鲁的说法的诠释,传奇就是"唐裴铏所著小说"。这又是令人不解之处了。《岳阳楼记》的写作手法竟如唐传奇?所以我说这是陈师道的解释,未必符合尹师鲁的原意。那么尹师鲁的原意究竟是什么呢?

毕仲询《幕府燕闲录》有类似的记载:"范文正公尝为人作墓铭,已封将发,忽曰:不可不使师鲁见。明日以示,尹师鲁曰:希文名重一时,后世所取信,不可不慎也。今谓转运使为部刺史,知州为太守,诚为脱俗。然今无其官,后必疑之,此

---

① 宋范仲淹:《范文正公集》卷四。
② 语文出版社网站义务教育课程标准实验教科书初中语文教学研究。又其他文章,陈湘源《岳阳楼记写为岳阳》(《岳阳职业技术学院学报》2004年第4期)、江立中《范仲淹应当到过岳阳》(《云梦学刊》2001年第1期)亦以《岳阳楼记》的有关文字为内证,并提到了范仲淹在岳阳置田产之事。
③ 宋陈师道:《后山集》卷二三。

正起俗儒争论也。希文抚己曰：赖以示子，不然吾几失之。范文正公作《岳阳楼记》，为世所贵。尹师鲁读之曰，此传奇体也。"①原来范仲淹非常敬重他的这位朋友尹师鲁，写完文章，要让尹师鲁过过目。范仲淹曾经写了一篇墓志铭，已经封好将要发出去了，突然说：不能不让尹师鲁看一看。第二日给尹师鲁看了。尹师鲁说，老兄你名重一时，所写的文章，将为后世作为可靠的依据，所以不能不谨慎啊。然后他就开始挑刺了，说范仲淹在文章中把转运使写作部刺史，把知州写作太守，诚然不落俗套，但后世会发生怀疑，引起一些浅薄之人的争论。范仲淹听了，摸着自己的额头说，幸好让您看了看，否则就会有失误了。看来，范仲淹在尹师鲁面前非常谦虚。那么在范仲淹写完《岳阳楼记》之后有没有先给尹师鲁看过呢？不能确定。但尹师鲁一定很快就读到了这篇文章，而且作出了评论。南宋目录学家陈振孙也记载了这件事并且作出了自己的解释，《直斋书录解题》卷一一："尹师鲁初见范文正《岳阳楼记》，曰：传奇体尔。然文体随时，要之理胜为贵。文正岂可与传奇同日语哉！盖一时戏笑之谈耳。"②陈氏也不能理解尹师鲁的话，他说文体是可以根据需要变动的，总的说来是以观点、说理取胜者为贵，他认为范仲淹的文章不能与传奇同日而语，尹师鲁的话只是一时的戏笑之谈。

上文我已经说到，滕宗谅谪守岳州以后，颇有作为，做了几件大事，一时兴起，广发求记之信，请他的几位朋友、文章大家撰文以记其事，请范仲淹写《岳阳楼记》，请尹师鲁写《岳州学记》，请欧阳修写《堰虹堤记》，他的面子很大，三篇记都求到了。这件事在朋友圈子里应该都是互相知晓的。尹洙的《岳州学记》，除了对地方办学的历史回顾以外，大多是纪实的，而且对滕宗谅在个人遭到不公平待遇之时的兴学之举，称颂有加。在这种情况下，他见了范仲淹的《岳阳楼记》以后诧为"传奇"，可以说是一种惊叹，因为范仲淹的文章与他本人的文章的写法形成了鲜明的比照，范仲淹的大段写景，凭借的是超凡脱俗的丰富想象，而这些想象中的景色的描绘，又都是为他最后提出观点服务的，尹洙有些不理解，"记"这样的文章怎么能这样跳出时空而且几乎全用对语来写作呢？这就是"传奇体尔"所表达的含义了。③

① 宛委山堂本《说郛》卷四一，上海古籍出版社，1988年影印本，第五册，第1900页下。
② 宋陈振孙：《直斋书录解题》卷一一，上海古籍出版社，1987年，第322页。
③ 郭象《别出心裁　借题发挥——读范仲淹〈岳阳楼记〉》(《沧州师专科学校学报》2001年第4期)也研究了"传奇体"的问题，从创作思路入手，对"先天下之忧而忧，后天下之乐而乐"这个警句和岳阳楼的关系进行了分析，认为二者缺乏内在的必然联系，范仲淹是用了虚拟的写小说的手法才把它们联系上的。

　　至于欧阳修，据《可斋杂槁》尤焴原序："文正《岳阳楼记》，精切高古，而欧公犹不以文章许之。然要皆磊磊落落，确实典重，凿凿乎如五谷之疗饥，与世之缔章绘句、不根事实者，不可同年而语也。"①欧阳修同时也应滕宗谅之邀写了一篇《堰虹堤记》，他既没有到岳阳去亲眼看一看，也没有如范仲淹那样花许多心血精心撰写，而是纯以滕宗谅的信中所说的话排比成文，聊以塞责，说实在的，在滕宗谅求得的三篇文章中，古文大师欧阳修的这一篇是比较弱的。但他见到范仲淹的文章以后，就有点不服气了，颇不以为然。这其实是一种妒忌。所以尤焴并不赞同欧阳修的态度，而对范仲淹的文章作出了很高的评价。

九

　　范仲淹的这种写作手法，是不是前无古人的、首创的呢？

　　有一位明朝人指出，《岳阳楼记》是模仿唐朝吕温的《三堂记》而作的。明孙绪《沙溪集》卷一四：

　　　　范文正公《岳阳楼记》，或谓其用赋体，殆未深考耳。此是学吕温《三堂记》，体制如出一轴。《三堂记》谓寒燠温凉，随时异趣，而要之于不离轩冕而践夷旷之域，不出户庭而获江海之心，极而至于身既安思所以安人，性既适思所以适物，不以自乐而忽鳏寡之苦，不以自逸而忘稼穑之勤。《岳阳楼记》谓，晴阴忧乐，随景异情，而要之于居庙廊则忧民，处江湖则忧君，极而至于先天下之忧而忧，后天下之乐而乐。但《楼记》闳远超越，青出于蓝矣。夫以文正千载人物，而乃肯学吕温，亦见君子不以人废言之盛心也。②

孙绪字诚甫，号沙溪，其文集中有《无用闲谈》六卷，评述古今文章，提出自己的见解，《四库全书总目》称"其文沈著有健气"。上述议论，即出自《无用闲谈》。

　　吕温（772—811），字和叔，曾任衡州刺史，世称吕衡州，与柳宗元、刘禹锡友善，为文颇富文采，其《凌烟阁勋臣颂》等传诵一时。《虢州三堂记》见《吕衡

---

①　宋李曾伯：《可斋杂槁》，尤焴原序。

②　明孙绪：《沙溪集》卷一四。

州集》卷一○，①我们将其与《岳阳楼记》作一比较：

内容类型	《虢州三堂记》	《岳阳楼记》
缘起	应龙乘风云，作雷雨，退必蟠蛰，以全其力；君子役智慧，统机剧，退必晏息，以全其性。力全则神化无穷，性全则精用不竭。深山大泽，其所以蟠蛰乎；高斋清池【或作地】，其所以晏息乎。 虢州三堂者，君子晏息之境也。开元初，天子思二南之风，并选宗英，共持理柄。虢大而近，匪亲不居。时惟五王，出入相授，承平易理，逸政多暇，考卜惟【或作佳】胜，作为三堂。三者，明臣子在三之节；堂者，励宗室克构之义。岂徒造适，实以垂训。居德乐善，何其盛哉。然当时汉同家人，鲁用王礼，栋宇制度，非诸侯居。后刺史马君锡，因其颓陊，始革基构，丰而不侈，约而不陋，以琴竹诗书之幽素，易绮纨钟鼓之繁喧。	庆历四年春【《求记书》谓去秋，是实际到任的时间吗】，滕子京谪守巴陵郡。越明年【一般理解为第二年】，政通人和，百废具兴。乃重修岳阳楼【亦可理解为庆历六年】，增其旧制，刻唐贤今人诗赋于其上，属余作文以记之。
四时之景	惟【虽】林池烟景，不让他日。观其广逾百亩，深入重扃，回塘屈盘，沓【或作水】岛交映，溟渤转于环堵，蓬壶起于中庭，浩然天成，孰曰人智。 及春之日，众木花坼，岸铺岛织，沉浮照耀，其水五色，于是乎袭馨撷奇，方舟透迤，乐鱼时翻，飘蕊雪飞，溯沿回环，隐映差池，咫尺迷路，不知所归，此则武陵桃源，未足以极幽绝也。 夏之日，石寒水清，松密竹深，大柳起风，甘棠垂阴，于是乎濯缨涟漪，解带升堂，晨景火云，隔林无光，虚霫沉沉，皓壁如霜，羽扇不摇，南轩清凉，此则楚襄兰台，未足以涤炎郁也。 秋之日，金飚扫林，翕郁洞开，太华爽气，出关而来，于是乎弦琴端居，景物廓如，月委皓素，水涵空虚，鸟惊寒沙，露滴高梧，境随夜深，疑与世殊，此则庾公西楼，未足以淡神虑也。 冬之日，同云千里，大雪盈尺，四眺无路，三堂虚白，于是乎置酒褰帷，凭轩倚楯，瑶阶如真，玉树罗生，日葛天霁，云开月明，冰泉潺潺，终夜有声，此则子猷山阴，未足以畅吟啸也。	余观夫巴陵胜状，在洞庭一湖。衔远山，吞长江，浩浩汤汤，横无际涯，朝晖夕阴，气象万千。此则岳阳楼之大观也，前人之述备矣。然则北通巫峡，南极潇湘，迁客骚人，多会于此，览物之情，得无异乎？ 若夫霪雨霏霏，连日不开，阴风怒号，浊浪排空，日星隐曜，山岳潜形，商旅不行，樯倾楫摧，薄暮冥冥，虎啸猿啼。登斯楼也，则有去国怀乡，忧谗畏讥，满目萧然，感极而悲者矣。 至若春和景明，波澜不惊，上下天光，一碧万顷，沙鸥翔集，锦鳞游泳，岸芷汀兰，郁郁青青。而或长烟一空，皓月千里，浮光耀金，静影沉璧，渔歌互答，此乐何极！登斯楼也，则有心旷神怡，宠辱皆忘，把酒临风，其喜洋洋者矣。

---

① 唐吕温：《吕衡州集》卷一○。

内容类型	《虢州三堂记》	《岳阳楼记》
思想升华	於戏！不离轩冕而践夷旷之域，不出户庭而获江海之心。趣近悬解，迹同大隐。序阅四时之胜，节宜六气之和。贵而居之，可曰厚矣。若知其身既安而思所以安人，其性既适而思所以适物，不以自乐而忽鳏寡之苦，不以自逸而忘稼穑之勤，能推是心以惠境内，则良二千石也。方今人亦劳止，上思又息，州郡之选，重如庭臣。由是南阳张公，辍挥翰之任，受剖符之寄，游刃而理此焉。坐啸静政，令若水木闲人，民若鱼鸟驯致，其道暗然日章。大人以公执友也，小子奉命，幸来只谒，以通家之爱，获拜床下，且齿诸子，侍坐于三堂，见知惟文，不敢无述，捧笔避席，请书堂阴，俾后之人，知此堂非止燕游，亦可以观清静为政之道云。	嗟夫！予尝求古仁人之心，或异二者之为。何哉？不以物喜，不以己悲。居庙堂之上，则忧其民；处江湖之远，则忧其君。是进亦忧，退亦忧。然则何时而乐耶？其必曰，先天下之忧而忧，后天下之乐而乐与！噫！微斯人，吾谁与归？时六年九月十五日。

　　两篇文章的写法确实比较接近。大体都分为缘起、四时之景和思想升华三大部分，写景又都有总写和分写，分写均按季节。不同之处在于，《三堂记》的缘起中有一段议论性质的虚写作为总冒，《岳阳楼记》则直接交代文章缘起；《三堂记》写景总写很简单，四时之景则分春夏秋冬，《岳阳楼记》写景总写很有气势，分写则只有春秋两季；最后一段表达思想观点，则一详一略。

　　从文章构造和表现手法方面的异同来说，显然是同多异少，若要说范仲淹从吕温的文章中得到了启发，是可以肯定的，若要说范仲淹模仿了吕温的文章，也能说得过去。我们不妨作这样的想象：收到滕宗谅的《求记书》，范仲淹查阅了许多"唐贤今人"的诗文作品，《求记书》提到的吕衡州（有诗云"襟带三千里，尽在岳阳楼"）的诗文集，一定是阅读的重点之一，于是由其集中的《虢州三堂记》得到了灵感。

　　但要说两篇文章的高下，也是很分明的，范高于吕。在写景方面，范既更为精致，更有节奏感，而又更为简明，更有气势。在思想观点的表达方面，《岳阳楼记》全文三个部分，第一部分是不可缺少的铺垫，第二部分已经将情和景结合在一起，景中有情，情从景出，第三部分更是口吐金石、简明扼要、易记易诵，而《三堂记》全文不够精炼，三个部分缺乏有机联系，情与景甚少结合，所表达的思想，未能达到掷地有声、超凡脱俗的境界。所以孙绪谓"《楼记》闳远超越，青出于蓝"，是完全正确的。

原载：上海社会科学院《传统中国研究集刊》编辑委员会
编：《传统中国研究集刊》第 3 辑，上海：上海人民出版社，
2007 年 11 月，第 364—381 页。

附

范仲淹"先忧后乐"思想述论（节录）

近年论述范仲淹"先忧后乐"思想的文章不少，如李立新的《范仲淹的忧患意识及其渊源与承续》①、闫翠玲的《范仲淹的忧乐思想及其时代价值》②等，笔者亦曾撰有《岳阳楼记事考》，今谨略作论述。

一、范仲淹"先忧后乐"思想的出发点及其完整表述（略）

二、范仲淹"先忧后乐"思想的形成和实践

撰写《岳阳楼记》，完整表述"先忧后乐"的思想，其出发点是好友滕宗谅的遭受不公正处理和牢骚满腹，需要劝慰和疏导，似乎是为一个个案而设计的，但事实上，他表述的是君主专制时代士大夫阶层的崇高的价值观和思想境界，范仲淹的这一崇高价值观绝不是偶尔一发的，而是从其少年时代开始逐渐形成的一贯思想。

"先忧后乐"的重心在于"忧"。范仲淹两岁时，父亲不幸病故，其母改嫁长山朱文翰，在寄人篱下的生活中，范仲淹很早就体察世间疾苦，曾自谓"出处穷困，忧思深远，民之疾苦，物之情伪，臣粗知之"，③青年时期在应天书院学习期间刻苦勤奋，大通儒家《六经》之旨，形成了坚韧不拔、矢志不渝的性格和利泽生民的远大志向。

天圣五年（1027），范仲淹在丁母忧居丧期间，向朝廷执政上书，写了近万字，开首即云："盖闻忠孝者天下之大本也，其孝不逮矣，忠可忘乎！此所以冒哀上书，言国家事，不以一心之戚而忘天下之忧，庶乎四海生灵常见太平。"④苏

---

① 《学习论坛》第 24 卷第 4 期，2008 年 4 月。
② 《吉林省教育学院学报》2008 年第 9 期。
③ 宋范仲淹：《范文正公文集》卷一七《让观察使第三表》。
④ 宋范仲淹：《范文正公文集》卷八《上执政书》。

轼后来评论说："公在天圣中，居太夫人之忧，则已有忧天下致太平之意，故为万言书以遗宰相，天下传诵。至用为将，擢为执政，考其平生所为，无出此书者。"①他在被贬时，不以自身沉浮为意，仍不忘忧国忧民。"既去职任，而尚怀国家之忧"②，"求民疾于一方，分国忧于千里"③。

他为农民的收成而忧："秋霖弗止，禾穗未收，斯民之心，在忧如割"④，"南阳风俗常苦耕，太守忧民敢不诚"⑤。他为士人的文风而忧："是故文章以薄，则为君子之忧"⑥。他为各级行政机构的吏治忧："今四方多事，民日以困穷，将思为盗，复使不才之吏临之，赋役不均，刑法不当，科率无度，疲乏不恤，上下相怨，乱所由生。若不急于求人，蚤革其弊，诚国家之深忧也。"⑦和平时期，他忧"人不知战，国不虑危"⑧，战争时期，他"痛心疾首，日夜悲忧，发变成丝，血化成泪"⑨。他为国家的内忧外患而忧："今二虏至强，四方多事，兵戈未息，财利已乏，生民久困，苛政未宽，设有饥馑相仍，盗寇竞起，将何以定？天下可忧。"⑩他进亦忧退亦忧，无时无处不忧，"上以宗庙为忧，下以生灵为念"⑪。

范仲淹还将自己的忧乐精神灌输给儿女，其次子北宋中期的名臣范纯仁在去世前的《遗表》中说："臣闻生也有涯，难逃定数。死之将至，愿毕余忠。伏念臣赋性拙直，禀生艰危。忠义虽得之家传，利害率同于人欲。未始苟作以干誉，不敢患失以营私。盖尝先天下而忧，期不负圣人之学，此先臣所以教子而微臣资以事君。"⑫

三、范仲淹"先忧后乐"思想的源头和对后世的影响

清代学者魏源说："君子读二《雅》至厉、宣、幽、平之际，读《国风》至二南、

① 宋苏轼：《苏文忠公全集》卷二四《范文正公文集叙》。
② 宋范仲淹：《范文正公集》卷九《答安抚王内翰书》。
③ 宋范仲淹：《范文正公文集》卷一八《邓州谢上表》。
④ 宋范仲淹：《范文正公文集》卷一一《上枢密尚书书》。
⑤ 宋范仲淹：《范文正公文集》卷三《依韵和提刑太傅嘉雪》。
⑥ 宋范仲淹：《范文正公文集》卷一《上时相议制举书》。
⑦ 宋范仲淹：《范文正公政府奏议》卷上《奏乞择臣僚令举差知州通判》。
⑧ 宋范仲淹：《范文正公文集》卷九《奏上时务书》。
⑨ 宋范仲淹：《范文正公文集》卷一八《让枢密直学士右谏议大夫表》。
⑩ 宋范仲淹：《范文正公政府奏议》卷上《再奏乞两府兼判》。
⑪ 宋范仲淹：《范文正公政府奏议》卷上《答手诏五事》。
⑫ 宋范纯仁：《范忠宣公集》卷七《遗表》。

幽之诗,喟然曰:《六经》其皆圣人忧患之书乎!"①确实,在儒家经典中,关于忧患意识的论述是很多的。

《易系辞》下:"作《易》者,其有忧患乎?"《尚书·周官》:"制治于未乱,保邦于未危。"《左传》襄公十一年:"《书》曰'居安思危',思则有备,有备无患。"

范仲淹"先忧后乐"思想的表述最接近于孟子的忧患思想。《孟子·梁惠王下》:"乐民之乐者,民亦乐其乐。忧民之忧者,民亦忧其忧。乐以天下,忧以天下,然而不王者,未之有也。"很显然,孟子对范仲淹产生了直接的影响。南宋诗人王十朋有诗曰:"先忧后乐范文正,此志此言高孟轲。暇日登临固宜乐,其如天下有忧何?"②就指出了这一点,并且认为范仲淹的思想已经超过孟子。

范仲淹的忧乐思想在当时就引起了强烈的共鸣,促进了北宋具有浓重忧患意识的士风的形成,并对后世产生了深远的影响。

范仲淹外放苏州时,欧阳修写信给他说:"自去岁在洛阳,闻以言事出睦州,及来京师,又知移常州,寻复得苏州。迁延南方,岁且终矣。南方美江山水国,富鱼与稻,世之仕宦者,举善地称东南,然窃惟希文登朝廷,与国论,每顾事是非,不顾自身安危。则虽有东南之乐,岂能为有忧天下之心者乐哉!"③南宋诗人陆游《病起书怀》:"病骨支离纱帽宽,孤臣万里客江干。位卑未敢忘忧国,事定犹须待阖棺。天地神灵扶庙社,京华父老望和銮。出师一表通今古,夜半挑灯更细看。"④"位卑不敢忘忧国",忧的是北宋故地未曾恢复,病中还在读《出师表》。明代著名学者顾炎武说:"保国者,其君其臣肉食者谋之;保天下者,匹夫之贱与有责焉耳矣。"⑤后来被梁启超概括为"天下兴亡,匹夫有责",意思是虽然地位低微,但是没有忘掉忧国忧民的责任,这都是在范仲淹的影响下形成的名言。

清朝封疆大吏左宗棠自幼便胸怀大志,为其儿子撰写一副对联:"身无半

---

① 清魏源:《古微堂集》内集卷二《默觚》下。
② 宋王十朋:《梅溪王先生文集》后集卷一五《读岳阳楼记》。
③ 宋欧阳修:《欧阳文忠公集》外集卷第十七《与范希文书》。
④ 宋陆游:《剑南诗稿》卷七。
⑤ 清顾炎武:《日知录》卷一三《正始》。

亩,心忧天下;读破万卷,神交古人。"①1842年,林则徐被以"办理不善"的罪名革职降级,充军伊犁,次年他途经陕西西安与家人告别,写下了《赴戍登程口占示家人》一诗,中有句云:"苟利国家生死以,岂因祸福避趋之。"意思是只要对国家有利,即使牺牲自己生命也心甘情愿,绝不能因为自己可能受到祸害而躲开。他的思想境界也是极高的。

四、范仲淹"先忧后乐"思想的当前意义

在一段时间里,我们曾经轻视传统文化,但很快得到了纠正。改革开放以来的三十几年间,我们在解放思想,放眼世界,汲取世界优秀文明成果的同时,也大力整理、发掘传统文化成果,从中吸收有益的营养,推动社会进步。范仲淹"先忧后乐"思想,虽然有忠君成分("忧其君"),最终的表述却是"先天下"和"后天下",因而可以说是传统文化的精粹,曾引起无数志士仁人的共鸣并予以践行。在君主专制时代早已成为历史的今天,在民富国强的太平盛世,我们全民族必须有如同范仲淹这样的忧患意识,而对于知识分子和各级干部来说,应当大力提倡"先天下之忧而忧,后天下之乐而乐"的崇高精神和人生价值观。

原载:《上海思想界》总第 16 期,
2014 年 10 月,第 43—47 页。

---

① 　清左宗棠:《左文襄公集》联语。

苏轼的"鬓如霜"和"鬓微霜"

苏轼留下了《江城子》词十三阕,其中有两首写于同一年,而且"十年生死两茫茫"在前,"老夫聊发少年狂"在后,"鬓如霜"在前,"鬓微霜"在后,有点不可理解。

赵丽宏先生特别推崇苏东坡。他认为,宋代的文学,如果没有苏东坡,也许就是另外一种景象。苏词之妙,非三言两语能说尽,人类所有的情感,所有的憧憬,在苏词中都可以看到。赵先生在《玉屑集》中专门谈到了苏词中的这两首《江城子》,认为"老夫聊发少年狂"铿锵激昂,一扫阴柔妩媚之气,是他性格中豪放刚勇一面的生动表现;"十年生死两茫茫"的缠绵和哀伤,给人心碎的感觉,在中国古诗中,表现夫妻之爱的作品,很难有别的作品与之相比。

三年以前,我突然迷上了这两首词作,反复吟诵,反复抄写,但即使是"老夫聊发少年狂,左牵黄,右擎苍,锦帽貂裘,千里卷平冈",也没有给我带来欢乐,因为里面还有"鬓微霜",有"持节云中,何日遣冯唐",至于"十年生死两茫茫,不思量,自难忘。千里孤坟,无处话凄凉。纵使相逢应不识,尘满面,鬓如霜",更使人不知流了多少眼泪。或许冥冥之中有人提醒,当时的情景,正与苏东坡的遭际类同。

在苏东坡,这两首《江城子》所表达的情绪虽然完全相反,其内涵却有相通之处,"鬓微霜"和"鬓如霜",也只是程度不同而已。

"十年生死两茫茫"有题云"乙卯正月二十日夜记梦",表明写于宋神宗熙宁八年(1075)正月。苏轼于熙宁七年九月离开杭州,熙宁八年正月十五日作《蝶恋花·密州上巳》有"寂寞山城人老也"之句,二十五日作《江城子》"十年生死两茫茫",即有"纵使相逢应不识,尘满面,鬓如霜"之句了。那时苏轼仕途偃寒,心情压抑,前妻王弗的十年忌辰,打开了久蓄于内心的情感闸门,奔腾澎湃,不可遏止,于是乎有梦、有遇、有语,梦境与现实纠缠在一起,面对已经死去十年的爱妻王弗,苏轼不仅"鬓如霜",而且"尘满面",苏轼宁肯以如此面目见爱妻,因为只有这样的面目才与内心的痛楚相吻合,在坎坷的人生之路上前行的苏轼,比起在十年前去世的王弗来说,还是十分幸运的。爱妻停驻于30多岁,"小轩窗,正梳妆",在苏轼眼中,仍然是那样的楚楚动人,而自己却是"尘满面,鬓如霜",即使遇见,也一定不认识了,爱妻啊,这不是我装出来的,是煎熬出来的。

至于"老夫聊发少年狂",据傅藻《东坡纪年录》,"乙卯冬,祭常山回,与同官习射放鹰作",则写于同年冬天。当时他曾因旱去常山祈雨,后果得雨,再往常山祭谢,归途中与同官梅户曹会猎于铁沟。他另有《祭常山回小猎》(旧注熙宁八年作)诗云:"青盖前头点皂旗,黄茅冈下出长围。弄风骄马跑空立,趁兔苍鹰掠地飞。回望白云生翠巘,归来红叶满征衣。圣朝若用西凉簿,白羽犹能效一挥。"据《乌台诗案》记苏轼自云:"熙宁八年五月,轼知密州,于本州常山泉水处祈雨有应,遂名为雩泉。九年四月,立石常山之上。去年祭常山回,与同官习射放鹰,作诗一首,题在本州小厅上。除无讥讽外,云'圣朝若用西凉簿,白羽犹能效一挥'。意取西凉州主簿谢艾事。艾本书生也,善能用兵,故以此自比。若用轼为将,亦不减谢艾也。"这是苏轼在被人诬告以后的供词。"老夫聊发少年狂"词中的"持节云中,何日遣冯唐"说的是汉文帝时云中太守魏尚抗击匈奴有功,但因在报功单上多写了几颗首级,获罪削职,后来汉文帝听了冯唐的话,派冯唐持节前往赦免魏尚,仍叫他当云中太守。一诗一词,表达的意思都是希望朝廷委以重任,到边疆杀敌。

在写下了这首词以后,苏轼写信给鲜于子骏说:"近却颇作小词,虽无柳七郎风味,亦自是一家,呵呵。数日前猎于郊外,所获颇多,作得一阕,令东州壮士抵掌顿足而歌之,吹笛击鼓以为节,颇壮观也。写呈取笑。"东州即密州。柳七郎指宋仁宗时代的大词人柳永,其词多描绘都市风光和歌伎生活,尤擅长于抒写羁旅行役之情,创为慢词,铺叙刻画,情景交融,影响很大。苏轼自谦"无柳七郎风味",却又自信"自是一家",说明他已经竖起了豪放的旗帜。柳永让歌伎唱自己写的词,苏轼让壮士唱自己写的词,"令东州壮士抵掌顿足而歌之,吹笛击鼓以为节,颇壮观也",真是顾盼自雄,踌躇满志。

同年年初的"鬓如霜",到冬天却变为"鬓微霜"了,而且"老夫聊发少年狂",这种在现实中不可能有的变化,只能说是来之于心境。

那一年,苏轼40岁,40岁而称老夫,而且"鬓微霜,又何妨",有一种老当益壮的感觉,以古人的寿命比现代人短来解释,是无法说得通的。实际上,宋代士大夫高寿者比比皆是,与苏轼同时的文彦博等人,80多岁还出来做宰相。苏轼的"老夫""鬓微霜""鬓如霜",除系表达心境的夸张以外,也是对前人诗作,特别是他崇敬的白居易的作品的一种借用。

宋洪迈《容斋五笔》卷八《白苏诗纪年岁》:"白乐天为人诚实洞达,故作诗述怀,好纪年岁。因阅其集,辄抒录之。……'四十未为老,忧伤早衰恶。''莫学二郎吟太苦,才年四十鬓如霜。'……苏公素重乐天,故间亦效之。如'龙钟三十九,劳生已强半。岁暮日斜时,还为昔人叹。'正引用其语。又'四十岂不知头颅,畏人不出何其愚。''我今四十二,衰发不满梳。''忆在钱塘正如此,回头四十二年非。''行年四十九,还此北窗宿。''吾年四十九,赖此一笑喜。''嗟我与君皆丙子,四十九年穷不死。''五十之年初过二,衰颜记我今如此。''白发苍颜五十三,家人强遣试春衫。''先生年来六十化,道眼已入不二门。''纷纷华发不足道,当返六十过去魂。''我年六十一,颓景薄西山。''结发事文史,俯仰六十逾。''与君皆丙子,各已三万日。'玩味庄诵,便如阅年谱也。"

原来白居易《闻龟儿咏诗》早已有过这样的诗句:"怜渠已解弄诗章,摇膝支颐学二郎。莫学二郎吟太苦,才年四十鬓如霜。"而苏轼在40岁左右的时候,不断地发出衰老的感叹,"龙钟三十九""我今四十二,衰发不满梳",至于40以后,就更多了。

苏轼的如此表述,亦为后人所仿效。宋张文潜《九江千岁龟歌赠无咎》:"霞衣仙人鬓如霜,饮以南极之光芒。"金元好问袭用苏轼句:"前度刘郎复阮郎,玄都观里醉红芳。非关小雨能留客,自是桃花要洗妆。人世难逢开口笑,老夫聊发少年狂。一杯尽吸东风了,明日新诗满晋阳。"(《玄都观桃花》)"东阁官梅要洗妆,青云公子不相忘。翰林风月三千首,乐府金钗十二行。佳节屡从愁里过,老夫聊发少年狂。花行更比梳行好,谁道并州是故乡。"(《同严公子大

用东园赏梅》)

　　与苏轼相比,我倒已是花甲"老夫",而且确实"鬓如霜"了,与东坡不同的是,我早已不盼望有一位"冯唐""持节云中",带来什么好消息了。

2008 年 11 月

原载:《社会科学报》2008 年 6 月 5 日第 8 版。

《(嘉靖)湖广图经志书》所录
《全宋文》未收文考

笔者近来从"日本藏中国罕见地方志丛刊"之《(嘉靖)湖广图经志书》①中查得不见于《全宋文》的宋人文章七八十篇，兴奋之余，略作考证以与同好共用。

一

图经是以图为主或图文并重记述地方情况的专门著作，又称图志、图记。"图"指一个行政区划的疆域图、沿革图、山川图、名胜图、寺观图、宫衙图、关隘图、海防图等，"经"是对图的文字说明，包括境界、道里、户口、出产、风俗、职官等情况。它由地记发展而来，内容比地记完备得多。

现知图经以东汉的《巴郡图经》为最早。魏晋南北朝时期，中国各地逐步纂修图经；隋、唐、北宋时期，图经最为发达，成为当时方志的通称。现存最早的图经是敦煌遗书《沙州都督府图经》残卷和《西州图经》残卷，两书大约都成于8世纪中叶，体例已接近宋以后的方志，现均只见经不见图。唐代有些志书开始向图少文多的趋势发展，如卢求纂的《成都记》(已佚)。南宋时，图便退居于附录地位，图经向方志过渡。元代编修简易图经一度较为普遍。明代间有以图经为名的志书，清代及以后以图经命名的志书极少。

湖广或"湖广行省""湖广省"，为元朝和明朝时期直属朝廷管辖的一级行政区。明朝时期为湖广承宣布政使司的简称，治武昌(今武汉武昌)，辖今湖北、湖南全境，下辖16个府：武昌府、汉阳府、黄州府、承天府、辰州府、德安府、岳州府、

---

① 《(嘉靖)湖广图经志书》，书目文献出版社，1991年。

荆州府、襄阳府、宝庆府、郧阳府、长沙府、常德府、衡州府、永州府、黎平府。

图经所来尚矣，而"图经"与"志书"合称，则为明代之事，《日下旧闻考》引《（洪武）北平图经志书》即有 20 余处①。

我国修地方志，向有递嬗相承之优良传统，然隔朝重修，为了简省篇幅，突出本朝，大多会对旧志内容进行删削，于是乎对于欲寻求旧志所含重要材料的学者来说，就留下了遗憾。但《（嘉靖）湖广图经志书》不同。此编原题《续修湖广通志》，据嘉靖元年五月吴廷举《续修湖广通志序》："旧《湖广通志》十卷，成化甲辰修于故提学薛先生纲，板故藏藩司，比岁书人不戒于火，已成灰烬。正德丁丑冬，廷举以副都御史来楚救荒，求此方故实，于士夫家得前志观焉，虑后来无所考见也，明年戊寅，移檄所司再修。"②在几经周折以后，对于重修体例达成了共识："姑仍旧志，附以新事。"③即对旧志不加删削，而将全书扩为二十卷。关于书中的"诗文"一目，序后之《湖广图经志书凡例》云："旧志诗文就收各类下，分行书刻，于不可附者，又立诗文一目于后。今以字细文多，不便老眼灯窗检阅，乃仿《河南总志》摘出附于原定诗文类内，以附各府之后。其文不淳雅者，事涉阿谀者，皆削去之，而但节其合用事迹，使后人有所考见也。""诗文间有无关于志而录之者，必本省士夫之作，取一方文献之传，以诏后进也。"④此书之所以保存了众多的明前文献，正是其"姑仍旧志，附以新事"的体例起了作用。后来清代重修此志，就大量删削了前志的内容。当前志佚失或不易见之时，其中的内容也就遗憾地与后人永别了。《（嘉靖）湖广图经志书》在我国已罕见，幸而仍存于日本，吾人能见及并加以利用，实应感谢邻国以及编纂丛书出版的书目文献出版社。

二

经通检核对，《（嘉靖）湖广图经志书》所录为《全宋文》未收的宋人文章作者篇目如下：

---

① 《日下旧闻考》，《景印文渊阁四库全书》第 497 册，台北商务印书馆，1986 年，第 543 页。
② 《（嘉靖）湖广图经志书序》，第 1 页。
③ 《（嘉靖）湖广图经志书序》，第 2 页。
④ 《（嘉靖）湖广图经志书凡例》，第 5 页。

编号	作者	原书作者简介	篇名	所在卷/地区/页	备考
1	罗愿	新安人，知州	烈女张氏记	卷二/武昌 217	又见于明程敏政《新安文献志》卷四四
2	张掞	邑人	重建大成殿记	卷二/武昌 252	《全宋文》未收此人
3	李纲	丞相	岩头寺题名	卷二/武昌 267	又见于清杨守敬《湖北金石志》卷一一
4	无名氏		瑞莲记	卷二/武昌 278	
5	陈观国	莆阳人，郡文学	瑞莲诗序	卷二/武昌 278	《全宋文》未收此人
6	王质	学士	军学上梁文	卷二/武昌 279	
7	无名氏		炎帝庙像服记	卷五/德安 467	
8	胡瑗		儒学记	卷六/荆州 633	又见于明廖道南《楚纪》卷一九《松滋儒学记》
9	杨味道		洗心堂记	卷六/荆州 641	《全宋文》未收此人
10	郑南		修城隍庙记	卷六/荆州 641	《全宋文》未收此人
11	程崧	县令	鹿苑寺记	卷六/荆州 646	
12	郑瞻		重修岳阳楼记	卷七/岳州 751	《全宋文》未收此人
13	□邕		湘君庙记	卷七/岳州 752	《全宋文》未收此人
14	李观		灵妃庙记	卷七/岳州 753	《全宋文》未收此人
15	罗孝芬	邑人	石牛寨记	卷七/岳州 774	又见于清曾国荃《(光绪)湖南通志》卷二二。《全宋文》未收此人
16	杨寅	眉山人	忠孝桥记	卷七/岳州 775	
17	杨寅	眉山人	贡英堂记	卷七/岳州 775	又见于明钟崇文《(隆庆)岳州府志》卷七(仅一半)
18	刘一龙		忠孝双庙记	卷七/岳州 776	又见于清曾国荃《(光绪)湖南通志》卷七六。《全宋文》未收此人

续表

编号	作者	原书作者简介	篇名	所在卷/地区/页	备考
19	任续		彭思王庙记	卷七/岳州 784	又见于明钟崇文《(隆庆)岳州府志》卷九
20	刘子澄	庐陵人,提刑(卷七/岳州/P744 录其诗《题范文正公读书堂》下注)	嘉惠庙记	卷七/岳州 794	又见于清曾国荃《(光绪)湖南通志》卷七七宋刘子澄《秀峰嘉惠碑记》。《全宋文》卷五七九九收刘清之字子澄,无此文。《(嘉靖)湖广图经志书》卷八/安陆/P955 收《重修西仓记》,作者刘清之下注"权判鄂州军事"(见此表27)。按同时又有刘子澄字清叔,《全宋文》未收
21	王仁		范文正公读书堂记	卷七/岳州 797	清曾国荃《(光绪)湖南通志》卷七十有宋任友龙《范文正读书堂记》可参考。《全宋文》未收此人
22	石才孺	教授	重修郡治记	卷十/安陆 950	
23	莫若拙	州教授	重修厅事记	卷十/安陆 951	《全宋文》未收此人
24	吴从龙		重建学记(节文)	卷十/安陆 952	《全宋文》未收此人
25	谢谔		白雪楼记	卷十/安陆 952	宋王象之《舆地纪胜》卷八四:楚地诸州皆有楼观,收揽奇秀,而郢之白雪尤雅尤雄胜(谢谔《重建白雪楼记》)
26	郭见义		重修白雪楼记	卷十/安陆 952	
27	刘清之	权判鄂州军事	重修西仓记	卷十/安陆 955	
28	任□	莆阳观察推官	新建大军仓记(节文)	卷十/安陆 956	
29	赵景纬		进士题名记	卷十二/衡州 1048	

续表

编号	作者	原书作者简介	篇名	所在卷/地区/页	备考
30	黄人杰		衡阳县学记	卷十二/衡州 1049	
31	乐章	提点刑狱	重建儒学记	卷十二/衡州 1075	
32	陈文龙		进士题名记	卷十二/衡州 1076	又见于明杨珮《(嘉靖)衡州府志》卷八。《全宋文》未收此人
33	林畊		乡贡题名记	卷十二/衡州 1076	
34	皮龙荣		刘计院梦应明善录前序	卷十二/衡州 1076	《全宋文》未收此人
35	李宗谔	翰林学士	图经序	卷十二/衡州 1081	
36	曹辅	延平人	三怀序	卷十二/衡州 1082	
37	柴梦规	蓝山知县	重新县厅记	卷十二/衡州 1089	《全宋文》未收此人
38	董偲		改建儒学记	卷十二/衡州 1089	《全宋文》未收此人
39	刘晦之	本县(蓝山)主簿	县学初得田记(节文)	卷十二/衡州 1090	又见于清曾国荃《(光绪)湖南通志》卷九、明杨珮《(嘉靖)衡州府志》卷五。《全宋文》未收此人
40	曾迪叔		拙堂记	卷十三/永州 1153	宋周敦颐《元公周先生濂溪集》(宋刻本)卷十一有曾几《永州倅厅拙堂记》,即此文
41	杨万里	种爱堂记		卷十三/永州 1154	又见于清曾国荃《(光绪)湖南通志》卷三三
42	柳拱辰		柳先生祠记(节文)	卷十三/永州 1155	又见于清曾国荃《(光绪)湖南通志》卷二七一。《全宋文》未收此人

续表

编号	作者	原书作者简介	篇名	所在卷/地区/页	备考
43	刘芮		困斋铭	卷十三/永州 1156	又见于清王昶《金石萃编》卷一五二、清曾国荃《(光绪)湖南通志》卷二七三。《全宋文》未收此人
44	杨允恭		谢赐道州濂溪书院御书表	卷十三/永州 1178	又见于清邓显鹤《沅湘耆旧集前编》卷一九
45	叶重开	括苍人	希贤阁记	卷十三/永州 1178	又见于宋周敦颐《元公周先生濂溪集》卷之十(宋刻本)
46	黎韶	参军	瑞莲亭记(节文)	卷十三/永州 1179	《全宋文》未收此人
47	陈纯夫	教授	莱公楼记(节文)	卷十三/永州 1179	又见于清曾国荃《(光绪)湖南通志》卷三三,为全文。《全宋文》未收此人
48	黄潜	知县	狮子岩记(节文,未录其文之首段)	卷十三/永州 1187	又见于明章潢《图书编》卷六十三,未录其文之最后一段。《全宋文》未收此人
49	李韶		重建县学记	卷十三/永州 1189	又见于清曾国荃《(光绪)湖南通志》卷六三
50	王楎	太守	修郡治记	卷十四/柳州 1290	
51	俞德藻	教官	修州学创书楼记	卷十四/柳州 1231	《全宋文》未收此人
52	陈兰孙		新建希濂书院记	卷十四/柳州 1232	
53	谭世勋		刘相公祠堂记	卷十四/柳州 1232	
54	王湜	道州人,教授	新建濂溪祠堂记	卷十四/柳州 1233	

编号	作 者	原书作者简介	篇 名	所在卷/地区/页	备 考
55	曹辅	枢密	三怀堂记	卷十四/柳州 1234	
56	罗处约		义帝庙记	卷十四/柳州 1234	
57	谢谔		贡院记	卷十四/柳州 1235	
58	许杭	太守	北园记(节文)	卷十四/柳州 1235	《全宋文》未收此人
59	张舜民		游鲜山记	卷十四/柳州 1236	
60	傅实之		絜矩堂记(节文)	卷十四/柳州 1245	
61	刘坦		得初心堂记	卷十四/柳州 1246	《全宋文》未收此人
62	丁爊	知县	进士题名记	卷十四/柳州 1246	《全宋文》未收此人
63	雷应春		贡士庄记	卷十四/柳州 1256	又见于清曾国荃《(光绪)湖南通志》卷三五
64	潘唯一		杜公亭	卷十五/长沙 1366	《全宋文》未收此人
65	胡矗	湘阴知县	洞庭庙记	卷十五/长沙 1368	《全宋文》未收此人
66	张栻		杨龟山先生遗像记	卷十五/长沙 1372	
67	杨大异		渌水池记	卷十五/长沙 1374	《全宋文》未收此人
68	宋孪		魁星楼记	卷十五/长沙 1375	《全宋文》未收此人
69	马惟允		教授题名记	卷十六/宝庆 1427	《全宋文》未收此人

续表

编号	作者	原书作者简介	篇名	所在卷/地区/页	备考
70	田奇		武冈军学重建大成殿记	卷十六/宝庆 1438	
71	家遇		进士题名记（节文）	卷十七/辰州 1507	《全宋文》未收此人
72	黄□	知县	重建儒学记	卷十七/辰州 1510	
73	薛举岩	知县	揭明伦堂扁记	卷十七/辰州 1510	又见于清曾国荃《(光绪)湖南通志》卷二八四《宋黔阳县登科题名碑》，文较全
74	宋真宗		赐下溪州刺史彭儒猛锦袍银带诏（天禧三年五月）	卷十七/辰州 1515	
75	李焘		善卷祠记	卷十八/常德 1550	明陈洪谟《(嘉靖)常德府志》卷一八可互校
76	谢繇		飞山威远侯祠记	卷十九/靖州 1585	
77	杨传正		惠爱堂记	卷十九/靖州 1585	《全宋文》未收此人

以上为《全宋文》所未收者 77 篇，论其内容颇有重要者，论其作者亦有少数名家之遗文，有 34 位作者为《全宋文》所未收，有一人多篇者。尤可珍视者，其中半数以上不见于其他文献。

三

尚有一些文章，《全宋文》虽已据其他文献辑入，但非全文，此处可予替补。

如《全宋文》卷六八七四龚盖卿《昭武侯德政碑》，据《(光绪)湖南通志》)卷二七〇、《(嘉靖)衡州府志》卷八、《(同治)常宁县志》卷一二等录①：

> 常宁自数十年来，令之得遂始终者盖不多见。矧戊戌煨烬之余，更代尤为不常，或半载而去，或数月而去。狱滥而不知决，年凶而不知救，民将安赖？自昭武侯来宰是邦，听狱甚宽，惜民甚切，人无桎梏之虐，吏绝舞文之奸，消一时争竞之习，还三代礼仪之风，百里之民，咸乐其政，果谁安之耶？是诚不可不记也。侯名闲，字诚夫，时庆元二禩七月初吉书。

而《(嘉靖)湖广图经志书》卷十二衡州常宁县录袭盖卿《惠政碑》则为②：

> 县之有令，乃古之子男是也，先儒谓可以寄百里之命，唐人亦以系于县令云者，以生民之命至重，非有慈祥恺悌之政，垂意抚摩，则人有不安其生。常宁自数年来，令之得遂始终，盖不多见。矧戊戌煨烬之后，更代尤为不常。或半载而去，或数月而去，宜其狱滥而不知决，年凶而不知恤，斯民安所赖焉？太上皇帝即位之三年，昭武李侯来宰是邦，听狱为甚宽，惜民为甚切。每遇春雨积阴，夏暑炎燠，秋高凄凉，冬穷凛冽，狴犴四辟，狱无一人。或斗有伤，或窃得赍，呼之而前，拟法而遣。人无桎梏之虐，吏绝舞人文之奸。百里之民，举乐其政，消异时乖争之习，还三代礼义之风。其谁之赐耶？自春徂夏，人以艰食为病，侯夙夜不遑宁，加意赈给，仁恩浸乎。化菜色为怡颜，转枵肠而鼓腹，此又惠政之大也。历五载之久，终始如一，允谓人所难能矣。道日彰，誉日著，当路交荐，下民借留。近代字民之官，如侯者实鲜，恶得不纪其令德耶？玩志于古，推诚于教，故置其名于县庠云。侯名闲，字诚夫。时庆元二禩七月初吉记。

显然以后者为完整。又其人之姓实当作袭，为朱熹弟子，各书中均有记

---

① 曾枣庄、刘琳主编：《全宋文》第301册，第229页。
② 《(嘉靖)湖广图经志书》卷一二，第1068—1069页。

载,多作袭盖卿,仅少数图书作龚盖卿,《南宋馆阁录续录》卷七:"袭盖卿,字梦锡,衡州常宁人。淳熙十四年王容榜同进士出身,治《易》。"①

又如,《全宋文》卷六四五九李诵《平蛮记略》,据《（光绪）湖南通志》卷八三录出②:

> 宋淳熙三年,中峒姚民敖等及诸团争附为乱,其众数千,其锋甚锐。前守司公景辉遣戍将田琪暨州兵守密崖,又进守西楼,以断寇路,筑障浚隍,募忠义乘贼,且告急于朝,而乞兵上司,军书羽檄,接迹于道。诸司各遣官招抚,而夷情反覆,侵侮不已。会景辉领祠欲还,有旨趣今守邢公迁丞上,并诏司宪下常德府盗贼司,合兵掩捕。四月,邢单骑次三出,越二日至于贯保,未及战,而戍将田琪冒险轻进,为姚家团所衄,琪死,窜奔者归,举城震骇。邢独奋然开虎符,收溃卒,酌之酒而授之戈,勉以忠孝,使军事判官舒显祖尽率以往,又荆鄂之兵始至城外者咸督发之。翼日,复扼西楼,贼乃不敢越境。是日,孤城殆不可保,已而猺人获之,随捣中峒,覆其巢穴,追逃蛮,略大小汶川,还取桃溪堡,所过皆望风詟栗,乃即来筑台歃牲,以受其降,卒复置寨宇而归其市民。既毕,劳诸酋长,引民敖戮于门外,而传其首于辰、沅。于是东至金竹、容峒,南至罗章、龙岩,西至湖耳诸道,北至林源、三江,咸洗污俗而为新民矣。

而《（嘉靖）湖广图经志书》卷十九靖州常宁县录李诵《平蛮碑》则在其文前后均有一大段文字③,全文篇幅为其两倍以上。

又如《全宋文》卷五八〇二童硕孙《江华县令题名记》据《（道光）永州府志》卷一一下、《（同治）江华县志》卷一一录校④,而《（嘉靖）湖广图经志书》卷十三永州录《县令题名记》则在文中多出一段文字⑤。

---

① 佚名:《南宋馆阁录续录》,《景印文渊阁四库全书》第595册,第508页。
② 曾枣庄、刘琳主编:《全宋文》第284册,第374页。
③ 《（嘉靖）湖广图经志书》卷一九,第1588页。
④ 曾枣庄、刘琳主编:《全宋文》第258册,第168页。
⑤ 《（嘉靖）湖广图经志书》卷一三,第1188页。

四

尚有多篇文章,《全宋文》虽已据其他文献辑入,但《(嘉靖)湖广图经志书》所录可以进行重要校补。谨举七篇如下表:

编号	作者	原书作者简介	篇名	所在卷/地区/页	备考
1	范愉		范公忠宣祠堂记	卷五/德安 453	《全宋文》卷四五七五据《古今图书集成》职方典卷一一六九、《(道光)安陆县志》卷一三、《(民国)湖北通志》卷三○录出,有删改、缺文、误字多处,可以此补正。
2	滕宗谅		求岳阳楼记书	卷七/岳州 750	《全宋文》卷三九六据《(雍正)湖广通志》卷九六、《岳阳纪胜勷编》卷四、《(隆庆)岳州府志》卷六、《楚纪》卷五二、《(嘉庆)湖南通志》卷一八○、《(道光)洞庭湖志》卷一○、《(光绪)湖南通志》卷三四、《(光绪)巴陵县志》卷七八等录出,题《求记书》,有缺文、异文。
3	滕宗谅		岳阳楼诗集序	卷七/岳州 754	《全宋文》三六九据《岳阳纪胜勷编》卷四录出,有缺文异文。
4	石才孺		土风考古记	卷十/安陆 954	《全宋文》卷四七○二《郢州土风考古记》据《(雍正)湖广通志》卷一○六、《(康熙)安陆府志》卷三二、《(乾隆)江陵县志》卷四五、《钟祥金石考》卷一等录校,有异文。
5	王定民	县令	初建儒学记	卷十五/长沙 1365	《全宋文》二五六二《笙竹书院记》,据《(光绪)湘阴县图志》卷三○、《(嘉庆)湖南通志》卷四九录出,有缺文误字,可据以校补。

编号	作者	原书作者简介	篇　名	所在卷/地区/页	备　考
6	潘忠恕	本府通判	龙山碑记	卷十六/宝庆 1428	《全宋文》卷七六八四《龙山普济庙记》,据《(嘉庆)邵阳县志》卷三四、《(道光)宝庆府志》卷八八录入,多有缺文、异文,可校补。
7	钟兴		作新书院记	卷十九/靖州 1584	《全宋文》卷六九八二《靖州作新书院记》,据《(光绪)湖南通志》卷七〇、《(康熙)靖州志》卷六、《(嘉庆)湖南通志》卷五一、《(光绪)靖州直隶州志》卷一一等录入,可校补者甚多。

其中滕宗谅的两篇文章,对于范仲淹的千古名篇《岳阳楼记》的理解和研究关系重大。《(嘉靖)湖广图经志书》中的《求岳阳楼记书》更为完整,如《全宋文》:

今古东南郡邑,当山水间者比比,而名与天壤同者则有豫章之滕阁,九江之庾楼,吴兴之消暑,宣城之叠嶂,此外无过二三所而已。[①]

《(嘉靖)湖广图经志书》作:

今古东南郡邑,富山水者比比是焉,因山水作楼观者处处有焉,莫不兴于仁智之心,废于愚俗之手,其不可废而名与天壤齐固者,则有……[②]

显然,这是原来应该有的文字。

又如《全宋文》"巴陵西,跨城闉,揭飞观,署之曰'岳阳楼',不知俶落于何人","何人",《(嘉靖)湖广图经志书》所引作"何代何人",较胜。又《全宋文》

---

① 曾枣庄、刘琳主编:《全宋文》第 19 册,第 186 页。
② 《(嘉靖)湖广图经志书》卷七,第 750 页。

"君山洞庭,杰然为天下之最胜",《(嘉靖)湖广图经志书》所引作"君山洞庭,杰杰为天下之特胜",宋抄本《舆地纪胜》卷六九引作"君山洞庭,杰杰然为天下之特胜",可见以《舆地纪胜》所引为胜,《(嘉靖)湖广图经志书》次之。又"岂不摅遐想于素尚",《(嘉靖)湖广图经志书》所引作"岂不欲摅遐想于素尚",均较胜。

至于《岳阳楼诗集序》,除了异文以外,《(嘉靖)湖广图经志书》所引文末多一段落款云:

> 时庆历六年七月十五日,尚书祠部员外郎、天章阁待制、知岳州军州事南阳滕宗谅谨序。①

滕宗谅的《求记书》写于"六月十五日"。但因文中又有"去秋以罪得兹郡"之语,于是有人认为既然滕宗谅于庆历四年到岳州,则《求记书》应写于庆历五年,范仲淹的《岳阳楼记》写于庆历六年九月十五日,离开《求记书》的时间居然有一年零三个月。② 我曾经在《岳阳楼记事考》中考证了这一问题,认为《求记书》应写于庆历六年六月十五日。如今《(嘉靖)湖广图经志书》所引《岳阳楼诗集序》文末落款明书庆历六年七月十五日,事出于一时,我的考证又得到了一条有力的佐证。

此书所录宋人文章,可与他书所录互校而优胜者亦颇多,此不赘。以上考证足证《全宋文》编纂时未及使用《(嘉靖)湖广图经志书》,但张栻的《郴州学记》等五篇文章和文天祥的《武冈军学奎文阁记》一篇文章,则又明注利用了《(嘉靖)湖广图经志书》,说明整理张栻和文天祥两位文集的先生是使用了《(嘉靖)湖广图经志书》的。

原载:中国历史文献研究会编:《历史文献研究》总第 34 期,

上海:华东师范大学出版社,2014 年 12 月,第 86—96 页。

---

① 曾枣庄、刘琳主编:《全宋文》第 19 册,第 187 页。
② 陈湘源:《岳阳楼记写于岳阳》,《岳阳职业技术学院学报》2004 年第 4 期。

宋嘉定间乞颁赐程灵洗
庙号封爵等文书研究

　　近从婺源朋友程晓民先生处得见宋嘉定十五、十六年乞颁赐南朝梁陈程灵洗庙号、封爵文书,原件应为元代稿本或抄本,共 26 页,由收藏者裱为经折装两册,页次不尽正确,内容亦有缺失,但这一前此未见的珍贵原始文书,为研究宋代文献及新安地区社会状况和民众心态等提供了新的材料。

　　今谨就其内容性质及其作者、价值等问题论述如次。

一

　　文书内容可分为三部分,第一部分主要摘自北宋程祁所著《程氏世谱》,第二部分抄录南宋嘉定十五、十六年地方士绅官吏乞颁赐南朝梁陈程灵洗庙号封爵文书,第三部分为补充材料。

　　文书开首为程灵洗三代谱录,此谱及下《程灵洗传注》的主要内容均应为宋程祁撰《程氏世谱》之一部分(理由见下文)。

　　程祁,字忠彦,浮梁(今江西景德镇东北)人。元丰五年(1082)进士及第,调补玉溪掾。历太学博士、都官员外郎,绍圣中自乞为发运司幹当公事,随父出使江南。政和中知吉州,宣和中累官朝散大夫、提点杭州洞霄宫。编有《程氏世谱》三十卷。其事迹见其伯父程节传附[①]及其所撰《京山县新学记》《程氏世谱序》等文章中。

　　程祁工诗。宋周必大《二老堂诗话》下《程祁陈从古梅花诗》条:

[①]　明程敏政:《新安文献志》卷八〇行实《程待制节传》,《景印文渊阁四库全书》本。

政和中，庐陵太守程祁学有渊源，尤工诗，在郡六年，郡人段子冲字谦叔，学问过人，自号潜叟，郡以遗逸八行荐，力辞，与程唱酬梅花绝句，展转千首，识者已叹其博。……①

《程氏世谱》今已佚，存有三篇序言，可以考见编纂经过。其程祁前序云：

程氏望出广平，其上世盖高阳之诸孙也。在五帝世为火正，为祝融，为和仲、和叔。逮及周成康之际，始受封为程国。由周而下，世有闻人，见于传记可考。唐末五代之乱，亡失旧谱，上世次序，不可复知。祁为儿时，受教于先祖曰："程氏中微，不得祖谍。自吾有知，深忿惜之。今且老矣，子孙必当承吾志。凡遇同族，宜博采访，期于必获而后止。"且吾闻之先府君，以为吾家盛德之后，盖重安、忠壮公之系姓也。其后家君为和州历阳县尉，故吴门光禄帅洪道过南豫，从容谓家君曰："吾姓同出黄墩，而谱书不传，意其遗落民间，尚未泯坠。吾曹游宦，先至歙郡，当力求之，毋忘以成书相寄也。"

熙宁十年春，家君由小著得请知歙之婺源。明年，岁在戊午，实元丰元年正月之九日，于歙县得程氏数十家于黄墩，其豪曰志忠，率诸族父子兄弟迎谒道左，虽皆未学，然颇知礼，盖有衣冠遗风焉。从而询之，乃出《家谱》一卷，祖孙相传，多历年数，文字漫灭，世次不明。又得所谓相公墓及宅基、射鼍湖、浴马池等处，里民谈忠壮公遗事，历历可听。其盛德在民，岁时相与祠事不绝。家君既拜墓下，又从歙令张世望借取《图经》，因以考实所闻，盖皆符合。居无几，海宁族人程立亦献其所藏世次一卷。两家谱叙仅足以相补，词多鄙野，不成句读。或传歙县程璇家有善本，会其家因回禄之变，并以亡失。

先是，家君将之歙，留祁居家，自婺源至黄墩，岭道回还，凡二百余里。既行之三日，祁夜梦如迷途入一大墓中，意甚恐。适一古衣冠丈夫援手指之曰："道此可还而家也。"及寤，颇记其状。比家君还自歙，述墓茔林隧之势，如梦所睹。于是家君悉以所得程氏谱书付祁，曰："女当论次。吾读旧

---

① 宋周必大：《文忠集》卷一七八《二老堂诗话》下。

谱，至荆州骠骑，有三世不修谱之戒，诚哉是言也。且忠壮精灵英爽，死且不朽。殆神有意属女于梦寐，吾滋异之。"

祁奉命不自揆度，实始载其事于心，由是稽考史传，以相证佐。一代定著为一谱，以《开元谱》为第一。其后十年，调补玉溪掾，其书粗成，然犹未敢以为是也。东南族人或有好事者，随辄取去，离析卷帙，迁附臆说，其所写本，率多异同，往往标写以为祁所定，前后相诡，理出厚诬。元祐间，祁掌教卫学，暇日复加铨择，铅椠编简，不去几案者垂又五年，乃能讫事。因窃叹曰：程氏谱谍散漫无纪久矣，凡我同姓，宜所共惜。今以祁之固陋，其所论次，大惧不文，不足以发扬万分之一。然其世序条例，颇用史法，井井条理，不为不备也。倘宗人与我同志，或嗣有所见，或别有藏书，与今谱不同者，益以见教焉。以祁犬马之齿或未衰也，尚庶几改之，予日望之。①

序中所说的"先祖"，应为程祁之祖父程暹，"先府君"指其伯父程节，"家君"则为其父亲程筠。

其后序云：

……洪惟我姓，上承黄帝、高阳之德，下继火正、司马之功，《郑语》有之，史伯谓桓公曰："天之所启，十世不替。"黎为高辛氏火正，以焯耀敦大，天明地德，光照四海，故命之曰祝融，其功大矣。成天地之大功者，其子孙未尝不章。昆吾为夏伯矣，豕韦为商伯矣。以此考之，休父作武于周宣，肃侯赞画于魏武，豫章同德于宋高，忠壮配享于陈祖，佐命之绩，抑其世烈也夫！至若诚信侯感驱驰之义，结生死之契，殒首晦明，赵宗以基，虽昊天之所授，践祚而抚运者必将保艾其后，以造无疆之服历，彼屠岸贾何足以替之？如其隆替匪由人谋，则侯亦何力之有？然窃比夫断鳌立极而取日于咸池者，岂不懋哉！宜乎元丰之诏著之典祀，加以显服，宠于幽窀，光施于后人也。南宗疏远，久不与中州接，洛阳宗国，风马相遥，而黄墩宗人日失其序，谱谍芜落，曾无以为子孙借口之实，亦遑议缵戎之事哉！祁不敏，

---

① 《程典》卷三〇；又见道光《休宁县志》卷二〇；《全宋文》卷二六三三程祁，上海辞书出版社、安徽教育出版社，2006年，第122册，第152页。

盖有志于此,而未之敢为,束楮濡毫,日以望于宗盟,不为不久也。然且未有为之倡者,岂我前烈遂将陨坠于地与?何其寂寞而无绍也!用是不自揆,载其事于心。比者灵鉴其衷,遗谱荐出,补阙拾遗,证以史传,上系公孙之帝,下迄于昭代,随其所闻,靡迂靡略,其所不知,盖阙如也。书凡三十卷,作《世谱传序》。①

程祁编《程氏世谱》,所据材料有程志忠提供的《家谱》一卷,然"多历年数,文字漫灭,世次不明",海宁族人程立献其所藏世次一卷,两份家谱所叙"仅足以相补,词多鄙野,不成句读",从歙令张世望处借取的《图经》,以及其父所得程氏谱书等。还有一些对相公墓及宅基、射蜃湖、浴马池等处的实地考察情况和民间口耳相传的逸闻轶事。光以上这些材料,是不可能编成三十卷的世谱的,程祁一定还使用了大量的史部和集部图书资料。明代的程氏后人程敏政在其所著《新安文献志》中多处提到《程氏世谱》一书,并对其部分材料的准确性提出了质疑,李邕《唐桂府长史程文英神道碑》跋云:

> 而宗人都官祁撰《程氏世谱》三十卷,其定著中山谱,亦止据《姓纂》不见此碑。虽曰《文苑英华》在当时卷帙太多,人所难致,编选未精,人所厌观。然欧阳公辨博考索之功,亦容有如刘原甫之所少者,彼其定著欧阳氏谱,与唐世系表,本出一手,而自相矛盾,则亦何有于他人哉!至于祁之《世谱》,上下千有余年,凡程氏之见于载籍者,错综而附丽之,事靡或遗,而文足以发,其辨博考索之功,要以为难。顾乃妄为忠壮五世孙名,以著于谱,而忠壮五世孙名载于邕碑而未亡者,反不之见,则其余所定著又可知矣。②

又跋韩义宾《唐定州别驾程君士庸墓志铭》云:

> 按此志出赵明诚《金石续录》,考明诚与都官祁实同时,而明诚集此录

---

① 《程典》卷三〇;《全宋文》卷二六三三程祁,第122册,第154页。
② 明程敏政:《新安文献志》卷六二上行实。

数千卷,在当时最名博雅,祁不相闻,乃用他书杂定宗谱,而无取于是录,失之矣。予得此志而据以订祁谱之大失者有三。①

以下详加考订,文长不录。

虽然如此,《程氏世谱》编成于北宋后期,其文献价值仍应予以肯定,今其书已佚,于此文书可见其部分内容,也是颇为珍贵的。

二

以文书中之"程灵洗传"与传世史书相校,颇有长处。

如谓程灵洗"便骑善射","射",唐姚思廉撰《陈书》(以下简称《陈书》)《程灵洗传》作"游",②唐李延寿撰:《南史》(以下简称《南史》)同。③ 按程灵洗善射,传中叙及,以作"射"为长,今本《陈书》和《南史》误。

又如"谯州刺史兼领新安太守","兼",同上书作"资",句读作"谯州刺史资、领新安太守"。

清钱大昕对此有过研究,《廿二史考异》(清乾隆四十五年刻本)"陈书·徐世谱传"条云:

> "除通直、散骑常侍、衡州刺史资、镇河东太守","镇"当作"领",梁陈之间,往往有以刺史资领郡守县令者,程灵洗以谯州刺史资领新安太守,徐世谱以衡州刺史资领河东太守,陈详以青州刺史资领广梁太守,熊昙朗以桂州刺史资领丰城县令,黄法氍以交州刺史领新淦县令,钱道戢以东徐州刺史领钱塘、余杭二县令,章昭达先除定州刺史,而后为长山县令,亦是以刺史资领县令也。又有以刺史资监别州者,陈拟以雍州刺史资监南徐州,华皎以新州刺史资监江州是也。④

---

① 明程敏政:《新安文献志》卷六二上行实。
② 唐姚思廉:《陈书》卷一○,中华书局,1972年,第1册,第171页。
③ 唐李延寿:《南史》卷六七,中华书局,1975年,第4册,第1632页。
④ 清钱大昕:《廿二史考异》"陈书·徐世谱传"条,清乾隆四十五年刻本。

又《南史》卷三"黄法氍传"条：

> "梁元帝承制授交州刺史资领新淦县令"，按梁末增置之州多，而刺史资亦轻，又遥授非实土，故有以刺史资而领郡者，程灵洗以谯州刺史资领新安太守，徐世谱以衡州刺史资领河东太守是也，法氍以刺史资领县令，又异数矣。①

是钱氏以"资"为"官资"，似亦可通。然在《陈书》《南史》和其他史书中，都没有对"刺史资"作出官制角度的说明，且亦有作"兼领"者，如《陈书》卷一二《徐度传》"以功除信威将军、郢州刺史、兼领吴兴太守"，《南史》卷六七、宋王钦若等《册府元龟》卷三四五、宋郑樵《通志》卷一四四均同。钱氏未有论及。故钱氏的论述尚不能令人信服。

本文书出自北宋程祁《程氏世谱》，《陈书》和《南史》为其主要材料来源，作"兼领"必有所本。上引两处"刺史资"今本《陈书》和《南史》均如此，应为《陈书》在前，《南史》因袭。中华书局正在修订《二十四史》标点本，此点可提供参考。

三

本文书之《程灵洗传注》有正文，有注文，正文为引述历史文献，注文为考辨。注文中多次出现的"祁按"和"释切谓"，给出了有关此文书编撰者的线索。其中有一处注文云："祁按：族人士忠为家君言：忠壮公微时……"显然，其中的"族人士忠""家君"和"祁"均为忠壮公程灵洗的后人，那么"祁"就是程祁无疑了。上文所引程祁《程氏世谱》前序有"熙宁十年春，家君由小著得请知歙之婺源。明年，岁在戊午，实元丰元年正月之九日，于歙县得程氏数十家于黄墩，其豪曰志忠，率诸族父子兄弟迎谒道左，虽皆未学，然颇知礼，盖有衣冠遗风焉"云云，亦可证。程志忠亦为《程氏世谱》作序。又在以"释切谓"开头的注文中，有"族祖祁知而不之改者，不欲易旧谱之文也。今始注出于此"等语，则可

---

① 《廿二史考异》"南史·黄法氍传"条，清乾隆四十五年刻本。

知"释"亦为程姓,且为程祁之孙辈。

<h2 style="text-align:center">四</h2>

抄本中的《状陈本县乞行敷奏庙额封事》《本县牒西尉亲诣地所体究邻保实事状》《转运司台状》和《邻保事状》四篇为南宋嘉定十五年和十六年地方文书。内容围绕为程婴之裔孙程灵洗乞庙额、丐封爵之事,据《新安文献志》方澄孙《开化龙山显祐庙碑》,自元丰始有曰灵洗庙于黄墩,而"赐号世忠自嘉定始",则上述文书之诉求,最终是得到了朝廷的批准了的,"淳祐二年七月,诏衢州开化县立程岩将之庙于龙山,额曰'显祐',从其邦人之请也",①则又为一事。

至南宋末,宋恭帝又于德祐元年四月连下两诰,封世忠庙神忠烈显惠灵顺善应公程灵洗远祖东晋新安太守元谭为忠佑公,封世忠庙神忠烈显惠灵顺善应公程灵洗妻董氏为惠懿夫人。② 是为补充性的封爵。

其中嘉定十六年三月《转运司台状》中提到的赵汝芷,《宋史·宗室世系十》有记录,③据《(咸淳)重修毗陵志》,为嘉定十年吴潜榜进士,④清赵宏恩《(乾隆)江南通志》卷一二〇选举志记其为常州人。⑤ 推官赵义,宋真德秀《西山集》卷七《申御史台并户部照会罢黄池镇行铺状》有云:"照对黄池一镇,商贾所聚,市井贸易,稍稍繁盛,州县官凡有需索,皆取办于一镇之内。诸般百物,皆有行名,人户之挂名籍,终其身以至子孙无由得脱。若使依价支钱,尚不免为胥吏减克,况名为和买,其实白科? 今据张宣、赵义等四十三状所陈,诚可怜悯。以区区铺店,能有几许财本? 而官司敷配,曾无虚日,诚何以堪? 照得在法置市,令司自有明禁,朝廷屡行申饬,不许创立行名。当司虽已严出榜文,不许州县抑勒行铺买物,然行名不除,终为人户之害。牒本州帖县镇,将黄池镇应干行名日下并行除免,仍给版榜,本镇市曹钉挂晓示,如今后州县镇务等官吏辄敢科敷民户,收买一物一件,许径诣本司陈诉,定将官员案劾,公吏决配施

<hr/>

① 明程敏政:《新安文献志》卷四四。
② 弘治《休宁志》卷三一;《全宋文》卷八三四五宋恭帝,第 360 册,第 229、230 页。
③ 元脱脱等:《宋史》卷二二四《宗室世系十》,中华书局,1977 年,第 6622 页。
④ 宋史能之:《(咸淳)重修毗陵志》卷一一,明初刻本。
⑤ 清赵宏恩:《(乾隆)江南通志》卷一二〇选举志,《景印文渊阁四库全书》本。

行。仍申御史台、尚书户部,并移文诸司照会。嘉定八年十二月,因巡历至黄池,镇民遮道以千数,陈诉监镇官史文林弥迥买物不偿价钱等事,已将镇史押送邻郡根究。"①黄池镇在宁国府,时间为嘉定八年,地迩时近,文中所述之赵义与此文书中之赵义应为一人。

他如待补国学生汪暐、二十五都保正吴文郁等无考。

五

三通缺题的文书,颇难查考其来源。

第七通"黎之后自伯符封广平郡"云云,前后均缺,内容可见于宋胡麟《梁将军程忠壮公碑》,现谨据《新安文献志》录出,以供对照:

> 阴阳愆违,水旱不节,谁其序之? 天灾流行,人物疵病,谁其御之? 明为人福,幽为神助,谁其尸之? 凛凛乎克当其任者,吾忠壮公之神欤?
>
> 公姓程,讳灵洗,字元涤。其先出于黄帝,重黎之后。自休父仕周宣王为大司马,封程伯。其后曰婴,仕晋平公,有托孤之德,封忠诚君。东晋时讳元谭者,持节为新安太守,有善政,诏赐宅于歙黄墩,子孙遂以为桑梓。自元谭六世生天祚,仕宋为山阳内史。九世生茂,仕梁为郢州长史。皆以忠勇闻。茂生察,梁秘书少监。察生宝惠,为本郡仪曹,娶安定胡氏而生公。公性宽惠,孝于亲,友于弟。待群下以恕,处乡党以义,别嫌明疑,定是正非,无得谁何者。
>
> 所居之偏,其湖深广,有神居焉。与吕湖为邻,吕湖有蜃,素为居民之害。湖之神一夕为黄冠见梦于公,曰:"吕湖蜃稔恶于此,不早图去,民其鱼乎! 明日吾复与战,披帛于肩者,我也。以公义士,敢以相辱。公倘为助,酬报敢后?"翼日公果率乡之少年鼓噪于湖侧而俟。有顷,湖水浩荡,云雾隐暗,两牛角于滩上,而肩白者屈。公挽弓发矢中彼黑者,俄而阴晦廓清,湖波澄静。居不更夕,有巨鱼死于吉阳滩下,即吕湖蜃也。至今号其滩曰蜃滩。自是吕湖涨塞,而居民之害除矣。越数日,有道士叩门候

---

① 《全宋文》卷七一五五真德秀,第312册,第365页。

公，公为具馔。道士曰："公尝有德于我矣，又劳鸡黍之勤，何以为报？吾素习天机书，能卜善地，当随我以行。"至黄牢山，以白石识之，曰："迁此可暴贵矣。"公于是为太夫人寿茔焉。

梁大宝间，侯景之乱，公据黟歙以拒之。侯景移军，新安太守萧隐奔依焉。公奉以主盟，景不得而陆梁也。其后平徐嗣徽，破王琳，走周迪，败华皎，降元定，擒裴宽，与士卒同甘苦，虽节制甚严，而人乐为之用。太清、承圣间，除散骑常侍、建威将军。累迁新安丹阳太守，历谯州、青州、豫州刺史，巴丘县侯，食邑千户。事武帝，以功授兰陵、南阳太守，封遂安县侯，迁太子左卫率。事世祖，为豫州刺史，持节西道，授都督，食邑千户，鼓吹一部，班剑四十人。又迁中护军，出都督郢州。废帝即位，进云麾将军，封重安县公。卒，赠镇西将军、开府仪同三司，配享武帝庙庭，谥曰忠壮。夫人董氏。生子二十有二人。长文季，有高烈，传于公后，余多以功显于时。今程氏散处四方者，其源皆出黄墩，《国史》家谱载之详矣。故此可得而略也。

初，公微时，其声名气节达于朝廷。尝负铧视田，而诏使踵门，公置铧水中以卜休咎，果得吉卜，今尚有铧卜坑焉，其旁则公之宅也。今众水潴为深湖，湖之水清莹可鉴，时有巨鳞聚浮其中，人不得而渔焉，号曰相公湖。不数百步，公之墓也。公尝自营其兆域，以缣帛埋之墓前，祝曰："吾子孙有能大吾门户，当生大木以为休征。"既而楮木生焉，今大且十围，其一不知何代为风雨所摧，旁出二枝，亦合抱矣，号曰千年木。乡人遂于其下叠石为坛，以奉祭祀，号曰相公坛。

公生为黄墩人，死为黄墩神。祈雨而雨，祈晴而晴。瘟火疾疠，有祷即应。黄墩之民，受公之庇为不浅矣。曰牛一，曰羊一，曰豕一，与大脯醢之荐，莫不时谨。故自夏四月至秋八月，土鼓冬冬，不绝其声，展敬乞灵于祠下者又百余社，陈奠荐辞，何其虔也！公之坛与里之社接宇，春秋戊祭，以公配焉。公之功德与勾龙氏相为终始乎？暨今数百年而益大，故凡谒于庙者，皆愿丰碑以识公之始末。

里人方汝舟实赞成之，捐金刻石，求记于麟。惟公历事梁、陈，功业著矣，云仍诜诜，以文章登显位者，代不乏人，固有能发潜德之幽光以传不朽者。乃属记于麟,其不赘乎? 盖尝证于梦寐,而金谋所凭,何敢不勉? 谨按图经史氏,与夫讲讨村老之传闻,端拜而特书之,庶几后人益加严奉,永永不懈,亦使访古者并有所考焉。嘉熙己亥孟秋既望谨记。①

第八篇"罗星光菁茅海凫不足以"云云,应为程祁《程氏世谱》所录。

第九篇"东北五里地名石冈"云云,中有"延祐中,裔孙太甓提举程□复勒石重志于墓"等语,说明此文书最早编撰于元延祐(1314—1320)年间,其时距宋亡(1279)不远。疑"裔孙太甓提举程□"即前述程释,若此推断正确,则程释为元人,此文书成于元代初期。

这批文书中的程灵洗谱表和传注等,内容应为程祁《程氏世谱》的一部分,而此书今已佚,传注中又引用了《歙县图经》等,乃宋代歙县方志,今亦已佚,而四通南宋嘉定年间地方文件,更是前所未见的。故此文书具有较高的文献价值。

附

宋嘉定间乞颁赐程灵洗庙号封爵等文书录校

1. 程灵洗三代谱录

	文季仪同威悼公
一仕陈谱	文华太子舍人
	文慎鄱阳参军
	文璨鄱阳太守
司空兼丹阳尹,赠	文秀尚书选部郡
镇西将军,开府	文和早卒
灵洗	文恭太子左卫率
仪同三司,重妾【注】、	文幹早卒
忠壮公,配食武帝。	文翼弋阳令
	文曾镇北胄曹
时居黄墩	文绣海宁令
	文奇中郎将

---

① 明程敏政:《新安文献志》卷六一。

以下第二代尚有：文瑾寿昌令、文藻光禄勋、文恺早卒、文瑶建安司马、文琮南平参军、文震早卒、文养豫章太守、文瓒余干尉、文饶太子左卫率、文祯驸马都尉。

第三代为：子承、子向袭封入隋、子同、子俊长林丞、子廉、子敬豫章将军、子澄、子琳江夏尉、子瑶恩平令、子猷、子思、子元王通门人、子寿袭临安侯、子威、子荣、子仁、子成。

【校注】

"妄"，据后文当作"安"。

2. 程灵洗传注

右谨按谱，讳灵洗祖，字玄涤，少以勇力闻，步行日二百余里，便骑善射【注一】。梁末，海陵、黟、歙等县及鄱阳、宣城界多盗，近县苦之。灵洗素为乡里所畏伏，悉召里中少年，聚徒据黟、歙山险，以拒群盗。前后守张恒使捕劫盗【注二】，每获焉。及侯景别将攻新安，太守湘西侯萧隐不能支，奔依岩军，灵洗大喜，具军容郊迎，奉以主盟，军威大振。孝元帝于荆州承制，又遣使间道奉表。会刘神茂自东阳建义拒贼，灵洗攻下新安，与神茂相应。元帝授持节、通直散骑常侍、都督新安郡诸军事、云麾将军、谯州刺史兼领新安太守【注三】，封巴西县侯，食邑五百户。及神茂为景军所破，景将吕子崇进攻新安【注四】，灵洗退保黟、歙。及景败，子崇退走，灵洗复据新安，进军建德，擒贼将赵桑幹。以功授持节、散骑常侍，加都督青、冀二州诸军事，青州刺史，增邑并前一千户，将军、太守如故。仍诏领所部下杨州，助王僧辩镇防。迁吴兴太守，未行。魏牛谨帅师伐梁，围元帝于江陵，僧辩命引兵随侯瑱西援荆州为前锋。荆州陷，还都，会陈高祖诛僧辩，夜袭右头城。灵洗曰："兵以夜至，逆顺未明。"遂帅所领逆战于西门外甚力。陈军□□【不利】。高祖乃遣使招谕，且疏僧辩过恶，灵洗乃倒戈受命，高祖深义之。□□□□□【绍泰元年，授】使持节、信武将军、兰陵太守、常侍如故，仍助征京口。及平□【徐】嗣□【徽】有功，除丹阳太守，封遂安县侯，增邑并前共一千五百户，仍镇□□【采石】。注　以上元载《事梁谱》。

及王僧辩既平，遂与陈高祖定君臣之契。永定元年，从周文育、侯安都击王琳，败绩于沔口【注五】，皆为所执，总以一长锁系而囚之于溢城。明年八月，王琳在白水浦，文育等赂其守者，得上岸步投陈高祖，皆复其官。寻诏灵洗兼丹阳尹，出为高唐、太原二郡太守，仍镇南陵。迁太子左卫率。高祖崩，王琳前军东下，灵洗于南陵击破之，虏其兵士，获青龙十余乘。以功授持节、都督南豫州沿江诸军、信威将军、南豫州刺史。世祖天嘉元年，太尉候瑱等相次败王琳于栅口，灵洗乘胜逐北，据鲁山，诏征为左卫将军【注六】，余如故。四年，周迪寇临川，以灵洗为都督，自鄱阳别道击之，迪走，潜窜山谷。五年，迁中护军，常侍如故，出为持节，都督郢、巴、武三州诸军事，宣毅将军，郢州刺史。废帝即位，进号云麾将军。华皎之反也，遣使招诱灵洗。时朝廷方倚之为重，闻皎有使者，中外皆惧。会灵洗斩其使以闻，由是忠赤暴白，士庶归仰，朝廷深嘉其意【注七】，增其守备，给鼓吹一部，又使其子文季领水军助防。是时周遣其将长胡公拓跋定率步骑助皎攻围，灵洗婴城固守。及皎退，乃出军蹑定，定不□□□□□【获济江，以其】众降。周沔州刺史裴宽度常年水至之处，立大水沿岸□□□□灵洗引兵至其城下，分布战舰，四面攻之，相持旬日，雨水暴泓，所立木表，皆可通舟。灵洗乃以大舰临迫，昼夜攻之，苦战三十余日，死伤过半，女垣崩尽，遂克之，擒裴宽。详见《裴宽传》。以功进号安西将军，改封重安公，增邑前后二千户，复加司空兼丹阳尹。光大二年，薨于州，寿八十四。赠镇西将军、开府仪同三司，谥曰忠壮。公性严急，御下甚苛刻，士卒有小过【注八】，必以军法治之【注九】，造次之间，便加棰楚。然号令分明，能与士卒同甘苦，众亦以此依附焉。　注　《陈书》云："程灵洗父子并御下甚严苛，治兵整肃，然与众同其劳苦，不私财利，士多依焉，故临戎克辨。"　宣帝太建四年，论佐命功，以周文育、候安都及灵洗方汉三杰，配食武帝庙庭。注　祁按：《南史》以灵洗及徐庆、杜棱配享武帝，与此说不同。释切谓文育则以兵败而为下所杀，安都则以无礼而为上所诛，是皆死有余责者矣。死有余责者，国家之罪人也，焉可以配享宗庙哉？是文育、安都不得预大蒸之祭明矣。夫棱、庆虽无大功，亦无大过，然陈之佐命功臣，鲜有能保其终者，故以灵洗配武帝，而棱、庆预焉，此陈庙之典祀也。后世之人，评品当时人物，以文育、安都、灵洗皆有才略，足为一世冠，故以方汉三杰，此后世之公论也。以文育、安都同得配食，此作谱者之误也。族祖祁知而不之改者，不欲易旧谱之文也。今始注出于此。

　　按《歙县图经》记忠壮公宅在黄墩湖东，俗呼相公宅，墓在湖西北，俗呼相公坛，又浴马池、射蜃湖、鼓吹台基址俱在。黄墩湖阔二十余丈，长三十丈，湖有神，常与吕湖蜃斗。忠壮公有勇力，善射，夜梦玄衣道人告曰："我今被吕湖蜃所困，明日当复来，玄涤能助我，必有厚报。"公曰："何以知之?"道人答曰："白练肩者，我也。"梦中诺之。明日，集村中少年，鼓噪于湖上，湖中波涛汹激，大声如雷，有二牛奔斗。其一甚困而肩且白，忠壮公弯弓射中黑牛，俄而阴晦斯廓，湖水皆变。明日，有人见黑蜃毙于吉阳滩下，即吕湖蜃也，号其滩曰蜃滩。未几，忠壮公偶它出，有一道人访其母丐食，母为设馔，食讫，谢劳母曰："设食无以为报，吾善识墓地。"俾母随行至山上，以白石志之，曰："葬此可以暴贵。"言毕而去。忠壮公用其言，迁葬于其处。墓在湖北黄牢山南，有楮木大且十围，乡民立祠木下，号"千年木"。注　祁按：族人士忠为家君言：忠壮公微时，黄墩湖神见梦曰："吕湖有蜃，苦我良甚。我在尚敢尔，况已杀我，彼得自恣，必尽啮黄墩诸村矣。以君义士，敢以烦君，非以自为也，乡曲之不存，亦君之忧也。果能相许，必有厚报。"以梦中许之。明日，集里中少年于湖上，大伐山木，为筏槎以俟。须臾果有二物如牛，触于波上，公射杀其一。今相公湖底，有古槎桩无数，如有行列，每年大水，木石漂挂，及水过，宛然尤在。渔人商贾，往来皆避之，虽误触，必有微戒，故今号"相公木"。吕湖蜃已死，公亦不以为意。居无何，因事出外，太夫人居家。一日（下缺）

　　（上缺）公夫人童氏，伎妾二十余人。性好播植，躬耕稼穑，至于水陆所宜，刈获早暮，虽老农不之及。媵滕无游手，并督之纺绩。至于散用赀财，亦不俭吝，盖其性分然也。　注　以上参用《南史》本传及《图经》等文。　子男二十二人，夫人生文季、文祯、文华、文秀、文藻，诸姬生文慎、文璨、文和、文恭、文幹、文翼、文曾、文肃、文奇、文瑾、文恺、文瑶、文琮、文震、文养、文瓒、文饶。按谱，文祯太康中为招远将军，行义安郡太守，忠壮公加班剑，授持节桂州诸军事、桂州刺史，封临安县开国侯，食邑五百户，尚武帝长兴公主，加驸马都尉，留卫京师。生五子，曰子寿、子威、子荣、子仁、子成。子寿袭侯，余以公主子禠负，皆拜官。陈亡，入隋，不得志。□□□□□□补小桂令，迁太子舍人。文秀为尚书选部郎，文藻为光禄勋。□□□□为朝廷所器使，而文祯尚公主。童夫人出入宫中，见其从容丐文华等左右，以故虽累除授，但食其俸，不荏事也。文慎为鄱阳王府中兵参军。文璨猿臂善射，其母鄱阳周氏。忠壮公之讨周迪也，文璨留戍鄱阳，朝廷擢授威远将军，行鄱阳太守。同母弟文瑾、文瑶、文琮、文瓒。文瑾为寿昌令，文瑶为建安王司马，文琮为南平王府中兵参军，文瓒为余干尉。文和、文幹、文恺、文震皆蚤卒。文恭累官太子左卫卒【率】，文翼为弋阳令，文曾为镇北府胄曹，文肃为海宁令，文奇假中郎将使高丽，渡海溺水死，文饶为太子左卫卒【率】。隋平陈，衣冠子弟北渡，故忠壮公诸子孙无闻于隋。

讳文季祖字少卿，附传于父。幼习骑射，多幹略，果敢有父风。弱冠从父征讨，必先登陷阵，忠壮公与周文育、候安都为王琳所执，武帝召陷贼子弟厚遇之，文季最有礼容，深见嗟赏。永定中累迁通直散骑常侍、句容令【注十】。世祖即位，除宣卫【惠】始兴王府内中直兵参军。是时始兴王为杨州刺史，镇治【冶】城，府中军事，悉以委之。天嘉二年，除贞毅将军、新安太守，仍随候安都东讨留异。【异】党向文政据有新安，文季率□□【精甲】三百，径往攻之【注十一】。文政遣其兄子瓒来拒，文季与战，破之。文政遂降。□□□□□【三年，始兴王】伯茂出镇东州，复为镇东府中兵参军，带剡令。四年，陈宝□□□□□【应与留异连】合，又遣兵随周迪出临川，世祖遣信义太守余孝顷自海道□□【袭晋】安，文季为之前军，所向克捷。宝应平，文季及父并有功，还，转府谘议参谋，领中直兵，出为临安太守，寻乘金趋车助父镇鄞城。华皎平，功居多。及忠壮公薨，文季尽领其众，起复超武将军，仍助防鄞州。文季性至孝，虽军旅夺礼，而毁瘠弥甚。太建二年，为豫章内史，将军如故。服阕，袭封重安公，随都督章昭达率军伐后梁荆州。后梁主萧岿告急于周，周发兵救之，岿与周军多造舿舰于青泥水中，时水暴涨漂疾，昭逵【达】遣文季与钱道戢以轻舟袭之，尽焚其舟舰。 注 祁按：《实录》作程文秀，与本传不同，作录者之误也。 昭逵【达】伺岿军士稍息【注十二】，又遣文季夜入其外郭，杀伤甚众。既而周兵大出，巴陵内史雷道勒拒战死之，文季仅以身免。师还，以功加通直散骑常侍、安远将军，增邑五百户。五年，从都督吴明彻北伐齐，至秦郡前江浦通滁水【注十三】，齐人并下大柱为筏栅水中【注十四】，文季领骁勇拔开其栅，明彻引大军自后而至，遂克秦郡。又遣文季围泾州，屠其城。进攻盱眙，拔之，仍随明彻围寿阳，杀其刺史王琳。文季临事谨饬【注十五】，御下严整，前后所克城垒，悉皆迮水为堰，土木之功，动逾数万。凡置阵后，必身先将吏，夜卧早起，迄暮不休。军中服其勤干。每战必自领前锋，齐人深惮之，谓之程彪。以功加□□□□□□进号明威将军，增邑五百户，又进号武毅将军。八年，为持节、都督谯州诸军事、安远将军、谯州刺史。其年，又督北徐州诸军事、北徐州刺史，余如故。九年，又随吴明彻北伐，于吕梁作堰。十年春，败绩【绩】于彭城，为周所囚，仍授开府仪同三司。十四年，自周逃归，至涡阳，为边吏所执，送付长安，死于狱中。是时朝廷与周绝，不能知也。至德元年，后主方知其的，赠散骑常侍、重安县开国侯。诏曰："故散骑常侍程文季纂承国绪，克荷家声，早岁出军，虽非元帅，启行为最，果敢有闻【注十六】。而覆丧车徒，早□从黜削。但灵洗之立功捍御，久而见思；而文季之埋魂异域，有志可悯。言念劳旧，伤兹废绝，宜存庙食，无使馁而【注十七】。可降封重安县侯，食邑一千户，以子向袭封，谥曰威悼侯。"二年，再下诏曰："承闻北信故重安威悼侯，自脱房庭，乃心上国，有愿不遂。埋没非所悼情，失图良深慨叹。可特赠开府仪同三司，还爵为公。"仪同夫人王氏父曰刚，鄱阳人，生九子，曰子承、子向、子同、子俊、子廉、子敬、子澄、子瑀、子琳。在周又娶武功苏浩女，生三子，曰子猷、子思、子元。后主诏访仪同诸子，时子承早亡，子同□□□执于周，即以寻阳太守子向为新安内史，袭重安侯。祯明中，领□□□□□丞相张悌素与仪同不平，往往恶子向，于是悌言于后主，以罢兵，使归朝。子向曰饮醇酒，阳狂以免。□隋晋王入陈，百官泥首请死，晋王召子向尉之曰："陈忘尔祖父功，甚矣，卿又病良苦。"子向俯伏涕泣，对曰："家国之事，一至于斯。承大王之明，得早自裁，下臣之幸也。"晋王为之敛容，从入隋，授开府。子俊至德中为长林丞，子廉为东宫左卫卒【率】，子敬为豫章王府中兵参军，子琳隋文帝时为江夏尉，子瑀为恩平令。仪同之□子同、子澄、子猷、子思并见杀。苏夫人获免，遗腹生子元，寄食舅族，少长嗜学，为太学生。其后王通以大儒教授汾、晋间，子元因门人薛奴【收】见之于绛，通与之言《六经》，元退谓收曰："夫子载进彝伦，一正皇极，微夫子吾其失道左见矣！"遂师事焉。通门人数百，子元最为通所鉴识，号称入室注。注　释按：文中子门人数百，惟程元、仇章深得奥旨，时称程仇，以比颜曾。详见《文中子》。　唐贞观初，房玄龄、杜如晦言于大【太】宗帝，有意召见之矣。会子元以病卒于家。

【校注】

一　便骑善射　详见正文二。

二　前后守张恒使捕劫盗　"张"，唐姚思廉撰《陈书》(以下简称《陈书》)第一册卷一〇《程灵洗传》第 171 页作"长"，较长。

三　谯州刺史兼领新安太守　详见正文二。

四　景将吕子崇进攻新安　"崇"，《陈书》第 1 册卷一〇《程灵洗传》第 171 页及《册府元龟》卷三五二等作"荣"。

五　败绩于沔口　"沔"，《陈书》同上书 172 页作"沌"。

六　诏征为左卫将军　同上书 175 页校记二："左卫将军"各本并讹"卫士将军"，今据《南史》改。

七　朝廷深嘉其意　"意"，同上书 172 页作"忠"。

八　士卒有小过　"过"，同上书 173 页作"罪"。

九　必以军法治之　"治"，同上作"诛"。

十　永定中累迁通直散骑常侍句容令　"常侍"，同上作"侍郎"。

十一　径往攻之　"径"，同上作"轻"。

十二　昭达伺崿军士稍息　"伺"，同上书 174 页作"因"。

十三　至秦郡前江浦通滁水　"滁"，同上底本作"塗"，改作"涂"，175 页校记三云：据《南史》及《通鉴》改。按涂水即滁水，《通鉴》胡注云"涂，读曰滁"。

十四　齐人并下大柱为筏栅水中　"栿"，同上作"杙"。

十五　文季临事谨饬　"饬"，同上作"急"。按下文为"御下严整"，作"饬"为是。

十六　果敢有闻　"果敢"，同上书 175 页作"致果"。

十七　无使馁而　"馁"，同上作"餒"。

3. 状陈本县乞行敷奏庙额封事

待补国学生汪晖等　　　右晖等切见

朝廷祚德庙累加程婴为忠翼强济孚佑公，良由下官之难，能全赵祀，故今　　圣子神孙，瓜瓞万世，婴之功嵩岳不磨，国家报之亦与社稷相为长久。婴有裔孙程灵洗，居于歙之休宁，削平僭乱，功著史册，封开府仪同三司，谥曰忠壮，配享陈武帝庙，墓在歙县二十五都仁爱乡长沙里，里人号曰大梁相国忠壮程公墓。大宋开基,其护边境,振军族,所以阴相国家甚至。环墓百余里,万家生灵,时以为命,过其墓祠,不敢仰视。淳熙庚子,旱魃为虐,嘉定戊寅,螟蝗蔽天,里人列拜祠下,其应如答。其余水涝灾旱,与夫疾疫流行,每岁有祈,无不立应。里人筑祠奉之,今三百年,而其子孙散漫数州,为执政,为从臣,不可殚纪,往往沮抑里人,不容闻之朝,以乞庙额,以丐封爵。然暐等谋之父老,一谓新安千里,蒙其惠利,今三百年乃寂然不效毫发之报,且英灵赫如,惠我黎庶,而使朝廷略不闻之,则暐等之罪,濯发不足数。是以不揆草芥,谨录状申

判县大署先生,伏乞台判备申使府,乞使齐备申转运司,备申省部,特赐敷奏,颁降庙号,赐以封爵,永为新安百姓祈福之地,以昭祚德之灵,以助炎图之固。不胜幸甚。伏候台旨。　　嘉定十五年二月

日。待补国学生汪暐状。

4. 本县牒西尉亲诣地所体究邻保实事状

二十五都保正吴文郁等,今蒙宣尉大署躬亲到地所,准县牒,据学生汪暐等陈乞,体究程相公事实,保奏封赠庙额等事,逐一对众供通下项。

一对众举据邻人村老汪仁义等供通:大梁相国忠壮公程灵洗,世居新安海宁县,系祚德庙忠翼强济孚佑广烈公程婴裔孙,仕于梁、陈两朝,赠镇西将军、开封仪同三司,谥曰忠壮,大建四年配享武帝庙廷,《南史》列传可表,的实不虚。

一对众供通:忠壮公墓祠在县二十五都仁爱乡长沙里,号曰大梁相国忠壮程公墓,环墓二百余里,万家生灵,时以为命。墓地在地名黄墩,官司经界第五源二十一号,量计二亩一十四步,东至路,西至程十九园,南至路及大溪,北至程丙园,刻石立碑可表,的实不虚。

一对众供通:忠壮公委系程婴裔孙,有家谱及《新安志》可表。大宋开基以来,其边护强,振军旅,阴相国家,功不浅渺。淳熙庚子、辛丑,旱魃为虐,民不聊生,偏告郡祠之余,里社祷于忠壮公祠下,雨即随至,稿而复苏。嘉定戊辰、己巳年间,蝗虫之来,蔽空满野,公私扑灭,几于无策。里社郡祷忠壮公祠下,随即蝗虫敛退,不留于境者数百里。岁在甲戌、乙亥,旱伤最甚,物无生意,民不遑居。郡祷公祠,指挥风云,雾霈雨泽,其应如答。黎庶人民,悉蒙惠利。

今三百年来,有二百余社,每年自夏及冬,或喧鼓吹、备鞍马以迎请,或设牲醴、立牌位以祭祀,委是显赫,著人耳目,灵应不可殚纪。众证的实不虚。

右今对众逐一供称在前,并系的实。乞赐

化笔,备申县衙施行。如稍有异同,甘罪不词。谨状。

时嘉定十六年二月　　日,保正　吴文郁　状。

5. 转运司台状

徽州据歙县申,当县据待补国学生汪暐等连状,陈乞体究忠壮公事实,乞行敷奏庙额等事,本县曾委地分西尉躬亲前诣地所体究事实去后,据从事郎歙县西尉赵汝芷状申,遵从县牒指挥、躬亲前至仁爱乡二十五都,唤集耆老汪仁义等,对众逐一体究。据耆老汪仁义状供在前,乞行备申保明事状,申县乞施行,本县所承西尉赵从仕所申事理,备载保明,委是诣实申州,州司所据申乞除已保明具状,于今月初六日排发字号入递具申。

　　有【右】谨具申。

转运使衙,伏乞　　台旨,检点已申事理,乞赐敷

奏施行。谨状。

嘉定十六年三月　　日,从仕郎徽州军州推官赵义状。

儒林郎徽州军州判官秦镒。

6. 邻保事状

歙县二十五都吴宏等,今蒙转运使台委请鄱阳县知丞中大躬亲到地所,据待补国学生汪暐等陈乞,核实程相公实迹,保明敷奏封赠庙额事项,逐一供通于下。

一对众供通:忠壮公世祖元谭,仕晋成帝,以襄州刺史持节出守江南,为新安太守,朝廷诏赐田宅于歙城西地名黄墩,自后子孙遂以为桑梓。八世孙法晓,仕宋为海宁令。十世孙道乐,仕齐为承奉郎。十三世宝惠,仕梁为本郡义(下缺)

7.(缺题)

(前缺)黎之后,自伯符封广平郡,四世休父仕周宣王为大司马,□四世婴

仕晋平公,有托孤之德,封忠诚君。四十七世元潭,仕晋成帝,为襄州刺史,持节江南,为新安太守,有诏赐宅于歙黄墩,子孙遂以为桑梓,故为歙人。自元潭七世法晓,仕宋为海宁令,九世道乐,仕齐为承奉郎,十二世宝惠,为本郡义曹,公视之如三代也。宝惠娶安定胡氏,有子五人,而公为主器,公性宽惠,孝于亲,友于弟,待群下以恕,处乡党以义,别嫌明疑,定是正非,无得而谁何者。所居之偏,其湖深广,有神居焉,与吕湖为邻。吕湖有蜃,素为民害,湖之神一夕为黄冠见梦于公曰:"吕湖蜃稔恶于此,不早图去,民其鱼□□□□□□□帛于肩者,吾也。以公义士,敢以辱□□□□□□□□□□□□□□乡之少年,鼓噪(下缺)

8.（缺题）

(前缺)罗星光菁茅海凫不足以□□□□□陆不足以袭香璀璨于九门之上,而容与乎三垲之旁者。□时异事改,貌存质昧,孰知无用之物,而不为斯世所载。陆并根莠,湿兼蒿艾。王曰殖表,则有蟠荮之酷;樵竖载欹,则有薪蒸之晦。文异沟中之断,音乖爨下之桐。心类死灰,首如飞蓬,岂复有意于上林之积翠而禁籞之摛红者哉!天嘉昌明,万物咸睹。姬姜在御,不弃翘楚。王鲔登庖,旁征鲂鲔。曾是散财,托兹邃宇。卿云甘露之所濡,白日阳春之所曜。天鸡晨翔,铜枝夜照。倘穷年之若斯,敢伦儳于往操。愿龟俛于鸿私,跙青厢而就槁。察意本自况,极为文士所传咏。娶吴兴沈氏,生一子曰宝惠。讳宝惠祖,武帝末年,擢太学博士,及朱异用事,议纳侯景,乃叹曰:"难将作矣。"谋举族还乡郡,诸人犹豫不决。俄丁少监之忧,遂尽室归黄墩。时湘西侯萧隐守歙,辟起复为议曹掾,享年四十八。娶安定胡氏,生四子,曰灵洗、常伯、天愿、天旺。注　一本云:宝惠有五子,中子曰天庆,蚤世无后,故但言四子。　胡夫人早孀,善抚诸子,以至成立。其后侯景内噬,人皆以议曹有先见之明云。

祁论曰:冲飚之激,川无恬波,昆冈之烈,玉石并焚。议曹　察朱异之诏进,审侯景之必叛,脱履国门,敛板乡郡。抑天将启忠壮公之业,光贲祖宗而诱其里软?不然,则宁武子蘧伯玉之间,张季鹰其人也。

赞曰:显允君子,于时之蒙。鸿飞遵渚,亦有斯容。椒聊之谣,有蕡其实。肆尔令闻,宜其家室。

9.（缺题）

（前缺）东北五里,地名石冈,而夫人之墓在焉。前后峰峦奇秀,山中树木,无敢樵采者。每岁忠壮公生日后,乡民必迎神像至此,以寓拜扫之意。延祐中,裔孙太罢提举程□复勒石重志于墓。浴马地在墓左小涧边,有石自然成纹,号上马台。□□□池湮塞将尽,即浴马处也。又按胡麟《碑记》云,公尝负铧视田,□□□□□,公置铧水中,以卜休咎,果得吉兆,因名曰铧卜坑。今考铧□□□□□湖也,傍有山田三丘,不满一亩,犹属于庙,即公之所视。其□□□□蛭。 又《记》云:公自营其兆,以缣帛埋其前而祝曰:"吾子孙蕃盛,□□□木以为休证。"俄而生□楮本。今谱注云:以二帛椎埋而祝之,其帛俄椎萌芽成二楮木。二说释窃谓楮木生子可食,理性脆裂,非可为帛椎者。且于理稍迂诞。当以理缣帛祝使自生木为正。字本作楮,谱作楮木者,省文也。大抵谱与《碑记》往往小异,盖谱尚质而记则文致之耳。释又按:北山家庙忠壮公遗像,自上世相传,不知其年代,绢幅不甚破坏,式冠朝服,仪制甚古,眉目耸而丰,□髯短而白,幞头带上指,□领紫袍,内红白团花衬衣,金带朱鞋,金鱼铁券,皂靴象笏,与黄墩塑像不同。盖庙始建于宋宁宗嘉定末,则以前无像可知,且有二象各异,小者幞头紫袍,金带皂靴,只如近代公服,系初建庙时所塑,大者衮冕高坐,乃理宗宝祐五年封八字公后所设。又为冠帔夫人之像于后殿,则深知其无所据矣。释愈欲以此遗像刻石立于庙中,并记其事以贻永久,世难而未能,常切以为慊。

原载:王水照、朱刚主编:《新宋学》第 8 辑,
上海:复旦大学出版社,2019 年 9 月,第 86—99 页。

宋代诗文笔记十五种解题

从 1981 年开始,笔者陆续在中华书局、上海古籍出版社、大象出版社、上海辞书出版社、上海书店出版社等出版社出版了 20 余种古籍整理图书(有几种与人合作),现将其中属于宋代的 15 种诗文笔记的点校说明略作改写,冠以《宋代诗文笔记十五种解题》之名,汇集于此。

六 一 词

北宋著名政治家、文学家欧阳修(1007—1072),字永叔,号醉翁,晚号六一居士,庐陵(今江西吉安)人。幼年丧父,家境贫困。天圣八年进士,官职枢密副使、参知政事,宋仁宗时,积极支持范仲淹的政治改革,是"庆历新政"的重要人物。晚年反对王安石变法,致仕定居颍州(今安徽阜阳)。

欧阳修继承了唐代韩愈古文运动的传统,反对淫巧侈丽的西昆体,积极提倡以"载道"为中心的平实质朴的文风,在散文方面达到了很高的境界,被誉为唐宋八大家之一。他的诗歌成就虽不及散文,但仍有许多可取之处。人们在评价欧阳修的诗文成就时很少有异议。至于其词作,就毁誉不一了。

也许在欧阳修看来,文章乃"经国之大业,不朽之盛事",歌词则为余事,不必过于拘泥,所以欧词中很少有如在他诗文中表现出来的"庄重"面孔,却常常流露出风流蕴藉的情调。欧词的内容多数是恋情相思、酣饮醉歌、惜春赏花之类,受五代词人冯延巳的影响最深,与同时代的词人晏殊颇为相近,以至常同冯、晏等人的词作混同,很难分辨。有些人从封建正统的观念出发,为欧阳修的艳词"辩诬",甚至在编辑欧阳修诗文集或单行词集的时候,删去了大量有损于"欧公"形象的作品。其实欧阳修也曾经是一位风流才子,他的词作所反映的,正是他全部生活和思想的一个侧面。通观欧词近 300 首,可以发现其写作时间以早期为最多,其次则是晚期,在他入朝为官时期的作品较少,这也同欧阳修对词的态度有关。辩诬是大可不必的。

欧词汲取了五代词人写情委婉的长处,而摒弃了花间派词人铺金缀玉的不良风气,较少脂粉气息,一般都写得清丽明媚,能以情动人。如《踏莎行》:

> 候馆梅残,溪桥柳细,草薰风暖摇征辔。离愁渐远渐无穷,迢迢不断如春水。　　寸寸柔肠,盈盈粉泪,楼高莫近危阑倚。平芜尽处是春山,行人更在春山外。

野外景色如画,行人策马徐行,春水不断正如离愁无穷;家中的亲人一定柔肠寸断,希望她不要去冒险倚楼凝望,因为人已去远,无法目睹。整首词由己及人,由景入情,委婉有致,感人至深。又如脍炙人口的《蝶恋花》"庭院深深深几许",层层深入,情景交融,刻画人物的内心世界十分细腻。

欧阳修还善于用清新疏淡的笔触描摹景物,他致仕以后所作的描写颍州西湖的《采桑子》十余首,虽夹杂着一丝迟暮之感,但大多写得恬静澄澈,表现了祖国山河的美丽,如:

> 群芳过后西湖好,狼籍残红,飞絮蒙蒙,垂柳阑干尽日风。　　笙歌散尽游人去,始觉春空,垂下帘栊,双燕归来细雨中。

欧阳修的那些被认为浅近浮艳的词,在表现男女恋情时,也多写得生动泼辣,如《南歌子》:

> 凤髻金泥带,龙纹玉掌梳。走来窗下笑相扶,爱道画眉深浅入时无。　　弄笔偎人久,描花试手初,等闲妨了绣功夫,笑问双鸳鸯字怎生书。

此词用戏剧性的动作和语言,刻画了一个活泼娇憨的少女形象。

欧阳修的早期作品,还能运用俚词口语,增添生活气息,如"都来些子事,更与何人说"(《千秋岁》)、"我且归家,你而今休呵。更为娘行,有些针线,诮未曾收啰"(《醉蓬莱》)、"不知不觉上心头,悄一霎、身心顿也没处顿"(《怨春郎》)等。

欧词的题材要比花间派词人广泛得多,有晚年感慨身世之作如《临江仙》(记得金銮同唱第),有咏史怀古之作如《水调歌头》(万顷太湖上)等。

从总体上看,欧词对于五代词风,是继承多于创新,这和宋代词风改革晚于诗文不无关系。同宋词各派的几个代表人物如柳永、苏轼、秦观、周邦彦、李清照、辛弃疾等人相比,欧词确要略逊一筹。但他对后来词家也有一定的影响,冯煦在《六十一家词选例言》中说欧词"疏隽开子瞻,深婉开少游",是有见地的。

早在欧阳修生活的时代及稍后一点,欧词即已在社会上广泛流传,欧本人曾自编《平山集》,于少作已有刊落。南宋人编文集,又加以删削。其后或入集,或单行,或选编,代代不绝。欧阳修词的现存版本很多,主要有三种:一为元刻《欧阳文忠公集》卷一三一至一三三《近体乐府》部分;一为毛晋《六十名家词·六一词》;一为近代双照楼景宋本《近体乐府》和《醉翁琴趣外编》。双照楼本的《近体乐府》部分,系据清学部图书馆所藏宋吉州刻本《欧阳文忠公集》景刻;《醉翁琴趣外编》部分,系根据毛晋抄本和宋刻残本景刻,据考出于南宋中叶刻本。元刻本、毛晋《六十名家词》本及后来各本,实际上同双照楼本同出一源,而均无外编。外编所录多为欧阳修早期作品,其中一部分或者就是被文集刊落的。这次校点即以双照楼本为底本,校以元刊文集、《六十名家词》及《词综》《词谱》《词律》《历代诗余》等本。对于双照楼《醉翁琴趣外编》中内容与《近体乐府》重复的各词,校其异同后均予删去。《近体乐府》各卷末原有南宋人罗泌校语,今择要采录,与校得之其他重要异文,在词内用小字注"一作某"。卷次悉依底本,分《近体乐府》三卷,《醉翁琴趣外编》六卷。《近体乐府》卷一开首原有《圣节五方老人祝寿文》五篇、《会老堂致语》一篇,其体非词,今删;又有《西湖念语》一篇,实为《采桑子》咏颍州西湖组词的创作缘起,现录于《采桑子》最后一首之末,以供参考。另有从前人笔记、词选中辑得的几首(主要根据唐圭璋先生《全宋词》),附于卷末,作为《补遗》,总题名作《六一词》。

如前所述,欧词与五代及宋代词人的作品每有混淆,甚而一些常被当作欧词,选入各种词集的著名篇章,也有争议。如将在疑似之间的欧词尽行删去,欧词就不成其为欧词了。因之,今凡底本中所有之词,概予保留,仅在有关词下加按语说明一作某词。

归 田 录

欧阳修《归田录》,内容涉及北宋前期的人物事迹、职官制度和官场轶闻等,多系作者耳闻目睹,其史料价值是为人们所公认的。

今存《归田录》版本,应以元刊《欧阳文忠公集》本为最早,此书乃南宋周必大等人所编,是欧阳修文集较好的一种。过去商务印书馆又曾用他本校以元刻本,印行涵芬楼本宋人说部书《归田录》,今即以此本为校点底本。据该本校订者夏敬观跋称:"此本依元刻文集本,校以宋椠文集本,其祠堂刻文集本及稗海刻本略有同异,皆附注之。又校以宋椠《朱子名臣言行录》",足见夏氏已校过各种较早的本子。这次校点,先将夏氏校本与《四部丛刊》影印元刻文集本及《说郛》本、《稗海》本等对勘,改正了夏氏校本中显系误抄误排的一些地方。同时,又检核了《诗话总龟》《职官分纪》《皇宋事实类苑》及《玉壶清话》《渑水燕谈录》等宋人著作。这些书都曾引用《归田录》或与《归田录》有重文,如《皇宋类苑》引了今《归田录》115条中的近百条,《职官分纪》引了 30 余条,等等。以这些书的引文与本对勘,证明大多为照抄原文,未始有意改之,而其异文亦多有优于今本者,可见这些书都不同程度地反映了《归田录》当时的面貌,故在这次校点中利用了这些书。

在宋编元刊文集本中,原有一些作者原注和编者夹注,这些夹注有时虽不免琐细,但为保持原貌起见,仍予保留。至于夏敬观的校语,虽亦甚可参考,因这次校点所用书已大大超出其范围,故一并提出,而将其中的一部分写入校记中,标明"夏校"字样。

又,夏氏校以宋椠《朱子名臣言行录》,发现所引 18 则(实为 19 则,夏氏数漏),有两则为今本所无,遂辑出作补遗一卷附于后。这次检核《类苑》等宋人书,又发现了不少《归田录》的佚文,今将这些佚文连同夏氏所辑两条一并附于卷后,并作《归田录佚文初探》一篇,对《归田录》佚文的发生及与此有关的一些问题略作分析，以供参考。

苏 魏 公 文 集

《苏魏公文集》七十二卷，宋苏颂撰。苏颂（1020—1101），北宋泉州南安（今属福建）人，以父绅葬于润州丹阳（今属江苏）而占籍丹阳。字子容。仁宗庆历二年进士。皇祐五年，由南京留守推官召试馆阁校勘，同知太常礼院。嘉祐四年，为集贤校理，编定书籍。六年出知颍州。英宗治平二年，为三司度支判官。神宗熙宁元年，为度支判官，迁淮南转运使。召修起居注，擢知制诰。二年，因奏事不当免。四年出知婺州，移亳州。七年，授秘书监，知银台司，未几，出知应天府、杭州。元丰元年，权知开封府，坐治狱事贬知濠州，改沧州。哲宗元祐初，拜刑部尚书，迁吏部兼侍读。请诏史官采新、旧《唐书》中君臣行事，以备观览。官至右仆射兼中书侍郎。绍圣四年，以太子少师致仕。学识渊博，自经史、九流、百家之说，至于图纬、律吕、星官、算法、山经、本草，无所不通。邃于律历，曾于元祐三年起用韩公廉等人制造水运仪象台，"为台三层，上设浑仪，中设浑象，下设司辰，贯以一机，激水转轮，不假人力。时至刻临，则司辰出告。星辰躔度所次，占候则验，不差晷刻，昼夜晦明，皆可推见"（《宋史·苏颂传》）。著《新仪象法要》一书，叙述仪象台的结构和制造，附有图画和星图。又编著《图经本草》，对药物学的考订有很大贡献。其诗文集为《苏魏公文集》。事迹具邹浩《道乡集》卷三九《故观文殿大学士苏公行状》、曾肇《曲阜集》卷三《赠司空苏公墓志铭》及《宋史》卷三四〇本传等。

《苏魏公文集》卷一至十四诗，卷十五至二十册文奏议，卷二十一至二十八内制，卷二十九至三十六外制，卷三十七至四十六表，卷四十八至五十启，卷五十一至五十四碑铭，卷五十五至六十二墓志铭，卷六十三行状，卷六十四记，卷六十五至六十七序，卷六十八书，卷六十九札子青词，卷七十七十一祭文，卷七十二杂著。内容十分丰富。

其诗词韵文，历来评价颇高，有一定的文学价值，但更有纪实性"诗史"的价值，如卷十三"前使辽诗""后使辽诗"，于辽国人物制度、风土人情及宋辽关系，记叙颇详，卷五《累年告老恩旨未俞诏领祠宫遂还乡闲燕闲无事追省平生因成感事述怀诗五言一百韵示儿孙辈使知遭遇终始之意以代家训故言多不文》,其诗及自注,构成了一篇自传。其文章奏、制、表、启占了很大的比重,这些应时之文,很难说有什么文学价值,但其文辞典雅,力求变化,当时亦鲜有匹敌。至于其中所反映的史实、制度和人物履历,当然是很重要的史料。碑铭、墓志、行状等人物传记类文章,虽多为应约而写,亦大多饱含深情,叙事详瞻,非徒依定式写作牟取润笔者比,有较高的史料价值。其余记、序散文,甚为清新可喜。

南宋文学家汪藻序其文集曰:

> 宋兴百余年,文章之变屡矣。杨文公倡之于前,欧阳文忠公继之于后,至元丰、元祐间,斯文几于古而无遗恨矣,盖吾宋极盛之时也。于是丞相魏国苏公出焉,以博学洽闻,名重天下者五十余年,卒用儒宗位宰相,一时高文大册悉出其手。故自熙宁以来,国家大号令、朝廷大议论,莫不于公文见之。然公事四帝,以名节始终,其见于文者,岂空言哉?论政之得失,则开陈反覆而极于忠;论民之利病,则援据该详而本于恕。有所不言则已,既言于上矣,举天下荣辱是非,莫能移其所守,可谓大臣以道事君者也。若其讲明经术之要,练达朝廷之仪,下至百家九流、律历方技之书,无不探其源、综其妙者,在公特余事耳。此所以一话言、一章句,皆足以垂世立教,革浇浮而已偷薄,与轲、雄之书百世相望,而非当时翰墨名家者所能仿佛也。

对苏颂文字的评价主要还是从撰写当时高文大册之大手笔角度去说的。而其之所以能达到如此境界,则有其博学洽闻作为根底。

苏颂的文集,为其子携所编,上引汪藻绍兴九年序又曰:"公殁四十年,公之子携始克集公遗文,得诗若干,内外制若干,表奏、章疏、志铭、杂说若干,使藻预观焉。藻少习公文,以不护拜公为恨者也。今乃尽得其书读之,可谓幸矣,故谨识其端而归其书于苏氏。"至乾道辛卯(七年,公元1171年),施元之刻于三衢(见《增订四库全书简明目录标注·续录》)。周必大淳熙十三年序曰:"平生著述凡若干卷,翰林汪公彦章为之序。某尝得善本于丞相曾孙玭,适显谟阁直学士张侯几仲出守当涂,欣慕前哲,欲刻之学宫,布之四方,使来者有所矜式,其用心可谓广矣,故以遗之而纪于后。"

由此可知,《苏魏公文集》由其子编成于南宋高宗绍兴初,刻于孝宗乾道七年,淳熙间张进又为之刊行。宋陈振孙《直斋书录解题》卷十七、《宋史·艺文志》均著录"《苏魏公文集》七十二卷"。今宋刻原本已不可得而见,陆心源皕宋楼曾藏有影写宋刊本,《仪顾堂题跋》卷十一此书提要云:

> 《苏魏公文集》七十卷,宋苏颂撰。《四库全书》著于录。影写宋刊本,每叶二十二行,每行二十一字,每卷有目连属。篇目前有汪藻序。构字注"太上御名",盖从宋刊影写者。……首尾完具,毫无缺佚,尚是苏携所编原本,未经后人窜乱。嘉庆中,闽中苏鳌石方伯重刊是集,求旧抄不可得,从文渊阁借录付梓,可见此本之难得矣。

又其《皕宋楼藏书志》卷七十三集部谓"《苏魏公文集》七十二卷,影写宋刊本,王莲泾旧藏"。莲泾名闻远,字声宏,晚号灌稼村翁,太仓州人,著有《孝慈堂书目》,所藏多宋元秘本。陆心源《善本书室藏书志》和黄丕烈《士礼居藏书题跋记》等多处提到此人。

皕宋楼所藏影写宋刊本今已流入日本。清光绪戊子(十四年,公元1888年)陆心源又抄一部送国子监。清乾隆间编《四库全书》,用鲍士恭家藏本抄入。清道光二十二年,苏颂裔孙苏廷玉据杭州《四库全书》文澜阁本重刊。

光绪陆抄本凡涉契丹(辽)仍称虏、戎,遇宋历代皇帝,皆有示尊之提行或空格,遇构字,注"太上御名",应为据影写宋刊本抄录者,此本抄写草率,误漏不可胜数。清道光刻本所据虽为《四库全书》本,凡涉契丹等少数民族政权处,改动较文渊阁本为甚。

后 山 谈 丛

《后山谈丛》,宋陈师道(1053—1102)撰。师道徐州彭城(今江苏徐州)人,字履常,一字无己,号后山居士。少时学文于曾巩,元祐初为徐州教授,曾退居彭城多年,元符三年召为秘书省正字,逾年卒。师道为江西诗派有代表性的诗人,散文成就虽不及诗歌,而行文简严密栗,仍不失为北宋巨手,著有《后山集》。

《后山谈丛》内容丰富,而对北宋重要史事人物,着墨最多,如关于澶渊之役及宋与契丹、西夏之和战,所记即达十几条,卷一录寇准上真宗书一篇,较他书所载完整,洵足宝贵。由于师道同曾巩、苏轼等人有特殊的关系,以及熙宁、元丰、元祐之间朝廷政治斗争的影响,《谈丛》对富弼、韩琦、司马光、曾巩、苏轼、刘敞等人语多称颂,而对吕夷简、丁谓、夏竦、包拯、王安石等人则每含讥刺。南宋时,有人对此书的真伪和价值发生了怀疑。然《后山集》前有师道门人魏衍附记,称"《谈丛》《诗话》,各自为卷",洪迈《容斋随笔》摘《谈丛》记事四条,以为"皆爽其实",均可证《谈丛》非他人赝托。但洪迈的评价,又得到了周必大的认同,谓《谈丛》"多失轻信"(《与汪季路司业书》)。同时的朱熹,看法与洪、周不同,以为:"若《谈丛》之书,则记事固有得于一时传闻之误者,然而此病在古虽迁、固之博,近世则温公之诚,皆所不免,况于后山?"(《答周益公书》)北宋中后期,名士大夫撰写笔记之风盛行,至南宋初,秦氏当国,屡禁私史,许人告,于是有些人就乘机摘发对自己不利的记载,并怀疑某些笔记的真实性,《后山谈丛》未能幸免。除了北宋史事人物之外,《谈丛》于书法绘画、笔墨纸砚、水利农事、佛徒道流以至奇闻异物等,亦有不少记载,其间或有所议论,往往精彩警拔。至若记述卜筮画卦,因果报应,乃当时习尚,不足深责。

最早编成的陈师道诗文集《后山先生文集》,没有收入《谈丛》,据师道门人魏衍附记,当时《谈丛》《诗话》各自为集。《后山集》自明弘治马暾刊本始收入《谈丛》。此书现存最早的单行本是明陈继儒辑入《宝颜堂秘笈》的四卷本。两本的卷次、分条及文字差异很大,错讹衍脱极多。清代著名学者何焯,曾以嘉靖以前旧抄本及毛氏所藏抄本校弘治本,补正脱误。近代张钧衡收得过临何焯校之旧抄本,刻入《适园丛书》,为此书较善之本。

萍 洲 可 谈

《萍洲可谈》,宋朱彧撰。彧字无惑,乌程(今浙江湖州)人,祖朱临,父朱服。或幼时依母胡氏居常州，后随父宦至开封及莱、润等州，崇宁初至广州，曾到南海见苏轼。晚年定居湖北黄冈，自号"萍洲老圃"。一生游踪甚广。朱彧无科举和仕履记录，其行年亦难考，绍兴十八年，胡铨有诗次其韵，题有"次朱彧秀才"等语，不知卒于何年。

《可谈》所记，多为朱彧随父朱服游宦所至见闻。其卷二详细记载北宋广州市舶司的职能以及舶船航海、外商"住唐"等情况，最为精彩。中外商船到达港口，先由市舶监官"抽解"，即征收关税，税率随物而异，商人往往想方设法规避官市，但不敢逃避"抽解"。汉商出外当年不回来的，叫作"住蕃"，诸外国商人至广州当年不回去的，叫作"住唐"，"住唐"商人被安置在一处居住，叫作"蕃坊"，"蕃坊""置番长一人管勾公事"，已经带有现代领事的性质。《可谈》对在"蕃坊"居住的外国商人的衣饰、饮食、宗教信仰都有记载，这些材料，在浩瀚的宋代史料中极少见到。

《可谈》记载宋代朝章国故，如卷一关于宰相、使相呼"相公"，"三公正真相之任"则呼"公相"等，可补正史之不足，或与之相参证。书中还有一些描述当时制度变更、士人风气的材料，如崇宁时改当十钱为当三钱时的社会状况等，也具体生动。

朱彧的父亲朱服，在熙、丰时基本上是新派人物，元祐更化，"未曾一日在朝"（《宋史》本传），《可谈》记述当时诸多政治人物的事迹，其间之好好恶恶，如褒王安石、吕惠卿、吕嘉问等而贬苏轼、苏辙等，不免受其父的影响。所可注意的，《可谈》所记人物事迹，如沈括责置秀州等，亦可补正史之阙。

此书《宋史·艺文志》《直斋书录解题》《文献通考》等著录作三卷，《解题》还说其书有朱彧宣和元年自序，今原本已不可见。现存最早的刻本，当推宋左圭《百川学海》所收 55 条，题作《可谈》，显系删节本，其后《说郛》《宝颜堂续秘籍》所收据此。清乾隆官修《四库全书》，从《永乐大典》各韵下辑得 180 余条，重加编定为三卷，始稍复原本之旧。张海鹏取《四库全书》文澜阁本刊入《墨海金壶》，钱熙祚取《墨海金壶》旧版校以《百川学海》等刊入《守山阁丛书》。故此书有以《百川学海》和《四库全书》为依据的两个版本系统。另有明钞本《萍洲可谈》三卷，题宋朱彧撰，卷端自序，有"嘉祐五年"云云，而书中记事，竟无一与通行本同者，且及宝祐四年事，显系伪托。今存之《永乐大典》残本和《宋会要辑稿》中尚有佚文三条。

游 宦 纪 闻

《游宦纪闻》十卷，宋张世南撰。世南字光叔，自序落款称："鄱阳张世南光叔。"其友人李发先(李纲后人)在《游宦纪闻跋》中也说"鄱阳张光叔"。后世但知其为鄱阳人。但张世南在《游宦纪闻》中谓"予世居德兴"，自署"鄱阳"乃指郡望。隋大业及唐天宝、至德年间，曾改饶州为鄱阳郡。《宋史》卷八八《地理志》："饶州，上，鄱阳郡。军事。"所辖县六：鄱阳、余干、浮梁、乐平、德兴、安仁。监一：永平。故其世代所居之地，当以饶州德兴(今属江西)为确。

李发先跋中说"鄱阳张光叔，文献故家也。讲学家庭，藏书日富。蚤从云台史君，游宦入蜀，见闻已不凡矣。及涉江湖，达浙闽，视昔所获夥甚，惧遗忘而随笔之。""云台史君"应指张世南的父亲，曾奉祠主管华州云台观的张大训，魏了翁《鹤山先生大全文集》卷八六有《故知辰州大夫张君墓志铭》云："讳大训，系出唐宰相文瓘。"《墓志铭》给了"文献故家"以最好的诠释：

> 予始仕成都，番易张君学古为转运司主管帐前，博物而强志，自经子百氏以及天文星历、山经地乘、伎巧鬒卜之事，靡不究悉。又多蓄前言往行、隐书秘谍，凡世所罕见。予洒然异之，由是定交。其后于行都，于眉山，每见辄有异闻。

张大训长期在四川做官，故张世南《游宦纪闻》之内容，颇多四川见闻，所谓"游宦"，主要指的是其随父在四川的经历。大训精于星历。《游宦纪闻》卷一、卷七、卷八，多条讨论此学，可见其家学渊源。至于张世南的历官，墓志铭说得很简单："世南，为都昌县丞。"

张世南在结束"随侍宦游"的蜀中之行后，开始了颠沛流离的江湖游历及仕宦生涯。从《游宦纪闻》的记载来看，张世南曾为官于闽中，侍亲至四明。

《游宦纪闻》的撰写始于绍定元年，五年壬辰冬，世南以未定稿示于友人李发先，李氏为作跋。

《游宦纪闻》向来为前人所推重,清周中孚《郑堂读书记》卷五十六子部十之五:

> 今观其书,多记轶事琐闻,以及杂物,而于时政概不及之。所记颇为谨慎,考证亦极该博。大抵闻之刘过、高九万、赵蕃、韩淲、程迥诸人居多,而程说尤夥。且多记永福县事,当即其仕宦之地,未知究属何官也。夫以半生经历,睹记之富,而所存止此,实宋季说部之后劲也。

其评价是恰当的。全书十卷108条,虽很少议论时政,而于风土人情、人物轶事、诗文赏析、文物考古,乃至历法术数、医药园艺等方面,均有所涉及,富有史料价值和一定的学术价值。至于从今日的科学知识看来,所记龙涎香、犀牛角之类,颇含传闻失实之成分,以及一些神怪异闻,都是可以理解的,不必过责。

此书今存主要版本,有《稗海》本、《知不足斋丛书》本、文渊阁《四库全书》本(以上均为十卷足本)及《说郛》本(仅一卷)等,其中《知不足斋丛书》本较为精善。

有人从一些地方志中看到所录张世南《高盖山记》《方广岩记》和《汰王滩记》三篇文章,以为乃《全宋文》失收之佚文,其实这三篇文章均见于《游宦纪闻》,应为编方志者从中钞出者,可不再收入《全宋文》。

负暄野录

《负暄野录》一卷,宋陈槱撰。槱字宜之,闽县(今属福建)人,几之孙,郊之侄孙。绍熙元年进士。本书中"秦玺文玉刻"条内有"近嘉定己卯,贾涉节制河北",光宗绍熙元年(1190)下距宁宗嘉定己卯(嘉定十二年,1219),首尾三十年,则此书为其晚年之作。又"前汉无碑"条有"余尝闻之尤梁溪先生袤云"云云,且谓"惜不曾再叩之","乐毅论"条亦提到"尤谓余"云云,知尤袤于其为前辈学人,袤卒于光宗绍熙五年。"古碑毁坏"条有"余又闻萧千岩云",萧德藻年辈与尤袤相若,事亦合。其人仕履则未详。

《四库全书总目提要》谓此书"上卷论石刻及诸家书格,下卷论学书之法及纸、墨、笔、研诸事,皆源委分明,足资考证",实为的论,其间所记名人故实、诗文,如范仲淹致邵㻋书,不见于范集,颇具文献价值。

《四库提要》又谓"至所载《鼠须笔》诗一首,《宋文鉴》题为苏过作,其时《斜川集》尚存,必无舛误,而樯称'昨见邵道豫赋《鼠须笔》,殊有风度,今载于此'云云,则失考之甚矣"。《鼠须笔》诗见于下卷"咏笔诗"条。按此诗虽不见于今本《斜川集》,南宋初胡仔《苕溪渔隐丛话》已著录为苏过诗,后人从之,今此书"昨见邵道豫赋《鼠须笔》"云云,或实为邵道豫所抄录乎?

此书主要版本有《知不足斋丛书》本、《四库全书》本,清倪涛《六艺之一录》引录此书大量内容。

考 古 质 疑

《考古质疑》,宋叶大庆撰。叶大庆字荣甫,《四库提要》谓其里贯不详,《光绪处州府志》《光绪龙泉县志》及清《浙江通志》,均以其为龙泉人,开禧元年进士。明陈耀文《经典稽疑》卷下称其为"老儒括苍叶大庆"。按隋开皇四年置处州,治括苍,唐改括苍为丽水,龙泉在其辖境,则其里贯与诸方志所记合。

大庆之子释之所撰书序谓"先君府教,幼冠乡书,继升国学,垂成舍选",如"垂"字无误,则是入国学而无出身,但从释之序下文"继而调冷官,需远次。戌瓜甫及,风木缠悲"云云来看,又似已有出身而入仕,方志之记载,或另有所本。又据叶武子序,称"同舍叶君荣甫,以经学蜚声六馆",与叶释之序之"继升国学"合,又谓其任"古建""郡博士",与叶释之序之"府教"合,可知叶大庆之仕途止于建宁府学教授。

至于叶大庆生活的年代,如开禧元年进士有据,则应生于孝宗淳熙年间。叶武子于其为同舍生,行年应接近,武子曾师从朱熹,朱熹卒于庆元六年,亦可推其生于孝宗淳熙年间。叶武子序作于宝庆二年,其时大庆尚在世,释之序作于淳祐四年,其时大庆已逝世,且云逝于叶武子为其"椠镂诸梓"后"未几",可知大庆逝世在宝庆、绍定间。

本书现分六卷,共78条,内容涉及历朝史实、典章制度、文字训诂、诗词文章等许多方面,而以考证史书史实部分为最多。叶氏读书认真,学问淹贯,所做考证凿凿有据,说服力很强。比如论《史记》记事参考互见失误之因,论留中之始,探策书之源,辨《中说》之作,指《说苑》之误等,均甚中肯可观。书中的大部分条文,往往不止涉及一个问题,而是将一类问题归纳起来进行研究,不是单纯给读者一个结论,或者只用寥寥数语加以说明,即下断语,而是旁征博引,层层深入,说理透彻,文字详赡,做成了一篇篇结构完整的论文,读来不教人生倦。如卷三论年号钱,在分析了吴曾《能改斋漫录》和王观国《学林》之误以后,进而用更多的篇幅论述唐代为何"开元"钱独多,以及其他相关问题,共 1 500 余字,条分缕析,十分全面。

叶氏考证史实,咄咄逼人,不容置辩,但他偶有议论,亦甚通达。如卷五用大量篇幅考订苏东坡诗文用事之误,末了却引用赵次公并加以评论说:

"撼树之徒,遂轻议先生为错,殊不知先生胸次多书,下笔痛快,不复检本订之,岂比世间切切若獭祭鱼者哉!"大庆谓……后生晚学,影响见闻,乃欲以是借口,岂知以东坡则可,他人则不可,当如鲁男子之学柳下惠可也。

又同卷为王羲之《兰亭序》、王勃《滕王阁序》辨诬,谓其"不入《选》《粹》,而传至于今,脍炙人口,良金美玉,自有定价,所谓瑕不掩瑜,未足韬其美也"。

由此观之,叶武子序评此书"考订详密,援引该博,而议论精确,往往出人意表",实非溢美。

此书散佚已久,宋元各家书目不见著录,今本为清四库馆臣从《永乐大典》中辑出者,自《四库全书》加以编录及武英殿聚珍版印出此书之后,又有《海山仙馆丛书》《啸园丛书》《清芬堂丛书》《仿知不足斋丛书》等相继收录,而所据均为武英殿本。

今《大典》残卷中尚可见佚文数条,清文廷式曾获读遭劫前之《大典》,从中辑得为四库馆臣遗漏之《考古质疑》文字多条,载于其笔记作品《纯常子枝语》中。《考古质疑》行文,多有征引,以其与今存之有关各书相较,时见异文。古人引书,或凭记忆,未必字字与原文相同,且多节引,或所见版本与今本有异。

密斋笔记

《密斋笔记》五卷,续记一卷,宋谢采伯撰。采伯字元若,号密斋,台州临海

（今浙江临海）人。宰相谢深甫之子，理宗后谢氏之伯叔行。嘉泰二年进士。嘉定中通判严州，历知广德军、湖州，监六部门，大理寺丞，大理正。宝庆元年知严州，有惠政。绍定中知徽州，提举福建市舶。累迁度支郎中，除军器监。《宋史》无传。史称谢后父渠伯早卒，兄奕宗封郡王，侄并节度使，端平初颇干国政。采伯以世家贵介，敭历中外，洊更麾节，当谢后用事之时，独能解组逍遥，至使史官佚其姓氏，则萧然于荣利之外，一无所预可知。《全宋文》小传标其生于 1179 年，据本书卷五："端平元年九月中，余奉京祠，方抵舍，发热不止，面浮目肿，不能食。一医者曰：'非服附不效。'左右骇笑，医曰：'行年六十三，不服附耶？'"端平元年为公元 1234 年，上推 63 年，应生于 1172 年。据其自序，《密斋笔记》之撰写始于端平元年，而其自序撰于淳祐元年，即公元 1241 年，此时其书应已大体完成。至于其卒年，其子跋中有"先公没六年"之语，末署"宝祐丙辰"，即宝祐四年，公元 1256 年，上推六年，应为 1251 年。

谢采伯部分历官之制书今尚存世，其中虽例多美言，亦可反映一些事实。

洪咨夔《平斋集》卷一七《度支郎中谢采伯除军器监制》："尔生相家而无骄气，地之良也；挹儒科而有能声，材之美也。地良材美，絲郎版部长戎监，畴不谓宜，岂徒以肺腑进哉？"

吴泳《鹤林集》卷八《谢采伯换授蕲州防御使提举佑神观免奉朝请制》："具官某，履行孝谨，禀资温纯。出王谢之故家，为邓阴之尊属，而不有贵胄，蔚然儒风。进《女诫》以奉坤仪，缉圣谟而裨乙览。"

同上《谢采伯授州观察使仍旧提举佑神观免奉朝请制》："朕维先王建国亲诸侯，何分异姓；伯舅加劳赐一级，当有殊恩。矧伊近戚之尊，岂爱懋官之宠？具官某，器怀竞爽，儒雅扶轮。虽胄出相阀，而不以相阀自高；虽姻连掖庭，而不以掖庭致贵。每说学于缙绅之圃，曾争名于俊造之场。固曰汝能，当为朕屈。昔野王以德显，尚难陪与于列卿；而樊侯以经名，不过徒封于东国。爰览扬章之上，既知故典之详。仍启男邦，进升廉察。毋曰尔身之在外，尚思忠德之辅君。"

采伯自撰之文则可见其政绩与学术。

《台州奏觯酒禁记》："臣闻诸父老，台郡通闽、广，岚瘴为厉，非酒无以御其毒，故其民食酒习惯为常，嗜利冒禁，曾不少戢。绍熙间守臣徐子寅觯其禁，宝庆间守臣叶棠有志举行，会除常平使者，继奉诏摄州，巨浸之余，民不堪命，亦蠲其禁。然皆仅仅两载而不能以久者，未尝闻于上也。端平三年，守臣陈振孙因士民之有请，稽本息之盈缩，条公私之两利以闻于上，镵诸乐石，俾民歌咏圣德，以诏来者，其虑远矣。臣以为榷酤非常赋也，汉武帝用兵乏饷而创也，武帝席文、景富庶之余业，用兵才三十余载，而海内已虚耗，遂作俑榷酤。继世亦悔其失，固尝罢行。而言利之臣接踵于后世，岂能悉意捐去，是用兵之祸历一千三百八十余载而未已。臣尝两佐州，四典州，私酿亦固有之，然令下之日秋毫无犯。独臣里中更守臣十余人，绳以一切，其弊自若，走卒坐铺，讥逻旁午，而匿奸藏匿，反滋弊薮。若官吏夫匠之属，日赂月馈，皆有定数，岁终则倍之。有挟者寄造率十余家，强有力者抑又甚焉。不幸而获，则不过升斗穷窭人也，弯卒例擒以逃谴。其始获也，必让曰以供因也；其编置也，复让曰以奉护送也。故酒曲秫米之四邻，与在城内外之饮客，棰楚日报，而私酿日盛，官额顿亏，本息折阅，承流宣化者亦付之于无可奈何而后止，其弊极矣。小大之臣但知增取之为工，苟惨以求胜，而莫以蠲禁为上言者。圣德如天，视民如子，岂忍与争锥刀之利而戕民以徒流之酷哉！特民瘼不即以上闻尔。今贤守臣洞见官额，初无毫厘杪忽之亏，而在民获安静和平之福，乃为奏请，而贤相国为之敷陈。圣主俞允之，颁降省剳，以示遵守，与国无极。除汉武以来一千三百八十余年之患，邦民幸甚，得保生业，奉宾祀，无刑辟之虞，熙熙然若生于唐虞三代之世。圣德巍巍，轶唐虞三代之盛矣，顾不伟欤？"（《赤城集》卷七。又见《三台文献录》卷三）

《续书谱序（嘉定元年 1208）》："姜夔，字尧章，番易布衣也，自号为白石生，好学无所不通。尝请于朝，欲是正颂台乐律，以议不合而罢。有《大乐议》《琴瑟考》《铙歌》等书传于世。予略识于一友人处，知其为名士，颇敬之，不知其能书也。近阅其手墨数纸，运笔遒劲，波澜老成。又得其所著《续书谱》一卷，议论精到，三读三叹，真击书学之蒙者也。夫自大学不明，而小学尽废，游心六艺者固已绝无仅有，而尧章乃用志刻苦，笔法入能品，予固恨其不遇于时，又自恨向者不能尽知，而不获抠衣北面以请也。因为锓木，以志吾过云。嘉定戊辰，天台谢采伯元若引。"（《续书谱》卷首，《百川学海》本。又见《皕宋楼藏书志》卷五二《白石道人年谱》）

《题苏轼书斩蛟桥》："奕修宰义兴,寄东坡书斩蛟桥石刻。徐归自泉南,□思亦藏真迹,恍不知何在。怏怏数日,忽记有两木箧未启,遂登南楼,一扣扃钥得之。笔力遒劲,神采焕发,石刻夺气。绍定庚寅谢采伯书。"(民国《江苏通志稿·金石》一六)

《题东坡乞居帖》："东坡《乞常州居住奏状》,不知何缘流落人间。公之名节文章岂待赞叹,今观其词翰凛然不可迫视,岂以穷达得丧动其心者哉!文集中亦有此一奏稿,其词加详,意者以此状为简略,不足以动君父之听,故改用加详者。不然,即先上此奏,未能从欲,而再用文集所载者,俱未可知也。当时玉音竟俞其请,天地之大德、君臣之大义尽矣。后之阅斯文者,想例以为不祥之金,不复留字。仆生也晚,不揆固陋,辄疥卷末云。嘉定庚午中秋,天台谢采伯元若书于四明贡院。"(《清河书画舫》卷八下。又见《荆溪外纪》卷一九,《赤城别集》卷二,《萼辉堂法帖》卷一,万历《宜兴县志》卷八,康熙《常州府志》卷三七,《式古堂书画汇考》卷一〇)

此书王宗旦序谓士大夫晚节嗜好,鲜有不迷其初者。密斋独以书籍贻谋后人,使知其老不忘学。则采伯潜心著述,殆以一生之精力为之,宜其言多中理矣。

此书乃其易班东归时所撰录以示其子者。杂论经史、文义,凡五万余言。其自序以为"无牴牾于圣人"。《四库全书总目提要》云:"其间援据史传,颇足以考镜得失。杂录前贤懿言微行,亦多寓惩劝。虽持论间有未醇,其援引证据,亦未能如《容斋随笔》《梦溪笔谈》之博洽,而语有本源,瑜多瑕少,要亦说部之善本也。"评价是公允的。

此书原本久佚,仅散见《永乐大典》中。四库馆臣辑出,依原跋仍分为笔记五卷续记一卷。宋周密《志雅堂杂钞》卷下:"借到屠存博三书,一曰《密斋笔记》,谢采伯所著,三卷,有经解、史考、文艺之类,下卷有药方、杂说,颇有见闻。美修,其字也。"则宋末人所见分为三卷。

此书今有《四库全书》本、《琳琅秘室丛书》本等。

甕牖闲评

《甕牖闲评》,袁文(1119—1190)撰。袁文字质甫,四明鄞州(今浙江鄞县)

人。其子袁燮所撰《行状》及《墓表》(见《絜斋集》卷十六、十七),谓其少小聪警,读书不懈,而恬于进取,厌举子业,无仕历记录。楼钥《袁府君挽词》有云:"家学传三世,几间无二书。力行真勇猛,进取故舒徐。前辈多遗墨,先人祇故庐。后来窥《甕牖》,志士为唏嘘。"(见《攻媿集》卷十三)又《跋袁光禄(毂)与东坡同官事迹》云:"有孙字质甫,好古笃学,有闻于时。"(见《攻媿集》卷七七)说明时人对其学问和著作的评价是较高的。袁文所著书尚有《名贤碎事余》三十卷,选录宋代名人事迹,都百余万言,惜已不存。而《甕牖闲评》一书,为袁氏一生学问结晶,他临终时叮嘱儿子说:"吾《甕牖》一书,盍宝藏之!"可见其珍爱之情。

此书今本分为八卷,内容涉及小学经史、天文地理、宋朝时事及诗词文章等诸多方面。

其中不少议题,已为前人所论及,《闲评》或明引其文,评述发挥,或袭用其事,阐述不同见解。如"行李",唐李匡义《资暇集》以为"李"字乃"使"字古文之讹,宋姚宽《西溪丛语》等则认为"李""理""吏"可相通,而"行李"即负有联络使命之小官,此书则仍以为李说有据,不可遽以为非。《闲评》之功力所在,尤在论小学部分,于文字音韵训诂,剖析精微,多发前人之未发。如论《诗》以《螽斯》名篇,只是借本诗之二字,"斯"乃是助辞,序《诗》者误以"螽斯"为言,遂使后世竟以"鹭"为"鹭斯"而不悟,如杨子云《法言》云"频频之党,甚于鹭斯"之类,甚至把"鹭斯"的"斯"字添了个"鸟"字,使《唐韵》"斯"字门多了个"鹏"字。袁氏尖锐地问道:"若斯字可添一鸟,则'柳斯''萧斯'当复添何字?"本书之辨史实亦甚通达。如此之类,不但可见其学识广博,亦见其治学严谨。

《闲评》论诗文,对当代苏轼、黄庭坚两家深致敬仰,谓其行事有大过人处,但对于两人作品中用事之误,则不惮予以指出。《闲评》对于当朝时事,亦未尝不留意,对北宋末徽钦两朝之弊政,尤多指摘。

当然,此书征引既博,也小有讹误,清末学者俞樾即已就其中之若干则提出了不同的看法(见《春在堂全书》"评袁")。

此书宋元各家书目均未著录,明《文渊阁书目》有《甕牖闲评》一部一册,当即为后来录入《永乐大典》者。今本此书八卷,就是清四库馆臣从《大典》中辑出重加编次的。自《四库全书》加以编录及武英殿聚珍版印出之后,又有《清芬堂丛书》《励志斋丛书》《丛书集成》等相继刊出，所据均为武英殿本。今存之《永乐大典》残本，尚载有《闲评》内容 60 余条，以其与武英殿本对勘，颇有异同。另外，《大典》残本中尚有为四库馆臣辑漏之《闲评》条文 40 余则。

萤 雪 丛 说

《萤雪丛说》，宋俞成撰。俞成字元德，宋东阳（今属浙江）人，生卒年不详。《萤雪丛说》自序云："庆元庚申（1200）八月望日漫录。"可见其人生活于 1200 年前后。又云："余自四十以后便不出应举。"可见其人无功名。俞成之著作，文献中只见《萤雪丛说》一种。

据俞自序，《萤雪丛说》之成书乃"优游黄卷，考究讨论，付之书记，囊萤映雪，无所不为，尘积日久，遂成一编"。为俞氏杂录自己读书阅世的心得体会，杂取时人的言行及著述的笔记。从内容看，有文字训诂，如"致字说""矢鱼于棠""辨滕王阁序落霞之说"等；有诗文之论，如"声律对偶假借用字""诗随景物下语""赋以一字见工拙""诗贵熟读"等；有论作文之法，如"记史法""祝寿""文章活法""徐积悟作文之法"等；有记时人轶事，如"梦见主盟道学""不责酒过""溺于阴阳"等；有明事说理，如"不怪炎凉""忠恕违道不远""严子陵本姓庄""天堂地狱""心目相乱""责己说""茹蔬说""戒食菰蕈"等。此书杂考史传，编次亦无一定规律，有些言论亦囿于一家之见。如"辨滕王阁序落霞之说"条，宋叶大庆《考古质疑》即提出异议，认为解释应从文句意境着眼，而非纠结于"落霞"为一种小飞蛾之别称。清陈元龙《格致镜原》则云："《七修类藁》：'落霞'乃鸟也。余旧尝于内臣养户处见之，形如莺哥少大，遍体绯羽。《萤雪丛说》以为飞蛾，误矣！"《四库提要》认为"其书多言揣摩科举之学，而谆谆于假对之法以为工巧，论皆迂鄙"，而解释又"皆穿凿附会无可取也"，似亦批评太过。作为考见宋人读书、行事、言谈之概貌，还是有一定价值的。

据目前所见资料，除《宋史·艺文志》载"俞子《萤雪丛说》一卷"外，其他著录皆为二卷。暂未见单行本行世，多收于丛书中，《中国丛书综录》列有《儒学警悟》本、《百川学海》本（咸淳本、景刊咸淳本、弘治本）、《续百川学海》本、《稗海》本（万历本、康熙重编补刊本、乾隆修补重订本）、《说郛》本（委宛山堂本、商务印书馆本)、《金华丛书》本(同治光绪本、民国补刊本)、《丛书集成初编》本。清末耿文光《万卷精华楼藏书记》卷九十四亦提到"《萤雪丛说》二卷,宋俞琬撰","俞琬"当为误录。今所见《萤雪丛说》最早收在丛书之祖《儒学警悟》中,缪荃荪根据俞成的跋考证出它比《百川学海》早72年。俞成参与编订《儒学警悟》,并为之跋,缪荃荪说这种作法"开后人以己撰编入丛书之例",因此《萤雪丛说》之《儒学警悟》本应该更接近俞氏著述的原貌。在目录"卷之四十上　萤雪丛说卷之一"下有双行小字"俞成撰,共二卷,余八卷续刊于乙集",可见此书原不止两卷,但是乙集之八卷未见载于文献。《丛书集成初编》本据《儒学警悟》本排印,编次全同。《百川学海》本,较《儒学警悟》本少"断饮说"和"茹蔬说"二则,且"谷字说"无标题,附于"致字说"下。编次亦略有不同,如《儒学警悟》本上卷之"声律对偶假借用字"和"试题用全句对"两则,《百川学海》本则置于下卷卷末倒数第二、第三则。《金华丛书》本和《稗海》本,编次与《百川学海》本相仿,亦与《儒学警悟》本稍异。综观诸本,以最早之《儒学警悟》本为最佳。

脚 气 集

　　《脚气集》,宋车若水撰。若水(1210—1275),字清臣,号玉峰山民,台州黄岩讴韶(今属浙江)人。南宋台州十大儒之一,著名理学家。其家学源远流长:曾祖父车瑾、祖父车似庆都是远近闻名的学者,父亲车倬才高学博,为乡里所倚重。车若水与其从兄车垓皆受业于季父安行,安行受业于陈植,植受业于朱熹。

　　车若水貌清臞似山民,且口讷,《台学源流》《赤城新志》《台学统》记其学行曰:读书好古,多卓识。初从陈耆卿学古文,晚乃弃去,改师陈文蔚,后从杜范游,于是潜心理学,又与柔极村黄超然一起,往来著名学者金华王柏之门,得闻晦翁绪论,深得朱子"三传"之学。台州知府赵景纬以遗逸荐,吏部侍郎杨文仲又以名士与王柏并荐,丞相贾似道再聘入史馆,都被婉言谢绝。台州知府王华甫礼聘他为上蔡书院主讲,则欣然应聘。车若水死后,牌位入乡贤祠,《黄岩县志》和《台州府志》均为之立传。所著有《道统录》《世运录》《宇宙略纪》《敬斋记《玉峰冗稿》,晚作《脚气集》。

《脚气集》计两万余字,编为两卷,据车若水从子车惟一跋,书成于咸淳甲戌(1274),车若水因病脚气作书自娱,故名,乃其绝麟之笔,以前他的许多著作由于兵火全都化为灰烬,惟有这部书保存下来。其体例与语录相近,内容涉及周代至南宋有关经学、理学、文学、历史、天文、地理、政治、经济等。虽然书名古怪粗陋,却有重要的学术价值。《四库全书总目提要》评价颇高:"论《周礼·冬官》,讥俞庭椿断定拨置,其说甚正。""其论史,谓诸葛亮之劝取刘璋,为申明大义。""论《周礼》载师乃园廛之征,非田赋之制,驳苏洵说之误。论《春秋》蔑之盟,主程子盟誓结信、先王不禁之说,及宋人盟于宿,主《公羊》以及为与之说。宰咺归赗,主直书天王而是非自见之说。均有裨经义。""其他论蔡琰《十八拍》之伪,论白居易《长恨歌》非臣子立言之体,论《文中子》鼓荡之什为妄,论钱塘非吴境,不得有子胥之潮,论子胥鞭尸为大逆,论王羲之帖不宣字,皆凿然有理。论击壤为以杖击地,论应劭注《汉书》误以夏姬为丹姬,皆足以备一说。论杜鹃生子百鸟巢一条,虽未必果确,亦足以广异闻也。"权威工具书《辞海》中有不少辞条释义采自《脚气集》,此书之学术地位可见一斑。

此书版本有:

一、《宝颜堂订正玉峰先生脚气集》,两卷一册,明万历(1573—1619)绣水沈氏刻本,卷上由"华亭仲醇陈继儒、绣水君实李日华同校",卷下由"华亭仲醇陈继儒、绣水于殳沈道明同校"。《宝颜堂秘笈》广集第五《脚气集》,民国十一年(1922)上海文明书局石印本(以下简称民国石印本),郑孝胥题签。另外《宝颜堂秘笈》广集第五《脚气集》还有商务印书馆民国十七年(1928)铅印本等。

二、《说郛续》卷第二十《脚气集》一卷,清顺治三年(1646)李际期宛委山堂刻本。

三、《玉峰先生脚气集》一册,王莱校勘,清同治十年(1871)刻本(以下简称王本),后有惟一跋,附校勘记一篇。

四、涵芬楼藏版《脚气集》一册,上海商务印书馆民国八年(1919)版(以下简称涵本),此版据《四库全书》本校印,后有惟一跋,另附夏敬观跋。

其他版本还有:《宋元人说部书》,上海商务印书馆民国九年(1920)铅印本;《抱经楼丛刊·玉峰先生脚气集》,姚江昌明印局1927年版;《宋人小说·

脚气集》，上海书店出版社 1990 年版，据涵芬楼旧版影印；等等。

据涵芬楼本夏敬观跋："《四库》著录元代管而敏家所藏华亭孙道明录传之者。《宝颜堂》所刊亦即此本。"可知，宝颜堂、四库所刊《脚气集》都来自同一版本，即"元代管而敏家所藏华亭孙道明录传之者"。且"因传本绝罕"，涵本"从《四库全书》传写印行，《四库提要》载在本书之前者，往往与刊本不同"。再比对王本，此本前刊有"《钦定四库全书总目》（子部杂家类），脚气集二卷（两江总督采进本）"，后有车若水从子惟一跋，题"此书延管而敏家藏本借录于城南寓舍映雪行斋。时吴元年岁在丁未腊月二十八日庚子华亭孙道明叔父年七十有一"。可知王本和宝颜堂、四库所刊均出自元代管而敏家藏本，孙道明借录传之。暂未见其他传本。

可能由于刻印出错缘故，使得明万历刻本舛误之处甚多。

（此文与田芳园合撰）

深 雪 偶 谈

《深雪偶谈》一卷，宋方岳撰。宋诗人名方岳者有二人，一字巨山，号秋崖，歙县（今属安徽）人，此方岳字元善，号菊田（一作匊田），宁海（一作天台，今属浙江）人。或书其名为嶽，然《深雪偶谈》书中"太常博士瓦全先生王公"条："志中有'文不逮岳而岳强以铭'之语。""岳"显为作者自称。

方岳之生平事迹资料极少。刘克庄《方潜仲墓志铭》："潜仲方氏，名清孙，幼敏悟绝出。……初，族叔祖瑞州通守祖同长子监温州双穗场元善无子，欲子潜仲，父兄莫许也。既而通守与潜仲之父皆卒，潜仲卒后元善，事所后父若本生父，待两家骨肉情义如一。"（《后村先生大全集》卷一五二）据此知方元善为方祖同长子，曾官监温州双穗场。又《宋史》卷四一六《向士璧传》："似道入相，疾其功，非独不加赏，反讽监察御史陈寅、侍御史孙附凤一再劾罢之，送漳州居住。又稽守城时所用金谷，逮至行部责偿。幕属方元善者，极意逢迎似道意，士璧坐是死。复拘其妻妾而征之。其后元善改知吉水县，俄归得狂疾，常呼'士璧'。"此方元善不能确定是否即著《深雪偶谈》之方岳，然其书中《梅花单题难工》条，引贾似道"梅花见处多留句，谏草藏来定得名"之句，以为"圆妥优游",未免近于诡,与"幕属方元善者,极意逢迎似道意"相合。如此,则方元善曾为向士璧幕属,后改知吉水县。

关于方岳之行年,书中"山谷中秋诗"条有:"淳祐初,僧友自南,尝从天竺归隐溪之南冈,余冬夕踏叶访之……缕指二十霜矣。自南师既亡,余亦就老,恨前游之不能践也。"理宗淳祐元年为公元 1241 年,下推 20 年,为理宗景定二年,应是其著此书之年。此时方岳已老。又其"建中靖国中"条记其子"年方二九""轻其生。丙寅三月十三日也。余垂老失依"云云,丙寅年应为度宗咸淳二年(1266),时其子年方十八岁不幸夭折。

方岳曾有诗集,舒岳祥《阆风集》卷一〇《刘士元诗序》:"往时荆溪公主斯文齐盟,作《菊田方元善诗序》,诵者瑯瑯一舌。……初,薛沂叔泳从赵天乐游,得唐人姚贾法,晚归宁海,为人铺说,闻者心目鲜醒,而菊田闭户觅句,惟取其清声切响,至于气初之精,才外之思,元善盖自得之,而非有所授也。于时俊父探元善之所以自得者,亟用力焉,久而有忘筌之意,耻名近律,刻意侧体,曰:'我盖来自韦苏州也。'……戊寅八月。"戊寅为宋末帝昺祥兴元年。又同上书卷一二《跋僧日损诗》:"曩有向予举人《渔父词》二绝者,甚爱其'手中一片拦江网,只待风平浪静时','蓑衣亦有安危虑,水面无波是太平'两联,特不知谁氏作耳。今春避地雁苍,有日损师者,归自白岩,袖编诗相访,二绝在也。嗟乎!人患无可知者耳,会须有见时也。视其编首,余友菊田方元善序文也。菊田负一世诗名,横绝湖海,往时峻峭特甚,不轻以一字许人。迩来此道向沈,元善危唐人之脉遂尔不续,殷勤收拾,以为己任,序人之诗者接踵数家,予皆能知其人而见其作矣。所未识者,日损耳,日损盖能当其序者也。……丙子闰三月初二日书。"丙子应为宋端宗景炎元年。据舒岳祥两文,方岳当时颇有诗名。

方岳之诗作大多散佚。宋陈郁《藏一话腴》乙集卷上:"近台宁海方元善岳一绝云:'耸两吟肩似我愁,菰蒲叶下一身秋。溪风昨夜吹鱼落,飞过前滩看水流。'亦佳甚。尝著《梅》行于世云"。

本书实为诗话,观其论诗颇主性情,推崇陶渊明及唐代诗人。其中所保存之诸多诗人及其作品资料,宋末以来屡被引用。故其书虽仅 14 条,而文学与文献价值自不可掩。

此书流传至今的版本,有《学海类编》本、《说郛》宛委山堂一百二十卷本、清曹琰钞本等,各本均颇多讹误。

（此文与孙莺合撰）

宣 政 杂 录

《宣政杂录》,宋末著名大臣江万里撰。江万里(1198—1274),字子远,号古心,南康军都昌(今江西都昌)人。入太学,以舍选出身,历池州教授,试馆职,知吉州,创白鹭洲书院。入直秘阁,权知隆兴府,创宗濂书院。擢尚右郎官兼侍讲,拜监察御史、殿中侍御史、刑部侍郎,兼国子祭酒、侍读,拜端明殿学士,同签书枢密院事兼太子宾客。出知建宁府、福州,兼福建安抚使。度宗朝,迁参知政事,进封南康郡公,累官至左丞相兼枢密使。咸淳十年卒,年七十七。赠太师、益国公,谥文忠。事见《宋史》卷四一八本传。

理宗、度宗委政于外戚贾似道(宋理宗贾妃之弟),江万里尝劝诫两帝,谓"君子只知有是非,不知有利害"。其所撰《宣政杂录》一书,搜集北宋徽宗政和、宣和年间作为"靖康之难"之先兆与预言的奇异怪闻。宋徽宗重用权奸蔡京、童贯等,致使朝政腐败,国事荒芜,最后导致"靖康之难",徽钦两帝成为金人的俘虏。南宋末年和北宋末年政和、宣和时期的政治相类似,国君昏庸无能,国柄操权奸贾似道之手,在强敌面前乞降求和,对抗战派人士大加打击、排挤。江万里希望人们能借此清醒头脑,以"靖康之耻"作为一面镜子,重振朝纲,巩固南宋的半壁江山,用心良苦。

作者江氏为宋末人,所记则为宣、政年间之事,且既称杂录,其内容多非出于自撰,而系摘抄,然查其史源,今仅有"唐述志碑"一条或出于宋赵明诚《金石录》卷第二十五跋尾十五(《四部丛刊》续编景旧钞本):

> 《周武后升中述志碑》。右《周武后升中述志碑》,武后自撰,睿宗书。碑极壮,立于嵩山之巅。其阴钟绍京书,字画皆二妙。政和中河南尹上言请碎其碑,从之。

明以来各书引用此书颇多,"臻蓬蓬"等条尤被反复引用,可见后人不以其篇幅甚小而忽视之,亦可见其特有的史料价值。

据《国史经籍志》《澹生堂书目》,此书应有两卷,然今已无法见到两卷本之单刻本,只有《说郛》两种本、《历代小史》本、《古今说海》本,各本条数,除明刻《历代小史》少第一条外,均相同,疑均出自《说郛》之摘录,而在《说郛》两种中,又以张宗祥校勘之明钞一百卷本较为精善,且各条均有标目。今存之《永乐大典》和《宋会要辑稿》(亦出自《永乐大典》)尚可辑得佚文三条(也可以说明今所见之本非原本)。

江 行 杂 录

《江行杂录》,廖莹中(? —1275)辑。莹中南宋邵武军邵武(今属福建)人,字群玉。登进士第,初为贾似道幕客。开庆元年(1259),似道在鄂私向忽必烈乞和,请称臣纳币,廖撰《福华编》颂功德。度宗时,似道擅朝权,居西湖葛岭,大小政事,决于莹中。德祐元年(1275),因似道革职放逐,自杀死。好书法,刻法帖多种。又尝刊行《韩昌黎先生集》,为明代东雅堂刻本所本,号"世綵堂本"。

此书仅一卷数千字,为辑录唐宋说部书而成,全书共 20 条,其中 15 条在明陆楫辑《古今说海》说纂部散录家中标有出处,分别为唐《因话录》、柳公权《小说旧闻记》、蜀何光远《鉴戒录》,宋《瑞桂堂暇录》、赵与虤《娱书堂诗话》、赵与时《宾退录》、司马光《涑水记闻》、洪巽《旸谷漫录》、马永年《懒真子录》、林子中《野史》、《野史》、俞文豹《吹剑录》、《奎章录》、《马氏新录》等。其中所引林子中《野史》一条,涉南宋初之事,而林希卒于北宋建中靖国元年,则其文不当出于其书,又引《野史》两条,其一亦事涉南宋。"令狐文公"条明陈耀文《天中记》卷二八引注《芝田录》,"太祖之自陈桥还也"条亦见《涑水记闻》。其所引用之书有今不存世者。内容主要为历史掌故,有一定的文献价值。

此书主要版本有元陶宗仪辑《说郛》宛委山堂本、明李栻辑《历代小史》本、明陆楫辑《古今说海》本说纂部散录家等,内容《说海》本与《说郛》本同,《说海》本部分条目末标有出处,《历代小史》本较以上两本少一条。今此书单刻本已不可见,疑《说郛》本为其祖本,《历代小史》脱一条,而《古今说海》查出了部分内容的出处而加以标注。

论《全宋文》及宋代遗文的
搜集和整理

一

从清代以来，搜集一代诗文，标以"全"字的大书的编纂代不乏人。康熙时彭定求等编《全唐诗》900 卷，共收唐、五代诗歌近 5 万首，作者 2 837 人，系有小传；嘉庆时董诰、徐松等编《全唐文》，收唐五代作家 3 035 人，附有小传，文 20 025 篇。严可均编《全上古三代秦汉三国六朝文》，746 卷，起上古，迄隋代，收作者 3 400 余人，每人均有小传。

当代盛世修典，唐圭璋先生开风气之先，编《全宋词》，录 1 330 余家，19 900 余首，残篇 530 余首，后来则又有《全宋诗》《全元文》等问世。《全宋文》，则此类大书中之尤大者也。

上海辞书出版社和安徽教育出版社 2006 年联合出版的由四川大学古籍研究所曾枣庄教授和刘琳教授主编的《全宋文》，是我国古代文化发展水准较高的宋代文学创作成果的总汇，也是历史、哲学、经济、军事、科技等方面资料的宝库，包含整个宋朝 320 年间 9 179 位作者的 172 456 篇文章，编为 8 345 卷，总字数达到 1.1 亿。在《全宋文》的编纂过程中，除了搜访存世宋人文集以外，还曾普查了浩如烟海的经、史、子各类古籍和金石、方志、谱录等资料，获取了一大批前此不易见到的集外佚文。

此类大书，穷搜旁采，精心校订，囊括一代或数代作家之诗、词、文，标准分明，次序井然，用功极深，功能亦巨。今试举其荦荦大者两端言之。

若欲研究一代、数代乃至通代之文学，从中看到全貌、趋势，研究流派，研究作家及其相互之间的关系，研究一代文体之嬗变等，此时起作用的是其搜罗之全、其体系之完整、其次序之恰当,以及其一代作品本身、其一派作品本身、其一家作品本身……其阅读使用之方式则是浏览、通读、细读、反覆研读。曾枣庄先生之《宋文通论》,既是其早就立志研究的大课题,也是在编辑《全宋文》的过程中时时得益并得以最后完成的。

更有一项大功用,即所谓"无顺序阅读"。如《全宋文》这样的一代文章总集,同时也是一份大型文献库。作为一座库藏,里面所有的藏品,固然需要安放得井井有条,否则没法登录和取用。但有许多取用其库藏者,他们只需要了解此库藏的大体性质,以便知道其中的藏品是否会有他所需要的东西,至于里面的东西具体是如何安放的,他不了解也没有多大关系。也就是说,对他们来说,只要能取得需要的东西就好,并且越快越好。不过,如果没有人帮助调取,也没有一个库藏查检系统,他还得亲自入门查看。这种使用方式,往往不是指定的或定向的,也就是说,在搜寻到某一条或某一些库藏资料之前,使用者并不知道这些资料的具体内容,但在他的研究项目或著作中是用得到这些资料的,他可能会因为得到这些资料而大喜、惊喜。在这种情况下,使用《全宋文》一类的大书,只是在需要的时候调取其中的一部分内容,与其他相关资料一起成为排比研究的物件。这些资料出于哪一篇文章、哪一部集子、哪一位元作家,在这些资料被搜寻出来之前,搜寻者并不知晓,也不需要知晓,但在得到这些资料以后,就一定要顾及它的出处和作者了,是谁提供了这些资料,用什么方式提供的,对于研究一个课题来说是十分重要的。

换句话说,《全宋文》对于宋代文学的研究者,可能在大部分情况下是第一种功能比较重要,也有使用其第二种功能的,比如研究作家生平;对于为数更多的历史、语言、哲学、经济、军事等研究者,以及其他在研究中需要查检古代文献资料的研究者来说,第二种功能更为重要。一代文章资料的集中给了他们以极大的方便,在此之前,他们可能也会使用文章资料,但因为分散,专题指向不明确,不便于获取,这种使用是极不充分的,《全宋文》一类大书的编成给他们提供了极大的方便,无异于将一座富矿呈现在了他们的眼前。随着相关全文数据库特别是智能数据库的编纂和普遍使用,此项功能的作用将越来越大。

正是由于以上两种功能,《全宋文》的出版,有力地推动了宋代文史学术研究的发展,出版后获得首届出版政府奖。

二

如《全宋文》这样的大书,编撰至为繁难。由于其书编成于 20 世纪 90 年代之前,除了不可避免地存在一些遗漏,如南宋参知政事葛洪的《蟠室老人文集》,由于未能与藏家谈妥条件而未收入①,以及未收作者不明的文章等以外,更未及利用编成后新出现的大量图书资料、数字出版物和出土文献。

而海内外学术界在广泛使用《全宋文》的同时,在各种学术刊物和学术专著中提出了许多有价值的意见,据初步统计分析,此类论文有论述《全宋文》这样的大型历史文献的价值和编纂方式的,有为《全宋文》所收文的整理和作者小传纠错的,如谷海林《全宋文编年补正》(西北大学 2008 年硕士学位论文)、丁喜霞《全宋文误收同姓名唐人文举正》(《民俗典籍文字研究》2013 年 9 月),有对《全宋文》所收文的标点提出异议的,而更多的则是为《全宋文》进行一篇、数篇乃至一位作者数十篇文章的补遗的,如郑利峰《全宋文补遗》(《中州学刊》2013 年 9 月、2015 年 4 月)、罗昌繁《全宋文碑志文补遗七篇》(《古籍整理研究学刊》2012 年 12 月)等,这些文章已有数百篇。此类文章虽多,大多为偶然发现或一得之功,就"增补"本身来说,只是提供了诸多线索,总量毕竟有限。至今尚无关于此课题的较系统的研究和增补成果的出现。历代诗文总集的编纂,既是意义重大、价值极高的课题,也是难以毕其功于一役的课题,在一书出版以后,陆续补正,是题中应有之义。所以在这方面进一步挖掘、搜集、整理和研究仍有巨大的空间。

三

作为一名宋史研究者,笔者很早就注意到了《全宋文》的编纂,与川大古籍

---

① 《全宋文》卷六六○一葛洪小传有云:"《蟠室老人文集》二十二卷,今有光绪六年活字印本,残存十卷,藏南京图书馆。因复制索价太昂,无力获致,今先就诸书辑录遗文数篇,续补有待于他日。"上海辞书出版社、安徽教育出版社,2006 年。

研究所的曾枣庄教授、刘琳教授、舒大刚教授，以及各位同仁，都保持着良好的师友关系，关注着他们的学术活动，时时请益。当年由巴蜀书社出版的前 50 册《全宋文》，即曾第一时间予以购置并使用。

2002 年，承蒙老友方健先生告知，编纂多年的《全宋文》遇到了出版方面的困难，当时我在上海辞书出版社担任社长兼总编辑，在与主编曾枣庄教授多次通话以后，经过社内讨论和评估，毅然只身赴成都与曾、刘等先生商谈，同年请曾先生和刘琳先生等来沪签订出版合同。

2004 年，我离开上海辞书出版社，其时《全宋文》书稿的编辑校对工作尚未完成，我的后任张晓明社长继续予以推展，并联合安徽教育出版社共同以颇为大气的格局推出全书。在《全宋文》出版之际，2006 年 8 月 16 日，我在成都召开的会议上有幸发言并留下了这样几句话："群贤埋首成都府，穷搜精理廿载苦。有宋一代文章在，书墙巍巍人争睹。"

在我离开出版工作的职业岗位以后，即立志在有生之年为宋代文献的搜集整理工作贡献绵薄之力，并开始多方访求《全宋文》尚未收录的宋人遗文。经过多年的努力，小有所成，已经有约 300 万字可以奉献给学界。

四

在这逐步积累的数百万字资料中，比较大的收获有以下几个方面。

第一是宋人文集的再次挖掘。上海古籍出版社 2014 年版《重修金华丛书》收录了不少从金华地区和其他藏家处新获的金华人士著作，其中有藏于东阳市而为《全宋文》所失收的南宋葛洪的《蟠室老人文集》和其他多部宋人著作，可以为本项目所取资。在整部据旧刻残本重刻的《蟠室老人文集》中，除了诗歌以外，其涉史随笔及序 27 篇、表状奏札 47 篇、书启杂著铭志等 79 篇，全数整理收录在内，一举增加了一整部文集。《文津阁四库全书》所收宋人文集的版本，与过去比较容易见到的版本时有不同，所收诗文互有差异，特别是宋庠、宋祁兄弟的《元宪集》和《景文集》，此次辑出的宋祁佚文，即有六卷之谱。日本学者东英寿从日本天理大学附属天理图书馆藏南宋本《欧阳文忠公集》中辑出书简 96 篇，应为欧集重印时所增补，此次亦全部予以收入。承粟品孝教授撰文提示,从《中华再造善本丛书》中的宋本《元公周先生濂溪集》中辑得南宋学人理学轶文数十篇,其中有魏了翁的《留题书堂》《道州建濂溪书院记》(此文《全宋文》卷七一〇三据《四部丛刊》本《鹤山先生大全文集》录入,缺其前半),有傅伯崧的《希濂说》、余宋杰的《太极图说》、刘元龙的《请御书濂溪书院四大字奏状》和《谢赐御书表》、饶鲁的《金陵记闻注辩》等。

第二是从前人未加充分注意的宋代重要史书中搜求。如朱熹的《五朝名臣言行录》《三朝名臣言行录》,从宋末以后,一直至清末,原本罕为人知,仅有在原本基础上删削而成的简本流传,简本的篇幅仅为原本的一半多一些,幸运的是原本在清末民初重现于世。原本《五朝名臣言行录》《三朝名臣言行录》不仅是一部重要的历史著作,还由于其编成于当朝,所引文献后世颇有不见或难见者,因而具有较高的文献独有性。《全宋文》汇集了全部宋人别集和见之于经史子各部的单篇宋人文章,于朱熹《名臣言行录》,亦已注意利用,从中辑出奏状若干篇,但由于《全宋文》出于众手,以作家分工,参加工作的学者,对于朱熹《名臣言行录》,有的使用,有的未使用,而使用者时或用原本,时或用节本。初步检阅全书,仍有遗漏之文章 20 余篇可以辑出。

如《五朝名臣言行录》卷第一之二"曹彬"引"李宗谔撰《行状》"9 条,与《全宋文》卷一九八据《琬琰集》所收曹彬行状多所不同。同上卷第四之二"寇准"引刘贡父撰《莱公传》5 条,为《全宋文》所无。同上卷第五之一"王曾"引"杜杞书"1 条,考宋陈振孙《直斋书录解题》卷七《沂公言行录一卷》:"天章阁待制王皡子融撰。沂公之弟也。前有叶清臣序文,后有晏殊、杜杞答书。"此"杜杞书"应即杜杞答书,《全宋文》中收有杜杞文 4 篇,而未及此。同上卷第六之一"吕夷简"引"李宗谔撰《行状》"30 条(李宗谔卒年晚于吕夷简 32 年,此《行状》当非李宗谔所撰,待考),为《全宋文》所无。同上卷第七之二"范仲淹"引《遗事》10 条,为《全宋文》所无。

又如《三朝名臣言行录》卷第一之一"韩琦"引《家传》27 条,为《全宋文》所无,《全宋文》收有家传类的文章或其跋文 40 篇,如程颐的《先公太中家传》《上谷郡君家传》、蒋静的《吕惠卿家传》等,故《韩琦家传》亦依例可收;同上第四之一"胡宿"引"胡宗愈撰行状"9 条,为《全宋文》所无;同上卷第八之一"吕公著"引"吕汲公撰神道碑"18 条,《全宋文》卷一五七三(第 72 册,214 页)有《吕公著神道碑》，题注曰"原碑文已佚，此系节文"，其文据《续资治通鉴长编》卷三九四辑出，仅5行。又卷四〇八五（第186册，58页）吕聪问有《上吕大防所撰吕公著神道碑奏》云："臣犹记忆少时，亲见大防取索当时诏本、日历、时政记，以为案据，撰成此文。由是观之，先皇与子之志，盖已定于一年之前，岂容中间更有异议？其所以召臣祖辅嗣君，欲更革之意，亦皆出于神宗皇帝之本心。后来臣祖与司马光乃是推原美意，尊奉初诏，即非辄诋先帝，轻变旧章。当时若使更俟年岁，神宗皇帝当自更之，岂待元祐？臣窃闻圣诏欲改修二史，所系之大者，无出于此。或恐有补遗阙，谨以投进，乞俟御览毕，宣付三省，史馆录白，以为案底。"其文辑自《建炎以来系年要录》卷七七，可见此神道碑在当时即已难见。又《家传》53条，为《全宋文》所无，《全宋文》已从中辑出《经传所载逆乱事奏》，而《家传》本身未被辑出。同上第十之二"韩维"引《行状》19条，《全宋文》93册卷二〇二八鲜于绰《韩维行状》据《文渊阁四库全书》本《南阳集》附录而有缺文，与此相较，又多有异文，卷五一四六周必大133（第231册，185页）《东宫故事十五首·二月十二日》引《实录韩维传》一段，《全宋文》无，《琬琰集》有《实录韩侍郎维传》，《全宋文》或因其缺作者名而尚未录入，内容颇与此相同；又，《全宋文》已从此行状中辑出奏状数篇，而行状本身没有辑出。同上第十之三"傅尧俞"引"范忠宣公撰墓记"1条，"墓志"17条，行状4条，为《全宋文》所无。同上第十二之一"刘挚"引"门人刘仿、王知常撰次行实"15条，《全宋文》所无。同上第十二之二"王岩叟"引"张芸叟撰墓志"22条，全宋文卷一八一九张舜民7（第83册，360页）有《王岩叟墓志》，仅两行，从《续资治通鉴长编》卷四四五辑出。同上第十三之一"范祖禹"引家传31条，遗事13条，为《全宋文》所无。同上第十三之三"陈瓘"引遗事36条，"范太史遗事"（是否即"范祖禹遗事"？）1条，为《全宋文》所无。

第三是从宋代以后的地方志中搜求所得。如今藏日本的《（嘉靖）湖广图经志书》所录为《全宋文》未收的宋人文章即有77篇：论其内容颇有重要者，论其作者亦有少数名家之遗文，有34位作者为《全宋文》所未收，有一人多篇者。尤可珍视者，其中半数以上不见于其他文献。尚有一些文章，《全宋文》虽已据其他文献辑入，但非全文，此处可予替补。如《全宋文》卷六八七四龚盖卿《昭武侯德政碑》，据《（光绪）湖南通志》卷二七〇、《（嘉靖）衡州府志》卷八、《（同治)常宁县志》卷一二等录,仅130余字,而《(嘉靖)湖广图经志书》卷十二衡州常宁县录袭盖卿《惠政碑》则有360字。显然以后者为完整。且作者之姓实当作袭,为朱熹弟子,各书中均有记载,多作袭盖卿,仅少数图书作龚盖卿,《南宋馆阁录续录》卷七:"袭盖卿,字梦锡,衡州常宁人。淳熙十四年王容榜同进士出身,治易。"

又如,《全宋文》卷六四五九李诵《平蛮记略》,据《(光绪)湖南通志》卷八三录出,而《(嘉靖)湖广图经志书》卷一九靖州常宁县录李诵《平蛮碑》则在其文前后均有一大段文字,全文为其两倍以上。尚有多篇文章,《全宋文》虽已据其他文献辑入,但《(嘉靖)湖广图经志书》所录可以进行重要校补。其中滕宗谅的两篇文章,对于范仲淹的千古名篇《岳阳楼记》的理解和研究关系重大。《(嘉靖)湖广图经志书》中的《求岳阳楼记书》更为完整,如《全宋文》:

> 今古东南郡邑,当山水间者比比,而名与天壤同者则有豫章之滕阁,九江之庾楼,吴兴之消暑,宣城之叠嶂,此外无过二三所而已。

《(嘉靖)湖广图经志书》作:

> 今古东南郡邑,富山水者比比是焉,因山水作楼观者处处有焉,莫不兴于仁智之心,废于愚俗之手,其不可废而名与天壤齐固者,则有……(其下同《全宋文》)

显然,这是原来应该有的文字。

又如《全宋文》"巴陵西,跨城闉,揭飞观,署之曰'岳阳楼',不知傲落于何人","何人",《(嘉靖)湖广图经志书》所引作"何代何人",较胜。又《全宋文》"君山洞庭,杰然为天下之最胜",《(嘉靖)湖广图经志书》所引作"君山洞庭,杰杰为天下之特胜",宋抄本《舆地纪胜》卷六九引作"君山洞庭,杰杰然为天下之特胜",可见以《舆地纪胜》所引为胜,《(嘉靖)湖广图经志书》次之。又"岂不撼遐想于素尚",《(嘉靖)湖广图经志书》所引作"岂不欲撼遐想于素尚",均较胜。

至于《岳阳楼诗集序》,除了异文以外,《(嘉靖)湖广图经志书》所引文末多一段落款云:

> 时庆历六年七月十五日,尚书祠部员外郎、天章阁待制、知岳州军州事南阳滕宗谅谨序。

滕宗谅的《求记书》写于"六月十五日"。但因文中又有"去秋以罪得兹郡"之语,于是有人认为既然滕宗谅于庆历四年到岳州,则《求记书》应写于庆历五年,范仲淹的《岳阳楼记》写于庆历六年九月十五日,离《求记书》的写作时间居然有一年零三个月。我曾经在《岳阳楼记事考》中考证了这一问题,认为《求记书》应写于庆历六年六月十五日。如今《(嘉靖)湖广图经志书》所引《岳阳楼诗集序》文末落款明书庆历六年七月十五日,事出于一时,我的考证又得到了一条有力的佐证。

需要说明的是,《全宋文》中张栻的《郴州学记》等五篇文章和文天祥的《武冈军学奎文阁记》一篇文章,明注利用了《(嘉靖)湖广图经志书》,则整理张栻和文天祥两位文集的先生是使用了《(嘉靖)湖广图经志书》的。

又如《宋江阴志辑佚》,将目前所见散佚在宋《舆地纪胜》、《方舆胜览》、《重修琴川志》、明《永乐大典》现存残卷、《(永乐)常州府志》、《(弘治)江阴县志》、《(嘉靖)江阴县志》等多种文献中的宋《江阴志》史料进行辑佚,并作整理、标点和校勘,本着求全的原则,尽最大努力恢复南宋《江阴志》原有面貌。其中上海图书馆所藏清嘉庆间抄本《常州府志》是辑佚主要用书,所得资料约占全书的75%以上,据王继宗考证,此书应为《永乐大典》卷六四〇〇—六四一八"常州府一至十九"的抄本(参见氏著《〈永乐大典〉十九卷内容之失而复得——[洪武]〈常州府志〉来源考》,载《文献》2014 年第 3 期)①。《永乐大典》的这十九卷内容,不在已经出版的《永乐大典》残本之中,特别珍贵。据杨印民先生查考,《宋江阴志辑佚》可补《全宋文》失收者 49 篇,《全宋文》不全而本书全者 14 篇,此次除大部分公文以外,已收入本书 44 篇。

---

① 杨印民辑校《宋江阴志辑佚》整理说明,天津古籍出版社,2016 年,第 13—14 页。

　　第四是宋人法帖。其中收获最丰的是黄庭坚和米芾。此次收录黄庭坚文章31篇，其中除从《类编增广黄先生大全文集》《香谱》等处所获以外，有十几篇由金传道辑自《古书画过眼要录（晋隋唐五代宋书法）》《中国书法全集·宋辽金编·黄庭坚卷》《凤墅帖》等。所收米芾的文章50多篇，则均由金传道辑自宋拓《绍兴米帖》残册、《宝晋斋法帖》、《中国书法全集·宋辽金编·米芾卷》、《古书画过眼要录（晋隋唐五代宋书法）》等。这些材料无疑是很重要的。今后还将从宋代画题中辑出成句的短文。

　　第五是《宋人佚简》和《武义南宋徐谓礼文书》。藏于上海博物馆的宋刻龙舒本《王文公（王安石）文集》，是利用舒州地方政府机构的公文纸纸背刷印的，其纸正面载有大量宋人墨迹，时间为南宋绍兴三十二年至隆兴元年，1990年由上海市文管会、上海博物馆合编，上海古籍出版社影印出版，名为《宋人佚简》。笔者当时在上海古籍出版社担任编辑室主任，责任编辑是徐小蛮女史，我们均曾撰文推介这部极其珍贵的图书。1991年，我携论文《绍兴末隆兴初舒州酒务公文研究（之一）》参加国际宋史研讨会，得到前辈学者邓广铭教授、漆侠教授等与会大家的充分肯定①，较早参与了对《宋人佚简》的研究。此后研究者越来越多，研究也越来越深入，特别是以孙继民先生为首的学术团队，已取得一批系统性的成果。《宋人佚简》全书分为五卷，一至四卷为宋人书简，计300余通，有"名宦、将士、文人、学者"，涉及62人；第五卷为公牍，包括官文书和酒务帐。其内容丰富，涉及政治、经济、军事及书仪和公文程式等，是十分珍贵的宋代实物文献资料。在《全宋文》中，已经整理收入了其中的部分书简，此次汲取相关研究成果，整理录入沈庠、周彦、洪适、许尹、杨偰、叶梿、管镇、刘唐褒、钟世明等19人的书简100余通。另有大量公文，须尽量确定作者并给以准确定名，正在整理中。

　　《武义南宋徐谓礼文书》所收手抄文书出自徐谓礼墓葬，内容为徐谓礼一生历官的官文书②。文书共计十五卷，三种文书类型，即告身、敕黄与印纸，包含告身10道，敕黄11道，其中一道系误录于告身卷帙之末的残文，以及印纸批书80则，共约计四万字，其中传递的历史信息极为丰富。宋代的寄禄官阶

①　文载《国际宋史研讨会论文选集》，河北大学出版社，1992年。
②　包伟民、郑嘉励编：《武义南宋徐谓礼文书》，中华书局，2012年。

决定官员的级别地位，至少从形式上讲，它是官员最重要的身份标识，告身为朝廷授予官员寄禄官阶的身份证书。授予差遣的敕黄就比告身要简单得多。在徐谓礼文书中，录白印纸占篇幅最多，其所包含的信息也最为丰富。这些印纸批书的内容可分为不同的类型，共计关于拟注差遣 1 则，转官 10 则，保状 33 则，到任、交割、解任、帮放请给等 16 则，考课 19 则，服阕从吉 1 则，合计 80 则，绝大多数批书，则仅摘录官员提请批书的申状而已。以上三类文书，形成过程繁琐，很难找到一个自始至终的起草人，而告身和敕黄，从理论上讲，反映了皇帝和朝廷的决定，此次收入，归于宋宁宗和宋理宗名下，印纸的主题内容，显然是由徐谓礼本人提供填写的，虽然最后形成了公文，此次录入，暂归于徐谓礼名下。

第六是宋人墓志铭。对于宋代遗文中的墓志铭部分，研究和搜集的途径是：第一，宋以来数千种金石图书和有金石部分的图书（如地方志）中据石刻记录的宋代石刻文献。第二，国家图书馆、上海图书馆、北京大学图书馆等海内外公私藏家的馆藏宋代石刻拓本，有出版物者利用出版物，无出版物者进行访求，各家所藏拓本多有重合者，宜以较易得者为基础，再搜访与其不重合者，注意拓本时代（不同时代的拓本各有其价值），现存石刻拓本与金石图书所录石刻文献定会有所重合，搜集时不可遗漏，整理时再行处理，一般说来，既见于金石图书、又有拓片者，以收拓片为主，如金石图书所载有优于后来之拓本者，两种可并存。第三，从近现代有关出土石刻的记载和研究论文中取出石刻文献原文和图片，并注意对其考释和研究成果的验证。第四，实地考察搜集资料，新出土的宋代石刻资料，除已见于图书报刊者以外，须一地一地细细搜访。在目前已经初步整理的宋代遗文 300 万字成果中，约有一半为宋代墓志铭，其主要来源为：《新中国出土墓志》诸分册、《宋代墓志辑释》、《成都出土历代墓铭券文图录综释》、《宁波历代碑碣墓志汇编》、《丽水宋元墓志集录》、《武义宋元墓志集录》、《韩琦家族墓地》，绍兴张笑荣会稽金石博物馆藏碑，见之于学术期刊的相关论文，以及由笔者主持的上海市哲学社会科学规划重大课题《全宋石刻文献（墓志铭之部）》所得拓本等。

五

搜访和整理《全宋文》以外的宋代遗文的工作是难度很高、相当艰苦的。

第一,辨析材料的真伪,前人编纂地方志和家谱族谱等文献的时候,出于荣耀乡土和光宗耀祖的心理,往往会不加考证,将一些来源不明、疑似之间的文章率尔收录,有的甚至伪造历史名人的文章,近年来也有一些人出于牟利的目的伪造石刻或拓片,对于这些材料,一定要细心辨析,如确定系伪造,应予剔除,如一时不能确定,应在收入时加以说明;

第二,石刻文字和手写文书的释读。石刻文字如碑记、题名、摩崖石刻、墓志、地券等,其书写出于各色人等之手,字体真草隶篆均有,字形俗体异体兼备;手写文书,常见行草,且书者习惯各异,常常不易辨认。宋代遗文中这类文献占有不小的比例,释读这类文献,必须具备较高的书法和文字素养,还要善于根据上下文和同类文献进行比对识别,当然,如果一时无法确定,只能付诸阙如,以待高明;

第三,标点整理,《全宋文》所收宋人文章,大部分有文集传世,其中诸多名人的文集,原已有一种乃至数种整理本,可以参考,而《宋文遗录》所收,绝大部分尚未经标点整理,且有不少属于民间文本,与水准较高、较讲究文法的文人文本不同,对其进行准确断句,难度较大。

以下按工序先后予以简述。

辑佚。搜访与整理宋代遗文与已有传世成书古籍的整理不同,其材料是一篇篇、一批批从各种文献资源中搜辑而得的。前已述及,学界已有众多同好撰文公布了自己的《全宋文》增补成果或建议,笔者对此一直跟踪关注,并予以吸取。但大部分的辑佚工作,仍是自己进行的。搜集的过程艰苦而烦琐,每寻找一篇佚文,都要花费不少时间。找到了可能的佚文以后,还要进行查证,是否确实为宋人文章,《全宋文》是否确实未收。有时仅用文章作者、标题或首句进行核查,因其间有作者异名,有篇名详略,有正文删改等多种情况,往往会发生差错。比如日本藏中国稀见方志《(嘉靖)湖广图经志书》,经过逐卷翻阅查证,初步发现有近90篇文章为《全宋文》所无,后又用多个主题词反覆查对,剔除了十几篇。如《(嘉靖)湖广图经志书》中有宋字《魁星楼记》,《全宋文》无宋字之文,本拟收入,后来发现《全宋文》已收有宋渤《魁星楼记》,为同一篇文章,只是作者名写法不同,即予割爱。

录文。辑佚所得之宋代遗文,大多来自宋元明清古籍和宋代碑碣、摩崖、墓铭石刻,其中一部分如葛洪《蟠室老人文集》、宋祁《景文集》、周敦颐《元公周先生濂溪集》、朱熹《五朝名臣言行录》《三朝名臣言行录》、日本藏《（嘉靖）湖广图经志书》、《宋人佚简》以及我主持完成的"全宋石刻文献（墓志铭之部）"所得宋代墓志等，录文均主要由笔者直接完成；而凡辑自《新中国出土墓志》诸分册、《宋代墓志辑释》、《成都出土历代墓铭券文图录综释》、《宁波历代碑碣墓志汇编》、《武义宋元墓志集录》、《安阳韩琦家族墓地》等众多金石图书和大量学术期刊相关论文及法帖者，均据其所载拓本图照——核对，其间对原录文颇有改动之处，如取自《新中国出土墓志》江苏常熟卷的许光国墓志，原碑多有残损，今据拓本照片补出可辨认之文字20多个。遗憾的是，有少数图书和论文仅有录文而无图照或有图照而无法辨识，录文如有明显错误，则以括号加注可能之正字，其他有疑问之处，只能留待他日有条件时再行核对确定了。

校勘。搜辑所得的大部分文章，比如出土墓志铭拓本、《文津阁四库全书》宋人文集所溢出的篇章等，均无其他版本可校，而地方志中所收的文章，则时有两种以上文献同时收录，前述《元公周先生濂溪集》和《（嘉靖）湖广图经志书》所得佚文，也有个别同时被收录者，可资校勘。如叶重开《道州学希贤阁记》，既见于《中华再造善本丛书》之《元公周先生濂溪集》卷一〇，又见于《（嘉靖）湖广图经志书》卷一三，两处文字颇有异同，收入时予以比勘，撰写校记六条。当然，在无本可校的情况下，遇有疑问，亦可采用他校或理校的方法。书中所收墓志一类的文章，凡原碑出土地、收藏处所、形态、有无志盖、志盖文字等情况，有资料可稽者，均在校记中加以说明。盖此类信息极有助于研究也。

标点。此项工作分为两种，第一种是已由学术界同仁搜辑整理发表者，笔者逐字通读，偶见有疑或疏误之处，即尽力核查，试予改进。如取自《宋代墓志辑释》之孙延郘墓志，其首段原作：

> 公讳延郘，字慕膺，其先乐安人，因利徙家于郓，今为馆陶人焉。周武王封母弟康叔于卫，至武公子惠□而为上卿，后之子孙以字为氏。生类未析同宗，后稷为先，源流既分，遂出卫侯之胤。天台构赋文以擅名，吴宫教战，武以自许。有后之庆，于今可称。

其中之缺字据拓本图可辨认为"孙"，两处骈句应予以标清，今改为：

公讳延郜，字慕膺，其先乐安人，因利徙家于鄃，今为馆陶人焉。周武王封母弟康叔于卫，至武公子惠孙而为上卿，后之子孙以字为氏。生类未析，同宗后稷为先；源流既分，遂出卫侯之胤。天台构赋，文以擅名；吴宫教战，武以自许。有后之庆，于今可称。

如采自《上海佛教碑刻文献集》的陈林《隆平寺经藏记》有："以余之浅陋，何以语此，而行清数来，请文所愿，赞其成也，于是乎书。"其间断句有不顺处，今改为："以余之浅陋，何以语此，而行清数来请文，所愿赞其成也，于是乎书。"

如采自《宋江阴志辑佚》的赵孟奎《便民浚河库记》"咸淳乙丑"段"越明年春，条奏郡事，便宜思为经久可行之策"，"便宜"二字当属上读，又下文"首以前政交承帐有管芝楮贰万七千七百有奇，拨贰万贯置便民库，取其恩以庚费，旨振可"，"恩"疑当作"息"，"振"疑当作"报"。莫伯镕《乾道修学记》"示教之有所本也，教成则无余事矣。是谓治出于一世，衰先王之治具日废，长人者各以其意为治，治术益庞"，"世衰"二字似当连读，"一"下或当有"也"字，"世衰"以下可另作一段。

第二种是前人未加标点的文献，如《成都出土历代墓铭券文图录综释》和《韩琦家族墓地》是两部编得很好的学术文献著作，但编者出于谨慎的态度，只对所收录的墓志文献作了录文，而未加标点，笔者对照书中的碑石拓本照片，反覆阅读，施以标点，偶亦有改其录文者。至于由笔者自行搜辑的大量佚文，如取自《（嘉靖）湖广图经志书》《元公周先生濂溪集》等处的数百篇佚文，均只能自行标点。还有大量只见拓本者，如友人提供的绍兴出土宋人墓志、笔者搜求所得之洛阳等地出土墓志、江西抚州出土的圹志墓券等，则根据拓本加以录文，并施以标点。辑录时所用文献，时有漫漶不清，无本可核，部分墓志地券甚而行草难辨，俗字连篇的情形，则只能耐心识读，不计时日。

分段。《全宋文》所收文章，大多未作分段。此次整理宋代遗文的另一项重要工作为根据各种文章的特点和不同撰写者的撰写方式及起承转合的语境，全部予以分段，以清眉目，便于阅读研究。尽管在笔者的心目中，大体有一个分段体例，然而数目巨大的宋代遗文写法多样，文风多变，有时亦不得不有所变通。

所收墓志文的墓主标注。除了部分传世墓志已由后人标出墓主姓名以外，多数传世墓志和全部出土墓志从标题到正文均不会有完整的墓主姓名出现，而这对于习惯于用人物姓名作为主题词查检的使用者来说，会造成很大的信息缺失，为了弥补此缺失，在此次整理中，尽力提取或确定志主姓名，加括弧置于墓志标题之下，即使在标题中已有墓主之姓出现，仍标姓名全称，以利于查检。如志主为女性，依其在查检中的重要程度，依次标出其丈夫、其本人、其父亲、其儿子的姓名并标示其关系。如志主为僧道人士，标出其法号和俗家姓氏。凡墓主经考证得出者，出校予以说明。

文章的时间标注。在各种宋代遗文中，只有极少数会在标题后署上写作时间。而文章的写作时间不仅对于本书的排序至关重要，对于本书使用者的学术研究，也有重要参考价值。为此笔者在整理过程中尽量提取文章中的时间信息标注于其标题之后。需要说明的是，本书中数量众多的墓志类文章，绝大多数未明书写作时间，则只能以其下葬时间标注之，大多数墓志会叙述志主的下葬时间，这个时间是一篇墓志成为"埋铭"的时刻，也是死者被盖棺论定的时刻。写作与下葬的时间一般相差不会太远，如叶适撰《姚君俞墓志铭》，文中曰："卒之六十二日，庆元二年十月辛酉，葬于西山。"文末署：庆元二年九月。撰文与下葬相差一月。如无确切的写作和下葬时间，而有志主的死亡时间，则暂以其当年或第二年标示之，盖因大多数死者会在当年或第二年下葬，死者也有在死后多年才下葬的，在墓志中一般会有说明。如墓志文中以上三种时间叙述均无，则根据文中所提供的作者历官时间、志主子孙历官时间等各种线索，加以考证，给出大体的时间。凡通过考证得出的或以相邻近的文章时间暂作标注的，均以校记简要说明。

作者小传。按照《全宋文》的体例，凡所收录的文章的作者，均撰有小传。此次所辑录文章的作者，一部分已见之于《全宋文》，笔者仅作少量改动，并标出其文章在《全宋文》中之卷数（或首见卷数）。如张笑荣会稽金石博物馆藏碑《宋宣教郎吴炎之妻李妙缘墓志》，末署"宣教郎、主管台州崇道观吴炎志"，刘克庄《后村大全集》卷一五四有《太学博士吴公墓志铭》，墓主吴炎，中有"改宣教郎……请台州崇道观以归"等语，与《宋宣教郎吴炎之妻李妙缘墓志》之作者自署官衔合，即定为其人。吴炎亦有文章收入《全宋文》，今据其小传略作补充。至于在本书中居于多数的《全宋文》未收之作者，则努力搜集资料，自撰小传。圹志撰写者大多为志主之子或其他亲属，原志如无署名，即暂标志主之长子，佚名者迳标"佚名"。出土墓志之作者，大多据史传撰写，暂无其他资料者，即据其所撰墓志略作叙述，佚名者亦据其所撰文略述之。小传体例不甚严格，凡史传少有记载，生平事迹不甚详之人物，搜集资料不易，尽力钩稽，点滴记载，亦予写入，且或直接引述原始文献，虽似与原体例稍有变化，但有利于研究，学界诸公幸不以为赘也。

这项工作有时亦甚不易。如从《洛阳新获墓志续编》采获《先太夫人万年县君安祔志》，作者为墓主之子，自称"孤云卿"而无姓，又从《宋代墓志辑释》采获《宋故奉议郎权通判石州军州事轻车都尉赐绯鱼袋刘君墓志铭》，作者自署"秦州真阳县尉、充陈州州学教授张云卿"，遂查考诸多史料定为一人，作小传：

> 张云卿，神宗、哲宗时河南（今河南洛阳）人。元祐六年为秦州真阳县尉、充陈州州学教授。文彦博《举张云卿札子》有云："臣切见蔡州真阳县尉张云卿素有学行，清介自守，安贫守道，未尝苟求。应进士举，晚沾一命，士人惜之。兼云卿通经博古，欲望特除一西京学官，必能表帅诸生，亦可敦劝薄俗。"或即其人。又范祖禹《大理寺丞张君墓志铭（张淮）熙宁八年（1075）九月二十四日》有"将葬，弟泾以河南张君云卿之状来谒铭"等语。见《先太夫人万年县君安祔志》《宋故奉议郎权通判石州军州事轻车都尉赐绯鱼袋刘君墓志铭（刘□【刘元瑜子】）》。

其中文彦博所述与张云卿自署合，范祖禹称其为"河南张君云卿"，而《先太夫人万年县君安祔志》有"太夫人携幼孤归居西京……合葬先君太夫人于河南杜泽原"云云，亦相合。

又如见于所撰墓志铭之许光疑，传世文献多作许光凝，考疑一音凝，定也，《诗·大雅》"靡所止疑，云徂何在"，传"疑，定也"，疏、正义曰"疑音凝，疑者安静之义,故为定也",《庄子·达生》"用志不分,乃疑于神",据此及所署官衔等定许光疑、许光凝为一人,并在其小传中加上"许光疑,'疑'一作'凝',字通,所撰碑铭多作'疑',诗书笔记多作'凝'"一句。

又如赵元杰墓志铭之作者,原碑残损,今据其官衔考为朱巽,因证据尚不充分,在其小传前略作说明:按:碑中撰者名残缺,自署朝散大夫、行右正言、知制诰兼群牧使、骑都尉、沛县开国男、食邑三百户、赐紫金鱼袋,查《续资治通鉴长编》卷八一真宗大中祥符六年九月"癸卯,知荆南府朱巽罚铜二十斤,荆湖北路转运使梅询,削一任,通判襄州。坐擅发驿马与知广州邵晔子,令省亲疾而马死故也。先是,巽以知制诰兼群牧使,出守藩郡,兼领如故,于是始解使职。自是,不复有外任兼领者矣",暂据以标其名。

又如《处州摩崖石刻研究》宋师禹等石门洞残刻(绍兴十六年),考宋师禹即宋汝为,后变姓名为赵复,《全宋文》卷四一五〇有其文,遂据以立其小传。

又如从《新中国出土墓志·河南【贰】》采获之刘兼济墓志,碑中撰者名原残作"范□",自署"朝散大夫、守尚书□□□□知制诰、充□□殿修撰、纠察在京刑狱兼权判尚书兵部兼充宗正寺修玉牒官、骑都尉、高平县开国男、食邑三百户、加紫金鱼袋",查《宋史》范镇传,嘉祐中"乃罢知谏院,改集贤殿修撰,纠察在京刑狱,同修起居注,遂知制诰",与此碑所署合,今定为范镇。

文章排序。本书仍按《全宋文》原例,主要以作者生年排序。然本书所收,均为积少成多之佚文,大多数作者仅有一两篇文章被收入,又大多生平事迹不详,更难考其生年,这就给排序带来了困难。为此在整理每一篇文章时,都要尽量给出作者生活的时代或文章写作的时间,哪怕是时间段或模糊时间。排序的第一依据仍然是作者生年,如无作者生年而此作者的文章已有被收入《全宋文》者,大体参考其在《全宋文》中的卷目先后排入,以上两者均无者按作品写作时间或作者生活时代酌情排序,两者的结合部一般相差 30 到 50 年。但这样一定还会带来矛盾。一位作者如果长寿至 80 岁,那么其文章的写作时间可能跨五六十年,按照排序的第一依据,这位作者的全部文章一定是集中在一处的。那么那些只有一篇文被收入且生卒年不详的作者的文章,在与其时代相近的情况下,是置于其前还是其后呢? 在这种情况下,只能求得尽量合理的方案了。尽管笔者已反复斟酌,仍不能尽如人意。

六

《全宋文》以后宋人文章搜集整理的成果，书名不拟用《全宋文补编》，而可用《宋文遗录》。此乃出于三点考虑：第一，可以收入一些《全宋文》已收而内容有较大差异的文章（如滕宗谅的《求岳阳楼记文》及少量《全宋文》已据传世总集、别集等文献收入的出土墓志等）；第二，佚名作者的文章也加以收入，并在作者小传中尽量给出其相关信息，以利区分；第三，编排体例也可稍作变通，如拟收之陕县漏泽园墓志（正在整理中），对墓主的身份介绍内容十分简略，但总体研究价值较大，故不宜按其每一通墓志的时间分散编排；第四，宋代遗文的搜集，特别是出土文献，在三五年乃至十年内是不可能穷尽的，尚有一大批已经初步采集或已经求得线索的文献，如笔者已收集在手的墓志拓本，陆续出版或在相关论文中予以披露的各地新出墓志，《永乐大典常州府抄本》中的宋代遗文，宋元明方志中的宋文遗珠，《宋人佚简》和《宋江阴志辑佚》中的大量公文，《参天台五台山记》中的百余通公文，抄本宋嘉定间乞颁赐程灵洗庙号封爵等文书等，正在努力整理之中。为了让学界同仁得以及时使用新材料，《全宋文》以外的宋代遗文，可以分编出版。

尽管笔者浸润于此 15 年，不可谓不努力，但因为此事之繁难实超乎寻常，又限于本人水平，在搜集、整理和研究中时感力有不逮。

原载：王水照、朱刚主编《新宋学》第 9 辑，

上海：复旦大学出版社，2020 年 10 月，

第 5—17 页。此次收入，略有改动。

文献·整理

《新元史》编撰刊刻考

　　《新元史》，民国柯劭忞(1848—1933)撰。柯氏字凤荪，又字凤笙，号蓼园，山东胶州人。清同治九年举人，光绪十二年进士，曾任翰林院日讲起居注。宣统二年选为资政院议员，出任山东宣慰使，兼督办山东团练大臣。民国三年，选为参政院参政、约法会议议员，均辞未就。任清史馆总纂，又代理馆长，纂修《清史稿》，总阅全书，删正各朝本纪，并撰《天文》《时宪》《灾异》三志，《儒林》《文苑》《畴人》各传，另有赵尔巽修、柯劭忞纂《清史艺文志》四卷单印本。卒于民国二十二年。

　　《新元史》是柯劭忞最重要的一部著作。关于柯氏的学术成就、《新元史》的得失和学术界的评议等问题，学界已有所论述。① 而另一些重要问题，如柯氏何时萌生编撰想法，何时开始搜集材料，何时撰写，何时初具规模，何时成书，何时排印、刊刻，何时被定为二十五史之一，何时修订再印，等等，有的没有明确的说法，有的若明若暗，有的言人人殊。今略作考证梳理。

一、《新元史》的编撰过程

　　柯劭忞治史，开始时重点并非元史，牟润孙《蓼园问学记》：

　　　　凤老有一次闲谈时，问我说："你知道我平生用功最多的是哪一部

---

① 见如牟小东：《记近代史学家柯劭忞》，《史学史研究》1993 年第 1 期；刘佳佳：《柯劭忞新元史编纂成就及史料价值研究》，华中师范大学 2013 年硕士学位论文；张立胜《柯劭忞与新元史》，《春秋》2013 年第 4 期；鲁海：《柯劭忞与新元史》，《史学月刊》1981 年第 6 期；喻大华：《论中国近代史学界研究元史的热潮》，《辽宁师范大学学报》1993 年第 3 期；王建伟：《清末决定〈元史新编〉未能列入"正史"的关键文献》，《文献》2016 年 5 月第 3 期；等等。

书？"……我那时刚刚问学于先师，如何能了解先师用功最多的是哪部书？先师说："我四十岁之前，集中精力为《文献通考》校注。不只校勘出《通考》刻本之误，也校出马贵与编撰之误。自有《通考》以来，不用说校，就是从头到尾读一遍者，不知有谁？后来由于捻军战事影响，稿本全失，遂改治元史。"……我曾问先师何不撰《新宋史》而著《新元史》？先师说："只将旧史删改而找不到新材料去增补，则大可不必另撰新史。《宋会要》我见不到，何从撰《新宋史》？"徐松自《永乐大典》中抄出《宋会要》，柯先生当然知道，而《宋会要辑稿》的印行，是柯先生归道山以后的事。①

可见，他之所以研究《文献通考》而不撰写《新宋史》，是因为没有见到《宋会要》等大量的新材料。

光绪十二年柯氏年近四十，中进士入翰林，得以阅读大量元史新材料。牟小东《记近代史学家柯劭忞》云，时《永乐大典》尚有 8 000 册存于翰林院，其中有无刻本流传的元代各家文集及元《经世大典》，遂抄录其中有关元史材料。稍后又得读柯逢时所藏《经世大典》原本二三十册，于是有了撰写《新元史》的基础。② 后又得洪钧《元史译文证补》，并翻译洪氏所未及见到的东西方学者的著作。又博访《四库全书》未收之秘笈和元碑拓本等，参互考证。采撷乾隆时钱大昕以来各家研究《元史》的成果，订误补遗。

至光绪末，《新元史》已有部分稿子。鲁海《柯劭忞与新元史》：

晚清陈代卿在《节慎斋文存》的《北道小记》中记柯劭忞："光绪甲辰六月初二，余由津门乘火车入都，……居停主人为柯凤荪少司成，余权胶州时所得士也，时方十四龄，文采斐然……四十余年，见余犹执弟子礼不倦，其血性有过人者。凤荪朴学，不随风气为转移。著有《新元史》，尝得欧州秘藏历史，为中土所无。余在京见其初稿，以为奇书秘传，未知何时告成，

---

① 《海遗丛稿（二编）》，中华书局，2009 年。
② 《史学研究》1993 年第 1 期。

俾余全睹为快也。"①

光绪甲辰为光绪三十年,即 1904 年。陈代卿记述的"初稿",可以理解为已经开始写作的稿子。

中国古代的"正史"定为《史记》等二十四史,是清乾隆纂修《四库全书》期间的事。至清末的宣统初年(1909),曾有过欲将魏源《元史新编》列入正史的官方举措,柯劭忞成了此次事件实际上的主角,也反映了其时《新元史》初具规模。

王建伟《清末决定〈元史新编〉未能列入"正史"的关键文献》:

> 《元史》刊行不久即遭物议,入清后学者更以纠讹重修为志。清初邵远平曾撰《元史类编》四十二卷,晚清李慈铭一度推誉其为"于旧史具有增削,断制亦多审当,采证碑志,俱凿凿可从"。乾隆年间,又有公推"一代儒宗"的钱大昕计划重修《元史稿》一百卷,成书者虽仅《氏族表》三卷与《艺文志》四卷,但于后世元史研究亦多开创之功。鸦片战争以后,近代思想家魏源处乖离之世,有感而发,遂以一己之力,发愤撰著《元史新编》。惜草稿初成,其人即捐尘世,直至半个世纪后的清末光绪三十一年(1905),方由族孙魏光焘请欧阳俌与邹代过二人"伏案数年",重加整理,勒为九十五卷刊行于世。魏源在日,有仿《新唐书》《旧唐书》前例并存之意,曾托人代呈,"而期朝廷列为正史,以补旧《元史》之不足"。嗣以草稿初成,兼之时局变化,魏源旋亦身故,未克实现。至光绪三十一年,魏光焘请人将《元史新编》整理刊行,并复申其族祖魏源遗志,谓"倘当代大君子为加鉴定,上呈乙览,俾得与新、旧《唐书》,新、旧《五代史》同列正史,以传之天下后世"。不久有翰林院编修袁励准正式上奏,呈请朝廷将《元史新编》列入正史,遂有清末"钦定正史"之举措。这是中国君主专制王朝的最后一次"钦定正史"。②

---

① 鲁海:《柯劭忞与新元史》,第 82—83 页。
② 王建伟:《清末决定〈元史新编〉未能列入"正史"的关键文献》,第 181—182 页。

王建伟发现相关原始档案一则,正是在清末"钦定正史"事件中决定《元史新编》最终命运的关键文献,前贤迄未引用。此件原始文献现藏于中国第一历史档案馆"军机处录副奏折"案卷中,题为:"奏:孙家鼐等,《元史新编》校阅已竣呈缴原书并附呈《校勘记》由":

> 国史馆总裁、大学士臣孙家鼐等谨奏,为《元史新编》简员校阅已竣,谨将原书呈缴,并附呈《校勘记》一册,恭折仰祈圣鉴事。
>
> 窃臣等于上年九月初九日准军机处交片:本日翰林院编修袁励准呈进故员魏源重修《元史》,奉旨"著南书房会同国史馆详阅具奏,钦此",钦遵于十二月二十四日奏派学部丞参上行走柯劭忞暂充国史馆帮提调,俾勘定魏源《元史新编》是否能列入正史,奉旨"依议,钦此"。今该员已将《元史新编》校阅完竣,并撰《校勘记》一册附于原书之后,呈请具奏前来。
>
> 臣等公同覆阅,窃谓自迁、固以后,因旧史陋不足观,或奉敕别为一书,或出于私家之撰述,如宋祁、欧阳修之《新唐书》及修之《新五代史》,皆义例精严,足证旧史之纰缪,文章之美,又远出旧史之上,故颁为正史,人无异辞。至柯维骐之《宋史新编》,用力虽勤,论者终厕于别史,良以《宋史》固嫌芜冗,然柯氏之书取材不出旧史之外,文笔又未必逾于旧史,宜其不能为正史也。魏源长于史学,尤精舆地,所撰《海国图志》《圣武记》诸书久已传播海内,以《元史》过于草率,别撰《元史新编》,以补前人之未及。然卷内有目无书者不止一处,盖犹是未成之稿。源删掇旧史,具见剪裁,增皇子诸王传及太祖、太宗、宪宗平服各国传,苦心搜讨,最为详赡。其《氏族表》《艺文志》全本之钱大昕,《宰相表》订讹补漏多采钱氏《考异》之说,《河渠》《食货》诸志提纲挈领,芟除冗漫,亦较旧史为愈,洵卓然可传之巨制。然其书乃别史体裁,间与正史不合。如列传标分各目,曰功臣、文臣、武臣、相臣、言臣,一部《二十四史》,从无此例。源意在以事分人,实已大侗史法,与邵远平《元史类编》以宰辅、庶官等目分题者何以异?《钦定四库全书》隶《元史类编》于别史,则此书亦别史也。又元太祖之事迹,莫详于洪钧所撰之《元史译文证补》,其书本之元人拉施特书,为中国未见之

秘笈。源所撰《太祖本纪》，以拉施特书校之，讹漏殊多，均应改定。至《世祖本纪》以下，全用《元史类编》原文。远平删节旧史，谬误丛出，或存其事而删其日，使甲日之事移于乙日，或将甲乙丙三日之事并于一日，甚至将正月之事而移至于秋冬，连篇累牍，几于纠不胜纠。此本纪之可议者也。旧史列传，芜者宜芟，阙者尤宜补。博考元人文集及现存之石刻，名将如张兴祖见于姚燧所撰之碑，如宁玉见于阎复所撰之碑；名臣如陆呈见于陆文圭所撰之墓志，如高克恭见于邓文原所撰之行状。其人皆旧传所无。又旧传略而碑志详者，如虞集所撰之姚天福碑，危素所撰之哈喇解家传，赵孟頫所撰之阿鲁浑萨里碑，程钜夫所撰之昔里铃部先世述。似此者尤不胜枚举，源书一概不登，采摭未免俭陋。至如泰赤乌，太祖之族人，而与西夏、高昌诸国同列一传。赤老温恺赤与赤老温，一为劉剌尔氏，一为逊都台氏，而误为一人。有《奸臣传》，而无《叛臣》《逆臣传》。外国宜为传，不列于传而列于志。《儒林》《文苑》《忠义》《孝义》诸传，一卷之中区分子目，曰儒林一、儒林二，从一至于六七。列传之末，往往云某人碑其神道，某人撰其志铭，皆有乖于史法。此列传之可议者也。《氏族表》宜据《蒙古部族考》补之，《地理志·西北地附录》宜据洪钧附录《释地》补之，《百官志》删内宰司、修内司及上都留守司、尚供总管府等之官属，《选举志》删会试各行省中选之名额，《礼志》删祀南郊礼节，《乐志》删郊祀乐章。刑法为朝廷大政，而志竟无之，使一代典章制度阙而不完。此表、志之可议者也。臣等管窥所及，窃谓源书入之别史，实在《宋史新编》之上，入之正史，则体例殊多未合，尚非《新唐书》《新五代史》之比。臣等为慎重史事起见，公论攸关，不敢臆为轩轾。编修袁励准请将魏源《元史新编》列入正史之处，应毋庸议。臣等愚昧之见，是否有当，伏乞皇上圣鉴训示。

　　再，史馆帮提调柯劭忞以校阅事竣，呈请销差。臣等查该员别无经手事件，自应准其销差。合并声明。谨奏。

　　宣统元年八月二十九日。①

这份由孙家鼐、荣庆、鹿传霖、陆润庠、朱益藩、吴士鉴、郑沅等人具衔的奏

---

① 王建伟：《清末决定〈元史新编〉未能列入"正史"的关键文献》，第182—184页。

折,其评述《元史新编》部分,显然出之于"国史馆帮提调"柯劭忞之手。其否决《元史新编》列入正史的理由,可以概括为:第一,犹是未成之稿;第二,观其体例乃是别史;第三,所用材料尚有重大缺漏;第四,体例和撰写方面也存在诸多问题。这份"理由",可以视为柯氏自己编《新元史》的取材和编例。

据王建伟研究,《元史新编》奉旨交南书房会同国史馆阅办,起先并非即交柯氏勘查,而是由史官恽毓鼎主持,于光绪三十四年九月底拟出覆奏草稿,谓"分正体、补缺、匡谬、正讹四段,而折重于平服各国传、外国传、宗室世系表,以特表其长"。但后来以种种原因发生变故,国史馆方再奏请柯劭忞为帮提调重新审阅。此为《元史新编》最终未能列入"正史"的关键节点。光绪三十四年十二月二十六日恽毓鼎《澄斋日记》载"史馆总裁奏以柯充史馆帮提调,专任阅看魏氏《新编》……今日特来访,请余助理其事"云云。《澄斋日记》还说,柯劭忞已"精研《元史》垂二十年",且"成本纪若干卷",本为审读《元史新编》的绝佳人选。

前述柯氏40岁之前治学重点在《文献通考》,如从40岁开始将治学重点转向元史,至宣统元年年过六十,已用力20年之久,且能写出对《元史新编》的如此全面的评议,其《新元史》已有详细纲目并已撰写相当一部分稿子是毫无疑义的。学界或认为柯氏以一位正在撰写《新元史》的学者,否定《元史新编》列入正史的动议,难逃瓜田李下之嫌,但另一方面也可以说明柯氏作为元史专家对魏氏著作的评述是中肯的,且其时柯氏的《新元史》已初具规模。

民国初年,柯氏《新元史》稿初成。房学惠《罗振玉友朋书札》披露《一九一三年二月十五日柯劭忞致罗振玉》:

> 弟之《元史》稿冬间亦粗成,七八卷刊清,食货诸志见亦脱稿矣,容得便寄上,严为指摘是荷。①

又《一九一三年柯劭忞致罗振玉》:

① 房学惠:《罗振玉友朋书札》,《文献》2005年第2期,第43页。

弟近撰《元史》诸志，粗已就绪，欲得公所刊《海运》书一阅，至以为叩。

又，弟近得明初人所著张陈明方诸载记，系明钞本，似国初撰《明史》诸公未见，此书亦可谓秘笈矣。①

又：

承示欲助费刊鄙著《元史》，感戢无似，但愧不敢当耳！拟脱稿即邮寄公与静庵阅之，再议剞劂，今固不敢领此款也。近得文芸阁所钞《经世大典》数册，内马政、盐法、仓庾俱完整，若刊入丛书，亦一佳事矣。②

这几通书札明示，在 1913 年，柯氏的《新元史》已接近完成，罗振玉表示将出资帮助其刊行。

大约在二三年以后，即 1915 至 1916 年间，《新元史》终于完稿。由王宇、房学惠《柯劭忞致罗振玉手札廿三通》所揭载的柯氏诸信札，可以考见柯劭忞《新元史》成稿及初次排印的时间。文中所录之第四札云：

顷由瑞臣兄处送来惠款三百元，以为刊书之费，至为感泐。惟公旅食东瀛，亦非饶裕，弟殊增赧矣。拙著付梓须明年春间，此项存弟处恐便随手用去，益无以副公之原期，拟与瑞臣妥商，先存于翰文斋韩君处，明年开梓，以便陆续取用，较为妥便。高谊云天，必不敢辜负此意也。③

信中有"拙著付梓须明年春间"云云，据其以下数札，《新元史》开排的那一年"梧生"去世，梧生即柯氏的儿女亲家徐坊，徐坊逝世于 1916 年，则此信乃 1915 年所写，其时《新元史》应已接近完稿，罗振玉兑现早先的承诺，惠款 300 元，以为刊书之费，说明罗氏对此书的重视。"瑞臣"是宝熙的字。宝熙

---

① 　房学惠：《罗振玉友朋书札》，第 44 页。
② 　房学惠：《罗振玉友朋书札》，第 45—46 页。
③ 　王宇、房学惠：《柯劭忞致罗振玉手札廿三通》，《文献》2001 年第 1 期，第 224 页。

（1871—?），满洲正蓝旗人，爱新觉罗氏，字瑞臣，前后在清廷、民国任官，曾任伪满洲国的内务处长。

其第七札云：

> 敝著《新元史》共二百五十六卷，其体例大概仿班范二史，与后来诸史稍不同。目录刊成，当先呈左右。①

目录刊成云云，说明已开始刊刻。但其书实为二百五十七卷，此处谓二百五十六卷，说明后来有补充或分合未定。

其第八札云：

> 《新元史》已一律告竣，共二百五十七卷。梧生与寿民两兄任订书之事。拟先就排木板，印五百部，费省而工迟。梧生近患肝气，事逆中□。俟其痊愈，不难料理就绪也。自惟疏□，幸赖友朋之力成此一书。而左提右挈，公之力尤多。涵泳高义，尤深感泐矣。
>
> 大奸殒世，实快人心。而时事抢攘，邰危百出，不知辽东皂帽何日言于东海，言诈□寤慨。②

"大奸"当指袁世凯，1916 年改元，即皇帝位，六月卒。据此，此札当写于 1916 年 6 月。"东海"是徐世昌的号。徐世昌（1855—1939），天津人，字卜五，号菊人，又号东海。1918 年由安福国会选为总统，1922 年卸任。

其第六札云：

> 敝著排印仅十余卷，约岁杪可完，但校刊太疏，容奉呈教正。③

其第五札云：

---

① 王宇、房学惠：《柯劭忞致罗振玉手札廿三通》，第 227 页。
② 王宇、房学惠：《柯劭忞致罗振玉手札廿三通》，第 227 页。
③ 王宇、房学惠：《柯劭忞致罗振玉手札廿三通》，第 226 页。

弟之拙著已排印五十余卷,全书共二百七十卷,今秋或可竣工。校刊弟自任之。忙迫已亟,几于日不暇给矣。前索《经世大典》抄本,弟有二册在乱书堆中,无从寻觅,以至迟迟不作报书。今捡得一册,托转世兄寄呈。尚有一册,容捡出即当续寄也。

催氾构乱于卓殛之后,可为叹息。幼安归国之期恐仍需时日矣。①

"催氾构乱于卓殛之后"应指 1916 年 6 月袁世凯死后的乱象,"今秋或可竣工"云云说明此信即写于其年 6 月,"幼安"是谢介石的字。张勋复辟时谢介石被授为外务部右丞。二百七十卷当为约数。

其第九札云:

前奉手翰,敬悉与居康豫,至以为慰。弟一切均记□粗通。惟梧生于八月一日去世,良友□□,□□无似,并时事纷纭,目见耳闻,俱增叹咤,益觉无聊赖耳。

附上《高丽史》一卷,《安南志略》三卷,乞察入。《志略》尚有一本,因二小儿抄一副本,校雠未竟,容续行奉上。元杨仲益《国氏族葬图》及《经世大典》抄本一册并奉呈。《族葬图》关于元一代掌故,似可刊入丛书。《大典》抄本内有谥法考,极为珍秘。惟此系文学士芸阁所辑,《大典》所载,本之《元志·因革礼》。又王圻《续通考》载元谥法,王亦采自《因革礼》,不采自《大典》,芸阁均未之知。乞公录一副本,将此本寄还。又乞勿遽行付梓。俟忿得暇,取《续通考》,详加考订,作《元谥法考》,寄呈教正,再付梓不迟也。此外尚有《大典》抄本数册,仓促不及捡出,容再寄。

弟颓力衰颜,壮心未已,不甘作遁世一流人也。梧生亡,吾党又少一人,想闻此噩耗,亦为涕零。世无忠孝人,但亟图自私自利耳。唐之季世,政于今日相同,公以为然否?

拙作《元史》,梧生本任行管刊刻,今已下世,此事须著寿民□□任之。今岁秒可付梓也。②

① 王宇、房学惠:《柯劭忞致罗振玉手札廿三通》,第 225 页。
② 王宇、房学惠:《柯劭忞致罗振玉手札廿三通》,第 228 页。

徐坊卒于 1916 年 8 月 1 日，此信应写于其后不久。《新元史》刊刻之事，本由徐坊主事，现在准备请"寿民"担任，寿民其人无考。信中还提到了多种与元史相关的图书资料，也很重要。

其第十札云：

> 敝著《新元史》共二百五十七卷，见已排印讫，均装订，二月内即可竣事，容再寄呈教正。①

此为第十札，未明标时间。写于 1916 年秋后的第九札谓徐坊已下世，《新元史》刊刻之事须著寿民任之，此札谓已排印完成，则应在其后之 1917 年。文章作者考证，札十一至十三言赈灾等事，1917 年，华北遭水灾，罗振玉鬻物助赈，友朋相助筹款，柯参与其中，故这三通书札均为 1917 年秋所写。作者将第十札系于三书之前，可证他认为此信写于此前或此期间，故知《新元史》铅印本于 1917 年完工。这里写的"共二百五十七卷"是准确的。

二、《新元史》的排印和刻印

据上所述，新元史的第一个版本是完成于 1917 年的铅排本。

今上海图书馆、北京大学图书馆等处均藏有此本。上图所见共五十九册，二百五十七卷。馆方书目著录有《勘误》一卷，而实物未见。书外形高 197 毫米，宽 122 毫米；版心高 142 毫米，宽 107 毫米。每半叶十行，行二十四字。单鱼尾。上面鱼尾上题"新元史"，下题卷数、本纪（表、志、列传）、叶数；下面鱼尾上下空白。

第一册为目录。目录首页，首行顶格题"新元史目录"，次行空一格小字题"赐进士出身日讲起居注官翰林院侍读国史馆纂修胶州柯劭忞撰"。

此本有校改痕迹，如卷一叶一下第八行第七字"议"，有笔迹划去"言"旁，并于该行天头书"义"字。木刻本作"义"（叶一下，第十行，第七字）。又同卷叶三上第三行第二十字"免"，有笔迹将上部改作"刀"，加点，天头书"兔"字。刻

---

① 王宇、房学惠：《柯劭忞致罗振玉手札廿三通》，第 229 页。

本作"兔"(叶三上,第九行,第十一字)。又同卷叶五上第九行第十三字"针",旁有△符号,天头书"钉"字。刻本作"钉"(叶六上,第一行,第六字)。卷一末"史臣曰"一段下,又有"高宗"二段,"高宗"二字高二字,刻本则高一字;三"博尔济锦","尔"字皆系后贴上,原似作"宛",难以认清。卷四叶十上第四行第十八至二十一字作"奇十察克",旁有△符号,天头书"钦察"。刻本作"钦察"。卷七叶八下第六行第二十四字作"章",旁有插入符号,天头书"平"字。刻本作"平章"。同卷同叶第七行第二十字作"辛",旁有△符号,天头书"幸"字。刻本作"幸"。《地理志六》(卷五十一)叶二十二上"下桑亘",无改动,当作"直"。表部分基本无改动。

这些改动,应是当时购藏此书者据《勘误》所为。

铅印本之后,又有木刻本,即退耕堂本。退耕堂为徐世昌的斋名和刻书处名。徐世昌与柯劭忞为同年进士,又同时入翰林。在那个时代,铅排印书是新的技术,但读书人仍看重传统的木刻本,木刻本的成本要比铅排本高得多。这一次是徐世昌资助了柯劭忞。徐氏序云:"余既为付梓,又序其简端,以谂承学之士,庶几以余言为不谬乎?"

关于此本的刊刻时间,有1919、1920、1921、1922等多种说法。

《新元史》木刻本前有教育部呈文和大总统令各一道,然均未署日期。

教育部呈文有云:"本年十一月七日,准公府秘书厅函开柯劭忞所著《新元史》一部,奉谕交部阅看等因。""本年"是哪一年呢?呈文末署"署教育次长代理部务傅岳棻",查刘寿林编《辛亥以后十七年职官年表》,傅岳棻于1919年6月5日任此职。[①] 其年5月4日,五四运动爆发,因听闻政府有撤换之意,北京大学校长蔡元培于9日晨辞职出京。蔡元培的辞职使学潮再起波澜,北京教育界开始了长达数月的挽留蔡元培的运动。在挽蔡的过程中,北京大学联合其他学校组织了北京专门以上学校职教员联合会。教育部总长傅增湘因主张慰留蔡元培而承受巨大压力,先是离部出走,后又呈请辞职。15日傅的辞呈被照准,次长袁希涛16日起暂行代理部务。北京学生于6月3日上街分头讲演,导致政府大规模逮捕,使得处于国务院与各教职员、学生间的袁希涛左右为难。5日傅岳棻就教育次长职,同日令胡仁源署北大校长。蔡元培于9月

---

① 刘寿林编:《辛亥以后十七年职官年表》,中华书局,1966年,第56—72页。

12 日返京,13 日,傅岳棻即拜访蔡元培,但此后数日政府方面舆论却报导傅岳棻训令各学校一致上课,如学生联合会再有蠢动立即解散;北京大学限 20 日上课,如再不上课,即严行查办或解散一部分。蔡元培虽已返京复职,但能支持多久,则很难预料。在此情形下,北大浙籍教职员马叙伦、周作人、朱希祖、康宝忠等人可能即有意驱傅,但必须师出有名,就是借发"现"以驱傅。所谓发"现",就是要求教职员薪俸全部或大部分发现大洋。罢傅一事,虽由靳云鹏担保,但此事经教职员一再交涉,因安福部的干涉而始终未能做到。一直到直皖战争结束,安福部倒台,靳云鹏再次组阁,才做到了驱傅的承诺。①

傅岳棻至 1920 年 8 月 11 日去职。据此可确定呈文递交于 1919 年年底。据教育部呈文,阅看《新元史》以决定可否列入正史,乃由公府秘书厅奉谕交办,教育部呈大总统文谓"拟请特颁明令,将柯劭忞所著《新元史》仿照前例与《元史》一并列入正史,用广流传,以光册府",大总统令的颁布距此不会太久。

前已述及,1917 年铅印本之后,应即开始筹备木刻本的工作,由铅排本到木刻本,柯氏一定有所修改,前述上海图书馆藏铅印本中之批改,在木刻本中均已照改,即为证据。至 1919 年教育部呈文之时,应已大体刻成,至 1920 年补刻大总统令和教育部呈文后印行,其事或就在傅岳棻去职之前。徐世昌 1918 年至 1922 年任总统,时间是相合的。退耕堂开雕本见有徐序在前和大总统令在前两种印本,或与此有关。

上海图书馆藏有四部"退耕堂开雕"本《新元史》,均为初刻本。外形高 322 毫米,宽 213 毫米;版心高 222 毫米,宽 154 毫米。行款半页十行,行二十一字。其中一部编号 402303 - 62,前有内封,标明第一册的内容有序、命令、呈文和目录。上海辞书出版社图书馆藏有两部"退耕堂开雕"本《新元史》,其中一部原为蒋氏密韵楼藏书,封面蓝纸黄绫包角,扉页正面为书名,背面为"退耕堂开雕"版记,目录前首为徐世昌序,下为大总统令和教育部呈文,另一部封面白色,装订较为简单,目录前首为大总统令和教育部呈文,下为徐世昌序。财产登记时间为民国十九年六月六日,距初刻出印已近十年,应为初刻之后印本。

---

① 详见何树远:《五四时期北京教职员联合会的挽蔡驱傅运动》,《中山大学学报(社会科学版)》2011 年第 3 期。

退耕堂开雕本又有所谓庚午重订本。庚午年为民国十九年,即1930年,时柯劭忞已83岁,在经过修订以后,印行《新元史》新版本。此本现在上海颇难见,据内容差异辨别,上海图书馆与上海辞书出版社均无藏。北京大学图书馆有《新元史》的铅印本、民国九年"退耕堂开雕"本、民国十九年本,但著录上没有提到有"庚午重订本"字样。

1935年上海开明书店缩小影印出版《二十五史》,《新元史》所用底本即为经作者最后修订的"庚午重订本",1989年上海古籍出版社、上海书店联合出版《元史二种》,其中的《新元史》实际上用的也是"庚午重订本",其底本来自上海图书公司,《出版说明》谓"《新元史》版本,初稿为铅印本,刊于一九二〇年前,错字多,不足据。定稿有天津徐氏退耕堂刻本,开明书店《二十五史》即据以影印",殆因学界习称之"庚午重订本"原书中并无相应版记或刻印时间标注,而"退耕堂开雕"版记则仍其旧,行款亦与初刻相同(实际上绝大多数印版仍用旧版),故当时作如此叙述。

开明书店筹划影印《二十五史》之时间距庚午年即1930年及柯劭忞逝世之1933年甚近。开明书店版1935年出版,1936年叶圣陶为开明书店撰写的广告,说到"庚午重订本":

> 明代编修《元史》,工作非常潦草。当时参与其事的人,不通晓蒙古文,对于元代的典章文物不很了了,只是胡乱抄录一阵,以致舛误百出。一般批评都说各史中间《元史》最为荒芜,应该加以修订或考证,这就给了一部分学者提出了一个用功的目标。他们用功的结果,自然成了著作,最著名而成书最后的是柯劭忞的《新元史》。
>
> 《新元史》立例非常谨严,所取材料有许多是一般人所未见的;跟《元史》的草草成书正相反背。这部书对于《元史》,恰同《新五代史》对于《五代史》,《新唐书》对于《唐书》一样;在传统上,又曾被列为正史;我们在取得了它的出版权以后,就把它跟《二十四史》结集在一起,合称《二十五史》。我们所依据的是庚午重订本,也就是最后的定本。庚午是民国十九年,这个本子印成之后,不到几年,柯氏就逝世了。
>
> 除了《二十五史》以外,汇印的全史都无《新元史》。先前木刻的《新元

史》售价很贵，而且不易买到。因此，我们特地把《二十五史》里的《新元史》另印单本，供应文化界的需求。备有《二十四史》的一定乐于听到这个消息，因为有了这一部书，他所有的全史是完璧了。史学家跟元史研究者必然欢迎这个普及本，是我们所敢断言的。①

值得注意的是，广告中提到，"我们在取得了它的出版权以后，就把它跟《二十四史》结集在一起，合称《二十五史》。我们所依据的是庚午重订本，也就是最后的定本。庚午是民国十九年，这个本子印成之后，不到几年，柯氏就逝世了"，《二十四史》都是古人的著作，其中最晚的《明史》成于清乾隆间，都已经没有版权问题，但《新元史》是当代学者的著作，必须从作者或其继承人那里取得出版权。也有文章说柯氏后人一直在跟开明书店争版权。

所以不能将开明书店出版《新元史》看作是一般的古籍影印（复制），正如叶圣陶先生在所拟广告中所说的，"木刻的《新元史》售价很贵，而且不易买到"，开明书店是用影印的方式出版了一部当时的新的著作，而且通过这种方式，使《新元史》得到了较为广泛的传播，要知道，开明书店版的《二十五史》在当时是可以称为畅销书的。

柯氏 1913 年至 1917 年致罗振玉信札的刊布已经使我们得以弄清了以前一直十分模糊的《新元史》成稿和初次印行的时间，相信随着新资料的不断出现，"退耕堂开雕"的刊刻过程和"庚午重订本"的修订刊印过程一定也可以更为清楚。

三、《新元史》几种主要版本的优劣

以明确标注为"庚午重订本"的开明书店本与上海古籍出版社和上海书店的《元史二种》相较，仅有极细微的差异，而以这两种本子与上海图书馆所藏四部及上海辞书出版社图书馆所藏两部相较，则确实可见修订的情形。

（一）增补内容。以《新元史》卷五十一志第十八《地理志六》为例：

"播州军民安抚司"条之"二十九年，改隶湖广行省，领播州军民都镇抚司"

---

① 见叶至善、叶至美、叶至诚编：《叶圣陶集》第 18 卷《广告集》中，《开明版新元史》一则，注明原文于 1936 年 12 月 1 日刊出。

下,加了数行小字注文"播州宣慰使杨鉴降明,所领安抚司二,曰草塘,曰黄平。是黄平、草塘二处俱设安抚司,旧志略。所领长官司六,曰真州,即珍州,曰播州,曰余庆,曰白泥,曰容山,曰重安。惟重安不见旧志",对《元史》卷六十三志第十五《地理志六》的相应内容有较多的补充。

"新添葛蛮军民安抚司",原无"军民"二字,《元史》同上亦无"军民"二字,然其卷十六本纪十六《世祖十三》至元二十八年十二月己巳有"立葛蛮军民安抚司",卷十七本纪十七《世祖十四》至元二十九年正月丙午又有"从葛蛮军民安抚使宋子贤请"云云,《全元文》卷五六六陆文圭七《中奉大夫广东道宣慰使都元帅墓志铭》载扬珠布哈"大德元年除嘉议大夫、葛蛮军民安抚使",均可证柯氏修改有据。

"平伐等处军民安抚司","军民安抚司"为重订所加,《元史》卷六十三志第十五《地理志六》相应记述亦无,《武宗本纪》中有。

"平伐等处军民安抚司"下"密秀丹张",下增添注文"丹张即前单张,各郎西即前葛浪洞,草堂即前草塘,恭溪、焦溪、林种俱见前。疑诸地前属播州,后属平伐,遂重复如此",对诸地名的重复提出了疑问。此下有地名"上桑置""下桑直",其中的"置"字初刻作"直",是,"下桑直"下有注文"元初置桑直县安抚司"云云,庚午重订部分重刻时将"上桑直"刻成"上桑置",显为涉下而误。

"不赛因大王位下"注文"旭烈兀四世孙",原为小字单行,重订改为双行,以与全书体例相符。

(二)删削内容:

"退耕堂开雕"初刻本卷二三四列传第一三一《儒林一》有《张枢传》,卷二四一列传第一三八《隐逸》又有《杜本传》又附"张枢",内容与《元史》卷一九九列传第八六《隐逸》之《张枢传》大体相同。庚午重订本删去了《隐逸》中《杜本传》附"张枢",同时删去了书前目录中的"张枢",而未及删去卷前目录中的"张枢"。

(三)修改内容:

"退耕堂开雕"初刻本卷一九九列传第九六《爱薛传》:"爱薛,西域人,祖不阿里,父不鲁麻失。爱薛通拂菻语及星历医学。"庚午重订本改为:"爱薛,拂菻人,祖不阿里,父不鲁麻失。爱薛通拂菻语及星历医学。"《元史》作:"爱薛,西域弗林人,通西域诸部语,工星历医药。"据清洪钧《元史译文证补》二十七《西域古地考二》(清光绪刻本)"拂菻"条:"拂菻之名,唐时始见,《旧唐书》云'拂菻国,一名大秦,在西海之上',《元史》'爱薛,西域弗菻人',是元时犹有此称。汉大秦为古之罗马,今之义大利。东晋时罗马分王居黑海西,今土耳其都城之地,辖治东境,别之曰东罗马。罗马国亡而东罗马独存,明时始为土耳其所灭。其都城名康思滩丁诺泼里斯,康思滩丁,王名,盖始建城者,泼里斯犹言城,诺为连属字,犹华文'之'字,今亦省文称诺泼尔,东罗马本国之书则称康思滩丁诺泼凝,其地土人省文,惟称泼凝,急读之音如泼菻,阿剌比人称之为拂菻。本属城名,假为国号。唐时阿剌比人灭波斯,侵印度,环葱岭地悉归役属,方言流播,遂入中华。此《唐书》拂菻所由来也。"按:西域有广狭两义,狭义专指葱岭以东而言,广义则凡通过狭义西域所能到达的地区都在内。"退耕堂开雕"初刻本作"西域人",失之笼统,《元史》"西域弗林人","西域"为广义,亦不甚精确,庚午重订本遂改为"拂菻人"。

"退耕堂开雕"初刻本卷二三七列传第一三四《文苑上》"范椁",目录及正文均误作"范椁",庚午重订本已改正。

"退耕堂开雕"初刻本卷二三九列传第一三六《笃行上》类传小序"《周官》以六行教万民,曰孝弟睦姻任恤",庚午重订本"弟"改为"友",是。

庚午重订本总体优于初雕本,但以两者相较,也存在少量初雕本不误而庚午重订本反误之例,原因是修订时出现新的错误、修订后版面之限制以及原版残损等。如:

"退耕堂开雕"初刻本卷四三志第十《五行志上》,至正二十四年,"正月,保德州民家膞豕生豚,一首二身八蹄二尾。又海盐赵氏宰猪,小肠忽如蛇,宛延而走,及里许方止"。庚午重订本末脱"止"字。应为原版日久残损。

"退耕堂开雕"初刻本卷五十一志第十八《地理志六》:"思州军民安抚司,宋思州,元置安抚司。"庚午重订本误作"元置安抚思"。又:"白泥等处,元初,蛮酋杨正宝,以功授白泥司副长官。"庚午重订本误作"泊泥"。又:"上桑直……下桑直。"庚午重订本误作"上桑置"。疑为部分重刻时涉上下文而误。

"退耕堂开雕"初刻本卷二一○列传第一百七《老的沙传》"时哈麻与脱脱有隙",庚午重订本作"与哈麻与脱脱有隙"。挖改有误。

"退耕堂开雕"初刻本卷二一八列传第一百十五《余阙传》:"推官黄秀伦,经历杨恒。"庚午重订本改为"推官黄秃伦歹,历杨恒"。"黄秀伦"改为"黄秃伦歹",是,然"经历杨恒"之"经"字不可省,此显为在改一字、补一字时误挖去了"经"字。

"退耕堂开雕"初刻本卷二三七列传第一三四《文苑上》卷前目录"洪希文",庚午重订本误作"洪无文"。应为"希"字残损,误补"无"字。

"退耕堂开雕"初刻本卷二三八列传第一三五《文苑下》:顾德辉"集唱和诗十卷,为《草堂雅集》"。庚午重订本作"集唱和诗十三",按当作"集唱和诗十三卷",初刻本误作"十卷",重订本补"三"字,占"卷"字位,遂脱"卷"字。

开明书店《二十五史》本所用为庚午重订本,但与同为庚午重订本的《元史二种》本相较,也出现了少量差错,原因应出于印制前的剪贴、描修等技术环节。如:

《元史二种》本卷五六志第二四《百官志三》:"二十二年,权置山北道廉访司于惠州。"开明书店版误作"三十二年"。按下文有"二十三年""二十五年",又同书《惠宗本纪四》:二十二年九月"甲辰,权置山北道廉访司于惠州",《元史·百官八》亦云:"二十二年九月,权置山北廉访司于惠州。"

《元史二种》本卷八六志第五三《礼志六》:"一曰迎香。……至日质明,有司具香酒楼舆。"开明书店版误作"主日"。

《元史二种》本卷二一二列传第一百九《崔敬传》:"直而不讦,即惠宗亦无以罪之。"开明书店版误作"直而不许"。

《元史二种》本卷二二六列传第一二三《徐寿辉传》:"闰三月。"开明书店铸版误作"门三月"。

《元史二种》本卷二三八列传第一三五《文苑传下》:王逢"至正中,作《河清颂》,台臣荐之"。开明书店版误作"台臣万之"。同卷:郭钰"牛衣以当长夜遂成痁疟"。开明书店版误作"遂成店疟"。

《元史二种》本卷二四三列传第一四○《释老》目录"王处一",开明书店版脱"一"字。

《元史二种》本卷二四五列传第一四二《列女中》《吴妙宁传》"喈异而去"，开明书店版"喈"误作日字旁。

《元史二种》本卷二四八列传第一四五《云南湖广四川等处蛮夷传》："五月，宋氏复令平浪巡检欧阳濯龙。"开明书店版误作"歌阳濯龙"。

除以上版本以外，退耕堂开雕初刻本，1956年台湾二十五史编刊馆有景印本。1975年台湾艺文印书馆有《二十五史》仿古线装缩印。1988年中国书店有三栏缩印影印本，仿古线装六函六十册，单页。系借故宫博物院藏板刷印，原版"退耕堂开雕"改署"北京市中国书店刷印"。1998年天津古籍出版社有《二十四史外编》本。

基于以上论述，如欲校点整理《新元史》，应以柯劭忞最后改定的庚午重订本为底本，"退耕堂开雕"初刻本为校本，参校以《元史》、《续文献通考》（王圻）、元人碑传、文集等，遇有异同之处，凡可判定为《新元史》明显讹误者，适当改字出校，余以异同校列之，或不出校勘记，以尽量保持《新元史》原著面貌。

柯氏另撰有《新元史考证》五十八卷，对撰写《新元史》过程中所遇"事有异同"者略加考证，说明去取之由，也起到了交代《新元史》主要取材的作用。

小　　结

《新元史》出于一人之手，卷帙浩繁，至为不易，难免存在一些问题。如虽然校订了《元史》的一些错讹，但却又增加了一些谬误，1936年，浙江大学土木系的休学生陈叔陶在《历史语言研究所集刊》上发表《新元史本证》论文，考证了《新元史》23个互相矛盾和错误的地方，可作参考。至于有些学者认为应补缺的却没有补，如《艺文志》，则乃柯氏有意为之，前引牟润孙《蓼园问学记》云：

我问柯先生："您著《新元史》，为什么没有《艺文志》？"凤老说："你知道不知道《汉书·艺文志》所根据的是汉中秘藏书目？我找不到元内府藏书目，何从为之撰《艺文志》。"①

柯氏盖因未见元代官方藏书目录，不愿勉强拼凑，阙则阙之也。

《新元史》问世以后，章太炎说："柯书繁富，视旧史为优，列入正史可无愧色。"王国维、梁启超以此书未叙体例及取材为憾。其实，此书的体例虽未作概括，而全书结构一遵诸正史，还是严谨而清晰的。上文所引柯氏于宣统初年所作对魏源《元史新编》的评述，也可以看作对《新元史》编例的表达。至于取材，王国维、梁启超只是认为柯氏应于书前做出交代而已，此点《新元史考证》已经做了补救。有人认为由于该书所引用的材料，一概不注明出处，致使学者不敢引用，则亦过矣。试问《二十四史》中有哪一部是事事注明出处的？柯氏在评述魏源《元史新编》时有云："列传之末，往往云某人碑其神道，某人撰其志铭，皆有乖于史法。"此为史家之通例，亦为柯氏之例。

总体而言，《新元史》后出转精，其体例较为严谨，其采择文献有超越前人之处，特别是在明《永乐大典》只剩下不到一千卷的今天，似不能断言"凡他能接触到的材料，今天人们都能看到，可以直接利用第一手材料，不需要转引《新元史》中的转手材料"，要知道柯氏当时是翻检过多达八千卷的《永乐大典》的。

＊在本文的撰写过程中，得到徐炜君先生的诸多帮助，谨此致谢。

原载：虞万里主编：《经学文献研究集刊》第19辑，上海：上海书店出版社，2018年8月，第275—290页。清柯劭忞撰：《新元史》第1册，上海：上海古籍出版社，2018年，前言第1—30页。

---

① 《海遗丛稿（二编）》，中华书局，2009年。

明嘉靖重臣汪鋐及其
《制诰录》《世事录》考

《制诰录》《世事录》是在婺源发现的两种珍贵的古籍稿本。
这两种稿本主要围绕着明代婺源的一位人物——汪鋐而撰录。

一、"极古今权任之重"——汪鋐仕历

根据《汪鋐圹志》和汪鋐《历任官阶》等多种资料，①汪鋐（1466.9.18—

① 《汪鋐圹志》现藏婺源博物馆，文字有缺损，见彭全民《明抗葡名臣汪鋐墓志考释》（《南方文物》2000年第3期）。《世事录》中有《光禄大夫柱国太子太保吏部尚书兼兵部尚书侍经筵前太子太保兵部尚书兼都察院左都御史掌院事赐提督十二团营及神机三大营军务致仕卒赠少保谥荣和公钦命祭葬诚斋汪公历任官阶》文一篇，与《圹志》内容大同：按谥法，宠禄光大曰荣，柔远能迩，号令民悦，不刚不柔，推贤让能曰和。公讳鋐，字宣之，号诚斋，婺源大阪人。以《春秋》中弘治二年己酉举人，登壬戌进士，殿试二甲。初授南京户部贵州清吏司主事。正德元年丙寅，二任本部江西清吏司署员外郎事主事。戊辰进阶承德郎。父俨（注：成化丙午举人，时官德兴教谕。）解学职，受封承德郎，南京户部贵州清吏司主事。母李氏，配程氏，俱封安人。寻丁内艰，庚午服阕。三任南京刑部山东清吏司署员外郎事主事。辛未，四任广东按察司佥事。甲戌，五任本司副使。乙亥九月十二日，敕巡视海道，得便宜行事。庚辰，六任本司按察使。辛巳，进阶中宪大夫。父俨封中宪大夫、广东按察司副使，母李氏赠恭人，配程氏封恭人。十二月，敕加一级，食一品俸。（注：以破佛狼机功。）嘉靖元年壬午，疏辞俸级，不允，癸未，七任广东布政司右布政使。寻丁外艰，乙酉服阕，八任浙江布政司右布政使。丙戌，九任本司左布政使。丁亥十月，十任都察院右副都御史，钦差提督南赣汀漳等处军务。己丑三月，十一任都察院右副都御史管理院事，公自是始官京师。十二任刑部右侍郎。十二月二十一日，十三任都察院右副都御史掌管院事。庚寅五月十三日，建造四郊，（注：南圜丘，北方丘，东朝日坛，西夕月坛。）奉敕巡视监察工程。十月十五日，敕监脩祀仪成典。十八日，十四任兵部尚书，兼都察院右都御史掌管院事，奉敕提督十二团营及神机营军务。（注：其三大营太监总兵官所留官军每月两次赴团营会操。）十二月十九日，进阶资政大夫。祖焕，父俨，俱赠资政大夫、兵部尚书、都察院右都御史，祖母程氏，母李氏，俱赠夫人，配程氏，封夫人。辛卯七月二十二日，十五任太子太保兵部尚书，兼都察院右都御史掌管院事，提督十二团营及神机营军务。壬辰九月初五日，十六任太子太保吏部尚书。癸巳九月初九日，进阶光禄大夫。曾祖樯，祖焕，父俨，俱赠光禄大夫、太子太保、吏部尚书，曾祖母江氏，祖母程氏，母李氏，俱赠一品夫人，配程氏，封一品夫人，赐四代诰。（注：鹤文绫锦玉轴。）甲午正月，赐蟒服玉带。七月初七日，敕同经理重书。累朝宝训实录，及皇考宝训实录，十七任太子太保、吏部尚书兼兵部尚书。（注：更日治事。）建造神御阁及启祥宫，敕提督领军。八月，一品考满，敕加授柱国。十月二十日，敕所司建楼于家，以奉御书，（转下页）

1536.7.7)，徽州婺源（今属江西）人，字宜之，号诚斋。弘治十五年进士，授南京户部主事。正德中升广东按察司佥事、副使，奉敕巡视海道，嘉靖元年，升广东布政使司右布政使，改浙江右布政使，嘉靖六年，升本司左布政使。十月升都察院右副都御史，奉敕提督南赣汀漳等处军务。八年，回院管事，冬，升刑部右侍郎，寻升都察院右都御史掌管院事。九年，升兵部尚书，奉敕提督团营军务，仍兼都察院右都御史，掌管院事。十一年，改吏部尚书。十三年，以本官兼兵部尚书，同知建造事，总督神御阁、启祥宫、九庙夫工，兼管军士。又授手敕令同内阁辅臣，经理重书累朝及先帝宝训、实录。十四年，奉命考察天下官员。九月，致仕。十五年七月七日卒，年七十有一。赠少保，谥荣和。

可见汪鋐明正德至嘉靖初主要在广东和浙江任地方官，嘉靖六年任职都察院，八年进京掌管院事，九年升任兵部尚书，仍掌管都察院，十一年改吏部尚书，十三年又兼兵部尚书，为嘉靖初期的重要大臣。

值得注意的是，汪鋐进京以后，曾不止一次地身兼两个重要职务，这在明代几乎是绝无仅有。明沈德符《万历野获编》说，明太祖洪武间，詹徽以左都御史兼吏部尚书，已为极异，"然此时官制未定也"。至正德初屠滽以吏部尚书兼左都御史，嘉靖中熊浃以兵部尚书兼右都御史，"俱专领宪事"，实际上没有兼理两边的事务，而李承勋、王廷相等俱领团营，不预部事。"惟嘉靖九年，汪鋐以右都理戎政，未几改兵部尚书，仍兼右都，十年，以太子太保改左都御史兼兵部尚书，至十一年，又以太子太保改吏部尚书，又加少保兼兵部尚书，盖以御史大夫带本品二次，又以太宰正兼大司马者一次，皆身绾二绶，各领事寄，极古今权任之重，一身当之。"这是此前从未有过的，后来自嘉靖后期历隆庆至万历，也无此例。所以沈德符有点搞不懂："且其人狙险贪狠，古今所少，何以当此异宠？……按诸公皆一时名硕，用之多不尽其材，而稔恶不悛如汪鋐者，乃持权久任如此，则永嘉张相始终为之奥主也。"[①]

"永嘉张相"即张璁（1475—1539），明浙江永嘉人，字秉用，号罗峰，后赐名

（接上页）赐额曰'昭恩楼'，命工部制扁给赐。乙未二月初八日，建造宗庙世庙，敕同知建造事，提督领军。四月，赐'怀贞尽忠'银记。九月致仕，赐飞鱼及白金文绮，敕驰驿有司存问。丙申七月初七日戌时，以疾卒于正寝。距生成化丙戌九月十八日辰时，享年七十一岁。讣闻，上震悼，辍朝三日。丁酉二月初六日，玉音下，赠少保，谥荣和，赐祭十一坛，命工部主事孙校董葬事。荫两子，云瑞、云程俱中书舍人。（注：云瑞辞，荫子尚周。）壬寅，一品夫人程氏卒。讣闻，赐祭五坛，谕葬。

① 明沈德符：《万历野获编》（清道光七年姚氏刻同治八年补修本）卷十一《屡兼二品正卿》。

孚敬,字茂恭,号罗山。正德进士。正德十六年(1521),武宗死,无子,兴献王长子朱厚熜(孝宗从子,武宗从弟,即世宗)即皇帝位,下令礼臣议其生父朱祐杬尊号。首辅杨廷和、礼部尚书毛澄为首的朝臣主尊孝宗(武宗父)为皇考,朱祐杬为皇叔父;时任观政进士的张璁(旋出为南京刑部主事)与南京刑部主事桂萼等迎合上意,议尊祐杬为皇考。双方争论激烈。嘉靖三年(1524)四月,追尊世宗父母为"本生皇考恭穆献皇帝""本生圣母章圣皇太后",后世宗又采张、桂言,去"本生"之称。朝臣 200 余人跪于左顺门前固争,激世宗怒,下狱者 134人,廷杖而死者 16 人。九月,尊孝宗为皇伯考,献皇帝为皇考。这一事件对嘉靖朝政治影响颇大。而张璁力折廷臣,迎合帝意,受到信任。嘉靖六年(1527)官至礼部尚书兼文渊阁大学士,预机务,在任锐意兴革,罢各地镇守太监,清理勋戚庄田。八年被劾罢官,不久召还,复任首辅。十五年因病致仕。卒谥文忠。

汪铉在议大礼中站在了张璁、桂萼一边,后来在政治上结为盟友,这是不争的事实,但要说汪铉"持权久任如此,则永嘉张相始终为之奥主",也不免言过其实。

二、抗击佛郎机和自制佛郎机铳——
汪铉的能力与进京前的实绩

且不论张璁本人仕宦沉浮,并非一帆风顺,有时自身难保,无法时时罩着汪铉和他的其他盟友。史载汪铉"初以才略见称,折节取声誉","铉有干局,内行修洁,执宪秉铨,多所建论,数汰去不称任者,朝廷为之肃然"。"汉廷张汤之流欤"?[1] 汪铉的一步步升迁,以至身居高位,是与他的能力和实绩分不开的。

进京之前,汪铉曾多次受到重要官员的推荐。

嘉靖六年,礼部右侍郎方献夫以两京堂上及各处巡抚方面员缺数多,疏荐布政使汪铉等多人,上以属吏部,令更加查访,斟酌举用。[2]

嘉靖七年,王阳明推荐汪铉,谓其"才能素著"。明钱德洪《阳明先生年谱》下卷:

---

[1] 明焦竑:《国朝献征录》(明万历四十四年徐象橒曼山馆刻本)卷二十五吏部二引《实录》。
[2] 明《世宗实录》卷八十嘉靖六年九月戊戌。

四月，……先是有制，王守仁暂令兼理巡抚两广，既受命，先生乃疏言："臣以迂疏多病之躯，谬承总制四省军务之命，方忧不胜其任。今又加以巡抚之责，岂其所能堪乎？且两广之事实重且难，巡抚之任非得才力精强者，重其事权，渐其官阶，而久其职任，殆未可求效于岁月之间也。前此当事诸人，虽才能相继，而治效未究者，职此之故也。致仕副都御史伍文定往岁宁藩之变，尝从臣起兵，具见经略，侍郎梁材、南赣副都御史汪铉，亦皆才能素著，足堪此任，愿选择而使之。"①

曾任兵部尚书的胡世宁曾极力推荐汪铉到兵部或户部任左侍郎职：

今本部左侍郎见缺，臣连月思想，必得如见任漕运都御史唐龙、巡视南赣都御史汪铉者而用之，则才无不称，事无不举，而臣之衰朽不堪，所得助益多矣。或谓铉之才止堪户部，则宜兵部用龙而以铉补其缺，且得移近任事，使众皆知而因以需户部之用，必能通变裕财，有益国用边储不少矣。此二臣者有如不称，臣当连坐，万死无悔。②

胡世宁还在另一篇奏议中称赞汪铉的理财能力：

至于私盐，不必深禁。只如近日都御史汪铉奏议，官抽其半而给照许卖，则公私盐利皆为国用，而边储可足矣。③

至清代还有大臣主张仿汪铉之法，杨士达《与王御史论淮盐第二书》：

前明嘉靖中，岁办二十二万四千盐引，一引纳税十分减至八分六分。御史汪铉奏不必禁私盐，但请官抽其税而给照加赏。推二公之意，皆欲公天下大利于民，盖民利未有国不利者也。为今之计，莫如仿汪铉之法，去

---

① 明钱德洪：《阳明先生年谱》（明嘉靖四十三年毛汝麒刻本）下卷。
② 《胡端敏奏议》（清《文渊阁四库全书》本）卷九《推明诏旨以荐贤才疏》。
③ 《胡端敏奏议》（清《文渊阁四库全书》本）卷九《奏为尽沥愚忠以求采择事枢漕急务》。

官盐之名,不复设商置引,任民间自煮自鬻,而官为定其出盐之额,计额多寡为抽税之准,以岁终上于户部,一税外,官不得与。如此则大员无剥商横取之弊,而官方以肃;商人无借帑积欠之弊,而库藏可充;两淮无浮费陋规之弊,而财用可节;盐无滞引碍销之弊,而国课自□。举天下皆私盐,实举天下皆官盐,所谓富藏于民者,此也。①

嘉靖八年,升刑部右侍郎汪铉为都察院右都御史,掌院事。铉疏辞。上曰:"卿老成正直,素有风裁,总宪重任,特兹简用。不允辞。"②足见当时嘉靖帝对汪铉的评价。嘉靖十年,被会推任兵部尚书,嘉靖帝认为都察院也是重任,不宜轻改,令更推。③ 同年,吏部尚书养病方献夫被召复任,上疏辞谢,因荐尚书梁材、汪铉、王廷相自代。④ 皇帝没有同意。

可见在汪铉出任兵部尚书、吏部尚书之前,已广受赞誉。

汪铉在广东任职时的最大贡献,在于抗击佛郎机和自制佛郎机铳。佛郎机当时是指葡萄牙人,⑤也可称之葡萄牙人用的火炮。

明王希文《重边防以苏民命疏》详细叙述了汪铉的事迹:

> 正德年间,佛朗机匿名混进,突至省城,擅违则例,不服抽分,烹食婴儿,掳掠男妇,设栅自固,火铳横行,犬羊之势莫当,狼虎之心叵测。赖有右都御史汪铉前任海道副使,并力驱逐,肆我皇上临御,威振绝域,边境辑宁,凡俘获夷酋,悉正极典。民间稽颡称庆,以为番舶之害可永绝而□围之防可永固也。
>
> 初,铉之攻佛郎机也,苦无如彼铳何。适白沙巡检何儒闻知彼中有广人杨三、戴明者,亡命其国久,尽谙铸铳制药之法,遂阴部勒我人往,佯以卖酒米为名,渐与杨三、戴明通,谕之向化,设重饵。杨等悦,定约夜遁归。

---

① 清葛士浚:《清经世文续编》(清光绪石印本)卷四十三《户政》二十。
② 明《世宗实录》卷一百八嘉靖八年十二月庚辰。
③ 明《世宗实录》卷一百二十三嘉靖十年三月甲辰。
④ 明《世宗实录》卷一百二十八嘉靖十年七月辛酉。
⑤ 据[英]崔瑞德、[美]牟复礼编《剑桥中国明代史》第七章(南加利福尼亚大学小约翰.E.威而斯撰),这个名称来自印度与东南亚的"ferengi",指拉丁教徒,实际上是由法兰克人转过来的。中国社会科学出版社,2006年。

鋐即令如式铸造,用以取捷,因奏颁其式于各边,造以御戎,即以其国名佛郎机云。①

有了佛郎机铳,还必须有相应的舰船。明李昭祥《龙江船厂志》:

> 按,蜈蚣船自嘉靖四年始,盖岛夷之制,用以驾佛朗机铳者也。广东按察使汪鋐图其制以献,上采其议,令南京造以为江防之用,至十三年而复罢之。夫佛朗机铳之猛烈,有益于兵家,固已试之矣。乃若是船之制,不过两旁多橹,取其行之速耳,而谓之蜈蚣者,盖象形也。②

明沈启《南船纪》对铳和船的记述更为具体:

> 工部条例,嘉靖四年为□武□以固几句事,南京内外守备衙门题准铸造佛朗机铳六副,打造蜈蚣□一只。查系广东按察使汪鋐奏有佛朗机番□,长十丈,阔三丈,两旁驾橹四十枝,周围置铳三四管,底尖面平,不畏风浪,人立之处,用板杆蔽,不畏矢石,每三百人撑驾,橹多人众,无风可以疾走,各铳举发,弹落如雨,□向无敌,曰蜈蚣□。其铳用铜管铸造,大者千余斤,中者五百余斤,小者一百五十斤,每铳一管,用提铳四把,以铁为之铳,弹内用铁,外用□,其火药置法与中国异。铳一举发,远可百余丈,木石犯之皆碎,自古铳之猛烈,无出其右。是年行取到广东□匠梁亚洪等三名,发仰提举司先行料造蜈蚣□一只,长七丈五尺,阔一丈六尺,及南京兵仗局铸佛朗机铳六副,给发新江口官军领驾操演。③

嘉靖八年,都御史汪鋐奏,先在广东亲见佛郎机铳,致远克敌,屡奏奇功,请如式制造。兵部覆议,诏铸造三百,分发各边。④ 于是佛郎机铳被推广到各地边防。

---

① 明贾三近:《皇明两朝疏抄》(明万历刻本)卷十六载。
② 明李昭祥:《龙江船厂志》(清《玄览堂丛书》续集本)卷二。
③ 明沈启:《南船纪》(清沈守义刻本)卷二。
④ 明徐学聚:《国朝典汇》(明天启四年徐与参刻本)卷一百五十二《兵部》。

嘉靖以后万历东征(应朝鲜之请抗击倭寇的战争),南兵擅用佛郎机等火炮,颇著战绩,①当时一位朝鲜官员描述说:"南方浙江之兵,最善于御倭……男人战时专用火箭,其制即我国神机箭,但甚长,而付结小发火两个,每于临战或攻城之际,火箭千万齐发,贼阵火光遍空,烟焰四塞,贼不得开目,所触皆焚,甚是利器。"②其中所说"小发火",应即前述之提铳,可轮流装弹的子铳。

为了表彰汪铉抗击佛郎机的贡献,万历元年广东地方官为汪铉立生祠,③是一种极高的荣耀。清末著名思想家魏源以汪铉之破佛郎机与郑成功破荷兰相提并论。④ 说明在时过数百年后,人们并未忘记他的功绩。

一位美国学者撰写的《剑桥中国明代史》2006 年版第七章从西方的角度论述了这件事:"从现存的中国文献来看,葡萄牙人在朝廷和高级官员名流中,留下了零零碎碎的模棱两可的印象。他们的火炮及舰船备受赞扬,在广州河口建造了一艘葡萄牙式的舰船;一个名叫汪铉的官员因推动仿制葡萄牙式火炮,并将它使用到长城要塞那样遥远的地方而出名。"⑤

汪铉《明史》无传,但我国学术界已经开始注意到这个人物,发表了一些论文,大多重在论述汪铉对于制造佛郎机铳的贡献。⑥ 如彭全民先生说:

---

① 明宋应昌《经略复国要编》卷三,转引自杨海英《域外长城——万历援朝东征义乌兵考实》,上海人民出版社,2014 年。

② [朝鲜]柳成龙《西厓集》卷十《别录》。转引自杨海英《域外长城——万历援朝东征义乌兵考实》。

③ 清阮元《(道光)广东通志》(清道光二年刻本)卷一百四十六《建置略》二十二:"汪刘祠在南门外。明万历元年知县吴大训建,祀明副使汪铉、刘稳、陈文辅。"《都宪汪公遗爱祠记略》:"成化三十三年,占城古来来奔,边衅遂开,而番舶相继扰攘。正德改元,忽有恶彝佛郎机者,假以修贡,突据虎门,设立营寨,造火炮为攻具,□甚猖獗,至掠取婴孩,屠以充食,民甚苦之。公赫然震怒,命将出师,亲犯矢石,因纵火焚其船,遂大克捷,民赖以全。初,公在任时,广之海隅,民无远近,被德而荷功者,皆议立生祠以报,公闻不许。既公陞任去,民思益切,乃谋立生祠,以志不忘。余不敏,不足敷扬公之伟绩,姑宜其行师救民之一节云。"

④ 清葛士浚《清经世文续编》(清光绪石印本)卷七十八《兵政》十七《筹海篇》上,《海国图志》(魏源):"郑成功之破荷兰,明汪铉之破佛郎机,皆偶乘风潮,出其不意。若久与交战,则海洋极寥阔,夷船善驾驶,往往转下风为上风,我舟即不能敌。即水勇、水雷,亦止能泅攻内河淡水,不能泅伏咸洋,其难四。观于安南两次创夷,片帆不返,皆诱其深入内河,而后大创之,则知欲奏奇功,断无舍内河而御大洋之理。贼入内河则止能鱼贯,不能棋错四布……"

⑤ [英]崔瑞德、[美]牟复礼编:《剑桥中国明代史》第七章。

⑥ 如周保民、刘一清:《新安故城:千年古城盼新生》,《深圳商报》2000 年 6 月 25 日;彭全民:《我国最早向西方"佛朗机"学习的人——汪铉传略考》,《东南文化》2000 年第 9 期;彭全民:《明抗葡名臣汪铉墓志考释》,《南方文物》2000 年第 3 期;龚寒冰:《明代徽州政治家汪铉论略》,《文教资料》2013 年 23 期;吴长庚、李世财:《论汪铉与嘉靖官场之流弊》,《江西社会科学》2005 年 12 月;吴长庚、李世财:《从汪铉看明成、嘉社会转型——人物研究视角下的失常政治》,《上饶师范学院学报》第 26 卷第 1 期,2006 年 2 月。

中国历史上最早向西方学习、最早引进西方先进武器是谁呢？

1987 年中国旅游出版社出版的《中国历史之最》一书，认为明代晚期的徐光启（1562—1633 年）"最早提出了铸造西洋大炮的主张"。其实不然，早在明代中期，汪铉（1466—1536 年）就开始向西方学习，于嘉靖元年（1522 年）便仿造了佛朗机铳（葡萄牙炮），嘉靖八年（1529 年）奏明朝廷，并在三边进行大规模的推广使用，是中国最早率军抗击西方葡萄牙殖民者"佛朗机"入侵的要臣，也是中国引进西方先进武器"佛朗机铳"并进行大规模推广、使用的第一人。

有明一代，社会经济和科学技术长足进步，由于北方边境长期受到游牧部落的侵掠，东南沿海又经常遭到倭寇和佛郎机的骚扰，为了保卫边境，抗击侵扰，十分重视火药火器的研制，火器的发展出现大的飞跃，成为我国从冷兵器时代转向热兵器时代的重要时期。而其中佛郎机铳的仿制成功，一来增大了火铳火炮药室抗压强力，二来可轮流装填子铳，大大加快了装填弹药的速度，提高了射速，射程可达百余丈远，而且安装了瞄准装置，是火器发展史上的一个极大进步。[①]

对于汪铉制造和推广使用当时射程较远、威力较大的佛郎机铳的作用和影响，值得深入研究。

三、弹劾和被弹劾——汪铉
在权力争斗的漩涡中

从汪铉进京前的功绩来说，应该是一位英雄般的人物，但在前引沈德符《万历野获编》中，对汪铉为人的评价很低："其人狙险贪狠，古今所少"，"稔恶不悛"，在其他各种明代史籍中，也多称汪铉为奸臣。其原因是什么呢？

明代官吏几乎都是在弹劾别人和被别人弹劾的过程中度日的，纵览嘉靖朝前期，尤其如此。弹劾有时是为了取誉，被弹劾也未必会倒下，虽然挨板子（廷杖）的皮肉之苦常常双方都免不了，但只要不一命呜呼，有些人就乐此不

---

① 参见刘旭《中国古代火药火器史》第四章，大象出版社，2004 年。

疲。汪铉从任都察院都御史开始，弹劾了大批官员，也不断被人弹劾。奇怪的是，不管是他弹劾别人还是别人弹劾他，挨板子的总是别人。

都察院是明代全国最高监察机构。掌纠劾百司，辨明冤枉，提督各道，为天子耳目风纪之司。明洪武十五年（1382）改御史台置。设监察都御史八人，分为十二道，每道下设御史三至五人。十六年设左、右都御史各一人，左、右副都御史各一人，左、右佥都御史各二人。下设经历一人，都事一人，司务二人，照磨、检校、司狱各一人，十三道监察御史一百一十人。所属有经历司、司务厅、照磨所、司狱司等机构。洪熙元年（1425）南京亦置，设官略同。其都御史，副、佥都御史又为在外总督、提督等官之加衔。

都御史是明清都察院长官。明左、右都御史各一人，本正三品，旋改正二品。次为左、右副都御史各一人，本正四品，旋改正三品。再次为左、右佥都御史各二人，本正五品，旋改正四品。掌纠劾百司，提督各道御史，为皇帝耳目风纪之臣。皇帝派往各地的总督、提督、巡抚、经略、总理等大员，皆兼都御史衔，以便行事，但不理都察院事。

汪铉既进都察院任职，纠劾百司百官就是其职责所在。就目前已经掌握的材料看，被汪铉弹劾的官员就有周廷用、边贡、黎贯、林大钦、林士元、张怀、李默、王宣、谭缵、沈奎、陈大器、陆梦麟、李美、胡体乾、陈言辅、蒋旸、江琦、徐缙、董玘、薛侃、周用、戴铣、魏良弼、庄一俊、王宪、许赞、聂贤、刘节、毛伯温、陈经、史道、邹守益、黄绾、席春、富好礼、廖道南、余胤绪、周如砥等一大批人。

其例如：

> （嘉靖）十二年五月，廷臣集东阙，推官尚书王宪、许赞、聂贤，侍郎刘节、副都御史毛伯温、通政司陈经、大理卿史道等皆后至，为吏部尚书汪铉所劾，得旨合各对状。于是诸臣各上疏待罪。上责其不恃，失大臣事君之道，宪、赞、贤姑不究，节、伯温、经各夺俸一月，道疏少伏罪语，未复，不书名，令吏部参看，降山西参议，特令闲住。
>
> 七月蚤朝，上以参朝官少责，侍班御史柯乔、李凤翔，序班陈进德、董效义不行纠奏，命锦衣卫执镇抚司杖之。①

---

① 明徐学聚：《国朝典汇》（明天启四年徐与参刻本）卷一百九《礼部》。

一次被弹劾之官员就有七人，罪名是迟到。又：

> 癸巳嘉靖十有二年九月，席春削籍。
>
> 春，席书弟也，为吏部侍郎。初，翰林员缺，春语汪鋐杨惟聪、陈沂可补。鋐曰："二人曾党廷和，妄议大礼，不可。"春曰："二人实富文学，议礼何害？"鋐曰："衅端不可启。"春不悦而退。后礼部右侍郎缺。鋐约会举。春厉声曰："会举何为？"鋐怒，大诟之，春掷冠于地，欲殴鋐，众解而散。鋐遂上疏劾春，当议礼之初，实与廷和为党，抗疏伏门，又为首倡，乃得掩覆脱免，为幸已甚，又尝草疏欲劾孚敬及萼，兄书袒之，杨名狂言，复为与谋，此廖道南深知，备以语臣者也。今为吏部侍郎，复欲起用邪党，包藏祸心，背主害善，臣不敢不为言之。帝曰："朕以书弟，屡加擢用，乃不思以道事君，本宜重处，姑令削籍闲居，永不叙录。"①

看席春和汪鋐两人的对话及差一点发生肢体冲突的情形，都够厉害的。清万斯同评述汪鋐以苛法待诸御史，使之"无不慑息"，"皆敛职不得肆"：

> 又数月，进右都御史，代王宪掌院事。去布政二年而骤长台端，鋐以前未有也。
>
> 时璁、萼并居政府，鋐德之，思为尽力，凡二人所不悦者，率先意去之。又见帝与璁辈深疾御史言事，为苛法以待诸御史，诸御史无不慑息。尝条上束约巡按十二事，诸巡按御史皆敛职不得肆，前后若蒋昉、李佶、王宣、谭缵、沈奎、陈太器、陆梦麟、李美、胡体乾、陈世辅、熊爵等，或以酷刑，或以荐举失当，皆为鋐所纠，得罪去。又尝劾南户部尚书边贡嗜酒旷职，即罢黜。由是帝益以鋐为能，委任几与璁、萼埒。②

对于汪鋐的行为，当时及后来的评论，以反面的居多，这很好理解，因他犯

---

① 明范守己《皇明肃皇外史》(清宣统津寄庐钞本)卷十三，明雷礼《皇明大政纪》(明万历刻本)卷二十二，明涂山《明政统宗》(明万历刻本)卷二十三同。
② 清万斯同：《明史》(清钞本)卷二百九十三列传一百四十四。

了众怒,但也有稍微和缓一些的:

> 都御史汪铉始以附权贵得幸于上,其刚狠□戾,有举朝所不能堪者,然其纠正官邪,亦得总宪之体。一日,劾奏出差御史王宣、谭缵、沈奎、陈大器、陆梦麟、李美、胡体乾、陈世辅、熊爵等九人,先后保荐官属,大计之日,多以贪酷不谨败,宜连坐,请敕吏部视其多寡而议罚焉。部覆:巡按御史滥举四人以上者革职闲住,二人以上者降一级调外任,一人者罚俸半年。诏从之,著为令。于是宣、缵闲住,大器、梦麟、世辅降调,奎、美、体乾、爵罚俸。此举姑无论铉果出于公心否,似不当以人废之也。顷年回道考察,亦循故事,而竟未尝论斥一人。传云:上下和同,非国之福也。然谭缵尝以薛侃事劾铉,故铉挤之。①

与此同时,也有大批官员弹劾汪铉,其中有李宗枢、雒昂、柴洪、崔涯、曹逵、蔡瑷、冯汝弼、孙应奎、曾翀、薛宗铠、戴继、田濡、陈洙、王廷、翁溥、郭勋、叶洪、王绖、潘锐、余勉学、贾名儒等。

最突出的例子是冯恩案和杨名案。

冯恩(约 1495—约 1584),明松江华亭(今上海市闵行区莘庄镇)人,字子仁,号南江。嘉靖进士。授行人,擢南京御史。嘉靖十一年(1532)上疏言时政忤帝意,下狱。次年朝审时不屈,有口、膝、胆、骨皆如铁之誉,人称"四铁御史"。十三年戍雷州。久之赦归。穆宗立,年已七十余,即家拜大理寺丞。后以年老致仕。

冯恩案的经过大体是这样的:

> 壬辰嘉靖十有一年秋八月,彗复出东井,命九卿官自投劾。
> 逮系南京御史冯恩诣京。
> 初,星变,敕台谏官各条得失,恩遂上言,举时政之得失以更张,不若举臣工之邪正以进退。遂悉数张孚敬、方献夫、右都御史汪铉罪恶,且谓孚敬之奸久露,献夫、铉之奸不测,孚敬为根本之彗,铉为腹心之彗,献夫

---

① 明徐学谟:《世庙识余录》(明徐光稷活字印本)卷七。

为门庭之彗，三彗不去，庶政不平，虽欲召和，不可得也。……又谓孚敬、献夫、鋐，适子也，臣孽子也，焉有适子悖逆父母，孽子犹持敬兄之理者？乞斩三奸，以正不孝父之罪，然后斩臣，以谢不敬兄之罪。以一卑贱博去三秽，以清仕路，新政治，亦除旧布新之应也。帝怒，命官校收系来京，下锦衣卫鞫问。

（癸巳嘉靖十有二年春正月）御史冯恩论斩。

汪鋐见帝命收恩，遂上疏诬恩不法事，谓恩以阅江行部。迂道还家，路受苏常二全豚。又谓恩舟行遇劫，避匿江干，群盗焚其箧椟，隐不敢发。又谓恩擅朴武弁，纵容胥吏为奸。且摘恩疏中李时、夏言等语，谓为陈言大臣德政，当加族诛，并下刑部。恩复于道中上疏，力辩不报。既而逮至京，下诏狱榜掠无完肤，每讯辄朴至死，锦衣指挥陆松每下药饵获苏焉。后以爰书奏发刑部论罪，尚书王时中复衔恩，竟附斩比，从之，长系待讞。

张孚敬罢，以灾异免也。

九月，以汪鋐为吏部尚书。①

对于冯恩案，当时及其后的评论几乎一边倒，都认为冯恩是忠臣，汪鋐是奸臣，许多史料描述了两人在审讯时的对话和冲突。惟时任南京兵部尚书、参赞机务的王廷相当时在《请辩冯恩罪状疏》中的评判较为冷静。

王廷相是与汪鋐一起审理冯恩案的，他说"臣于去冬会同吏部尚书汪鋐等奉命审录罪囚，审得刑部犯人冯恩，犯该上言大臣德政斩罪。臣与鋐等以本犯罪状与律不类，情实可矜"，意思是他和汪鋐两人都认为不能以"上言大臣德政"给冯恩定罪，接下来他又具体阐述了理由，并说"尚书汪鋐掌都察院之日，恩曾挟私妄劾鋐，及鋐转升吏部尚书，恩之意以鋐必害己，故先为论列，以制鋐不敢发，且波及一二辅臣，以示其非私劾鋐。此小人之心而量君子之腹者也，迹其情状，诚为可恶。至于举论尚书夏言、王宪等之贤，亦不过假借言官论列之公，以济其害鋐之私耳。比诸称颂王莽功德，本不相类，臣与鋐等拟以有词再问者此也，伏乞陛下矜怜之"，既为冯恩说情，也为汪鋐开脱。最后他希望皇

---

① 明范守己《皇明肃皇外史》（清宣统津寄庐钞本）卷十二，又明雷礼《皇明大政纪》（明万历刻本卷二十二）同。

帝不要开杀言官之例。① 作为汪鋐的同僚,王廷相当然不会如后来的记载那样说汪鋐挟私报复,欲置冯恩于死地,但他的话离开事实不会太远。

冯恩案发生在汪鋐任吏部尚书之前,杨名案则在其后:

> 壬辰嘉靖十一年,以汪鋐为吏部尚书,科臣柴洪劾鋐奸暴,帝怒,命夺洪俸。
>
> 十月,编修杨名上《修省疏》言:"汪鋐小人之尤,郭勋奸回之性,而陛下用之,是偏于喜也。言官终于废弃,是偏于怒也。且工作不可屡兴,祷祀不可累举。"上怒,收系械讯。鋐具疏谓名与廷和同里,思为报复,上益怒,命究主使。名濒死无所措。兵部侍郎黄宗明疏捄,上以宗明即主使之尤者,并鞠之。杨名戍边,宗明调外任。②

论救杨名的黄宗明也被牵连,而黄的疏状为杨名求情,对于汪鋐的辩解,则说"然杨名疏内妄肆论劾,至诋吏部尚书汪鋐为小人之尤。夫汪鋐初掌铨衡,方将矢心以图报效,而□以小人之尤目之,则其心岂能隐忍甘受而不为之辩说哉?是则汪鋐发愤所为,至于辞气过激,连根引蔓,追咎既往之罪,遍诋在廷之臣,以泄其怒,此亦人情之所不能免也"。③ 也是比较委婉的。

弹劾汪鋐的罪状,史载一般都如同冯恩所说的"腹心之蠹",杨名所说的"小人之尤",以及"不法""恃宠骄恣""欺君罔上",大多没有具体的、实质性的内容,嘉靖皇帝虽然年轻(当时二十五六岁),也很尖锐,常要求弹劾者举出实证。有说他贪污,用的是一句民谣:"给事中薛宗铠、孙应奎等交章论鋐奸邪误国,擅立威福,且述里巷谣曰:'十万吕文选,一亿汪尚书。'鋐上疏辨谓应奎等挟私罔上,上慰留之。"④

---

① 明陈子龙《明经世文编》(明崇祯平露堂刻本)卷一百四十八,又明黄训《名臣经济录》(清《文渊阁四库全书》本)卷四十七《刑部》,明孙旬《皇明疏钞》(明万历自刻本)卷六十五刑狱二河渠一等载此疏。

② 明高汝栻《皇明法传录嘉隆纪》(明崇祯九年刻本)卷二,又明陈建《皇明通纪集要》(明崇祯刻本)卷二十九,明雷礼《皇明大政纪》(明万历刻本)卷二十二。

③ 疏题《为乞霁威严遵原旨以平政体事》,见明张卤《皇明嘉隆疏钞》(明万历刻本)卷十四。

④ 明徐学聚《国朝典汇》(明天启四年徐与参刻本)卷三十四《吏部》,又明沈国元《皇明从信录》(明末刻本)卷二十九,明陈建《皇明通纪集要》(明崇祯刻本)卷二十九。

只有冯汝弼的弹劾比较有分量,他主要说了两件事情,一是"往年大同之变,铉身为元宰,义同休戚,乃遣其子尽归货宝,空室以观成败";二是"迩者京察铉子纳贿私宅,铉宿部堂,往来消息,阻于门禁,辄集私书,诈作公文投递,则铉乃贿赂公行,黩货无厌"。不过此二事事实究竟如何,无法求证。至于说汪铉对张孚敬的依附和背叛,以及审理冯恩案时的言行,更难以定罪。"疏入,上怒持不下。寻有旨逐铉,并逐诸言者。"①皇帝既驱逐了汪铉,也驱逐了言者。

四、嘉靖初期政治及汪铉的作用

纵观明代史料,记述汪铉事迹的实不在少,总体来说,确实毁多誉少。嘉靖皇帝开始是很信任汪铉的,凡弹劾汪铉的人,大多受到惩处,但最后嘉靖对汪铉的自我辩解也失去了耐心,终于逼其引退,汪铉第二年即死去。恤典表面上维持了应有的高规格,实际上已经遭到冷遇,盖棺论定,只由一位官位较低的办事人员"工部营缮清吏司主事"孙校根据其履历写一篇《圹志》了事。

对上柔媚(包括对皇帝和张璁),对下狠愎,这倒是汪铉的基本事实,也就是所谓的"奸",至于得罪众人之后的反弹,乃在情理之中。

所谓忠奸,无论在当时或者后世,都是很难下断语的,没有争议的只有如海瑞与严嵩等例,张璁在明代和以后的史籍中,大多也被称为奸臣,但《明史》并未将其列入"奸臣传",而汪铉这样的重要人物甚至无传,也说明了后代史官的斟酌和犹豫。但对于张璁和汪铉们所处的时代,人们是有基本评价的。嘉靖末年海瑞《治安疏》:

> 陛下自视于汉文帝何如?陛下天资英断,睿识绝人,可为尧舜,可为禹汤文武,下之如汉宣之励精,光武之大度,唐太宗之英武无敌,宪宗之志平僭乱,宋仁宗之仁恕,举一节可取者,陛下优为之。即位初年,铲除积弊,焕然与天下更始。举其大概,箴敬一以养心,定冠履以辨分,除圣贤土木之像,夺宦官内外之权。元世祖毁不与祀,祀孔子推及所生。天下忻忻然以大有所为仰之,识者谓辅相得人,太平指日可期,非虚语也,高汉文帝

---

① 明徐象梅《两浙名贤录》(明天启刻本)卷二十五《谠直》。

远甚。然文帝能充其仁恕之性，节用爱人，吕祖谦称其不尽人之财情是也。一时天下虽未可尽以治安予之，然贯朽粟陈，民多康阜，三代之后，皆称为贤君焉。陛下则锐精未久，妄念牵之而去矣。反刚明而错用之，谓长生可得，一意玄修。富有四海，不曰民之脂膏在是也，而兴修土木。二十余年不视朝纲纪弛矣。……①

嘉靖做了 45 年皇帝，也许是因为他后面的二十几年迷恋道教，不理朝政，实在太不像话了的缘故，海瑞认为他即位初期"铲除积弊，焕然与天下更始"，"识者谓辅相得人，太平指日可期，非虚语也"，这是对于一个时期的评价，然而"陛下则锐精未久，妄念牵之而去矣。反刚明而错用之，谓长生可得，一意玄修"，"妄念牵之而去"，"一意玄修"，显然是指嘉靖二十一年以后。那么张璁、桂萼、汪鋐这些人当政的时代，过 20 年再看过来，算是一个比较好的时期，海瑞应该是这样看的。

本书《世事录》中有一篇《明召对录书后》，列举了海瑞、魏时亮和张国彦三人对嘉靖初期政治的评论：

> 嘉靖末，忠介公海瑞疏帝曰："陛下初年，铲除积弊，远过汉文。二十年来，法纪渐弛。"隆庆初元，科臣魏时亮上言："先帝初年，日御经筵，亲贤纳谏，二十年无倦。"而给事中张国彦疏穆宗曰："先帝始于嘉靖九年，终于十五年，政事因革，人材进退，罔不召问臣僚，面决可否，与家人无异。此先朝盛事也。"……海忠介所谓"远过汉文"，张给事所称"先朝盛事"，诚有然者。惜其鲜克有终也。

对于嘉靖前期的总体评价，尚属靠谱。

在众多的明史研究乃至对嘉靖的专题研究著作中，对于嘉靖朝的正面论述，大多仅限于嘉靖即位之初由杨廷和主导的一些改革，而对于大礼议以后嘉靖依仗以张璁等为代表的新进官僚集团所进行的一系列重要改革，则语焉不详甚而付诸阙如。

---

① 清黄宗羲编：《明文海》卷五十六奏疏十。

　　在 1992 年版《剑桥中国明代史》中，由盖杰民撰写的第八章"嘉靖时期"谈到"大礼的变化"，①论述了更定祀典，胡凡著《嘉靖传》第四章纪述"更定祀典"，有郊祀、亲蚕、孔子之祀、宗庙之制等，第五章"伸张君权"，则有控制首辅、裁抑宦官、廷杖、钳制言官、苛察朝臣、抑制外戚等节，做了比较客观的描述。②

　　田澍的《嘉靖改革研究》认为，嘉靖前期（指嘉靖十八年前）是明代历史发展的一个转折点，皇位的异常更迭和大礼之争，出现了世宗与张璁等人所组合的全新人事格局，这一政坛巨变本身就是一大革新气象，为了拨乱反正，重建嘉靖政治新秩序和巩固世宗的统治地位，必须推行全面改革。田澍强调指出，嘉靖革新是明代历史上真正的变革活动，其以更新观念、整顿吏治、替换人事为主线，最大限度地革除百余年来的明代积弊，激发了明代统治阶级的活力，遏制和扭转了国势日衰的趋势。嘉靖改革影响深远，其余波历隆庆而至万历前期，张居正在担任内阁首辅之时，对其予以尽可能的效法，如果不了解嘉靖革新，就不可能客观地认识张居正政治行为的特点。林延清认为田澍的这一观点是振聋发聩的。③ 田澍从"刷新科举与激发统治活力""清除翰林院积弊与强化内阁行政职能""裁革冗滥""限革庄田与初行一条鞭法""解决哈密危机"等诸方面论述了嘉靖改革的内容。

　　汪鋐仕宦生涯的顶峰时期为嘉靖八年至十四年，在嘉靖所依仗的重臣中，除了张璁、桂萼、夏言、方献夫等以外，长期担任都御史、兵部尚书、吏部尚书乃至以吏部尚书兼兵部尚书的汪鋐，所起的作用是不可忽视的。比如在更定祀典的几件大事上，关于郊祀，汪鋐主分祀，是这一派观点的为首者，关于祀孔子，汪鋐坚决反对黎贯等人的观点，都最接近嘉靖的意图。又比如在裁革冗滥和控制言官方面，汪鋐出力甚多，也正因为如此，既获得了皇帝的信任，也使自己成了众矢之的。

五、《制诰录》《世事录》的编录者

　　《制诰录》篇幅较小，显有残缺，不知为何人编录。《世事录》的编录者，据

---

①　［美］牟复礼、［英］崔瑞德编：《剑桥中国明代史》第 8 章（盖杰民撰），中国社会科学出版社，2006 年。
②　胡凡：《嘉靖传》，人民出版社，2004 年。
③　田澍：《嘉靖改革研究》，中国社会科学出版社，2002 年。

清道光间汪氏后人跋，为汪淑仁：

> 此录族末时天，近年检出，详知铉公支孙淑仁公苦心集注，名曰《记事录》，竟不知如何落在舍下。但愚虽不才，须知此录，乃传家宝也。奈显宦后，时下未习应试，将来必有教读，则识此录，敬乃真宝，爱胜明珠，深增学问。则悉铉公，宏才硕学，厚德深仁，牙章两部，世事渊源。时天素蒙锦川贤再阮诸昆玉至爱，以此半字不遗，用布小心钉固，奉归原主，务新敬重，藏贮如宝，幸甚了了。将来发达之辈，观此有大用，必成大器也。羡贺了了。此上有云，牙章失而复得，此录遗久复归，乃先达之有灵也。不胜欣幸之至。
>
> 道光廿九年岁次己酉谷雨日沐手敬书。

正文首页夹缝旁有一些文字，应该也是这位汪时天所写：

> ……中间损遗有字，深厚难钉……倘要紧字句，拆开重钉而已，闷甚。

《世事录》正文前有一封皮，上书：

> 传家至宝，万勿遗失。务祈敬重，幸勿轻亵。

封面文字为：

> 淑仁公集记四世一品、吏兵两部尚书铉公世事录，并淑仁公撮要记事。

扉页文字为：

> 淑仁公撮要记事四世一品、六部两卿，大冢宰、大司马，谥荣和公，赠少保公，十七任，十一坛，讳□，字宣之，号诚斋，荣和公世事录。静观□□，传家至□。

封面和扉页都称此书为《世事录》，并标明其编撰者为汪淑仁。

据《世事录》中汪淑仁《寄迁外泽源弟书》：

> 　　吾家人文未坠，诗礼犹存，皆本少保公德泽之所垂荫。愚尝愤其一生忠勤大节，久被野史诬谤，曾竭二三十年辛勤，遍阅明代藏书，洞悉《通纪》报怨根由，汇刻《信史存真》一书，辟其诬罔。伏蒙海内钜公硕儒，重加许可。不惟祖诬大白，而直道亦长存矣。谨附二册寄览，近仍汇有续编，书多数倍，因刻赀浩繁，未即付梓，后必勉力刻成，随图寄阅。……先父庠，讳元勋，字恭三，不幸前年已故，享年八十有二，为邑名宿，少保公鋐之五世孙也。愚学名淑仁，字仪一，亦任邑庠，小儿名有训，字孔廷，年二十二岁……
>
> 　　雍正五年又三月甲子日谨书。

知汪淑仁字仪一，为汪鋐六世孙，任职县学，清康熙、雍正时人。民国葛韵芬《(民国)重修婺源县志》(民国十四年刻本)卷六十四有：汪淑仁著：《存真录》。《存真录》今佚，而在《世事录》中存有其数篇序跋和与亲友书信等。

七、《制诰录》《世事录》的内容和价值

《制诰录》的内容比较单一，主要有汪鋐及其先人的画像和像赞，唐宋和明初有关汪鋐先人的诰敕，正德十年和嘉靖九年至十三年皇帝给汪鋐的或与汪鋐有关的敕谕，正德三年至嘉靖十六年皇帝给汪鋐及其夫人和父祖的封赠诰命，嘉靖皇帝给汪鋐的御札等。《世事录》有《钦赐昭恩楼书目记》云：

> 　　余读欧阳文忠公记宋仁宗御飞白曰："赐书所在，必有荣光烛天。"呜呼！吾家所藏先朝宝翰，宁直御飞白云乎哉！嘉靖十三年，岁在甲午，世宗肃皇帝勅先少保荣和公建楼于家，以奉御书，扁曰"昭恩"，上所赐也。考公谢表所载书目，钦赐亲笔圣训凡二通，谕内阁传示御札凡三十通，登擢手勅凡二通，大工、史、局、团营，累奉玺书凡七通，臣所建白、陈乞、奏

疏,钦奉纶音,奖励慰留,凡五十余道,封赠臣三代四代诰命凡七道。……
时公绾吏、兵两部绶,寻加柱国有勅,知建造九庙有勅,致仕有勅,慰问有
勅,钦赐御札又十三道。及公卒,赠爵赐谥有诰,赐祭葬有十一坛谕章。
□一其自己丑以前,提督江、广、闽、楚四省军务,破佛郎机加级,赐一品
俸,及武宗皇帝特命巡视海道诸勅书,并前两代诰命,两代勅命,一又先后
钦奉纶音,奖励慰留奏疏一十七道,及公手录世宗召对,与赐怀贞尽忠银
记,并一品夫人赐祭葬三坛谕章,俱奉藏此楼。云章烂然,辉映日月,以视
仁宗御飞白,为何如耶?夫公以命世才,手握文武铨衡,佐天子得人致治,
丰功伟烈,固所休承。然非世宗知人之明,乌能咸有一德,俾得竭其忠贞,
展其蕴抱,有如是耶?史称嘉靖初政,远过贞观,良有以夫。迄今翘首荣
光,彪炳璀璨,犹令人穆然于君臣相遇之时也。向自甲午以后,己丑以前,
诸宝翰未登谢表者,未有全目,余恐其逸也,故备录之,以垂不朽。公子及
孙,世奉纶音目附于后。

据此记所述,汪铉府中奉勅所建之"昭恩楼",藏有嘉靖亲笔圣训、谕内阁
传示御札、登擢手勅、任职累奉玺书、奏疏批件、封赠诰命等百余通,嘉靖初及
武宗成化年间任职地方时所得勅书诰命等数十通。《制诰录》应即上述文书抄
件之遗存。虽然这些重要文书在浩瀚的明代史料中很少见到完整的原文面
貌,但其史实则可与之相印证。如《制诰录》嘉靖十三年又二月二十四日勅谕:

朕头痛未愈,又当迎侍圣母,视服药数日而暇,暂辍视事,望日御殿。
兹示卿等及铉言知之。
铉□卿具疏奉陈摄养之宜,足见爱朕至意。但朕思日绌之事,卿疏内
云主上大礼之□可,非大过而不敢言,此恐非所宜也。吏部谓之天官,所
谓天官必凡百所奉天者也。诠量邪正,评品贤不肖,进一人,退一人,正当
其宜,官一人,劾一人,一以公道。所谓外不避亲,如是而后可。庶君有得
人之喜,民受福而庶绩凝矣。□□□益民,安居是位,将有不朽之名,天下
后世罔不敬而慕之,卿□□□□思朕以此地特重,不之他人,而简任以卿,
宜有以报之之道。且□□□考绩之期,正卿显立名彩之时,岂可以有所为

而为哉！要使功□至□,私不害公,进其贤而退其不肖,各当其人,勿使幸免,然后官□□而自励,民日安而本益固,于朕之所不逮,皆卿之所夹持也。卿其□自励,毋以私胜公,庶副朕简托之重。卿其承之。

明《世宗实录》卷一百六十嘉靖十三年闰二月壬戌(二十五日)载:"吏部尚书汪铉疏乞暂辍视护,保护圣躬。上嘉其忠爱,报闻。已而通政使陈经等言:'上体初平,犹宜静摄。本司宣奏七日外请仍暂免,以凝神保和。'上命以来月初三日奏事。"可印证其事,亦可证这些文书的真实性是确切无疑的。

正因为《制诰录》中的文书原文在他处难以见及,所以尽管其总量不过数十篇,涉及面仅与汪铉相关,仍然具有很高的史料价值。

《世事录》的内容比较复杂,主要有汪铉传记资料、交游资料、有关汪铉事迹的史料辩诬、徽州汪氏源流、汪铉诗文、汪氏家族和乡邦材料等,颂扬汪铉功绩和为汪铉辩诬为其重点所在。

辩诬材料围绕汪淑仁《信史存真录》而展开,载有其序言多篇,与族人、友好往还书信多通,送亲友书记录,有关史料摘录等。《信史存真录》一书今已不可见,大抵因陈建辑《皇明通纪》,袁俨托其父黄续著嘉靖一朝,并建原书,合刻传布,而汪淑仁认为:

> 袁了凡少游龙溪王氏之门,迹其父子诸所著述,大都诋毁朱子,而别为鄙陋庸妄之说,故于先公力扶正学诸事,莫不切齿而甘心焉。所以续著嘉靖《世纪》,既以公正色立朝,无瑕可摘,又道德事功,较然于人耳目间,不得妄栽污蔑,惟附会王弇州所撰《冯御史恩传》,伪载廷鞫一案,以为刺讥。更以传额忠孝诔辞,冒作世宗褒语,欺天罔上,又复如是。此宜撰述诸家所急摈斥而不录者。乃百余年来,递相沿袭,微独先公一生梗概,悉为所掩,即其假冒纶音,故违国禁,亦绝无白其事者。嗟乎！王章蔑弃,正学莫伸,直道不存,至此极矣。(见本书《世事录》《信史存真录序》)

故与其父共辑《信史存真录》一编,为汪铉辟诬罔。从《世事录》看,此书曾刻印分送并修订重印,《跋重刻信史存真后》云:

是集初刻甫出，人争传诵，至有数千里外肃简而求书者。或谓言则是矣，出自子孙，恐难示信。予曰：此不通之论也。朝廷每修实录，必征已故大臣家状，以备采择。盖以人臣得附太史所记，每多略而不详，非其家状，安从考镜其生平耶？欧阳永叔著《五代史》，叹旧史载王彦章事失实，乃遍求诸滑人，得其孙睿所录家传，深以为喜，又《宋纪》初极诬诋岳武穆飞，得其孙珂所著《桯史》及辩诬等书，而后《国史》为之改正。诸如此类，何尝以其出自子孙而顾以不肖之心待之也？矧明至嘉、隆间，起居注官久不之设，较之前后记事之书，尤莫可据，所以国朝屡诏纂修《明史》，博采遗言。亟矣，不有其家文籍之存，何以为当宁献哉？且是集也，事必有考，言必有证，按牍而稽，虽出其子孙之言，实秘府所存奏议，与天下藏书之家所共有之言也。岂漫以空言饰美，莫逃有识之明鉴者，所可同日语哉！今重梓，征书益博，考事益详，其论断也益精。而当论世及此，不惟洞晓当年情事，而且不啻百锁之一钥也。操是以裁赝史，尚其留疑案哉！

《世事录》中又录有婺源籍大学者江永《读信史存真纪言》云：

《礼记》论鼎铭云：其先祖无美而称之，是诬也。有善而弗知，不明也。知而弗传，不仁也。今于先祖之美，知而传之，不自蹈于诬，而又能辨百余年野史之诬，考注博而精，议论简而明，孝子慈孙之用心，具可见矣。抑是书之成，不惟一家之私幸，凡在后学宗仰先贤，得此如漆室一灯，何幸如之！讽读再三，偶有所见，随笔记之如左。

是书先拟牙章居首，辩史居后，今以信史存真为主，而附牙章于后，轻重得体。先拟书名"野史辩诬"，今易"信史存真"，所包者广，像赞以下诸篇，便好附入。各段评语俱稳当。恩死钦定，冢宰公犹以恩言官，力请优容。帝赐手札切责，训录具在，此语必有所据，惜乎言之不详。上闲小字，引马晋允《通纪辑要》，谷应泰《纪事本末》甚好，可见纪事不真，自有具眼者能辨之。世人观书，但据一书所载，便印定心目，不复参考诸家异同，正须博征远引，以解其惑。

引荆川柬亦好。尝阅《荆川文集》两本，皆不见此柬，想文集亦搜载不尽。引李叙庵手札甚好。不惟见世宗惓惓于先生,亦见先生急流勇退,得大臣不可则止之义,同时诸公有愧多矣。引弇州论王、谢,令人失笑。一部《弇州集》,举此一段,其余可知矣。详注议专配一段,大有关系。所谓临大节而不可夺者,于此见之矣。《道学近言》,极有关系。明世称道学正派者薛敬轩、胡余乾,岂知吾新安有此真道学耶!当急广其传,毋令久淹没也。牙章诸文,各有意思,议论亦各成一体,合之可称全璧。

《世事录》中所录汪镟文稿,署名者有《与王阳明论岳武穆事》《三初之说》《普天同学二氏不得称三教议》等,而置于其后的《送潘荐叔视学八闽序》、《庆程处士六旬序》、《松峰清玩序》、《送方方伯雪筜朝京诗序》(方良节字介卿,号雪筜)、《玉泉记》(中有“诚斋子曰”云云)、《重建柳溪书院记》、《余力稿序》、《兰坡记》、《赠南冈先生归省序》、《赠方伯许松皋先生擢光禄序》(中有“五月癸未檄至,壬辰戒行,镟约诸同寅暨泉闽诸公,饯于吴山之驿舍。诸公举觯酌镟酒曰:‘可无言乎!’镟曰”云云)、《诚庵记》(开头有“予自幼读小学,见司马温公答刘忠定公问尽心行己之要曰:‘其诚乎?’又曰:‘自不妄语始。’心窃好之。既长,乃以诚名斋,冀以自勉。然行之三十年,未有得也。正德庚辰,予以报政自京师回过淮阳”云云)、《务本斋记》(中有“诚斋子曰”云云)等,亦可定为汪氏之文。

《世事录》之后半部分,录有一大批与汪氏家族相关的明末清初婺源地方文献,如《徽州罢征皇木纪事》《汪氏祖茔碑记》《攸叙堂新收(雍正三年三月)》《呈为严禁盗砍以荫来龙以培水口事》《呈光大典以垂芳泽事》《告煽逆殃主事状》《禀为鉴苦衷襢革无恨事》《呈纵蠹剥民粮兑粮压赔重交因公科敛各情弊事》《请移皮坊以培龙脉疏》《呈除杂费以裕正供事》《上高太府徽州风水呈》《禀为豪强恃官占田造路破局兴戎兵连祸结重幹国宪叩彰天讨事》《禀为违禁插帮党恶灭伦事》《禀为汪口舡破党恶究专利事》《湖广黄州府罗田县百姓公呈》《呈为钱粮定额事》等,均甚稀见和珍贵。

《世事录》的材料来源,为当时已刊刻之史料、诗文集,汪氏遗著,汪淑仁奏状书信,乡邦文献,家族文献等。揭示了与明代中期重要史实相关的汪镟事迹的一些鲜为人知的材料,含有婺源地方和汪氏家族的丰富材料,其所录今存之史料,可与传世文献互勘,而其中有一半以上的材料不见于其他书籍,可补史籍之缺失，也保存了许多地方社会史文献，具有较高的文献价值。

八、《制诰录》《世事录》的整理

《制诰录》抄写文字较为清晰，除有残缺以外，仅少数页面有残损，惟顺序紊乱，今据内容连接，加以排定，原一页中相连接的，顺序不作改变，缺损之处，根据字数标以"□"字，文章标题如已缺损，则据内容拟题，并加方括号，前后有缺文，均加以标注。

《世事录》原书撰录者众多，字迹不一，其间有不少为较随意的行草书，需要比对辨认，甚至据前后文和相关文献资料予以认定，全书虽经前人装订成册，其间缺页、错页甚多，现用复制件据内容加以排定，凡一篇文章错置于两处或多处的则予以归集。原书尚未最后编定，篇目顺序较为杂乱，亦未分卷，仅能看出大体板块，今为保存原貌，不加重编。书中多篇文章，显为草稿，其间又有注文、旁批、眉批、宗批等情况，今勉力予以厘清，原注小字单行，旁批明标"旁批"字样，以小字夹排于正文中，眉批眉注仍置于天头，文中之抬头、空格，概予接排。原书装订为一大册，许多有文字之处被钉没，第一次用复印件加以整理，缺行甚多，第二次尽量打开，进行照相，补出了不少文字。现凡缺损及实在无法辨认之处，根据字数标以"□"字，文章标缺损者，则据内容拟题，并加方括号，前后有缺文，均加以标注。

为便于读者研究，特从明清文献中辑出汪铉传记资料若干，分为志传、传记资料和专题资料三部分，为附录一，又辑出汪铉诗文若干篇，为附录二。又选择有关汪铉生平的一些实物图照和《制诰录》《世事录》的书影及稿面实样，置于书前为插页。

由于两书显为未定稿，编纂思路可以看清，板块顺序尚未完全理顺，有相当一部分材料无头无尾无题，装订顺序倒错，有一些材料字迹潦草，辨认困难，整理难度较大，今虽几经反复，错误仍所难免，恳请读者予以指正。

原载：清汪淑仁等撰辑：《制诰录·世事录》，上海：
上海书店出版社，2015 年，前言第 1—34 页。有一定删改。

元明异本《搜神记》
三种渊源异同论

晋干宝《搜神记》，原帙三十卷已佚，今存二十卷本系明人胡应麟所辑，非复旧观。元明时，出现袭用《搜神记》旧名的神仙传记集多种。清叶德辉曾在书肆中看到一部汲古阁旧藏元板《画像搜神广记》（前后集），谓被姚文栋购去，不知下落。后又借得缪荃荪藏明刻《绘图三教源流搜神大全》七卷，于宣统元年据以重刻。1956 年，旅居日本的李献章先生，据七卷本《三教源流搜神大全》以及另一部藏于日本的六卷本《新刻出像增补搜神记》，写成《以三教搜神大全与天妃娘妈传为中心来考察妈祖传说》一文，对两种明刻《搜神记》的异同，做了仔细的考察。1988 年，上海社会科学院文学研究所胡从经先生根据在日本读到的《金陵唐氏富春堂梓刻出像增补搜神记大全》六卷，在香港《明报月刊》上发表了题为《异本〈搜神记〉——袭旧名而创作的小说集》的论文。叶德辉于元板《搜神广记》仅在书肆匆匆一见，未及细考，他在翻刻明刊《三教源流搜神大全》序中所作的论断，颇多臆测。李献章先生对比了两种明刊本，可惜未能见到元刊本。胡从经先生纯以明刊六卷本立论，未免偏颇。

对于神的崇拜，是民俗文化的一个重要方面。元明刊三种有别于干宝《搜神记》的神仙传记集，广泛搜罗中国民间各地崇奉的神灵：有儒释道三教的教祖、门徒和历代重要人物，也有不属三教的民间杂神；有完全凭想象塑造的神，也有由世俗的人转化的神；有在人世为善而升天的神，也有在人世为恶为人畏惧而被供奉的神；有法力无边的神，也有职有专司或只管一方的神；有动物之神，有木石之神，等等。力考其原姓名、字号、家世、事迹、历代封号、祠庙观名，并绘有图像。较之其他神仙传记，内容比较铺张，文字比较通俗。无论是从文学的角度还是从宗教、民俗的角度看，这三种元明刊异本《搜神记》均极有价值。如"天妃娘娘"（即妈祖），在福建、台湾受到广泛的崇拜，在两种明刊异本《搜神记》中，即提供了丰富而生动的材料，为人重视。

叶、李、胡三位未得细读的元刊本，郑振铎先生藏有一部，且已于 1951 年由刘哲民先生印入《中国版画史图录》，李献章先生考察过的两种明刊本，上海图书馆亦有藏，胡从经先生在日本读到的"极不经见"的明六卷本，上图藏有两本。现据元刊影印本、上图藏明刊七卷本、六卷本，道藏六卷本及叶德辉翻刻七卷本等，试论其渊源异同，以就正于方家。

一、明七卷本移用元刊全部内容而加以续补

元刊本全称《新编连相搜神广记》，编者题"淮海秦子晋"，分前后集，前集 22 题，后集 32 题，各题多有图，先图后文，文半页 14 行，行 25 字。书中于宋及宋前朝代多直呼，于元则尊称为"圣朝"，《儒氏源流》末有"圣朝崇奉，追封圣号"云云，"东岳""南岳""西岳""北岳""中岳"及"四渎""许真君"等条均有"圣朝加封"云云。称"圣朝"而写明年月日的有三处，"东华帝者"条："圣朝至元六年正月日上尊号曰……""梓潼帝君"条："圣朝延祐三年七月日加封圣号……""普庵禅师"条："圣朝大德四年岁次庚子秋七月加封……"据《元史·祭祀五》，为孔子加号在至大元年秋七月（1308），加岳渎封号在至元二十八年春二月（1291），则上述各条中以"梓潼帝君"条之延祐三年（1316）为最迟。又"卢六祖"条云："至元丙子年，汉军以利刃钻其腹见心肝如生人，于是不敢犯衣钵，尽载之北，今已发回。"至元丙子，为至元十二年，既云"今已发回"，则元刊《搜神广记》编写年代应距至元甚远。同条又有"从坐化自唐宣宗时至今六百有余年，肉身俱存"。按慧能卒于唐玄宗先天二年，文作"宣宗"，误。先天二年为公元 713 年，下推 600 余年，恰为元仁宗延祐（1314—1320）以下。足证此本编写于元延祐以后。又据《元史·祭祀五》，"至顺元年……齐国公叔梁纥加封启圣王，……"此本仅载"齐国公"，又可证其编写在至顺元年（1330）以前。

叶德辉《重刊绘图三教源流大全序》，谓"曩阅毛晋《汲古阁宋元秘本书目》，子部类载有元板《画像搜神广记》前后集二本，云凡三教圣贤及世奉众神皆有画像，各考其姓名字号爵里及封赠谥号甚详，亦奇书也"。"己丑夏过都

门,忽从厂肆见之,图极精神,字体犹为元时旧刻",丁未七月,作客武昌,缪荃孙"言藏有明刻绘图本《三教源流搜神大全》七卷,即元板《画像搜神广记》之异名,书中图像,与元本无甚差异"。"别后邮寄来湘,亟取展读,如逢故人,如还失物,忆往时所见元本,诚如先生所云,惟明刻增入洪武以下封号及附刻神庙楹联,知为坊估所杂窜,然于圣宋皇元字抬写,多仍其旧,盖虽明人重刻,犹可推见元本真面也。"

李献章所见明刻七卷本,题《三教源流圣帝佛祖搜神大全》,卷末有"西天竺藏板"字样,日本内阁文库藏有一本,刊刻者不详,日本宫内厅书陵部亦藏有一本,为四知馆杨丽泉晚明刊本。江阴缪荃孙旧藏本,现存上海图书馆,分订七册,钤有"彻玄""荃孙"及"积学斋徐乃昌藏书"等印章,卷末题"□□竹藏板三教源流搜神大全","竹"前二字残,"竹"字残上部,所缺应为"西天"二字。各卷前无题,仅于中缝中标明"三教源流大全"某卷某页。正文半叶14行,行28字。此本"三茅真君""吴客三真君""鸠摩罗什禅师""无畏禅师"等条有缺叶,其余尚有多处缺损。1909年叶德辉即据此本重刊,版式一依明刻,"三茅真君""吴客三真君"条缺页未补,"鸠摩罗什"等条据《明释藏》城字号永乐御制《神僧传》补足,其余缺损之处,或补或不补,卷末题作"□□□藏板三教源流搜神大全",缺三字。按缪藏明刻卷末题残"西天竹"三字,系板烂,非纸损,则已非初印。西天竺即西岳天竺国,在华山。

叶德辉见缪藏明刻七卷本,"展读如逢故人,如还失物,忆往时所见元本",认为诚如缪小珊所云,"明刻绘图本《三教源流搜神大全》七卷,即元板《画像搜神广记》之异名"。这个判断只对了一半。

元刊本的全部内容,均为明刻七卷本所袭取,自"儒氏源流""释氏源流""道教源流"始,至"司命灶神""福神""五盗将军""紫姑神"止,顺序亦不改变,编为第一至三卷及第四卷的前面一部分。元刊"圣母尊号"条误分两处,明刻并为一条,元刊"西王母"条,明刻增一字为"西灵王母"。前述元刊本中之"圣朝"字样,亦未改动。其间"儒氏源流""道教源流""玉皇上帝""西灵王母""后土皇地祇""玄天上帝""梓潼帝君""许真君""义勇武安王""赵元帅"等条,明刻七卷本于文末增入了赞、诗、格言、楹联、封号等。文字亦时有添加,如"儒氏源流",在有关孔子诞生的叙述中加入"故先圣之生,大非凡同而质甚异"一句,"五瘟使者"条,改"乃天之五鬼,名曰五瘟使者"句为"乃天上为五鬼,在地为五瘟,名曰五瘟:春瘟张元伯,夏瘟刘元达,秋瘟赵公明,冬瘟钟仕贵,总管中瘟史文业"一段,末增"后匡阜真人游至此祠,即收伏五瘟神为部将也"两句。至于明刻七卷本对元刊文字的减损,则极少,"司命灶神"条元板结尾云:"四月丁巳日祭灶,百倍。神衣黄披发从灶中出,知其名呼之,可得除凶恶云。"中似有不可解处,明刻七卷遂缩简为"四月丁巳日祭灶,主百事大吉之兆"。

明刻七卷本对于元刊本的图像,不如对文字那末忠实。元刊本"圣祖""圣母""至圣炳灵王""佑圣真君""袁千里""昭灵侯""掠刷使""沿江游奕神""蚕女""神荼郁垒""福神""五盗将军""紫姑神"等18条无图,明刻七卷本一一为之补足,但"威惠显圣王"一条,元刊本有图,明七卷本漏刻。各图的内容,两本相去甚远。"儒氏源流"图,元本孔子坐树下石上,明七卷本孔子坐屋内案前,元本两个学生,明七卷本四个学生,明本还多一麒麟。释迦牟尼、老子、梓潼帝君等像,无论背景、人数、位置、形象等,亦均有很大差别。

明刻七卷本卷四"五方之神""南华庄生""观音菩萨"以下直至卷七"法术呼律令""门神二将军""天王",共75条,为元刊本所无,元本50余题中,属释家的仅有"释氏源流""宝志禅师""卢六祖""傅大士""普庵禅师"等五题,明刻七卷本新增条目中,竟有22名佛教禅师,这同此本题中加入"三教"二字是一致的。

元板全部内容既已为明刻七卷本勒取,且置于前数卷,宜缪、叶有"如逢故人"之感。但元板内容只占明刻七卷本一半弱,缪、叶谓"明刻即元本",则甚武断。叶又云,"惟明刻增入洪武以下封号及附刻神庙楹联,知为坊估所杂窜",坊估(如果明刊本为坊估所编的话)所加入者,何止洪武以下封号及楹联? 此亦叶氏未详阅元板之过也。至于叶据缪谓两本图像"无甚差异",则更是错误的。

二　明六卷本汲取元刊内容增补重编

明刻六卷本,题《新刻出像增补搜神记》。日本浅草文库旧藏本扉叶作"金陵唐氏富春堂梓刻出像增补搜神记大全"，上海图书馆所藏两本扉叶均作"金陵大盛堂梓刻出像增补搜神记大全"。浅草文库和上图所藏除扉叶外，版式全同，实为同一版本。卷前《引首》首叶下半叶上图两本均有残缺，显为板烂，日本本不缺，则日本藏本应为初印本。《引首》大字半叶6行，行13字，各卷首题《新刻出像增补搜神记》，下署"金陵三山对溪唐富春校梓"，先图后文，文半叶11行，行20字，每条首行抬头，下低一格。中缝作"增补出像搜神记卷之×"，各卷末作"搜神记卷之×终"。

此本罗懋登（字登之，号二南里人）万历廿一年所撰《引搜神记首》云：

> 神何昉乎？百物之精乎？法施民，劳定国，死勤事，御菑捍患，及山林川谷丘陵，出云为风雨，见怪物，皆曰神。其气发扬于上，为昭明焄蒿凄怆。祭法有天下者祭百神，重之也。昔新蔡干常侍著《搜神记》三十卷，刘惔见谓曰："鬼之董狐夫！"干，晋人也，迄今日千百年，于斯善本已就坯，虽闻刻间有之，而存什一于千伯，不免贻漏万之讥。登不肖，走衣食，尝遡燕关，探邹鲁，游齐梁，下吴楚欧越之区，中间灵疆神界，磅礴谽谺，靡不领略而悉数之。岁万历纪元之癸巳，来止陪京，为披阅书记，得《搜神记》于三山富春堂读之，见其列以卷，别以类，且绘以像，质之不肖前日所周览者，而一墨盖不袭于旧，能得于意，发于未明，增于所未备。卓哉神也，要在造民福而拱翼我皇图于亿万斯永者。不肖愧非刘君，能无董狐之赏于心耶？嗟［乎］，幽明一也，神唯灵而后传纪，记传而后神之灵益传。世有峨大冠，拖长绅，呼呵拥卫，既自赫然称神矣，乃复身世与草木同朽腐，而令史册阒无闻述，可乎！

下署"登之甫罗懋登书"，且钤有"二南里人"阴文章。

此本万历三十五年被辑入《道藏》，不附图，仅题《搜神记》，罗引保留，署名删去。

元板全部内容，亦为明刻六卷本所汲取，但较之七卷本，六卷本改动较多。

"梓潼［六卷本"潼"作"橦"］帝君"条，元刊本于记述历代封号之后，又有"帝君殿在九曲之上……由是求嗣者多祷焉"一大段文字，似为刊刻中补入，明刻七卷仍之不改,六卷本将这段文字移入叙封号前"《清河内传》:焚香者切记,庙在剑州梓潼县"下。元刊、明刻七卷本此条末之"上天圣号""统仙班证佛果圣号"两段,不甚可解,六卷本删去。"三元大帝",元刊本、明七卷本为一条,六卷本分为"上元一品大帝""中元二品大帝""下元三品大帝"三条,且将元刊本中总叙三元大帝的"每至三元日,三官考籍,大千世界之内,十方国土之中……"一段,分别改第一句为"每至正月十五日上元日,天官考籍"、"每至七月十五日中元日,地官考籍"、"每至十月十五日下元日,水官考籍",照录于三条中。此为调整之例。

"西王母"条,末增入"七月七日降汉武帝殿,母进蟠桃七枚于帝……"一段故事;"傅大士"条,末增入"《一统志》称,傅大士墓在云黄山。石晋开运初,吴越钱元佐遣使取其遗骨归葬钱唐……"一段故事;"蒋庄武帝"条,末增"本朝洪武二十年,改建于鸡鸣山之阳,刘三吾奉敕撰记,土人曰十庙,此其一也"数句;"五盗将军"条加一句"即今时之所谓贼神是也"。此为增添之例。

"五圣始末"条末,元刊、明刻七卷本录入宋张大猷、胡升所撰两篇文章,约800余字,六卷本仅取胡升文中"《周礼·小宗伯》兆五帝于四郊,《汉仪》祠五祀,宋朝《明堂图》五方帝位于昊天之侧"一段,余均删去;"普庵禅师"条删去"享年五十五,僧腊二十八年,十一月一日全身入塔"云云;"掠刷使"条删去"阴冥限数,不可违越"下"遂以白金二斤授之,揖而上马"云云一大段。此为删节之例。

"三茅真君""义勇武安王""威惠显圣王""五瘟使者"等条,明刻六卷本均在元刊的基础上有所减缩,乃至改写。如"五瘟使者"条,元刊本360余字,明刻六卷本减为180字左右。元刊本条首"昔隋文帝开皇十一年六月内,有五力士现于凌空三五丈,于身披五方袍,各执一物",明刻六卷本改为"隋文帝见五方力士凌空三五丈长,披五方袍"。其余在文间简缩改动者随处皆有,不一而足。此为缩改之例。

明刻六卷本共160余题,其中58题(并一题、放二题)取自元板,改"清源妙道真君"为"灌口二郎神",改"威济李侯"为"威济侯",改"紫姑神"为"厕神"。增补之百余题,有"五方之神""观音菩萨""天妃娘娘""槃瓠""地藏王菩萨"及雷、电、风、雨、海、潮、水、波等30余题与明刻七卷本相重,其余70余题,除"太乙""张果老""寿春真人""十大明王""十地阎君""十八尊罗汉""达磨"等十几条属道、释两家外,多为"洞庭君""巢湖太姥""宫亭湖神""射木山神""向王""竹王""诚敬夫人"(即冼夫人)等地方杂神及"马神""石神""磨嵯神""石龟"等博物之神。

六卷本的编排,不同于七卷本的先元刊后增补,而将取自元刊和他处的全部内容,重新作了编排,除卷一所列之儒、释、道三教源流外,卷一、二以道为主,卷三半为释氏,半为杂神,卷四多为原在人世做好事而升华的神,卷五半与卷四接近,半为博物杂神,卷六多为下层民间杂神,其分类方法尽管不甚明朗,总算有了分类。

明刻六卷本的图像,与元刊相去甚远,与明刻七卷本,亦仅有"儒氏源流"和"释氏源流"等较为接近。元刊图像风格飘逸,线条流畅,最为耐看,明刻七卷本比较谨饬,六卷本风格接近七卷本,少数颇为拙劣。

可见,明刻七卷本和六卷本都袭取了元刊的内容,有所增补,而六卷本编纂加工较多。

胡从经先生在日本见到富春堂刻六卷本,认为作《引首》的罗懋登即为此本作者,甚而以为这是一部袭干宝《搜神记》旧名而"创作"的小说集。这个结论是不确切的。前已述及,明刻六卷本《搜神记》中,有不少内容(从文字来说,占近一半)取自元刊《连相搜神广记》,其他内容,实亦多有出处,编者增加的文字,寥寥可数。且罗引明明说,"岁万历纪元之癸巳,来止陪京,为披阅书记,得《搜神记》于三山富春堂读之"。所以罗氏至多曾在此本中添进数语,此本原非罗所编,更谈不上"创作"。

李献章先生虽然没有见到元刊本,但他认为,可以说元板是两种明刻本的原本,不能说明刻七卷本与元板本全同,不能说增入附刻之外,尽是元板《搜神广记》的旧形。他又认为,两种明刻中的圣朝字样,无疑地是指元代的事。这些判断都是正确的。不过李先生为两种明刻中"圣朝""大元""元""本朝""皇明"等字样的混乱感到困惑,费了许多笔墨进行解释,最终仍无法得到结论。实际上这个问题的答案很简单,凡有"圣朝"字样的那些条目,都是元刊本原有的,其他"大元""元""本朝""皇明"之类字样,则是明刻本所增补的内容中的。

三 明刻七卷本和六
卷本的渊源异同

　　明刻七卷本和六卷本两种《搜神记》各有千秋。七卷本仅 132 题,而文较铺张,六卷本达 155 题,而文较简略;两书有近 90 题相重,两七卷本卷六列载释氏禅师 22 人,不见于六卷本,六卷本广收之博物神及地方杂神,又多不见于七卷本。七卷本在"儒氏源流""道教源流""玉皇上帝""后土皇地祇""玄天上帝""梓潼帝君""许真君""义勇武安王""赵元帅"等条中加入的赞、格言、楹联等,六卷本均无。七卷本前半部分排列顺序与元板全同,移取与增补界限分明,因而使全书之分类有不分明处,六卷本虽亦吸取了元本的全部内容,但费心经过了重编。

　　两本纪事的下限,均为明永乐间,七卷本"天妃娘娘"条,述及"成祖文皇帝七年,中贵人郑和通西夷"事,六卷本同条则有"本朝洪武永乐中凡两加封号"云云。"萧公爷爷"(六卷本作"萧公"),两本均有"永乐十七年,其孙天任卒,屡著灵异,亦祀于此,诏封为水府灵通广济显应英佑侯"云云。又据叶德辉指出,七卷本"慧远"以下 20 余题,悉本永乐御制《神僧传》。故两本编于永乐以后,是可以肯定的。

　　那末两本孰先孰后,有否渊源关系呢?

　　李献章先生反覆比较了两本的内容、行文,似乎既有六卷本添补七卷本内容的情况,又有七卷本润饰六卷本内容的情况,所以他的结论只能是两本各继承了某一共通的原本,而独立成书,没有渊源关系。

　　我手头除了有两个明刊本以外,还有李先生未见到的元刊本,经过重新比较,发现李先生的结论是不确切的。下面从两明本是否都直接利用了元刊本、两明本对元刊本的改动是否有共同之处、这些共同的改动是何本参考了何本、两明本非取自元本而共有的条目是否有某种渊源关系等方面逐一分析这个问题。

　　第一,前已论及,明刻七卷本和六卷本都袭取了元刊本的内容,那末有没有可能其中一个明刻本实际上只见到另一个明刻本,并没有直接利用元刊本呢？回答是否定的。七卷本袭取的元刊本内容，只能是直接抄自元刊，而不可能从六卷本转抄，因为六卷本虽然也吸取了元刊本的内容，但顺序已完全改变，还常作删节改写（如前文所举的"五瘟使者"条，七卷本与元本文字基本相同而内容有所增加，六卷本作了简缩），七卷本无法从六卷本中抄得元刊本的原来顺序和原文。反过来，亦有证据表明，六卷本袭取元刊本内容，也不能从七卷本中转抄。"司命灶神"条末句，元刊本作："四月丁巳日祭灶，百倍，神衣黄披发从灶中出，知其名呼之，可得除凶恶云。""百倍"以下，实有脱误，明七卷本索性删改为"主百事大吉之兆"一句，六卷本则将"百倍"改为"吉"，以下基本照抄。两个明刻本的改动都有失原意。这段话，六卷本是无法从七卷本中转抄的。又"卢六祖"条，元刊本"香烟薰其面如漆光"，明七卷本作"香烟薰馥，面如漆光"，其间"馥"字与周围其他字明显有异，似为因对元刊此字有疑问而先空着，以后补刻的，六卷本则作"香烟薰其面如漆"，删一"光"字，"其"字照旧。同条元刊"有《具华经》十六七叶"，七卷本改"具"为"法"，六卷本刻"具"为"其"，显然为元刊"具"字之形讹。同条"在寺中干枯旧附"，七卷未"附"作"随"，六卷本同元刊作"附"。

第二，两种明刻本袭取元刊本内容，各有改动，这些改动中有没有足以表明两本有渊源关系的证据呢？回答是肯定的。"儒氏源流"条元刊本"教弟子于洙泗之门""修中兴之教"中的"教"字，明刻二本均误作"告"字。"东华帝君"条首句，元刊"东华帝君纪习在道气凝寂湛体无为将欲启迪玄功化生万物"，"纪习在"三字似有不可解处，明七卷本改"纪"字为"纯"字，或以"纯习"为东华帝君之名，或以"纯习在道"连读，六卷本则改"纪"为"绝"。两本必有一本参考了另一本，故一起向"纪"字开刀。实际上两明刻的改动都是错误的，元刊此句中误在"习"字，"习"字当为"昔"字形讹，而又与"在"字误倒，全句应读作"《东华帝君纪》：在昔道气凝寂，湛体无为，将欲启迪玄功，化生万物"。同条元刊"吾自造立混沌"，"立"字明刻二本均作"言"。"西王母"条元刊"厥姓缑氏"，明刻二本"缑"均误作"纵"。"至圣炳灵王"条，元刊"上殿炳灵公"，明二本均改"殿"为"吴"。"五圣"条，元刊本"择阳寻幽"，"择阳"二字漫漶，明刻二本竟亦均作"什胜寻幽"。同条元刊本有"王（按指五圣）有史下二神者"云云，明刻二本同作"至有吏下二神者"，改"王"为"至"，改"史"为"吏"，按下文元明三本所列五圣辅神中均有"辅灵翊善史侯""辅顺翊惠卞侯",可知元本之"史下"当作"史卞",明刻二本不改"下"字,反改"史"字,大误,又"王"字亦对,不必改"至"。以上例证表明,明刻二本除各自依据元刊本以外,必有一本曾经参考了另一本。

第三,明刻两本对元刊本文字所作的相同修改中,有六卷本参考七卷本的痕迹。"玉皇上帝"条,元刊本"拥耀景旗",明七卷本作"拥大景旗",六卷本作"拥不景旗","不"字不可能由"耀"字而讹,显为由"大"字而讹。同条元刊本"身宝光焰","焰"字漫漶,明七卷本作"秋",系由"焰"字上部辨认误刻,六卷本改作"穆",与"秋"字同为"禾"旁,则为无法辨认元刊的"焰"字,由明七卷本的误字"秋"得到启发而改。"玄天上帝"条,元刊本"并居天一,真庆之",明七卷本讹"庆"为"忧",作"并居天一,真忧之",六卷本删"真忧之"三字。"真庆之"本通,"真忧之"不通,六卷本似为因所据元刊本"庆"字不可读,而七卷本作"忧"又误不可解而删此三字。"司命灶神"条,元刊"白人罪状大者夺纪二三百日小者夺算二一百日",其中"纪""算"下的"二",很明显是重字符号(下文"己丑日₌出卯时"即"己丑日日出卯时"可证),明刻七卷本刻"₌"为"二",读作"大者夺纪二三百日,小者夺算二一百日","二一百日"不顺,六卷本遂再改为"大者夺纪二三百日,小者夺算一二百日",一误再误。其实,《抱朴子》内篇卷六即有此句,惟"算一百日"作"算三日"或"算一日",元刊此条则见于唐段成式《酉阳杂俎》前集卷十四,其句应读作"白人罪状,大者夺纪,纪三百日,小者夺算,算一百日"。以上例证,由元刊本而到明刊七卷本,又由明刻七卷本而到明刻六卷本,递邅之迹甚明。

有一个例子,使李献章先生得出了相反的结论。"灌口二郎神"条,七卷本较六卷本为详细,李先生说这分明可以认为是七卷本润色六卷本,而且将标题改为"清源妙道真君"。其实此条本为元刊本所有,明刻七卷本内容全部取自元刊,而且元刊标题即作《清源妙道真君》,所以是明刻六卷本简缩了元刊本,而且改了题,并非明刻七卷本润色了六卷本。

第四,再考察明刻七卷本和六卷本不取自元本而共有的条目。这样的条目共28条,内容大多基本相同,"大奶夫人"(六卷本作"顺懿夫人")条所据不同,"观音菩萨""天妃娘娘"两条七卷本详,六卷本略,相去甚远,其余大多为六卷本较略，文字时有不同。其间亦有六卷本沿袭、删改七卷本的痕迹。"王侍宸"条，七卷本有"大元时始建祠"字样，且提行，六卷本改"大元时"为"元时"，不提行；"萧公爷爷""晏公爷爷"（六卷本作"萧公""晏公"）条，七卷本亦有"大元时""大元初"字样，六卷本作"元时""元初"。此类改动，只能解释为明七卷本所据为元代某书，未作改动，六卷感与本朝有违，遂去"大"字，无法作相反的想象：同为明朝人所编，编纂较早的一书称元朝为元，编纂较晚、承袭之者反称元朝为"大元"。顺便指出，六卷本比较注意朝代的称呼，"大元""皇明"，常改为"元""本朝"，而"泗渎"等条中的元刊、明刻七卷本"圣朝加封"，亦被改为"本朝加封"，则大错特错了，此"圣朝"实指元，非明。封建时代，一个朝代开创之初，总是忌讳较少，文网较疏，越到后来忌讳愈多，文网愈密，明刻七卷和六卷也反映了这一规律。

李献章先生又曾举出"九鲤湖仙"条，认为六卷本只云"何氏莫解其世代。兄弟九人，修道于仙游县……"而七卷本则云"九鲤仙乃是……仙游县何通判妻林氏。生有九子皆瞽……"同"灌口二郎神"条一样，是七卷本润色了六卷本，毫无想象其相反的余地。关于"灌口二郎神"条，前已述及，明刻七卷本取自元刊，六卷本作了简缩，并非如李先生所想象的是七卷本润色了六卷本。至于不见于元板本的"九鲤湖仙"条，也绝非七卷本润色了六卷本。

九仙山宋前即有名，《寰宇记》"九仙山在仙游县北四十五里"，《新定九域志》"何氏兄弟九人栖此登仙"。《舆地纪胜》卷一三五"何氏九仙"条："《旧经》云：昔有何氏兄弟九人，于九仙山炼丹，丹成乘九鲤而去，不知何代。今丹灶尚在。"七卷本和六卷本的前半部分内容，均出于此。七卷本开首的"九鲤仙"三字，乃是总起下文，应读作："九鲤仙，乃是福建兴化府仙游县何通判妻林氏生有九子，皆瞽目，……"不能如李献章先生一口气读至"林氏"，否则林氏成了九鲤仙了。七卷本首句既不甚可解，其下所叙事又甚离奇（大公子一目不瞽，其父竟思之大怒），六卷本不取，而以旧文"莫解其世代"一句代之。七卷本虽未明叙其世代，"通判"云云，似可推知为宋代，然九仙山之名宋前即有，误矣。所以此处完全可以这样解释：七卷本喜附会铺张，六卷本不从，仍用旧文。至于"庙在湖上"以下一段，为宋元资料所无，而七卷、六卷两本完全相同，则仍应是六卷本袭取了七卷本。

后出之本不必润色前本，明刊《神仙全传》，万历廿八年刊本，其中"何九仙"条云："何九仙，世传兄弟九人，居于山修道，又居湖侧炼丹，丹成各乘鲤仙去。后因名其县曰仙游，山曰九仙，湖曰九鲤。"刻在六卷本后，而文更简。

如"九鲤湖仙"那样的例子还有"门神二将军"条。七卷本"门神乃是唐朝秦叔宝、胡敬德二将军也"，六卷本作"神即唐之"云云。七卷本"三十六宫七十二院"，六卷本作"六院三宫"。七卷本"太宗惧之，以告群臣，秦叔宝出班奏曰"，六卷本作"太宗惧以告群臣，叔宝奏曰"。七卷本"臣平生杀人如剖瓜"，六卷本"剖瓜"作"摧枯"，大概是嫌"剖瓜"太粗俗了罢？

前已论及，在体例方面，六卷本和七卷本有精粗之分，六卷本虽然吸取了元刊内容，却已连同取自他处的材料一起重新作了编排，内容亦较为整饬简明，七卷本是元刊内容和其他材料的拼合。后出转精是一条规律，明刊七卷本编者如有六卷本可以参考，不会再回复到简单凑合的路数上去。再说从搜神数量看，六卷本溢出七卷本的条目不少，以"大全"为号召的七卷本如果参考了六卷本，不会忽视这一点。

据上海图书馆著录，七卷本为明正德刊本，其卷末之"西天竺"三字被剜去（或板已损坏），则已非初印，日本藏初印本应更早，而六卷本最早为万历刊本，上图藏本罗懋登《引首》板亦已缺损，应印于更后的时代。

现在我可以得出结论：明刻七卷本《绘图三教源流搜神大全》刊刻时代较明刻六卷本《增补出像搜神记》为早，六卷本编者在参考元刊本的同时也曾经参考了七卷本。

总之，就渊源而论，明刻二本均勤取了元刊的全部条目；明刻七卷本编辑时，除移录元刊本外，另据他书增添了文字，增补了条目；明刻六卷本编辑时，既有元刊本在手边，亦有明刊七卷本在手边，还据其他资料来源增补了大量条目。其关系如下图：

至于图像，明刻两本均有自我创作的倾向，其渊源不明显。

就异同而论,元刊本搜神数较少,但内容丰富,图像飘逸。明刻七卷本以取自元刊的内容置前,辑自他处的材料置后,简单拼合,文字欠雕琢,图像乏神韵,但内容丰富生动。明刻六卷本编辑较费心,分类排序,无论使用元刊本内容抑或明刊七卷本内容,均不完全原文照录,时作删改。但六卷本之可读性和文学色彩反不如前两本,图像亦较为呆板。由于旧时对这类书不甚重视,三本之编辑、刊刻均不甚精,文字脱误甚多,明刻七卷本改正了元刊本少量错字,明刻六卷本又改正了元刊和明刻七卷本若干错字,但明刻两本新发生的错误更多,从总体上看,仍以元刊为最佳,明七卷本次之,明六卷本更次之。

原载:《中华文史论丛》总第 48 期,上海:上海古籍出版社,1991 年,第 243—257 页。

重审《文渊阁四库全书》中
"二十四史"之价值

在学术界一些人的印象里,《文渊阁四库全书》中的"二十四史"与武英殿本没有太大的区别且差错更多,因而可利用价值不高;至于四库馆臣对辽、金、元三史的整理,也只是改译名而已,此举意义不大;而且,《明史》的最后定本是乾隆四年(1739)武英殿刻本。这些误解,使得《文渊阁四库全书》"二十四史"中蕴涵的大量有待挖掘的学术成果长期无人问津。

一、"二十四史"形成于
《文渊阁四库全书》

日后家喻户晓的"二十四史"最后形成于何时何本?作为一个图书的集合体,第一部"二十四史"是什么?这些看似不是问题的问题,其实是一个事关重大的学术问题。按照《辞海》的解释:"清乾隆时,《明史》定稿,诏刊二十二史,又诏增《旧唐书》,并从《永乐大典》等书中辑出薛居正《旧五代史》,合称二十四史。""流行的'二十四史'有两种:一为武英殿本,即清代官刻本。清末以来各种翻刻本大体以此为根据。一为商务印书馆的百衲本,集合各史较早刻本影印,原书刻误多据殿本修改,但亦有误改之处。新中国成立后对二十四史整理、标点,为研究提供了很大方便。"《中国历史大辞典》的表述与之基本相同。但是,乾隆官刻武英殿本"二十四史"的最后完成时间是乾隆四十九年(1784),这是"二十四史"作为集合体的第一个版本吗?两部比较权威的工具书都没有明说。至于流行于网上的说法,"百度百科"认为:"乾隆四年至四十九年武英殿刻印的《钦定二十四史》,是中国古代正史最完整的一次大规模汇刻";"维基百科"则说：清朝乾隆初年，刊行《明史》，加先前各史，总名"二十二史"。后来又增加了《旧唐书》，成为"二十三史"。从《永乐大典》中辑录出来的《旧五代史》也被列入。乾隆四年（1739），经乾隆帝钦定，合称"二十四史"，并刊"武英殿本"。但这样的表述是有问题的。

在"二十四史"形成之前，数史合称的曾经有"三史""四史""十史""十三史""十七史""二十一史"和"二十二史"等。三国时期，社会上已经有"三史"之称，通常是指《史记》《汉书》和东汉刘珍等写的《东观汉记》。《后汉书》出现后，取代了《东观汉记》。"三史"加上《三国志》，称为"前四史"。唐代有"十史"之称，它是记载三国、晋、宋、齐、梁、陈、北魏、北齐、北周、隋朝十个王朝的史书的合称。后来又出现了"十三代史"，包括了《史记》《汉书》《后汉书》和"十史"。《旧唐书·吴汝纳传》："吴汝纳者，澧州人，故韶州刺史武陵兄之子。武陵进士登第，有史学，与刘轲并以史才直史馆，武陵撰《十三代史驳议》二十卷。"《新唐书·艺文志》："宗谏注《十三代史目》十卷。"到了宋代，在"十三史"的基础上，加入《南史》《北史》《新唐书》《新五代史》，形成了"十七史"。北宋王令著有《王先生十七史蒙求》①，南宋吕祖谦则有《十七史详节》②。明代又增以《宋史》《辽史》《金史》《元史》，合称"二十一史"。成于明末的顾炎武《日知录》卷十八《监本二十一史》云："宋时止有十七史，今则并宋、辽、金、元四史为二十一史。"清朝雍正年间，纂修了九十年的《明史》完成，乾隆初年刊行，加先前各史，总名"二十二史"。《四库全书》《史记》卷前有一篇乾隆十二年（1747）二月朔《御制重刻二十一史序》云："司马迁创为纪、表、书、传之体以成《史记》，班固以下因之，累朝载笔之人，类皆娴掌故，贯旧闻，旁罗博采，以成信史。后之述事考文者，咸取征焉。朕既命校刊《十三经注疏》定本，复念史为经翼，监本亦日渐残阙，并敕校雠，以广刊布。其辨讹别异，是正为多，卷末考证，一视诸经之例。《明史》先经告竣，合之为二十二史，焕乎册府之大观矣。"

正史增加《旧唐书》和《旧五代史》，是乾隆官修《四库全书》期间的一大贡献。

《四库全书》中的《旧五代史》书前乾隆四十年（1775）奏折说：

---

① 元脱脱等：《宋史》卷二○七《艺文六》，中华书局，1977 年。
② 清永瑢等：《四库全书总目》卷六五，中华书局，1965 年。

　　谨奏：伏查《永乐大典》散片内所有薛居正等《五代史》一书，宋开宝中奉诏撰述，欧阳修《五代史》之前，文笔虽不及欧之谨严，而叙事颇为详核，其是非亦不诡于正。司马光《通鉴》多采用之。当时称为《旧五代史》，与欧阳修之本并行。自金章宗泰和间，始专以欧史列之学官，而薛史遂渐就湮没。兹者恭逢圣主，稽古右文，网罗遗佚，获于零缣断简之中，搜辑完备，实为此书之万幸。至其纪载该备，足资参考，于读史者尤有裨益，自宜与刘昫《旧唐书》并传，拟仍昔时之称，标为《旧五代史》，俾附二十三史之列，以垂久远。……奉旨：知道了，钦此。

《旧五代史》之列入正史较《旧唐书》早一年，"二十二史"加《旧五代史》为"二十三史"。

　　乾隆四十一年（1776）《旧唐书》书前提要：

　　臣等谨案：《旧唐书》二百卷，石晋宰相刘昫等撰。因韦述旧史增损而成。林駧、晁公武皆讥其失，盖其书不出一手，或一事两见，一文两载，一人两传，复乱之失，在所不免。又顺宗以前，其事较详，宣宗以后，其事多略。宋嘉祐中，乃命重修。然叙事条畅，有胜于新书者。杨慎、顾炎武皆谓不可偏废是也。向少传本，学者罕见，今与《新唐书》并刊列正史，可以互考矣。乾隆四十一年十月恭校上。①

当然，"两旧"之进入正史之列，是顺应了学术界的呼声的，前引顾炎武《日知录》卷十八《监本二十一史》复有云："《旧唐书》病其事之遗阙，《新唐书》病其文之晦涩。当兼二书刻之为二十二史，如宋、魏诸国既各有书，而复有南史、北史，是其例也。"主张在"二十一史"之上加《旧唐书》为"二十二史"。乾隆四十七年（1782）成书（其时《旧五代史》刚刚辑出）的清乾嘉学派名家钱大昕的《廿二史考异》，已包括《旧唐书》，没有《明史》。成书于乾隆五十二年（1787）的清王鸣盛《十七史商榷》，对《史记》以下十三种正史，加上《南史》《北史》《旧唐书》

---

① 　后晋刘昫等：《旧唐书》卷前，见《景印文渊阁四库全书》第 68 册，台北商务印书馆，1983 年，第 40 页。

《新唐书》《旧五代史》《新五代史》，实际是十九部正史进行校勘和考订，因宋人习惯称为"十七史"，故沿用旧称。乾隆六十年（1795）成书的清乾嘉学派名家赵翼的代表作《廿二史札记》，实为"廿四史札记"，已包含《旧唐书》《旧五代史》，只是在撰写之初两史尚未被定为正史，姑仍旧称。

《文渊阁四库全书》之史部正史类小序正式宣布了"二十四史"的确立：

> 正史之名，见于《隋志》，至宋而定著十有七，明刊监板，合宋、辽、金、元四史为二十有一，皇上钦定《明史》，又诏增《旧唐书》，为二十有三，近搜罗四库，薛居正《旧五代史》得裒集成编，钦禀睿裁，与欧阳修书并列，共为二十有四。今并从官本校录，凡未经宸断者，则悉不滥登，盖正史体尊，义与经配，非悬诸令典，莫敢私增，所由与稗官野记异也。

程喜霖《论〈四库全书〉对研究历史的意义——〈四库全书〉史部研究之一》用"盖定"一词揭示了这件事①。

这是中国学术史乃至中国文化史上一件了不起的大事，日后名满天下、深入到社会行进过程每个角落的"二十四史"由此诞生了。

武英殿本至《明史》刻成，在乾隆初年。"两旧"进入正史则是乾隆四十七年，以《文渊阁四库全书》的成书为正式断限，"二十四史"是在《文渊阁四库全书》中首次形成的，武英殿本《旧唐书》的补刻，与四库馆臣的辑录整理工作大体同步，《旧五代史》则稍后，所以武英殿本并不是第一部"二十四史"。

二、《文渊阁四库全书》本"二十四史" 对武英殿本的再整理

四库馆臣对于正史的贡献，首先是增入了《旧唐书》和从《永乐大典》中辑出了《旧五代史》，从而确定了与"十三经"相侔的"二十四史"，并且形成了第一部"二十四史"。

---

① 载《湖北大学学报（哲学社会科学版）》1994 年第 5 期。

《文渊阁四库全书》中的其余二十二史，其所据版本虽然均标示为"内府刻本"即武英殿本，但也不是照录照抄，而是作了不同程度的精心整理和修订，留下了丰富的学术成果。

《文渊阁四库全书》"二十四史"中的考证，是四库馆臣在整理中进行本校、他校和内容考证的部分成果。武英殿本"二十二史"除《金史》和《明史》以外，原均有考证，《文渊阁四库全书》二十二史在武英殿本的基础上再次进行了校理并撰写考证。在附于《四库全书》之末的《钦定四库全书考证》中，对《史记》《前汉书》《晋书》《南齐书》《梁书》《陈书》《魏书》《北齐书》《周书》《隋书》《南史》《北史》《旧唐书》《新唐书》《五代史》《宋史》等十六部书均据各种版本和大量史籍校改武英殿刊本，有定论者均在正文中一并改正，亦有存疑未改者。

其中，《旧唐书》原为武英殿本所无，四库馆臣将其收入时即作了考证，武英殿据以刻入之后馆臣又有所考证，故《钦定四库全书考证》之《旧唐书》部分又有考证订正刊本。其中如卷三考证："太宗纪戊午，以结骨部置坚昆都督。乙亥，幸玉华宫。乙卯，赐所经高年笃疾粟帛有差。乙卯，搜于华原。案《新唐书》帝纪此俱二月中事。二月上有癸丑、戊午，下不得有乙卯，且不得有两乙卯。《新书》乙卯见京城父老劳之，乙亥幸玉华宫，己卯猎于华原。疑此赐所经粟帛与劳京城父老同为一事，而误置其文在幸玉华宫之下，且讹搜日之己卯为乙卯也。"[1]所考有理，中华书局标点本唯后乙卯作己卯，无校记。《文渊阁四库全书》本《旧唐书》之校勘成果尚未被中华本汲取者甚多[2]。

其余八史，《旧五代史》和《明史》，《四库全书》中的考证均为新写，《辽史》《金史》和《元史》的考证几乎为重写，唯《后汉书》《三国志》和《宋书》没有新的考证。可以说，《文渊阁四库全书》"二十四史"对武英殿刊本已作了全面的再整理。

辽、金、元等史是四库馆臣再整理的重点，《金史》因原修纂状况较好，四库馆臣仅在卷四十一补了考证，《辽史》和《元史》的考证则有大幅增加，试看表1

---

① 《钦定四库全书考证》卷二七，《景印文渊阁四库全书》。
② 如中华书局本《旧唐书》卷一二《德宗本纪》唐德宗李适建中三年（782）六月："怀宁李希烈检校司空。""怀宁"，武英殿本同，然实当作"淮宁"，李希烈为淮宁节度使，故当称"淮宁李希烈"，库本《旧唐书》即作"淮宁"。又中华书局本《旧唐书》卷七十四《刘洎传》："臣以愚短，幸参侍从，思广离明，愿闻径术。""径术"，武英殿本同，库本《旧唐书》作"经术"，当以库本为是。又中华本《旧唐书》卷十四《顺宗本纪》贞元二十一年（805）三月戊子："郑瑜吏部尚书。""郑瑜"当作"郑珣瑜"，《新唐书》卷一六五有传，顺宗初立时授吏部尚书者乃郑珣瑜，而非郑瑜。库本《旧唐书》即作"郑珣瑜"。

的不完全统计：

表 1

卷　数	《辽史》		《元史》	
	原条目数	现条目数	原条目数	现条目数
一	5	12	7	21
二	2	8	0	7
三	6	12	0	13
四	2	19	0	7
五	1	1	0	10
六	2	2	0	7
七	2	3	0	6
八	2	3	1	6
九	1	3	1	8
十	2	11	1	10
合计	25	74	10	95

可见两史的考证大部分是新增加的。

四库馆臣认为《辽史》编纂粗率，书中提要云：

　　臣等谨案：《辽史》一百十五卷，元托克托等奉敕撰。至正三年四月诏儒臣分撰《辽史》，四年三月书成，为本纪三十卷，志三十一卷，列传四十五卷。考辽制书禁甚严，凡国人著述，惟听刊行于境内，有传于邻境者罪至死（见沈括《梦溪笔谈》僧行均《龙龛手鉴》条下）。盖国之虚实不以示敌，用意至深。然以此不流播于天下。迨五京兵燹之后，遂至旧章散失，澌灭无遗。观袁桷《修三史议》，苏天爵《三史质疑》，知辽代载籍可备修史之质者，寥寥无几，故当时所据惟耶律俨、陈大任二家之书，见闻既隘，又蒇功于一载之内，无暇旁搜，潦草成编，实多疏略。其间左支右绌，痕迹灼然。如每年游幸，既具书于《本纪》矣，复为《游幸表》一卷；部族之分合，既详述于《营卫志》矣，复为《部族表》一卷；属国之贡使，亦具见于《本纪》矣，复为《属国表》一卷；义宗之奔唐，章肃之争国，既屡见于纪志表矣，复累书于列传；文学仅六人，而分为两卷；伶官、宦官本无可纪载，而强缀三人。此其重复琐碎，在史臣非不自知，特以无米之炊，足穷巧妇，故不得已而缕割分隶，以求卷帙之盈，势使之然，不足怪也。然辽典虽不足征，宋籍非无可考。《东都事略》载辽太宗建国号大辽，圣宗即位，改大辽为大契丹国，道宗咸雍二年，复改国号大辽。考重熙十六年《释迦佛舍利铁塔记》，石刻今尚在古尔板苏巴尔汉，其文称维大契丹国兴中府重熙十五年丙戌岁十一月丁丑朔云云，与王偁所记合，而此书不载，是其于国号之更改，尚未详也。《文献通考》称辽道宗改元寿昌，洪遵《泉志》引李季兴《东北诸蕃枢要》云，契丹主天祐年号寿昌，又引《北辽通书》云，天祚即位，寿昌七年改为乾统，而此书作寿隆，殊不思圣宗讳隆绪，道宗为圣宗之孙，何至纪元而犯祖讳。考今兴中故城（即古尔板苏巴尔，汉译言三塔也，故土人亦称三座塔云）东南七十里柏山有安德州灵岩寺碑，称寿昌初元，岁次乙亥，又有玉石观音像唱和诗碑，称寿昌五年九月，又易州有兴国寺太子诞圣邑碑，称寿昌四年七月，均与洪遵所引合。又《老学庵笔记》载圣宗改号重熙，后避天祚嫌名，追称重熙曰重和。考兴中故域铁塔记旁有天庆二年释迦定光二佛舍利塔记，称重和十五年铸铁塔，与陆游所记亦合，而此书均不载。是其于改元之典章，多舛漏也。《潜研堂金石文跋尾》又称据太子诞圣邑碑诸人结衔，知辽制有知军州事、通判军事、知县事之名，而《百官志》亦不载。是其于制度有遗阙也。至厉鹗《辽史拾遗》所摭，尤不可更仆数。此则考证未详，不得委之文献无征矣。然其书以《实录》为凭，无所粉饰，如《宋史》载太平兴国七年战于丰州，据此书则云，保裔被擒而降，后为昭顺军节度使，审其事势，《辽史》较可征信。此三史所由并行而不可偏废欤。乾隆四十九年十一月恭校上。①

正因为如此，馆臣于此史用功甚深。现以《辽史》卷四为例，来考察四库馆臣所做考证的学术内涵②。

① 元脱脱等：《辽史》卷前，见《景印文渊阁四库全书》。

② 表中材料分别见《辽史》之三种版本：《景印文渊阁四库全书》第289册，台北商务印书馆，1983年，第58—59页；中华书局，第43—62页；上海古籍出版社，《二十五史》之《辽史》，第6794—6796页。

表 2

原　文	库本考证	中华本校记	本文作者按
（会同元年二月）丙申，上思人皇王，遣惕隐率宗室以下祭其行宫	会同元年二月丙午　丙午原本作丙申。按丙申应在丁酉、戊戌之上，据下文丁未考之，当系丙午，今改正。		殿本作"丙申"，无考证。中华本亦作"丙申"。
（会同元年夏四月）西南边大详稳耶律鲁不古奏党项捷	夏四月耶律罗卜科奏党项捷　罗卜科原本作鲁不古，列传同此，与卷三之卢不姑、本卷后之鲁不姑系一人而音转歧误，今并改为罗卜科。		此为库本统一译名之例，卷三、卷四六均有卢不姑。
（会同元年十一月）丙寅，皇帝御宣政殿，刘昫、卢重册上尊号曰睿文神武法天启运明德章信至道广敬昭孝嗣圣皇帝。大赦，改元会同	十一月丙寅改元会同　按此为天显十二年十一月事，五代欧史载契丹改天显十一年为会同元年系误。此条考证沿用殿本而明指《新五代史》有误。		殿本考证云：臣长发按：五代新史契丹改天显十一年为会同元年，更其国号大辽。考太宗本纪止有改元而无改国号一事，但改元在天显十二年，五代新史则在十一年。中华本无校记。
会同三年冬十月辛丑，遣克朗使吴越			殿本考证云：克朗，《资治通鉴》作遥折。殿本考证共两条。
（会同四年二月）丙子，铁骊来贡	四年二月丙午　丙午原本作丙子，按上正月书丙子，则二月不得复有丙子，以上甲辰下丁巳计之，应系丙午，今据《永乐大典》改。		中华本未改。
（会同四年秋七月）丙寅，裹古只奏请遣使至朔令降，守者犹坚壁弗纳。且言晋有贡物。命即以所贡物赐攻城将校	秋七月尼固察奏晋遣使至朔令降　原本晋讹请，今据《永乐大典》改。		中华本未改

续表

原　文	库本考证	中华本校记	本文作者按
(会同五年二月壬辰)遂诏以明王隈恩代于越信恩为西南路招讨使以讨之			库本作：遂下诏以明王温代裕悦新为西南路招讨使以讨之。
(会同五年)三月乙卯朔，晋遣齐州防御使宋晖业、翰林茶酒使张言来问起居	三月晋遣齐州防御使宋晖业来问起居　按宋晖业五代薛史作宋光邺，此避太宗讳。	齐州防御使宋晖业　晖业，旧五代史八零作光邺，此避太宗德光名改。	中华本与库本同。
(会同五年)秋七月庚寅，晋遣金吾卫大将军梁言、判四方馆事朱崇节来谢	秋七月晋遣判四方馆事朱崇节来谢　朱崇节，按《五代史》作宋崇节。	四方馆事朱崇节　《新五代史》九《出帝纪》作"四方馆使宋崇节"。	中华本与库本同。
(会同八年三月)戊子，赵延寿率前锋薄泰城	八年三月戊午　戊午原本作戊子，按三月内不应有戊子，以上庚戌下己未计之，应系戊午，今改正。		中华本未改。
(会同九年十一月)丙申，先遣候骑报晋兵至	十一月先锋候骑报晋兵至　先锋原本作先遣，据《永乐大典》改。		中华本未改。
(会同九年十一月丙申)宋彦筠堕水死	宋彦筠堕水死　按《资治通鉴》载晋兵与契丹夹滹沱而军，晋军争桥不胜，杜重威遣王清与宋彦筠俱进，清战甚锐，契丹以新兵继之，清及士卒皆死，彦筠战败，浮水抵桥得免。《册府元龟》载王清从杜重威北征，至中渡桥，清为先锋，开桥夺路，重威遣宋彦筠与俱，彦筠寻退走，清酣战不息，与其下俱没焉。五代欧史亦书彦筠退走，王清力战而死。又按《通鉴》是年十二月契丹遥以兵环晋营，军中食尽，杜重威与李守贞、宋彦筠谋降契丹。又按陶岳《五代史		中华本无考。

续表

原　文	库本考证	中华本校记	本文作者按
	补》云，后汉乾祐中，宋彦筠为郑州节度使。据此则王清战死，而宋彦筠之未死明矣。此书彦筠堕水死，盖当时因其堕水，遂误以为死耳。		

　　表 2 中共计 12 条，库本考证有《永乐大典》为据者三条，以其他史料为据者四条，理校者五条。在 13 条中，中华书局本（简称"中华本"）两条有校记，库本据《大典》校改之三条，中华本均未改。

　　《辽史》之祖本应为元刻本，初刻本已佚，现存数种元末明初翻刻本和明钞本。明杨士奇《文渊阁书目》卷二登录了四部《辽史》，其中三部为 20 册，一部为 15 册，是明初朝廷应藏有较早刻本的完整《辽史》，《永乐大典》即据以录入，因此《大典》所载《辽史》实可视为一种早期版本。清修《四库全书》时，《大典》大部尚存，馆臣用以校勘之成果，在《大典》大部已佚之今日是十分可贵的。中华本在校勘中未能充分使用，有学术误解和历史原因。

　　中华本《辽史》曾校道光殿本。前述《文渊阁四库全书》本二十二史是在乾隆四年完成的武英殿本的基础上再加工而成的，又据陆枫研究，道光年间，殿本有过一次大规模的重刻，其中辽金元诸史，据《文渊阁四库全书》本作了较大的修订，①所以中华本吸收了道光殿本的成果实际上就是文渊阁本的成果。中华本校记采纳时或标"张校"，实即库本考证。

　　由此可见，《文渊阁四库全书》本"二十四史"之《辽史》是一部质量较高的古籍整理著作，其间仍有大量宝贵学术成果有待利用，而《辽史》仅为一例。

三、清修《明史》的定本是
《文渊阁四库全书》本

　　后朝修前朝史，是中华文化的优良传统，如同宋修唐、五代史，元修宋、辽、

---

①　陆枫：《试论武英殿刻二十四史版本源流及其历史作用》，见《古籍整理与研究简报》1989 年总第 213 期。

金史一样,清朝也担负起了修《明史》的责任。清修《明史》延续的时间很长,最后究竟定稿于何时呢?

乔治忠、杨艳秋在《〈四库全书〉本〈明史〉发覆》一文中对《文渊阁四库全书》"二十四史"之《明史》作了较为深入的研究①。文中指出,武英殿本刊行后《明史》的改修于乾隆四十年(1775)开始,主要是对《明史》中有关的元朝人名、地名按照乾隆时新的译音标准进行了查核改订。乾隆四十二年(1777),清高宗已不满足于仅仅改译《明史》中的人名、地名,而谕令修改《明史本纪》。《明史本纪》主要做了史事原委的补充、史事记述的润色、增补史事和赞语的修改四方面的工作;此外,四库馆臣对《明史列传》也进行了精心的考证和修订。库本《明史》从卷一一六"列传四"开始有考证共223卷,每卷少则数条,多则20条,这是武英殿本所没有的。考证所引述的资料极为丰富,其中有的是年代、人名、地名的订讹,有的则是史实错误的勘正,以及注释说明、考异存疑等,重在澄清事实,改正谬误。这是《明史》改修取得的一大成果,也使库本《明史》在质量上显著优于原乾隆四年武英殿刊本。

库本《明史》"列传"在撰写考证的同时,原文错误一经考证确定,便对"列传"正文进行更正。还有一些讹误之处,已在正文中改正,却不再附于卷末考证,这大多是有关年代、人名、地名和职官名的错误,也有一些史实记载的更正。例如,卷二一三《张居正传》,库本为:"六年满,加少傅、吏部尚书、建极殿大学士。"中华本于"六年满加少傅"下有一条100多字的校记,以考证"少傅"原作"太傅"之误,盖因殿本误作太傅也。

《明史》"列传"中相关"赞语"的修改亦不在卷末附有考证,这种修改约有十余处。与"本纪"中"赞语"的修改一样,"列传"中"赞语"的修改也反映出了清代官方对明代史事评断的变化。

库本《明史》"志""表"部分没有"考证",但据笔者考察,也对武英殿本有所改动,如卷九六《艺文一》库本"大学士梁储等具疏奏请检内阁并东阁藏书",中华本作"大学士梁储等请检内阁并东阁藏书残缺者",又库本两处将"钱谦益"

---

① 乔治忠、杨艳秋:《〈四库全书〉本〈明史〉发覆》,载《清史研究》1999年第4期。

改为"后之人"或"明季人"。①

乔治忠、杨艳秋因此得出结论：《明史》曾被认为是"二十四史"中除"前四史"外质量最好的一部。然而，过去很少有人注意到，这部《明史》后来经过精心细致的勘改和修订，从而形成了《明史》的最后定本即《四库全书》本，这是研究《明史》和研究清代官方史学值得注意的问题。若干年来，学术界虽对《明史》一书多所研究，但对《明史》刊行后的再次改修注意不够，甚至略有微辞，这应当客观地予以重新审视。因原本《明史》刊行较早，乾隆四年书成后，不仅官方大量印行，还允许私人广为刊刻。相反，《四库全书》本《明史》则未能得以刊印，而且收藏严密，人们不易得见，所以行世的仍是乾隆四年刊本。直至1972年中华书局标点本《明史》印行，仍未对《四库全书》本《明史》予以应有的重视，甚至未用以校勘，不免令人遗憾。

库本与殿本有很大差异，早在民国时代，前辈学人已经有所觉察。张元济编印百衲本"二十四史"时，傅斯年就建议改用库本《明史》。

1936年，张元济与傅斯年互致信函讨论百衲本的编印问题。关于《明史》，傅斯年致张元济信有云："《明史》无殿本以外之刊本，故百衲本仅附《捃遗》，然四库本系（殿本）刊行后复修改者。百衲本既以补正殿本为宗旨，似不妨于《明史》舍殿本而用四库本，俾已有殿本者不有重复之累，而别得一秘本。"（《捃遗》即清王颂蔚《明史考证捃逸》）张元济接信后在信上批注云："请岫庐、拔可先生台阅。"（岫庐即王云五）又于天头批注："《明史》苦无善本，北平图书馆四库本如叶数不增多，能照从前借照《衲史》不索重酬，即采用傅氏之说，何如？祈核示。复傅氏信固已谢绝矣。"王云五批注："鄙意如四库本与殿本无更动，仍以用殿本为便。因商借费时，且必不能免酬也。"张元济在批注之前（同日），复信傅氏云："《明史》本纪前闻故宫有写本，与殿本稍有异同。曾商借印，坚拒不许。四库本别无更动，出书期迫，亦拟不再变易，尚希鉴察。……国立机关所藏善本流通行世极所欣愿。惟故宫及北平图书馆索酬较重（前在日本图书寮、内阁文库、静嘉堂文库等处借书，印成之后仅送书十数部耳），同人为营业计，

---

① 以上三例分别见：清张廷玉等：《明史》卷九六，《景印文渊阁四库全书》第298册，第505、506、562页；中华书局，1974年，第2343、2346、2484页。

以是不免越趄。"①

可见，当年在商务印书馆影印《百衲本二十四史》之时，对于版本的选用，张元济与傅斯年曾多次商讨。傅斯年是主张选用《四库全书》本《明史》的，理由有二：第一，"四库本系（殿本）刊行后复修改者"；第二，"俾已有殿本者不有重复之累，而别得一秘本"。傅斯年确认四库本《明史》乃殿本之修改本，实为卓见。但张元济经过商讨之后没有采纳傅斯年的建议，理由有三：一是"《明史》本纪前闻故宫有写本，与殿本稍有异同"，"四库本别无更动"；二是故宫索酬较重；三是"出书期迫"。这三条理由中最主要的一条，是张元济以为四库本除了"本纪"以外，别无更动。我们相信，如果张元济得知四库本实际上对殿本作了相当大的修订，也许会不顾成本增加，毅然改用四库本的。而如果张元济当时采用了四库本，那么新中国成立后整理出版二十四史，《明史》的底本选择也就颇费斟酌了。因为虽然学人一定可以借助四库本的流行得知清朝编纂《明史》的最后成果乃此本，但因为此本在提高纂修质量的同时，也改订了元代译名，可能仍然会被舍弃。当然即使不将此本选为底本，在整理时充分利用其成果，则是可以肯定的。

清人改订辽、金、元史译名，在现代史学界曾饱受诟病，甚至被嗤之以鼻。我们认为，在清王朝被推翻一百年后的今日，在这个问题上也应进行实事求是的分析和评价。且不说此举在当时的必然性和合理性，在清人对诸朝译名的改订中，也蕴涵着大量有用的学术成果，不可视而不见。

由于所见早期版本不够，《文渊阁四库全书》本"二十四史"也存在不少问题，虽然其考证每每有与佳本暗合者。

限于历史的条件和学术界的某些模糊认识，在新中国成立后中华书局出版二十四史整理本的时候，对于《文渊阁四库全书》本，除了《旧五代史》以1921年南昌熊氏影印《四库全书》本为底本以外，几乎没有加以利用，《辽史》等所用不同于早期殿本的"道光殿本"，实为据库本重刻，这是一种被动的使用。相信目前正在进行的修订工作，一定会对《文渊阁四库全书》本"二十四史"所蕴涵的宝贵学术成果予以充分的开掘和利用。而不管怎么说，《文渊阁四库全书》

---

① 《张元济全集·书信》，第3卷，商务印书馆，2009年，第270—271页。

本二十四史都会以中国历史上第一部"二十四史"而享有崇高的地位,并具有独立的价值。

（此文与尹小林先生合撰）

原载：《学术月刊》2013 年第 1 期,第 142—149 页。

《四库全书》的集合性价值
及其借助现代技术的提升

随着价格达 39 万元一套的宣纸线装本《文渊阁四库全书》、19 万元一套的《文津阁四库全书》影印本的面市，以及明年将有 42 万元一套的《文澜阁四库全书》推出的消息的传出，关于《四库全书》价值、功过的讨论又一次被提起。有些学者夸大了清廷在编修《四库全书》的同时禁毁和删改图书的消极影响，更多的学者则喜欢用放大镜去一本一本地照看《四库全书》，然后说，这部书是通行的，那部书所选版本并非最佳，还有一部书被删改了，于是得出结论，《四库全书》中有价值的图书实在不多。虽然这样的争论在差不多一个世纪里已经发生了好几次，但是人们无论是持否定态度的也好，还是持肯定态度的也好，都忽略了或者没有充分强调最重要的一点：《四库全书》的集合性价值。

我所说的《四库全书》的集合性价值，指的是《四库全书》作为一个图书、文献或信息集合体所体现出来的价值，这种价值与这个集合体中的单个个体或某些局部所能体现出来的价值是有质的区别的。

一、《四库全书》当得起一个"全"字

1. 从《四库全书》的来源和初选考察

为了汇聚天下书籍，《四库全书》开馆前后，清政府运用政权的力量，在全国各地搜访图书，凡经史百家、文人专集等均在采集之列，唯坊间举业时文、民间族谱、尺牍、屏幛、寿言以及屑屑无当之酬唱诗文之类，均无庸采取。乾隆的初衷，是要通过此次征集活动，尽收天下有用的图书。此举颇为有效，短短几

年时间,从各地征集 10 000 余种(包括各省采进本、私人进献本和购入通行本),除四川、贵州等地因有事未上缴外,征书范围遍及全国,江浙等人文荟萃之地尤多,从宫廷各处藏本检出约 2 000 余种,从明朝大类书《永乐大典》辑录图书 500 余种,再加上由朝廷组织临时编纂之书,总数达 13 000 余种,其间包括不少举世罕见或海内仅存的珍本秘籍。章学诚说:"四库搜罗,典章大备,遗文秘册,有数百年博学通儒所未得见而今可借抄于馆阁者。"(《章氏遗书·为毕制军与钱辛楣宫詹论续鉴书》)这次征集,除了朝廷明确不收的"举业时文"等,以及大量的佛道藏图书、普通地方志和戏曲小说等以外,已经基本上囊括了当时存世的图书。《四库全书》以后,阮元《四库未收书提要》收书 170 种,20世纪 20 年代至 40 年代编修的《续四库全书提要》稿、近人孙殿起《贩书偶记》及其续编和建国后编纂的《中国丛书综录》,各收录了 30 000 余种、20 000 种和近 40 000 种图书,其中属于乾隆以前而未被收入《四库全书总目》的图书,数量也很小。上海古籍出版社近年出版的《续修四库全书》,共收书 5 200 余种,其中约 47% 为《四库全书》以后之书,约 40% 为《四库全书》开馆时已征集到而不录入《四库全书》之书,确属《四库全书》开馆时未征集到的图书只有 10% 左右。本该网罗的漏网之鱼肯定有,像《宋会要》就是非常有价值的一部大书,居然没有收,留下了极大的遗憾,但这种情况不多。

当时所征集的图书,除少量因属重本或被认为实在没有保留价值而被淘汰外,有 3 000 余种被禁毁,被禁毁的书籍内容主要是明末清初的史料、文集、笔记、石刻碑铭、郡邑志乘、剧本曲目,以及天文占验之书等,这些被禁毁的书籍虽然后世大多尚存(仅孙殿起所撰《清代禁书知见录》即收书 1 400 多种),但此举毕竟对中国文化的发展造成了危害,而未选收此类书籍的《四库全书》,其本身的价值也受到了损害。

2. 从《四库全书》录入图书和存目图书的关系考察

清朝政府为了编修《四库全书》,聚集了 13 000 余种图书,禁毁了 3 000 余种图书,最后将 10 254 种图书编入了《四库全书总目》,但是被编入了《四库全书总目》的图书又大部分没被正式录入《四库全书》,《四库全书》仅收图书 3 461 种,这还能够说《四库全书》已经可以代表当时的主要典籍了吗?我们来分析一下这个问题。

《四库全书》编修者当然希望将最好的著作编入《四库全书》，通过广泛征集而得到的万余种图书，必然良莠不齐，简单地将它们拼凑成一盘大杂烩，是不可取的，也是任何时代的一流学者们所不愿意做的。但那些被淘汰的图书，在他们看来也并非全无价值，于是就有了所谓"存目"，"存目"的意思，是原书不必录入《四库全书》，只保留一个目录。乾隆三十八年二月十一日谕："其中有书无可采，而其名未可尽灭者，只须注出简明略节，以佐流传考订之用，不必将全部付梓。"馆臣秉承乾隆的旨意，从学术和政治两个方面进行选择，将他们认为不合标准的图书排除在《四库全书》之外。

关于四库馆臣"存目"之书的类别，司马朝军先生综合考察《四库全书总目》的"序"和"案"，认为可以分为三大类十小类，即从形式上分，有《永乐大典》辑本、同书异本之别本、属于"未竟之稿"的稿本；从内容上可分为庸、俗、伪、残本；从政治与思想上可分为禁毁之书、异端之书和杂学之书。（《四库全书总目研究》，社会科学文献出版社，2004 年 2 月）

至于我们今天应当如何看待"存目"，邓广铭先生曾在《光明日报》撰文，以一个现代学者的眼光提出精辟见解："被四库馆臣弃掷到《四库存目》的大量古籍，决不能排除其中必还有值得加以印行、整理、研究的东西，但为数必然有限，我们绝不能因为要拯救这为数有限的可以保存的古书，而把《存目》中的全部加以印行，使文化'沉渣'全部'泛起'。"

被列入《存目》的大部分图书价值不高，这是学术界的共识。上文提到的《续修四库全书》，从《四库全书》存目图书中选收了 800 种，为全部存目图书的 12%弱，这就是摒弃了清朝统治者偏见的当代学者的郑重选择。

我还想从一些数量关系的角度补充一点材料。

从品种角度来说，录入《四库全书》的部分只有《总目》的三分之一，存目品种是录入图书的 2 倍。但从卷数角度来说，《四库全书》3 461 种 79 309 卷，存目 6 793 种 93 551 卷，存目的卷数为录入图书的卷数的 1.18 倍，也就是说，录入图书占了总目的 47%。

邓广铭先生的文章中还指出《存目》中的书籍有为了避免与《四库全书》已经著录之书相重复而只保存其书名的。我们来剖析几个个案。前述存目 6 793 种，93 551 卷，其中仅《永乐大典》一书即占去了 22 937 卷，如从存目中减去此数，剩下的 6 792 种图书，总卷数为 70 614，已少于录入《四库全书》的 79 309 卷，而《永乐大典》乾隆时已残缺数千卷，馆臣复从中辑出数百种约 5 000 卷录入《四库全书》，认为"精华已采，糟粕可捐"（当然这种说法从现在来看也是片面的）。类书类存目中之《裁纂类函》160 卷、《唐类函》200 卷、《诗隽类函》150 卷等，或纯出于他书，或已全为他书所取代，已经没有保存价值。别集类中之《居士集》50 卷、《东坡外集》86 卷、《朱子文集大全类编》111 卷等，都与已录入《四库全书》的同类著作内容重合，且质量较差，当然也不必重复抄录。由此观之，存目中图书之与录入《四库全书》同类图书之内容基本重合者实不在少，再加上以现在的眼光衡量确实也没有什么价值的大量品种，那么正如邓广铭先生所说，存目中有价值的东西为数有限了。反过来也可以证明，《四库全书》所录入的 3 461 种图书，已经可以基本涵盖当时的主要图书了。

所以，我的结论是：《四库全书》大体可以当得起一个"全"字。

二、《四库全书》当得起一个"精"字

1. 人才保证

乾隆三十八年二月，《四库全书》正式开馆，乾隆四十六年底，第一部《四库全书》告竣，在长达九年的纂修过程中，四库馆不仅吸收了很多学有专长、名重一时的学者文人（其中不乏如于敏中、王际华、金简、纪昀、陆锡熊、陆费墀、周永年、戴震、邵晋涵、翁方纲、程晋芳、任大椿、朱筠、姚鼐这样的人物），而且还召集了大量的办事人员，形成了一个 360 余人的庞大的办事机构。数百名优秀学者济济一堂，按照一定的取舍标准，对通过各种途径集中到四库馆内的 13 000 余种书籍，甄别采择，爬梳辑校，考订辨正，整理编目，完成了包括著录、存目在内总计 10 254 种书的《四库全书》及其《四库全书总目》的编纂，除了当时的历史条件限制和统治阶级的偏见所造成的缺憾以外，应该说，其编纂质量是可以有保证的，否则就有失公允。

2. 程序保证

《四库全书总目》的编纂几乎与《四库全书》的编纂相始终，既保证了

《四库全书》所收图书的质量,也保证了整部《四库全书》信息的完整性、均衡性和条贯性。在乾隆三十七年发布的征书谕令中,就要求"将各书叙列目录,注系某朝某人所著,书中要旨何在,简明开载,具折奏闻",在朱筠的著名的开馆校书奏折中,具体提出了编纂目录的设想,其后,四库馆总裁一致推举著名学者纪昀和陆锡熊担任总纂官,全面负责《总目》的编纂工作。征集、校阅、撰写提要、选择、编次等工作几乎是同步进行的,其中撰写提要是非常关键的一步,每篇提要的后面,都附有纂修官提出的"应刊刻""应抄录""酌存目""毋庸存目"等意见,总纂官据此再检阅原书,决定各书的录存与否。乾隆原来以为,如此纂办提要,"未免过于繁冗",后来改变了态度,乾隆三十九年七月二十五日谕:"四库全书处进呈总目,于经史子集内分晰应刻、应抄及应存书目三项,各条下俱经撰有提要,将一书原委撮举大凡,并详著书人世次爵里,可以一目了然。"各篇提要经考核审定后,总纂官们便按照经史子集四部分类体例,排纂成编。四部分类法是古代图书分类法中最好的一种,而《四库全书》的分类体系被公认为是最为成熟、最为严密的,《四库全书》按照经史子集四部分类法,部下分类,类下再分子目,计四部四十四类六十六子目,虽然大多沿袭前人成法,却能折衷诸家,自出新意,无论在类目的设置归并,还是在图书的具体归属方面,都有改进和创新。严密的分类体系保证了《四库全书》知识体系的完整性(重要的知识信息大体已经包含在内)和条贯性(使上万种图书组合成一个有机整体,编排有序,极易寻找)。

所以,《四库全书》又当得起一个"精"字。

三、《四库全书》也当得起"实用"二字

《四库全书》成书以后,学人得以利用,特别是杭州的文澜阁和北京的文津阁,查阅、抄录世不经见之重要文献者不绝,还派生出了大量的中小丛书。但由于《四库全书》没有刊刻出版,只抄写了七部,后来又被毁掉三部半,没有充分发挥作用。于是民国以后就提出了影印的动议。

1919年,以叶恭绰等学者为首的中国代表团赴欧美考察,同时参加巴黎和

会,在他们的宣传下,法国巴黎大学首设中国学院,准备向中国政府借用《四库全书》以研究中国传统文化,同年5月,法国总理班乐卫来华,建议退还庚子赔款,用以影印《四库全书》,与此同时,金梁等中国学者也大力倡导,北洋政府总统徐世昌允许影印后分赠法国总统及中国学院,并拟将此事交商务印书馆办理,但由于资金、纸张等问题,未能办成。此后商务印书馆以及章士钊、张学良等多次提出影印《四库全书》,可是由于政府、藏家的阻挠和学术界对《四库全书》价值的评价不一,多次被搁置。

有识之士主张从选印入手。1935年,商务印书馆终于印出了《四库全书珍本初集》。在中断了30多年以后,台湾商务印书馆继续选印《四库全书珍本》,共印出13集,收书1 878种,已超过了《四库全书》收书的一半。于是,他们就一不做,二不休,于1982年筹印整套《文渊阁四库全书》,至1986年出齐,嗣后,上海古籍出版社等复以各种方式影印出版《四库全书》,图书市场上《四库全书》的总销量应已超过2 000套。

《四库全书》影印出版以后受到出乎意料的欢迎的原因主要是,世界上藏有中国古籍的图书馆,没有一个能藏有《四库全书》所收图书的全部原本的,购入一套《四库全书》影印本,对于古籍藏量较小的图书馆来说等于增加了一个中型的古籍图书馆,对于古籍藏量较大的藏书单位来说,则不仅不同程度地补充了古籍品种,还增加了一个便于阅读流通的古籍书库。近现代关于印行《四库全书》的有趣争议,既有政治因素的纠葛,也有传统学术观点的困扰,但最终达到了对其实用价值的共识。《四库全书》的普及,有力地推动了中国传统学术的发展。

所以《四库全书》当得起"实用"二字。

搜罗图书较为完备(信息量大)、品种结构较为合理(信息种类均衡)以及编纂质量较高(信息的优化程度较高),使《四库全书》这个中国古代典籍的特殊群体获得了很高的集合性价值。长期接触古籍的学者都有这样的体会:找古籍先查《四库全书总目》,找古代人物特别是学者文人也可以先查《四库全书总目》,在大多数情况下,《四库全书总目》都不会让你空手而归。这就是《四库全书》的集合性价值在起作用。《四库全书》影印本的普及使其集合价值第一次得到了较为充分的体现和利用。

四、《四库全书》集合性价值
借助现代技术的提升

不管《四库全书》编纂者的意图是什么，不管他们自己是否意识到《四库全书》的最大价值就在于集合，印行后日益显现的集合性价值使之变成了运用现代电子技术将中国古籍数据化的首选对象。

早就听说有人要做《文渊阁四库全书》电子版，我曾想，如果仍按原样以图像扫描配一些书名、篇名、作者索引的方式制作，虽然也有用处，但文献的集合形态依然没有发生革命性的变化，仍无法加以深层次的利用，而如果要做到全文检索，则其间异体字的规范认定工作是极其繁难的。令人惊讶的是，香港迪志公司、中文大学和上海人民出版社的光盘基本上解决了这个问题。他们动员了大批专家来认定并规范由清朝学人手抄的 7 亿个汉字，编制了一套非常实用的程序，将这样一座内容极其丰富的资料宝库数字化，做到可以全文检索的美妙境地。处理《四库全书》数据的过程和方法将成为处理传统文化信息的典范。

经过数据化处理的《四库全书》的集合性价值得到了提升，因为数据库在一定程度上改变了这份巨大文献的集合形态和使用方式，经史子集的构架是它原有的集合形态，在数据库中，这个形态还保留着，但已经不是主要的形态，在数据库中《四库全书》的主要形态是可以用多种方式任意、迅速调用的信息集合态，原来的顺序和条贯已经模糊，现在起作用的是其信息的"全"和"优"。如果换了一部普通的图书，就不会有这样的效果：只要是研究与《四库全书》时代吻合的有关问题，你走进《四库全书》就几乎不会空手而归。

前辈学者陈援庵先生认为，凡作一项学术课题，必须将相关材料全部收集到手，仔细梳理研究，才能做到没有遗憾，其成果也更有价值。陈老自己的一些足以传世的论文，就是这样写出来的。我牢牢地记着这一嘉训。20 世纪 70年代末 80 年代初，为了撰写关于宋代内藏库问题的硕士论文，我几乎翻遍了宋代的史料、文集、笔记乃至类书，后来踏上工作岗位，又写了许多论文，在收

集资料方面仍然不敢疏漏。但即便如此,在文章发表以后,也常常会发现一些先前没有看到的重要资料,或者可以作为更好的观点佐证,或者足以动摇原先的论述,颇感愧疚。

于是我深知,只有沉下心来,大量读书,带着问题逐步积累资料,思考问题,到一定的火候才动笔撰作,方能使自己的学术成果少一点遗憾。

当然,除了下苦功夫以外,读书做学问还要有好的方法,特别是善于使用各种工具,以期取得事半功倍的效果。比如充分利用目录、索引和专科辞典等工具书,即可有效地缩短积累资料的过程,并且搜寻到平时读书不容易见到的资料。可惜目前已经编制出版的索引不多,且仅限于经典名著,而为浩如烟海的全部文献资料编制可供全文检索的索引加以出版,又因为编制的工作量太大、索引的篇幅会超过原文而根本不可能。

看来,不改变古代文献资料的形态,不改变查找资料的方式,我们这一代学人很难赶上老一代学人,因为在他们从小所受的教育中即已打下了比我们更好的基础。

现在我们经过努力,应该可以做到这一点了。

比如我研究和整理朱熹的《八朝名臣言行录》多年,一直想写一篇论文,但由于有许多资料手头没有,又抽不出时间出外访读,总觉得所需的资料尚未完备,难以下笔。有了《文渊阁四库全书》电子版光盘以后,我抱着试试看的心理以各种相关的词汇、短语等为搜索引擎从中寻找有关朱熹《八朝名臣言行录》的资料,结果收获很大,不仅找到了其他学者引用的资料,并纠正了引用中的一些问题,还找到了许多新的材料。在我没有使用《文渊阁四库全书》电子版光盘的时候,已经基本形成了自己的观点,在利用光盘搜索到许多新材料以后,不仅充实了相关的论证,还对原有的观点做了一些修正,如果不使用这些新材料,我的观点就会发生偏差,这是多么危险的事情。除了搜寻材料以外,在写作过程中,遇到人物、年代、史实等方面的问题,如果手边没有合适的史书、工具书可供翻阅,我也利用光盘寻找答案,大多能达到目的。在我整理《八朝名臣言行录》的过程中,需要用大量的宋代文献加以比对,当时因为没有这个光盘,只好将数百种古籍一本一本地借回来,一本一本地翻过去。而在我读校样的时候,已经有《文渊阁四库全书》电子版光盘可供利用,于是数百处疑问足不出户就得到了解决。

但如同任何其他工具书一样,光盘不能解决一切问题。比如,许多有内在联系的资料,却没有相同的外在特征,在光盘里也就不可能同时出现,这就需要将读书与使用光盘结合起来,由此及彼,层层深入,边读边查,边查边读,"天网恢恢,疏而不漏",将问题研究和阐述得更清楚。

五、余　论

1. 同义语场搜索引擎问题

在从《四库全书》等大型文献数据库中索取语词及与之相关的资料时,常常会遇到这样的情况:由于不了解某种概念的表述形式不止一种,而遗漏了相关的重要资料。这对于学术研究是十分不利的。比如《淳化阁帖》,有人又称之为"淳化法帖""阁帖""淳化帖",朱熹的著作《五朝名臣言行录》和《三朝名臣言行录》,古人又常常称之为"朱子名臣言行录""朱熹名臣言行录""名臣言行录""五朝录""三朝录"甚至"言行录",而司马迁又被称为"马迁""史迁""太史公",至于李白被称为"李太白""太白""诗仙",杜甫被称为"杜子美""子美""杜工部""工部"等,是为大家所熟悉的。在大多数的场合,学者或使用者对于一个概念的不同表述方式,是只知其一,不知其二,或者不知其多的。

我将对某种概念的不同表述形式称为"同义语",也可以称为同位语、同价语,"同义语"比一般的同义词更为宽泛。在普通语词中,除了同义词、近义词以外,还包括类义词,比如"死"这个概念,据统计有 600 多种表述形式,而对同一人物、地区、职官、日期、事物、事件等的各种不同的称谓,则更为丰富,简繁异体汉字、同一人物的不同语言的人名表述,也可以视作"同义语"。把各类"同义语"的"一对一""一对多"对应资料加以搜集处理,形成一个"同义语"的集合体,这就是我所说的"同义语场",其实,"同义语场"本身就可以编成一个数据库。

如果《四库全书》数据库能够安装一个相应的同义语场作为搜索引擎,则其集合性价值将得到进一步的提升。

2.《续修四库全书》的数字化问题

在《四库全书》数据库获得巨大成功以后,国内外许多机构和学者都在从事古籍数字化的工作,这是一件好事。但是我想,数字化的对象一定要选准,我们要把有限的资金和人力用在刀口上,特别是那些集合性价值高而又能填补空白的图书上。既能救《四库全书》之偏,又能续《四库全书》以后之古籍的《续修四库全书》应当成为首选。

原载:《文汇报》学林周刊,2005 年 4 月 3 日。

古籍索引及其分类

　　编制古籍索引，在许多学者看来，不是学术研究，只是技术性工作，不值得亲自动手。其实这种看法是很片面的。古籍索引种类多样，有的索引所要提取的条目自然显露，比较容易，但大多数都不那么简单。有许多索引，只有具备了比较深厚的学问根柢，并且学有专攻，才能胜任，而若能在做索引过程中结合学术研究，又一定可以取得许多别人难以取得的成果。当代著名学者，如陈垣、洪业、岑仲勉、傅璇琮等人，都十分重视索引，还亲手编制索引。

　　20 世纪 30 年代至 40 年代，有一个燕京哈佛学社引得编纂处，在短短二十几年的时间里。编纂出版了包括经、史、子、集各种古籍的引得 64 种共 81 册，其中如《春秋经传引得》《四十七种宋人传记综合引得》《杜诗引得》等，在运用科学方法编制古籍索引方面具有开创性质，具有很高的学术价值。而主持这项工作的洪业先生所写的长达数万言的《礼记引得序》，获得了 1937 年度巴黎赠予的茹莲安奖金。聂崇歧、翁独健、周一良等著名学者都曾在引得编纂处工作过，他们在为古籍索引事业做出贡献的同时，也受到了良好的培育，打下了更为扎实的根基。

　　那末，什么是古籍索引，为什么要为古籍编制索引呢？

　　所谓古籍索引，就是以一种、数种或一类、数类古籍为母体，根据需要确定并一一摘取该母体中一种或数种类型的单个信息，一一标明这些信息在索引母体中的位置，按照某种为使用者所熟习的规范序列加以排比的检索工具。这些信息，可以是字、词、文句诗句，也可以是词组、诗文篇名、书名等；这些信息在索引母体中的位置，即我们平时所说的"出处"；"为使用者所熟习的规范序列"，即索引条目的排列方法，通常有笔画、拼音、四角号码等。

如《十三经索引》，索引母体是十三经，索引对象（信息）是十三经中的每一个文句（或诗句），排列方法是笔画，其"为臣而君"条下注"左襄七 7.1938 下"表示"为臣而君"这一文句见于《左传》襄公七年第 7 节，《十三经注疏》第 1938 页下栏。

浩如烟海的中国古籍，形态多样，有比事论事，按照说理的逻辑构成的论著，有纪事见义、大体按照历史发展顺序构成的史籍，有记事抒情的诗文，有描摹世态、虚构成文的小说戏曲，有专供寻检的工具书，等等。旧时的读书人，由于政治环境、文化气氛和教育程序的影响，对上述书籍的种种形态，基本上能够适应。而对于我们现在的读书人来说，就不能完全熟习了。

我们现在利用古籍的目的，也与古人不同。古人当作基础研习、诵读的古籍，现在在许多场合变成了供翻检的资料，如"十三经""十七史"就是最显明的例子。

至于古人的工具书，主要有四类。一为辨析字形、兼及音义的字书，如《说文解字》《玉篇》《康熙字典》；二为审音辨韵、查检押韵用字的韵书，如《切韵》《广韵》《集韵》；三为以探求词义为主的训诂书，如《尔雅》《经典释文》《一切经音义》《经籍籑诂》；四为摘取群书原文，大多按义分类的类书，如《北堂书钞》《太平御览》《玉海》《渊鉴类函》等。这些工具书，编排方式一般有三种：部首、韵目和分类，古人大多熟习这些形式，但由于这些编排方式本身的局限，查找效率也并不高，今天利用这些书籍的人，大多已不能熟练掌握原有的排比方式。

古籍中的工具书，有的仍十分活跃，如《说文解字》《康熙字典》《经籍籑诂》《佩文韵府》等，有的已处于半睡眠状态，如《尔雅》《广雅》《一切经音义》等，有的索性睡去了，很少有人使用。处于半睡眠状态和索性睡去了的古籍，不一定价值很低。那些至今仍十分活跃的古代工具书，其之所以活跃，在很大程度上得力于新编的索引，可以想象，《佩文韵府》这部书如果没有商务印书馆编附的厚厚一册的四角号码词条索引，也会沉睡不醒的。唤醒这些书，使其中有价值的部分得到充分利用，最好的办法就是：为之编制适当的索引。前几年，上海古籍出版社出版了《尔雅义疏》《广雅疏证》《方言笺疏》《释名疏证补》四种重要的训诂古籍，为学界提供了新的容易见到的版本，但由于当时没有为之编制一份被释词的索引,使用者仍感不便,也就无法使这些书得到充分的利用,现在该出版社正在印制一种附有四种书综合索引的缩印本,出版以后一定会倍受欢迎。

总之,不管是古籍中的论著、史籍、创作,还是工具书,为了消除时代的隔膜,为了达到我们不同于古人的使用目的,为了提高使用的效率,都要设法为之编制合适的索引。

古籍索引,除了可以使各种古籍中的内容变得易于查找以外,还有更重要的功用。可以有助于理解和整理古籍;有助于充分吸收古人的研究成果,使研究起点更高;更有助于挖掘古代文献的宝藏,开拓新的研究领域,在古籍索引的编纂过程中常会在学术上有新的发现。

古籍索引可以分成两个大类:专书索引和专题索引。

以一种或数种古籍为索引母体的古籍索引叫作专书索引。专书索引按其所取索引对象的外在特征的不同,可以分成字引、词引、句引、篇引四大类,其中词引最复杂,又可以分为工具性图书的标目索引、专有名词索引(人名、地名、书名)、一般选择性词汇索引三种。

以一类或数类古籍为索引母体,为某一专题而编制的古籍索引,叫作专题索引,有人物室名别号索引、传记资料索引、交往诗索引、版本题记索引、断代研究系列索引等。

专书索引和专题索引的最大区别在于,专书索引是索引母体有限型的,为一种古籍或多种古籍服务,其服务对象不可扩展,如《宋史人名索引》,只为《宋史》服务,又如《四十七种宋代传记综合引得》,只为四十七种古籍服务,而专题索引则是索引母体无限型的,如人物室名别号索引,编制者可以取自 100 种书,也可以取自 200 种书,又如《宋人传记资料索引》已经取了 505 种古籍,还可以不断扩展。专书索引可以附于索引母体之后,也可以独立成书,专题索引只能独立成书。

现将笔者拟订的古籍索引分类体系列于下。

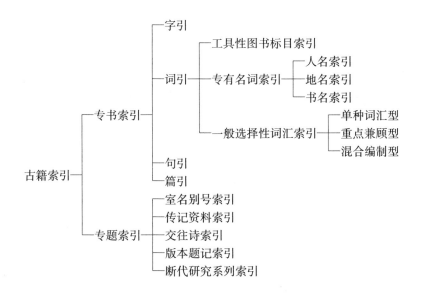

原载：《古旧书讯》1989 年第 3 期，第 23—26 页。

附记：

　　1988 年至 1990 年，我曾应邀在华东师范大学古籍整理研究所为研究生讲授《古籍索引学》和《古籍类书通论》两门课程，讲义迄今未整理发表。本文是《古籍索引学》的开首部分。

略论文史工具书检索方式的选择

　　研究古籍，必须逐步采用现代进步手段，否则难以超迈前人。文史工具书的成批问世，就是走向研究方式现代化的开端。编纂任何一种文史工具书，都要遇到检索方式的选择问题。据估计，近现代出现的汉字检索法方案大约有四五百种，而目前最常用的有三种，即部首配笔画（或笔画含部首、笔画、分解笔画）、汉语拼音音序和四角号码。关于这三大方式的优劣的讨论，已经十分热闹，至今仍有许多争议。本文不拟讨论何种方式最科学、最完善的问题，只想从其掌握的难易和查检的快慢两个方面，略作探讨，并揭示影响一种检索方式查检快慢的一个重要因素。

　　有人认为，部首配笔画，人人能懂，最大众化，只要认得字，就能查，不必专门学。这种看法是片面的。部首排列方法，创自东汉许慎《说文解字》，是对汉字结构作长期、深入研究的结果，是传统文字学即小学的重要方面。后起的字书，大多仿效《说文解字》而有所变化。如果不稍知一点"小学"理论，对于一字取何部首，查找时常常难以吃准。由此派生的纯按笔画排列的方法，似乎更为简单，但同笔画的字有时多至数百个，其间又只能按部首排列，仍不易找寻。有些字的笔画数亦很难确定，更增加了困难。近年出现的分解笔画法，即同一笔画数内按横、竖、撇、点起等排列的方法，则比传统方法要省便多了。

　　音序排列法的采用也很早，隋陆法言《切韵》就是一例。不过古代的音序法是依韵排列的，如《佩文韵府》等所收的词汇，必须依最后一个字的韵母去查，叫作倒序法。这种方法是建筑在对汉字声韵的研究归纳的基础之上的，也是传统文字学即小学理论的一个重要方面，比有关字形的学问更为深奥，掌握更为不易。现代的音序法已有汉语拼音方案为依据，按字母先后排列，即先声后韵,已极便查检。但这种方法还是有很大的局限性,我们每个人所识的字都很有限,而文史工具书所涉及的字要比一般辞书多得多,因此除了查认识的字的义项以外,对于不认识的或拼不准的字,就一筹莫展了。举例来说,搞文史研究工作的人或许能比常人多识得二千个字,常人一般识三千字,我们识五千字,那么同即将出版的《汉语大字典》的六万字相比,只是十二分之一而已。也就是说,每翻出字典的一面,在十个左右的字头中,我们能认识其中一个就不错了。

四角号码检字法是后起的,这种方法只建筑在对字形的归纳整理上,同汉字构造理论没有多大关系,亦不顾及字义、字音和部首,不依托于任何一门系统而深奥的学问。因为这一点,四角号码就被一些人看作是不登大雅之堂的东西。但也正是这一点,却又为这种方法带来了一大优点,即编排者和使用者都不必具备文字音韵学知识,因而易于掌握。

判别一种检索方法的优劣,不必看其是否建筑于某一门系统学问,因而带有较强的"科学性",而应看其是否容易掌握,是否查检快速,是否能被最大多数的人所使用。英语词典,只以26个字母顺序排列,不含有其他学问,因而只要掌握了26个字母的顺序就能使用。检索方式本身只是手段,不是目的,查找过程只须顾及形式,这个道理是很容易明白的。本来,汉语拼音音序可以同英语字母顺序起相同的作用,但目前它还只是辅助的,汉语工具书的字头仍只能用汉字,所以在完全实现汉语拼音化之前,四角号码可以起到如同外语字母表那样的作用。

四角号码检字法之所以比其他方法好,不仅在于容易掌握,更在于查检快速。这里不准备涉及某种检索方法自身缺陷的问题,因为每一种方法都有局限性,四角号码也不例外。一种检索方法的查检速度,在很大程度上取决于其"索引单位"的大小。我所说的"索引单位",是指构成一种检索体系的最小单位。当你查阅某一种工具书时,总要先在头脑里按照这种工具书所采取的检索方法,确定你所需要查找的字(词)在该书中的位置,这个位置就是索引单位。"索引单位的大小"则是指一个索引单位所含的条目的多少。一类部首、一种笔画数(或一种笔画数中分首笔起后的单位)、一个汉语拼音音节(分四声)、一个四角号码(包括附角)都可以成为一个索引单位。

显然，一个索引单位所包含的条目数愈少，查检就愈快。经验证明，在翻到了你所须检索的那个字（词）的位置（即索引单位）以后，如果这个索引单位所包含的条目在五个以内，那末你一眼就可以捕捉到你所需要的条目，十个左右，上下两眼也可解决，十个以上，就需要逐条往下看了，三十个以上，只看一遍已容易遗漏。

我曾将《辞海》的分解笔画、汉语拼音和四角号码三种检字表的索引单位总数及其每个索引单位所包含的平均字数等做了统计，结果如下表：

总字数：14 872

	索引单位总数	每单位平均含字数	每单位最大含字数
分解笔画	388	38.33	287
汉语拼音	1 357	10.96	195
四角号码	7 705	1.93	79

由表可见，四角号码检字索引单位总数是分解笔画的二十倍，是汉语拼音的五倍半，其单位平均含字数则分别为分解笔画的二十分之一、汉语拼音的五分之一弱，仅有两字不到，每单位最大含字数相差也很悬殊。索引单位总数多，每个单位所含的条目少，这就是四角号码法检索速度快的秘密。

顺便说一下，《辞海》所附的"分解笔画"检字表是笔画法中最先进的了，有不少工具书，至今尚用仅分笔画数的笔画检字表作为查检手段，整个检索体系仅三十来个索引单位，在总数为三四千字的检字表中，常用的八至十四画的字，每种都有三百个左右，查检一字常需倒过去倒过来读好几遍，令人头疼。对于编纂者来说，编这种仅有三十个左右索引单位的检字表其实也并不省力，因为同笔画的字也不能杂乱无章地排列，仍须按部首排"暗序"，排这种"暗序"比排首笔起的明序更费事，而对于使用者来说，利用价值却不是很大。比如《说文解字》和《说文解字注》的新编检字表，共有九千多字，其中属于十二划的字竟达九百余个，查检太不方便了。

所以我认为文史工具书的检索方法应尽量采用四角号码，为了照顾多种读者的需要，又可以附以笔画和汉语拼音检字表，其中的笔画检字表一定要用分首笔起的分解笔画法。至于包含字头较少而又较常用的其他工具书，如供中小学生和科技人员用的工具书,则不一定非用四角号码不可。

以上是个人的一点粗浅想法,希望得到指教。

原载:《古籍整理出版情况简报》144 期,

1985 年 8 月 10 日,第 7—10 页。

"人定胜天"语义演变
历史考察长编

　　"人定胜天,天定胜人",这一种观念、这一对成语,自从在春秋时代产生以来,历代使用频率极高,特别是唐宋以后,虽然理解各异,各种不同的解释都无一例外地成为一种有力的思想武器。

　　各种成语词典,都将"人定胜天"定义为"人力可以战胜自然",《辞源》同《辞海》的解释是"谓人的意志和力量可以战胜自然",《中国成语大辞典》和《辞海》并将"人定"解释为"人谋"。至于例证或语源,则多引宋代刘过《龙州集·襄阳歌》"人定兮胜天,半壁久无胡日月",《逸周书·文传》"兵强胜人,人强胜天",等等①。其间留有不少疑问,下面将随文予以辨析。

　　此语近年颇受关注,亦有许多文章探讨和论述,但多侧重于对人类能否战胜自然的思想内涵和纯粹语言学方面及对"定"字的正确解释等问题的探讨上②,而在语源、本义、流变、运用等方面尚有全面梳理分析之余地。

---

① 王涛等编:《中国成语大辞典》第一版:人定,人谋。上海辞书出版社,2007年,第880页。即人力可以战胜自然;宋刘过《龙州集·襄阳歌》:"人定兮胜天,半壁重开新日月。"《喻世明言》卷九:"又有犯着恶相的,却因心地端正,肯积阴功,反祸为福。此是人定胜天,非相法之不灵也。"徐特立《怎样发展我们的自然科学》:"只知道天定胜人,而不知道还有人定胜天,同样是错误的。"

② 从思想内涵角度研究的如:郭建荣《"人定胜天"的变迁》(《自然辩证法研究》1989年第4期)认为"人定胜天"这个命题,是人类千百年来对人天关系探索的一种现代表述;张涅《"人定胜天"思想的历史查考和认识》(《东岳论丛》2000年第2期)认为,关于"天人关系"的理论是中国思想文化史中的重要内容之一。然而,自西周以来,中国思想文化史上只有体现经验理性的"天人之分"思想,而不存在所谓"人定胜天"的论说。以往论者认为荀子、王充、柳宗元、刘禹锡等人是阐述"人定胜天"思想的代表人物,这其实是对他们有关论述的误读和歪曲。自本世纪初以来,特别是新中国建国以来"人定胜天"口号的走红,固有其特定的原因或某种意义上的现实作用,但这并不能说明其就是正确的。事实上,"人定胜天"思想是神话思维和现代政治激情相互作用的产物,它在理论上是错误的,在实践中也为害不浅。学术界人士所以误读,除了附庸政治的原因外,还在于没有辨清"天"、"胜"等概念的涵义。新中国建国以来的辞书(包括最为权威的各种新老版本的《辞源》、《辞海》、《汉语大辞典》等)关于这一辞条的引证均系误读曲解,就是明证。现在,这一错误仍未得到纠正;罗见今《对"人定胜天"的历史反思》(《自然辩证法通讯》2001年第5期)认为50年代始（转下页）

笔者曾于 2008 年 7 月 20 日在《文汇报》学林版发表《"人定胜天"语义的演变》一文,探讨此问题,但当时因为限于篇幅,未能充分展开,亦不便作大量引述。今在此排比材料,详加论证,虽有一孔之见,如指出"人定胜天"的语源有多种形态,研究"人定胜天"必须同时研究"天定胜人",在一段很长的时间里,"人定胜天"是反面的,"天定胜人"才是正面的,等等,但不敢说已可作定论,谨将此文当作一份论文材料长编,以就教于学界。

一、毒咒般的预言和语重心长的政治嘱托: "人众者胜天,天定亦能破人""兵强胜 人,人强胜天"——语源及其原形、原义

"人定胜天"这一成语是由诸多熟语形态逐步演变定型的,与此语相对应而且常常不可分离的则是"天定胜人",所以讨论"人定胜天"必须同时讨论"天定胜人"。

语源之一：毒咒般的预言

《史记·伍子胥列传》讲述了一个著名的故事:

> 始伍员与申包胥为交,员之亡也,谓包胥曰:"我必覆楚。"包胥曰:"我必存之。"及吴兵入郢,伍子胥求昭王。既不得,乃掘楚平王墓,出其尸,鞭之三百,然后已。申包胥亡于山中,使人谓子胥曰:"子之报雠,其以甚乎! 吾闻之,人众者胜天,天定亦能破人。今子故平王之臣,亲北面而事之,今

(接上页)在事实上作为指导思想的"人定胜天",阉割和窜改了古人的原意(其中"定"不是"必定","胜"不是"战胜"),成为反自然、反科学的口号,对生态环境大规模灾难性的破坏,起到直接的作用,必须引起深刻的反思;张安礼《简析荀子"人定胜天"思想的内涵及其影响》(《福建资讯技术》2011 年第 1 期)认为"人定胜天"思想是荀子思想体系的哲学基础。指出"人定胜天"思想不仅在当时具有一定的进步意义,而且对后世也产生了积极的影响;周桂钿《释"人定胜天"——兼论中国传统价值观的现代意义及其转换》(《东南大学学报(哲学社会科学版)》2004 年 1 月第 6 卷第 1 期)认为按照中国传统思想来解释,"人定胜天"不同于西方文化中的"征服自然"与"优胜劣汰"。中国的"人定胜天"有胜天命,利用自然为人类造福,建立社会秩序与创造人类文明等几个方面的意义,强调人与自然和谐共存以及人际关系的和平共处,其中包括保护弱者的内容。人类如果无限制地盲目征服自然,强者淘汰弱者,那么人类可能成为当代恐龙,从地球上灭绝。

至于僇死人，此岂其无天道之极乎?"伍子胥曰:"为我谢申包胥曰:吾日暮途远,吾故倒行而逆施之。"①

申包胥所说的"人众者胜天,天定亦能破人",就是后来的"人定胜天"和"天定胜人"这一对成语的语源。其涵义正如《史记正义》所揭示的,"申包胥言,闻人众者虽一时凶暴胜天,及天降其凶,亦破于强暴之人"②。申包胥的"吾闻之",表明这是一句他听到过的话,或者这是一句广为流传的名言,或者是一句经典的古训,并非其个人创造,所以这句话的起源应该更早。

在申包胥这一切齿之声可闻的毒咒般的话语发出以后,不久就有了最直接的结局:

> 于是,申包胥走秦告急,求救于秦。秦不许。包胥立于秦廷,昼夜哭,七日七夜不绝其声。秦哀公怜之,曰:"楚虽无道,有臣若是,可无存乎!"乃遣车五百乘救楚击吴。六月,败吴兵于稷。③

申包胥实现了自己"必存楚"的誓言,而"人众者胜天,天定亦能破人"的预言也得到了实现。

人可以凭借人多势众,逆天理而行,一时得逞,但一旦老天安定下来,一定能拨乱反正,击破强暴之人。这就是"人众者胜天,天定亦能破人"的原始涵义。

《史记》是西汉司马迁的著作,司马迁的父亲司马谈曾任太史令,管理朝廷图书档案,司马迁继任此职,得以阅读金匮石室之书,其记载必有所本,除了古代图籍的依据之外,司马迁还做了大量的实地考察和调查,申包胥与伍子胥的对话,当时一定流传极广,典籍记载和口耳相传都会有。所以完全可以将《史记》的记载看作是春秋时代的真实情形。

---

① 汉司马迁:《史记》卷六六,中华书局,1959 年,第 7 册,第 2176 页。
② 《史记》卷六六,第 7 册,第 2177 页。
③ 同上。

语源之二：语重心长的政治嘱托

《逸周书》卷三《文传解》第二十五：

> 文王授命之九年，时维暮春，在鄗。太子发曰："吾语汝所保所守，守之哉！厚德广惠，忠信爱人，君子之行。……兵强胜人，人强胜天。能制其有者，则能制人之有。不能制其有者，则人制之。令行禁止，王始也。……"①

此处的"兵强胜人，人强胜天"，也被认为是"人定胜天"的一个语源②。晋人孔晁注云："胜天，胜有天命。"意思是胜天乃是得到天命。文中的"太子发曰"前，唐宋类书《艺文类聚》和《太平御览》编录相关文段，均有"召"字，也就是说，以下这些话是周文王对太子发（即后来的周武王）说的。"兵强胜人"强调的是整治武备，只有军队强大了，才能战胜敌人，"人强胜天"强调的是自身的力量积聚和修为积累，到一定时候，就能赢得天命，也就是颠覆商朝，革故鼎新。后面几句话中的"有"字很重要，"能制其有者，则能制人之有。不能制其有者，则人制之"，"有"就是丰沛的粮草器物、强大的军队等，能达到"有"并以良好的组织机制和思想观念去加以控制，就能够将对手的"有"变成自己的"有"，反之则不然。所以在这段话的最后文王要强调"令行禁止"，也就是威福独御，上下一心，这就是"制"。

《逸周书》，一称《周书》，中国古代的历史文献汇编，内容主要属周代，古人认为是孔子整理《尚书·周书》后的逸篇，因称《逸周书》。《逸周书》实际上是几篇周代文献加上战国时期各学派撰写的30余篇文献，汉代撰写的几篇文献，以及晋以后从古文献中补缀的几篇文献构成的，书中有些篇章，从春秋战国到汉代常被引用。这部著作虽然形成和流传过程并不清晰，难以说是原汁原味的上古文献，但其一部分源出于上古文献，则是为大多数学者所认同的，故以此作为"人定胜天"的一个语源，应该亦是可以的。甚至可以说，申包胥所

---

① 黄怀信等校注：《逸周书汇校集注（修订本）》卷一五，上海古籍出版社，2007年，上册，第236—249页。

② 如前注《辞源》"人定胜天"条：《逸周书》"人强胜天"亦此意。

言之上半句,或源出于此。后人对《逸周书》此语的引述和阐发,见于唐代的亢仓子和白居易,宋代仅有《太平御览》等类书加以编录。

《史记·伍子胥列传》和《逸周书·文传解》这两处"人定胜天"语源中的"天",都是天命的意思,是包括自然界和社会的规律在内的。胜天的起始涵义似乎并不包含战胜自然界的意思。

二、"蔼蔼昊天,无不克巩";"既克有定,靡人弗胜"——"人定胜天"之原形原义的语源、思想之源与相近时代的不同表述

在先秦文献中,涉及天与人之关系的内容很多。申包胥在给伍子胥带去"人众者胜天,天定亦能破人"的毒咒时,有"吾闻之"的说明,我们虽然无法找到与申包胥完全相同的话语,但可以找到相近的思想和类似的表述。

《诗 经》

《诗经·小雅·正月》:

> 瞻彼中林,侯薪侯蒸。民今方殆,视天梦梦。既克有定,靡人弗胜。有皇上帝,伊谁云憎![1]

朱熹《诗集传》:

> 侯,维也。中林之木,莫不摧毁,而维薪蒸在焉,其残之也甚矣。幽王播其虐于天下,大家世族,散为皂隶,亦犹是也。民方在危殆之中,视天梦梦,若无能为。不知此天理之未定故也。盖天地之间,阴阳相荡,高下相

---

[1] 高亨《诗经今注》解题:"作者是西周王朝的官吏。他指责统治贵族的昏庸腐朽与残暴,悲悼王朝的沦亡,怨恨上天给人民带来灾难,忧伤自己的遭受谗毁,处于孤立无援的境地。"(上海古籍出版社,2009年,第2版,第274页)

倾，大小相使，此治乱祸福之所从生也。方其未定，何所不至！及其既定，人未有不为天所胜者。申包胥曰：人众则胜天，天定亦能胜人。而老子以为：天网恢恢，疏而不失。不然，天岂有所憎而祸之耶？适当其未定故耳。①

"民今方殆，视天梦梦。既克有定，靡人弗胜"，这几句诗确实可以被认为是申包胥"人众者胜天，天定亦能破人"的来源，"民今方殆，视天梦梦"，就是"人众者胜天"，"既克有定，靡人弗胜"则是"天定亦能破人"。此点不仅朱熹这样认为，宋杨简、王应麟，元刘瑾，明王祎等均持同样的看法②。

又《诗经·大雅·瞻卬》"藐藐昊天，无不克巩"③，也是讲的上天战无不胜的意思，宋王应麟、明王祎等也认为是申包胥语的一个源④。

《老　子》

《老子》七十三章："天之道，不争而善胜，不言而善应，不召而自来，绰然而善谋。天网恢恢，疏而不失。"⑤又《老子》五章："天地不仁，以万物为刍狗；圣人不仁，以百姓为刍狗。"⑥"天地不仁"，亦犹《诗经》之"视天梦梦"。又《老子》第七十九章"天道无亲，常与善人"⑦，其涵义也是与申包胥之语相通的。

"天地不仁"，"天之道，不争而善胜"，"天网恢恢，疏而不失"。老子的这些

---

① 宋朱熹：《诗集传》卷一一，《朱子全书》，上海古籍出版社，2010年，第1册，第428页。
② 宋杨简《慈湖诗传》卷一二《小雅二》："民力在危殆之中，视天梦梦，若无能为者。不知此天理之未定故也。方其未定，何所不至，及其既定，人未有不为天所胜者。申包胥曰：'人众能胜天，天定亦能胜人。'有皇上帝，憎谁耶？憎善人耶？憎恶人也！则恶人终于祸败矣。"（《景印文渊阁四库全书》，台北商务印书馆，1986年，第73册，第180—181页）宋王应麟《困学纪闻》卷三《诗》："'既克有定，靡人弗胜。'言天之胜人也。'藐藐昊天，无不克巩。'言天之终定也。申包胥曰：'人众者胜天。'人曷尝能胜天哉！天定有迟速耳。《诗》所以明天理也，故不云人胜天。"（上海古籍出版社，2008年，上册，第364页）元刘瑾《诗传通释》卷一一《诗朱子集传》："民方危殆疾痛，号诉于天，而视天反梦梦然若无意于分别善恶者。然此特值其未定之时耳，及其既定，则未有不为天所胜者也，夫天岂有所憎而祸之乎！福善祸淫，亦自然之理而已。申包胥曰：'人众则胜天，天定亦能胜人。'疑出于此。"（《景印文渊阁四库全书》，第76册，第548页）明王祎《王忠文集》卷一七《书友人解嘲后》："《诗》所谓'既克有定，靡人弗胜'者，言天之胜人也；'藐藐昊天，无不克巩'者，言天之终定也。而或者以为人众能胜天。人曷能胜天哉！天定有迟速尔。古之君子，不敢取必于天，而况蕲知于人乎！"（《景印文渊阁四库全书》，第165册，第342页）
③ 高亨：《诗经今注》，第469页。
④ 见上引注②王应麟、王祎语。
⑤ 陈鼓应：《老子注译及评介（增补修订版）》，中华书局，2009年，第322页。
⑥ 《老子注译及评介（增补修订版）》，第17页。
⑦ 《老子注译及评介（增补修订版）》，第340页。

话,应该是为时人所熟知的,也与"人众胜天,天定胜人"的涵义相通。

《周　易》

古代的一些学者还将《周易》中的某些思想与申包胥的话联系起来。宋林栗论述《周易》剥卦和复卦的时候说:

> 故子曰:"七日来复,天行也。"凡《象》曰消长之义,夫子每以"天行"释之,以为必至之理也。"利有攸往,刚长也。"言自复之临,自临之泰也,不利于剥,则利于复可知矣。故又曰:"复其见天地之心乎?"方其未复也,天地闭塞,万物摧残,贤愚易其位,善恶乖其应,若无天理,惟人自为耳。故老聃氏有"天地不仁"之说,而申包胥有"人众胜天"之语。方此时也,天地之心何自而见哉?及其复也,阳气动乎地中,一草一木,稍有芽蘖之意,其及物也几何,而天地之心,生成之德,已自可见矣。天地者,万物之父母;人君者,万民之天地也。方其剥也,苛政以残之,重敛以困之,用其所恶,弃其所好,民未有不以为厉己也。及其复也,用一贤,去一佞,发一政,施一令,其利泽曾未几何,而人民爱物之心已自可见矣。天下之人必曰:吾君仁圣如此,但为小人所误耳。故曰:"复其见天地之心乎?"由是言之,凡世人所谓善恶无报,天道难期者,皆由否剥之世而论天地也。天地之大德曰生,至复而后心可见矣。圣人于此见天地之心,而愚于此见圣人之意也。不其然乎![1]

《周易》中之"天行""复其见天地之心乎",与申包胥的话语确实有一定的内在联系,在天地之心未复之时,"人众胜天",及其复也,则"天定胜人"矣。以复之论与"人定胜天,天定胜人"并与人的遭遇相联系者颇多[2]。

又清人释《周易》泰卦"九三,无平不陂,无往不复,艰贞无咎,勿恤其孚,于

---

[1]　宋林栗:《周易经传集解》卷一二《剥、复》,《景印文渊阁四库全书》,第12册,第164—166页。

[2]　如《山西通志》卷一九八《艺文·明十七·碑碣八》费宏《韩忠定公墓碑铭》:"士有负正气,怀直道,愤世嫉邪,以身犯难,婴龙鳞,撩虎尾,不少顾恤。虽贴危濒死,得奇祸于一时,然高风大节,天下仰之,后世颂之,视彼脂韦涊沤,丧名辱身,以苟目前之富贵者,其品流区别,已相什佰。况天定胜人,剥终必复,其名位福履,分所当得者,卒之若持券取偿,无一缺焉。岂非所谓君子以得福为常,而得祸为不幸耶?"(《景印文渊阁四库全书》,第548册,第470页)

食有福"曰：

> 将过乎中，泰将极而否欲来，此平陂往复之定数也，孚之可恤者也，圣人示之以艰贞，内兢业，外慎重，人事直无可咎，庶孚不必恤，而福可常亨。天定胜人，人定亦胜天也。①

这里的人定胜天是"圣人示之以艰贞，内兢业，外慎重，人事直无可咎，庶孚不必恤，而福可常亨"的意思，是一种积极的涵义。

《尚 书》

宋人胡士行《尚书详解》卷二阐释《尚书·大禹谟》"人心惟危，道心惟微。惟精惟一，允执厥中"，亦与"人众胜天，天定胜人"联系起来：

> 舜之三言，所以释尧之一言也。治天下国家之要，无余蕴矣。吕云：人心，私心也；道心，善心也。或云：人心危则道心微，人众而胜天也；精一执中，则天定而胜人矣。或云：危溺于卑污为不及，申、韩是也；微荡于高虚为太过，老、庄是也。中则无过不及而不危微矣。②

他认为人心危、道心微是私欲、恶欲膨胀，善心、正义暂时被遮掩和遏制，也就是申包胥所说的人众胜天的状态，而精一执中、无过无不及，是迷雾被廓清，老天又睁开了眼睛，恶欲和恶人则被遏制和战胜了。

南宋李椿，孝宗时为司农卿，上奏论收复中原之事，引用"人众者胜天，天定亦能胜人"之语，并与《尚书·大禹谟》"惟德动天，无远弗届。满招损，谦受益。时乃天道"之论相联系，以为修德用贤，"自然天意悦于上，人情协于下"③。

---

① 清傅以渐、曹本荣：《易经通注》卷二，《景印文渊阁四库全书》，第 37 册，第 37 页。
② 宋胡士奇：《尚书详解》卷二，《景印文渊阁四库全书》，第 60 册，第 305 页。
③ 明黄淮、杨士奇编：《历代名臣奏议》卷三四九《夷狄》，李椿奏："夫力行者远无不至，真积者隐无不彰，终之帝德升闻，天鉴昭格，渠魁送死，授首穷荒，余党悉平，归心大化。是知人众者胜天，天定亦能胜人，非虚语也。《书》曰：'惟德动天，无远弗届。满招损，谦受益。时乃天道。'臣愚伏愿陛下，观天道为甚迩，信圣言为易行，推其所既为，增其所未至，内以修德为本，外以用贤为助，自然天意悦于上，人情协于下，虽以之扫清中原，克复境土，宜无难者。区区小羌，顾何足为陛下道哉！"（上海古籍出版社，1989 年，第 5 册，第 4761 页）

《庄 子》

庄子之年代晚于申包胥 100 多年，而庄子的某些论述，也被与之联系起来。宋人林希逸《庄子鬳斋口义》引《庄子·秋水第十七》：

> 蛇谓风曰："予动吾脊胁而行，则有似也。今子蓬蓬然起于北海，蓬蓬然入于南海，而似无有，何也？"风曰："然。予蓬蓬然起于北海而入于南海也。然而指我则胜我，鳍我亦胜我。虽然，夫折大木，蜚大屋者，唯我能也。故以众小不胜为大胜也。为大胜者，唯圣人能之。"

林希逸阐释说：

> 有似，有可见之像也。蓬蓬然，风声也。指我，以手指风也；鳍我，以足践风也。就风之中又添说个小不胜大胜，愈见奇特，即人众胜天，天定胜人之意。小虽不胜而大胜，则万物孰能出于造化之外哉！自然而然者，物物不可违也。①

清人焦袁喜有同样的见解：

> 《庄子》论风，以众小不胜为大胜者，亦可以见天定胜人之理。后世暴桀之徒，肆其毒虐，而享有天物，诚若无可谁何。然其子孙，得祸之烈，有什伯于羿夐者。则天之所以为大胜者，固自在也。至其中不齐之故，未易究推，要皆小不胜之类耳。以其小者，疑其大者，奚可哉！②

《荀 子》

《荀子·天论篇第十七》详细论述天与人的问题，有曰："大天而思之，孰与物畜而制之？从天而颂之，孰与制天命而用之？望时而待之，孰与应物而使

---

① 宋林希逸著，周启成校注：《庄子鬳斋口义校注》卷六外篇第十七，中华书局，1997 年，第 271 页。
② 清焦袁熹：《此木轩四书说》卷六，《景印文渊阁四库全书》，第 210 册，第 600 页。

之……"①其中的"制天命而用之",被认为是现代"人定胜天"思想的雏形②。从"人定胜天"思想的一定历史时期的一种理解的思想源头而论,可以这么说。但从文献和语词的来源而论,似乎不是这么一回事。荀子生活的年代晚于伍子胥 200 多年,如果可以证明申包胥的话是"人定胜天"一语的主要语源的话(本文正是力图证成此点),那么就很难说荀子之论为"人定胜天"思想之源。关于此点,论者颇多,见前注所引。

有一种误解,以为申包胥之语出自《荀子》。宋潘自牧所撰类书《记纂渊海》卷五七"论议部"列出"物极必反"的标目,引文中有《荀子》"人众者胜天,天定亦能应人"③。但事实上《荀子》中并没有这句话,而且荀子的年代晚于申包胥近 200 年,不可能成为申包胥之语的来源。不过上述《荀子·天论篇》以及《荀子·劝学篇》中的论述:"是故权利不能倾也,群众不能移也,天下不能荡也。生乎由是,死乎由是,夫是之谓德操。德操然后能定,能定然后能应,夫是之谓成人。天见其明,地见其光,君子贵其全也。"④不知道是否与潘自牧的误解有关。

对"定"字的理解

在"人定胜天,天定胜人"这一对成语中,对"定"字的理解非常重要。

---

① 王海天校释:《荀子校释》卷一一《天论篇第十七》,上海古籍出版社,2005 年,下册,第 694 页。
② 如金炳华主编《哲学大辞典(分类修订本)》(上海辞书出版社,2007 年)"人定胜天"条:"中国哲学史用语。人定,犹言人谋。指人力可以战胜自然,人们可以自己掌握自己的命运。战国荀子主张'制天命而用之'(《荀子·天论》),为人定胜天思想的雏形。南宋刘过《襄阳歌》有'人定兮胜天'之句。"(下册,第 1173 页)南宋著名学者叶适不同意《荀子》之论,《习学记言》卷四四《荀子》:"又曰:'大天而思之,孰与物畜而制之;从天而颂之,孰与制天命而用之。'按,孔子曰:'大哉!尧之为君也。惟天为大,惟尧则之。'是尧未尝物畜而制之也。《诗》曰:'不识不知,顺帝之则。'是文王未尝制天命而用之也。详考荀卿之说,直以人不能自为而听于天者不可也。然则人能自为而不听于天可乎? 武王曰:'惟天阴骘下民,相协厥居,尧舜传之,至于周矣。'然则谓人之所自为而天无预也可乎?"(《景印文渊阁四库全书》,第 849 册,第 471—472 页)将荀子之言与"人定胜天"联系起来论述的文章颇多,如张安礼《简析荀子"人定胜天"思想的内涵及其影响》(《福建资讯技术》2011 年第 1 期)认为"人定胜天"思想是荀子思想体系的哲学基础。张松辉《荀子人定胜天思想的缺陷》(南阳师专《南都学坛》1987 年第 1 期)认为荀子的"制天命而用之"这一人定胜天思想,虽然有其积极的一面,但如果作为一个哲学命题来看,又有其不合理的一面。雷庆翼《"人定胜天"是对荀子天论的误解》(《学术研究》1997 年第 11 期)则认为:对荀子《天论》"制天命而用之",人们往往理解为人可以制服天命,战胜天命,然而荀子并不是这个意思。
③ 宋潘自牧:《记纂渊海》卷五七《议论部》,《景印文渊阁四库全书》,第 930 册,第 617 页。
④ 《荀子校释》卷一《劝学篇第一》,上册,第 42 页。

《易·家人》:"正家而天下定矣。"《书·金縢》:"用能定尔子孙于下地。"①
"定"均为安定之意。《说文》:"定,安也。"《尔雅·释诂》:"定,止也。"②《诗·六
月》:"以定王国。"此字之本义也。以正道统宇内,即得安定也。马叙伦《说文
解字六书疏证》以为定为宁之转注字,亦引《诗·六月》"以定王国",以为与
《易·乾》"万国咸宁"同;又《礼记·曲礼》"昏定而晨省",与《诗·葛覃》之"归
宁父母"同。戴家祥主编《金文大字典》上引《诗·采薇》"我戍未定",《诗·节
南山》"乱靡有定",郑笺均释定为止也。止为定之原意可信。

在《大学》中有一段非常著名的话:"大学之道,在明明德,在亲民,在止于
至善。知止而后有定,定而后能静,静而后能安,安而后能虑,虑而后能得。物
有本末,事有终始,知所先后,则近道矣。"③从中可以充分理解定字的原始
涵义。

三、强调"天定胜人"的原义路线和
强调"人定胜天"的变义路线——
后世的理解和运用

后世对《逸周书》所载周文王"兵强胜人,人强胜天"和《史记》所载申包胥
"人众者胜天,天定亦能破人"屡有引用,而且产生了许多不同的理解。

后世的"人定胜天"实际上是从宋元以后由申包胥"人众者胜天,天定亦能
破人"衍变而来的,但明清以后人所理解的意义,则似乎更接近于《逸周书》周
文王之语。

白居易和亢仓子对"人强胜天"的阐释:水旱由天,理乱由人

历代对"兵强胜人,人强胜天"的引用和阐释比较少,由《四库全书》所见,
除直接袭用《逸周书》者外,有唐人白居易和亢仓子两位,其余则是引用白居易
和亢仓子。

---

① 汉孔安国传,唐孔颖达正义,黄怀信整理:《尚书正义》,上海古籍出版社,2010 年,第 496 页。
② 晋郭璞注,宋邢昺疏,王世伟整理:《尔雅注疏》,上海古籍出版社,2010 年,第 59 页。
③ 宋朱熹:《四书章句集注》,中华书局,1983 年,上册,第 3 页。

元和元年,白居易与元稹等将应制举,"退居于上都华阳观,闭户累月,揣摩当代之事,构成策目七十五门。及微之首登科,予次焉。凡所应对者,百不用一二,其余自以精力所致,不能捐弃,次而集之,分为四卷",这就是《白居易集》中的《策林》,自拟题,自作答,一如今日之考试准备。其一之十八《辨水旱之灾明存救之术》设问云:

> 问:"狂常雨若,僭常旸若。"此言政教失道,必感于天也。又尧之水九年,汤之旱七年,此言阴阳定数不由于人也。若必系于政,则盈虚之数徒言;如不由于人,则精诚之祷安用?二义相戾,其谁可从?又问:阴阳不测,水旱无常。将欲均岁功于丰凶,救人命于冻馁,凶歉之岁,何方可以足其食?灾危之日,何计可以固其心?将备不虞,必有其要。历代之术,可明征焉。

然后又详尽地作答说:

> 臣闻:水旱之灾,有小有大。大者由运,小者由人。由人者,由君上之失道,其灾可得而移也。由运者,由阴阳之定数,其灾不可得而迁也。然则小大本末,臣粗知之。其小者或兵戈不戢,军旅有强暴者;或诛罚不中,刑狱有冤滥者;或小人入用,谗佞有得志者;或君子失位,忠良有放弃者;或男女臣妾有怨旷者;或鳏寡孤独有困死者;或赋敛之法无度焉;或土木之功不时焉。于是乎忧伤之气,愤怨之心,积以伤和,变而为沴。古之君人者,逢一灾,遇一异,则回视反听,察其所由。且思乎军镇之中,无乃有纵暴者耶?刑狱之中,无乃有冤滥者耶?权宠之中,无乃有不肖者耶?放弃之中,无乃有忠贤者耶?内外臣妾,无乃有幽怨者耶?天下穷人,无乃有困死者耶?赋入之法,无乃有过厚者耶?土木之功,无乃有屡兴者耶?若有一于此,则是政令之失而天地之谴也。又《洪范》曰:"狂常雨若,僭常旸若。"言不信不义,亦水旱应之。然则人君苟能改过塞违,率德修政,励敬天之志,虔罪己之心,则虽逾月之霖,经时之旱,至诚所感,不能为灾。何则?古人或牧一州,或宰一县,有暴身致雨者,有救火反风者,有飞

蝗去境者。郡邑之长，犹能感通。况王者为万乘之尊，居兆人之上。悔过可以动天地，迁善可以感神明。天地神明尚且不违，而况于水旱风雨虫蝗者乎？此臣所谓由人可移之灾也。其大者则唐尧九载之水，殷汤七年之旱是也。夫以尧之大圣，汤之至仁，于时德俭人和，刑清兵偃，上无狂僭之政，下无怨嗟之声，而卒有浩浩滔天之灾，炎炎烂石之沴，非君上之失道，盖阴阳之定数矣。此臣所谓由运不可迁之灾也。然则圣人不能迁灾，能御灾也；不能违时，能辅时也。将在乎廪积有常，仁惠有素。备之以储蓄，虽凶荒而人无菜色；固之以恩信，虽患难而人无离心。储蓄者聚于丰年，散于歉岁；恩信者行于安日，用于危时。夫如是，则虽阴阳之数不可迁，而水旱之灾不能害。故曰：人强胜天，盖是谓矣。斯亦图之在早，备之在先。所谓思危于安，防劳于逸。若患至而方备，灾成而后图，则虽圣人不能救矣。①

这是白居易对"人强胜天"的理解，"圣人不能迁灾，能御灾也；不能违时，能辅时也。将在乎廪积有常，仁惠有素。备之以储蓄，虽凶荒而人无菜色；固之以恩信，虽患难而人无离心。储蓄者聚于丰年，散于歉岁；恩信者行于安日，用于危时。夫如是，则虽阴阳之数不可迁，而水旱之灾不能害"，可见在他看来，"人强胜天"是把握天的规律，顺乎天而行，非"战胜自然"也。

《亢仓子》又名《亢桑子》《洞灵真经》，旧题周庚桑楚撰。共九篇，实为唐王士元作，其《政道篇》有云：

荆君熊围问水旱理乱。

亢仓子曰：水旱由天，理乱由人。若人事和理，虽有水旱，无能为害，尧汤是也。故周之秩官云：人强胜天。若人事坏乱，纵无水旱，日益崩离。且桀纣之灭，岂惟水旱？

荆君北面遵循，稽首曰：天不弃不谷，及此言也。

乃以弘璧十朋为亢仓子寿，拜为亚尹，曰：庶吾国有瘳乎？亢仓子不

---

① 朱金城笺校：《白居易集笺校》卷六二《策林一》，上海古籍出版社，1988年，第6册，第3464页。

得已,中宿微服,违之他邦。①

所谓"周之秩官"云云,显然也是引用《逸周书》之语。强调"水旱由天,理乱由人",与白居易一样。天下大乱和天下大治,不由天之水旱决定,而由人之理乱决定。这是一种很积极的思想。但这里的所谓"人强胜天",是指在"人事和理"的条件下,即使天降水旱,也不能为害,与今天一般人所理解的"人定胜天"还是比较接近的。

刘禹锡的"天与人交相胜""人务胜乎天"

与白居易生于同一年的刘禹锡提出了"天与人交相胜""人务胜乎天"的观点。《天论》上篇:

> 世之言天者二道焉。拘于昭昭者则曰:"天与人实影响:祸必以罪降,福必以善来,穷厄而呼必可闻,隐痛而祈必可答,如有物的然以宰者。"故阴骘之说胜焉。泥于冥冥者则曰:"天与人实刺异:霆震于畜木,未尝在罪;春滋乎堇荼,未尝择善;跖、蹻焉而遂,孔、颜焉而厄,是茫乎无有宰者。"故自然之说胜焉。余之友河东解人柳子厚作《天说》以折韩退之之言,文信美矣,盖有激而云,非所以尽天人之际。故余作《天论》,以极其辩云。
>
> 大凡入形器者,皆有能有不能。天,有形之大者也;人,动物之尤者也。天之能,人固不能也;人之能,天亦有所不能也。故余曰:天与人交相胜耳。②

他又说:

> 人能胜乎天者,法也。法大行,则是为公是,非为公非,天下之人蹈道

---

① 唐王士元补亡:《亢仓子》,《丛书集成初编》,中华书局,1985年,第573册,第7—8页。
② 瞿蜕园:《刘禹锡集笺证》卷五《天论上》,上海古籍出版社,1989年,上册,第139页。

必赏,违之必罚。①

在《天论》中篇的开头,他作了一个设问:

> 或曰:"子之言天与人交相胜,其理微,庸使户晓,盍取诸譬焉。"②

然后自己回答说:

> 刘子曰:"若知旅乎?夫旅者,群适乎莽苍,求休乎茂木,饮乎水泉,必强有力者先焉;否则,虽圣且贤,莫能竞也。斯非天胜乎?群次乎邑郛,求荫于华榱,饱乎饩牢,必圣且贤者先焉;否则,强有力莫能竞也。斯非人胜乎?苟道乎虞、芮,虽莽苍犹郛邑然;苟由乎匡、宋,虽郛邑犹莽苍然。是一日之途,天与人交相胜矣。吾固曰:是非存焉,虽在野,人理胜也;是非亡焉,虽在邦,天理胜也。然则天非务胜乎人者也。何哉?人不幸则归乎天也,人诚务胜乎天者也。何哉?天无私,故人可务乎胜也。吾于一日之途而明乎天人,取诸近也已。"③

刘禹锡的这些表述,与申包胥所说的"人众者胜天,天定亦能破人"应该有一定的关联,但探讨的是更深一层的问题,更多的是与荀子的思想有继承关系,且与当时韩愈、柳宗元等人有所探讨砥砺,较为复杂,不在本文所要论述的范围之内,故不申论。

苏轼诸人对申包胥语的循原义路线的阐释:正义最终一定会战胜邪恶

宋人引用《逸周书》周文王语者未见,似乎这一段文脉至唐以后就出现了中断。而宋以后引用和阐释《史记》申包胥语者则极多,且出现了多种理解。

---

① 《刘禹锡集笺证》卷五《天论上》,上册,第139页。
② 《刘禹锡集笺证》卷五《天论中》,上册,第141页。
③ 《刘禹锡集笺证》卷五《天论中》,上册,第141页。

苏轼

循原义路线理解者,较早的是宋祁①,但被引用最多、影响最大、最有代表性的,则是苏轼《用前韵再和孙志举》:

> 人众者胜天,天定亦胜人。邓通岂不富,郭解安得贫。惊飞贺厦燕,走散入幕宾。醉眠中山酒,梦结南柯姻。宠辱能几何,悲欢浩无垠。回视人间世,了无一事真。洒扫古玉局,香火通帝阍。我室思无邪,我堂德有邻。所至为乡里,事贤友其仁。之子富经术,蔚如井大春。蜿蟺楚南极,淑气生此民,唱高和自寡,非我谁当亲。譬彼嶰谷竹,剪裁待伶伦。俗学吁可鄙,纸缯配刍银。聊将调痴鬼,亦复争华新。愿子事笃实,浮言扫谵谆。穷通付造物,得丧理本均。期子如太仓,会当发陈陈。②

又《祭柳仲远文二首》之二:

> 我厄于南,天降罪疾,方之古人,百死有溢。天不我亡,亡其朋戚,如柳氏妹,夫妇连璧,云何两逝,不慭遗一。我归自南,宿草再易,哭堕其目,泉壤咫尺,闳也有立,气贯金石,我穷且老,似舅何益。易其墓侧,可置万室。天定胜人,此语其必。③

苏轼多次引述申包胥之语,其中申述最充分的是《三槐堂铭并叙》。宋初名臣王祜,以文章显于汉、周之际,事太祖、太宗为名臣。尝论杜重威使无反汉,拒卢多逊害赵普之谋,以百口明符彦卿无罪,世多称其阴德,但遭到不甚公正的待遇,以未能拜相为憾,于是在自家的庭院里种下了三棵槐树,并说:"吾子孙必有为三公者。"后来他的愿望果然实现了,其子王旦在宋真宗时做了18年的太平宰相,其孙王素又在宋仁宗时"出入侍从、将帅三十余年"。苏轼的文章通

---

① 宋宋祁《复州乾明禅院记》:"或称离一切相,是之谓法;依十方佛,是之谓宗。……乾明院者,直谯门之东趣,唐为开元寺。会昌之难剪焉荆棘,劫火沈烬,山灵见鞭,像法中与改题院额。祀不失物,益作四事之严;天定胜人,复会六合之众。"曾枣庄、刘琳主编:《全宋文》卷五一《宋祁三八》,上海辞书出版社、安徽教育出版社,2006 年,第 24 册,第 383 页。
② 清王文诰辑注,孔凡礼点校:《苏轼诗集》卷四五,中华书局,1982 年,第 7 册,第 2440 页。
③ 孔凡礼点校:《苏轼文集》卷六三《祭文》,中华书局,2004 年,第 5 册,第 1954 页。

过这件事申述了"天定胜人"的道理：

> 天可必乎？贤者不必贵，仁者不必寿。天不可必乎？仁者必有后。二者将安取衷哉！吾闻之申包胥曰："人众者胜天，天定亦能胜人。"世之论天者，皆不待其定而求之，故以天为茫茫，善者以怠，恶者以肆，盗跖之寿，孔颜之厄，此皆天之未定者也。松柏生于山林，其始也困于蓬蒿，厄于牛羊，而其终也，贯四时阅千岁而不改者，其天定也。善恶之报，至于子孙，而其定也久矣。吾以所见、所闻、所传闻考之，而其可必也审矣。国之将兴，必有世德之臣，厚施而不食其报，然后其子孙能与守文太平之主共天下之福。故兵部侍郎晋国王公显于汉、周之际，历事太祖、太宗，文武忠孝，天下望以为相。而公卒以直道不容于时。盖尝手植三槐于庭曰："吾子孙必有为三公者。"已而其子魏国文正公相真宗皇帝于景德、祥符之间朝廷清明、天下无事之时，享其福禄荣名者十有八年。今夫寓物于人，明日而取之，有得有否，而晋公修德于身，责报于天，取必于数十年之后，如持左券，交手相付。吾是以知天之果可必也。吾不及见魏公，而见其子懿敏公，以直谏事仁宗皇帝，出入侍从将帅三十余年，位不满其德。天将复兴王氏也欤，何其子孙之多贤也？世有以晋公比李栖筠者，其雄才直气，真不相上下，而栖筠之子吉甫，其孙德裕，功名富贵，略与王氏等，而忠信仁厚，不及魏公父子。由此观之，王氏之福，盖未艾也。懿敏公之子巩与吾游，好德而文，以世其家。吾是以录之。
>
> 铭曰：呜呼休哉！魏公之业，与槐俱萌。封植之勤，必世乃成。既相真宗，四方砥平。归视其家，槐阴满庭。吾侪小人，朝不及夕，相时射利，皇恤厥德，庶几侥幸，不种而获。不有君子，其何能国？王城之东，晋公所庐，郁郁三槐，惟德之符。呜呼休哉！①

文章从申包胥"人众者胜天，天定亦能胜人"出发，对"天定"的涵义作了明确的阐释："世之论天者，皆不待其定而求之，故以天为茫茫，善者以怠，恶者以肆，盗跖之寿，孔颜之厄，此皆天之未定者也。松柏生于山林，其始也，困于蓬蒿，

---

① 《苏轼文集》卷一九《铭》，第 2 册，第 571 页。

厄于牛羊,而其终也,贯四时,阅千岁,而不改者,其天定也。善恶之报,至于子孙,而其定也久矣。"

朱熹的理解,与苏轼相同:

> 而胡氏又以后世篡夺之迹考之,则如王莽、司马懿、高欢、杨坚、五胡十国、南朝四姓、五代八氏,皆得之非道,或止其身,或及其子孙,远不过四五传而极矣。唯晋祚为差永,而史谓元帝牛姓,犹吕政之绍嬴统也。以此论之,则所谓常理者,又未尝不验也。天定胜人,其此之谓欤?①

周必大概括了这样一条规律:其生不遇,人众胜天;身后光荣,天定胜人②。而宋人以此意使用此语者,其例不胜枚举。

元李存撰《天定堂铭》进一步申述了苏轼的观点:

> 天定堂者,临川濠原王伯达之所作也。其一世文正公之先有三槐堂,眉山苏子铭之,其间有取于申包胥"天定胜人,人定胜天"之言。伯达以己为文正之裔,宜慕续其风节,复采其言以铭堂。而番阳李存为之铭曰:
>
> 积气苍苍,为象莫大。眇乎其人,太仓之芥。丑物比类,何啻万千。一理传形,实则同然。人而弗人,有不自见。遐瞻远仰,神倾目眩。曰定曰胜,夫何惝茫。申生之言,奇而未详。濠原有堂,取以自扁。求承祖武,岂但濡染。智者之为,独观吾天。吾苟定而天实在焉,不定之定,是谓天应。似定而非,天则甚病。叠叠王氏,槐阴清长。姑为此铭,尚登其堂。③

---

① 宋朱熹:《四书或问》卷二一,《朱子全书》,上海古籍出版社,2010年,第6册,第86页。

② 宋周必大《黄文节公祠记》:"夫惟山川炳灵,世美交济,故其孝友之行,追配古人,瑰玮之文,妙绝斯世,又得眉山苏文忠公而师之,陈、张、晁、秦而友之,是宜光显于朝,共振斯道。乃或不然,初坐眉山唱酬,栖迟县镇,后被史祸,窜谪两川,晚以非辜,长流岭南,中间翱翔馆殿,才六年耳,右史之拜,复为韩川沮止。其生不遇如此,盖人众胜天也。高宗中兴,恨不同时,追赠直龙图阁,擢从弟叔散为八座,置甥徐俯于西府,皆以先生之故。宸奎天纵,至下取其笔法戒石,刻铭遍于守令之庭,李杜已远,遂主诗社。身后光荣,乃至于此,非天定胜人耶?昔孔子在鲁,鲁人指为东家丘,历聘诸侯,伐木削迹,无所不有。孰知后世邑通祀,南面巍然,一履之微,犹藏武库。圣人尚尔,先生其奚憾?予既书其大略,又系以辞,使遇祀事而歌焉。"(《江西通志》卷一二五《艺文·宋记四》,《景印文渊阁四库全书》,第519册,第3805—3806页)

③ 元李存:《俟庵集》卷二二,《景印文渊阁四库全书》,第1213册,第478页。

秦观、李新

苏轼的学生秦观《送冯梓州序》也通过冯叔明的遭遇，讲了一个类似于三槐王氏的故事，阐明了天定胜人、善有善报的道理：

> 上即位之明年，有诏侍从之官，各举部使者二人，故龙图阁直学士滕公与二三耆老，皆以冯侯叔明应诏，即日除陕西路提点刑狱公事。观尝问于滕公曰："冯侯何如人？"公曰："有守君子也。"观曰："何以知之？"公曰："昔高平范公之帅环庆也，环将种古以宁守史籍变其熟羌狱上书讼冤，其言高平公不法者七事。朝廷疑之，即宁州置狱，而冯侯以御史推直实奉诏往讯。是时，高平公坐言事去，执政有恶之者，欲中以危法久矣。此狱之起，人皆为惧。及冯侯召对，神宗曰：'帅臣不法，万一有之，恐误边事。然范纯仁为时名卿，宜审治，所以遣吏者，政恐有差误耳。'即赐绯衣银鱼，冯侯拜赐出。执政谓曰：'上怒庆帅甚，君其慎之。'冯侯曰：'上意亦无他。'因诵所闻德音，执政不悦。及考按，连逮熟羌之狱，实不可变，而古所言高平公七事，皆无状。附置以闻，执政殊失望。会史籍有异词，诏遣晋卿覆治，执政因言范纯仁事，亦恐治未竟愿，令晋卿尽覆。神宗曰：'范纯仁事已明白，勿复治也。'狱具，如冯侯章。于是籍、古皆得罪，而高平公独免，执政大不快。未几，高平公复为邻帅，所奏谪守信阳，而冯侯失用事者意，亦竟罢去。繇是言之，非有守君子而何？"观曰："如公所云，殆古之遗直也，岂特部使者而已哉！"后六年，冯侯自尚书郎出守梓潼，加集贤校理，实始相识。质其事信然。呜呼！古语有之：人定胜天，天定亦能胜人。信斯言也。方高平公被诬，上有明天子之无私，下有良使者之不挠，可以免矣。而二三子表里为奸，始终巧请，至于抵罪而后已。可不谓人能胜天乎？然当时所谓用事之臣，与诸附丽之者，今日屈指数之，几人为能无恙？而高平公方以故相之重，保厘西洛郊。冯侯亦通籍儒馆，持节乡郡，其福禄寿考，功业未艾也，可不谓天定亦能胜人乎！冯侯将行，同舍之士二十有八人，饯饮于慈孝佛寺，又将属赋诗。而观以拙陋，所欲言者不能尽之于诗，乃述旧闻，并以尝所感叹者，为序赠之。①

---

① 周义敢等编注：《秦观集编年校注》，人民文学出版社，2001年，下册，第547—548页。

又宋李新《跨鳌集》卷一九《上皇帝万言书》引天定胜人的古语,希望皇帝有忠邪之分、枉直之判:

> 元符三年五月十一日,兴元府南郑县丞李新,谨昧死百拜,上书皇帝陛下。……且自古及今,人不胜天,人定能胜天,天定亦能胜人,此忠邪之分,枉直之判,所以有待于陛下也。①

北宋理学家以此解释社会变化的大势。张行成撰《皇极经世索隐》卷上《经世观物总要》:

> 自三代以降,汉唐为盛,秦界于周汉之间矣。秦始盛于穆公,中于孝公,终于始皇。起于西夷,迁于岐山,徙于咸阳。兵渎宇内,血流天下,吞吐四海,更革今古。虽不能比德三代,非晋、隋可同年而语也。其祚之不永,得非用法太酷,杀人之多乎! 所以仲尼序《书》,终于《秦誓》一事,其言不亦远乎! 夫好生者,生之徒也;好杀者,死之徒也。周之好生也以义,汉之好生也亦以义。秦之好杀也以利,楚之好杀也亦以利。周之好生也以义,而汉且不及;秦之好杀也以利,而楚又过之。天之道,人之情,又奚择于周、秦、汉、楚哉! 择乎善恶而已。是知善也者,无敌于天下,而天下共善之。恶也者,亦无敌于天下,而天下亦共恶之。天之道,人之情,又奚择于周、秦、汉、楚哉! 择于善恶而已。
>
> 此一篇专论人事,盖天人各有分际,实有交胜之理。所谓天定胜人,人定胜天者是己。先生之书,出乎此理,夫是之谓易,而异乎阴阳家者流也。②

明祝泌撰《观物篇解》卷五阐发了同样的观点:

> 天地之大德曰生,圣人之大宝曰位。圣人亦承天以全其生也。以力胜天下,愤其不己从,遂以杀之为利,秦楚之违天悖道,宜天下共恶之。张

---

① 宋李新:《上皇帝万言书》,《全宋文》卷二八八二《李新二》,第 133 册,第 340 页。
② 宋张行成:《皇极经世索隐》卷上《经世观物总要》,《景印文渊阁四库全书》,第 804 册,第 201 页。

行成曰：此一篇专论人事，盖天人各有分际，天定胜人，人定胜天，先生之书，本乎此理，夫是之谓易，而异乎阴阳家者流。①

刘过

被一些辞典作为"人定胜天"一词之出处的宋刘过《襄阳歌》，其涵义颇有难解之处：

> 十年着脚走四方，胡不归来兮襄阳。襄阳真是用武国，上下吴蜀天中央。铜鞮坊里弓作市，八邑田熟麦当粮。一条路入秦陇去，落日仿佛见太行。土风沉浑士奇杰，乌乌酒后歌声发。歌曰人定兮胜天，半壁久无胡日月。买剑倾家资，市马托生死。科举非不好，行都兮万里。人言边人尽粗材，卧龙高卧不肯来。杜甫诗成米芾写，二三子亦英雄哉！②

此歌的风格显然是受到了李白《襄阳歌》的影响。"歌曰人定兮胜天，半壁久无胡日月"，其下句《文渊阁四库全书》本作"半壁重开新日月"③，同本宋陈起编《江湖小集》卷三七将此句改作"半壁犹堪扶日月"，宋陈思编、元陈世隆补《两宋名贤小集》卷三二五又改作"半壁久无闲岁月"，说明四库馆臣以"胡"为金人，全句理解为人定可以胜天，要将被金人占领的半壁江山重开新日月（或"犹堪扶日月"），与原句的涵义似乎有很大的差异，原句似乎可以理解为：金人一时猖獗，我们失去半壁江山已经很久了，这半壁江山成了胡人的天下。如果将人定胜天理解为一种积极进取、恢复半壁江山的精神，则下句难以理解。如不将"胡"字理解为"胡人"，则可理解为"何"，金人一时猖獗，使半壁江山暗无天日已经很久了。在刘过的其他诗歌中，凡遇金人处称寇、虏、夷，也没有称胡的，如《瓜州歌》《盱眙行》。如将"胡"字理解为"何"或语气词，则诗中的"人定兮胜天"只能理解为恶人当道之类了，工具书将其作为语源，无论是从时间上还是含义上来说都是不合适的，含义方面已如上述，即以"人定胜天"这一较

---

① 明祝泌：《观物篇解》卷五，《景印文渊阁四库全书》，第 805 册，第 168 页。
② 宋刘过：《龙洲集》卷一《歌行一》，上海古籍出版社，1976 年，第 1 页。
③ 宋刘过：《龙洲集》卷一，《景印文渊阁四库全书》，第 1172 册，第 3 页。

为定型的成语而言,最早也并非刘过在此处的表述。

黄震

有一个非常有意思的例子,宋黄震撰《又晓谕假手代笔榜》,引此以鞭笞为富不仁、以钱财雇人代笔、攘取科第者,同时以鞭笞代笔之人:

> 窃照士君子钟扶舆清淑之气,为天下第一流品。平生读书,三年待试。近之荣亲在此举,远之致君在此举,上之报答造物,下之利泽生民在此举。此一字千金不换之时也,此足谷多财之家,平日骄我侮我者,一旦望我青云之上,羞愧俯伏之时也。近世乃有为微利所动者,反为富民代笔,挽取本身元有之禄料,而暗亏平生远大之前程,不晓何见,真可痛惜。世有富商大贾一旦失其本心者,得乞丐人一二糖饴,反尽弃平生所有珍宝财产以予之,撙掇乞丐为富人,而自身情愿受饥寒。读书人为村人发解及第,而身甘淹贱者,何以异此? 越为帝乡,士风素厚,学识素高,固万世无此。近世既多此风,不容不僭及之。某申禀士农工商各有一业,元不相干。为士者多贫,虽至仕官,尚苦困乏。惟为农工商贾而富者最为可庆,最当知足。盖人若不曾读书,虽田连阡陌,家赀巨万,亦只与耕种负贩者,同是一等齐民,而乃得高堂大厦、华衣美食,百人作劳,一身安享,不惟一等齐民不能及之,虽贵而为士,至于仕宦禄赐有限,忧责无穷,亦岂能及之! 富室若不知足,又当何人知足? 近来风俗不美,富室间不安分,更欲挥金捐财,假手代笔,攘窃士人科第,盗取朝廷官爵,败乱官箴,赚误百姓。试且思量,老天肯否? 故人众胜天之时,虽得热闹,粗瞒婢仆;及至天定胜人之后,终纳败缺,丧败户门。有因一时侥幸之后,狂图交结,至重费而败者;有因狃于为富之故习,贪黩犯赃而败者;有临官不能处事,书判不能动笔,受成他人,为其所累而败者。比比皆然,人苦不察耳。然此犹以近世之通弊言也。今朝廷清明,痛惩弊幸,以清入仕之源。前举省试前名,覆试不中,尚不沾禄,徒然破家,求荣得辱,可为明戒。今举又备奉朝省指挥,应代笔侥幸者根究决配,本州以人情给解帖者,将来覆试不行,知通、教官一体坐罚。号令方新,断在必行,预告富家,勿讨烦恼。若知读书之

好，若慕及第之荣，但请福上增修，力行好事，子孙必有读书起家，亲擢科第者。古人有言："临渊羡鱼，不如退而结网。"某奉劝。①

曹勋

宋武义大夫曹勋《论和战札子》以申包胥之说申和战之论，且对申包胥之说提出了自己的阐释，以此为和战大道理之依据：

> 臣窃惟天下大器，宗庙社稷大计，四海生齿大本，皆系于国之安危。在今日，利害不出于和战之间，议国事者，当先审所尚，而定国是。国是者，天之所与时也，时之所行事也。当战则战，当和则和，先后缓急，不容无一定之论。必措国于至安，然后天下大器，定于不倾，宗庙社稷，隆于巩固，四海生齿，保于辑宁，虽必世百年，守之不易可也。不审所尚，而逐纷纭之论，侥幸于万一，名曰尝试之说，天下之祸，莫大于以国徇尝试之说，可为寒心者也。且国之安危，与己之进退得失，孰轻孰重？己之进退得失，与人之毁誉好恶，何损何益？人臣而能辨此，然后可以议国事。苟惟以己之进退得失为心，则必以人之毁誉好恶为重，彼以谓人之毁誉好恶，与其己之进退得失实相妨也，故言战，则人朋而随之者多，誉之者亦多，其心非一一明乎！战有必胜之道也，特以谓主战者不失为尊主强国之说，今日言之誉之者必多，固无害于己之进，他日虽和，亦无害于己之进，盖和亦不可忘战，是今日之言，与他日之言，皆无害于己之进，而当战与不当战，于国之安危，不问也。言和，则皆睥睨而不敢随者，以和难保也。今日言和，固不妨己之进，一旦有异焉，则必大得罪而去，不若言战之两无害于己之进也。而当和与不当和，于国之安危，亦不问也。况言和，则主战者恶之，恶之，则毁至矣，于己之进，岂不大为害乎？二者皆不以国之安危为心，而惟以己之进退为心，以人之毁誉好恶为心，此今日之风俗纷纭之论所自起也。陛下所与图回天下，不过宰执数人，而纷纭之论，亦足以眩数人之听。是以庙堂之上，主战者阳为尊主强国之言，以收小人之虚誉，其中未必真有善善之策也。陛下不用其言，则以拒谏窃议于陛下，以弱国腾谤于同列，浩然引去，亦不失高爵厚禄，而小人之虚誉

---

① 宋黄震：《又晓谕假手代笔榜》，《全宋文》卷八〇五八《黄震一〇》，第 348 册，第 42 页。

愈归之。主和者,亦不知固执其所见,往往惑于尊主强国之言,而求免乎卑主弱国之谤,进则迎合主意,退则雷同众人,所谓国是,果安在哉！臣所谓以国徇尝试之说,可谓寒心者也。上天崇正统于中国,保固祖宗积累之基,纯佑陛下之圣德,眷命缵承,将以光大久长于其后。故周旋调护成此安定之期,若曰人谋,恐未易致,是臣不得不辨者,惜天意与陛下圣德,混于纷纭之论,而不知所分也。臣闻强弱异势,不可期也。人身不能无病,能不讳病,则可以全身。国不能无弱,能不讳弱,则可以图强。弱而为强,自欺可也,欺人可乎？欺人可也,欺天可乎？春秋时吕甥为王城之盟,谓秦伯曰:晋国之小人,不惮征缮以立围,君子则不然,曰必报德,有死无贰,纳而不定,废而不立,以德为怨,秦必不然。秦伯曰:是吾心也。归晋侯而成盟,国复强。晋君子可谓能审所尚也。方其弱则言弱,能不讳弱,则足以养强也,能养强则足以成强也。使人臣之谋,皆如晋之君子,国何患哉！陛下察今日纷纭之论,如晋君子之言乎？抑皆晋小人之言乎？君子小人不能逃陛下圣鉴,则陛下刑赏行矣。单于嫚侮议兵,樊哙请以十万横行匈奴,季布曰哙可斩;晁错发七国之难,吴楚兵起,错乃居守而劝景帝亲征,又方与调兵食,身斩东市,非袁盎私意也。人臣自为纷纭,进说而不可用,不加罪焉,且误国矣,亦不加罪焉,孰不以尝试之说售其身乎？其言不行,又无所加罪,是以肆为纷纭而无所惮也。

臣观今日之事,非前日之比者,以天定故也。申包胥曰:人众者胜天,天定亦能胜人。

臣解之曰:祸福无不自己求之。人众者,众之所为,凶德已极,自求祸者也。天岂乐祸乎？人之所为,凶德已极,祸必自至,天不能庇。故曰人众者胜天,前日之事也。天之于人,祸终不悔乎？其报已极,复图安宁,是为天定,人何以胜之？故曰,天定亦能胜人,今日之事也。臣请以东晋、宋武帝验之。东晋之渡江也,谋复中原之臣如刘琨、祖逖、庾翼、桓温之徒,皆可以有立,而卒不能成功者,天定也。苻坚为江左之举,以百万之师,一败于谢玄、刘牢之,身死国亡,计不旋踵,岂谢玄、刘牢之勇过于苻坚乎？天定而坚欲以人胜,自取祸也。宋武帝得关中,弃而不守,知赫连之必来也。宋武弃关中,赫连即取之,由是南北举安。知天定而不敢为不定,天佑之也。故天定则人主之意不可不定,主意定则人臣之意不可不定,君臣之意定则天下自定。定不定,祸福如彼之明,可不畏哉!今陛下与腹心大臣,酌天意之大定以断国是,以今日已有成策,已见定效,尚可复容纷纭之论,崇虚名而令国受实祸乎!虏欲求安易于保安者,守边不动为长久之计,则虏保安之策也。我欲求安难于保安者,恃虏不动,则我保安之策也。彼既不动,我非特保安而已,因得自治焉,则千百之安在我也。臣之所望于陛下者此也。万一为纷纭之论所惑,以蹈至危,则臣所望于陛下者,未易就也。此臣之所甚忧也,愿陛下毋忽臣言。奉二仪之无私,揭日月之大明,耸山岳之不动,行四时之信令,则陛下之所欲为者,自是无不可为者矣。臣不胜至愿。①

薛瑄对此语原义的"标准阐释"

明薛瑄的一段话,几乎可以说是对此语原义的标准阐释:

> 天地之塞吾,其体得天地之气以成形也。天地之帅吾,其性得天地之理以成性也。践形则能全天赋我之体,尽性则能全天赋我之理。知化穷神者乐天而能践形尽性也;无愧无忝者,畏天而求践形尽性也。古语云:天定能胜人,人定亦能胜天。如古者无道之世,若秦、若隋、若武氏之流,方其势盛之时,虐焰如烈火不可近,此人定胜天也。及其罪盈恶稔,人怨天怒,剿绝覆亡之无遗育,此天定胜人也。善恶之报,岂不明甚!信古语之不诬。继之者善,化育之始,流行而未已,阳也;成之者性,人物禀受,一定而不易,阴也。②

明代持同样理解者尚不在少③。

---

① 明黄淮、杨士奇编:《历代名臣奏议》卷九一《经国》,第 2 册,第 1246—1248 页。
② 明薛瑄:《读书录》卷一〇,《景印文渊阁四库全书》。
③ 如明徐纮撰《太常寺卿王公墓志铭》:"王仆公姓王氏,讳献,字催臣,号退庵,杭州仁和人也。……盖自擢第入翰林,于今三十有七年,先后握院章者十有六年,而年已五十余。后进推公为先达,知己期公于大用,公虽谦不自居,而亦颇自信其必至。然讫不登枢管、履要剧,以少展其所抱负,君子惜之。所谓行止非人所能为,而天实为之也。公为人性度夷坦,襟宇澄霁,与人交,洞见表里;为人谋,不择利害。尝有同官最厚者卒,而子幼家事为二弟所将。公忿然不平,乃拉二三友为之处分,不得遂,遂造为无根之谤以诬公,好事者从而扇之,公虽弗为辨,而亦不能释然于怀,卒之以此龃龉终身,而不克永年。于是识者又深惜之,谓人众胜天而不可尽诿之命也。"(《明名臣琬琰续录》卷一三,上海书店出版社,1994 年,第 219 页)

陆游独鄙其说：盛衰皆天也，人何与焉

陆游的理解与众不同。《送范西叔序》：

> 乾道壬辰二月，予道益昌，始识范东叔。后月余，遂与东叔兄西叔为僚于宣威幕府。又三月，西叔以枢密使荐，趣召诣行在所。二君皆中书侍郎荣公孙也。昔荣公对制策于治平，争诏狱于熙宁，论河事、边事、刑名、赦令于元祐，虽用舍或小异，而要皆不合，故用不极其材以没。没又列党籍，其门户为世排诋讳恶者几四十年。又四十年，而西叔兄弟始复奋发，为蜀知名士。世之论盛衰者，谓人众胜天，天定亦胜人。予独鄙此说。夫盛衰皆天也，人何与焉？天将祸人之国，则小人得志，而君子废；其将福之也，则君子见用，而小人绌。国有祸福，而君子无屈伸。彼区区者乃诚谓天与人以众寡疾徐为胜负，岂不可悲也哉！九月丁丑，西叔始东下，同舍相与，临漾水，置酒赋诗，而属予为序。夫吾曹之望于西叔所以继荣公者，岂独爵位隆赫，文辞行中朝而已哉！虽然，予与西叔皆党籍家也，既以励西叔，亦以自励，且励吾东叔云。[1]

陆游的观点很鲜明，"世之论盛衰者，谓人众胜天，天定亦胜人。予独鄙此说"。"人众胜天，天定亦胜人"在当时一定是一种非常流行的观点，凡论述世道之盛衰、家族之盛衰，都要引以为据的，但陆游鄙视这种观点，他所鄙视的，不仅是申包胥的原始说法，也有后人的运用。他认为，"夫盛衰皆天也，人何与焉"，盛衰都是由天安排好的，与人无关，"天将祸人之国，则小人得志，而君子废；其将福之也，则君子见用，而小人绌"，"国有祸福"，这是天的安排，"而君子无屈伸"，只有获用和不获用的不同，"彼区区者乃诚谓天与人以众寡疾徐为胜负，岂不可悲也哉"，他认为"天与人以众寡疾徐为胜负"的观点是非常狭隘的，他批评的"区区者"，显然是包括苏轼等人在内的。

明王樵的观点与陆游颇相类同：

> 传曰：三王之祭川也，先河而后海，重其源也。人之道亦犹是已。

---

[1] 宋陆游：《送范西叔序》，《全宋文》卷四九三三《陆游二》，第 222 册，第 330 页。

> 诗书礼义者,畜也、源也;子孙福泽之盛,施也,流也。世之论盛衰者,谓
> 人定胜天,天定胜人。至谓天之既定,修德于身,责报于后,如持左契,
> 交手相付。此非知天者也。夫人之所为,孰非天也哉! 使天与人以众
> 寡疾徐为胜负,是天人二也。君子定于善,是谓吾之天定,吾之天定,则
> 亹亹不能自已,而欲其畜之不厚,施之不大,源之不深,流之不长,不可
> 得也。①

"世之论盛衰者"云云,语气与陆游几乎相同,而"至谓天之既定,修德于身,责
报于后,如持左契,交手相付。此非知天者也",所批评的显然是苏轼的"今夫
寓物于人,明日而取之,有得有否,而晋公修德于身,责报于天,取必于数。十
年之后,如持左券,交手相付。吾是以知天之果可必也"的观点。

清汪琬的理解也支持陆游的观点,《赠文华殿大学士兼吏部尚书宋公墓
志铭》:

> 当明之季,全躯保妻子之臣,望风鼠窜麋奔者相随属,仗节死义如公
> 者,能几人哉! 而犹不免见诬如此。昔苏文忠有言:人定胜天,天定亦胜
> 人。琬窃以为不然。人之君子小人,往往迭为胜负,讫未有定也。而天固
> 未尝不定。彼诬公者人也,非天也。卒之塞阨于一时,而湔雪于后日,此
> 则天为之,非人力所能强也。及今数十年间,竟食文恪公之报,光大显融,
> 垂耀史册,隆名硕实,行与天地日月相终始,文恪公父子昆弟,俱可以不
> 憾,亦未可遂为公之不幸也已。②

他是直接针对苏轼的:"昔苏文忠有言:人定胜天,天定亦胜人。琬窃以为不
然。人之君子小人,往往迭为胜负,讫未有定也。而天固未尝不定。"

从申包胥一直到苏轼,认为人众有时可以胜天,不管他们是恶人还是小
人,天定的时候又可以胜人,拨乱反正,廓清天下,历史上是迭胜迭负。而以陆
游为代表的观点则有所不同,他们认为天从来没有糊涂过。

---

① 明王樵:《方麓集》卷一五,《景印文渊阁四库全书》,第 1285 册,第 402 页。
② 清汪琬著,李圣华笺校:《汪琬全集笺校》,人民文学出版社,2010 年,第 5 册,第 3720 页。

岳珂的不同意见：人心之天理不泯

宋岳飞之孙岳珂，撰《天定录序》，引述此语为乃祖申冤，且提出了不同观点。《金佗稡编》卷二六：

> 皇上再见圜丘之嗣岁，珂吁天之书始成。浮九江，自春徂夏，以四月哉生明抵行在所。乃斋祓治晋牍。越四日庚子，再拜北阙下，奉书付登闻匦吏以入。又八日戊申，诏出，下两省，俾给事、黄门、紫微郎、左右记注杂议。五月辛未，诏中书、门下，以大父襃嘉之典未称，俾相吉壤，裂而王之。金以大父尝莅军于鄂，实庙食其地，且至今民思遗爱，于封为宜。乃以鄂为请。癸未，制可。六月庚戌，两省议始上，遂以珂奏篇付史馆。八月辛丑，宰掾列珂所辨伯父云、部曲张宪同时之诬，请加旌异，复诏进赠一等。

> 越明年，珂归自日边，抗尘南徐军庾，乃因朱墨余暇，发故篋，得所上诸书、表，及庙堂施行次第，恩诏先后，凡启谢公牍之属，厘为三卷，即撮为录，以"天定"名，复即其意而为之叙曰：

> 呜呼！事有诎于一时，而伸于万世，暧昧于六七十年之久，而昭明暴白于不崇朝之顷，是非人力之所及也，天实为之。传曰："人众胜天，天定亦能胜人。"信斯言也，则天之与人，固迭胜而迭负，而群逞其私，虽天亦不能违之矣。是不然。昔苏文忠公曰："人无所不至，惟天不容伪。智可以欺王公，而不可以欺豚鱼，力可以得天下，而不可以得匹夫匹妇之心。"

> 方绍兴间，奇谤中起，大臣称制专决，狼戾虎耽，劘牙摇须，搏猎公议之士，如驱狐兔。而位中司者，首能为公议，一立赤帜，大而公族之长，枢管之臣，与夫微而丞郎，亦有大声疾呼，以助明其冤者，往往审徙系道。然登闻匦鼓，犹日以冤状闻。以布衣而抗卿相，甘蹈大僇，而公议之喙，卒不得而钳也。不宁惟是，其在当时，城狐负恃，是非曲直，变乱错迕，虽糅五常，反四极，安之而不顾。而"莫须有"三字，吾犹知其胸中有隐然不可诬者存。是人心之天，未始不定，顾何俟于六七十年之久？彼虽能以其私胜乎天，而不能以其私胜乎心，则亦同乎素定而已矣。

> 而珂顾犹以是名其编者，盖以天理之在，人虽胜也，而未始有负；虽定也，而未始有变。即人心之天，以合天理之天，则名编之意，盖在此而不在

彼也。呜呼! 千百世而下,有能哀大父之忠而欲知圣朝追褒之始末,即是录也,不直为覆瓿,而所以名之意,尚庶几其有考云。开禧元年十二月癸丑朔,承奉郎、监镇江府户部大军仓岳珂序。①

岳珂以将为岳飞雪冤之书名为"天定录",意为"事有屈于一时而伸于万世,暧昧于六七十年之久而昭明暴白于不崇朝之顷,是非人力之所及也,天实为之"。这种看法显然与苏轼以来的传统观点是一致的。

但他又认为,"传曰:人众胜天,天定亦能胜人。信斯言也,则天之与人,固迭胜而迭负,而群逞其私,虽天亦不能违之矣",对于天与人迭胜而迭负,在奸人得以满足其私欲的时候,天也无法阻止的观点提出了质疑。他引用苏轼的话,"人无所不至,惟天不容伪,智可以欺王公,而不可以欺豚鱼,力可以得天下,而不可以得匹夫匹妇之心",认为即使在岳飞被诬陷的时候,"人心之天,未始不定","彼虽能以其私胜乎天,而不能以其私胜乎心,则亦同乎素定而已矣",也就是说,"天理之在,人虽胜也,而未始有负;虽定也,而未始有变。即人心之天以合天理之天",大多数人的人心是合乎天理的,这种天理从来没有被泯灭过。所以他以"天定"名编,用意在这里,而不是过去"人众胜天",现在"天定胜人"之意。岳珂曾多次使用此语②。

持有与陆游、岳珂类似观点,即认为天和理不可胜者颇多③。但从苏轼、陆游到岳珂,都没有脱离申包胥的原义。

汪藻诸人对申包胥语的循变义路线的阐释:人亦有可为,人定可得天定,人定亦可胜天

王安石"三不足"中的"天变不足畏",从思想之源来说,或与《逸周书》之"人强胜天"及《荀子》之"制天命而用之"有关,但从语源和语义的变化来说,与

---

① 宋岳珂编,王曾瑜校注:《鄂国金佗稡编续编校注》卷二六《天定录序》,中华书局,1989 年,下册,第 1090 页。
② 《鄂国金佗稡编续编校注》卷一六《天定别路》卷四《赐谥谢宰执启》:"盖人众能胜天,固难辨铄金之口;然事久有定论,要当明泣玉之心。"(下册,第 1378 页)
③ 如宋郭拱朝《天道善胜无何论》:"宇宙间万形皆有弊,惟理为不朽。天下之独立无对者,理而已。凡物则有对,有对则有争,争则有胜有不胜焉。至于理,则凡物莫能夺也。申包胥曰:人众者胜天,天定亦能胜人。人固可胜也,天其可胜乎? 而包胥之言非不知天也,不知道也。"(宋魏天应编选、林子长笺解:《论学绳尺》卷九,《景印文渊阁四库全书》,第 1358 册,第 130 页)

本文所论述的"人定胜天"关系比较远,在此姑不申论。

从南宋中后期开始,出现了对申包胥语的循变义路线的阐释,他们认为在人与天的关系中,人并不完全是被动的角色,如果人发挥能动性的话,也不一定就是逆天而行的罪恶,"天定"亦可由人的努力而获取。宋人偶有此论,元明人,特别是明人持此论者渐多。

汪藻:修身以待天之定

两宋之交的汪藻提出天可必与不可必的概念,主张修身以待天之定,并以植木喻之,《为德兴汪氏种德堂作记》曰:

> 天可必乎? 跖也而寿,回也而夭,庆封也而富,原宪也而贫。天不可必乎? 臧孙贤而有后,邓攸忍而无子,仲尼匹夫而世祀,庞公耕者而子孙安。故曰:人定者胜天,天定亦能胜人。世常疑天以为不可知者,皆指未定言之也。然君子亦岂屑屑然常置盛衰兴废于其胸中哉! 知修吾身以待其定而已。胡不以种木观之乎? 百围之木,其始生也,数寸之蘖耳。所谓蔽日月,扰云霓者,固已萌乎其中。如使足可搔而绝,手可擢而拔,牛羊践之,斧斤伐之,夫岂有木也哉! 此以人胜天也。苟吾有以封殖之,润泽之,养之以风霜之坚,待之以岁月之久,顺其取受于天者,而条达畅茂之,则蔽日月,扰云霓者,有时而至矣,非天定胜人而何? 汪氏世家新安,当唐宋五季干戈纷扰之时,衣冠散处,诸邑之大川长谷间,率皆即深而潜。[1]

汪藻的意思是说,如果说天是有一定之规的话,那么"跖也而寿,回也而夭,庆封也而富,原宪也而贫"的现象很难解释;但如果说天又是没有一定之规的话,那么"臧孙贤而有后,邓攸忍而无子,仲尼匹夫而世祀,庞公耕者而子孙安"这些例证又分明体现了"人定者胜天,天定亦能胜人"的道理。这些是传统的观点。接下来他话锋一转,说一般人常常以为天实在不可知,实际上是因为天尚未定的缘故。君子不必时时去揣摩盛衰兴废的规律,只要好好修炼自己而等待天之定就可以了。他又以种树来比喻。百围之木,刚刚生出来的时

---

[1] 宋汪藻:《浮溪集》卷一九《为德兴汪氏种德堂作记》,《丛书集成初编》,第 2 册,第 189 页。

候,也只是一棵小苗而已,但日后的参天蔽日,已经萌生于小苗之中。假如这时可以足踩手拔,畜践斧伐而绝,还会有大树吗? 这就是以人胜天。而只要我们悉心养殖呵护,使其能够经受风霜的考验,日积月累,顺应天理的轨道,最后成为参天大树。这就是天定胜人。汪藻既肯定天定胜人的道理,也指出人定胜天是可能的。当然他说的人,是一般的人,不是坏人。这是近代"人定胜天"思想的萌芽。

清雍正时庐州府同知王又朴有与汪藻相同的表述:"修身立命者,人定胜天也。夫子固曰: 观象而思过半。合订之说,不亦宜乎?"①

汪藻还在论述星变,向皇帝提出应变建议时说:

> 保章瞻象,既除星祲之灾;太仆诏王,盍正朝仪之位。洊布瞽言之渎,未蒙渊听之移。敢冒威尊,再陈祸愊。恭惟皇帝陛下,忧勤御宇,寅畏事天。侧躬如云汉之诗,省已甚桑林之祷。比逢大异,尤轸清衷。靡临便坐之朝,退即斋宫之次。虽星移应德,本繇和气之乖;然人定胜天,卒致妖氛之息。精祲已通于上下,等杀宜肃于尊卑。尚屈天威,曷全国体伏? 望皇帝陛下,顺抑扬之理,协中外之心。躬秉璿玑,齐列宿左行之度;光临黼座,示一人南面之尊。积此恳诚,祈于矜允。②

汪藻认为星移作为一种天变,固然说明朝廷乃至天下存在着一些问题,但"人定胜天",只要采取一些措施,"顺抑扬之理,协中外之心",问题就可能得到解决("卒致妖氛之息")。

《群书会元截江网》: 人定可得天定

宋理宗时程试策论之本《群书会元截江网》强调人定可得天定:

> 偶句: 有变通之变,人定能胜天;有变异之变,天定能胜人。有畏天之常心,体易之全德者,固可以合天道;有回天之实政,体易之常德者,斯

---

① 清王又朴:《易翼述信》卷四,《景印文渊阁四库全书》,第 50 册,第 632 页。
② 《浮溪集》卷三《星变请御正殿表》,《丛书集成初编》,第 1 册,第 31 页。

可以凝天眷。玩变异而不为变通之谋,则其变为愈甚;因变异而能悟变通之理,则其变为可回。云汉惧灾,侧身修行,持惧心以答天戒易;盘铭又新,谨终如始,续敬心以凝天命难。①

结尾:人定能胜天。窃谓天定胜人,人定亦胜天。今日之事,不当畏天之未定,当思天之一定。屏绝物欲,严拒声色,则我之天定;力窒悻门,痛惩旁曲,则我之天定;登崇忠鲠,罢黜奸邪,则我之天定;削去侈靡,断自宫闱,则我之天定;戒斥营求,先自藩邸,则我之天定。减膳彻乐,虚仪也;下诏求言,虚文也;策免公相,归过也。件件靠实,事事不欺,我之天定,而天之天亦定矣。不然,季龙虽死,晋忧方大,好还之天道未卜也;东败西丧,日蹙百里,旗盖之天运未回也;两淮孤城,势渐岌岌,波涛之天限未严也。其谨之哉,其虑之哉!②

《群书会元截江网》虽然只是一部宋末的坊间类书,其所引程试策论之文或非出于名家之手,然其所反映的思想和文风,应该是当时比较为人认同的。这一段引文中的"偶句"是一种摘录或概括,认为人定胜天是变通,天定胜人是变异,畏天全德可合天道,有回天之实政,则可以凝天眷。"因变异而能悟变通之理,则其变为可回",也就是说,天变是可以因人力而改变的。可以人定换得天定。表现了一种十分积极的思想。

《宋史·司马光传论》:人定亦能胜天

元脱脱《宋史·司马光传论》认为"人众能胜天,靖康之变,或者其可少缓乎?借曰有之,当不至如是其酷也":

论曰:熙宁新法病民,海内骚动,忠言谠论,沮抑不行。正人端士,摈弃不用。聚敛之臣日进,民被其虐者将二十年。方是时,光退居于洛,若将终身焉。而世之贤人君子,以及庸夫愚妇,日夕引领望其为相,至或号

---

① 宋佚名:《群书会元截江网》卷三《敬天附弭炎》,《景印文渊阁四库全书》,第934册,第35页。
② 《群书会元截江网》卷三《敬天附弭灾》,《景印文渊阁四库全书》,第934册,第41页。

呼道路,愿其毋去朝廷。是岂以区区材智所能得此于人人哉！德之盛而诚之著也。

一旦起而为政,毅然以天下自任,开言路,进贤才,凡新法之为民害者,次第取而更张之。不数月之间,铲革略尽。海内之民,如寒极而春,旱极而雨,如解倒悬,如脱桎梏,如出之水火之中也,相与咨嗟叹息,欢欣鼓舞,甚若更生,一变而为嘉祐、治平之治。君子称其有旋乾转坤之功。而光于是亦老且病矣。天若祚宋,憖遗一老,则奸邪之势未遽张,绍述之说未遽行,元祐之臣固无恙也。人众能胜天,靖康之变,或者其可少缓乎?借曰有之,当不至如是其酷也。诗曰:"哲人云亡,邦国殄瘁。"呜呼悲夫！

康济美象贤,不幸短命而死,世尤惜之。然康不死,亦将不免于绍圣之祸矣。①

意思是,如果司马光在元祐之时不是已经"老且病矣",那么凭借着"人众能胜天",北宋或许不会那么早就灭亡。这段议论,应该也是出于宋人的。

元明清诸人:人定亦能胜天
元刘祁继承了这一思想:

传曰:"人众亦能胜天,天定亦能胜人。"余尝疑之。诚以严冬在大厦中独立,惨淡万态不能久居,忽有人自外至,共谈笑,则殊煖燠。盖人气胜也。因是以思,谓人胜天,亦有此理。岂特是哉！深冬执爨,或厚衣重衾,亦不寒。夏暑居高楼,以冰环坐而加之以扇,亦不甚热。大抵有势力者,能不为造物所欺。然所以有势力者,亦造物所使也。②

他把"人气"称为"势力",以为"谓人胜天,亦有此理","大抵有势力者,能不为造物所欺",不过他又说,"势"也是"造物所使"。

明孙绪以为和气致祥,人众胜天,可得甘雨:"时久不雨,君子曰:雨近在

---

① 元脱脱等:《宋史》卷三三六《司马光传》,中华书局,1977年,第10771—10772页。
② 元刘祁著,崔文印点校:《归潜志》卷一二,中华书局,1983年,第139页。

旦夕，且和气致祥，人众胜天，人一于和，不雨何待？已而果然。乃复有倚声而和者曰：惟天道之幽玄兮，邈不可谌。惟吾民之欣悦兮，乃可以得天之心。"①

明陈应芳认为"人定胜天"是一种"转移之力"，不能听任之天："桑田成海，天行之数，谁则违之？人定胜天，转移之力，谁谓难之？故今日而谓民生不足重也，民利不必兴也，第听任之天而已，则无望焉矣。"②

生前被诬，死后荣光之事，前人多论以为天定胜人，明洪宽论以为人定胜天：

> 洪比部湛，字惟清，昇州上元人。……我洪氏之先日经纶者，德宗朝为河北黜陟使，议罢方镇兵，左迁宣歙观察使，始自下邳来居新安。观察十一世孙中孚，宋龙图阁待制，以谏伐辽忤谭稹落职，卒赠少师。今学士程公为作谱序云："唐之亡，成于方镇；宋之分裂，始于伐辽。而观察、少师两公独于其时，慨然以天下为念，不恤强臣巨阉之害己，而言之君父。虽其言不行，而谋国之忠，万世一日也。"宽每诵其言而壮之。近又得睹先比部传云："真宗初，与王钦若同知贡举，钦若受赂事败，移之于比部，时方奉使陕西未归，而狱具，坐谪以死，盖阴中于钦若之谋也。"呜呼！直道之难容，正人之难立如此！然名垂史册，德流子孙，数百年来，积久弥盛，视彼强臣巨阉与夫谗邪之徒得计一时者，人方唾恶不暇，岂非人定胜天之不可诬者哉！宽因书于传末，告我后人，当以道事君，以正律己，而不以利害为趋舍，庶可以奉忠贤之后为无愧云。观察三十一世孙宽谨识。③

明宋濂对于"人众者胜天"有一种比较中性的说法：

> 窃意事功之实行难亡，语言之空文易泯，故致是尔。然则世之传者，

---

① 明孙绪：《沙溪集》卷一《济南别驾栗子德政诗序》，《景印文渊阁四库全书》，第1264册，第508页。
② 明陈应芳：《敬止集》卷一，《景印文渊阁四库全书》，第577册，第29页。
③ 明程敏政辑撰，何庆善、于石点校，易名审订：《新安文献志》卷九四上宋王珪《洪比部湛传》明洪宽附记，黄山书社，2004年，下册，第2346页。

亦何往而非空文哉！必系其学之醇疵。醇则习之者多，疵则传之者少也。呜呼！信如是说，古之荒诞不经之文，纵横捭阖之术，可谓极疵矣，至今熟在人口者，又何其多耶！是盖有不可晓者。意亦有幸不幸存焉。幸不幸，天也，天则非人之所知矣。虽然，人众者胜天，文之得传与否，实系乎后之人，天何预哉！今观景昌所著之书，亦将散佚无存矣，濂为此惧，故得而备论之。①

文章之是否能传之后世，有幸不幸的问题，更有人的取向问题。"幸不幸，天也，天则非人之所知矣。虽然，人众者胜天，文之得传与否，实系乎后之人，天何预哉！"这里的天与人，很难说有善恶的问题。

至明清，对"人定胜天"的反义路线的理解已经颇为深入人心，文学作品也有所反映。明冯梦龙的小说《喻世明言》卷九："又有犯着恶相的，却因心地端正，肯积阴功，反祸为福。此是人定胜天，非相法之不灵也。"②清蒲松龄《聊斋志异》卷六《萧七》："彼虽不来，宁禁我不往？登门就之，或人定胜天，不可知。"③清纪昀《阅微草堂笔记》卷一七《姑妄听之三》，说有人闻城隍庙中鬼语"奉牒拘某妇，某妇恋其病姑，不肯死"，城隍曰："精诚所至，鬼神所不能夺者，挽回一二，间亦有之。……此宜申岳帝取进止，毋遽以厉鬼往也。"于是评论说，"足知人定胜天，确有是理矣"④。

清人佟法海以"人定胜天"为人能战胜自然，并形之于诗歌：

职守一方司民命，安敢坐视苍生殃。独凭正气触百怪，几夜辛勤草绿章。岂知山鬼足伎俩，阴晴播弄蔽太阳。茫茫万里九天远，狂风吹倒百炼刚。古来天定能胜人，人定亦能胜彼苍。吁嗟乎！人定胜天可奈何，尸位不去惭颜多。诗家若有斡旋手，请君更作回天歌。⑤

---

① 明宋濂著，罗月霞等点校：《宋濂全集》，《宋处士黄景昌》，浙江古籍出版社，1999年，第1册，第125页。
② 明冯梦龙：《喻世明言》卷九《裴晋公义还原配》，中华书局，2001年，第93页。
③ 清蒲松龄：《聊斋志异》卷六《萧七》，上海古籍出版社，2005年，第264页。
④ 清纪昀：《阅微草堂笔记》卷一七《姑妄听之三》，上海古籍出版社，2005年，第311页。
⑤ 清佟法海：《拟南海神答查悔余先生谒庙诗》，查慎行：《敬业堂集》卷四八《粤游集》下附，《景印文渊阁四库全书》，第1326册，第2312页。

借助经典：赋予"人定胜天"新的积极含义

宋代学者，多从《周易》《诗经》《尚书》《老子》等古代经典著作中寻找文句和思想，以为申包胥"人众者胜天，天定亦可破人"原义之根据。明清两代，学者则纷纷借助诠释古代经典著作中的观点，来赋予"人定胜天"以新的积极含义。

明高拱《问辨录》卷十解释《孟子·离娄》，以为"天定胜人，人定亦胜天也"，将两者放在同等的位置：

> 问："天下有道，小德役大德，小贤役大贤。天下无道，小役大，弱役强。斯二者皆天也。顺天者存，逆天者亡。"谓何？
>
> 曰：此论至平，至为的确。非若后人持论，不分有道无道，必皆以德言而无论于势，必皆以役德役贤为天，而不然者则非天也。
>
> 曰：其义何如？
>
> 曰：尧、舜之世，九官相让，六德为诸侯，三德为大夫，济济乎尔，雍雍乎尔。当是时而称诈力，是乱人也。是故三苗窜，防风诛。至春秋、战国之时，吴、楚争长，秦伯西戎，虎视鸱张，弱之肉，强之食。当是时而不审己量力，是愚人也，是故江黄灭，燕丹亡。
>
> 曰：当无道之时，而小且弱也，则止于事大、事强而已乎？
>
> 曰：固也。然岂徒以事人？亦为善而已矣。"君子创业垂统，为可继也"，是故太王避狄，邑于岐山之下，王迹肇而周以兴。故曰："如耻之，莫如师文王。师文王，必为政于天下矣。"盖不惟化小为大，化弱为强，抑且化无道之世为有道之世，则善于奉天者也。天定胜人，人定亦胜天也。
>
> 曰：此为有国者言之耳，其在天下也则奚若？
>
> 曰：吾尝有言，"天下有道，理为主；天下无道，命为主。夫有道之世，是非明，赏罚公，为善者必昌，为恶者必殃"。[1]

明张介宾亦以《孟子》之语来诠释"人定胜天"：

---

[1] 明高拱：《问辨录》卷一〇《孟子》，《高拱论著四种》，中华书局，1993年，第202—203页。

> 得神者昌,失神者亡。阳气为神,阳盛则神全。阴气为鬼,阳衰则鬼见。阴阳合气,命之曰人。其生在阳,其死在阴。故曰:得神者昌,得其阳也;失神者亡,失其阳也。明阴阳聚散之道,则鬼神之妙,固不难知,而得失之柄,还由于我。古云:人定胜天。本非虚语。观孟子曰:求则得之,舍则失之。不于斯言益信乎!①

谓"人定胜天,本非虚语"。完全以"人定胜天"为正面之观点。引用《孟子》"求则得之,舍则失之"为证,以"人定胜天"为人之"求",其论贴切而精彩。

明吕坤甚至以为,"圣人学问,只是人定胜天"②。

清初陈法撰《易笺》,从积极方面理解人定胜天,认为扶阳抑阴,豫为之戒,"于长之时而知其有消之几,辨之于早而培养之于其素,则人定胜天,庶乎其可维持于勿替矣":

> 故圣人于易,每致其扶阳抑阴之意。积善之家,必有余庆;积不善之家,必有余殃。《书》曰:"惠迪吉,从逆凶。"有盛有衰者,天运之消长;持盈保泰者,人事之维持。安在长之必消,然圣人必豫为之戒者,盖于长之时而知其有消之几,辨之于早而培养之于其素,则人定胜天,庶乎其可维持于勿替矣。岂徒言其必然,一任其自为消长,而无所事于人事之补救乎?③

清大学士张英《易经衷论》"盖震动恪恭,恐惧修省,则始虽警戒而后能安静,人定而胜天也"。④

清翰林院侍读惠士奇《易说》:"《太誓》曰:纣夷居不肯事上帝,弃厥先神祇不祀。乃曰:我有命,毋谬其务(《说文》:痴行僇僇。一曰,且也。今作"罔惩其侮"),天亦纵之,弃而弗葆。言纣归之命,天命亦弃之,志不舍命者,人定能胜天也。"⑤以"志不舍命"解释"人定胜天"。

---

① 明张介宾:《类经》卷二八《运气》,《景印文渊阁四库全书》,第776册,第563页。
② 明吕坤:《呻吟语》,上海古籍出版社,2000年,第23页。
③ 清陈法:《易笺》卷二,《景印文渊阁四库全书》,第49册,第59页。
④ 清张英:《易经衷论》卷二下,《景印文渊阁四库全书》,第44册,第629页。
⑤ 清惠士奇:《易说》卷四,《景印文渊阁四库全书》,第47册,第731页。

清大学士朱轼《周易传义合订》:"人定胜天,可使六十年全盛,即更历一世,至于百年,虽不如前此之盛,亦可苟幸无咎。过此以往,则不可保矣。"①

清翰林院编修查慎行《周易玩辞集解》提出"贞胜,犹人定胜天"的概念:

> 吉凶者,贞胜者也。天地之道,贞观者也。日月之道,贞明者也。天下之动,贞夫一者也。

> 愚按:上文言吉凶悔吝生乎动,未曾说吉凶之道理,故此节提出贞胜二字,见得吉凶本于一理。吉凶不并立,若相制相克者。然不曰趋避,而曰贞胜,犹人定胜天云尔。祸福之来,岂可逆料? 天下固有理当吉而反凶者,究竟凶不胜吉,非贞之求胜乎? 凶而邪自不能胜正也。本义谓天下之事,非吉则凶,非凶则吉,常相胜而不已,似非确解。②

现代:反向理解渐占上风

至近现代,对申包胥"人众者胜天,天定亦能破人"一语的原义的理解已经渐渐被遗忘,变义路线的反向理解渐渐占了上风。

梁启超《新罗马》说:"小生每念物极必反,人定胜天,怯大敌者非大丈夫,造时势者为俊杰,当仁不让,舍我其谁?"

徐特立《怎样发展我们的自然科学》:"只知道天定胜人,而不知道还有人定胜天,同样是错误的。"

大跃进时代之民谣:"天上没有玉皇,地下没有龙王。我就是玉皇,我就是龙王。喝令三山五岳开道:我来了。"以及毛泽东提倡的"人定胜天",鼓励人民群众要有战胜自然的勇气,这是对宋朝以来从人的积极因素方面理解这一成语的思想倾向的一种继承和发展,也是对这一成语含义的进一步丰富。而相关的图书特别是辞典工具书,完全按照这种理解去加以诠释和寻找例证,则必然产生局限性,对其脉络的梳理和涵义的全面理解形成了障碍。又这种理解本身也与近日人们思想的发展有所不同,甚至成为批评对象。

可见"人定胜天"从恶义、消极义转化为积极义是有一个相当长的过程的。

---

① 清朱轼:《周易传义合订》卷九,《景印文渊阁四库全书》,第 47 册,第 362 页。
② 清查慎行:《周易玩辞集解》卷一〇,《景印文渊阁四库全书》,第 47 册,第 638 页。

四、"人定胜天，天定胜人"语形的变化轨迹及其定型

"人定胜天"的思想涵义是逐步丰富、转化的，此点已如上述。其语形的演变及其定型，也可梳理出一条历史的轨迹。

"人强胜天"一语比较简单，从《逸周书》的原形到白居易和亢仓子的引述，没有发生变化，而且唐代以后，鲜见有人引用并有所阐释。

北宋时，宋祁引用申包胥的话，"天定亦能破人"已经变成了"天定胜人"，苏轼则将两句话写作"人众者胜天，天定亦能胜人"，并曾单独用"天定胜人"，也就是说，申包胥原话中的"破人"衍变成了"胜人"，很显然，这是因为前一句话中是"胜天"，"胜天"中的"胜"字被移植到了后一句中，取代了"破"字。

即使是作为历史著作的直接袭用，除了《史记集解》《史记正义》等以外，宋苏辙《古史》、郑樵《通志》以及清人的《绎史》，"破人"均已改为"胜人"。

前引秦观《送冯梓州序》："古语有之，人定胜天，天定亦能胜人。信斯言也。""人众者胜天"首次变成了"人定胜天"。各种词典工具书均未引此以为据，也许是因为此处的"人定胜天"与现当代人们熟知的"人定胜天"的涵义相距太远的缘故吧。

与秦观同时的李新是这样引述的："自古及今，人不胜天，人定能胜天，天定亦能胜人。"（见前引《跨鳌集》卷一九《上皇帝万言书》）可见在当时的文人官僚中间，"人定胜天"已经成为一个熟知而又较为定型的语汇。当然，也不排除有人直接引述申包胥的原话。

南宋时，"人定胜天"一语进一步定型。前引汪藻《为德兴汪氏种德堂作记》："故曰：人定者胜天，天定亦能胜人。"又刘克庄《玉牒初草》："兹事其初也，人定胜天，及其后也，天定能胜人矣。"

南宋金元时人亦有用《史记》原文稍加改变的。

岳珂将为岳飞雪冤之书名为"天定录"，意为"事有屈于一时而伸于万世，暧昧于六七十年之久而昭明暴白于不崇朝之顷，是非人力之所及也，天实为

之"。但他又认为："传曰：人众胜天，天定亦能胜人。信斯言也，则天之与人，固迭胜而迭负，而群逞其私，虽天亦不能违之矣。"（见前引）

周必大《黄文节公祠记》："其生不遇如此，盖人众胜天也。……身后光荣，乃至于此，非天定胜人耶？"（见前引）

金元好问撰《忠武任君墓碣铭》："善为吉先，寿为福元。有子而贤，卒归骨于九原。惟其有之，是以似之。吾得推其源，至于人众胜天而天定亦能破人者，盍当以家为知言。"①

元刘埙撰《龚祥甫墓志铭》："'天道无亲，常与善人。'昔闻其言于师聃，而于里中龚祥甫疑焉。……斯天不与善乎？申包胥有言：人众者胜天，天定者亦能胜人。"②

前引元李存撰《天定堂铭》以进一步申述苏轼的观点，已完全定型为"人定胜天"："天定堂者，临川濠原王伯达之所作也。其一世文正公之先有三槐堂，眉山苏子铭之，其间有取于申包胥'天定胜人，人定胜天'之言。"

明人亦大多如此。郑真《论范氏》："是岂非善恶之报，不在其身，而在其子孙也耶？申包胥曰：人定胜天，天定亦能胜人。故以降取富贵者，天之未定者也；以降取夷灭者，天之终定者也。苟使其孙复如其祖，则天者诚茫茫矣。世之言天者，岂可求诸天之未定，而谓善者无福，恶者无祸哉！"（见前注引）

明清以降直至近现代，除了比较严格的直接引用《史记》原文以外，这一对成语已经定型为"人定胜天，天定胜人"。

我们再来总结一下其演变之轨迹：

原型：人众者胜天，天定亦能破人。

第一变：人众者胜天，天定亦能胜人。"破人"变为"胜人"，由前句之"胜天"而来。

第二变：人定者胜天，天定亦能胜人。"人众"变为"人定"，由后句之"天定"而来。

① 金元好问著，姚奠中、李正民等点校：《元好问全集（增订本）》，《忠武任君墓碣铭》，山西古籍出版社，2004年，上册，第143页。
② 元刘埙：《隐居通议》卷一六《龚祥甫墓志铭》，《丛书集成初编》，第2册，第98页。

第三变：人定胜天，天定胜人。加以简化的结果。

"人定胜天"之演变轨迹表明，虽然我不否定《逸周书》也是一个来源，但是今天的"人定胜天"这一定型，显然是从《史记》申包胥语衍变而来的，至明清时代，出现的大多是"人定胜天"，与《逸周书》的"人强胜天"实际上早已脱离了传承关系。至于南宋以后对"人定胜天"的变义路线的理解，可以说已经融入了荀子《天论》"制天命而用之"的积极思想。

五、结　　语

古人对"人定胜天"的阐释，大多离不开"天定胜人"，且其间有一种相对应、相合成、不可分割的关系。徐特立说："只知道天定胜人，而不知道还有人定胜天，同样是错误的。"他也认为两者应该都知道。的确，"人定胜天，天定胜人"这是一对相反相成的成语，对于其间的对语、对义应作全面的、辩证的诠释。

这对成语，就人类生存的环境而言，提出了自然与人的问题。就人类社会发展的规律而言，则提出了社会与人的问题。

人定胜天从起源时起，并不包含人一定能够征服自然的意思，天是上天、上帝、天理，不是自然界，语中所包含的，也主要是与社会发展规律相关的思维，而不是征服自然。而且"定"字的意义也不是今天的"一定"，先有天定后又人定。

宋元特别是明清时期，逐步出现了类同于今天的理解，但主要还是指社会发展，很少说到自然界，"定"字的概念，也还是原义。一直到晚近，"人定胜天"才被更多的赋予人也可以战胜自然界的含义，在一段时间里，成了一句鼓舞人民大众的口号，起了一定的积极作用。

但就是这一点，近 20 年来又被提出了质疑。人能够战胜自然界吗？人在自然界面前的能动性可否被强调到如此地步？于是又回到了人必须尊重自然界、人与环境友好的问题，进而达到天人和谐、天人合一的最高境界。

"人定胜天、天定胜人"历来是一种锐利而有力的思想武器，全面梳理古人思想的演变轨迹,对于我们进一步掌握这一思想武器,是极有意义的,这一思想今天应该被赋予更丰富、层次更高的积极含义:人定胜天——天定胜人——究天人之际——天人合一——天人和谐。

原载:李伟国、顾宏义主编:《裴汝诚
教授八秩寿庆论文集》,北京:
中华书局,2011年10月,第47—88页。

后　记

　　2007 年，承蒙我正式参加工作以后所服务的第一个出版机构上海古籍出版社的厚爱，我出版了第一本纯学术著作《宋代财政和文献考论》，收入我研究宋代财政和考据宋代重要文献的论文数十篇。当时的想法，是欲出两本书，另一本收以研究敦煌文献为主的其他论文，后来因为种种原因，没有实现。中山大学教授程羽黑先生曾撰写书评，予以谬奖："作者的文献功底和问题意识均属上乘。学者作论，偏于理论者往往失于空虚，偏于考据者又失于琐碎，此书则宏细兼备、学识相称，足为后学之模范。"

　　从 07 年到现在，我在学术研究方面，又有一些收获，众多学界朋友认为那些成果于学术发展有益，但学者有时很难找到我的论文，鼓励我继续结集出版。刚刚卸任的上海古籍出版社社长高克勤先生和时任总编辑、现任社长吕健先生十分大度地支持我的愿望，于是就有了这部《中古文献考论》。

　　在这部书中，首先收入了一批与敦煌文献的出版和研究相关的论文，大多撰写于 20 世纪 90 年代，此次校读，脑海中重现了一个火红的时代，那时我们上海古籍出版社在魏同贤、钱伯城、李国章等先生的领导下，在敦煌吐鲁番文献等出版领域大展宏图，领先全国。其次还是收入了我在宋史和宋代文献研究方面的一系列论文，其中的一个重要板块，是对新见宋人墓志铭的考证和研究。在近十几年中，由于各种机缘，我也会闯入敦煌和宋史以外的领域，比如对王羲之妻郗璿墓识的深入考证，对柯劭忞《新元史》编纂刊刻史的考索，对明代重臣汪铉事迹及其相关文献的考证和研究，对"人定胜天"语义演变的梳理和研究等，自以为也是一批比较重要的学术成果，故亦收入了这部书，于是就将书名定为《中古文献考论》。

　　在这里简单回顾一下我的学术师承。我在古代文献和宋史专业方面的最直接的老师是曾在上海师范大学和华东师范大学任职的裴汝诚教授,他给我讲授宋史研究的专业知识,指导过我许多论文写作。上海社会科学院经济研究所的马伯煌教授,上海师范大学的程应镠、严克述、徐光烈等教授也曾给我讲授专业课或修改论文。王乘六先生(《说文》)、程俊英教授(《诗经》)、胡邦彦先生(文字学)、郭晋稀教授(中古音韵)、江辛楣先生(诗词)、陈光贻先生(地方志)等讲授的专业课程为我们夯实了古文献基础。研究生毕业以后,给我以最大影响的,则是北京大学的邓广铭教授,我研究宋史的文章大多得到过他的指点,从 1980 年到 1998 年,我几乎每年都要拜见他两次,聆听教诲,我没有机会做他的学生,但他是我最崇敬的老师。在敦煌学方面,我虽曾拜见过季羡林先生,但也没有机会做他的学生,饶宗颐先生在 1994 年要我到香港去做敦煌写本《文选》研究,结果由于家庭的原因未能成行,但饶公曾给过我许多指点,而樊锦诗、柴剑虹、荣新江、郝春文、赵和平等先生,都是我的老师。我研究生时代的学长吕友仁教授、刘永翔教授、朱杰人教授、萧鲁阳教授(已故)、严佐之教授、王松龄教授、吴格教授等,也曾给了我很多的指点和帮助。

承蒙北京大学邓小南教授、荣新江教授惠赐《小引》和《序》,对我的出版经历和学术研究成果予以肯定,在此谨表感谢。

上海古籍出版社的胡文波副总编对本书的选编、排序提出了很好的意见,责编袁乐琼女史改正了原稿中的一些错误。在所收论文中,有三篇系与吴旭民编审、孙莺女史、田芳园女史合作。在此一并致谢。

家妻戴弘女士,相濡以沫,相依为命,不仅对我的研究工作常常有所启发,而且以其辛劳保证了我的工作时间,在此深表谢意。

此次结集出版,除少数文章以外,大多未做修改补充,限于笔者的水平,必定存在许多错误,祈请学界诸公不吝指正。

李伟国

2022 年 10 月 11 日星期二

于康定东路 85 号